基于人防路面工程改造施工设计与探地雷达检测分析

胡　畏　孙阳波　孔位学　芮勇勤　编著

东北大学出版社

·沈　阳·

图书在版编目（CIP）数据

基于人防路面工程改造施工设计与探地雷达检测分析／
胡畏等编著. --沈阳：东北大学出版社，2024.7.
ISBN 978-7-5517-3615-2

Ⅰ.U416.204
中国国家版本馆 CIP 数据核字第 20245VK999 号

内容摘要

道路地下管线是城市基础设施的重要组成部分，对城市基础设施的建设与管理提出了更高要求。地下管线大致分为给排水管、雨水与污水管、煤气管道、石油与化工管道、照明电缆与有线电视电缆、工业与其他专用性动力电缆、通信电缆与光缆等。因此，查明城市中现有地下管线的分布和规划未来地下管线布局，成为我国城市建设和国民经济发展中的一项重要工作。基于工程设计依据、设计范围及内容，进行放线原则及高程控制、路面管材标准及要求，提出施工方法、抗震设计、运行管理和管线综合功能。对于探地雷达探测技术发展和探地雷达探测基本理论，研究探地雷达探测地层管线的可行性，基于探地雷达探测地层管线的特点，开展探地雷达在道路检测中的质量评价应用、探地雷达延长道路使用年限破损检测、探地雷达检测道路破损探影像、探地雷达检测道路常见病害类型影像，建立了探地雷达检测市政道路病害标准影像，选择地下管线的种类材料与主要探测仪器，针对探地雷达探测地下管线面临的问题与流程，进行地下管线探地雷达探测异常解译诊断。根据平战结合人防路面施工与动载响应力学特性，开展零阳路路面管线动载响应工程力学数值模拟、零阳路撤洪渠施工过程工程力学数值模拟和交叉路口人防环道路面动载响应数值模拟。

出 版 者：东北大学出版社
　　　　　地址：沈阳市和平区文化路三号巷 11 号
　　　　　邮编：110819
　　　　　电话：024-83683655（总编室）
　　　　　　　　024-83687331（营销部）
　　　　　网址：http://press.neu.edu.cn
印 刷 者：辽宁一诺广告印务有限公司
发 行 者：东北大学出版社
幅面尺寸：185 mm×260 mm
印　　张：29.75
字　　数：651 千字
出版时间：2024 年 7 月第 1 版　　　　　印刷时间：2024 年 7 月第 1 次印刷
责任编辑：潘佳宁　　　　　　　　　　　责任校对：郎 坤
封面设计：潘正一　　　　　　　　　　　责任出版：初 著

ISBN 978-7-5517-3615-2　　　　　　　　　　　定 价：128.00 元

前　言

城市地下管线是城市基础设施的重要组成部分，对城市基础设施的建设与管理提出了更高要求。地下管线大致分为给排水管、雨水与污水管、煤气管道、石油与化工管道、照明电缆与有线电视电缆、工业与其他专用性动力电缆、通信电缆与光缆等。因此，查明城市中现有地下管线的分布和规划未来地下管线布局，成为我国城市建设和国民经济发展中的一项重要工作。

张家界市慈利县市政零阳路现状为老城区中的一条重要的城市主干路，西起紫霞路，东至万福路，设计范围为其中两段道路，道路全长 2071m，道路标准段红线宽度为 38m，设计速度为 50km/h。道路现状为水泥混凝土路面，整体路面外观质量较差，大部分路段路面有破损，有网裂、沉陷、裂缝和剥落等现象。根据建设单位要求，零阳中路拓宽为双向六车道，设计速度采用 50km/h，道路破除现状水泥路面后新建路面结构，交叉口通过偏移双黄线渠化展宽。零阳中路提质改造包括：道路工程设计、排水工程设计、交通工程设计、绿化工程设计、照明工程设计、管线等综合设计等。研究主要包括以下内容：

（1）零阳中路路基路面改造工程。依据道路工程施工设计规范规程和工程标准，进行路基路面工程综合设计和路基路面规程施工。

（2）零阳中路路基路面地下管线工程。基于工程设计依据、设计范围及内容，进行放线原则及高程控制、路面管材标准及要求，提出施工方法、抗震设计、运行管理和管线综合功能。

（3）零阳中路平战结合人防路基路面工程。基于设计依据、采用的规范、规程和工程验收标准，根据主要技术指标要求，开展工程设计和路基路面工程施工。

（4）零阳中路平战结合人防路基路面地下管线工程。基于工程设计依据、设计范围及内容，进行放线原则及高程控制、路面管材标准及要求，提出施工方法、抗震设计、运行管理和管线综合功能。

（5）探地雷达探测地层结构管线原理与识别技术。对于探地雷达探测技术发展和探地雷达探测基本理论，研究探地雷达探测地层管线的可行性，基于探地雷达探测地层管线的特点，开展探地雷达在道路检测中的质量评价应用、探地雷达延长道路使用年限破损检测、探地雷达检测道路破损探影像、探地雷达检测道路常见病害类型影像，建立了探地雷达检测市政道路病害标准影像，选择地下管线的种类材料与主要探测仪器，针对探地雷达探测地下管线面临的问题与流程，进行地下管线探地雷达探测异常解译诊断。

（6）平战结合人防工程路面结构管线探地雷达检测。依据水泥混凝土路面提质改造工程要求，判读探地雷达在道路结构层地下管线检测影像、开展平战结合人防工程路面结构管线探地雷达检测、零阳东路路面结构管线探地雷达检测。

（7）非饱和渗流与本构模型理论分析方法。鉴于非饱和渗流特性理论分析、本构模型种类及其选用，开展基于塑性理论的摩尔—库仑 MC 模型、基于塑性理论的典型本构模型比较、基于土体硬化 HS 和小应变土体硬化 HSS 模型特征研究，还进行霍克—布朗 HB 模型、界面/弱面与软土/软弱夹层的本构模型、有限元强度折减、极限平衡法与地震响应分析方法研究。

（8）根据平战结合人防路面施工与动载响应力学特性，开展零阳路路面管线动载响应工程力学数值模拟、零阳路撇洪渠施工过程工程力学数值模拟和交叉路口人防环道路面动载响应数值模拟。

本书第 2 章、第 7 章、第 8 章、第 10 章由孙阳波牵头编写。在书稿完成之际，首先感谢同行的指导与大力支持，感谢项目组同事所做的工作，要感谢前辈们一如既往的关心与爱护，你们的殷切希望正是我们编写本书的动力源泉。由于编著者水平和时间的限制，书中难免存在一些错误，敬请广大读者批评指正。也请您在发现错误后及时反馈给我们，以便再版时进行更新与修正。再次感谢广大读者！

编著者

2024 年 1 月

目 录

第1章 零阳中路路基路面改造工程

张家界市慈利县市政零阳中路现状为老城区中的一条重要的城市主干路,西起紫霞路,东至万福路,设计范围为其中两段道路:零阳中路(紫霞路-幸福路)路段长680m,零阳中路(古城路-万福路)路段长1391m,两段道路全长2071m,道路标准段红线宽度为38m,设计速度为50km/h。零阳中路(幸福路-古城路)路段已经作为人防工程建设,不在项目实施范围内。道路现状为水泥混凝土路面,整体路面外观质量较差,大部分路段路面有破损,有网裂、沉陷、裂缝和剥落等现象。根据建设单位要求,零阳中路拓宽为双向六车道,设计速度采用50km/h,道路破除现有水泥路面后新建路面结构,交叉口通过偏移双黄线渠化展宽。零阳中路提质改造包括:道路工程设计、排水工程设计、交通工程设计、绿化工程设计、照明工程设计、管线等综合设计等(见图1.1)。

◆◇ 1.1 道路工程施工设计依据规范规程和工程标准

(1)设计依据

《张家界市慈利县城市总体规划(2013—2030)》,中国城市规划设计研究院,2015年编制;《慈利县城排水防涝综合项目可行性研究报告》,2016年;慈利县城现状污水管网普查资料;慈利县城防洪资料;零阳中路最新测量地形图,道路实测纵横断面测量;《慈利县排水系统专项规划》;零阳西路施工图和零阳中路(幸福路-古城路)路段人防工程施工图设计图。

(2)设计规范规程

《城市道路工程设计规范》(CJJ 37—2012),《城镇道路路面设计规程》(CJJ 169—2012),《公路沥青路面设计规范》(JTG D50—2006),《城镇道路路基设计规范》(CJJ 194—2013),《城镇道路养护技术规范》(CJJ 36—2016),《公路水泥混凝土路面设计规范》(JTG D40—2011),《城市道路交叉口设计规程》(CJJ 152—2010),《无障碍设计规范》(GB 50763—2012)。

(3)工程验收规范及标准

《沥青路面施工及验收规范》(GB 50092—96),《城镇道路工程施工及质量验收规范》(CJJ 1—2008)。

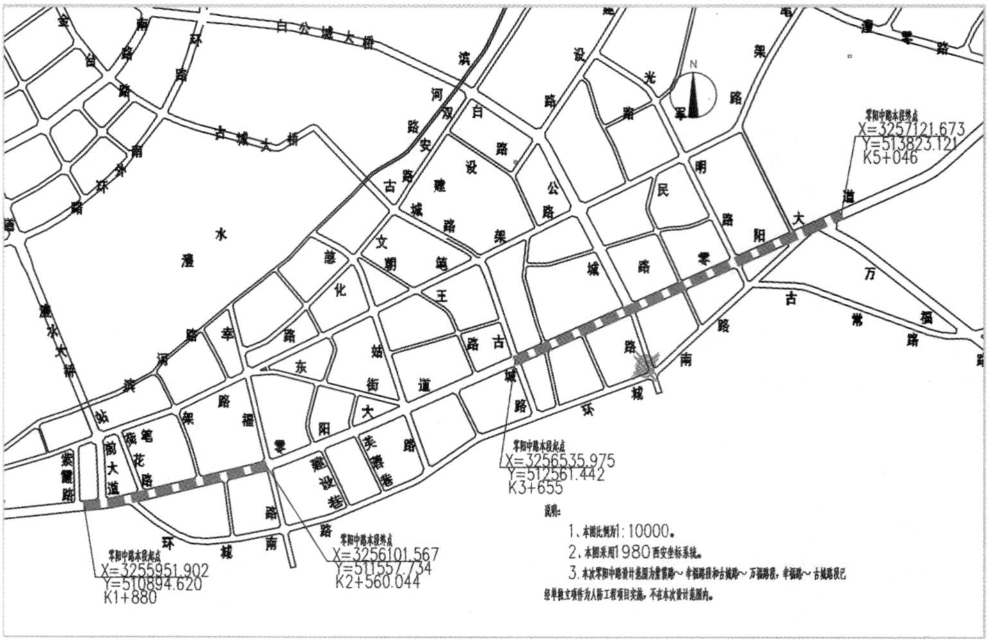
零阳中路本段起点
X=3255951.902
Y=510894.620
K1+880
零阳中路本段终点
X=3256101.567
Y=511557.734
K2+560.044
零阳中路本段起点
X=3256535.975
Y=512561.442
K3+655
零阳中路本段终点
X=3257121.673
Y=513823.121
K5+046
说明：
1、本图比例为1:10000。
2、本图采用1980西安坐标系统。
3、本次零阳中路设计范围为紫霞路～幸福路段和古城路～万福路段，幸福路～古城路段已经单独立项作为人防工程项目实施，不在本次设计范围内。

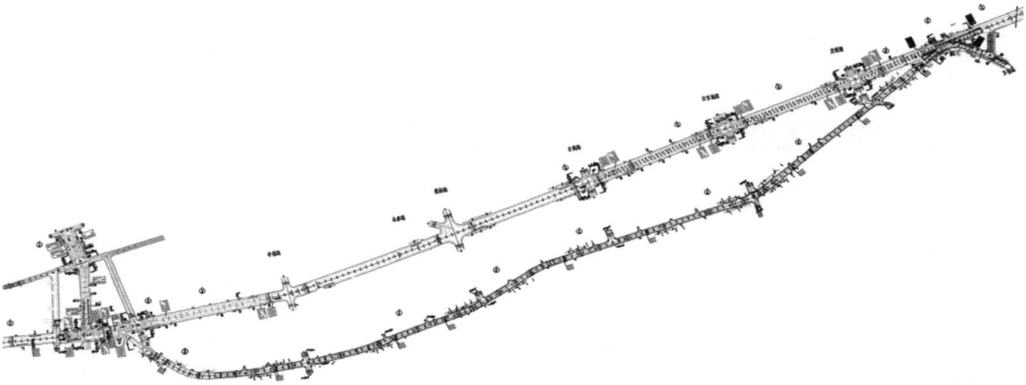

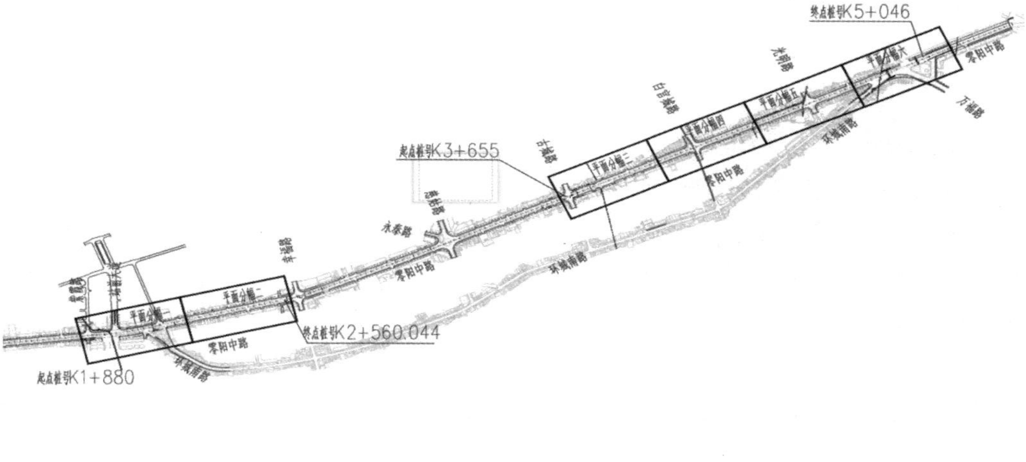
终点桩号K5+046
起点桩号K3+655
终点桩号K2+560.044
起点桩号K1+880
零阳中路
万福路
环城南路

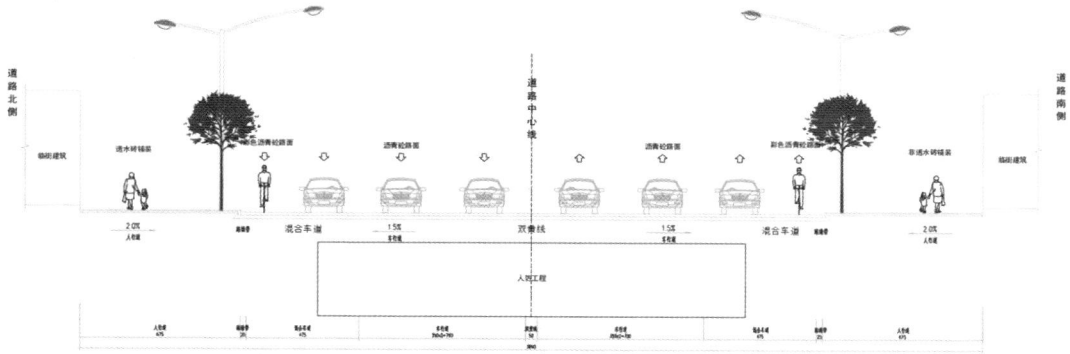

（a）项目位置分布图

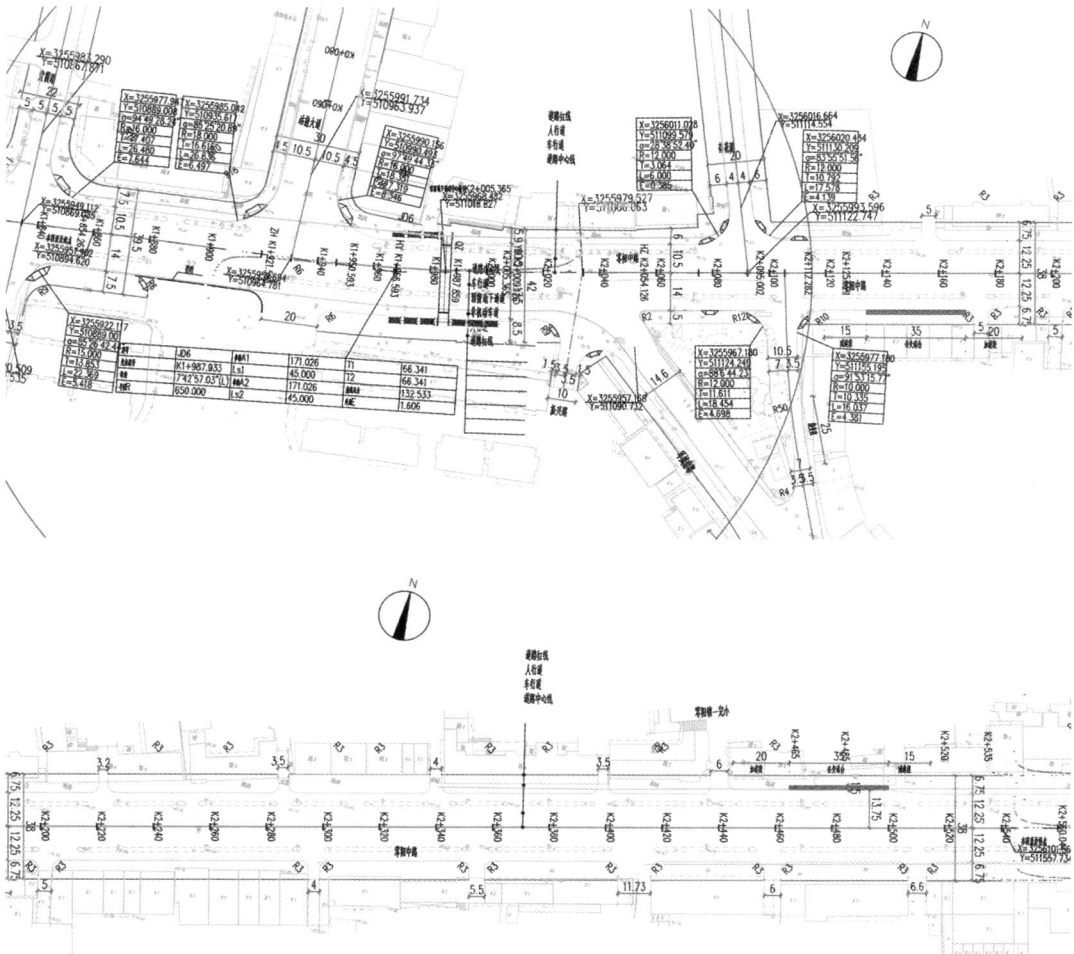

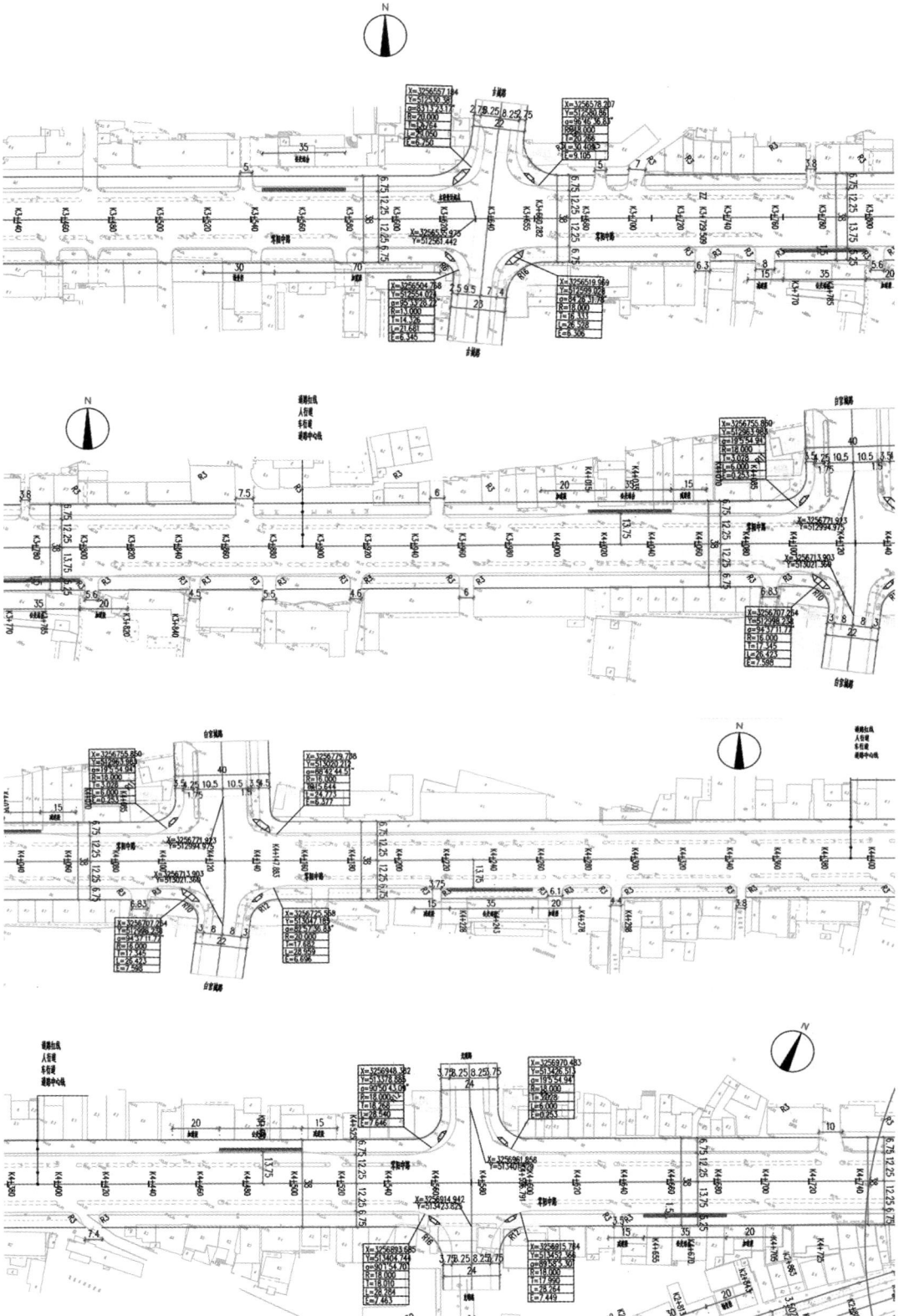

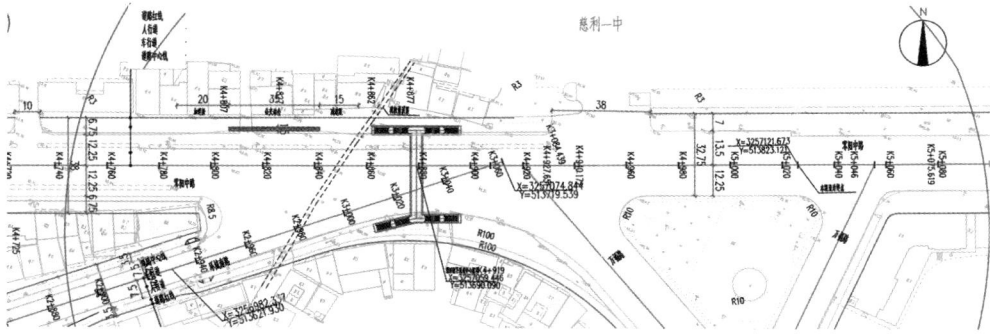

（b）零阳中路平面布置

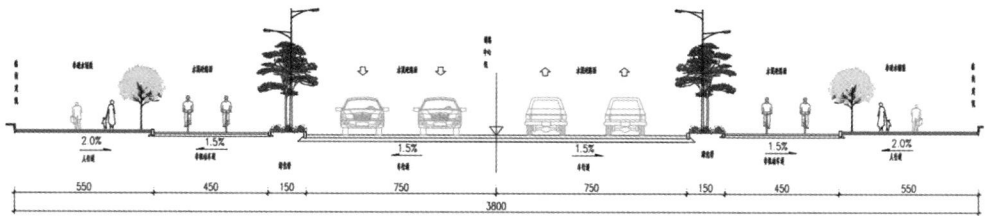

（c）零阳中路（紫霞路–万福路）标准横断面图（改造前）

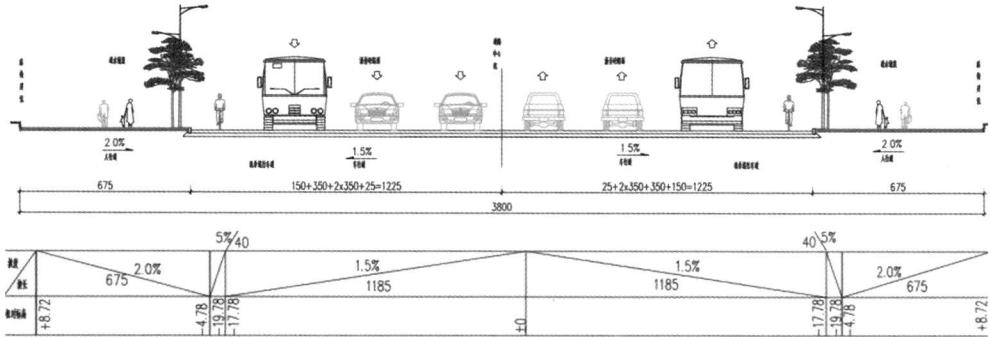

（d）零阳中路（紫霞路–万福路）标准横断面图（改造后）

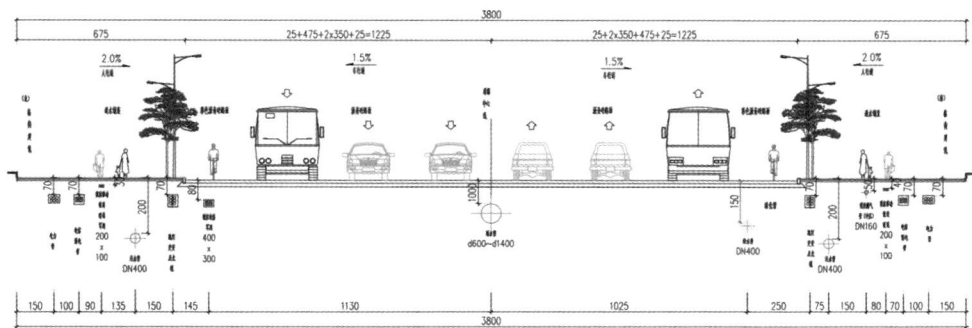

（e）零阳中路管线综合标准横断面图

图 1.1 零阳中路路基路面改造工程图

(4) 主要技术指标

①道路等级：城市主干路。

图纸说明：采用 1980 西安坐标系统，高程为 1985 国家基准高程；比例为 1:1000，尺寸除角度、注明外，均以米为计；人行道修复至两厢建筑散水部位，人行道红线根据现场实际情况调整；所有渐变段倒角半径 R 均为 50m，公交站台宽度为 1.5m；平面图上示意地下通道为预留位置，道路管网设计已考虑避让地下通道，预留地下通道实施空间。

②机动车道设计车速：50km/h。

③沥青路面加铺设计年限：15a。

④路面标准轴载：BZZ-100。

⑤交通等级：中交通。

⑥结构设计荷载：城—A 级。

⑦净空要求：≥5.0m。

◆◇ 1.2 路基路面工程综合设计

(1) 平、纵面设计

设计道路中心线主要为拟合现状道路中线，顺接零阳西路和人防工程建设路段平面。对道路的交叉口、单位出入口进行局部的优化，预留站前大道和万福路交叉口附近地下通道空间。全线共设置 1 个圆曲线，半径 650m，满足 50km/h 不设超高和加宽的要求，缓和曲线长度均为 45m。道路全线不拓宽，通过交叉口偏移双黄线设置交叉口渠化。

设计道路纵断面主要为拟合现状道路纵坡和标高，同时顺接零阳西路和人防工程建设路段标高和纵坡，预留地下通道标高空间。全线共设置 6 个变坡点，最大纵坡为 0.965%，除接坡外最小坡长为 130m，最小凸形竖曲线半径为 12000m，最小凹形竖曲线半径为 11000m。因 K4+870 处排洪渠标高限制，同时避免改造后高出现有路面标高太多，项目 K4+818.724~K4+948.724 路段最小纵坡为 0.203%，采取加密雨水口方式排出路面雨水。

(2) 横断面设计

现状标准横断面为：5.5m(人行道)+4.5m(辅道)+1.5m(绿化带)+15m(机动车道)+1.5m(绿化带)+4.5m(辅道)+5.5m(人行道)=38m。

段道路改造挖除现状 1.5m 宽侧分带，拓宽机动车道为双向六车道，改造后标准横布置为：6.75m(人行道)+5.0m(机非混行车道 1.5m+3.5m)+2×3.5m(机动车道)+0.5m(双黄线)+2×3.5m(机动车道)+5.0m(机非混行车道 3.5m+1.5m)+6.75m(人行道)=38m。

(3) 病害处理

①裂缝病害处治。对个别裂缝病害建议采取以下处治方案。

- 对于缝宽在 3mm 以内的裂缝，可暂不处理，施工前，统一喷洒粘层油后，贴附 100cm 宽的土工格栅，然后进行路面加铺方案施工。

- 对于局部路段缝宽大于 3mm 且小于 10mm 的裂缝，应采用专用灌封（封缝）材料或者热沥青灌封，缝内潮湿时应采用乳化沥青灌封。

- 对于局部路段缝宽大于 1cm 的裂缝，采用开槽回填处治。具体工艺为：以裂缝为中心 150cm 范围内开槽，开槽深度为沥青面层厚度，开槽后应采用专用灌封（封缝）材料或者热沥青灌封，然后在基层顶面裂缝位置粘附 100cm 宽的玻纤格栅后回填与原路面一致的混合料，经压实后，进行路面整治。

- 对于铣刨至基层后，裂缝宽度仍大于 1cm 的情况，应先清除缝内杂物，并在上口适当扩展成倒梯形，顶宽 15~20cm，底宽 5~15cm，深度为 10cm 左右，直接灌入 C25 混凝土，回填材料厚度满足压实度，之后可进行路面补强方案加铺施工。

- 对于采用结构补强方案路段的裂缝，采用直接灌入水稳碎石的方法，回填材料厚度满足压实度后，方可进行路面补强加铺施工。

②坑槽病害处治。对坑槽的修复可以采取以下方法。

- 严格按照"圆洞方补、斜洞正补"的原则，划出所需修补坑槽的轮廓线，处理范围应根据坑槽适当扩大处理。

- 沿所划轮廓线开凿至坑底稳定部分，其深度不得小于原坑槽的最大深度；若基层已经松散破坏，应将破坏的基层一并清除。

- 清除槽底、槽壁的松动部分及粉尘、杂物，并涂刷粘层沥青。

- 填入沥青混合料并整平。

- 用小型压实机具将填补好的部分压实，应将沥青混合料分多次摊铺和压实，压实时应注意边部压实，并避免对周边部分造成振动松散。

- 采用封缝胶进行封边处理。

③网裂病害处治。

- 对于局部的小面积网裂，可参照坑槽的处治方案进行处理，重点是处理彻底，避免重复维修。

- 对于大面积、有松散迹象的网裂，建议面层铣刨处理，现场考察基层状况，对薄弱部位的基层进行处理后重铺，回填材料采用 AC-20C 沥青混合料。

④沉陷病害处治。沉陷范围较小时，一般由基层引起；沉陷范围较大时，一般由路基引起。对路面的沉陷可根据不同的情况和病害程度，采取不同的处理方式。

因路基不均匀沉降而引起的局部路面沉陷，若路基和基层已经稳定，不再继续下沉，可只修补面层，并根据路面的破损状况分别采取下列处治措施。

- 路面略有下沉，沉陷深度≤20mm，无破损或仅有少量轻微裂缝，可不作处理，仅在沉陷处直接按路面方案施工。

- 沉陷深度>20mm，破损较轻或仅有少量轻微裂缝，可在沉陷处喷洒涂刷粘层沥青，再用沥青混合料填补沉陷部分，并压实平整。

因路基或基层结构遭到破坏而引起路面沉陷时，应将面层和已破坏的基层完全铲除，重铺基层。

⑤基层处治。根据面层铣刨后基层顶面的病害状况及严重程度可选择不同的处治方案：

• 当基层顶面无大面积松散、唧浆等病害，而只有单条裂缝时，可采取土工格栅进行贴缝处理，再进行沥青面层回填，以减缓裂缝的反射。

• 当基层顶面出现大面积松散、唧浆等病害时，则需根据病害的数量选择方案，若数量较少可按照"圆洞方补、斜洞正补"的原则挖除病害位置基层后回填下面层混合料。

⑥底基层处治。采用结构补强方案，根据面层挖除后底基层顶面的病害状况及严重程度可选择不同的处治方案：

• 当底基层顶面无大面积松散、唧浆等病害，而只有单条裂缝时，可采取灌入水稳碎石，再进行基层回填，以减缓裂缝的反射。

• 基底层顶面出现大面积松散、唧浆等病害的，如数量较少，可按照"圆洞方补、斜洞正补"的原则挖除病害位置底基层后回填 C20 素混凝土。

（4）路面结构设计

若道路改造为破除现状路面后新建沥青路面，则其结构如表 1.1 和表 1.2 所示。

①车行道路面结构。

表 1.1　原路面结构层

序号	路面结构	车行道
1	面层	22cm 水泥混凝土面板
2	基层	30cm 水泥稳定碎石基层

表 1.2　新建路面结构

序号	路面结构	行车道
1	上面层	4cm 细粒式 SBS 改性沥青混凝土（AC-13C）（抗压强度 1400MPa）
2	粘层	乳化沥青粘层
3	中面层	5cm 中粒式沥青混凝土（AC-20C）（抗压强度 1200MPa）
4	粘层	乳化沥青粘层
5	下面层	7cm 粗粒式沥青混凝土（AC-25）（抗压强度 1000MPa）
6	透层+封层	透层+0.8cm 乳化沥青下封层（ES-3）
7	上基层	20cm 5.5% 水泥稳定碎石（抗压强度 4.5MPa）
8	下基层	20cm 5.0% 水泥稳定碎石（抗压强度 4.0MPa）
9	垫层	10cm 级配碎石

沥青路面采用 70 号 A 级道路石油沥青，上面层采用 SBS 改性沥青，沥青混合料应通过马歇尔试验方法进行配合比设计，并检验高温稳定性、低温抗裂性、水稳定性等指

标。表面层沥青混合料粗集料应选用硬质、耐磨碎石,其石料磨光值(PSV)应大于 42。各沥青混合料细集料可选用机制砂、天然砂、石屑配制。各沥青混合料层所使用矿料必须采用石灰石等碱性石料磨细的石粉。路基水泥稳定碎石上、中基层压实度不小于98%,7d 无侧限抗压强度不小于 4.0MPa,路基水泥稳定碎石底基层压实度不小于 97%,7d 无侧限抗压强度不小于 3.0MPa,所使用水泥应符合国家技术标准的要求,初凝时间应大于 4h,终凝时间应在 6h 以上,所使用碎石压碎值需小于 30%,所有路面材料及其混合料技术要求需符合《公路沥青路面施工技术规范》(JTG F40—2004)相关要求,见表1.3 至表 1.10。

表 1.3　道路石油沥青技术要求

序号	指标	单位	技术要求
1	针入度(25℃,5s,100g)	0.1mm	60~80
2	针入度指数 PI		−1.5~+1.0
3	软化点(R&B) 不小于	℃	46
4	60℃动力黏度 不小于	Pa·s	180
5	10℃延度 不小于	cm	15
6	15℃延度 不小于	cm	100
7	蜡含量(蒸馏法) 不大于	%	2.2
8	闪点 不小于	℃	260
9	溶解度 不小于	%	99.5
10	质量变化 不大于	%	±0.8
11	残留针入度比 不小于(25℃)	%	61
12	残留延度(10℃) 不小于	cm	6
13	残留延度(15℃) 不小于	cm	15

表 1.4　沥青混合料矿粉质量要求

序号	指标		单位	快速路、主干道	次干道、支路
1	表观相对密度 不小于		t/m³	2.50	2.45
2	含水量 不大于		%	1	1
3	粒度范围	<0.6mm	%	100	100
		<0.15mm		90~100	90~100
		<0.075mm		75~100	70~100
4	亲水系数		—	<1	T 0353
5	塑性指数		%	<4	T 0354
6	外观		—	无团粒结块	

表 1.5 SBS 改性沥青技术要求（I-D）

序号	指标	单位	技术要求
1	针入度(25℃，5s，100g)	0.1mm	40~60
2	针入度指数 PI 不小于		0
3	5℃，5cm/min 延度 不小于	cm	20
4	软化点 TR&B 不小于	%	60
5	运动黏度 135℃ 不大于	Pa·s	8
6	闪点 不小于	℃	230
7	溶解度 不小于	%	99
8	弹性恢复 25℃ 不小于	%	75
9	贮存稳定性离析，48h 软化点差 不大于	℃	2.5

表 1.6 沥青混合料细集料质量要求

序号	指标	单位	快速路、主干道	次干道、支路
1	表观相对密度 不小于		2.50	2.45
2	坚固性(>0.3mm 部分)不小于	%	12	—
3	含泥量(小于 0.075mm 含量)不大于	%	3	5
4	砂当量 不小于	%	60	50
5	亚甲蓝值 不大于	g/kg	25	—
6	棱角性(流动时间)，不小于	s	30	—

表 1.7 沥青混合料粗集料质量技术要求

序号	指标		单位	快速路、主干道		次干道、支路
				表面层	其他层次	
1	石料压碎值 不大于		%	26	28	30
2	洛杉矶磨耗损失 不大于		%	28	30	35
3	表观相对密度 不小于			2.60	2.50	2.45
4	吸水率 不大于		%	2.0	3.0	3.0
5	坚固性 不大于		%	12	12	—
6	针片状颗粒含量(混合料)	不大于	%	15	18	20
	其中粒径大于 9.5mm	不大于		12	15	—
	其中粒径小于 9.5mm	不大于		18	20	—
7	水洗法<0.075 颗粒含量 不大于		%	1	1	1
8	软石含量 不大于		%	3	5	5

表 1.8　沥青混合料矿料级配范围

级配	通过下列筛孔(mm)的质量百分率(%)												
类型	31.5	26.5	19.0	16.0	13.2	9.5	4.75	2.36	1.18	0.60	0.30	0.15	0.075
AC-13				100	90~100	68~85	38~68	24~50	15~38	10~28	7~20	5~15	4~8
AC-10					100	90~100	45~75	30~58	20~44	13~32	9~23	6~16	4~8
AC-20		100	90~100	78~92	62~80	5~072	26~56	16~44	12~33	38~24	5~17	4~13	3~7
AC-25	100	90~100	75~90	65~83	57~76	45~65	24~52	16~42	12~33	38~24	5~17	4~13	3~7

表 1.9　密级配沥青混凝土马歇尔试验技术标准

序号	试验项目		单位	技术要求
1	马歇尔试件尺寸		mm	ϕ101.6mm×63.5mm
2	马歇尔试件击实次数(双面)		次	75
3	孔隙率	深约 90mm 以内	%	4~6
		深约 90mm 以上		3~6
4	稳定度 MS 不小于		kN	8
5	流值 FL		mm	1.5~4.0
6	沥青饱和度 VFA		%	65~75

表 1.10　沥青路面技术指标

序号	项目	指标
1	平整度	国际平整度指数 IRI<2.0m/km、σ>1.0mm
2	抗滑性能	横向力系数 SFC60≥54，构造深度 TD≥0.55mm
3	水稳性	浸水马歇尔试验残留稳定度≥80%，冻融劈裂试验残留强度比不小于80%
4	动稳定度	车辙试验 5000 次/mm
5	抗裂性能	低温弯曲试验破坏应变不小于2500
6	渗水系数	不大于 80mL·min

　　道路交通荷载等级为中交通，沥青混合料动稳定度上面层不小于 5000 次/mm，下面层不小于 1500 次/mm。路面结构相关材料均需满足《城镇道路路面设计规范》(CJJ 169—2012)和《公路沥青路面设计规范》(JTG D50—2017)的要求。

　　• 图 1.2 为破除现状水泥路面后重新铺设沥青路面结构设计图。

　　• 沥青混凝土路面沥青采用 A 级 70 号道路石油沥青，并符合我国现行技术规范要求。

　　• 基层表面设置透层，透层应具有良好的渗透性能，可采用液体沥青、乳化沥青。透层沥青应符合行业技术标准的有关规定。洒布数量宜通过现场实验确定，对无机结合料稳定集料基层的透入深度不宜小于 5mm，液体沥青宜为(0.6~1.5)L/m²，乳化透层沥青宜为(0.7~1.5)L/m²。

　　• 层铺法沥青表处铺筑下封层的石料(0.5~1cm)用量宜为(6~8)m³/1000m²，沥青

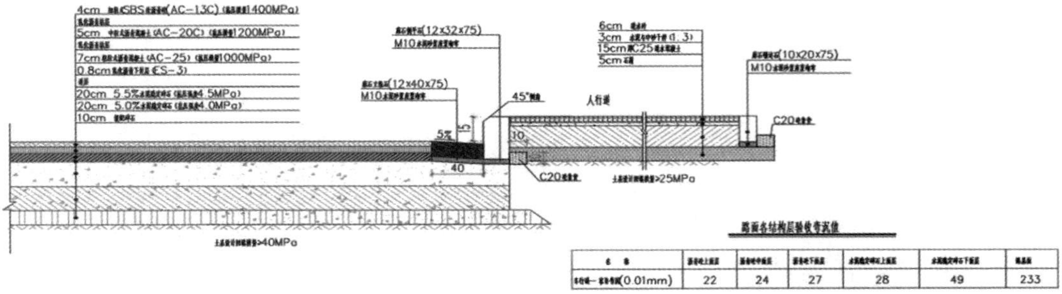

图 1.2　路面结构设计图

用量建议为 $(0.8 \sim 1.1)\,\mathrm{L/m^2}$，封层材料的规格与要求均应符合相关行业标准规定。

- 如果采用不连续施工（或已铺沥青层被污染），在沥青层之间，应设置粘层，粘层沥青宜采用快裂或中裂乳化粘层沥青、改性乳化沥青，也可采用快、中凝液体石油沥青，洒布数量宜为 $(0.3 \sim 0.5)\,\mathrm{L/m^2}$。

- 人行道铺装板，抗折强度应不小于 4.0MPa，防滑等级 R3，防滑性能指标 BPN 不小于 65，人行道内盲道砖宽度为 60cm。道路平面石及立缘石石料要求在 $50 \sim 100\mathrm{cm}$ 长度规格范围内选用，同一路段相邻石料长度容许偏差为 ±2cm，曲线应采用与平面线形同半径的圆弧形石料。

- 人行道基层每 5m 锯切一道缩缝，30m 设一道胀缝，缝宽 $1.5 \sim 2.0\mathrm{cm}$，缝内填充沥青橡胶板。

- 路基顶须做精加工处理，路基回弹模量应不小于 40MPa。

- 工程人行道标高在两厢用地标高允许的情况下应抬高至路面以上 15cm，保证人行道横坡不小于 0.5%，如有临时停车需求时可适当降低，但不应低于 5cm，如不允许停车则设置止车石。立缘石、平缘石按新建设考虑。

- 路面各结构层的施工质量检测技术指标及原材料性能技术要求按照《沥青路面施工及验收规范》（GB 50092—96）和《城镇道路工程施工及质量验收规范》（CJJ 1—2008）执行。

- 图 1.3 的方法适用于现状道路基层为水泥混凝土交叉口的加铺层搭接处理。

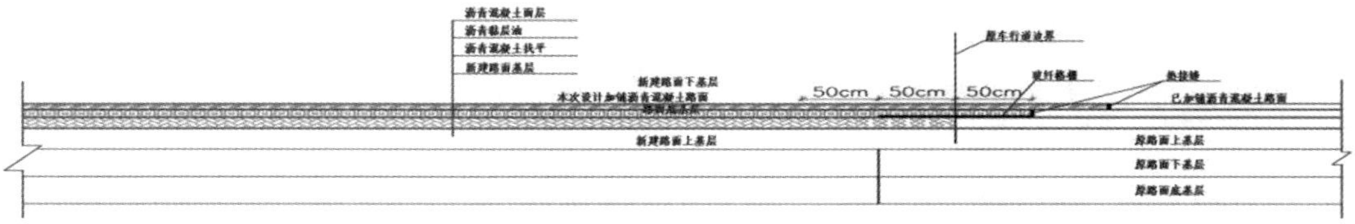

图 1.3　新旧沥青路面基层搭接处理图

- 各层相接处应喷洒沥青粘结层。

- 原路面板裂缝及各板块间纵、横缝均需采用抗裂贴处理。

- 图 1.4 的方法适用于零阳中路与火车站站前广场处，以及与其余相交道路因改造时序差别导致的新旧沥青路面搭接处理。

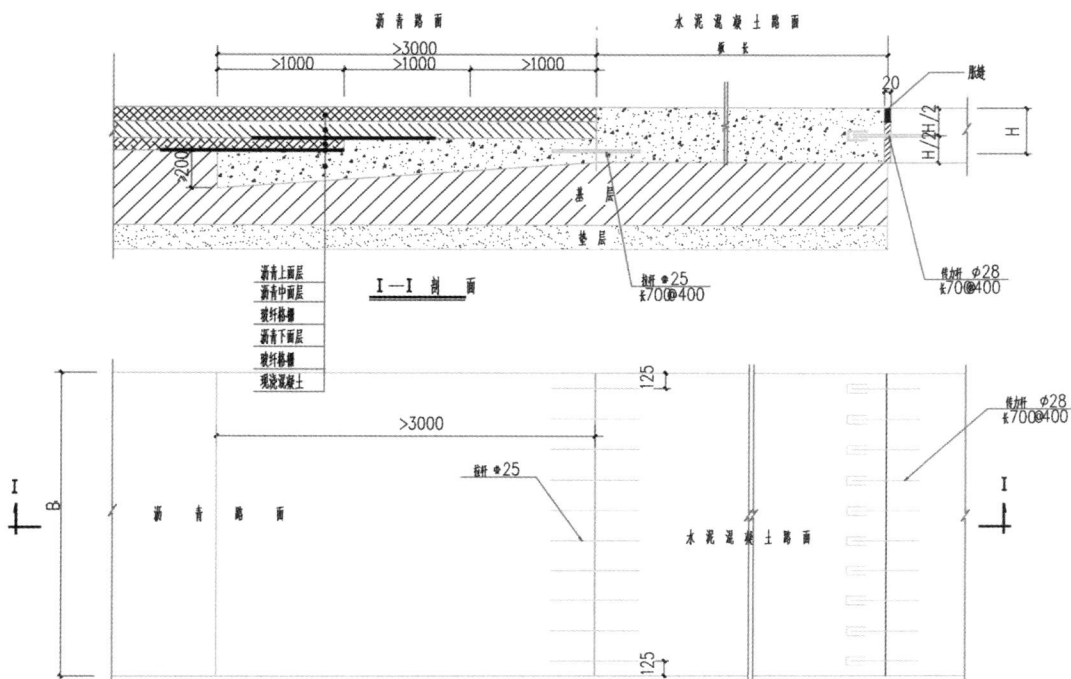

图 1.4　沥青—水泥混凝土路面、路基搭接图

填方、挖方路段一般路基设计见图 1.5。

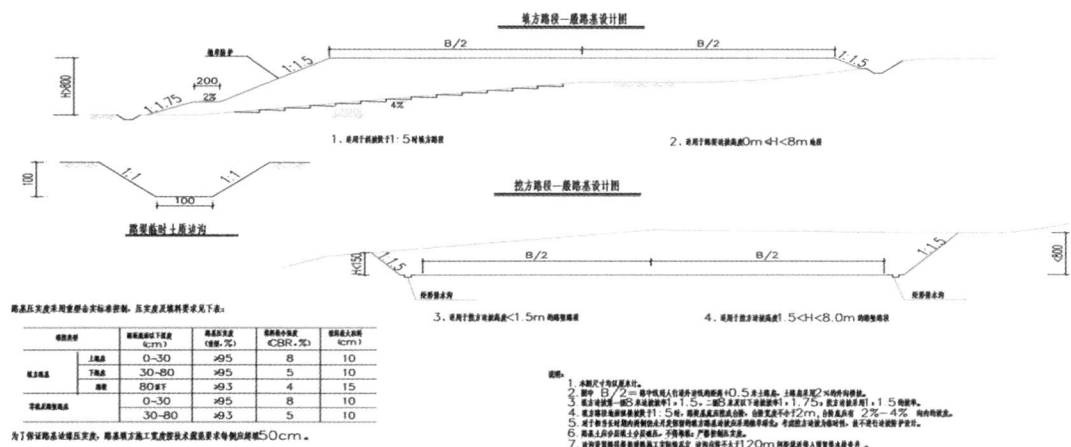

图 1.5　填方、挖方路段一般路基设计图

- 淤泥路基处理设计与不良地质为杂填土、素填土。

- 道路为老路改造，一般无软土，考虑到局部路段因路面结构破坏严重，导致雨水渗入使道路路基土长期被水浸泡成为软土，故暂时先考虑软基处理。

• 当清除不合格土(杂填土、表土、种植土等)，地下水位较低时，应在清除不合格土后，先作填前压实，再换填素土分层压实，压实度同路基[见图 1.6(a)]。

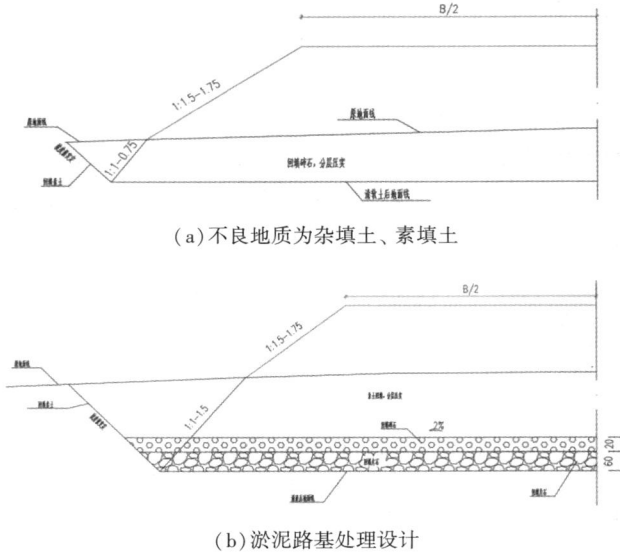

(a)不良地质为杂填土、素填土

(b)淤泥路基处理设计

图 1.6　淤泥路基处理设计与不良地质为杂填土、素填土

• 当不良地质为淤泥时，应先清除淤泥及 30cm 厚扰动层，然后回填 60cm 块片石，用较小石块填塞垫平，用重型机械碾压紧密，然后在其上设 20cm 厚级配碎石，再进行填土分层压实。如果地下水丰富，则应在清淤线边界位置设置砾石盲沟[见图 1.6(b)]。

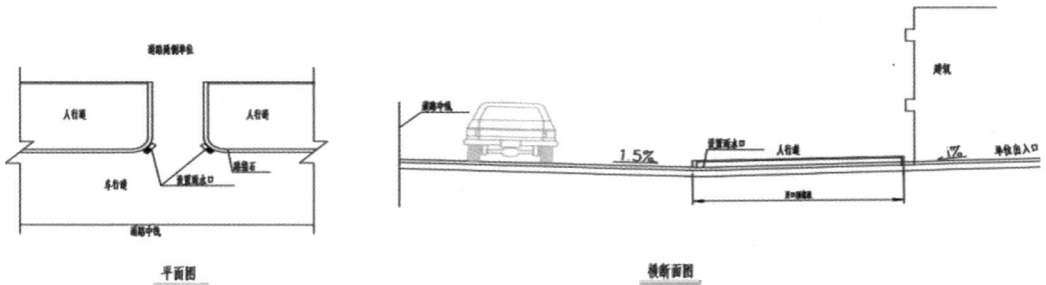

平面图　　　　　　　　　横断面图

图 1.7　道路开口顺接处理图(避免开口处积水，施工根据开口处接路的坡向确定设置雨水口)

②人行道路面结构(见表 1.11)。

表 1.11　原人行道与新铺人行道结构层

序号	原人行道	新铺人行道
1		6cm 透水砖
2	4cm 烧结砖	3cm 水泥与中砂干拌(1∶3)
3	15cm 水泥混凝土	15cm 厚 C25 透水混凝土
4	10cm 级配碎石	5cm 级配碎石

人行道垫层底进行整形，混凝土基层每隔 5m 锯切一条缩缝，缝宽 0.3~0.8cm，缝深 3cm，缝内填塞沥青橡胶粉填缝料。每隔 30m 设一条胀缝，缝宽 1~1.5cm，缝内填塞沥青橡胶粉填缝料。现有路缘石全部改成麻石，人行道与车道路面高差一般路段为 15cm，如受两厢建筑标高限制可适当调整，适当降低立缘石与路面高差，但不宜小于 5cm，并补充必要的止车设施。透水砖的强度等级和物理性能要求以及透水水泥混凝土性能要求见表 1.12 和表 1.13。

表 1.12　透水砖强度等级和物理性能要求

抗压强度/MPa		抗折强度/MPa		透水系数	防滑性	耐磨性（磨坑长度）
平均值	单块最小值	平均值	单块最小值			
≥40.0	≥35.0	≥5.0	≥4.2	≥1.0×10^{-2} cm/s(15℃)	BPN≥60	≤35mm

表 1.13　透水水泥混凝土性能要求

序号	项目	单位	性能要求
1	耐磨性(磨坑长度)	mm	≤30mm
2	透水系数(15℃)	mm/s	≥0.5
3	连续孔隙率	%	≥10
4	抗压强度(28d)	MPa	≥25
5	弯拉强度(28d)	MPa	≥3

人行道结构材料需满足国家建筑标准图集 16MR204《城市道路——透水人行道铺设》的要求。

（6）水泥稳定碎石

①水泥稳定碎石级配要求。道路基层采用水泥稳定碎石，水泥含量分别为 4.0%、5.0% 和 5.5%。施工时应结合现场配合比试验采用合理且满足规范要求的配合比。水泥稳定碎石应在拌和厂集中拌和，现场摊铺。水泥稳定碎石中集料应具有一定的级配，级配范围应满足《公路沥青路面设计规范》(JTG D50—2006) 的规定，且最大粒径不应超过 31.5mm。水泥稳定碎石级配最终应通过配合比设计确定，机动车道 7d 无侧限强度不小于 4.0MPa。水泥稳定碎石级配要求如表 1.14 所示。

表 1.14　水泥稳定碎石级配要求

级配	通过下列筛孔(mm)的质量百分率							
	31.5	26.5	19.0	9.5	4.75	2.36	0.60	0.075
范围	100%	90%~100%	72%~89%	47%~67%	29%~49%	17%~35%	8%~22%	0~7%

②水泥稳定碎石级配施工要求。

- 清除作业面表面的浮土、积水等，并将作业面表面洒水湿润。
- 开始摊铺的前一天要按摊铺机宽度与传感器间距进行测量放样。

- 摊铺前应将底基层洒水湿润；对于基层下层表面，应喷洒水泥净浆。
- 摊铺机宜连续摊铺，摊铺机后面，应紧跟三轮或双钢轮压路机、振动压路机和轮胎压路机进行碾压，一次碾压长度一般为50~80m。碾压段落必须层次分明，设置明显的分界标志。
- 碾压应遵循试铺路段确定的程序与工艺，压路机碾压时应重叠1/2轮宽。
- 碾压宜在水泥初凝前及试验确定的延迟时间内完成，达到要求的压实度，同时没有明显的轮迹。
- 水泥稳定碎石混合料摊铺时，应连续作业，如因故中断时间超过2h，则应设横缝；每天收工之后，第二天开工的接头断面也要设置横缝；要特别注意桥头搭板前水泥碎石的碾压。
- 每一段碾压完成以后应立即进行质量检查，并开始养生，养护期间应封闭交通。

（7）路基设计

①路基填筑与压实。路基填料宜选择有一定级配的砾类土、砂类土等粗粒土，特别是路床部分；黏性土等细粒土次之，当含水量超过最佳含水量较多时，应掺入石灰等固化材料处理后使用；粉性土和耕植土、淤泥、杂填土等不能用于填筑路基。路基填料的强度和粒径应满足规范要求。

路基压实度采用重型击实标准控制，压实度及填料要求见表1.15。

表1.15 采用重型击实标准控制，压实度及填料要求

填挖类型		路面底面以下深度 /cm	路基压实度（重型）	填料最小强度（CBR）	填料最大粒料 /cm
填方路基	上路床	0~30	≥95%	8%	10
	下路床	30~80	≥95%	5%	10
	路堤	80以下	≥93%	4%	15
零填及路堑路床		0~30	≥95%	8%	10
		30~80	≥93%	5%	10

为了保证路基边缘压实度，路基填方施工宽度按技术规范要求每侧应超填50cm。

②路基施工。路基设计标高为路面设计标高减去路面结构层厚度，设计路线纵断面和横断面图均按路面设计标高（道路中心线）绘制，土石方数量均按路基施工标高控制。基底处理：破除现状路面结构后，需先清除破碎垃圾、树根、草皮和软塑性耕植土、淤泥质土；填筑路基之前，基底必须压实，压实度达到规范要求。路基基底范围内有地表水或地下水影响路基稳定时，必须采取截水、排水等措施，或换填砂碎石。在地面纵、横坡为0~1∶10时，填土前须填前碾压；在地面纵、横坡为1∶10~1∶5时，填土前须挖松再碾压，在地面纵、横坡大于1∶5斜坡上填筑路基均需开挖台阶，台阶宽2m，台阶底部向内倾斜4%。

③软基处理。因无地勘资料，根据项目已实施道路项目经验，现状路基局部多处路

段可能存在软土，采用换填法处理，当路基开挖至设计路床标高后，需对路基压实度、CBR 值及弯沉进行检测，满足设计要求后方可进行下一步施工，否则应对路基处理后再实施路面工程。

• 当清除不合格土(杂填土、表土、耕植土等)，地下水位较低时，应在清除不合格土后，先作填前压实，再换填素土分层压实，压实度同路基。

• 当不良地质为淤泥时，应先清除淤泥及 30cm 厚扰动层，然后回填 60cm 块片石，用较小石块填塞垫平，用重型机械碾压紧密，然后在其上设 20cm 厚级配碎石，再进行填土分层压实。如果地下水丰富，则应在清淤线边界位置设置砾石盲沟。

④路面排水。机动车道和人行道雨水均通过路拱横坡收集于车道外边缘平石，再纵向排入雨水口。项目 K4+818.724~K4+948.724 路段最小纵坡为 0.203%，采取加密雨水口方式排出路面雨水，避免纵坡过小导致排水不畅。

⑤交叉口设计。设计道路与相交道路均为平面交叉。相交道路各交叉口建设后应确保交叉口不积水，确保雨水口位置为标高最低点。

(8)人行过街设施、无障碍设计及公交站布设

在交叉口标划人行横道，并配有必要的交通标识。为方便残疾人，沿线交叉口、单位出入口均按要求作无障碍设计。人行道全线做盲道，盲道宽 30cm。道路交叉口人行道在对应人行横道线的缘石部位设置缘石坡道，采用三面坡缘石坡道时，坡度为 1：12；采用单面坡道时，坡度为 1：20；坡道宽 2~3m，下口缘石高出车行道的地面 0~10mm。单位出入口可与交警及城管部门协商后确定。公交车站位置设置根据规范要求，结合现状公交车站位置以及两侧人行道宽度限制条件设置，共设置 8 处港湾式公交车站。

◆◇ 1.3 路基路面工程施工

①施工前应查对、复核导线点和水准点等桩志和各控制点坐标、标高有关测量资料，发现桩志不足、不妥、位置移动或精度与要求不符，均须进行补测、加固，对不同道路、不同区段的施工，应注意高程及位置的核对、相互之间的衔接。

②应做好试验工作，落实浅覆土管线的加固碾压、路床压实度、弯沉指标、基层抗压强度等。

③图册为道路专业图册，需与其他专业图册配合使用，开工前，在设计交底的基础上进行现场核对和施工调查。

④项目施工前应及时核实地形数据。

⑤由于现状道路下铺设了很多管线，应做好相应施工组织方案。加铺沥青施工前应处理好现有检查井盖及雨水口提升及增设，临时井盖确保雨水口位于路面标高最低处。

⑥由于部分路段需要开挖铺设管线，两厢居民较多，行人出入频繁，施工中应做好

相应的安全及交通组织措施。

⑦每道工序完成，必须经过验收合格后，方可进行下道工序的施工。

⑧沥青混凝土应采用马歇尔试验配合比设计方法确定配合比。

⑨所有预埋管线必须先期统筹安排预埋到位。

⑩管道开挖埋设后，回填应采用中粗砂或级配碎石进行沟槽回填压实。

⑪新旧加铺沥青面层搭接处应先切成平接缝，涂洒热沥青，采用热接缝形式处理。

⑫人行道采用破除基层新建处理，同一路段宜统一采用现有铺装板或新采购铺装板铺装，不得新旧交错施工，新采购的铺装板强度及防滑性能需满足规范要求。

⑬道路沿线有现状燃气管和军用光缆，横向局部有现状排水渠，施工时应注意对现状管线和构筑物的保护。

◆ 1.4 本章小结

零阳中路为慈利县城的一条城市主干道。本章结合零阳中路路基路面改造工程实践，给出了路基路面工程的设计依据，开展了路基路面工程综合设计，最后对改造工程施工中的一些重要问题进行了简要分析。

第 2 章 零阳中路路基路面地下管线工程

设计范围为慈利县市政零阳中路两段，紫霞路至幸福路段（桩号 K1+880~K2+560）及古城路至万福路段（桩号 K3+533~K5+046），配合城区排水防涝工程建设，为道路两侧及慈利县城配套完善、合理、安全可靠的市政管线设施，进行零阳中路给、排水设计（见图 2.1 和图 2.2）。

◆◇ 2.1 工程概况

①排水工程现状：零阳中路存在大量合流制排水砖砌管渠，污水直接排放对水环境有一定影响，现状排水管线覆土很浅，且占用位置较多，不利于其他管线实施。故设计未考虑现状利用因素。在施工过程中，若现状管道及检查井符合设计要求，可以加以利用。

②排水工程设计：采用雨污分流制，新建雨、污水管，污水分段排入截污干管及下游污水干管中，最终流入污水处理厂；污水管线采用双侧布置，管径均为 DN400，类型为钢带增强聚乙烯螺旋波纹管。雨水管道采用单侧铺设，其中排水方向和现状排水出路基本一致，分段排入现状撇洪渠，最终排入澧水；在车行道中心布置管径范围为 d600~d1600、管材为钢筋混凝土的排水管。在站前大道路口新建一道 2000mm×2000mm 撇洪渠，将桩号 K1+940 处现状 2700mm×2100mm 的撇洪渠与站前大道现状 2000mm×2000mm 的撇洪渠联通，满足排水防涝需求，并对桩号 K2+551 处现状 7500mm×2000mm 的撇洪渠及 K3+776 处现状 2000mm×3000mm 的撇洪渠过路段进行改建。

③给水工程现状：零阳中路北侧现铺设有 DN300~DN600mm 输水管，管材为水泥，管径及管材均不能满足县城供水需求及发展要求，需对给水管进行改造。

④给水工程设计：给水管线沿零阳中路南侧铺设 DN400~DN600 输水干管，采用内外涂塑钢管，管道工作压力为 0.6MPa。

⑤由于道路下专业管线较多，为更好地指导其他专业管线设计以及施工，进行管线综合设计。

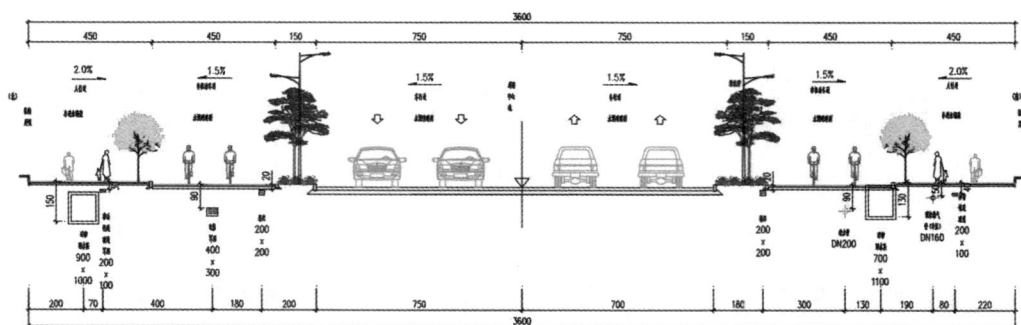

(a)零阳中路(幸福路-万福路)管线综合现状横断面图〔现状〕

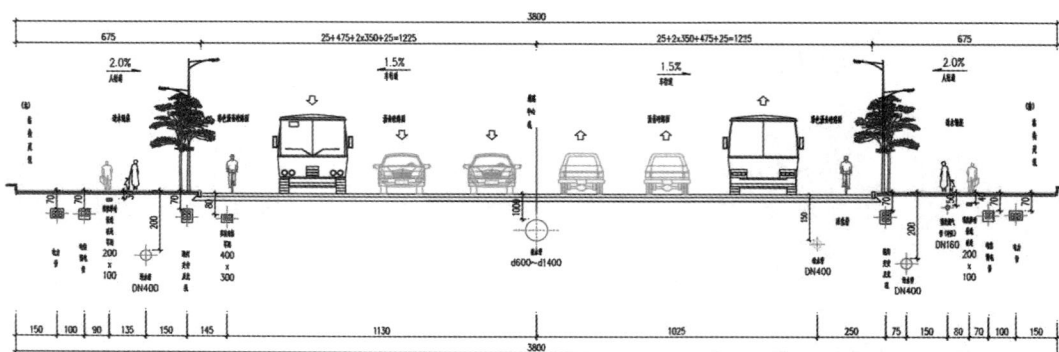

(b)零阳中路(幸福路-万福路)管线综合现状横断面图(改造后)

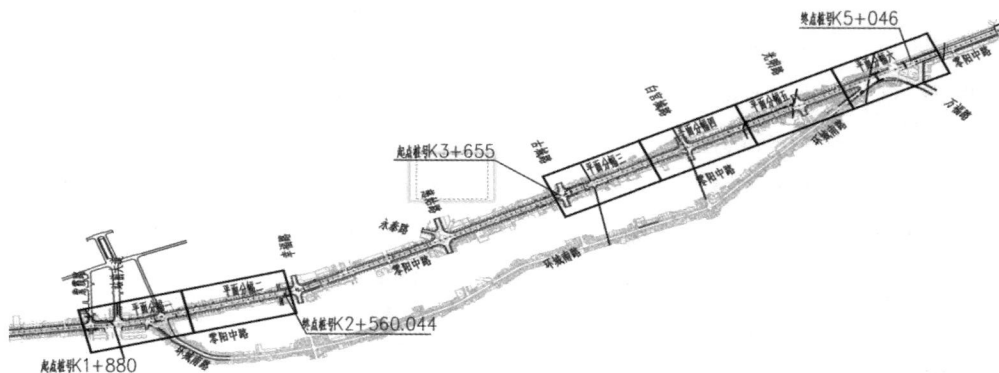

(c)管线平面分幅布置图

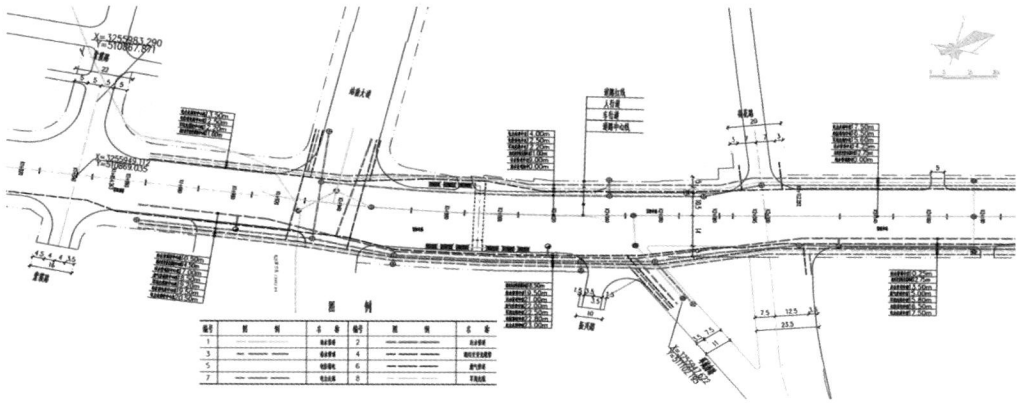

（d）管线综合平面图（一）

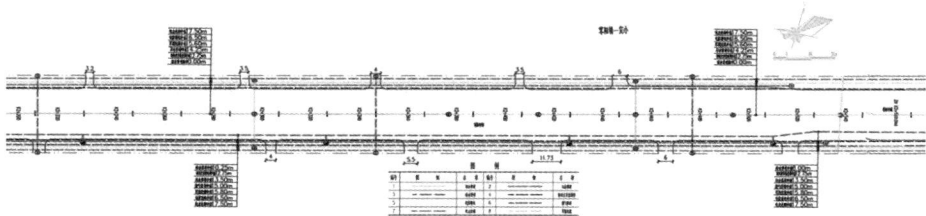

（e）管线综合平面图（二）

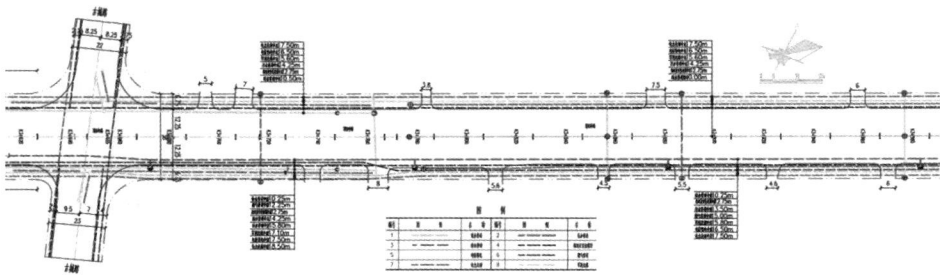

（f）管线综合平面图（三）

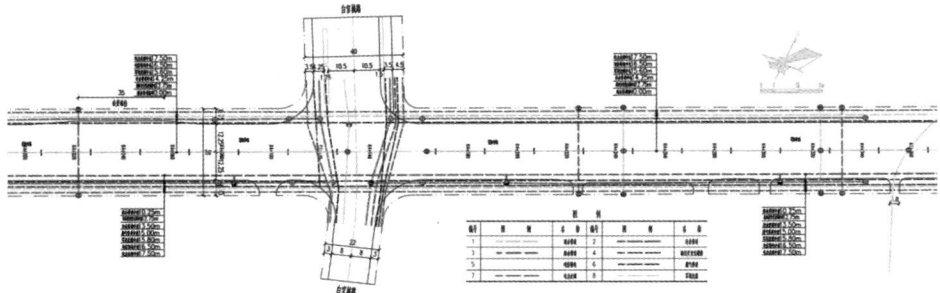

（g）管线综合平面图（四）

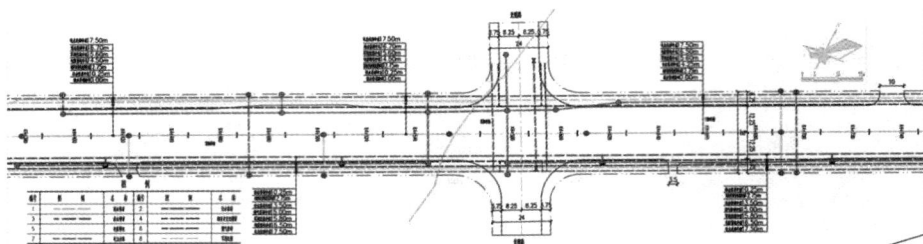

（h）管线综合平面图（五）

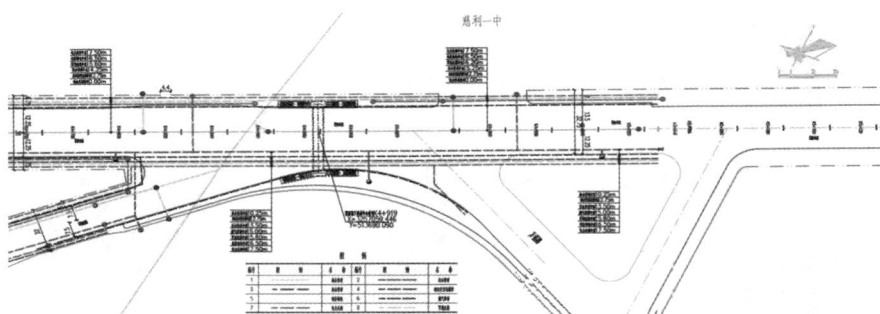

（i）管线综合平面图（六）

图 2.1　零阳中路管线综合标准平横断面图

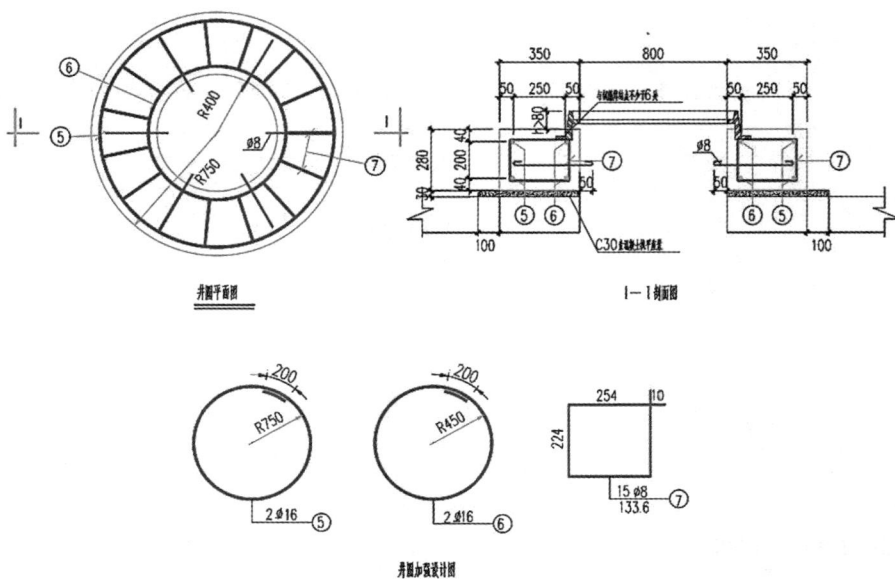

（a）井圈加强设计图

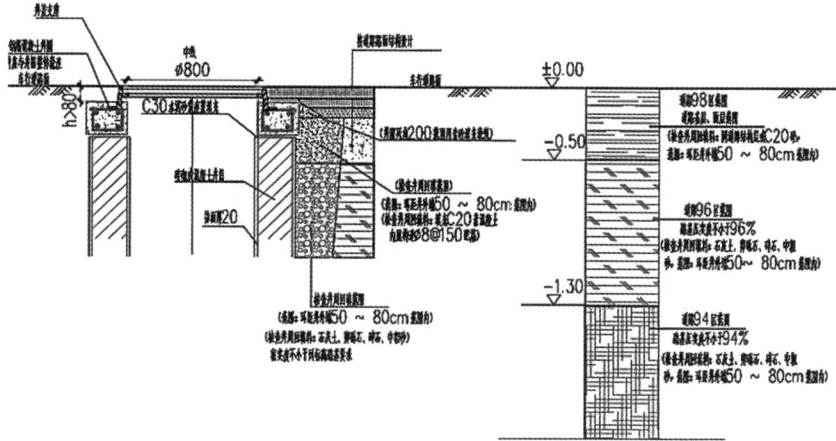

（b）车道下排水井圈及井周做法详图

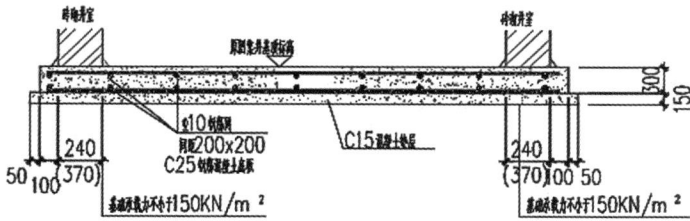

（c）检查井基础加强做法

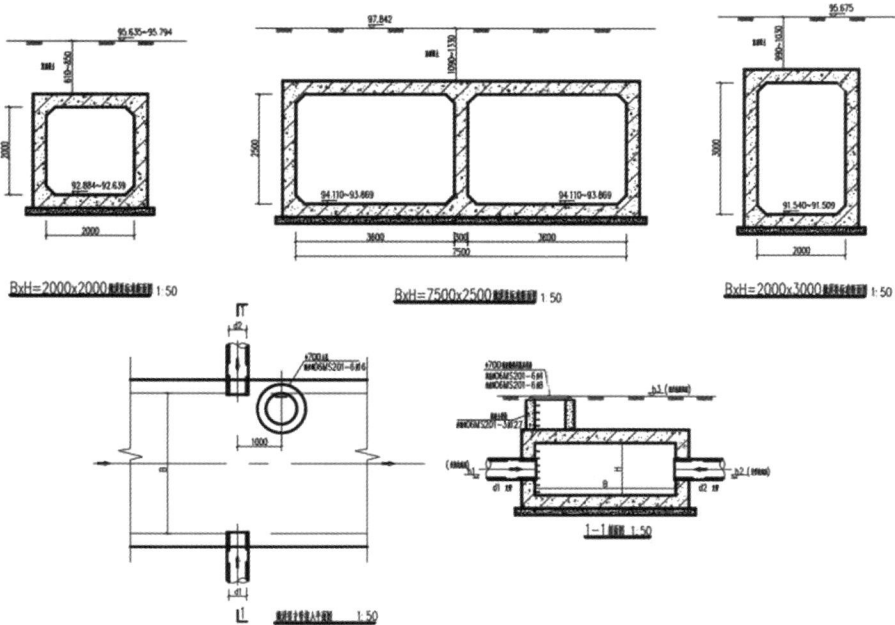

（d）撇洪渠大样图

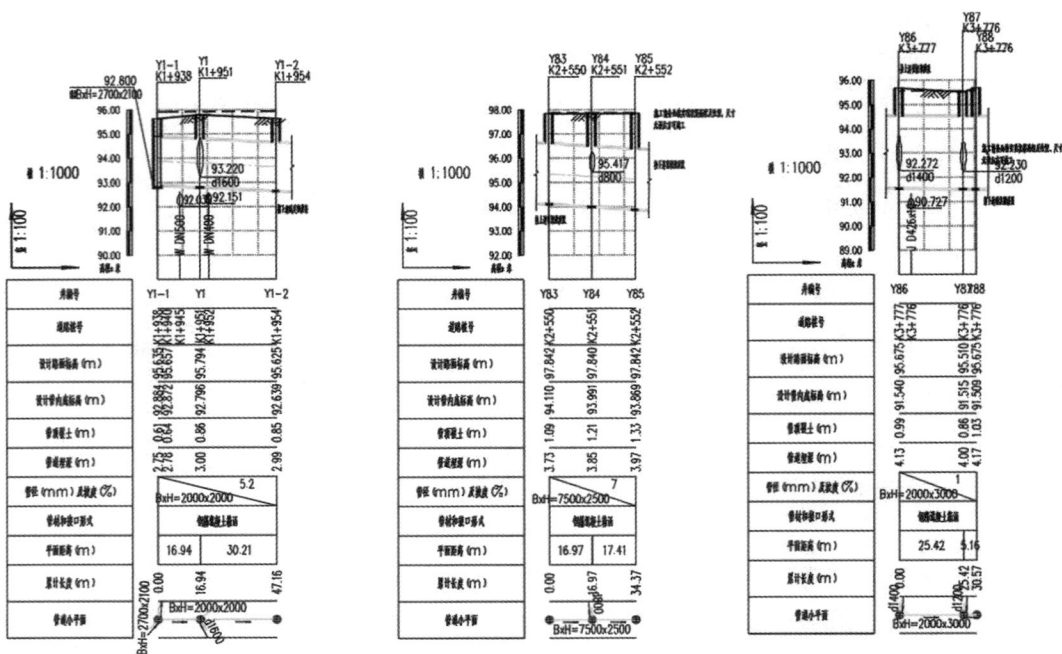

(e)站前大道新建撇洪渠　　　　(f)幸福路西侧过路撇洪渠改建　　　(g)古城路东侧过路撇洪渠改建

图 2.2　检查井加强与撇洪渠大样图

图纸说明：尺寸单位：除特别注明外，标高以 m 计，其余以 mm 计；B 为箱涵净宽，H 为箱涵净高，根据雨水平面图中标注选择适用；d_1、d_2 为接入雨水支管管径，管径大小、高程及接入位置、数量，根据平面图确定；接入支管在井室内应伸出 30mm；图中混凝土井筒高度以实际箱涵顶覆土厚度确定。

◆◇ 2.2　设计依据

①建设单位提供的 1∶1000 地形图及管线测量图。

②《慈利县排水系统专项规划》相关图纸。

③张家界市慈利县城市总体规划（2013—2030）》。

④《慈利县城区地下综合管线图》2017.06。

⑤道路专业提供的道路施工图设计。

⑥采用的规范和标准如下：

- 《城镇给水排水技术规范》（GB 50788—2012）；
- 《城市工程管线综合规划规范》（GB 50289—2016）；
- 《给水排水管道工程施工及验收规范》（GB 50268—2019）；

- 《室外排水设计规范》（GB 50014—2021）；
- 《室外给水设计标准》（GB 50013—2018）；
- 《给水排水工程管道结构设计规范》（GB 50332—2002）；
- 《埋地聚乙烯排水管管道工程技术规程》（CECS164：2004）；
- 《埋地排水用钢带增强聚乙烯（PE）螺旋波纹管》（CJ/T 225—2006）。

◆◆ 2.3　设计范围及内容

①设计范围与道路工程一致，为零阳中路，路段总长约 2193m。

②设计内容为零阳西路下的给水、雨水、污水管道以及管线综合设计。

◆◆ 2.4　放线原则及高程控制

①采用的水准点及坐标系统与道路工程一致，统一由建设单位提供。

②放线原则：给、排水管线放线按给定桩号以及与道路设计中心线标注的定位尺寸、管道长度施放。

③凡位于路口以及现状有预埋支管接入的井位均为控制井位，除控制井位外，其余检查井可根据现场实际情况沿管道长度方向进行调整，调整间距不大于 2m，且两检查井之间的距离不能大于《室外排水设计规范》所规定的距离。

◆◆ 2.5　管材标准及要求

为加快施工进度，缩短工期，工程污水管道均统一采用钢带增强聚乙烯螺旋波纹管，环刚度≥8kN/m²，管材应符合《埋地排水用钢带增强聚乙烯（PE）螺旋波纹管》（CJ/T 225—2011）的要求。雨水管道采用钢筋混凝土管，给水管道采用内外涂塑钢管，工作压力为 0.6MPa。

◆◆ 2.6　施工方法

（1）施工组织

工程建设要统一规划、协调配套、统一组织，坚持先地下后地上、先深后浅的施工原则，避免由于反复刨槽带来的经济损失。

（2）管道开槽

施工应依据本工程设计管线位置及土质情况和地下水位情况，确定管道开槽形式。由于该道路两侧现状建筑紧临道路边线，且道路下现状有光缆、给水、高压架空线等设施，因此，为不影响建筑及市政管线设施安全，并减少对现有交通的影响，对于靠近两侧人行道的管线，建议采用支撑开槽方式。沟槽边坡坡度应符合《给水排水管道工程施工及验收规范》（GB 50268—2019）的相关规定。沟槽开挖土方及回填具体以现场计量为准。沟槽弃土应随出随清理，均匀堆放在距沟槽上口边线 1m 以外，建议堆土高度一般不应超过 1.5m。沟槽开挖过程中及成槽后，槽顶应避免出现振动荷载，成槽后应尽快完成管道基础和铺设管道等工作，避免长时间晾槽。使用机械挖土时，为了防止机械超挖而扰动原状土壤，在设计槽底高程以上应留 20cm 左右一层采用人工清挖。施工开槽时，槽底禁止扰动，不允许超挖。如遇局部超挖或发生扰动，换填最大粒径 10~15mm 的天然级配碎石。沟槽开挖深度超过 5m 或开挖深度虽未超过 5m，但地质条件、周围环境和地下管线复杂，或影响毗邻建筑（构筑）物安全的基坑按深基坑处理，深基坑开挖执行湖南省相关规定。建筑边坡与深基坑工程设计方案应由具有相应的综合岩土工程勘察或专业岩土工程设计资质并具有同类工程设计业绩的单位编制，且按规定进行评审。

（3）施工排水

槽底不得受水浸泡，当沟槽位于地下水位以下时，要做好排水工作。设计建议采用水窝子加排水沟降水等方法。将地下水位降至槽底以下 0.5m，方可进行基础施工与管道铺设等其他工序。

（4）管道基础

①内外涂塑钢管和钢带增强聚乙烯（PE）螺旋波纹管的基础见图 2.3（a），混凝土管道的基础见图 2.3（b），并满足"国家建筑标准图集"《市政排水管道工程及附属设施》06MS201—2 以及《埋地聚乙烯排水管管道工程技术规程》（CECS 164：2004）的要求。

②管道铺设前必须清除沟底内的杂物，如：块状物、坚硬物，然后做管道基础，整平夯实后方可施工。

③在进行检查井沟槽开挖修平后，必须进行基础承载力检测，管道基础地基承载力要求不小于 $100kN/m^2$，且应满足道路要求。

（5）管材接口

各类管道接口施工前应由管材供应商提供相应管材管道工程施工、安装手册，并指导施工单位施工。

①钢带增强聚乙烯（PE）螺旋波纹管管材接口形式为电熔带连接。管道接口按照"国家建筑标准设计图集"《市政排水管道工程及附属设施》06MS201—2："钢带增强聚

乙烯(PE)螺旋波纹管热收缩套接口"施作。

②内外涂塑钢管连接方式应能确保管道内外表面涂层不被破坏,可采用无损伤连接或双金属焊接等方式。

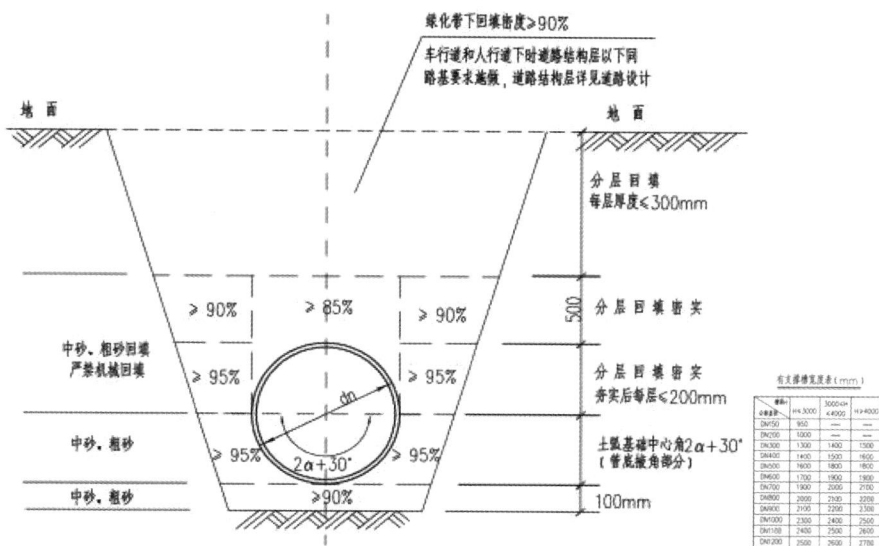

(a)砂基础断面图

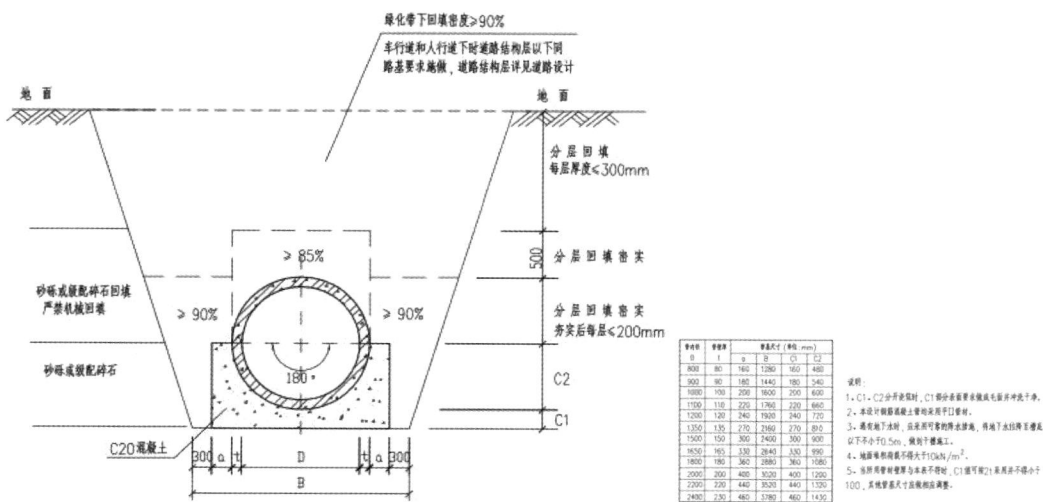

(b)混凝土基础断面图

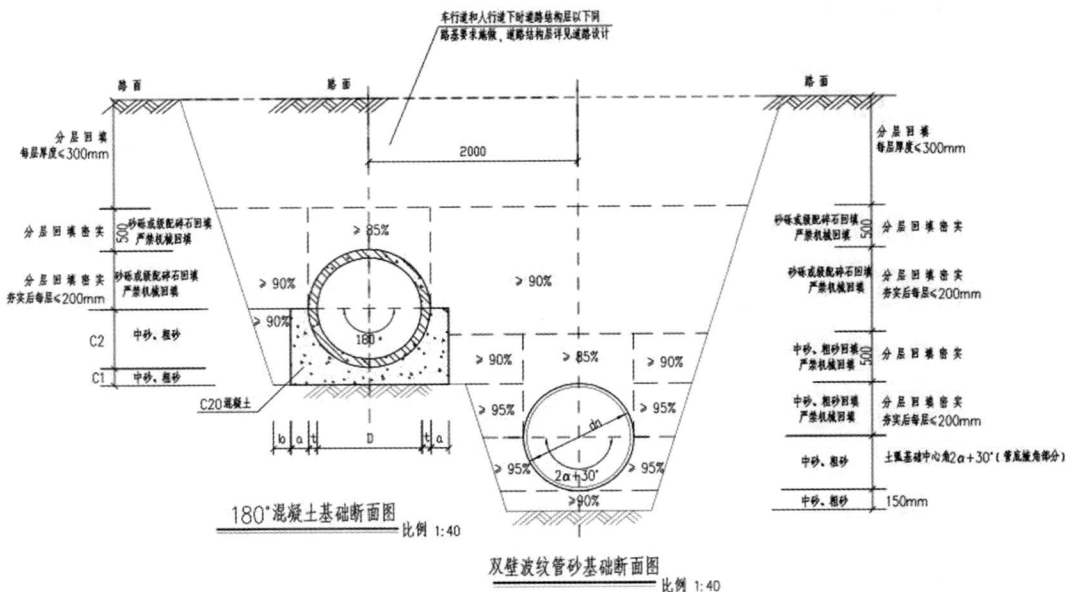

（c）给水管混凝土基础和污水管砂基础断面图

图2.3 给、排水管基础断面图

③钢筋混凝土管采用企口管或承插口管，对应的接口形式为橡胶圈接口或其他柔性接口方式（如注浆密封接口）。接口方式应能满足地质条件及抗震设计要求，不发生渗漏。

④管材所采用接口材料均应符合现行规范标准要求，由管材生产厂家按规格配套供应，其质量及功能由厂家提供担保。施工前应由各管材供应商提供相应管材管道工程施工、安装手册，指导施工单位施工。

（6）内外涂塑钢管防腐

以螺旋焊接钢管为基管，内、外防腐采用单层熔结环氧粉末涂层防腐。根据《钢质管道熔结环氧粉末外涂层技术规范》（SY/T 0315—2013）第四条及《给水涂塑混合钢管》（CJ/T 120—2016）的要求，环氧粉末外涂层厚度不小于$400\sim450\mu m$。本工程规定采用的螺旋焊接钢管的内、外防腐环氧粉末涂层厚度均为$450\mu m$。

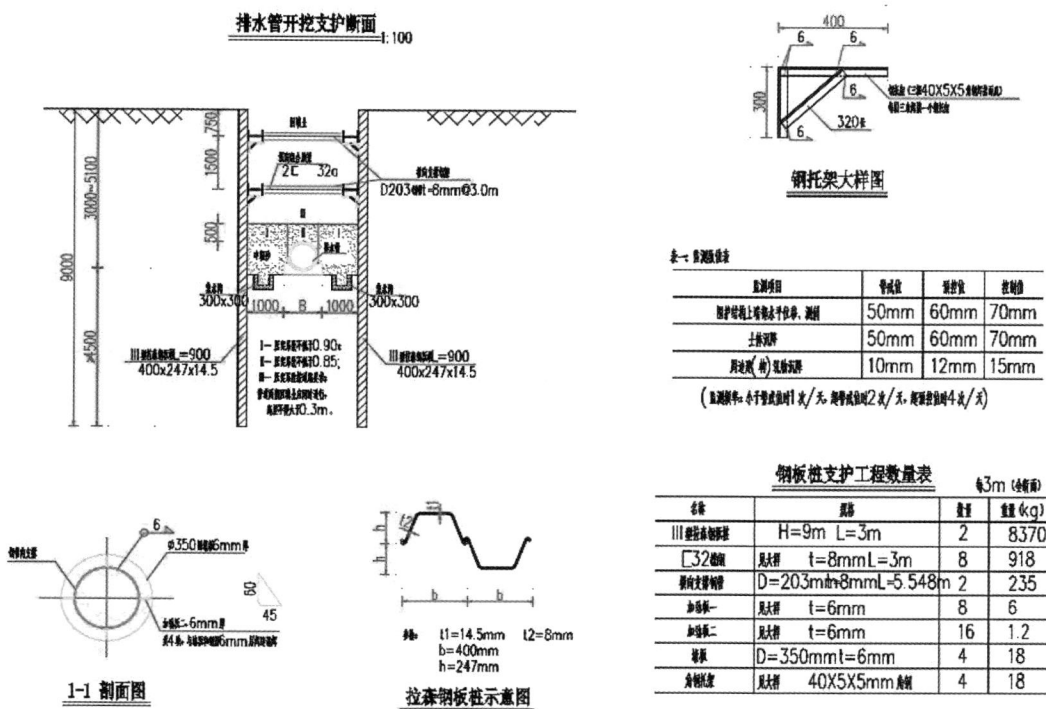

（a）断面图

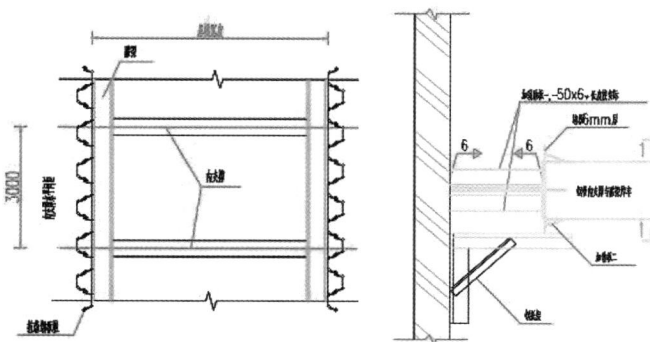

（b）坑槽平面图和腰梁连接大样侧视图

图 2.4　沟槽支护开挖构造图

①环氧粉末涂料及涂层的各项指标应符合《钢质管道熔结环氧粉末外涂层技术规范》（SY/T 0315—2013）的要求。

②涂料及涂层质量确认应符合《钢质管道熔结环氧粉末外涂层技术规范》（SY/T 0315—2013）的相关要求。

③涂敷施工前必须采用适当的方法将附着在钢管表面的油、油脂及任何其他杂质清

理干净，钢管表面喷(抛)射除锈等级应达到《涂覆涂料前钢材表面处理表面清洁度的目视评定》(GB/T 8923.1—2011)标准中规定的 Sa21/2 级，表面锚纹深度应在 $40 \sim 100 \mu m$ 范围内，并应符合《钢质管道熔结环氧粉末外涂层技术规范》(SY/T 0315—2013)的相关要求。

④涂层的补修及重涂应符合《钢质管道熔结环氧粉末外涂层技术规范》(SY/T 0315—2013)的相关要求。

⑤现场补口及质量检验应符合《钢质管道熔结环氧粉末外涂层技术规范》(SY/T 0315—2013)的相关要求。

⑥内外涂塑钢管连接方式应能确保管道内外表面涂层不被破坏，应采用无损伤连接或双金属焊接等方式。无损伤连接是将两根涂塑管直接套在无损伤焊接件里，再用电焊对焊即可，焊接件中间采用密封圈连接；双金属焊接是在普通钢管的内部衬一层不锈钢薄板，将不锈钢薄板满焊在钢管端口，然后将管道进行涂塑加工，成品管道焊接时先用不锈钢焊条打底，再用电焊焊接完整，最后用修补液修补。

(7)管道安装

①管道安装前应做好如下准备工作：

• 所有管材应进行外观检查，并采取抽样法进行检测。管节内外壁、承插和橡胶圈应进行外观检查，有损伤或变形应进行处理或调换。

• 按规定选配合理的胶圈，套入插口端部，试其松紧度是否合适，应做到松紧适中、平整、顺滑、无扭曲。

• 做好工序交接验收，如垫层的平整度、高程、厚度、密实度及排水沟的完好程度、土基有无坍松等。

②下管时要将管道一字排开，尽量做到一次就位，以减少槽下滑动。

③施工单位根据具体情况决定管道接口使用的机具，应保证管道均匀对接。

④每节管道安装就位后，应立即测定高程中心线、间隙量等质量指标，如不符合要求，应及时采取纠正措施。

⑤根据管径大小、沟槽和施工工具装备情况，确定用人或机械将管材放入沟槽，下管时必须采用可靠的吊具，平稳下沟，不得与沟壁、沟底激烈碰撞，吊装应由两个支撑吊点，严禁穿心吊。

⑥将管道放置在地基上，对齐管道，管道连接处的地基上要挖有适合连接操作的操作坑。

(8)管道回填

①管道铺设后应及时进行回填，回填时应留出管道连接部位，管道两侧和管顶以上的回填高度不小于 0.5 m。排水管道连接部位应待密闭性检验合格后及时回填。

②沟槽覆土应在管道隐蔽工程验收合格后进行，覆土前必须将槽底杂物清理干净。

③沟槽回填应从管道、检查井等构筑物两侧同时对称进行，并确保管道和构筑物不产生位移。必要时应采取限位措施。

④回填时沟槽内应无积水，回填土中不得含有石块、砖及其他杂硬物。

⑤钢带增强聚乙烯(PE)螺旋波纹管回填采用中、粗砂至管顶以上 0.5m。从管底至管顶以上 0.5m 范围内，必须采用人工回填，严禁用机械推土回填。管顶 0.5m 以上沟槽采用机械回填时应从管道轴线两侧同时均匀进行，并夯实、碾压，每层回填高度不大于 0.2m。回填材料及密实度要求见图 2.3(a)。

⑥沟槽回填时应严格控制管道的竖向变形。当管径较大、管顶覆土较高时，可在管内设置临时支撑或采取预变形等措施。管道竖向变形率应满足规范要求。

(9)管道附属设施

①给水蝶阀井和排水检查井做法按照"井表"中所要求的图集号施工。雨水进水井采用砖砌平箅式双箅雨水口，雨水箅子及底座采用球墨铸铁材质，详见国标图集 16S518。应满足城-A 级的汽车荷载要求，管道与检查井连接处灌浆要饱满，防止渗漏。

②阀门：管径≥DN300 选用球墨铸铁管网偏心蝶阀，配套伸缩接头，其中阀板、阀轴采用不锈钢材质；管径<DN300 选用软密封闸阀。不同材质之间采用法兰连接，法兰螺栓、螺母均采用不锈钢材质。

③蝶阀、法兰的压力均不小于 1.0MPa。

④消火栓：参照《室外消火栓及消防水鹤安装》13S201，采用室外地上式消火栓，布置在路缘石 1m 的人行道下，间距小于 120m，距路边不应大于 2m，距房屋外墙不宜小于 5m。

⑤排气阀及排气阀井：排气阀选用快速排气阀，安装见《市政给水管道工程及附属设施》07MS101—2，并增加排气井通气管，就近引至人行道电线杆或行道树旁，增加井内气流的顺畅。通气管出口应高于地面至少 0.2m，向下弯折防止雨水进入，并安装防蚊虫网。

⑥排泥井：安装参见《室外给水管道附属构筑物》07MS101—2。

⑦井盖和盖座：采用防盗型球墨铸铁井盖及井座。在机动车道下采用重型井盖，承载力为 D400，在非机动车道下采用轻型井盖，承载力为 D400。并满足《市政排水管道工程及附属设施》06MS201—6 中的要求。井盖订制时，井盖上应有建设单位名称及管线名称等字样。

⑧雨水口箅采用球墨铸铁材料，应采用防盗型井箅，承载力为 D400。雨、污水检查井井盖下方需增设防坠网，防坠网承重≥100kg，具有较大的过水能力。

⑨给水管线上各阀门井内排水就近接入雨水检查井内。

⑩输水管回填时，在管顶以上 50cm 处设置警示带一道，以防止其他管线施工开挖时对给水管造成破坏。

(10)钢带增强聚乙烯(PE)螺旋波纹管与检查井连接

连接时采用自膨胀橡胶密封圈，并现浇 C20 细粒混凝土，做法见 06MS201—2 "管道与检查井的连接"；施工前应先将橡胶圈套插入井壁管端的中间部位，然后随砌井随浇筑细粒混凝土，检查井砌筑完成后，在管道入检查井一侧浇筑 20cm 厚混凝土包封。

（11）给水管道打压试验、冲洗、消毒

①请施工单位在业主的协助下找自来水公司核实给水管径工作压力，并相应确定其试验压力。

②埋地管道必须在管基检查合格后，除接口处不还土外，管身两侧及其上部回填不小于 0.5m 以后进行压力试验。

③压力管道试验管段的长度不大于 1000m。

④压力管道试验压力：水压试验静水压力应为工作压力 $P+0.5MPa$。

⑤管道内充满水后，在不大于工作压力条件下充分浸泡，再进行水压试验，浸泡时间不少于 24h。

⑥试验前应对试压设备、压力表、连接管及管件、排气管及排水管加以检查，必须保持系统的严密性和排尽管道内空气。

⑦试压管段上的弯头、三通特别是管端的盖堵的支撑要有足够的稳定性。

⑧管道分段试压合格后应对整条管道进行冲洗消毒。

● 冲洗应避开用水高峰。

● 管道第一次冲洗应用清洁水冲洗至出水口水样浊度小于 1NTU；冲洗流速应大于 1.0m/s，直到冲洗水的排放水与进水的浊度相一致为止。

● 冲洗时应保证排水管路畅通安全。

● 管道第二次冲洗。应在第一次冲洗后，用有效氯离子含量不低于 20mg/L 的清洁水浸泡 24h 后，再用清洁水进行第二次冲洗，直至水质检测、管理部门取样化验合格为止。

⑨试压未尽事宜均参照《给排水管道工程施工及验收规范》（GB 50268—2019）。

在施工中需要注意以下事项：

①施工单位应严格按照《给水排水管道工程施工及验收规范》（GB 50268—2019）及本工程设计图纸进行施工。

②施工前应按建设要求统一安排进行工程施工操作，并做好自身的施工组织设计，方可开槽施工。井盖修筑高程：道路内井盖修筑高程与所在位置道路修筑高程一致，位于绿化带内的检查井井盖修筑高程应高出所在位置绿化带地面 5cm。修建检查井时，井口可暂不做灰，待道路施工时按路面实际高程调整接顺。

③在管道铺设中，如有小角度调整时，可利用管道可曲挠性适当加以调整，但为了保证管道运行安全，管道的曲挠度应满足产品所要求，在角度调整较大时，应根据角度大小设置相应的弯头管件。

④为满足道路两侧用户用水要求，工程预埋了给水入户支管，其位置见"给水管线平面图"。给水支管管径为 DN150mm，在支管上设置一座蝶阀井，位于道路边线外 1～2m，并预埋支管一节。由于管线避让，支管标高与主管标高不同时，根据调整高度增加相关管道管件。给水阀门井处管道高程可根据设备安装高度需要进行适当调整。

⑤为满足道路两侧用户雨污水排放要求，本工程预埋了雨、污水支管，其位置见

"排水管线平面图"。污水预埋支管均为 DN300mm，坡度为 3‰，坡向道路下污水检查井；道路两侧用户污水通过接户检查井及 DN200mm 接户管，改接至本次新建污水系统；雨水预埋支管管径均为 DN600mm，坡度为 2‰，坡向道路下雨水检查井。

⑥雨水收水井支管采用 d300 钢筋混凝土管，坡度为 1%，坡向检查井。雨水口及收水支管均采用反开施工，即近期暂不施工，待道路施做路面结构层时进行施工，雨水口位置可根据实际情况作适当调整，路面最低处应设雨水口。如遇收水支管覆土小于 700mm 时，采用 360°混凝土包管处理。

⑦雨、污水管道或与其他管道交叉处理时，应使管道的承插口接口避开相交处。当上下层管道管壁间距小于 0.3m；下层管道小于 d1000mm 且上层管道大于 d500mm 时，做 360°包管处理。长度为上层管道管径加上 1000mm。管道包管的两侧回填石屑至上层管外壁。

⑧雨季施工时，应尽可能缩短开槽长度，且成槽快、回填快，并采取防止泡槽的措施，一旦发生泡槽，应将受泡的软化土层清除，换填砂石料或中粗砂。施工单位应严格按照国家标准《给水排水管道工程施工及验收规范》（GB 50268—2019）进行施工，并据此进行工程验收。

⑨管道闭水试验严格按照《给水排水管道工程施工及验收规范》（GB 50268—2019）执行。为方便现状预埋支管接入，设计雨水检查井的桩号及井距与现状合流管基本一致，预埋管位置根据现场实际情况作适当调整。

⑩现状道路人行道下有光缆及燃气管，施工过程中均需要保护，建设单位应组织各专业管线管理单位在现场确认各专业管线的位置，并配专人现场监督和指导，以确保现状各专业管线的安全。由于测量资料不能准确完整地反映出现状各市政管线的位置、尺寸及标高情况，施工前务必复测现状管线情况，特别是现状撇洪渠的位置及标高，若存在问题请建设单位及时与设计单位联系。

◆◇ 2.7　抗震设计

①工程抗震设防烈度为 6 度，必须进行抗震设计，执行《建筑机电工程抗震设计规范》（GB 50981—2014）及《室外给水排水和燃气热力工程抗震设计规范》（GB 50032—2003）相关条款。

②管道应避免铺设在高坎、深坑、扇塌、滑坡地段；保温材料应具有良好柔性。

③管道穿过墙体时采用刚性防水套管与可挠曲橡胶软接头相结合的方式。

④排水管道与检查井采用柔性连接的方式。

◆◇ 2.8　运行管理

①易燃、易爆、有毒物质禁止排入雨、污水管道。

②近期水量不足时，必须加强排水管道的疏通。

③检查井需要下人时，必须先通风并用仪器测量有毒气体浓度，确保无危险时方可下井，下井人员必须携带氧气袋等必要的安全装备，并严格执行《下水道工安全操作规程》，防止发生安全事故。

◆◇ 2.9　管线综合

道路下现有埋地光缆、合流排水管及自来水管等管线。根据实际调研情况，现状管道存在问题较多，需综合考虑各管线布置方案。

（1）各种管线纵向交叉时的处理原则

①小口径管道让大口径管道。

②可弯曲管道让不易弯曲管道。

③压力管道让重力管道。

④新建管线让现状管线。

（2）管线平面布置

①各专业工程管线的平面位置充分考虑现状管线位置、道路横断面情况等因素，具体位置详见图 2.1 和图 2.5。

②施工放线预埋支管、过路支管和井位位置如与其他专业管线有冲突时，应参考管线综合平面图进行调整，避免各专业管线井位与支管位置碰撞和重叠。

（3）管线竖向布置

①当工程管线交叉铺设时，自地上向下的排列顺序宜为：照明、通信管线、电力管线、燃气管线、给水管线、排水管线。

②各专业管线的施工顺序为先下后上，先深后浅。

③在各种管线中，只有雨、污水管线为重力流管线，从上游向下游高程只能逐渐降低，且由于下游排出口标高已确定，排水管线标高不能降低。而通信管线、电力管线、热力管线、燃气管线、给水管线根据地形变化及实际空间要求，可相应调整高程。

④在交叉路口或管线较密集处，采用局部增设管件或检查井的方法来解决局部管道交叉冲突问题，以减少各专业管线的埋深，节省配套管线的投资。

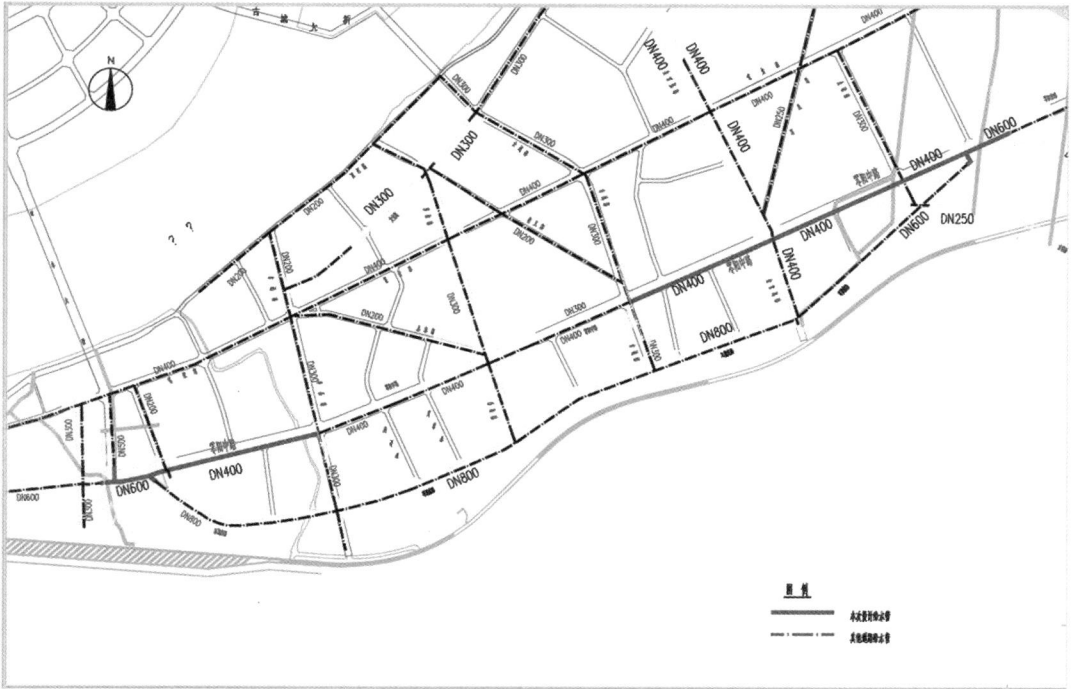

（a）零阳中路管线给水总平面图

（b）零阳中路管线污水总平面图

（c）零阳中路雨水管线总平面图

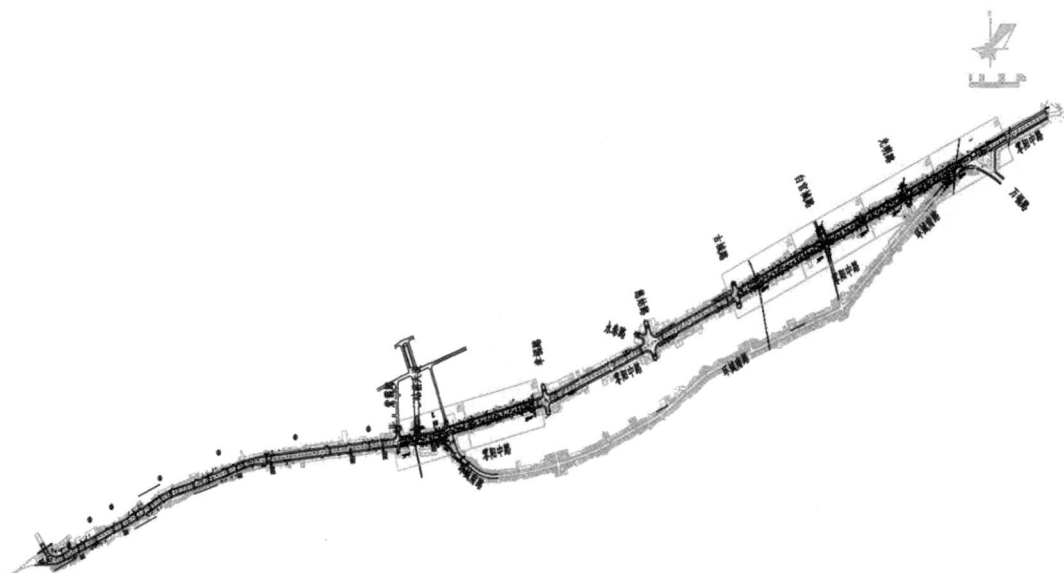

（d）地下管线综合平面图

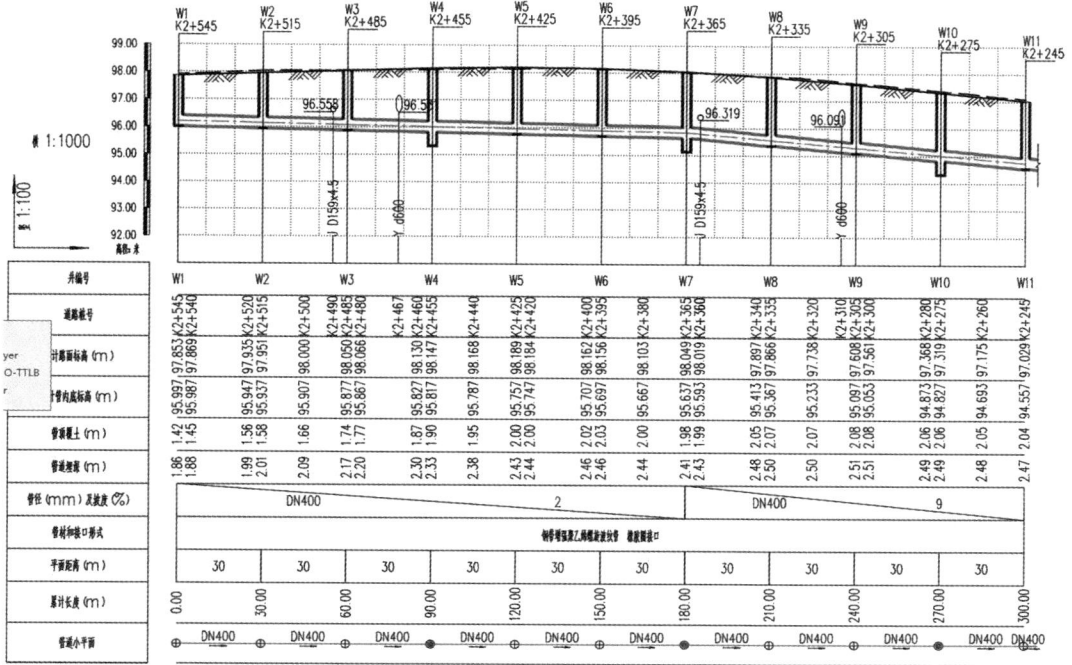

给水管线纵断面图（一）

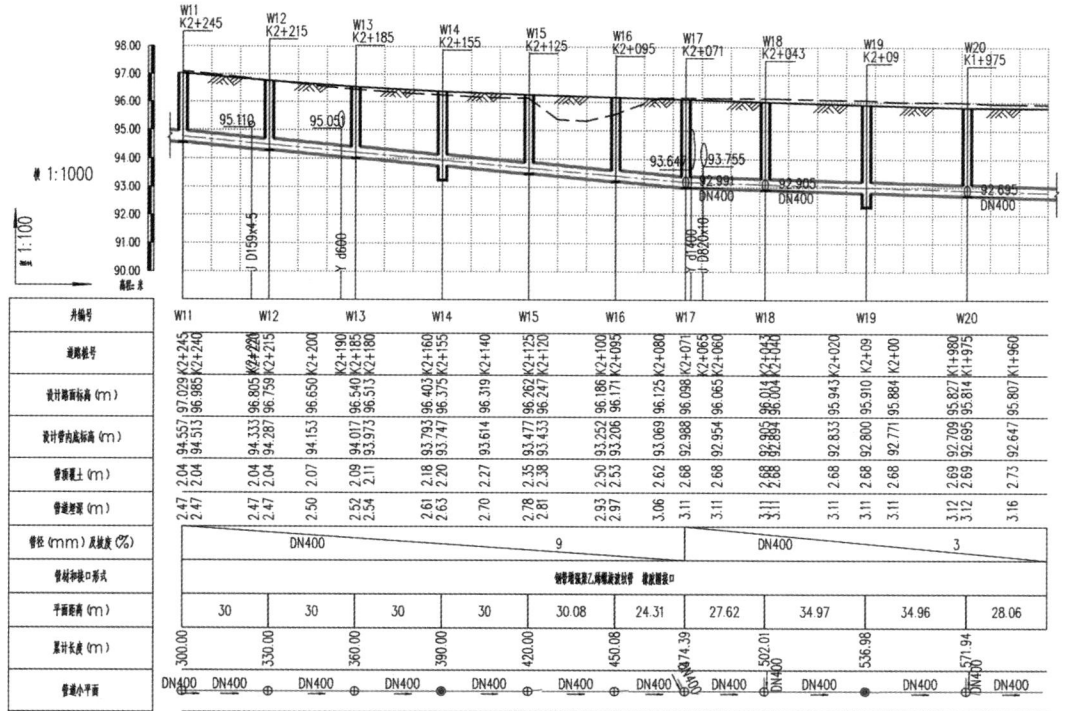

给水管线纵断面图（二）

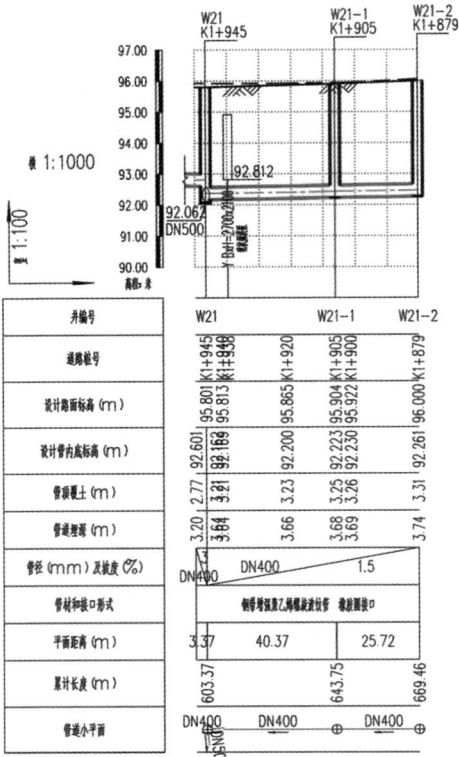

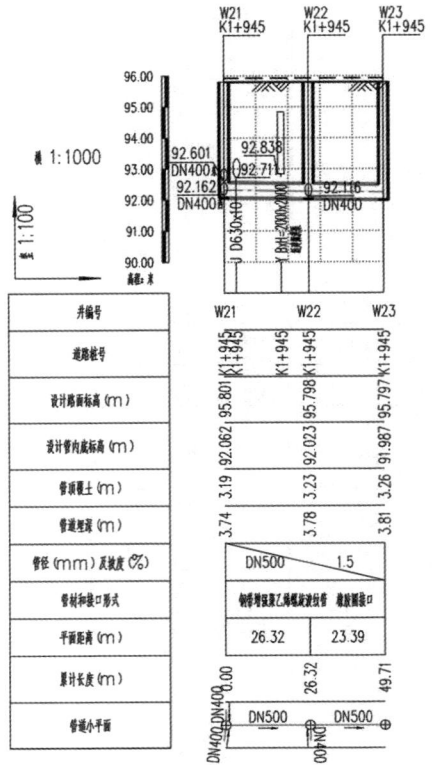

给水管线纵断面图(三)

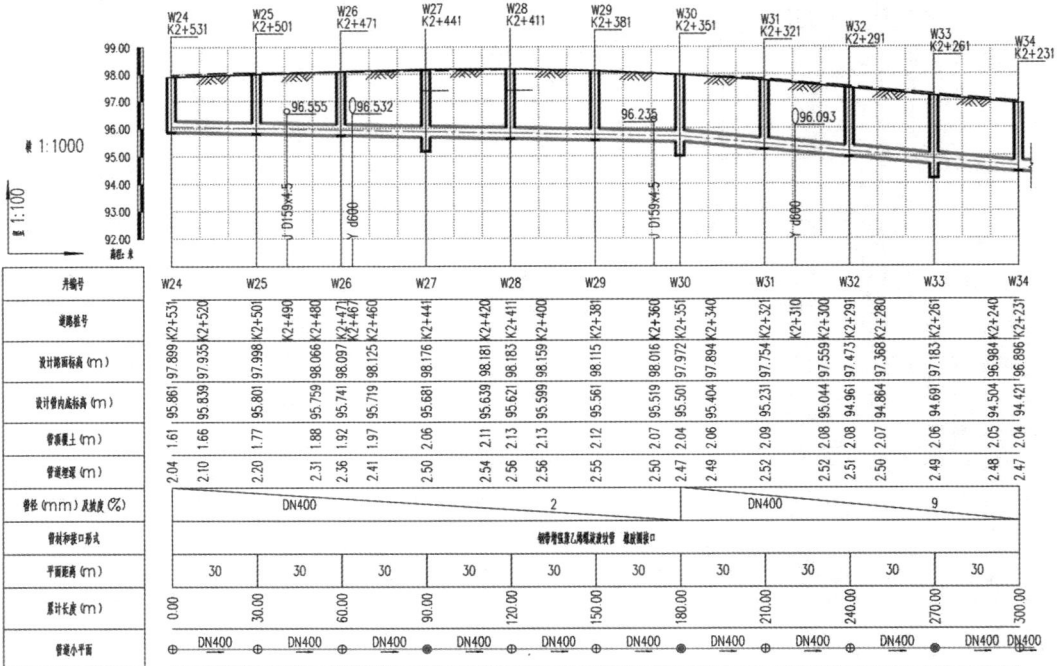

井编号	W21	W21-1	W21-2
道路桩号	K1+945 K1+940	K1+920 K1+905	K1+900 K1+879
设计路面标高 (m)	95.801 95.813	95.865 95.904	95.922 96.000
设计管内底标高 (m)	92.601 92.168	92.200 92.223	92.230 92.261
管顶覆土 (m)	2.77 3.81	3.23 3.25	3.26 3.31
管道埋深 (m)	3.20 3.61	3.66 3.69	3.69 3.74
管径 (mm) 及坡度 (%)	DN400 DN400	1.5	
管材和接口形式		钢带增强聚乙烯螺旋波纹管 热熔圆接口	
平面距离 (m)	3.37	40.37	25.72
累计长度 (m)	603.37	643.75	669.46
管道小平面	DN400	DN400	DN400

井编号	W21	W22	W23
道路桩号	K1+945	K1+945	K1+945
设计路面标高 (m)	95.801	95.798	95.797
设计管内底标高 (m)	92.062	92.023	91.987
管顶覆土 (m)	3.19	3.23	3.26
管道埋深 (m)	3.74	3.78	3.81
管径 (mm) 及坡度 (%)	DN500	1.5	
管材和接口形式		钢带增强聚乙烯螺旋波纹管 热熔圆接口	
平面距离 (m)		26.32	23.39
累计长度 (m)	0.00	26.32	49.71
管道小平面	DN500	DN500	DN500

给水管线纵断面图(四)

井编号	W24	W25	W26	W27	W28	W29	W30	W31	W32	W33	W34
道路桩号	K2+531 K2+520	K2+501 K2+490	K2+480 K2+471 K2+467 K2+460	K2+441 K2+420	K2+411 K2+400	K2+381 K2+360	K2+351 K2+340	K2+321 K2+310	K2+300 K2+291 K2+280	K2+261 K2+240	K2+231 K2+23*
设计路面标高 (m)	95.861 97.899	97.935 97.998	98.066 98.097 98.125	98.176 98.181	98.183 98.159	98.115 98.016	97.972 97.894	97.754 97.559	97.473 97.368 97.183	96.984 96.896	
设计管内底标高 (m)	95.861 95.839	95.801 95.759	95.741 95.719 95.681	95.639 95.621	95.599 95.561	95.519 95.501	95.404 95.231	95.044 94.961	94.864 94.691 94.504	94.421	
管顶覆土 (m)	1.61 1.66	1.77 1.88	1.92 1.97 2.06	2.11 2.13	2.13 2.12	2.07 2.04	2.06 2.09	2.08 2.08	2.07 2.06 2.05	2.04	
管道埋深 (m)	2.04 2.10	2.20 2.31	2.36 2.41 2.50	2.54 2.56	2.56 2.55	2.50 2.47	2.49 2.52	2.52 2.51	2.50 2.49 2.48	2.47	
管径 (mm) 及坡度 (%)		DN400		2			DN400		9		
管材和接口形式					钢带增强聚乙烯螺旋波纹管 热熔圆接口						
平面距离 (m)	30	30	30	30	30	30	30	30	30	30	
累计长度 (m)	0.00	30.00	60.00	90.00	120.00	150.00	180.00	210.00	240.00	270.00	300.00
管道小平面	DN400	DN400	DN400	DN400	DN400	DN400	DN400	DN400	DN400	DN400	DN400

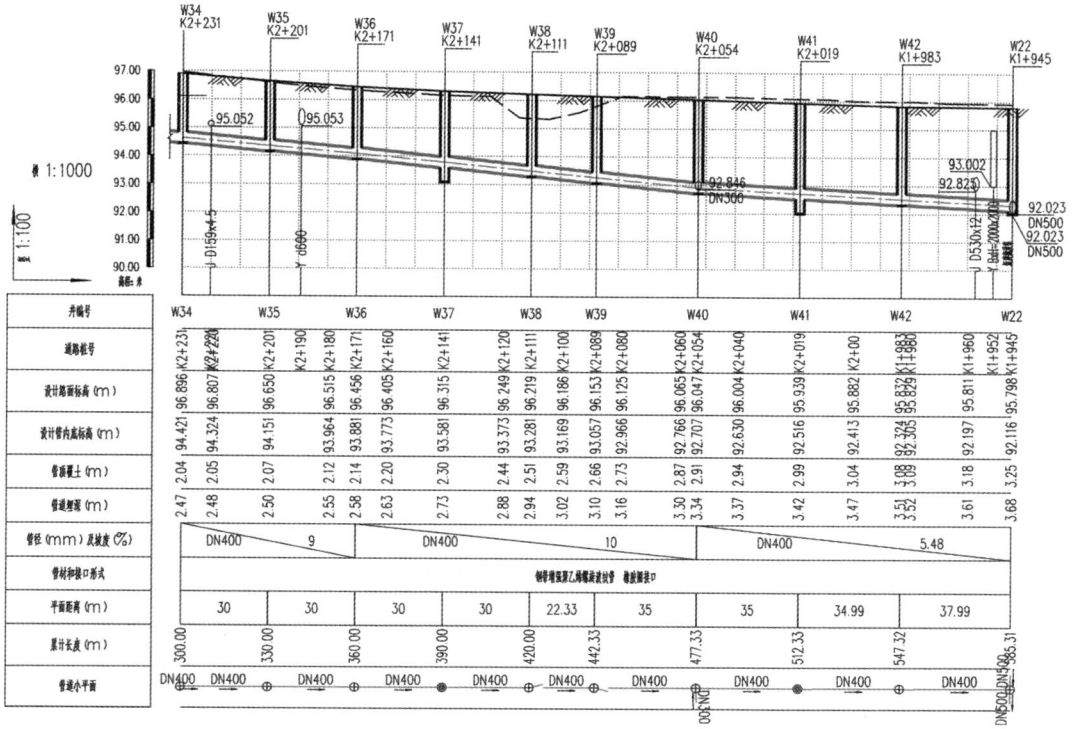

给水管线纵断面图(五)

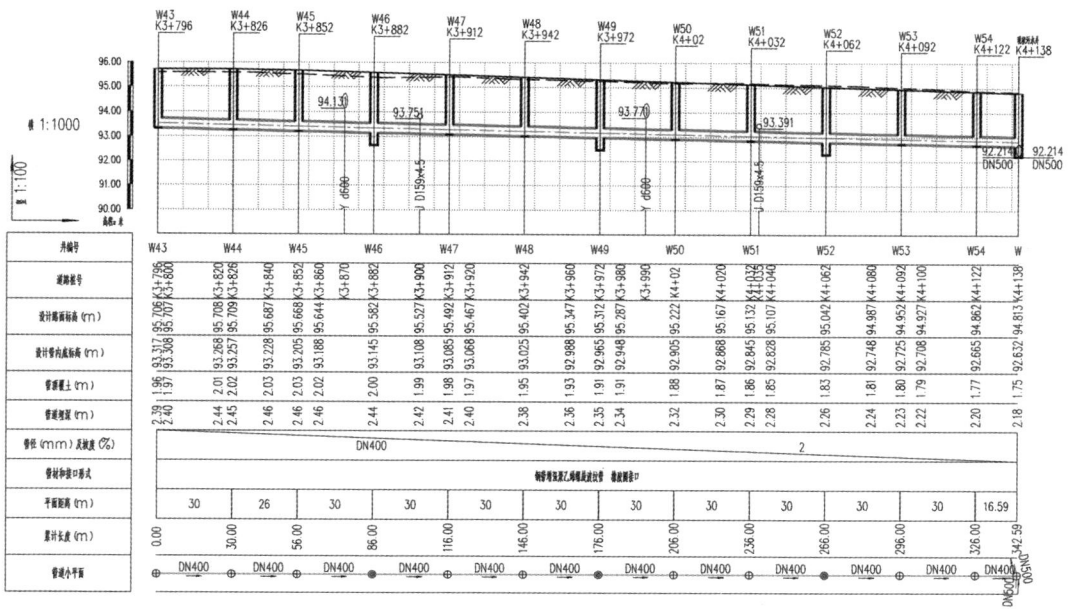

给水管线纵断面图(六)

给水管线纵断面图(七)

给水管线纵断面图(八)

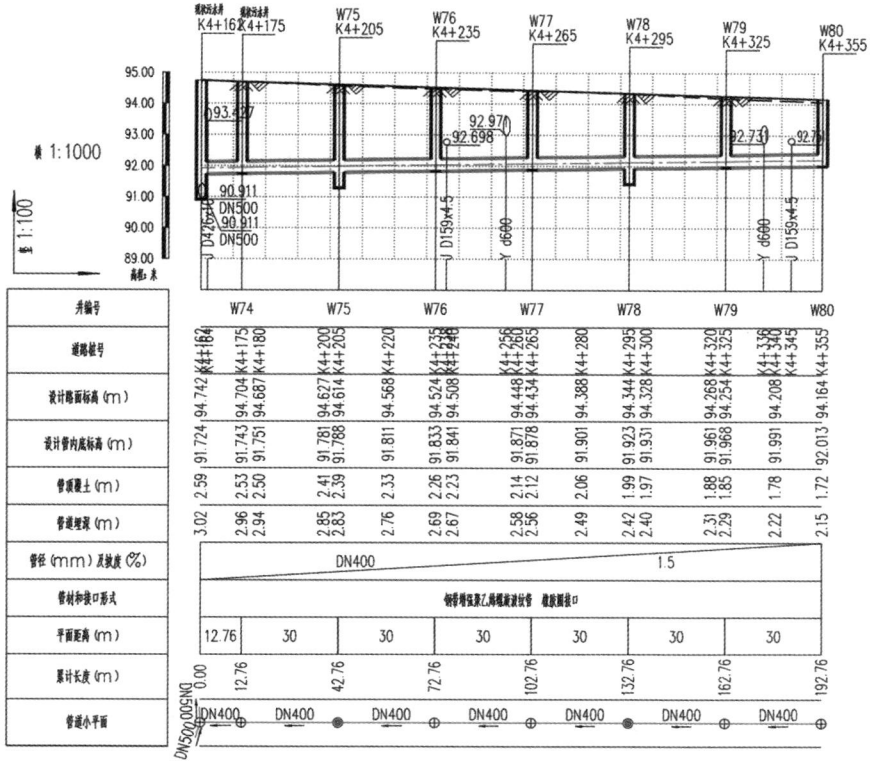

给水管线纵断面图(九)

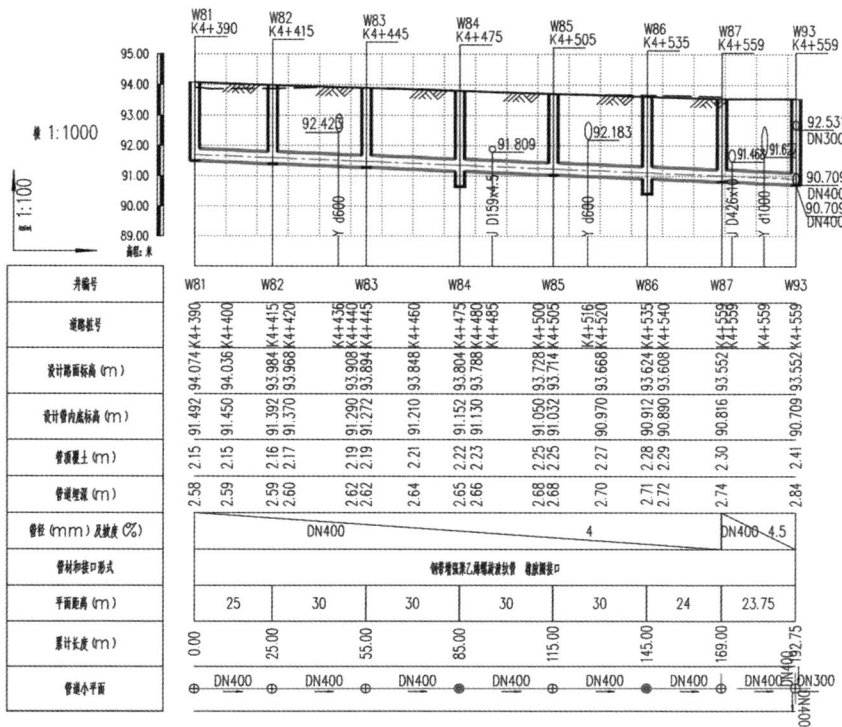

给水管线纵断面图(十)

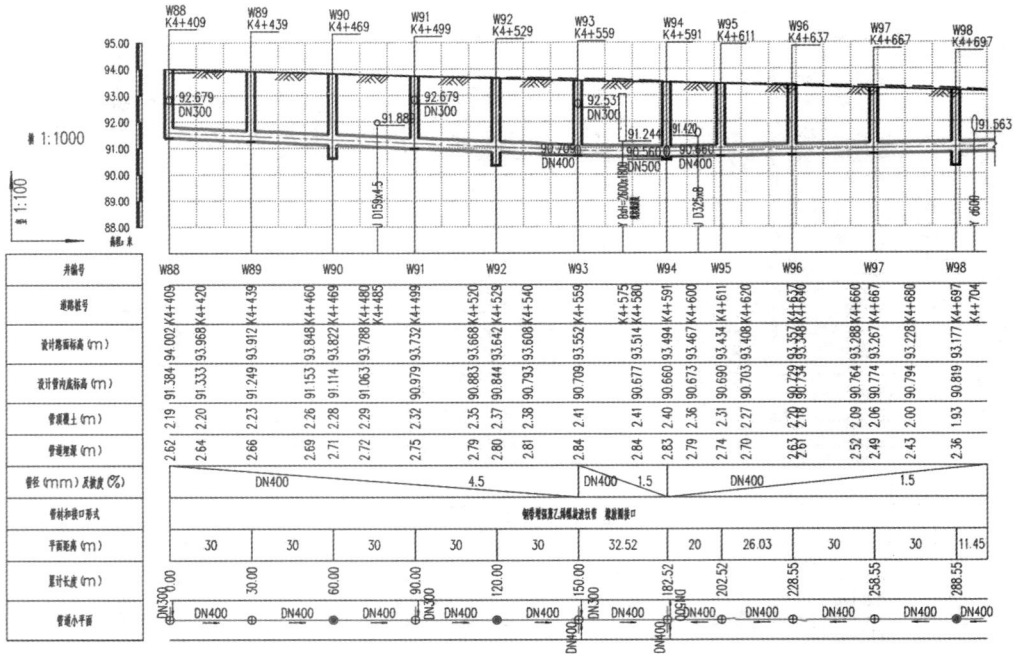

给水管线纵断面图（十一）

井编号	W88	W89	W90	W91	W92	W93	W94	W95	W96	W97	W98
道路桩号	K4+409 K4+420	K4+439 K4+460	K4+469 K4+480 K4+485	K4+499 K4+520	K4+529 K4+540	K4+559 K4+575 K4+580	K4+591 K4+600	K4+611 K4+620	K4+637 K4+660	K4+667 K4+680	K4+697 K4+704
设计路面标高(m)	94.002 93.988	93.968 93.912	93.848 93.822 93.788	93.788 93.732	93.732 93.668	93.642 93.608 93.552	93.514 93.494	93.467 93.434	93.408 93.357 93.346	93.288 93.267	93.228 93.177
设计管内底标高(m)	91.384 91.333	91.333 91.249	91.249 91.153 91.114	91.063 90.979	90.979 90.883	90.844 90.793 90.709	90.677 90.660	90.673 90.690	90.703 90.729 90.734	90.764 90.774	90.794 90.819
管顶覆土(m)	2.19 2.20	2.23 2.26	2.28 2.29 2.32	2.34 2.35	2.37 2.38	2.41 2.41 2.40	2.36 2.31	2.27 2.23	2.18 2.09 2.06	2.00 1.93	
管道埋深(m)	2.62 2.64	2.66 2.69	2.71 2.72 2.75	2.79 2.80	2.81 2.84	2.84 2.83 2.79	2.74 2.70	2.63 2.52	2.49 2.43 2.36		
管径(mm)及坡度(%)		DN400		4.5		DN400	1.5	DN400		1.5	
管材和接口形式					钢带增强聚乙烯螺旋波纹管 橡胶圈接口						
平面距离(m)	30	30	30	30	30	32.52	20	26.03	30	30	11.45
累计长度(m)	0.00	30.00	60.00	90.00	120.00	150.00 182.52	202.52	228.55	258.55	288.55	
管道小平面	DN300 DN400	DN400	DN400	DN400	DN400 DN300	DN300 DN500	DN400	DN400	DN400	DN400	DN400

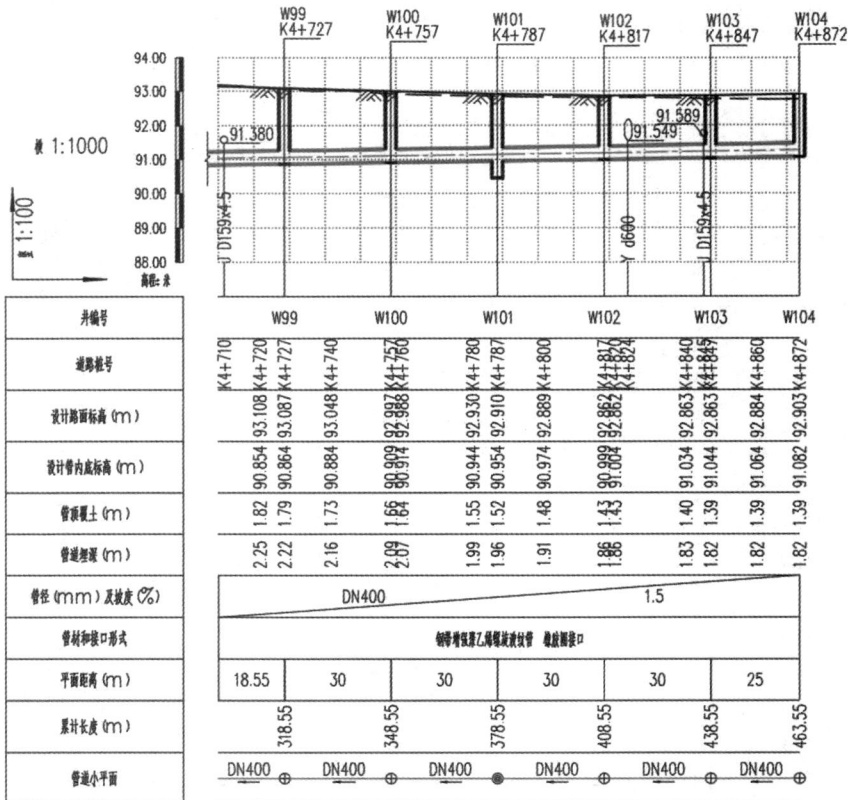

给水管线纵断面图（十二）

井编号	W99	W100	W101	W102	W103	W104
道路桩号	K4+710 K4+720 K4+727 K4+740	K4+757 K4+760	K4+787 K4+780	K4+817 K4+800 K4+824	K4+847 K4+840 K4+849	K4+872 K4+860
设计路面标高(m)	93.108 93.087 93.048	92.997 92.968 92.930	92.910 92.889	92.862 92.863	92.863 92.884	92.903
设计管内底标高(m)	90.854 90.864 90.884	90.909 90.914 90.944	90.954 90.974	90.999 91.009	91.034 91.044	91.064 91.082
管顶覆土(m)	1.82 1.79 1.73	1.69 1.64 1.55	1.52 1.48	1.43 1.43	1.40 1.39	1.39 1.39
管道埋深(m)	2.25 2.22 2.16	2.09 2.04 1.99	1.96 1.91	1.86 1.86	1.83 1.82	1.82 1.82
管径(mm)及坡度(%)		DN400			1.5	
管材和接口形式		钢带增强聚乙烯螺旋波纹管 橡胶圈接口				
平面距离(m)	18.55	30	30	30	30	25
累计长度(m)	318.55	348.55	378.55	408.55	438.55	463.55
管道小平面	DN400	DN400	DN400	DN400	DN400	DN400

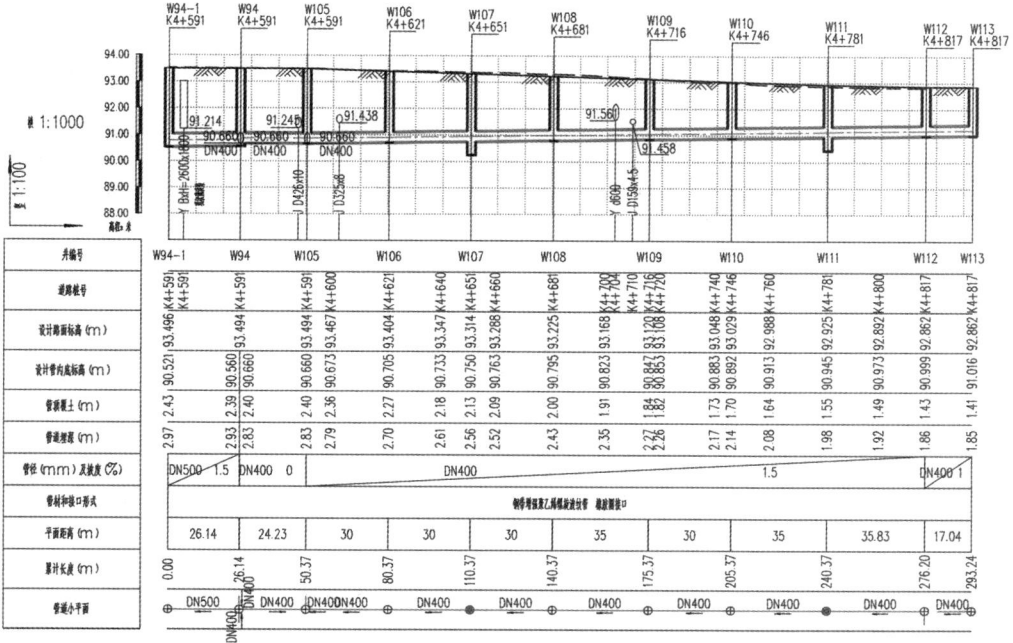

给水管线纵断面图（十三）

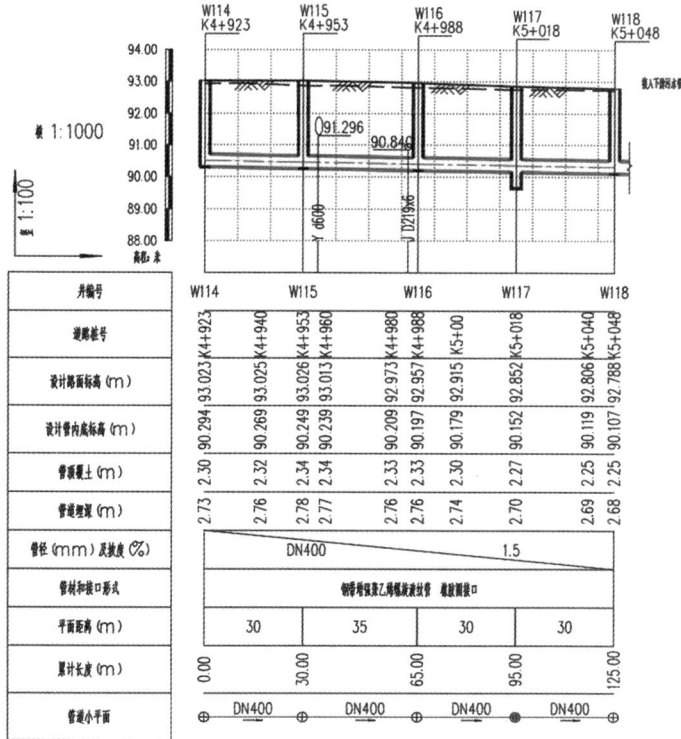

井编号	W94-1	W94	W105	W106	W107	W108	W109	W110	W111	W112	W113
道路桩号	K4+591	K4+591	K4+591/K4+600	K4+621	K4+640/K4+651/K4+660	K4+681	K4+700/K4+710/K4+726	K4+740/K4+746/K4+760	K4+781	K4+800/K4+817	K4+817
设计路面标高(m)	93.496	93.494	93.494/93.467	93.404	93.374/93.314/93.288	93.225	93.168/93.120/93.108	93.048/93.029/92.988	92.945	92.925/92.892	92.862
设计管内底标高(m)	90.521	90.560	90.660/90.673	90.705	90.733/90.750/90.763	90.795	90.823/90.847/90.883	90.883/90.892/90.913	90.945	90.973/90.999	91.016
管顶覆土(m)	2.43	2.39	2.40/2.36	2.27	2.18/2.13/2.09	2.00	1.91/1.84/1.82	1.73/1.70/1.64	1.55	1.49/1.43	1.41
管道埋深(m)	2.97	2.93	2.83/2.79	2.70	2.61/2.56/2.52	2.43	2.35/2.27/2.26	2.17/2.14/2.08	1.98	1.92/1.86	1.85
管径(mm)及坡度(%)	DN500 1.5	DN400 0	DN400	DN400	DN400	DN400	DN400	1.5		DN400	
管材和接口形式			钢带增强聚乙烯螺旋波纹管　橡胶圈接口								
平面距离(m)	26.14	24.23	30	30	30	35	30	35	35.83	17.04	
累计长度(m)	0.00	26.14	50.37	80.37	110.37	140.37	175.37	205.37	240.37	276.20	293.24
管道小平面	DN500	DN400	DN400 DN400	DN400	DN400	DN400	DN400	DN400	DN400	DN400	

给水管线纵断面图（十四）

井编号	W114	W115	W116	W117	W118
道路桩号	K4+923	K4+940/K4+953/K4+960	K4+980/K4+988/K5+00	K5+018	K5+040/K5+048
设计路面标高(m)	93.023	93.025/93.026/93.013	92.973/92.957/92.915	92.852	92.806/92.788
设计管内底标高(m)	90.294	90.269/90.249/90.239	90.209/90.197/90.179	90.152	90.119/90.107
管顶覆土(m)	2.30	2.32/2.34/2.34	2.33/2.33/2.30	2.27	2.25/2.25
管道埋深(m)	2.73	2.76/2.78/2.77	2.76/2.76/2.74	2.70	2.69/2.68
管径(mm)及坡度(%)	DN400		1.5		
管材和接口形式	钢带增强聚乙烯螺旋波纹管　橡胶圈接口				
平面距离(m)	30	35	30	30	
累计长度(m)	0.00	30.00	65.00	95.00	125.00
管道小平面	DN400	DN400	DN400	DN400	

（e）给水管线纵断面图

南侧污水管线纵断面图（一）

南侧污水管线纵断面图（二）

南侧污水管线纵断面图(三)

南侧污水管线纵断面图(四)

南侧污水管线纵断面图（五）

南侧污水管线纵断面图（六）

（f）污水管线纵断面图

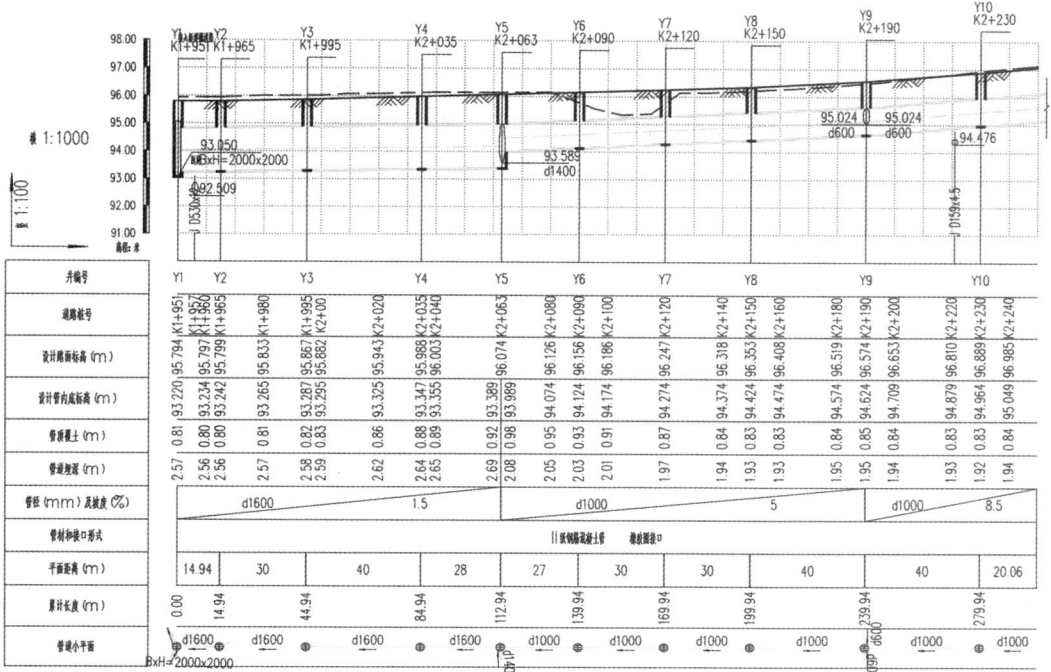

雨水管线纵断面图(一)

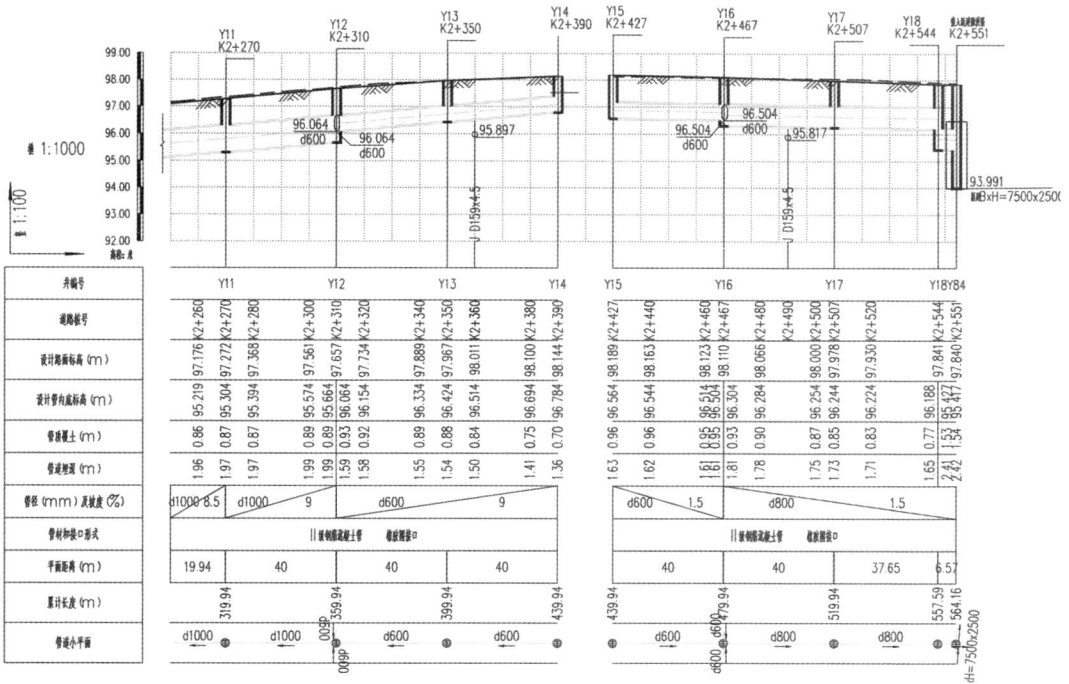

雨水管线纵断面图(二)

雨水管线纵断面图（三）

雨水管线纵断面图（四）

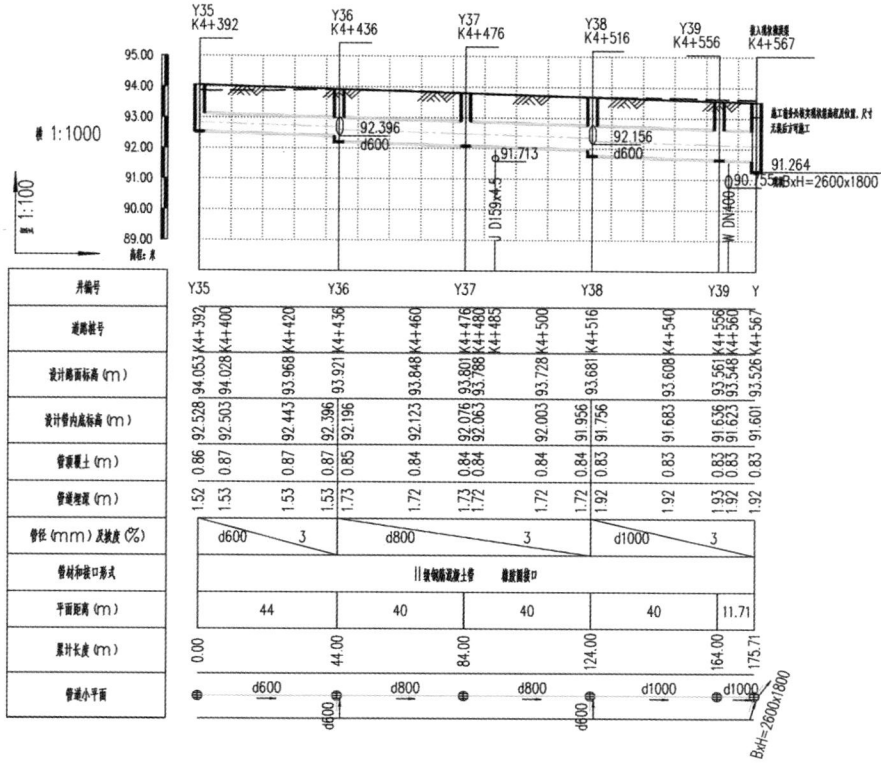

雨水管线纵断面图(五)

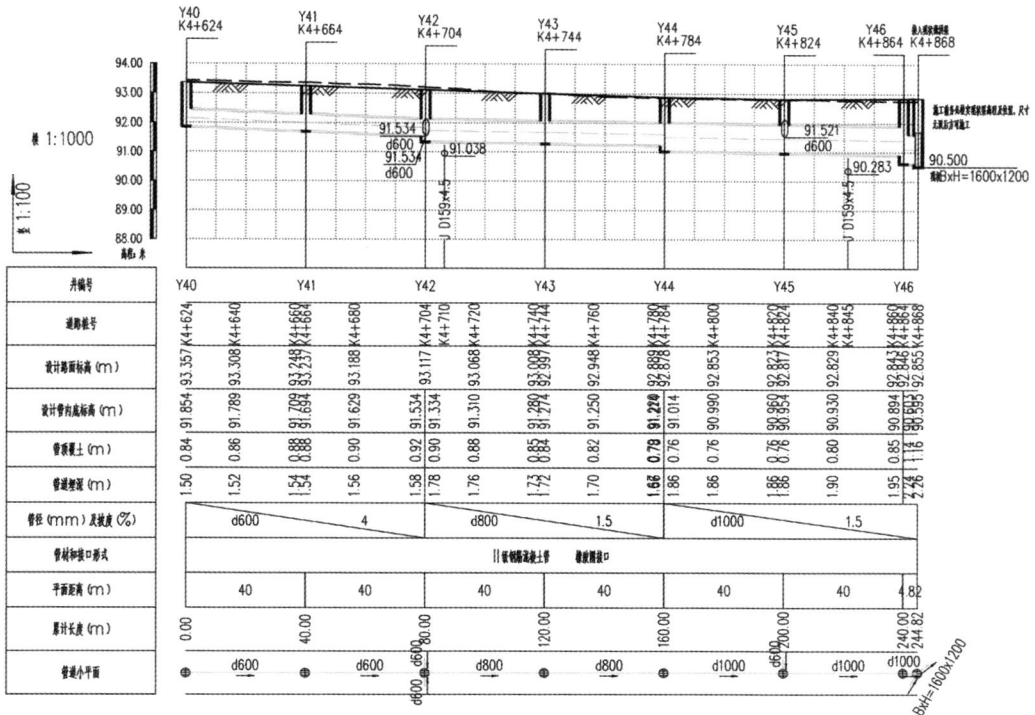

雨水管线纵断面图(六)

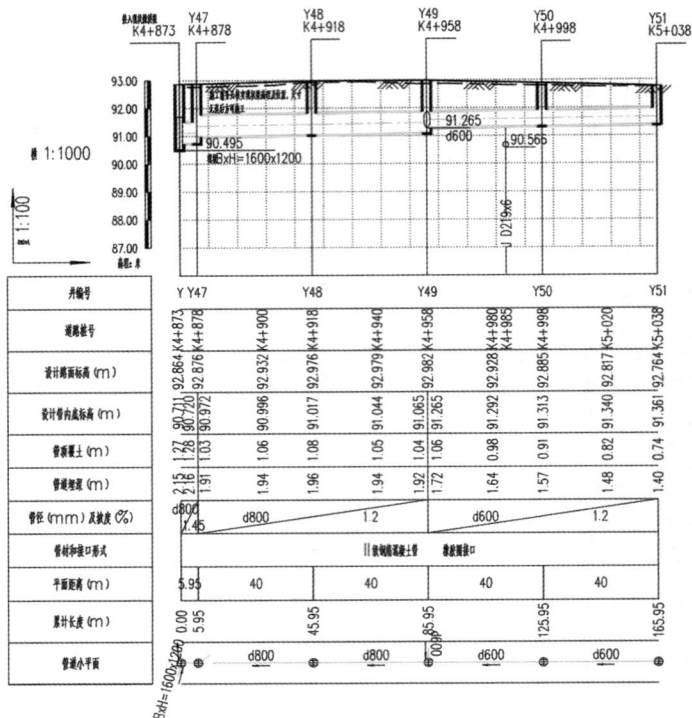

雨水管线纵断面图(七)

(g)雨水管线纵断面图

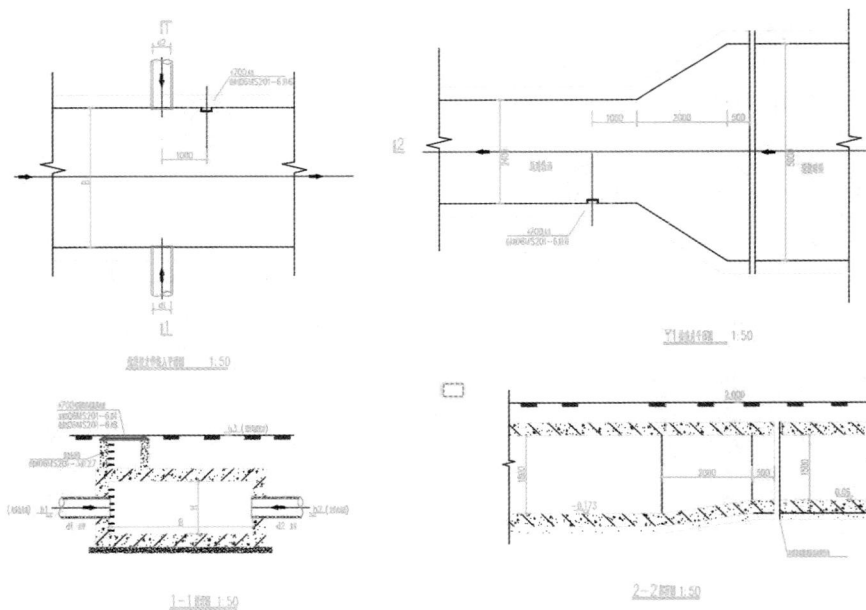

(h)给、排水管线及管线变径综合施工设计图

图 2.5 零阳中路管线综合纵断面图

⑤位于车行道下的管线最小覆土深度为 0.7m。若遇特殊情况覆土较浅时，需由各专业自行采取技术措施进行加固处理。做法详见图 2.6。

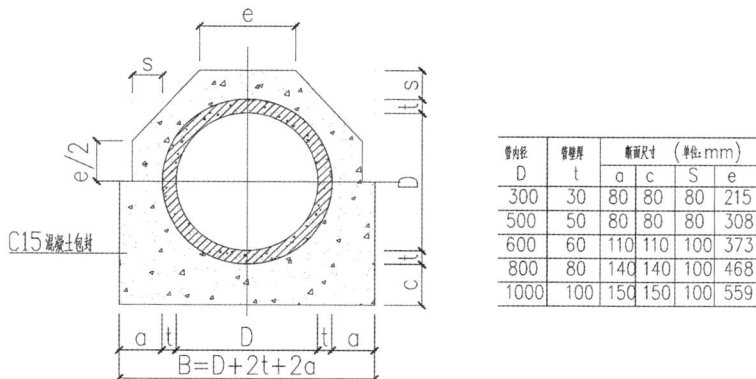

管内径 D	管壁厚 t	断面尺寸（单位:mm）			
		a	c	S	e
300	30	80	80	80	215
500	50	80	80	80	308
600	60	110	110	100	373
800	80	140	140	100	468
1000	100	150	150	100	559

图 2.6 管道 360°加强包封图（管道覆土<0.7m 时）

⑥位于人行道下的管线最小覆土深度应满足人行道结构层要求，一般覆土应不小于 0.5m。当管线上有重压荷载时，应考虑采取包管等技术措施。做法详见图 2.6。

⑦在管道交叉处，当小管道在下面，大管道在上面时，下面的小管道应做加固处理。做法详见图 2.6，长度为上层管道管径加上 1000mm。

⑧在管道交叉处，当两管道间垂直净距小于 10cm 时，需对两管道同时进行加固处理。做法详见图 2.6，长度为上层管道管径加上 1000mm。

⑨各专业管道交叉处理措施应根据土质情况确定相应的处理方法，若是软土层，宜采用碎石、砂土等软基础处理材料，防止不均匀沉降对管线的影响。若土质较好，在交叉处可做混凝土整体包管处理。做法详见图 2.6。

⑩管线综合设计图纸仅为各专业工程提供施工图设计的平面位置及控制性高程，各专业工程的实施均应以各自的施工图设计为准。

管线施工中的注意事项如下：

①为保障道路两侧居民的用水、用电、用气，施工时应事先做好临时管线布置方案及应急措施。

②施工期间需现场确认各专业管线的位置，并做好现有管线施工期间保护方案，并配专人现场监督和指导，确保现状各专业管线的安全。

③检查井的开挖要求同管道。破路开挖的管道，待管道施工完成后应按照原道路设计的要求对道路进行恢复。

◆◇ 2.10 本章小结

本章针对零阳中路路基路面地下管线工程改造实践进行了探讨。首先给出了工程概况、设计依据、设计范围、管材标准及施工方法，然后，对管线的抗震设计及运行管理进行了简要分析，最后开展管线综合设计，给出了施工中的一些注意事项。

第3章　平战结合人防路基路面工程

零阳路、慈姑路、笔架路现状为慈利县城老城区中的几条主路，其中 K0 段全长 1094.802m，路的走向为东西走向，西起幸福路，东至梅尼一店门口。规划路幅宽度 38m，为城市主干道。设计为双向六车道，设计车速 50km/h。N0 段全长 410.709m，该路的走向为北南走向，北起笔架路，南至零阳中路。规划路幅宽度 24m，为城市次干道。本次设计为双向四车道，设计车速 30km/h。M0 段全长 66.368m，该路的走向为东西走向。规划路幅宽度 24m，为城市次干道。设计为双向两车道，设计车速 30km/h。道路现状整体路面外观质量较差，部分路段路面有破损，有网裂、沉陷、裂缝和剥落等现象。此次提质改造包括道路工程设计、排水工程设计、绿化工程设计、照明工程设计、管线综合设计等（见图3.1至图3.5）。

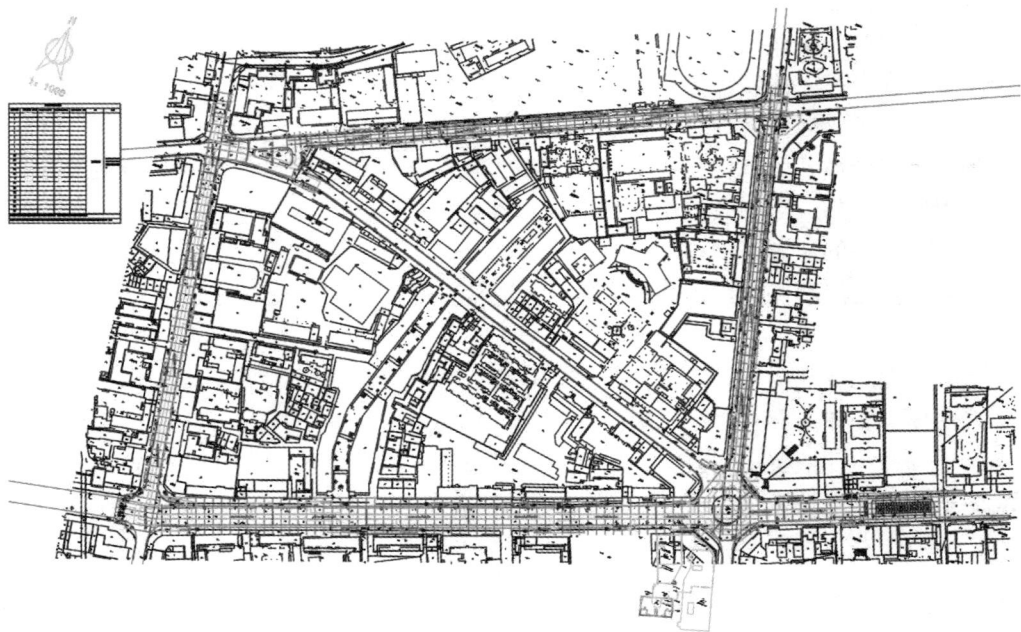

（a）平面布置图

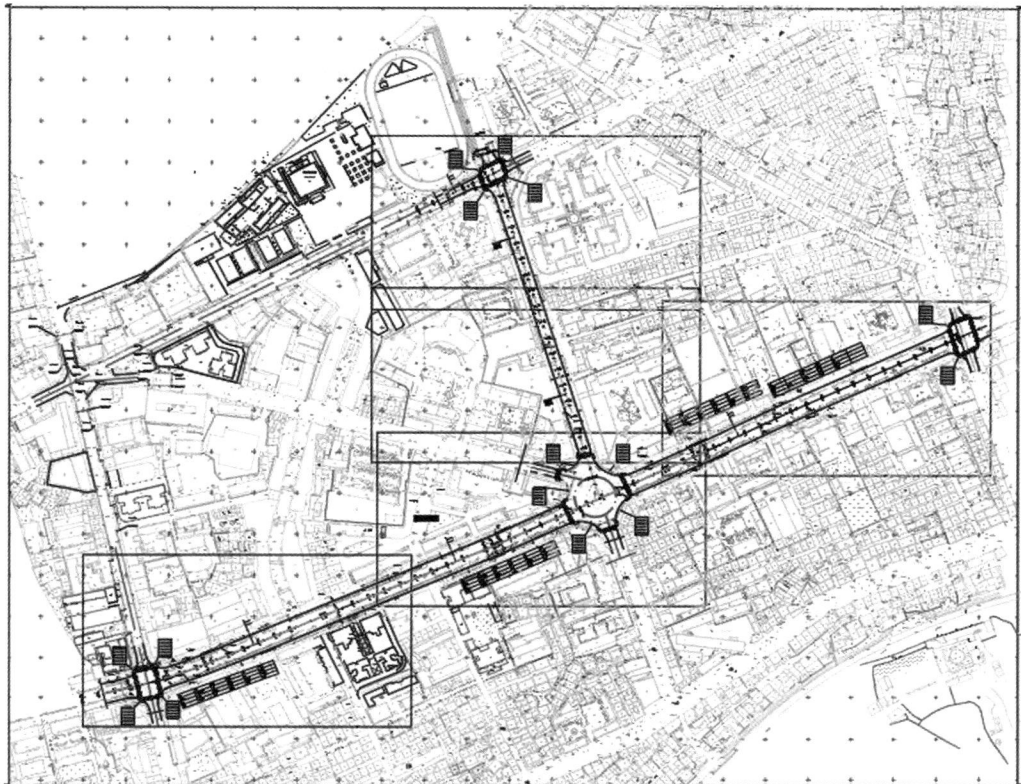

(b)平面索引图

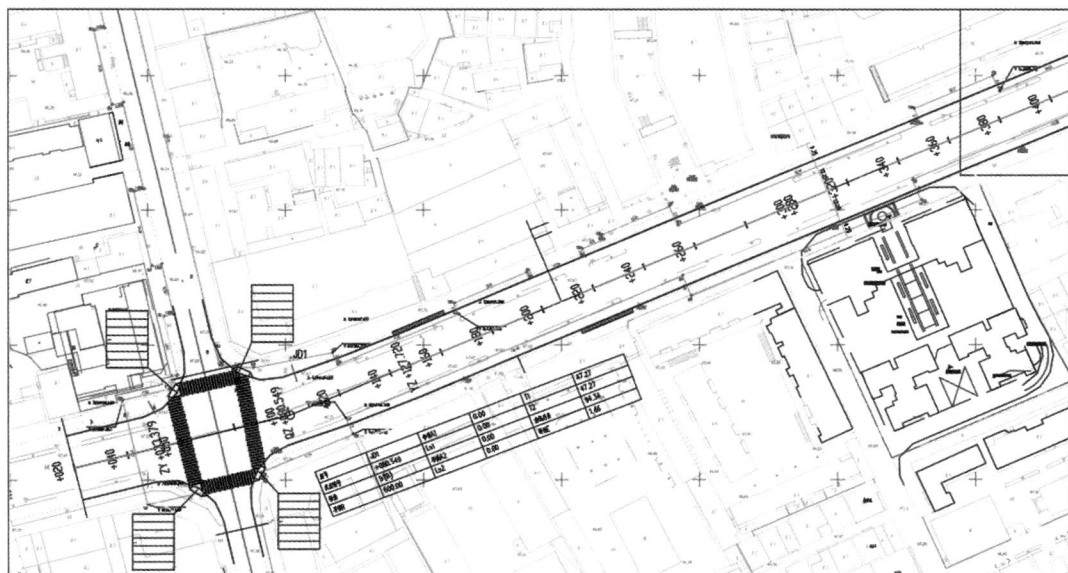

(c)道路平面图(一)

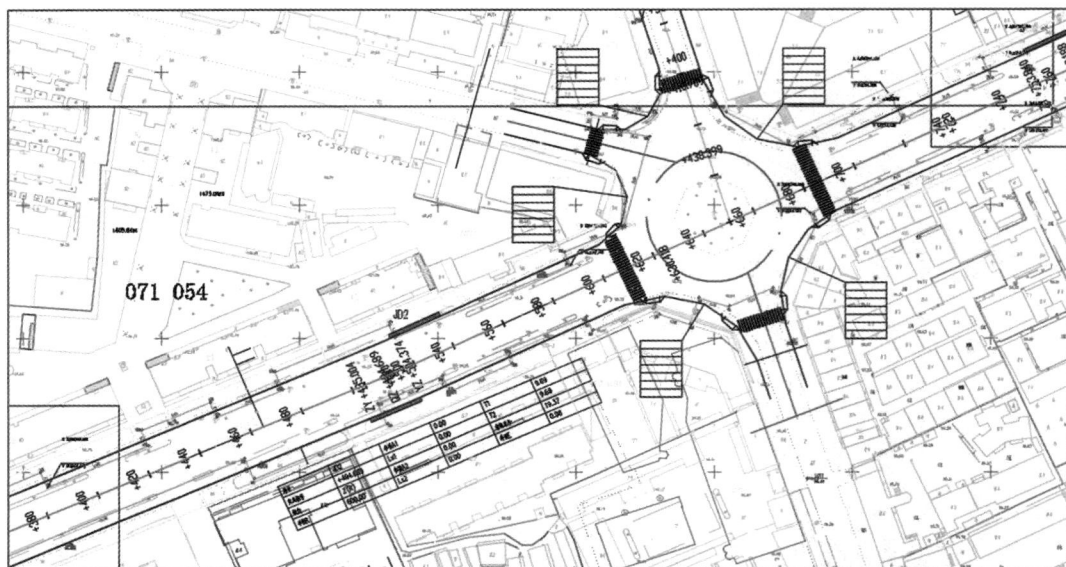

（d）道路平面图（二）

（e）道路平面图（三）

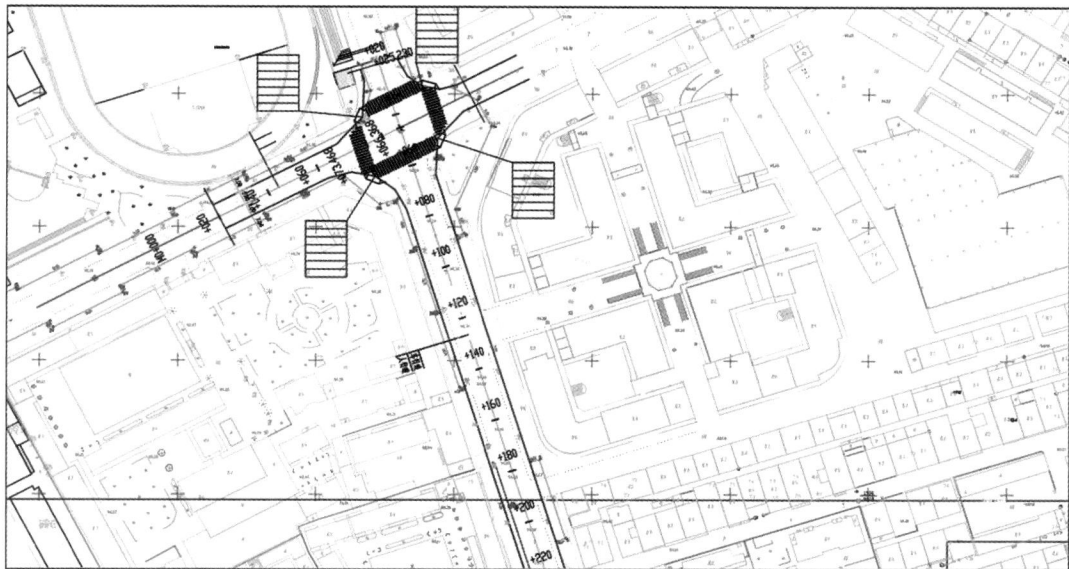

(f) 道路平面图(四)

(g) 道路平面图(五)

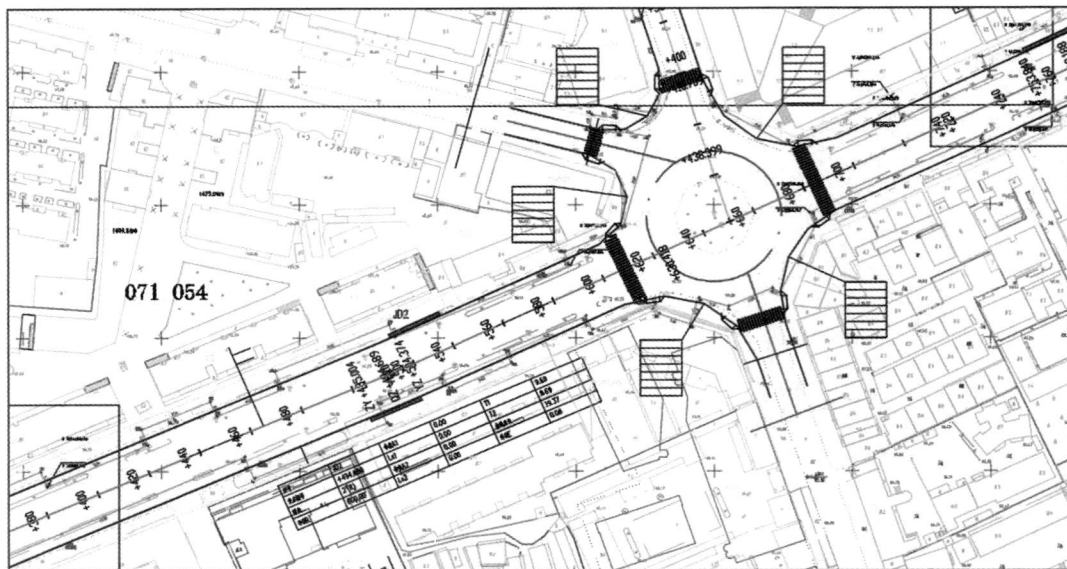

（h）道路平面图（六）

图纸说明：桩号、标高、尺寸均以 m 计。比例为 1：1000。坐标系为 1980 西安坐标系，高程系统为黄海高程。沿线出入口，施工范围为道路边线处。局部路段人行道宽度可适当调整，根据现状建筑边界确定。人行道外侧建筑退让范围内应保证排水通畅，应结合排水专业图纸，根据现场实际地势适当设置雨水口。局部路段路缘石高度可根据道路现场地势、人行道与道路两侧建筑门前标高关系适当调整，保证建筑与人行道在高程上的顺接，必要时可设置台阶。

图 3.1　零阳路平战结合人防市政工程平面布置与索引图

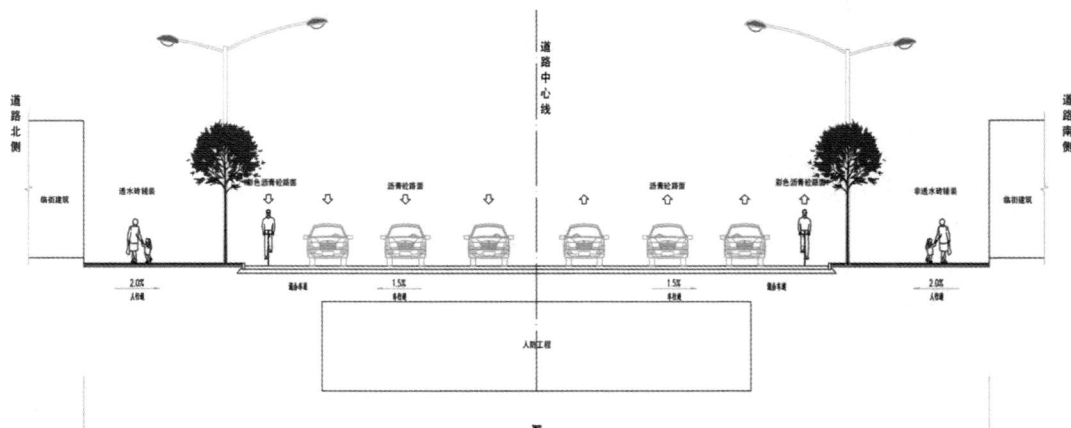

图 3.2　K0 段路标准断面图 1

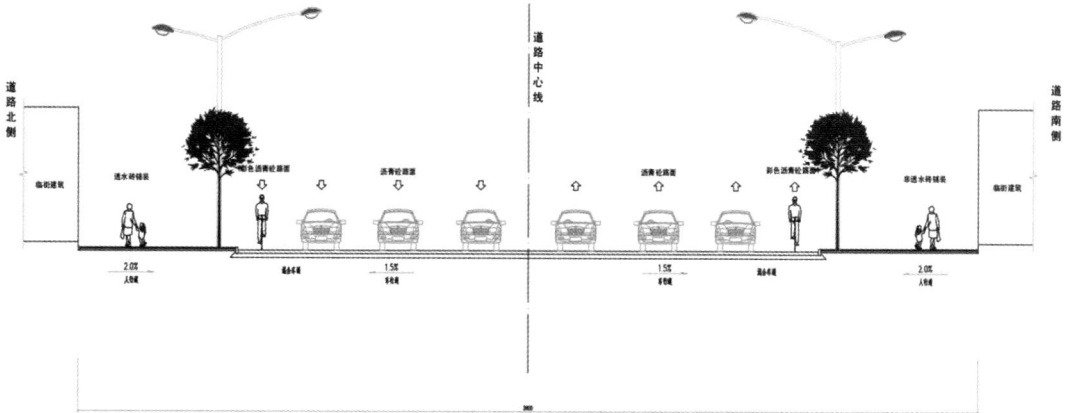

图 3.3　K0 段路标准断面图 2

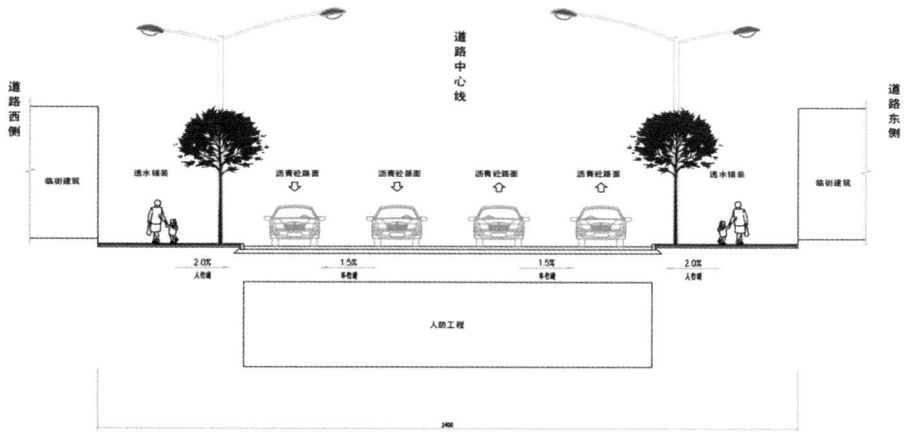

图 3.4　N0 段路标准断面图（慈姑路）

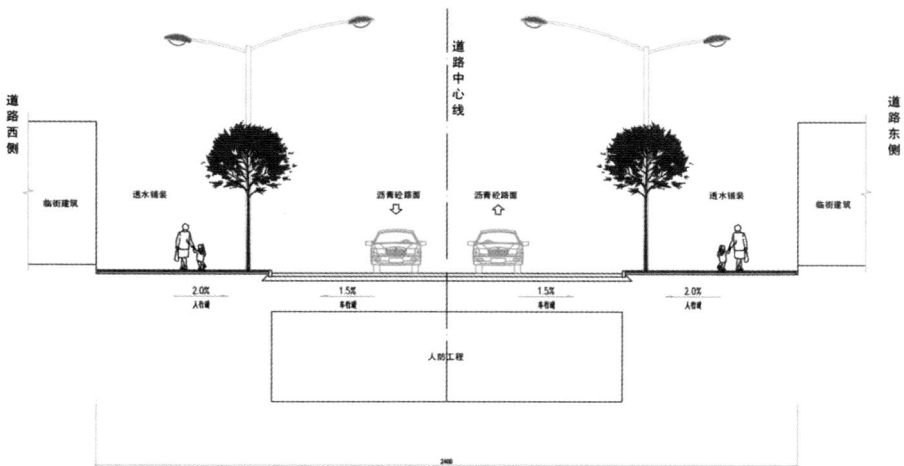

图 3.5　M0 段路标准断面图（笔架路）

◆◇ 3.1 设计依据，采用的规范、规程和工程验收标准

（1）设计依据

①《张家界市慈利县城市总体规划（2013—2030）》，中国城市规划设计研究院，2015年；

②《慈利县城排水防涝综合项目可行性研究报告》，2016年；

③慈利县城现状污水管网普查资料；

④慈利县最新测量地形图，道路实测纵横断面测量；

⑤《慈利县排水系统专项规划》。

（2）设计规范、规程

①《城市道路工程设计规范》（CJJ 37—2012）；

②《城镇道路路面设计规程》（CJJ 169—2012）；

③《公路沥青路面设计规范》（JTG D50—2006）；

④《城镇道路路基设计规范》（CJJ 194—2013）；

⑤《城镇道路养护技术规范》（CJJ 36—2016）；

⑥《公路水泥混凝土路面设计规范》（JTG D40—2011）；

⑦《城市道路交叉口设计规程》（CJJ 152—2010）；

⑧《无障碍设计规范》（GB 50763—2012）。

（3）工程验收规范及标准

①《沥青路面施工及验收规范》（GB 50092—96）；

②《城镇道路工程施工及质量验收规范》（CJJ 1—2008）。

◆◇ 3.2 主要技术指标

①道路等级：城市主干路（K0），城市次干路（N0、M0）

②机动车道设计车速：40km/h（K0），20km/h（N0、M0）

③沥青路面设计年限：15a

④路面标准轴载：BZZ-100

⑤结构设计荷载：城—A级（K0），城—B级（N0、M0）

◆◇ 3.3 工程设计

（1）平、纵面设计

设计道路中心线主要为拟合现状道路中线。因项目是老路提质改造，且需要满足尽量少拆迁的原则，所以道路设计中线位尽量与现状道路中线拟合，保证基本走向，保证建筑位于道路边线外侧。关于纵断面设计，原则上是在拟合现状路面标高的基础上，在尽量满足最小纵坡长度、最小竖曲线长度等规范要求的条件下设计，同时需与相交道路及两侧单位的出入口衔接，以满足行车和排水要求。曲线长度等均满足规范要求。

（2）横断面设计

①K0 路现状标准横断面布置为：5.5m（人行道）+4.5m（非机动车道）+1.5m（绿化带）+15m（水泥车行道路面）+1.5m（绿化带）+4.5m（非机动车道）+5.5m（人行道）。

②改造后标准横断面布置为：6.75m（人行道）+5m（混合车道）+2×3.5m（车行道）+0.5m（分隔栏）+2×3.5m（车行道）+5m（混合车道）+6.75m（人行道）=38m。

③N0 路现状标准横断面布置为：6.0m（人行道）+12.0m（水泥车行道路面）+6.0m（人行道）。

④改造后标准横断面布置为：5.0m（人行道）+4×3.5m（车行道）+5.0m（人行道）=24m。

⑤M0 路现状标准横断面布置为：6.0m（人行道）+12.0m（水泥车行道路面）+6.0m（人行道）。

⑥改造后标准横断面布置为：6.0m（人行道）+2×6.0m（车行道）+6.0m（人行道）=24m。

（3）路面结构设计

道路改造为破除现状路面后新建沥青路面，原路面结构如表 3.1 所示。

表 3.1 原路面结构层

序号	路面结构	车行道
1	面层	20cm 水泥混凝土面板

①车行道路面结构。车行道路面结构原设计见表 3.2。

• 车行道路面结构原设计变更见表 3.3。

• 新型设计路面结构如表 3.4。

表 3.2 原设计路面结构

序号	路面结构	行车道
1	上面层	4cm 细粒式 SBS 改性沥青混凝土 AC-13C
2	粘层	乳化沥青粘层
3	中面层	7cm 粗粒式沥青混凝土(AC-25C)
4	透层+封层	透层+1.0cm 乳化沥青下封层
5	上基层	20cm 5.0%水泥稳定碎石
6	下基层	20cm 4.0%水泥稳定碎石

表 3.3 变更设计路面结构

序号	路面结构	行车道
1	上面层	4cm 细粒式 SBS 改性沥青混凝土(AC-13C)
2	中面层	5cm 中粒式沥青混凝土(AC-20C)
3	下面层	7cm 粗粒式沥青混凝土(AC-25 C)
4	封层	1.0cm 乳化沥青下封层(ES-3)
5	上基层	20cm 5.0%水泥稳定碎石
6	下基层	20cm 4.0%水泥稳定碎石

表 3.4 新型设计路面结构(参照零阳西路)

序号	路面结构	行车道
1	上面层	4cm 细粒式 SBS 改性沥青混凝土(AC-13C)(抗压强度 1400MPa)
2	粘层	乳化沥青粘层
3	中面层	5cm 中粒式沥青混凝土(AC-20C)(抗压强度 1200MPa)
4	粘层	乳化沥青粘层
5	下面层	7cm 粗粒式沥青混凝土(AC-25)(抗压强度 1000MPa)
6	透层+封层	透层+0.8cm 乳化沥青下封层(ES-3)
7	上基层	20cm 5.5%水泥稳定碎石(抗压强度 4.5MPa)
8	下基层	20cm 5.0%水泥稳定碎石(抗压强度 4.0MPa)
9	垫层	10cm 级配碎石

②人行道路面结构。人行道垫层底进行整形,混凝土基层每隔 5m 锯切一条缩缝,缝宽 0.3~0.8cm,缝深 3cm,缝内填塞沥青橡胶粉填缝料。每隔 30m 设一条胀缝,缝宽 1~1.5cm,缝内填塞沥青橡胶粉填缝料。路缘石全部采用麻石,人行道与车道路面高差一般路段为 10cm,如受两厢建筑标高限制可适当调整,可适当降低路缘石与路面高差,但不宜小于 5cm,并补充必要的止车设施(见表 3.5)。

表 3.5　新铺人行道结构层

序号	新铺人行道
1	6cm 透水砖
2	3cm 水泥与中砂干拌(1:3)
3	12cm 厚 C25 透水混凝土
4	18cm 级配碎石

（4）路基设计

①路基填筑与压实。路基填料宜选择有一定级配的砾类土、砂类土等粗粒土，特别是路床部分；黏性土等细粒土次之，当含水量超过最佳含水量较多时，应掺入石灰等固化材料处理后使用；粉性土和耕植土、淤泥、杂填土等不能用于填筑路基。路基填料的强度和粒径要求应满足规范要求。路基压实度采用重型击实标准控制，压实度及填料要求见表 3.6。

表 3.6　重型击实标准控制，压实度及填料要求

填挖类型		路面底面以下深度 /cm	路基压实度（重型）	填料最小强度（CBR）	填料最大粒料 /cm
填方路基	上路床	0~30	≥94%	6%	10
	下路床	30~80	≥94%	4%	10
	路堤	80 以下	≥92%	4%	15
零填及路堑路床		0~30	≥94%	6%	10
		30~80	≥92%	4%	10

为了保证路基边缘压实度，路基填方施工宽度按技术规范要求每侧应超填 50cm。

②路基施工。路基设计标高为路面设计标高减去路面结构层厚度，设计路线纵断面和横断面图均按路面设计标高（道路中心线）绘制，土石方数量均按路基施工标高控制。基底处理：破除现状路面结构后，需先清除破碎垃圾、树根、草皮和软塑性耕植土、淤泥质土；填筑路基之前，基底必须压实，压实度达到规范要求。路基基底范围内有地表水或地下水影响路基稳定时，必须采取截水、排水等措施，或换填砂碎石。在地面纵、横坡为 0~1:10 时，填土前须填前碾压；在地面纵、横坡为 1:10~1:5 时，填土前须挖松再碾压，在地面纵、横坡大于 1:5 斜坡上填筑路基均需开挖台阶，台阶宽 2m，台阶底部向内倾斜 4%。

水泥稳定碎石基层及底基层用水泥应符合国家技术标准的要求，初凝时间应大于 4h，终凝时间应在 6h 以上。集料的最大粒径分别应不超过 31.5mm 和 37.5mm，基层集料压碎值不大于 30%，底基层集料压碎值不大于 30%。集料应洁净、无杂质。水泥稳定碎石基层混合料的压实度不小于 98%，7d 无侧限抗压强度应不小于 3.0MPa；水泥稳定碎石底基层混合料的压实度不小于 97%，7d 无侧限抗压强度应不小于 2.0MPa。

（5）路面排水

加铺后机动车道和人行道雨水均通过路拱横坡收集于车道外边缘平石，再纵向排入雨水口。局部路段纵坡过小排水不畅可加密雨水口。

（6）人行过街设施、无障碍设计及公交站布设

道路人行过街设施设置在交叉口标划人行横道，并配有必要的交通标识。为方便残疾人，沿线交叉口、单位出入口均按要求作无障碍设计。人行道全线做盲道，盲道宽30cm。道路交叉口人行道在对应人行横道线的缘石部位设置缘石坡道，采用三面坡缘石坡道时坡度为 1∶12，采用单面坡道时坡度为 1∶20。坡道宽 2~3m，下口缘石高出车行道的地面 0~10mm。单位出入口可与交警及城管部门协商后确定。道路公交车站位置设置根据规范要求，结合现状公交车站位置以及两侧人行道宽度限制条件设置，共设置 8处公交车站，公交车站位置详见道路平面图，公交站台位置待后期由公交部门及交警确定后，可酌情调整。

◆◇ 3.4　路基路面工程施工

（1）施工前的准备工作

施工单位应根据设计文件，每一定距离按规范设置临时水准点一个，并复测平面和高程控制桩（按平面设计桩号布置），据此测出相应道路中心、路面宽度及纵横高程等样桩，控制桩测量精度应符合国家有关规定及规范。施工前应开挖临时边沟与附近出水口接通，做好临时排水措施，以利施工期间的积水排泄。

（2）路基施工

①路基施工前应清除地表耕作土、草皮、垃圾和杂填土等。

②路基回填应采用透水性及稳定性较好的土质，禁止采用淤泥、腐质土、膨胀土、垃圾等填筑路基，要求路基填料的最小强度应满足《公路路基设计规范》（JTG D30—2004）的规定，当不能满足时应进行处治。地面横坡大于 1∶5 时，应挖成宽度不小于 2.0m 的台阶后再回填。施工应尽量避开雨季。

③路基碾压时应水平分层碾压处理，每层虚铺厚度应与压实机具相适应，碾压之前应注意将填土的含水量控制在最佳含水量左右。

④道路沿线内如有局部软弱土，路基填筑前应将其清除或换填，压实基底后方可进行填筑。

⑤沿线如有水坑、水沟等小范围底面不良结构，施工时应予清除换填。

⑥施工时如遇重大不良工程地质情况，应及时通知相关单位协商处理。

（3）路基排水

①施工期间应有效排除由于降水和附近地带流入路基的地面水及施工用水。

②路基施工排水必须合理安排临时排水路线，充分利用沿线已有的排水设施。

③路基施工中，若地下水影响路基稳定时，应根据情况采取适当降水等措施予以疏导处理。

（4）路面施工

①水泥稳定碎石底基层。施工主要按《公路路面基层施工技术规范》进行，其颗粒和塑性指数应满足规范的规定，压实度不低于97%。

②水泥稳定碎石基层。施工主要按《公路路面基层施工技术规范》进行，其颗粒和塑性指数应满足规范的规定，压实度不低于98%。

③沥青混凝土路面。

a. 沥青。沥青应采用道路石油沥青，且应符合现行规范"重交通道路石油沥青技术要求"，对于成品沥青，应有产品名称、代号、标号、运输与存放条件、使用方法、生产工艺、安全须知等说明；在使用前应取样融化检验是否有离析现象。

b. 矿料。

• 粗集料。道路沥青混凝土粗集料须采用碎石集料。粗集料应由具有生产许可证的采石场生产。粗集料应洁净、干燥、无风化、无杂质，具有足够的强度、耐磨耗性。粗集料应具有良好的颗粒形状。并符合《公路沥青路面设计规范》和《公路沥青路面施工技术规范》对沥青路面沥青混合料中的粗集料提出的一些基本要求。建议工程面层粗集料采用石灰岩碎石，材料供应困难时也可考虑采用花岗岩，但必须添加抗剥落剂，以提高石料与沥青的粘附性能。

• 细集料。细集料应洁净、干燥、无风化、无杂质，并有适当的颗粒级配。工程最好采用石灰岩加工的机制砂，采购困难时，也可采用优质天然砂与石屑，但应控制石屑的用量。

• 填料。填料宜采用石灰岩或岩浆岩中的强基性岩石等憎水性石料经磨细得到的矿粉。矿粉要求干燥、洁净。当采用水泥、石灰、粉煤灰作填料时，其用量不宜超过矿料总量的2%。工程中建议采用石灰岩矿粉。

c. 粘层沥青。粘层的作用在于使上下沥青层或沥青层与构造物完全粘结成一整体。规范规定在下列情况及位置应浇洒粘层油：各层热拌热铺沥青混合料之间、基层与沥青面层之间、与新铺沥青混合料接触的路缘石、雨水进水口、检查井等的侧面。粘层沥青采用快裂洒布型乳化沥青。

d. 沥青混凝土技术要求。《公路沥青路面设计规范》和《公路沥青路面施工技术规范》对沥青路面沥青混凝土提出了一些基本要求：沥青混合料级配要求、沥青混合料马歇尔试验技术要求、沥青混合料高温稳定性技术要求、水稳定性技术要求。

（5）其他

①施工前应复核导线和水准点、控制坐标和标高。

②对于其他相交道路衔接处，应顺接。

③每道工序完工后，必须验收合格，方可进行下一工序的施工。

④沥青混凝土应采用马歇尔试验配合比设计方法确定配合比。

◆◇ 3.5 本章小结

零阳路、慈姑路和笔架路为慈利县城老城区中的几条主路，本章以这三条道路平战结合人防路基路面改造工程为研究对象，首先给出了路基路面工程的设计依据与主要的技术指标，对路基路面改造工程进行了设计，最后对路基路面改造工程施工中的一些具体问题进行了探讨。

第4章 平战结合人防路基路面地下管线工程

张家界慈利市政单建式人防工程一期包含零阳中路长 884.195m，新建道路路幅宽度 38m，为东西走向；慈姑路长 410.709m，新建道路路幅宽度 24m。为配合人防工程建设，道路两侧及慈利县城配套完善、合理、安全可靠的市政管线设施，进行人防工程建设红线范围内给、排水及管线综合设计。红线内污水、雨水、给水及管线综合设计图见图 4.1 所示。

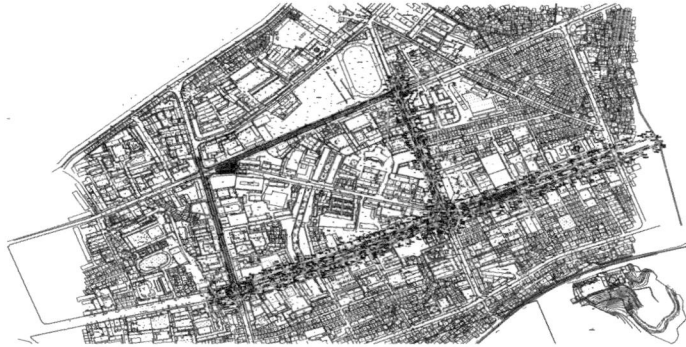

(a)地下管线综合平面布置图

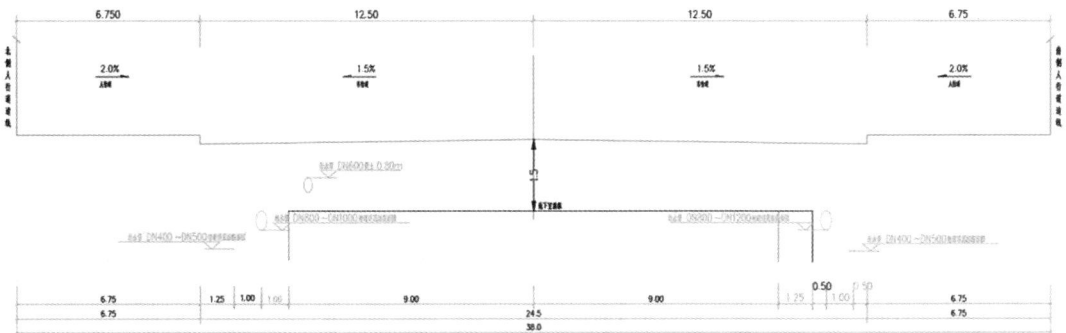

(b)零阳路圆形转盘西侧 1-1 剖面标准横断面图(38m)

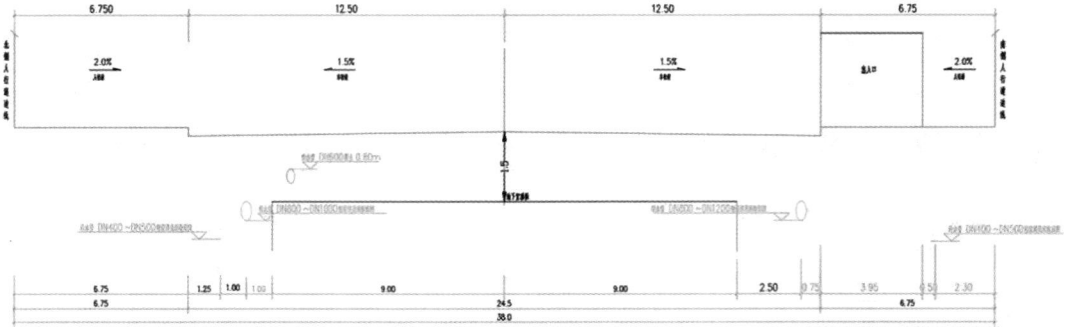

（c）零阳路圆形转盘东侧 2-2 剖面标准横断面图（38m）

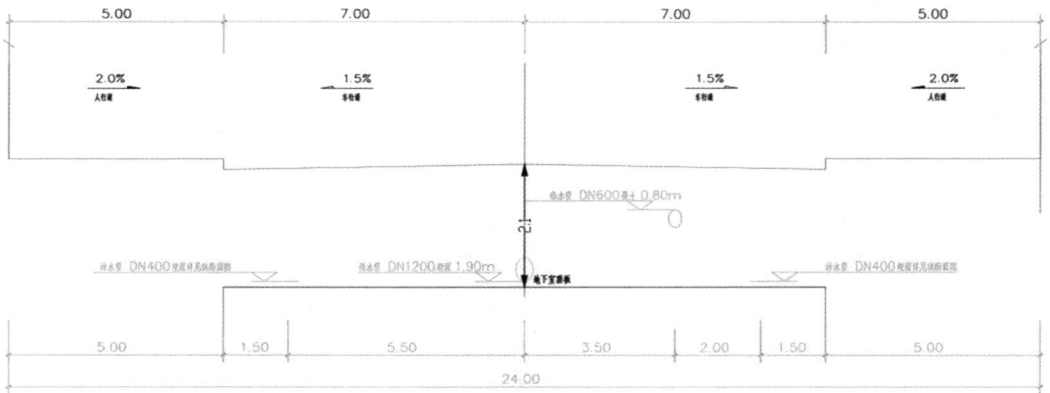

（c）慈姑路圆形转盘北侧 1-1 剖面标准横断面图（24m）

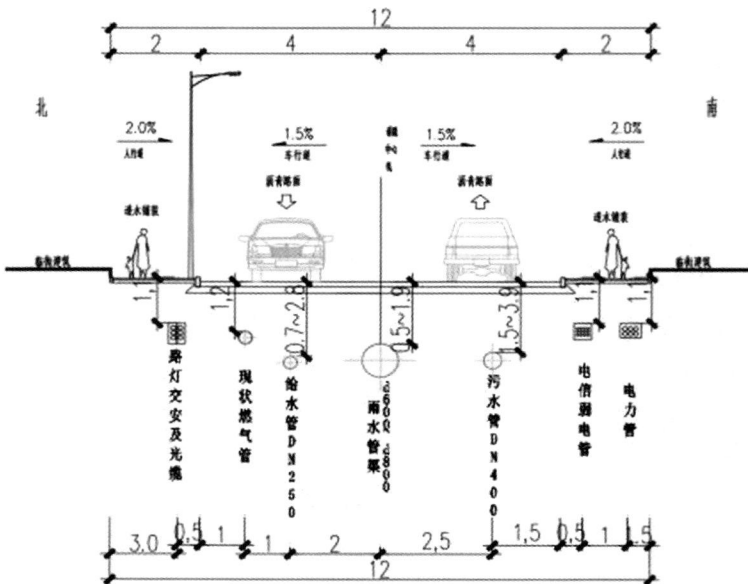

（d）环城南路-古常路 K0+930（改造后）

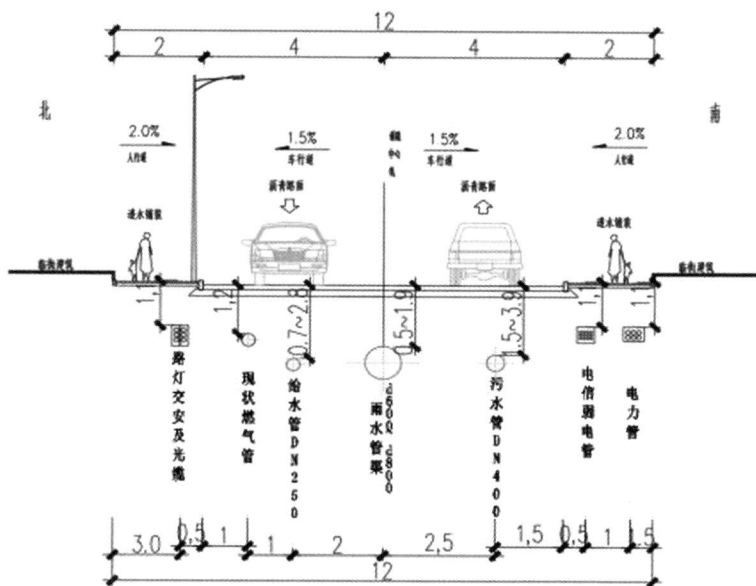

（e）古常路 K0+930-万福路 K1+110.94（改造后）

图 4.1　污水、雨水、给水及管线综合设计图

◆◇ 4.1　工程概况

①排水工程现状：现状为道路两侧各一条雨污水合流暗沟，未进行雨污水分流。道路两侧雨、污水流入合流暗沟，最终汇入澧水，对水体有一定的污染；由于道路两侧雨水口较少，雨季时经常排水不畅，内涝问题严重。

②排水工程设计：新建雨污水管。零阳路部分污水管道采用双侧铺设，向东排入红旗渠污水干管，最终流入污水处理厂；污水管线在地下建筑外侧人行道下布置，管径均为 DN400mm，管材为钢带增强聚乙烯螺旋波纹管，管道总长 1.80km。雨水管道采用双侧铺设，排水方向向东流入红旗渠，最终排入澧水；雨水管线在地下建筑外侧与出入口凹型部位布置，管径范围为 d800~d1200mm，管材为钢带增强聚乙烯螺旋波纹管。

③给水工程现状：工程范围现有给水管道为混凝土管或 PE 管且管径较小，管径及管材均不能满足县城供水需求及发展要求，需对给水管进行改造。

④给水工程设计：零阳路部分给水管线按给水专项规铺设 DN600mm 给水管；慈姑路铺设 DN300 给水管，管材为内外涂塑钢管，管道设计工作压力不小于 1.6MPa。

⑤由于该道路下专业管线较多，为更好地指导其他专业管线设计以及施工，进行管线综合设计。

⑥雨水系统：慈利县暴雨强度 $q = 980.353(1+0.893 \lg P)/(t+6.304)0.541$；设计重现期为 5 年；降雨历时 $t = t_1 + t_2$；综合径流系数 $\Psi = 0.60$；雨水设计流量 $Q/S = \Psi q F(\mathrm{L/s})$。

◆◇ 4.2　设计依据

①建设单位提供的 1：1000 地形图及管线测量图。
②《慈利县排水系统专项规划》相关图纸。
③《张家界市慈利县城市总体规划(2013—2030)》。
④《慈利县城区地下综合管线图》。
⑤道路专业提供的道路施工图设计。
⑥采用的规范和标准：

- 《城镇给水排水技术规范》(GB 50788—2012)；
- 《城市工程管线综合规划规范》(GB5 0289—2016)；
- 《给水排水管道工程施工及验收规范》(GB 50268—2019)和《室外排水设计规范》(GB 50014—2016)；
- 《室外给水设计标准》(GB 50013—2018)；
- 《给水排水工程管道结构设计规范》(GB 50332—2002)；
- 《埋地聚乙烯排水管管道工程技术规程》(CECS164：2004)；
- 《埋地排水用钢带增强聚乙烯(PE)螺旋波纹管》(CJ/T 225—2006)；
- 《水及燃气管道用球墨铸铁管、管件和附件》(GB/T 13295—2019)。

◆◇ 4.3　设计范围及内容

①设计范围与道路工程一致，为人防工程道路红线范围内的给排水管网。
②设计内容为道路下的给水、雨水、污水管道以及管线综合设计。

◆◇ 4.4　放线原则及高程控制

①采用的水准点及坐标系统与道路工程一致，统一由建设单位提供。
②放线原则：给、排水管线放线按给定桩号以及与道路设计中心线标注的定位尺寸、管道长度施放。给、排水管线平面布置见图 4.2 至图 4.7，地下管线砂基础断面见图 4.8，排水检查井结构见图 4.9，排水检查井井圈加强大样见图 4.10。

③凡位于路口以及现状有预埋支管接入的井位均为控制井位，除控制井位外，其余检查井可根据现场实际情况沿管道长度方向进行调整，调整间距不大于 2m，且两检查井之间的距离不能大于《室外排水设计规范》所规定的距离。

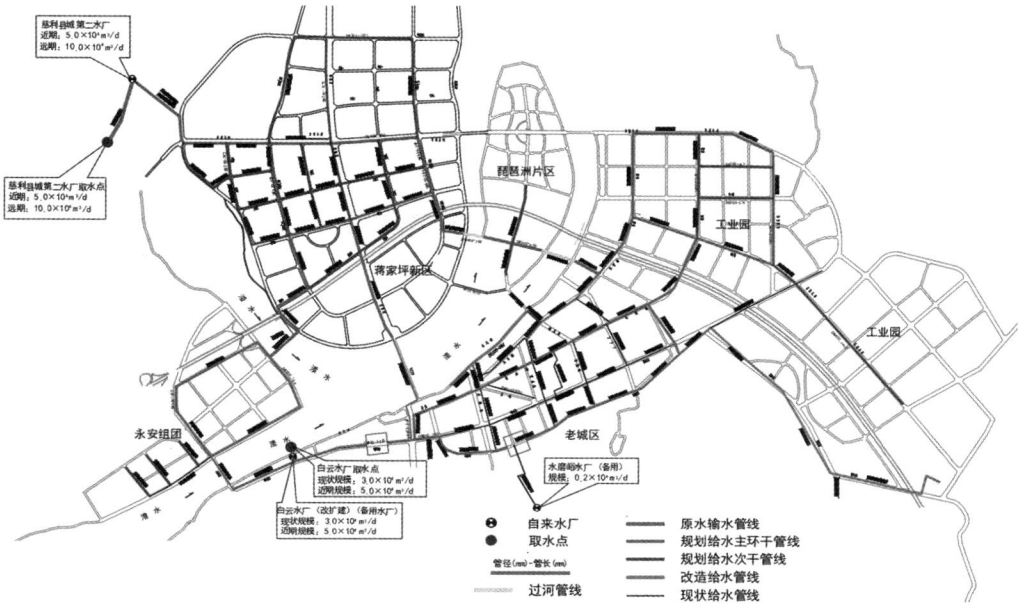

图 4.2　张家界慈利市政给水管网规划布置图(2012—2020)

图 4.3　张家界慈利市政污水管网规划布置图(2012—2020)

图 4.4 张家界慈利市政平战结合人防工程给水布置图

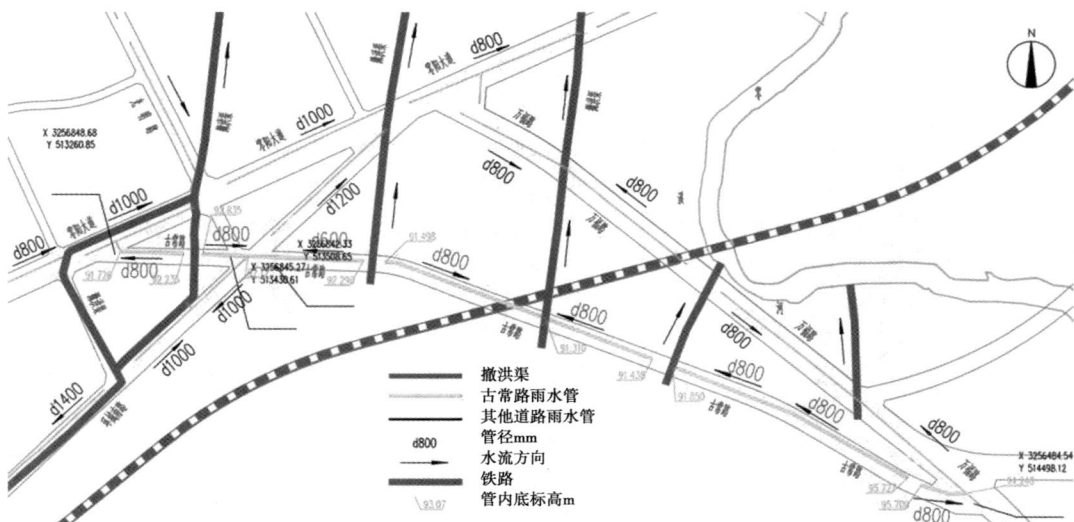

图 4.5 张家界慈利市政古常路雨水管线总体布置图

● 图纸说明：雨水管在道路中心布置，管径为 d600～d800，管材为钢筋混凝土排水管，分段排入撇洪渠或其他道路雨水管中。管径单位：mm；长度单位：m。

◆◇ 4.5 管材标准及要求

为加快施工进度,缩短工期,工程中的雨污水管道均统一采用钢带增强聚乙烯螺旋波纹管,环刚度≥8kN/m²,管材应符合《埋地排水用钢带增强聚乙烯(PE)螺旋波纹管》

图4.6 张家界慈利市政平战结合人防工程雨水管网布置图

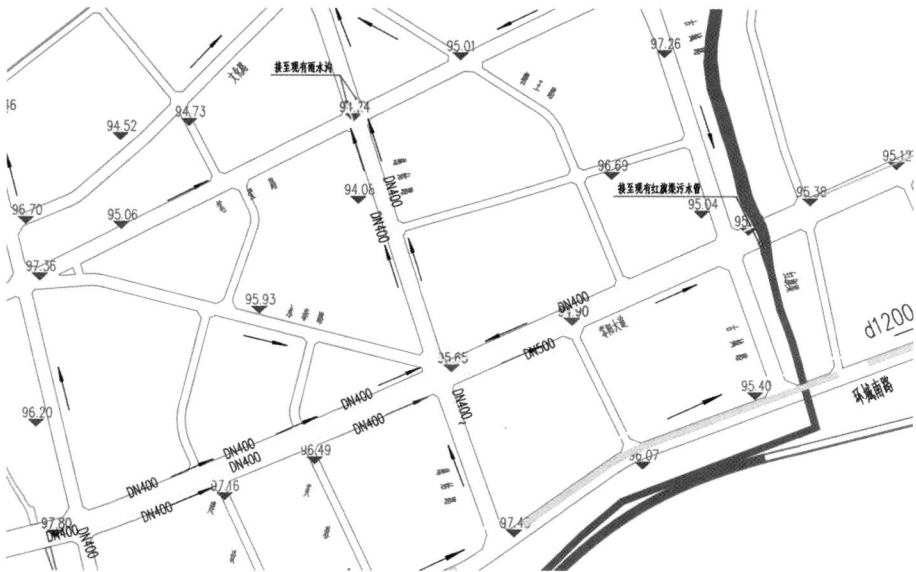

图4.7 张家界慈利市政平战结合人防工程污水管网布置图

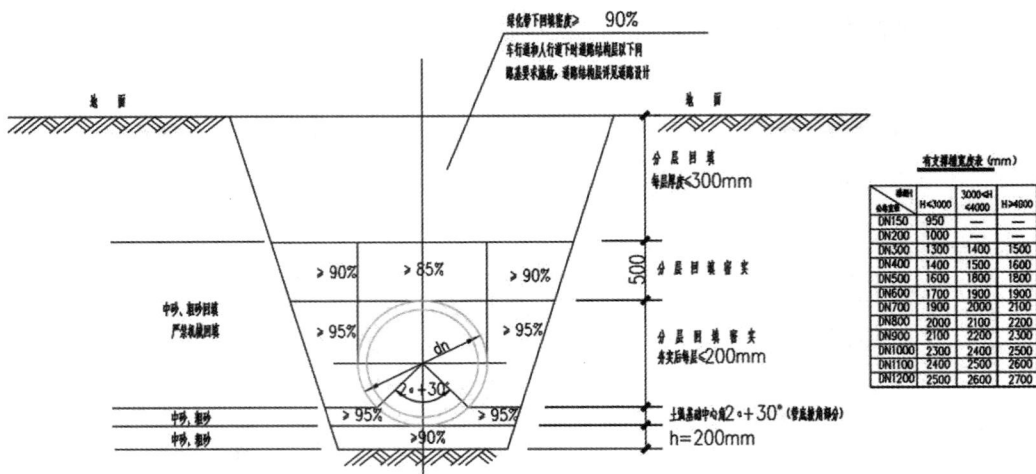

图4.8 地下管线砂基础断面图(适用于钢带增强管和给水钢管)

- 图纸说明：沟槽管顶以上500mm回填中粗砂。放坡开挖的坡度应按《给水排水管道工程施工及验收规范》(GB 50268—2019)的有关规定执行。放坡开挖槽底宽为有支撑沟槽宽度−0.3m。α 取75°。

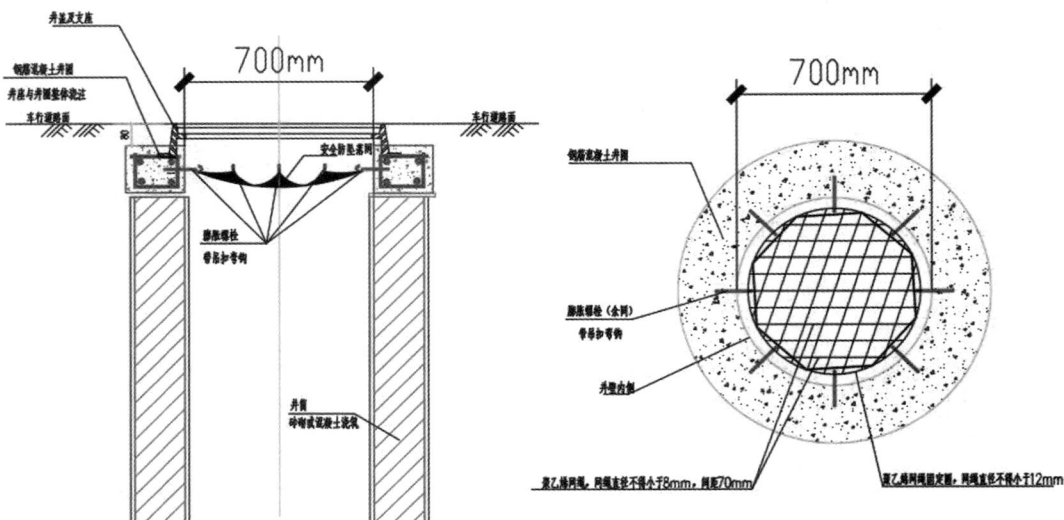

图4.9 排水检查井结构与安全防坠落网大样图

- 图纸说明：图中尺寸除标记外均为mm。防坠落网固定于混凝土井圈或者井筒内壁上，在井圈或井筒内壁打入8个膨胀螺栓(带吊扣弯钩)，然后将制作好的安全防坠落网安装于吊扣弯钩上。网绳主要技术指标：单绳拉力大于1600N，耐冲击500J(100kg×0.5m)，单根绳子破断拉力不得小于600kg，静态承重300kg。采用聚乙烯尼龙网绳较为困难时，可换用其他材料，但需要具有耐腐蚀、抗紫外线、抗老化、耐磨等特性。

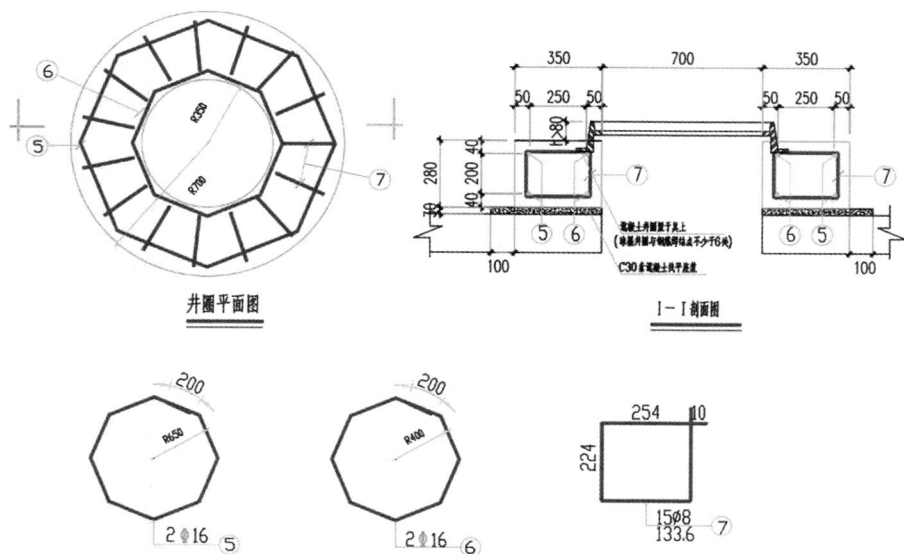

图 4.10　排水检查井井圈加强大样图

（CJ/T 225—2011）的要求，给水管道采用内外涂塑钢管，工作压力为不小于 1.6MPa，连接方式法兰连接，管材标准应符合《给水涂塑复合钢管》（CJ/T 120—2019）。

◆◇ 4.6　施工方法

（1）施工组织

工程建设要统一规划、协调配套，统一组织，坚持先地下后地上、先深后浅的施工原则，避免由于反复刨槽带来的经济损失。

（2）管道开槽

施工应依据工程设计管线位置及土质情况和地下水位情况，确定管道开槽形式，由于该道路两侧现状建筑紧临道路边线，且道路下现状有光缆、给水、高压架空线等设施。因此，为不影响现状建筑及现状市政管线设施安全，并减少对现有交通的影响，建议采用支撑开槽方式，沟槽边坡坡度应符合《给水排水管道工程施工及验收规范》（GB 50268—2019）的相关规定。沟槽弃土应随出随清理，均匀堆放在距沟槽上口边线 1m 以外，建议堆土高度一般不应超过 1.5m。沟槽开挖过程中及成槽后，槽顶应避免出现振动荷载，成槽后应尽快完成管道基础和铺设管道等工作，避免长时间晾槽。使用机械挖土时，为了防止机械超挖而扰动原状土，在设计槽底高程以上应留 20cm 左右一层采用人工清挖。施工开槽时，槽底禁止扰动，不允许超挖。如遇局部超挖或发生扰动，换填最大粒径 10~15mm 的天然级配碎石。

（3）施工排水

槽底不得受水浸泡，当沟槽位于地下水位以下时，要做好排水工作。设计建议采用水窝子加排水沟降水等方法。将地下水位降至槽底下 0.5m，方可进行基础施工与管道铺设等其他工序。

（4）管道基础

①内外涂塑钢管和钢带增强聚乙烯（PE）螺旋波纹管的基础见图 2.3（a），并满足《市政排水管道工程及附属设施》06MS201—2、《埋地聚乙烯排水管管道工程技术规程》（CECS 164：2004）的要求。

②管道铺设前必须清除沟底内的杂物、块状物、坚硬物，然后做管道基础，整平夯实后方可施工。

③在进行检查井沟槽开挖修平后，必须进行基础承载力检测，管道基础地基承载力要求不小于 $100kN/m^2$，且应满足道路要求。

（5）管材接口

①钢带增强聚乙烯（PE）螺旋波纹管管材接口形式为电熔带连接。管道接口按照"国家建筑标准设计图集"《市政排水管道工程及附属设施》06MS201—2："钢带增强聚乙烯（PE）螺旋波纹管热收缩套接口"施作。

②内外涂塑钢管与阀门和消火栓等管道附件之间通过法兰连接，橡胶密封圈应符合《橡胶密封件给、排水管及污水管道用接口密封圈》（GB/T 21873—2008）标准。

③管材所采用橡胶圈均应符合所选图集中说明内容。胶圈由管材生产厂家按规格配套供应。管道接口施工时应使胶圈压缩均匀，避免出现胶圈扭曲、接口回弹等现象。

（6）管道防腐

内外涂塑钢管，管道出厂前应做好内、外防腐。

（7）管道安装

①管道安装前应做好如下准备工作。

• 对所有管材进行外观检查，应采取抽样法进行检测。管节内外壁、承插和橡胶圈应进行外观检查。

• 按规定选配合理的胶圈，试其松紧度是否合适，应做到松紧适中、平整、顺滑、无扭曲。

• 做好工序交接验收，如垫层的平整度、高程、厚度、密实度及排水沟的完好程度、土基有无坍松等。

②下管时要将管道一字排开，尽量做到一次就位，以减少槽下滑动。

③施工单位根据具体情况决定管道接口使用的机具，应保证管道均匀对接。

④每节管道安装就位后，应立即测定高程中心线、间隙量等质量指标，如不符合要

求，应及时采取纠正措施。

⑤根据管径大小、沟槽和施工工具装备情况，确定用人或机械将管材放入沟槽，下管时必须采用可靠的吊具，平稳下沟，不得与沟壁、沟底激烈碰撞，吊装应有两个支撑吊点，严禁穿心吊。

⑥将管道放置在地基上，对齐管道，管道连接处的地基上要挖有适合连接操作的操作坑。

（8）管道回填

①管道铺设后应及时进行回填，回填时应留出管道连接部位，管道两侧和管顶以上的回填高度不小于 0.5m。排水管道连接部位应待密闭性检验合格后及时回填。

②沟槽覆土应在管道隐蔽工程验收合格后进行，覆土前必须将槽底杂物清理干净。

③沟槽回填应从管道、检查井等构筑物两侧同时对称进行，并确保管道和构筑物不产生位移。必要时应采取限位措施。

④回填时沟槽内应无积水，回填土中不得含有石块、砖及其他杂硬物。

⑤钢带增强聚乙烯（PE）螺旋波纹管回填采用中、粗砂至管顶以上 0.5m。从管底至管顶以上 0.5m 范围内，必须采用人工回填，严禁用机械推土回填。管顶 0.5m 以上沟槽采用机械回填时应从管道轴线两侧同时均匀进行，并夯实、碾压，每层回填高度不大于 0.2m。

● 沟槽回填时应严格控制管道的竖向变形。当管径较大、管顶覆土较高时，可在管内设置临时支撑或采取预变形等措施。管道竖向变形率应满足规范要求。

（9）管道附属设施

①给水蝶阀井和排水检查井做法详见"井表"中所要求的图集号施工。雨水口参照《市政排水管道工程附属设施》06MS201—8 施工，应满足城—A 级的汽车荷载要求，管道与检查井连接处灌浆要饱满，防止渗漏。位于车行道下检查井圈及井周做法、填方区检查井基础加强做法和车行道下检查井圈加强详见图 4.10。

②蝶阀：选用管网伸缩蝶阀，其中阀板、阀轴采用不锈钢材质。不同材质之间采用法兰连接，法兰螺栓、螺母均采用不锈钢材质。

③蝶阀、法兰的压力均不小于 1.0MPa。

④消火栓：参照《市政给水管道工程及附属设施》07MS101—1 中"室外地上式消火栓安装图（SS150/80 型）"施工，布置在路缘石 1m 的人行道下，间距小于 120m，距路边不应大于 2m，距房屋外墙不宜小于 5m。

⑤排气阀及排气阀井：排气阀选用快速排气阀，安装见《市政给水管道工程及附属设施》07MS101—2，并增加排气井通气管，就近引至人行道电线杆或行道树旁，增加井内气流的顺畅。通气管出口应高于地面至少 0.2m，向下弯折防止雨水进入，并安装防蚊

虫网。

⑥排泥井：安装参见《室外给水管道附属构筑物》。

⑦支墩：给水管道三通及弯头处柱墩按照《柔性接口给水管道支墩》10S505施做。

⑧井盖和盖座：采用防盗型球墨铸铁井盖及井座。在机动车道下采用重型井盖，承载力为D400，在非机动车道下采用重型井盖，承载力为D400。并满足《市政排水管道工程及附属设施》06MS201—6中的要求。井盖订制时，井盖上应有建设单位名称及管线名称等字样。

⑨雨水口箅采用球墨铸铁材料，应采用防盗型井箅，承载力为D400。

⑩给水管线上各阀门井内排水就近接入雨水检查井内。

（10）钢带增强聚乙烯（PE）螺旋波纹管与检查井连接

连接时采用自膨胀橡胶密封圈，并现浇C20细粒混凝土，做法见《管道与检查井的连接》06MS201—2；施工前应先将橡胶圈套在插入井壁管端的中间部位，然后随砌井随浇筑细粒混凝土，检查井砌筑完成后，在管道入检查井一侧浇筑20cm厚混凝土包封。

（11）给水管道打压试验、冲洗、消毒

①请施工单位在业主的协助下找自来水公司核实给水管径工作压力，并相应确定其试验压力。

②埋地管道必须在管基检查合格后，除接口处不还土外，管身两侧及其上部回填不小于0.5m，再进行压力试验。

③压力管道试验管段的长度不大于1000m。

④压力管道试验压力：水压试验静水压力应为工作压力P+0.5MPa。

⑤管道内充满水后，在不大于工作压力条件下，应充分浸泡再进行水压试验，浸泡时间不少于24h。

⑥试验前，应对试压设备、压力表、连接管及管件、排气管及排水管加以检查，必须保持系统的严密性，并排尽管道内空气。

⑦试压管段上的弯头、三通特别是管端的盖堵的支撑要有足够的稳定性。

⑧管道分段试压合格后应对整条管道进行冲洗消毒。

• 冲洗应避开用水高峰。

• 管道第一次冲洗应用清洁水冲洗至出水口水样浊度小于1NTU；冲洗流速应大于1.0m/s，直到冲洗水的排放水与进水的浊度相一致为止。

• 冲洗时应保证排水管路畅通安全。

• 管道第二次冲洗应在第一次冲洗后，用有效氯离子含量不低于20mg/L的清洁水浸泡24h后，再用清洁水进行第二次冲洗直至水质检测、管理部门取样化验合格为止。

（12）注意事项

①施工前应按建设要求统一安排进行工程施工操作，并做好自身的施工组织设计，

方可开槽施工。井盖修筑高程：位于道路内井盖修筑高程与所在位置道路修筑高程一致，位于绿化带内的检查井井盖修筑高程应高出所在位置绿带地面 5cm。修建检查井时，井口可暂不做灰，待道路施工时按路面实际高程调整接顺。

②在管道铺设中如有小角度调整时，可利用管道可曲挠性适当加以调整，但为了保证管道运行安全，管道的曲挠度应满足产品所要求，在角度调整较大时，应根据角度大小设置相应的弯头管件。

③为满足道路两侧用户用水要求，工程预埋了给水入户支管，其位置见给水管线平面图。给水支管管径为 DN150mm，在支管上设置一座蝶阀井，位于道路边线外 1~2m，并预埋支管一节。由于管线避让，支管标高与主管标高不同时，根据调整高度增加相关管道管件。给水阀门井处管道高程可根据设备安装高度需要做适当调整。

④为满足道路两侧用户雨污水排放要求，工程预埋了雨、污水支管，其位置见"排水管线平面图"。污水预埋支管管均为 DN400mm，坡度均为 3‰，坡向道路下污水检查井；雨水预埋支管管径均为 DN600mm，坡度为 3‰，坡向道路下雨水检查井。

⑤雨水收水井支管采用 DN300mm 钢带增强聚乙烯（PE）螺旋波纹管，坡度为 1%，坡向检查井。雨水口及收水支管均采用反开槽施工，即近期暂不施工，待道路做路面结构层时进行施工，雨水口位置可根据实际情况作适当调整，路面最低处应设雨水口。如遇收水支管覆土小于 700mm 时，采用 360°混凝土包管处理。

⑥雨、污水管道或与其他管道交叉处理时，应使管道的承插口接口避开相交处。当上下层管道管壁间距小于 0.3m；下层管道小于 d1000mm 且上层管道大于 d500mm 时，做 360°包管处理。长度为上层管道管径加上 1000mm。管道包管的两侧回填石屑至上层管外壁。

⑦雨季施工时，应尽可能缩短开槽长度，且成槽快、回填快，并采取防止泡槽的措施，一旦发生泡槽，应将受泡的软化土层清除，换填砂石料或中粗砂。施工单位应严格按照《给水排水管道工程施工及验收规范》（GB 50268—2019）进行施工，并据此进行工程验收。

⑧为方便现状支管接入，设计雨水检查井的井距与现状合流管基本一致，预埋管位置根据现场实际情况做适当调整。

⑨现状道路人行道下有电力管及燃气管，施工过程中均需要保护，建设单位应组织各专业管线管理单位在现场确认各专业管线的位置，并配专人现场监督和指导，以确保现状各专业管线的安全。

⑩由于测量资料不能准确完整地反映出现状各市政管线的位置、尺寸及标高情况，施工前务必复测现状管线情况，特别是现状撇洪渠的位置及标高，若存在问题请建设单位及时与设计单位联系。

◇◆ 4.7　运行管理

①易燃、易爆、有毒物质禁止排入雨、污水管道。

②近期水量不足时，必须加强排水管道的疏通。

③检查井需要下人时，必须先通风并用仪器测量有毒气体浓度，确保无危险时方可下井，下井人员必须佩戴氧气袋等必要的安全装备，并严格执行《下水道工安全操作规程》，防止发生安全事故。

◇◆ 4.8　管线综合

道路下现有埋地光缆、合流排水管及自来水管等管线。根据实际调研情况，管道存在问题较多，需综合考虑各管线布置方案。

(1)各种管线纵向交叉时的处理原则

- 小口径管道让大口径管道；
- 可弯曲管道让不易弯曲管道；
- 压力管道让重力管道；
- 新建管线让现状管线。

(2)管线平面布置

- 各专业工程管线的平面位置充分考虑现状管线位置、道路横断面情况等因素，具体位置详见图 4.4 至图 4.8。
- 施工放线预埋支管、过路支管和井位位置如与其他专业管线有冲突时，应参考管线综合平面图进行调整，避免各专业管线井位与支管位置碰撞和重叠。

(3)管线竖向布置

- 当工程管线交叉铺设时，自地上向下的排列顺序宜为：照明、通信管线、电力管线、燃气管线、给水管线、排水管线。
- 各专业管线的施工顺序为先下后上、先深后浅。
- 在各种管线中，只有雨、污水管线为重力流管线，从上游向下游高程只能逐渐降低，且由于下游排出口标高已确定，排水管线标高不能降低。而通信管线、电力管线、热力管线、燃气管线、给水管线根据地形的变化及实际空间的要求，可以相应调整高程。
- 在交叉路口或管线较密集处，采用局部增设管件或检查井的方法来解决局部管道交叉冲突问题，以减少各专业管线的埋深，节省配套管线的投资。
- 位于车行道下管线最小覆土深度为 0.7m。若遇特殊情况覆土较浅时，需由各专业自行采取技术措施进行加固处理。做法详见图 4.11。

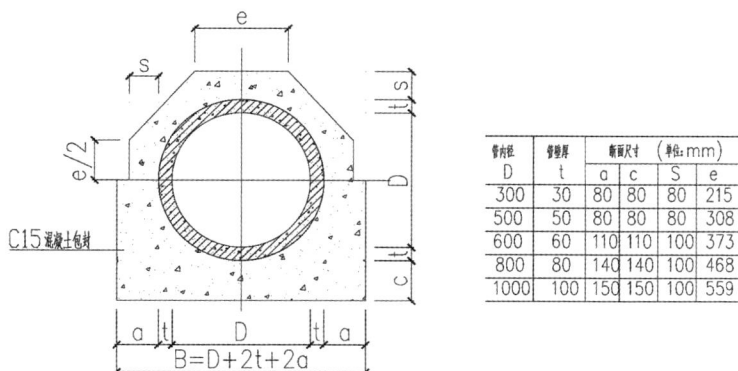

管内径	管壁厚	断面尺寸		（单位：mm）	
D	t	a	c	S	e
300	30	80	80	80	215
500	50	80	80	80	308
600	60	110	110	100	373
800	80	140	140	100	468
1000	100	150	150	100	559

图 4.11　管道 360°加强包封图（管道覆土<0.7m 时）

• 位于人行道下管线最小覆土深度应满足人行道结构层要求，一般覆土应不小于 0.5m。当管线上有重压荷载时，应考虑采取包管等技术措施。做法详见图 4.11。

• 在管道交叉处，当小管道在下面、大管道在上面时，下面的小管道应做加固处理，长度为上层管道管径加上 1000mm（见图 4.11）。

• 在管道交叉处，当两管道间垂直净距小于 10cm 时，需对两管道同时进行加固处理，长度为上层管道管径加上 1000mm（见图 4.11）。

• 各专业管道交叉处理措施应根据土质情况确定相应的处理方法，若是软土层，宜采用碎石、砂土等软基础处理材料，防止不均匀沉降对管线的影响。若土质较好，在交叉处可做混凝土整体包管处理。做法详见图 4.11。

• 管线综合设计图纸仅为各专业工程提供施工图设计的平面位置及控制性高程，各专业工程的实施均应以各自的施工图设计为准。

（4）注意事项

①为保障道路两侧居民的用水、用电、用气，施工时应事先做好临时管线布置方案及应急措施。

②施工期间需现场确认各专业管线的位置，并做好现有管线施工期间保护方案，并配专人现场监督和指导，确保现状各专业管线的安全。

③检查井的开挖要求同管道。破路开挖的管道，待管道施工完成后应按照原道路设计的要求对道路进行恢复。

◆◇ 4.9　本章小结

本章主要介绍了单建式人防工程一期路基路面地下管线工程设计与施工实践。首先给出了地下管线工程概况、设计依据与范围、管材标准与施工，然后对管线运行管理进行了简要分析，最后对管线进行综合设计，并提出了施工中的注意事项。

第5章 探地雷达探测地层结构管线原理与识别技术

探地雷达和探空雷达的工作原理基本相同，二者都是利用高频电磁波在界面上的反射来探测目标体。只是探空雷达所发射的电磁波在空气中传播，衰减较小，可探测远距离的目标，而探地雷达所发射的电磁波在地层内传播，由于地层的强烈吸收作用，其衰减较大，因而探测距离较小（见图5.1）。正因为探地雷达探测的是在地下有耗介质中的目标体，它形成了自己独特的发射波形与天线设计特点。根据国内外已发表的文献资料，探地雷达使用的发射波形有调幅脉冲波、调频连续波、连续波等；使用的天线有对称振子天线、非对称振子天线、螺旋天线、喇叭天线等。由于对称振子型调幅脉冲时域探地雷达输出功率大、能实时监测测量结果、设备可做成便携式等优点，在使用地面探地雷达中，已得到广泛应用。本工程探地雷达初步探测除了依据公路、铁路等领域相关规范，还主要依据《城市地下管线探测技术规程》（CJJ61—2017）。

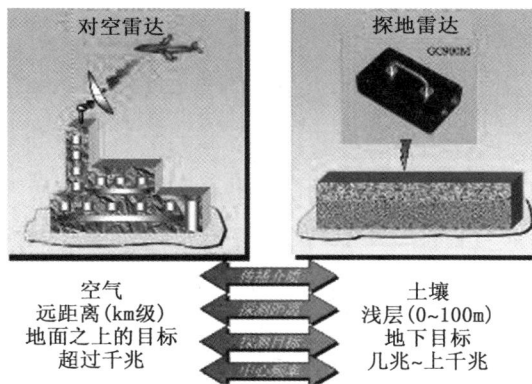

图 5.1 探地雷达和探空雷达的工作

◆◇ 5.1 探地雷达探测技术发展

众所周知，利用雷达对空间目标的探测已发展成为一项成熟的技术，并被广泛应用在各种军事及民用领域中。然而随着人类对自然界认识的逐步深化，人们对地下世界的探知要求变得越来越迫切与深入。早在 1904 年,德国人就采用了电磁波探测地下的金属物体。1956 年 J.C.Cook 又提出了应用无载频脉冲雷达探测地下目标的方法。随着科学技术理论与应用实践的发展,瞬态无载频脉冲雷达技术得到了较快的发展,并在 20 世纪 70 年代进入了实际应用阶段。我国从 20 世纪 80 年代开始进行探地雷达技术的研究和试验,最初用于军事地雷的探测。经过十几年的研制攻关,在雷达硬件设备、信号处理、目标成像等方面取得了重大进展和突破,特别是成功地实现了对地下目标的三维层析成像分析,大大提高了探测诊断的分辨率和清晰度,使探地雷达在信号处理和成像技术方面进入了世界领先行列。

多年来,我国探地雷达探测技术基本上与国际先进水平保持同步发展,先后取得了与国外同类技术相当的研究成果。研制的全数字化产品 LTD—2100 一体化的探地雷达,既可以用于对公路等浅层路面厚度进行探测,又可以用于地下工程较深结构层目标的探测,已广泛应用于军事和民用领域。

常规检测方法(如钻芯法)的缺点是:破坏性、费用高,还需结合巡视和地表观测(地表现象);采样受到局限,有限的数据难以进行整体评价;工程设计检验需要很多钻芯数据;横向对比的可比性差等。而探地雷达方法不用钻芯(无破坏,NDT),可定量化检测,可得到连续信息,速度快、费用低,与工程设计具有很好的对比性,并可进行整体评价。

◆◇ 5.2 探地雷达探测基本理论

探地雷达是一种电磁波探测技术。静止的电荷分布或电流分布,激发稳定电场。稳定电场不随时间变化,不向外辐射能量。如果场源的电流随时间变化,就激发变化的电场,变化的电场在其周围激起变化的磁场,变化的磁场又要激起变化的电场,变化的电场和磁场由近及远地传播出去,形成电磁场。在无源空间中,电磁场的发射、传播、反射、折射及绕射满足麦克斯韦方程:

$$\nabla \times \frac{r}{H} = \frac{\partial D}{\partial t}, \ \nabla \times \frac{r}{E} = -\frac{\partial B}{\partial t}, \ \nabla \cdot B = 0 \tag{5.1}$$

$$\nabla \cdot D = 0, \ \frac{r}{D} = \varepsilon \frac{r}{E}, \ B = \varepsilon \frac{r}{H} \tag{5.2}$$

从式(5.1)和式(5.2)中可以看出,该方程组具有波动方程的形式。这充分表明电磁场矢量和在自由空间中有一定速度,并以波的形式传播。

(1)平面电磁波在均匀导电媒介中的传播

电磁波在均匀导电介质中传播,既要考虑传导电流的影响,也要考虑位移电流的影响。

假设平面电磁波沿 Z 的正方向,该姆霍斯方程为:

$$\frac{\mathrm{d}^2 E(z)}{\mathrm{d}z^2} + k'\overset{\vee}{E}(z) = 0 \tag{5.3}$$

$$\frac{\mathrm{d}^2 H(z)}{\mathrm{d}E^2} + K'\overset{\vee}{H}(z) = 0 \tag{5.4}$$

通过求解式(5.4)并乘上时间因子，得场矢量：

$$H(z,\ t) = H_0 \mathrm{e}^{-bz} \mathrm{e}^{i(\omega t - az)},\ E(z,\ t) = E_0 \mathrm{e}^{-bz} \mathrm{e}^{i(\omega t - az)} \tag{5.5}$$

$$a = \omega\sqrt{\varepsilon\mu}\left(\frac{1}{2}\left(\sqrt{1+\left(\frac{\gamma}{\omega\varepsilon}\right)^2}+1\right)\right)^{\frac{1}{2}},\ b = \omega\sqrt{\varepsilon\mu}\left(\frac{1}{2}\left(\sqrt{1+\left(\frac{\gamma}{\omega\varepsilon}\right)^2}-1\right)\right)^{\frac{1}{2}} \tag{5.6}$$

由此可见，在导电介质中传播的平面电磁波，在传播方向上波的振幅按指数规律衰减。a 表示每单位距离落后的相位，称为相位常数；b 表示每单位距离衰减程度常数，称衰减常数。知道了常数 a，就可由

$$v = \frac{\omega}{a} \tag{5.7}$$

求出电磁波在导电媒介中的传播速度。a，b 的值完全由导电介质的性质和电磁波的角频率决定。

（2）平面电磁波在良导电均匀媒介中的传播

对于铜、铁等良导电媒介，其电导率很大，由式(5.6)看到衰减常数 b 也很大。因此，电磁波在良导电媒质中传播时，场矢量衰减很快，只能透入良导体表面的薄层内（电磁波只能在导体以外的空间或电介质中传播），这种现象称为趋肤效应。在 $z = 1/b$ 处，振幅为 E_0/e，即场矢量的振幅在导体内的 $1/b$ 处，已衰减到表面处的 $1/e$。这时，电磁波透入导体内的深度称为穿透深度，或趋肤深度，表示为：$\delta = 1/b$，把 b 代入上式，经过简化可得：

$$\delta = \frac{1}{b} = \frac{\lambda}{2\pi} \tag{5.8}$$

这表明电磁波进入良导体的深度是其波长的 $1/2\pi$，高频电磁波透入良导体的深度很小。当频率是 100MHz 时，$\delta = 0.67 \times 10^{-3}\mathrm{cm}$。可见，高频电磁波的电磁场，集中在良导体表面的薄层内，相应的，高频电流也集中在该薄层内流动。

（3）电磁波的反射

上述波动方程和有关的传播与衰减常数描述了电磁波的运动。其中引起电磁波衰减和传播的两个主要电性参数是电导率和介电常数。而对于应用高频电磁波的探地雷达来说，其发射电磁波的频率范围、被探测目标体的电导率和介电常数均影响着电磁波的传播。探地雷达利用高频电磁脉冲波的反射原理来实现探测目标，其反射脉冲信号的强度不仅与传播介质的波吸收程度有关，而且也与被穿透介质界面的波反射系数有关。垂直界面入射的反射系数 R 的模值和幅角，可用如下公式表示：

$$|R| = \frac{\sqrt{(a^2-b^2)^2+(2ab\sin\phi)^2}}{a^2+b^2+2ab\cos\phi} \quad\quad (5.9)$$

$$\mathrm{Arg}R = \phi = \arctan(\sigma_2/\omega\varepsilon_2) - \arctan(-\sigma_1/\omega\varepsilon_1)$$

$$a = \mu_2/\mu_1 \quad b = \sqrt{\mu_2\varepsilon_2\sqrt{1+(\sigma_2/\omega\varepsilon_2)^2}}\Big/\sqrt{\mu_1\varepsilon_1\sqrt{1+(\sigma_1/\omega\varepsilon_1)^2}} \quad (5.10)$$

式中：μ——介质的导磁系数；ε——相对介电常数和电导率；下角标 1 和 2 表示入射介质和透射介质。

从式(5.10)可以看出，反射系数与界面两侧介质的电磁性质和频率有关，两侧介质的电磁参数差别越大，反射系数也越大，同样反射波的能量亦越大(见图5.2)。

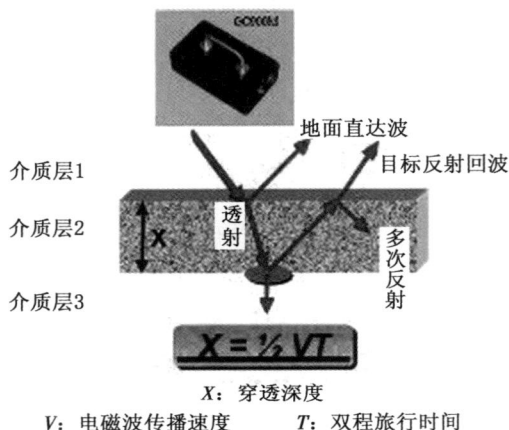

X：穿透深度

V：电磁波传播速度　　　T：双程旅行时间

图5.2　电磁波的反射关系

工作时，在雷达主机控制下，脉冲源产生周期性的毫微秒信号，并直接反馈给发射天线，经由发射天线耦合到地下信号，在传播路径上遇到非均匀体(面)时，产生反射信号。位于地面上的接收天线在接收到地下回波后，直接传输到接收机，信号在接收机经过整形和放大等处理后，再经电缆传输到雷达主机，经过处理后传输到计算机。在计算机中对信号依照幅度大小进行编码，并以伪彩色电平图/灰色电平图或波形堆积图的方式显示出来，经过数据处理来判断地下目标的深度、大小和方位等特性参数(见图5.3)。

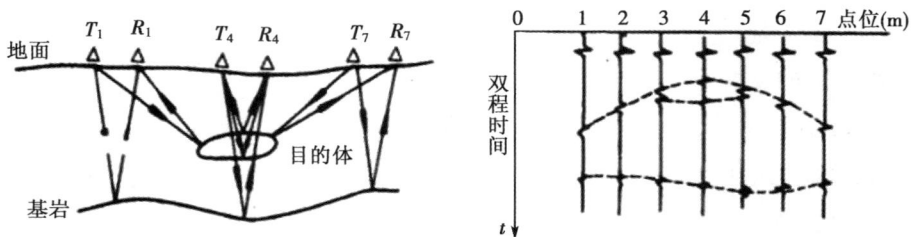

图5.3　探地雷达电磁波反射路径与探测剖面

在雷达主控系统的控制下，发射机产生的大幅度宽带电磁信号经过发射天线耦合到地下，当电磁信号遇到与周围环境电介特性不同的地下目标时，产生反射信号，反射信号通过接收天线检测，经过一系列信号处理后，形成二维剖面图像以供识别诊断。

（4）确定地下埋藏目标的深度

脉冲波的轨迹方程：

$$t = \frac{\sqrt{4z^2 + x^2}}{v} \tag{5.11}$$

式中：t——脉冲波走时，ns；z——反射体深度，m；x——T 与 R 的距离，m；v——雷达脉冲波速，m/s；

地质雷达的天线发射及接收器有单置式和双置式之分，单置式为发射与接收器一体化设计，双置式为发射与接收分体设计。

使用单置式天线计算探测目标层深度的计算公式为：

$$z = \frac{1}{2} vt \tag{5.12}$$

使用双置式天线计算探测目标层深度的计算公式为：

$$z = \sqrt{\frac{t_2^2 x_1^2 - t_1^2 x_2^2}{4(t_1^2 - t_2^2)}} v = \frac{\sqrt{x_2^2 - x_1^2}}{\sqrt{t_2^2 - t_1^1}} \tag{5.13}$$

式中：z——反射体的深度，m；t_1——第一次脉冲波走时，ns；x_1——第一次 T 与 R 的距离，m；t_2——第二次脉冲波走时，ns；x_2——第二次 T 与 R 的距离，m。

◆◇ 5.3　探地雷达探测地层管线的可行性

探地雷达所用的电磁波有一较宽的频谱，频段远大于一般的地面电磁波，属于分米波。图 5.4 为路面探地雷达探测原理图，发射天线和接收天线紧靠地面，由发射机发射的短脉冲电磁波经发射天线辐射传入大地，电磁波在地下传播过程中遇到介质的分界面后便被反射或折射，反射回地面并被接收天线接收的电磁波，称为回波。显然，根据回波信号及其传播时间便可判断电性界面的存在及其埋深。

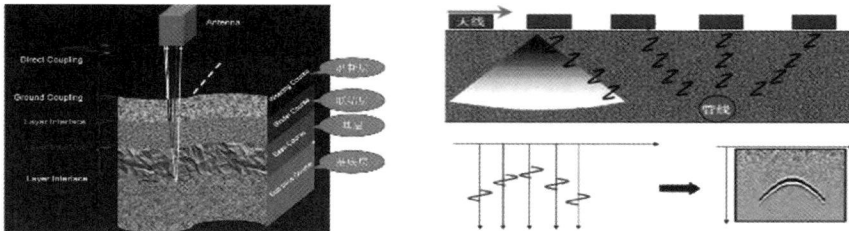

（a）探地雷达探测原理　　　　　　　　　　（b）地下管线反射波形

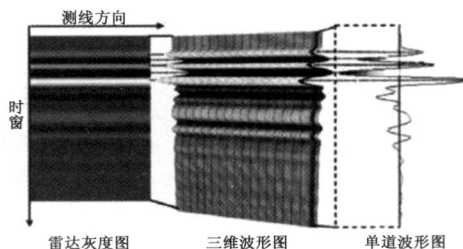

（c）探地雷达灰度波形

图 5.4　探地雷达探测原理图及反射波形

图 5.4 同时给出了雷达波的反射波形图，反射波不仅发生在不同介质的分界面上，也发生在空气与地层（空洞）或金属、非金属与地层的界面上。图中右部表示了垂直发射和接收的点沿地面改变位置时所得到的波形图。由于入射波抵达反射界面时，两种不同介质界面的反射系数不同，所以表征各界面存在的反射波幅度也不一样。导电性好的介质对电磁波具有较强的反射性能。其次，电磁波在地下介质中的传播，其能量将因介质的吸收而损耗，吸收的程度取决于地层的吸收系数。吸收系数越小，电磁波能量损耗越小、衰减慢；吸收系数越大，则损耗越大、衰减越快。

由此可见，由于探地雷达通常采用的频率在 50~1500MHz 之间，因此在较好的条件下，其探测范围已扩展为 15~30m，探测的分辨率可达数厘米，深度符合率小于±5cm。

◆◇ 5.4　探地雷达探测地层管线的特点

（1）探地雷达的主要优点

①探地雷达设备轻便，携带方便；②探地雷达是无损探测技术设备；③探地雷达与其他地球物理探测方法相比，数据采集速度非常快，处理方便；④探地雷达水平和垂直探测精度高；⑤探地雷达图像比较直观、易于诊断。

（2）探地雷达的主要特点

①探地雷达用电磁波穿透地下介质；②探地雷达探测穿透深度取决于介质的介电常数和电导率；③探地雷达记录发射、反射波的反射时间；④探地雷达电磁波速度一般在 50~150m/μs。

（3）探地雷达的反射特点

①探测的 95% 是用偶极反射模式；②从原理上讲，类似于声呐设备；③发射机发射一列电磁脉冲，该列电磁脉冲在介质中传播；④在地下介质的电特性有变化的地方发生反射（即散射）；⑤接收机拾取"背散射"信号，记录它并将其显示在接收机屏幕上（见图5.5）。

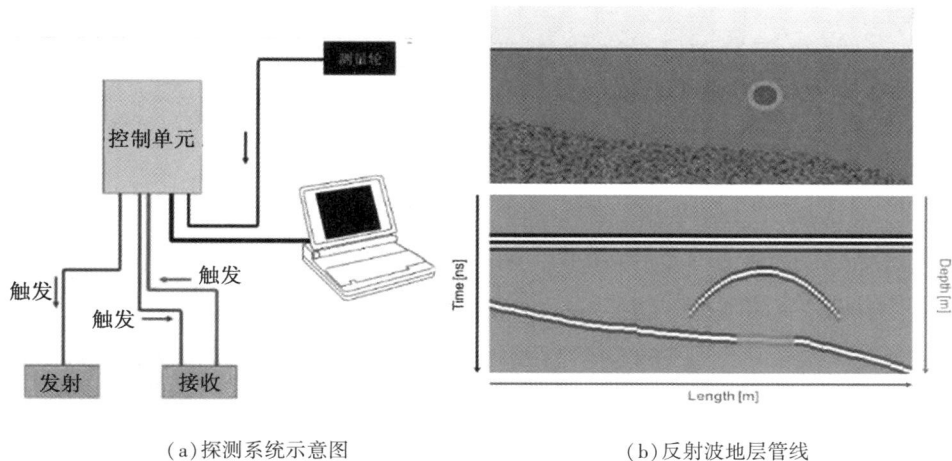

<table>
(a)探测系统示意图   (b)反射波地层管线
</table>

图 5.5　探地雷达地层探测与反射波

◆◇ 5.5　探地雷达在道路检测中的质量评价的应用

在探地雷达实用之前，道路检测常常采用路面病害调查、沉测试、钻孔取芯等常规方法。经过修补、改造后的道路，往往过不了几年，又会出现裂缝、破碎等病害。道路管理养护部门感到压力巨大。由于路面破损调查只能看到道路表面损坏情况，弯沉测试、钻孔取芯虽然能够检测到路垫、基层中脱空的情况，但是属于点状检测，数据量太少，无法较全面地反映地下脱空的真实情况。导致许多脱空段没能被发现，再好的修补技术也发挥不出应有的效果，这是道路大修后再破损的主要原因(见图 5.6)。

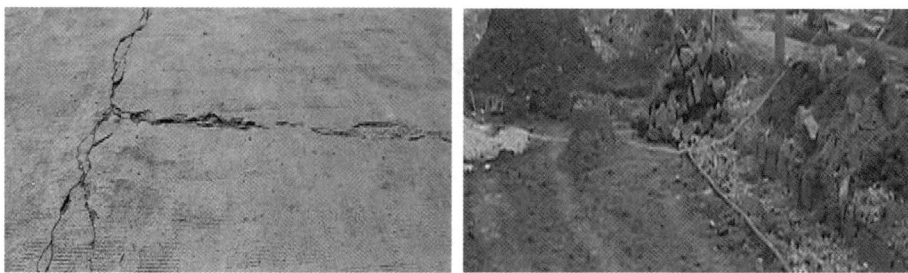

图 5.6　道路路面损坏与路垫、基层中脱空

探地雷达无损和密集探测的特点，弥补了常规方法表观、点状检测的缺陷。使得人们能够在不破坏路面的前提下，探测到道路结构层厚度、板底脱空以及垫基层中的空洞等，提高了道路病害隐患的检出率。从而可以采用有针对性的措施进行养护，不但节约了大量道路改造费用，而且大幅提高了养护质量，延长了道路的使用年限。

◆◇ 5.6 探地雷达延长道路使用年限破损检测

（1）道路探地雷达脱空探测与处理

某路长 2.1km，双向四车道，水泥混凝土板块路面。2004 年进行路面破损探测，之后整板更换、注浆补强、加铺沥青混凝土路面。至今基本上没有再出现过裂缝、破碎病害。图 5.7 为板块脱空照片和探地雷达探测的影像。

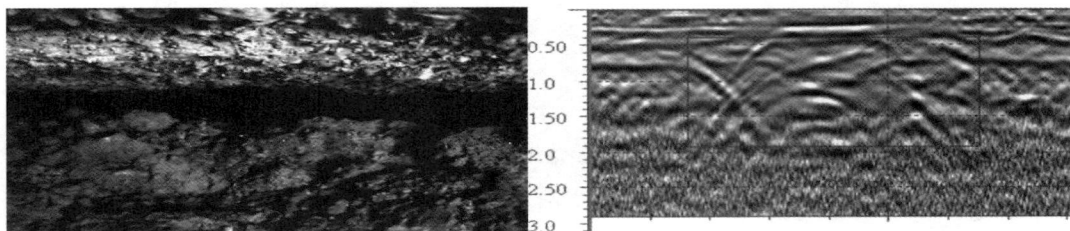

图 5.7 板块脱空照片和探地雷达探测的影像

（2）道路破损调查与处理

某路长 12.4km，双向八车道，沥青混凝土+水泥混凝土板块路面。2010 年进行路面病害调查、探地雷达脱空探测、弯沉测试和钻孔取芯。之后整板更换、注浆补强、重铺沥青混凝土路面。至今没有再出现裂缝、破碎等病害。图 5.8 为板块脱空照片和探地雷达探测的影像。

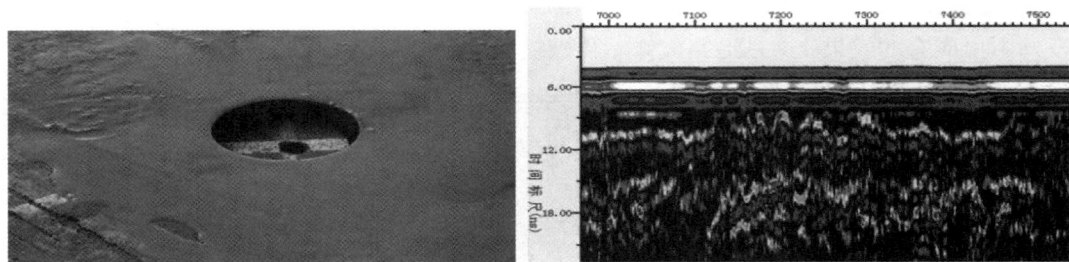

图 5.8 板块脱空照片和探地雷达探测的影像

（3）探地雷达信号测点位置用天线附带的测量轮计量

探测参数为：工作频率 400MHz、900MHz 的天线；时窗长度 20~30ns；采样点数 512 点/道；扫描速度 128 扫/秒；重复频率 128kHz，测量轮扩展 5、10（道路检测中的质量综合评价成果见图 5.9）。

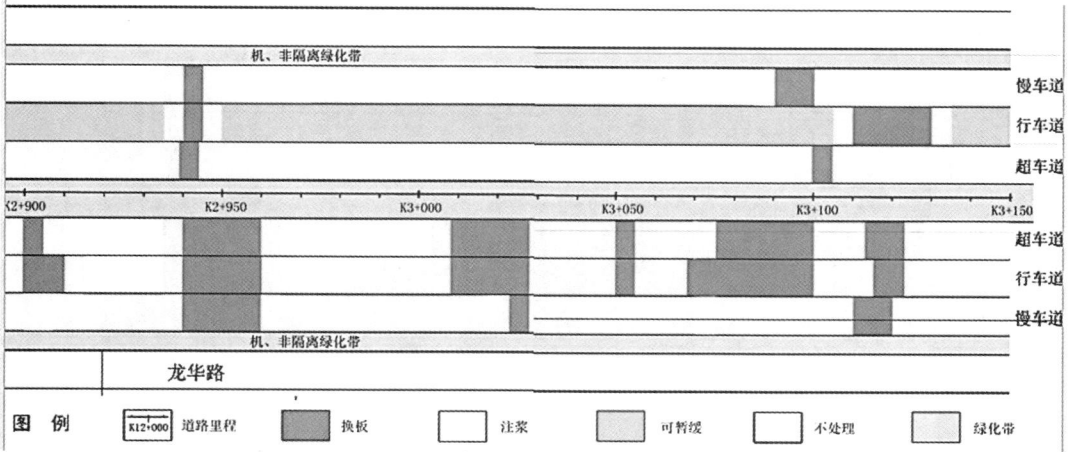

图 5.9　道路检测中的质量综合评价成果

◆ 5.7　探地雷达检测道路破损影像

（1）空洞影像与探地雷达检测（见图 5.10）

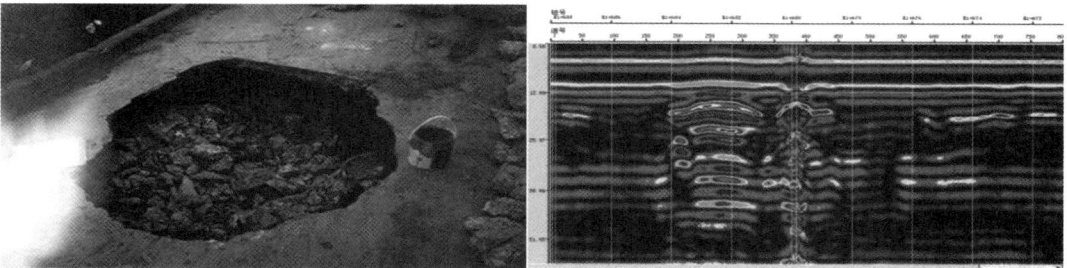

图 5.10　空洞影像与探地雷达检测

（2）新旧板块探地雷达检测影像（见图 5.11）

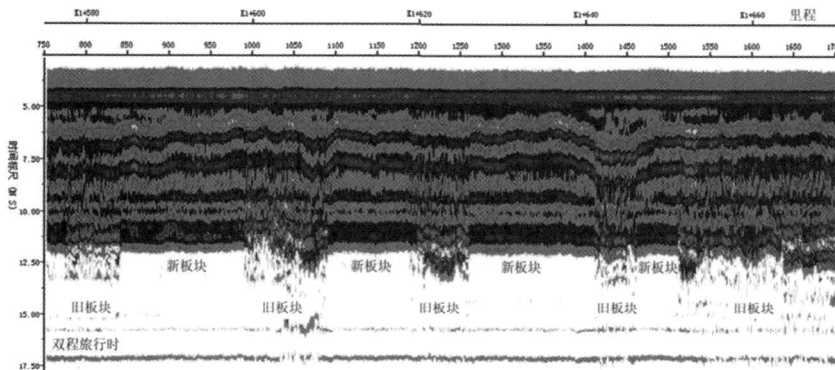

图 5.11　新旧板块探地雷达检测影像

（3）巨厚沥青混凝土探地雷达检测影像（见图5.12）

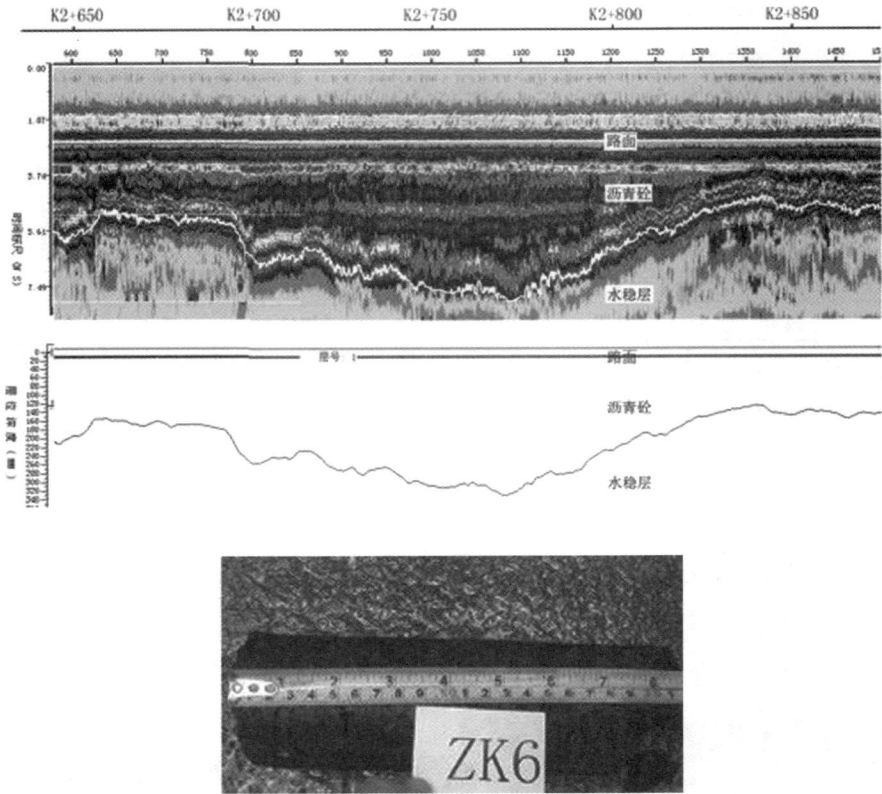

图 5.12　巨厚沥青混凝土探地雷达检测影像

（4）沥青混凝土探地雷达检测影像（见图5.13）

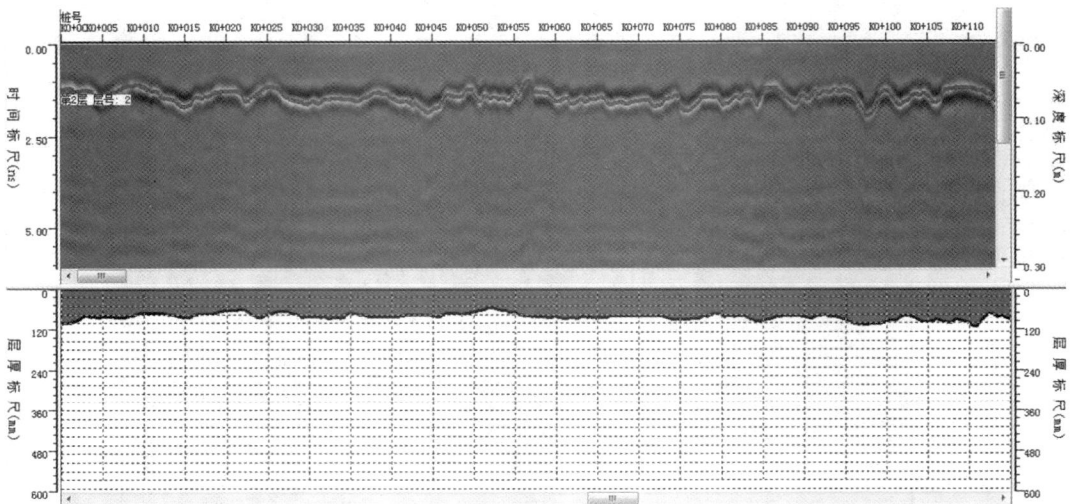

图 5.13　沥青混凝土探地雷达检测影像

（5）市政沥青混凝土探地雷达检测影像（见图5.14）

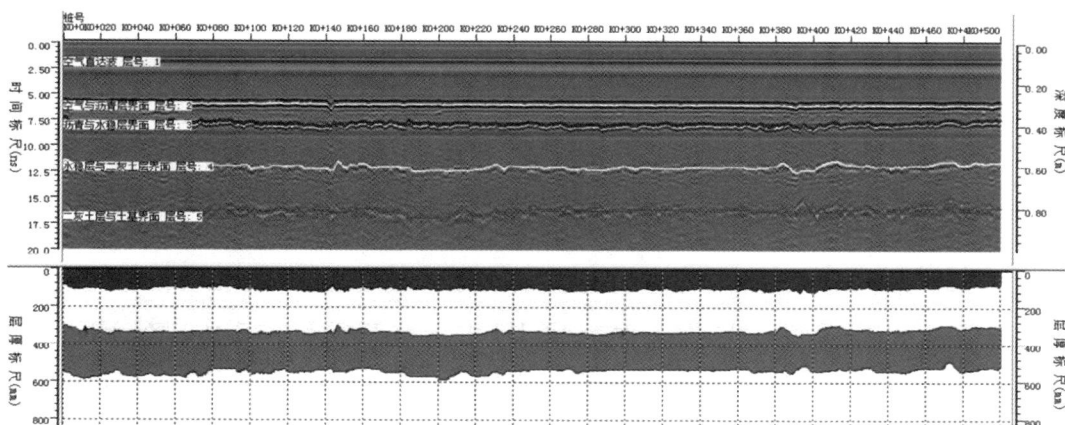

图5.14　市政沥青混凝土探地雷达检测影像

在道路投入使用后的日常维护管理中，若道路表面出现破损、凹陷、裂缝、平整等问题往往容易及时发现，但对道路内部存在的隐性灾害，如路面下的空洞、积水、脱空、基础疏松等，却无有效的检测手段，难以做到防患于未然。随着冬冰夏融，热胀冷缩以及日积月累的冲压，往往容易导致重大交通事故的发生。应用道路探测雷达可进行道路状态的日常维护询察、阶段性路基质量普查、路基内隐性灾害或病害（如裂缝、下陷、脱空、变形）的探测，及时发现路面下的问题，防患于未然。

◆◇ 5.8　探地雷达检测道路常见病害类型影像

（1）空洞多次反射出现多组振相反应探地雷达检测影像（见图5.15）
（2）裂缝图像特征——层位错断与同相轴不连续探地雷达检测影像（见图5.16）
（3）裂隙——层位错断与同相轴不连续探地雷达检测影像（见图5.17）

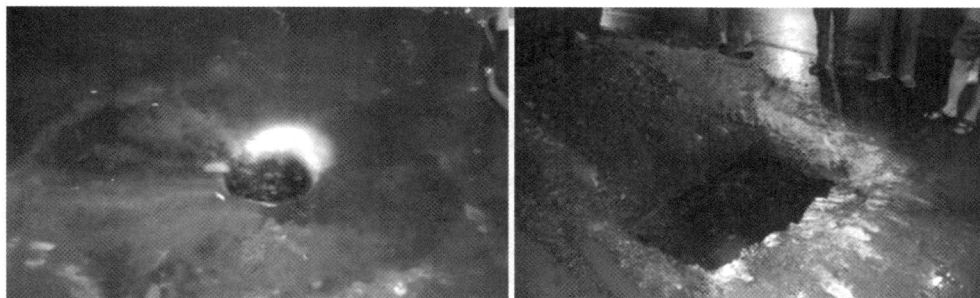

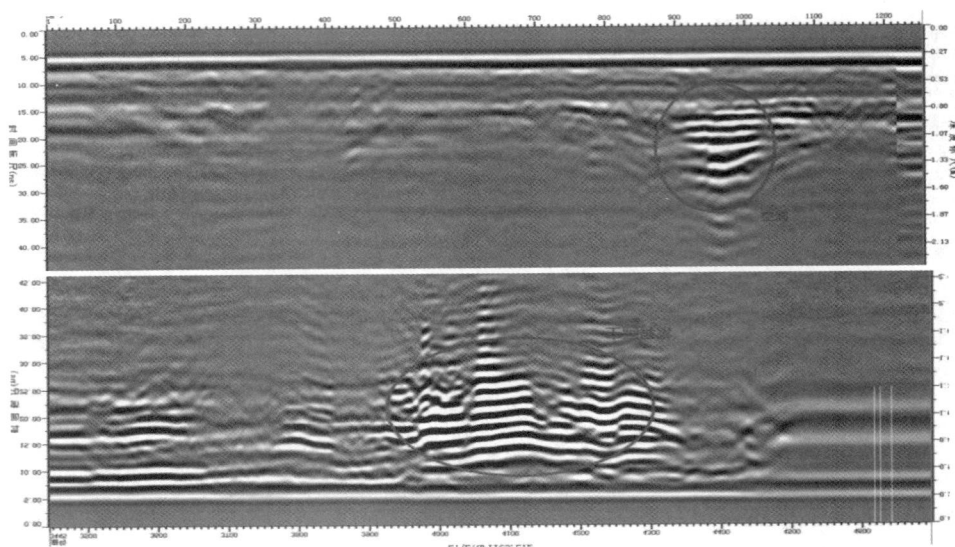

图 5.15　空洞病害类型与探地雷达检测影像

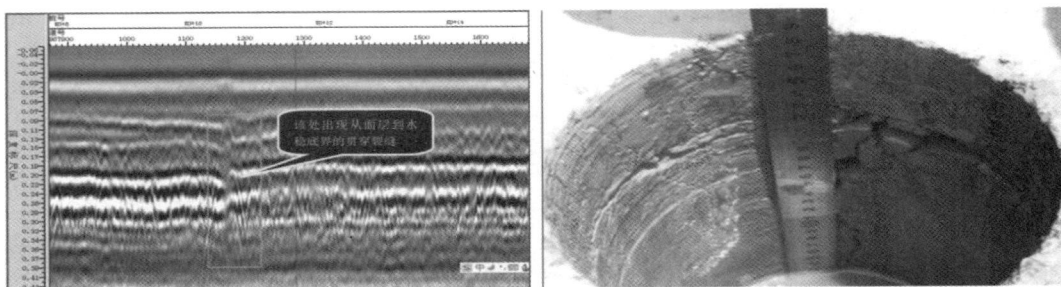

图 5.16　裂缝病害类型与探地雷达检测影像

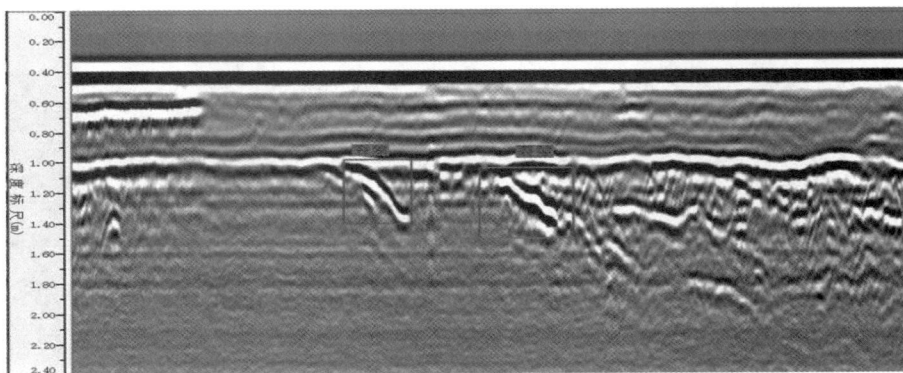

图 5.17　裂隙病害类型与探地雷达检测影像

（4）水稳层破碎——层位错断与同相轴不连续探地雷达检测影像（见图 5.18）

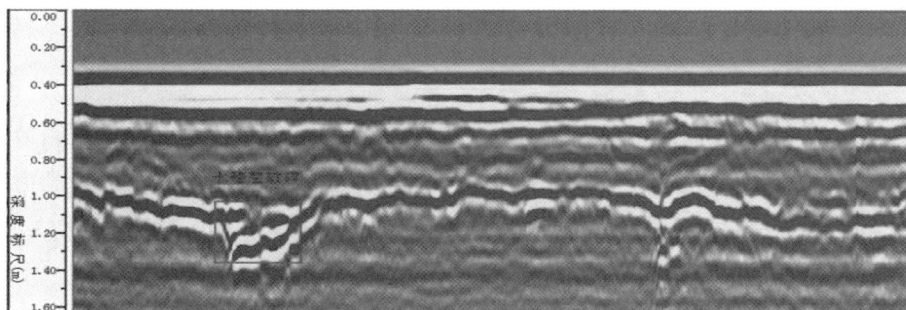

图 5.18　水稳层破碎病害类型与探地雷达检测影像

（5）水稳层沉降——标注处水稳层有一定程度破碎，层位有下降趋势探地雷达检测影像（见图 5.19）

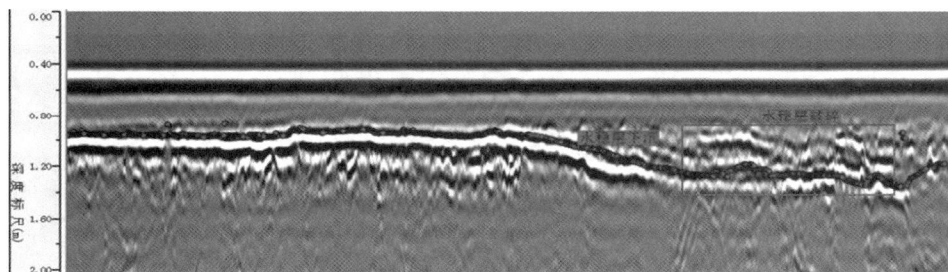

图 5.19　水稳层沉降病害类型与探地雷达检测影像

（6）不均厚垫层——标线左边一层垫层和右边两层垫层探地雷达检测影像（图 5.20）

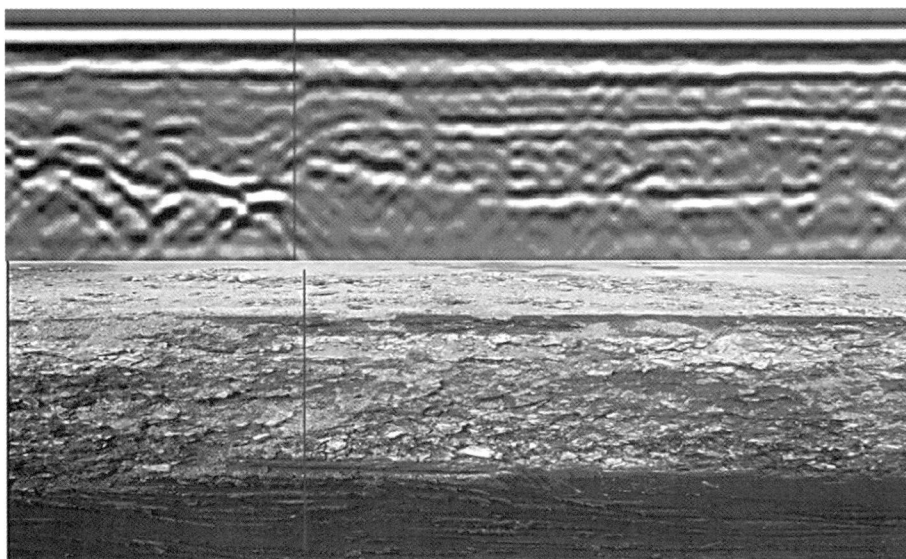

图 5.20　不均厚垫层类型与探地雷达检测影像

◆◇ 5.9 探地雷达检测市政道路病害标准影像

探地雷达市政道路病害探测一般步骤：通过 DMI 距离同步控制系统，控制数据均匀采集。通过高精度 GPS 的数据记录采集，使每一道雷达数据有据可查。通过高清摄像机记录周围路况，还原检测现场，数据分析主要给出病害大小、位置、程度和类型。

（1）路基水稳层接触不密实标准影像

路基层与水稳层接触界面反应异常，初步判断为不密实反应。经后期询问施工方得知该地段路基材质为砾石，施工时压实处理，使该层位置存在较大空隙（见图 5.21）。

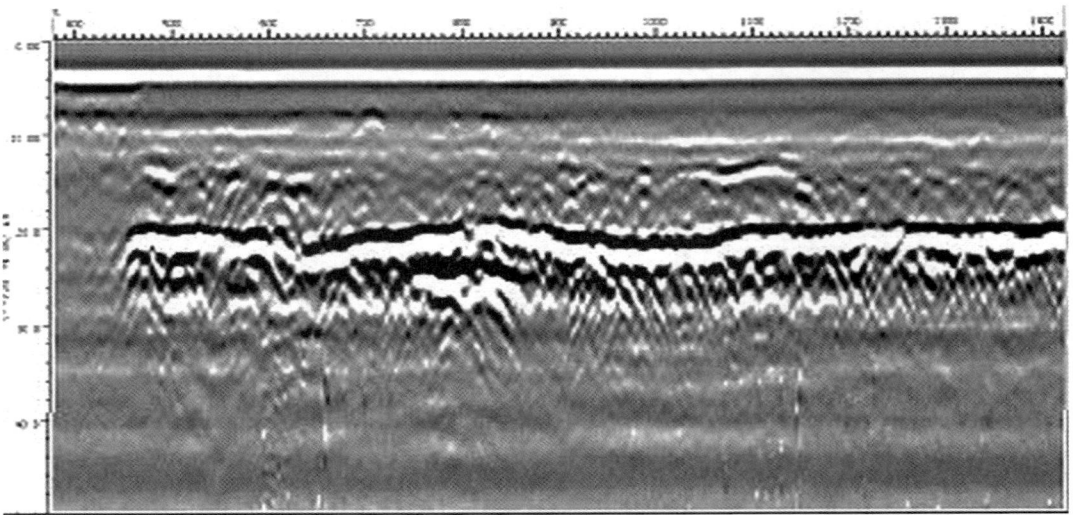

图 5.21 探地雷达市政道路病害探测数据分析——路基水稳层接触不密实标准影像

（2）管线反应（疑似不密实区）标准影像

探地雷达市政道路病害探测中，往往使用多重手段解译疑似病害——利用探地雷达、现场排查、蛇眼探测、钻芯取样和探坑探槽综合解译，并进行现场精准定位，分析结果标明病害位置、图像，包括管线、疏松、破碎、空洞、窖井、回填、外界干扰等一系列道路检测中常见探地雷达图像，方便施工前后分析对比。同时，根据电磁波反射原理，探地雷达在经过管线时距离变化由远到近，然后远离管线，在图像中呈现完整的双曲线形状，根据反射强度不同又可划分为金属与非金属材质（见图 5.22）。

（3）管线周围脱空影像标准

图 5.23 中能较明显地看出两根管线，因回填土土质不同、压实程度不够、管线架空等一系列原因，管线上方出现明显反应，考虑范围因素，确定为脱空反应。

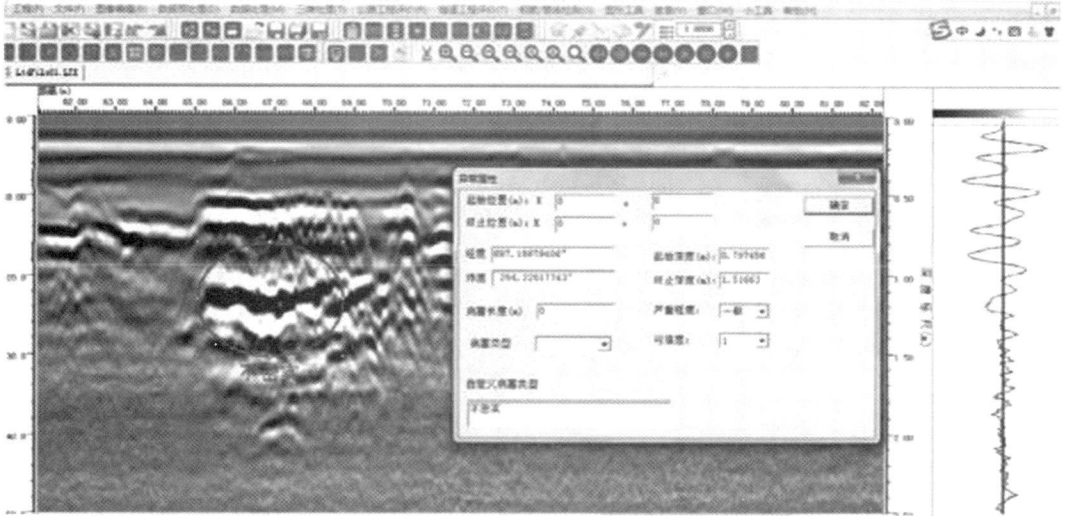

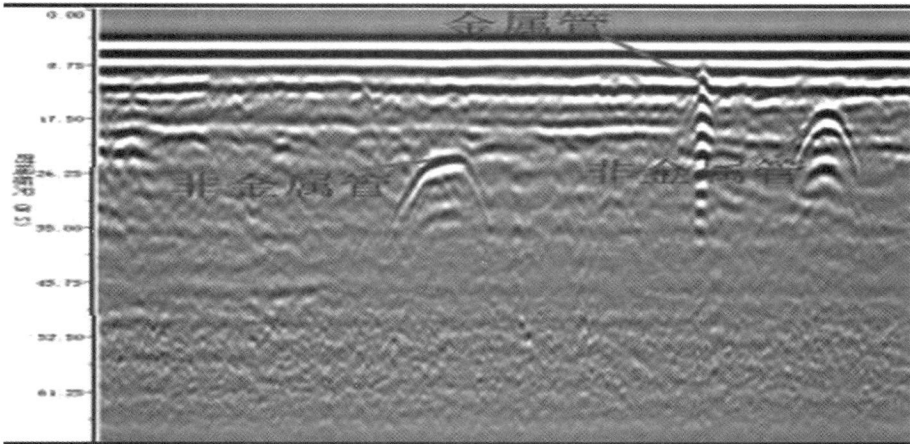

图 5.22　探地雷达市政道路病害探测数据分析——管线反应(疑似不密实区)标准影像

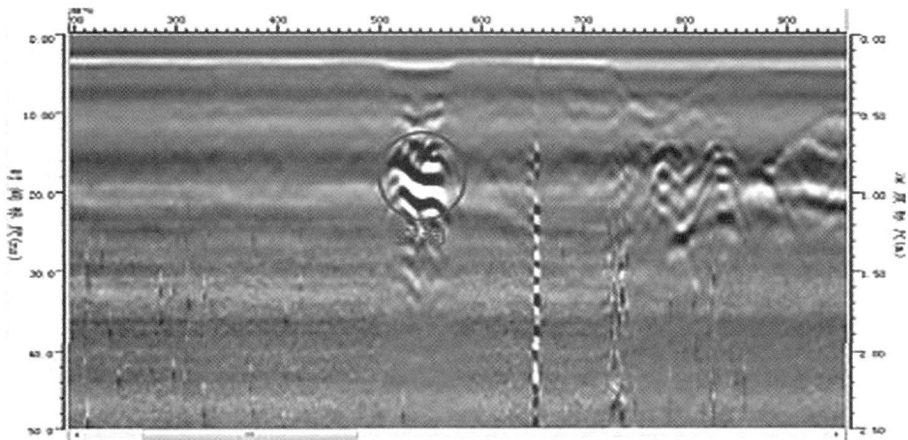

图 5.23　探地雷达市政道路病害探测数据分析——管线周围脱空影像标准

（4）窨井空区反应影像标准

窨井空区类似一个从地表开始的连续空洞，探地雷达经过其上表面时，电磁波在井中反复震荡，形成竖直方向上连续的强反应信号（见图 5.24）。

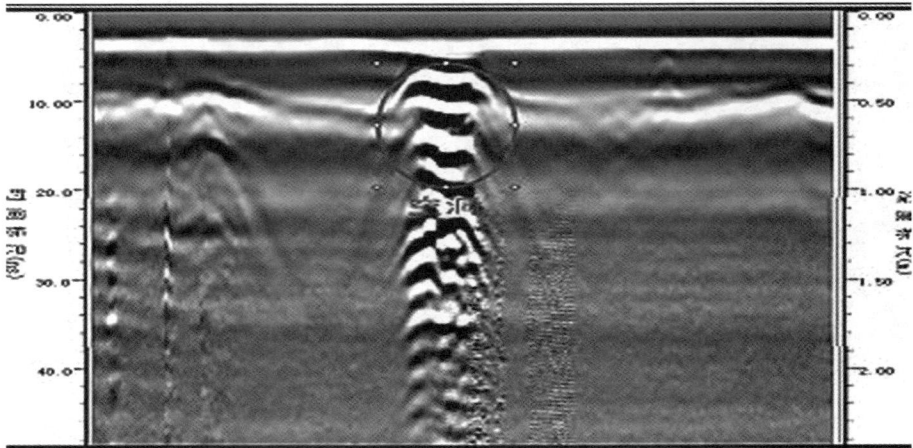

图 5.24　探地雷达市政道路病害探测数据分析——窨井空区反应影像标准

（5）路基路面回填不密实造成沉陷、脱空病害反应影像标准

根据图 5.25 影像显示，有明显开挖回填的痕迹，因当时回填材料松散、回填不密实等因素，在后期风化中重新形成沉陷、脱空病害。

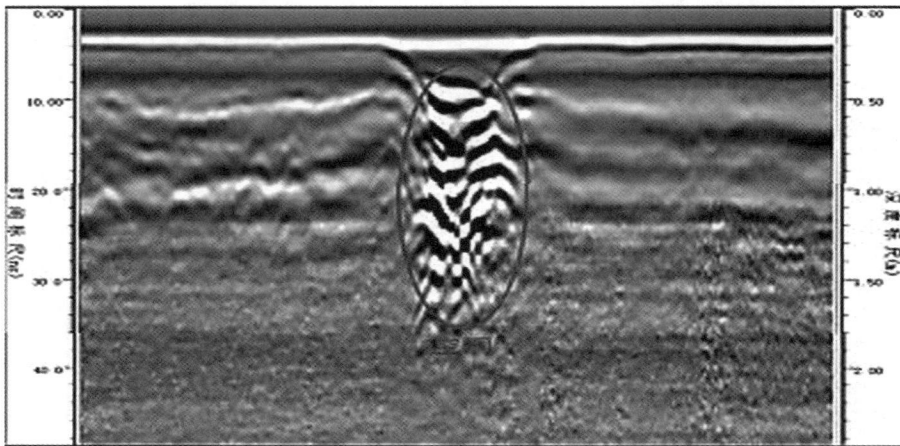

图 5.25　探地雷达市政道路病害探测数据分析—路基路面回填不密实造成沉陷、脱空病反应害影像标准

（6）空洞病害反应影像标准

电磁波在均匀介质中传播时反射信号较弱，而在空洞中界面反射信号强，呈典型的孤立体相位特征，通常为规整或不规整的双曲线波形特征，三振相明显（见图 5.26）。

空洞病害修复主要为：通过挖掘机对病害区域全部挖出后，回填新鲜土方、石粉、二灰土等回填物，夯实后加注混凝土，最后摊铺沥青完成路面修复；在病害区域内钻孔至

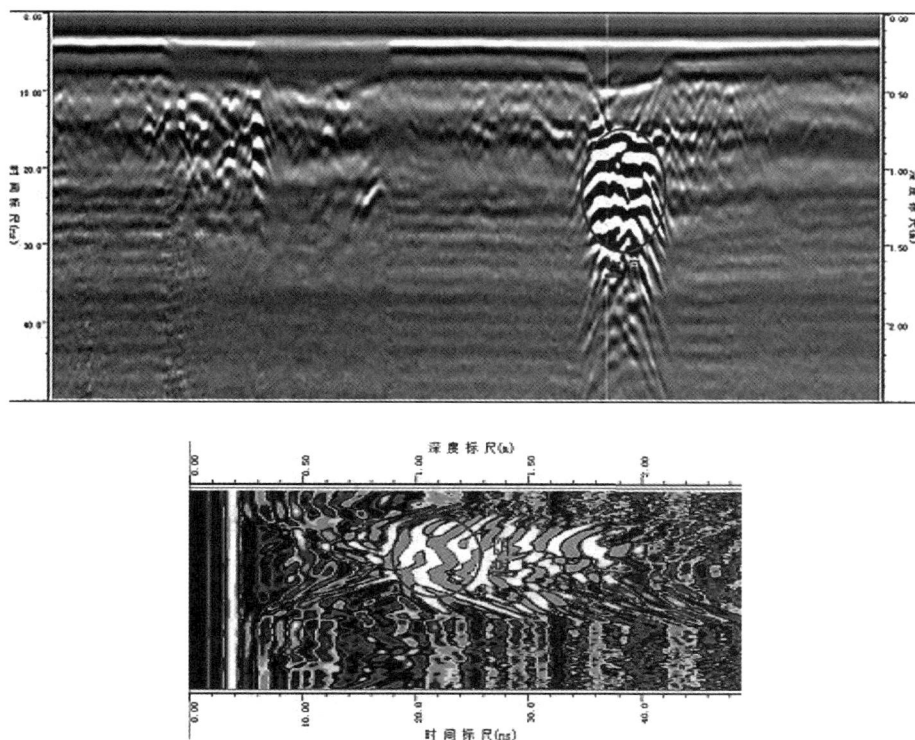

图 5.26　探地雷达市政道路病害探测数据分析——空洞病害反应影像标准

病害位置，调配合适水泥浆通过泵机加压注入地下，抽出注浆管，封堵注浆孔，避免冒浆。圈定警示区域，保证注浆完全凝固。

（7）地面建筑干扰反应影像标准

探地雷达在检测过程中经过高压线、天桥等强反应目标体时，会在图像中显示双曲线波形，需根据检测现场排除干扰目标。图 5.27 显示的是雷达经过广告牌时的反应情况。

综上所述，市政路基路面中基层多为砂质土层，结构松散，地基为淤泥质土层，在流水作用下易造成水土流失；十字路口管线复杂，包括梅花管线、污水管线、雨水管线、电力管线等多种管线；本路段处于城市东西交通要道，临近高速公路，重型车辆过往频繁；现场曾经经常有不同规模开挖埋管施工，存在工程扰动影响等。病害形成机理主要如下。

①路基环境：本身存在土质疏松、回填不密实等一系列问题，在受到外力作用下容易造成水土流失，进而形成空洞，是地下病害形成的物质基础。

②环境因素：雨季短时间内可带来大量降水，冲刷路基；部分区域存在水囊体或局部滞水，水流失后原区域形成空洞。

③工程扰动：修建地下管线工程施工建设等人为因素带来的扰动。其中，地下施工

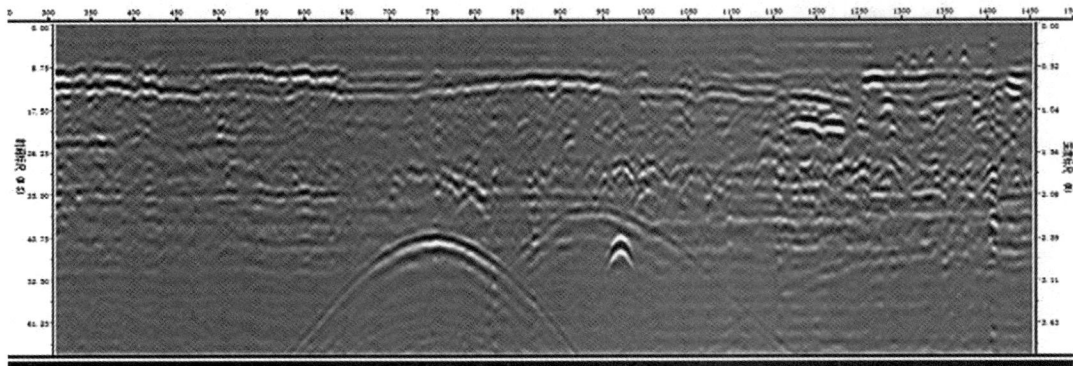

图 5.27 探地雷达市政道路病害探测数据分析——地面建筑广告牌干扰反应影像标准

对路基环境的影响远大于地面。

④车辆因素：重型车辆带来的大荷载同样也是断板、塌陷形成的一大诱因。

5.10 地下管线的种类材料与主要探测仪器

地下管线绝大多数是隐蔽工程，既不可见又不能全面开挖，必须借助专业仪器设备探查，查明其管线属性。了解地下管线的种类和材质是选择合适的探测方法的前提，也可为资料解释提供参考。

（1）金属管线

①输水管线：主管线多埋设于主道路下，其埋深范围通常在 0.5～3.0m，材质主要为两种，即混凝土管和铸铁管。而支管线的埋深基本为 1.5m，材质主要为铸铁管。

②热力管道。

③电缆管线（电信）：大部分埋设于人行道或慢车道内，管线分支较多。

④电力管线：基本埋设于慢车道或人行道内，埋深范围 1.0～3.0m 内。

（2）非金属管线

①排水管线：混凝土管，管径较大，埋深在 0.5～2.0m

②燃气管线：其管道埋设通常存在一定的规律，埋深主要在 0.5～2.0m 内，以 PE（聚乙烯）管居多。

（3）地下管线材料材质

地下管线材料材质主要有：铸铁、钢、铜、水泥、混凝土、PVC、PE、陶瓷、砖石等。

（4）地下管线主要探测仪器及特点

不同材质的管线具有不同的物理性质，会产生不同的物理场，国内目前通用的主要管线探测仪器如下：

①探地雷达（GPR，见图 5.28）：主要应用于探测金属、非金属管线——定位管线走

向、定位管线深度。能探测的管线类型有：电缆、光缆、通信缆、金属管、纯水泥管、PVC 管、陶瓷管以及各种塑料管，能区分地下管线类型（金属/非金属），能探测地下管线的口径。

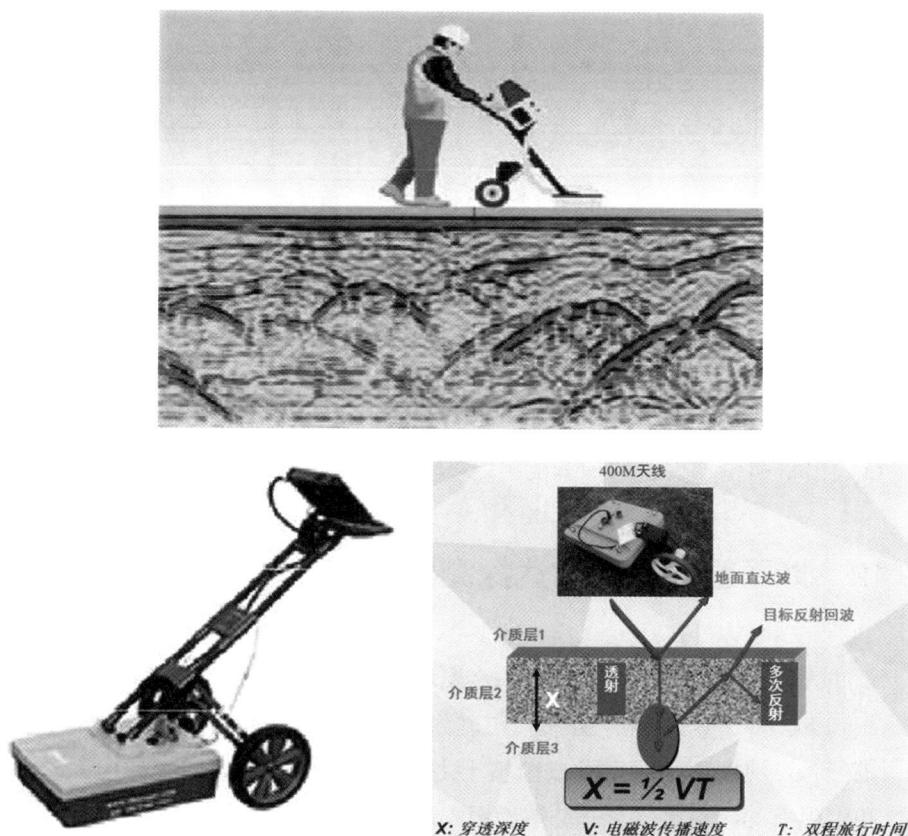

图 5.28　地下管线探地雷达检测识别

②电磁感应法：主要应用于金属管线、电缆定位，能够提供有关地下管线的各种资料，不能探测非金属管线。

③声学探测：通常用于漏水探测，适合塑料自来水和煤气管道的追踪。

④红外线成像：主要应用于排水管道、供热管道的漏点定位。

⑤扎探：最原始的探测方法。

◆◇ 5.11　探地雷达探测地下管线的流程与面临的问题

地下管线探地雷达探测的主要流程如图 5.29 所示。

探地雷达探测地下管线面临的问题主要如下：

①地下管线种类繁多，直径、材质、用途多样，空间结构复杂交叉、层叠、捆绑。

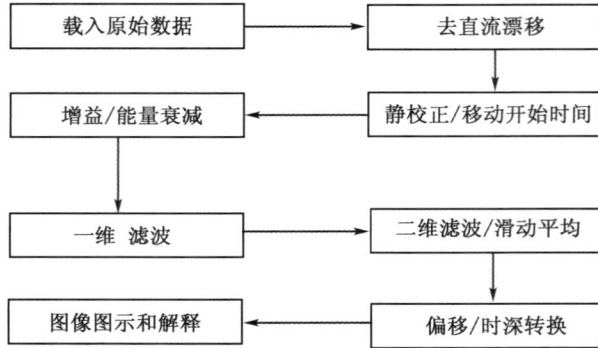

图 5.29　地下管线探地雷达探测主要流程

②地层条件、地表条件、岩性特征、地下水位、回填状况复杂。

③面临较多外界因素干扰，如强电磁干扰、地下管线异常相互干扰等。

④实际探测深度受限，很难在埋深大于 10m 的情况下准确测量地下管线的埋设位置和深度，已超出目前仪器设备的探测能力。

◆ 5.12　地下管线探地雷达探测异常解译诊断

地下管线大多为金属材质，部分为非金属材质，多以坚硬均匀的物质构成（如铸铁、钢、混凝土、PE、PVC 等材质），分布在市区内主、次、支路下的土壤或杂填土中，地下管线与周围松散、硬度不一的土壤或杂填土之间，管线与管线内的载体之间，均存在着介电常数和电阻率等物性差异，这是雷达用于地下管线探测的地球物理前提。管线异常的形成机制和特征如图 5.30 所示。

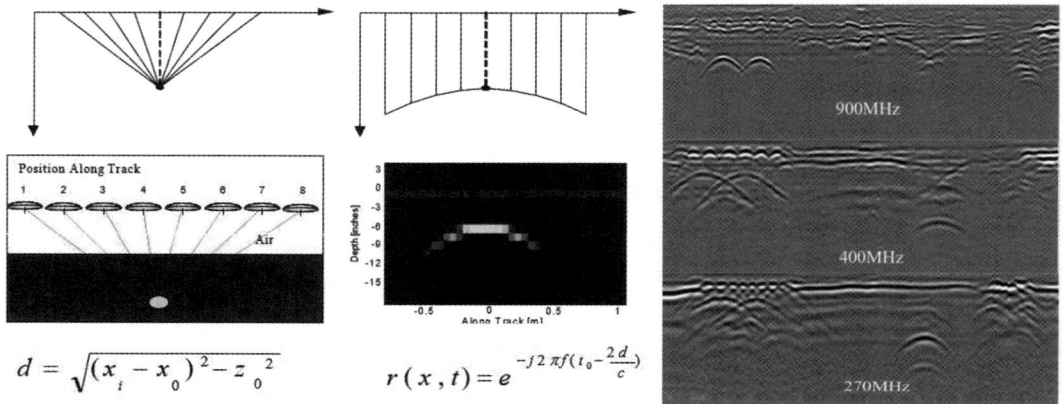

$$d = \sqrt{(x_i - x_0)^2 - z_0^2}$$

$$r(x,t) = e^{-j2\pi f(t_0 - \frac{2d}{c})}$$

图 5.30　地下管线探地雷达探测异常形成

①地下管线探地雷达探测异常反射规律如图 5.31 所示。

a. 地下管线的反射走时曲线在几何形态上呈双曲线。

　　b. 地下管线在水平地面的投影位置可由其在探地雷达图像上双曲线同相轴的极小点来确定。

　　c. 根据探地雷达图像上双曲线同相轴的极小点的初至相位时间及天线距和相应介质的传播速度可计算出地下管线的管顶埋深。

　　由此可见，以反射波能量比背景反射强的特点，就可以识别出是否有管线存在，即运动学特征：走时双曲线形态；动力性特征：振幅双曲线相位。

　　②判别管线类型的依据是相位（反射系数），如图 5.31 所示。

　　a. 反射系数有正有负，而透射系数永远为正。

　　b. 分析反射波同相性时，需参照空气直达波。

　　c. 电磁波由低介电常数层传播到高介电常数层时，反射系数为负，反之为正。

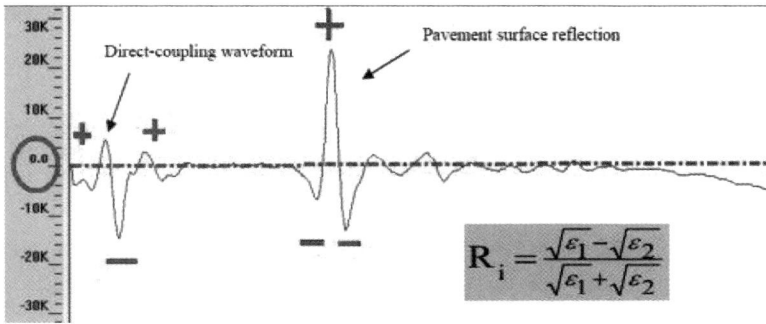

$$R_i = \frac{\sqrt{\varepsilon_1} - \sqrt{\varepsilon_2}}{\sqrt{\varepsilon_1} + \sqrt{\varepsilon_2}}$$

图 5.31　地下管线探地雷达探测异常反射规律

　　综上所述，非金属管材的相对介电常数较一般土层低，金属的相对介电常数很高，相当于波由高速层进入低速层（见表 5.1）。

表 5.1　判别管线类型解译方法

介质	电导率/（S/m）	相对介电常数	速度/（mm/μs）
空气	0	1	300
干沥青	0.01~0.1	2~4	212~150
湿沥青	0.001~0.1	6~12	122~86
干粘土	0.1~1	2~6	212~122
湿黏土	0.1 1	5.40	134 47
金属	10^{10}	300	17
湿煤	0.001~0.1	8	106
干混凝土	0.001~0.01	4~40	150~47
湿混凝土	0.01~0.1	10~20	95~67
淡水	10~0.01	81	33
淡水（冰）	10^{-10}	4	150
干花岗岩	10^{-10}	5	134
湿花岗岩	0.001 0.01	7	113
干灰岩	10^{-10}	7	113

表5.1(续)

介质	电导率/(S/m)	相对介电常数	速度/(mm/μs)
湿灰岩	0.01~0.1	8	106
PVC 塑料	1.34	3.3	160

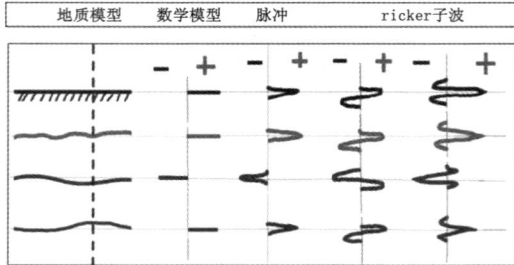

③确定空气直达波相位特征的方法如图 5.32 所示。

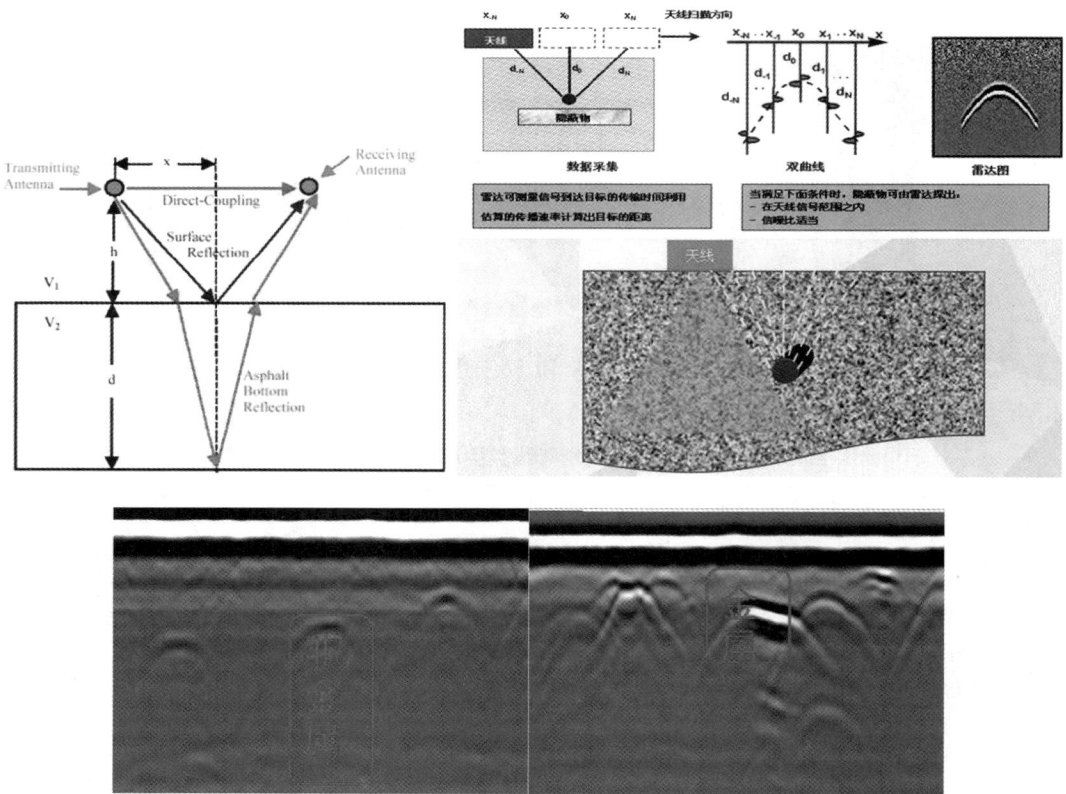

图 5.32 利用空气耦合与地面耦合(提升天线)确定空气直达波的相位特征

④金属管线(8cm)相位特征如图 5.33 所示。

a. 反射波与入射波相位相反。

b. 一般看不到管底的反射,管径大时可以。

c. 有时存在较强的多次反射波。

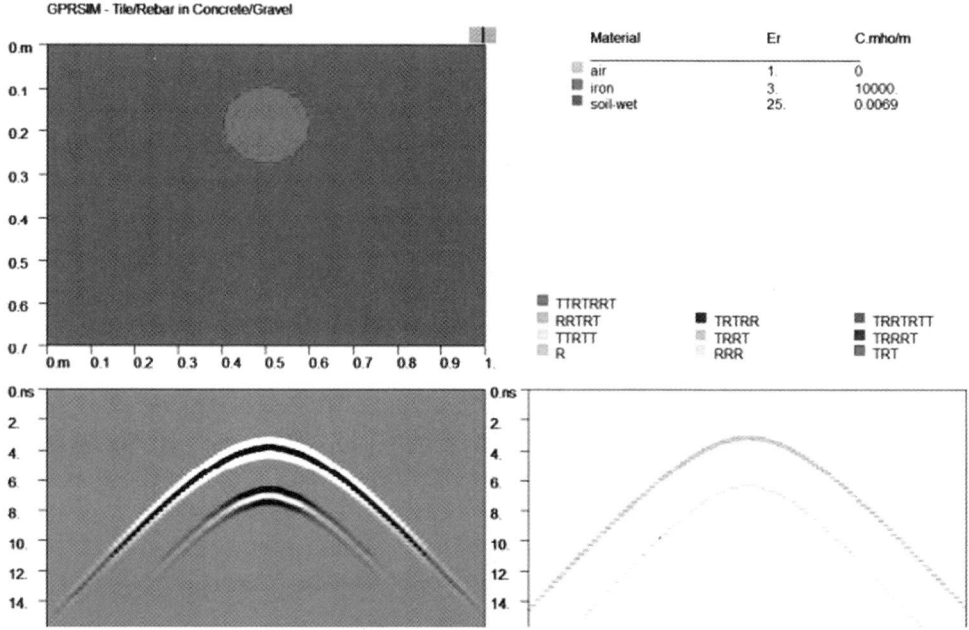

图 5.33　金属管线(8cm)相位特征

⑤PVC 管线(6cm)的相位特征如图 5.34 所示。

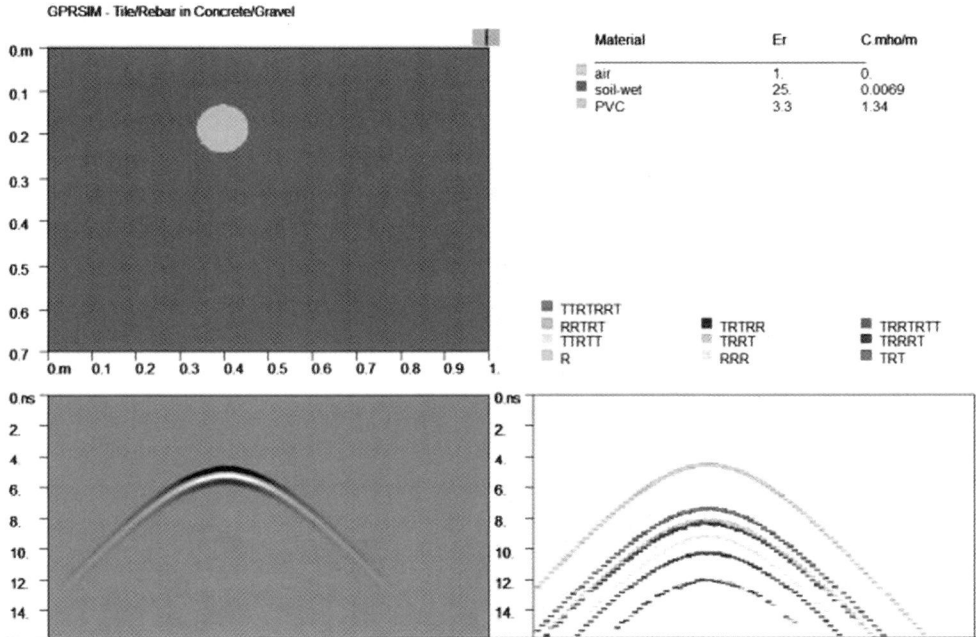

图 5.34　PVC 管线(6cm)相位特征

a. 反射波与入射波相位相同。

b. 管径小时看不到管底的反射。

⑥PVC 管线(12cm)的相位特征如图 5.35 所示。

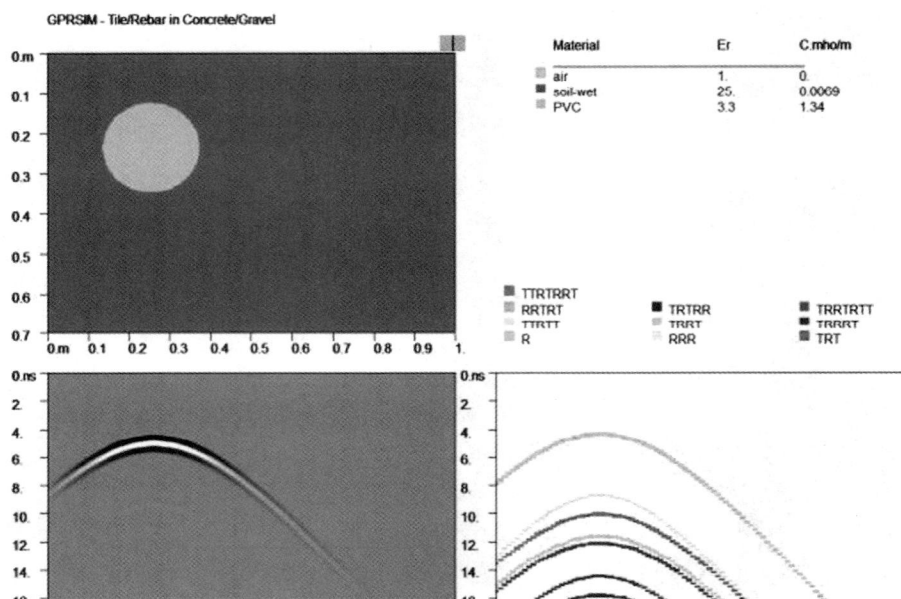

图 5.35　PVC 管线(12cm)相位特征

a. 反射波与入射波相位相同。

b. 管径较大时能看到管底的反射。

⑦ 水泥管线(6cm)的相位特征如图 5.36 所示。

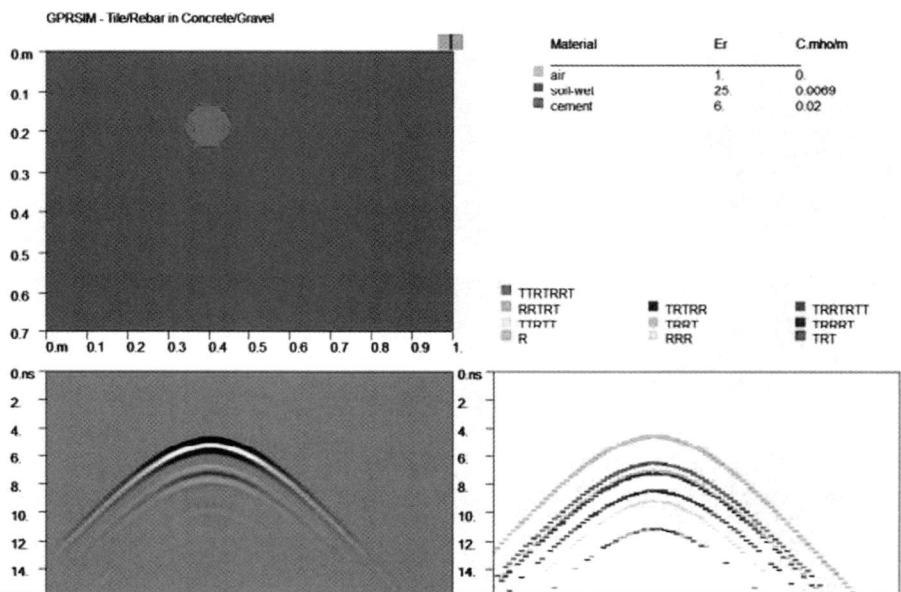

图 5.36　水泥管线(6cm)相位特征

a. 反射波与入射波相位相同。

b. 可看到管底的反射。

⑧ 管顶的相位特征由如图 5.37 所示的方法来确定。

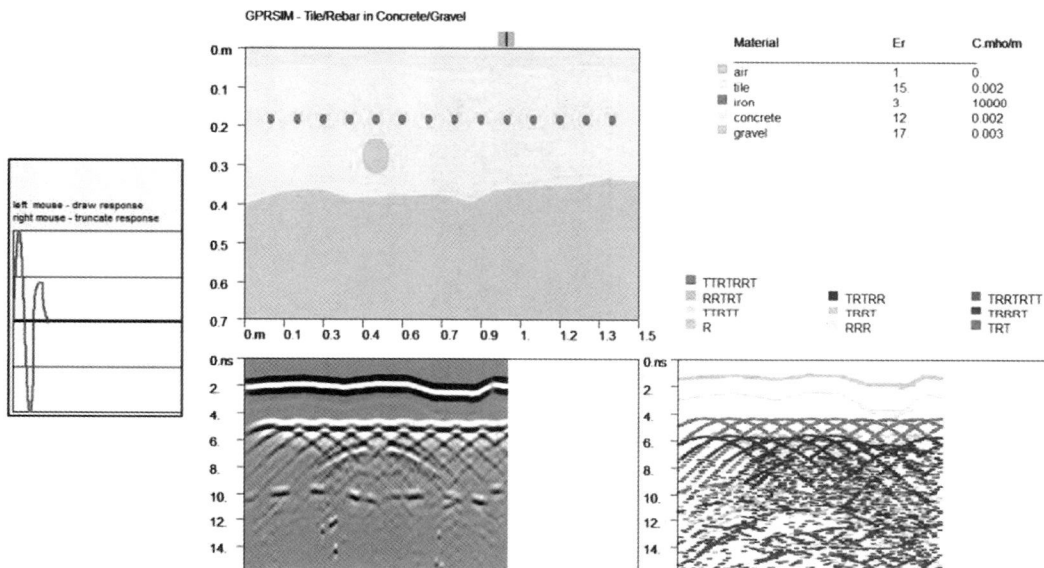

图 5.37 管顶相位特征确定

⑨ 电缆：多次波能量强，上下宽度一致、弧度小、震荡到底（见图 5.38）。

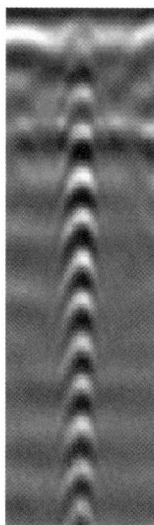

图 5.38 电缆探测影像

⑩钢筋：从地面波或地面波下方起，弧形尖锐拖尾较长，多次波弱（见图 5.39）。

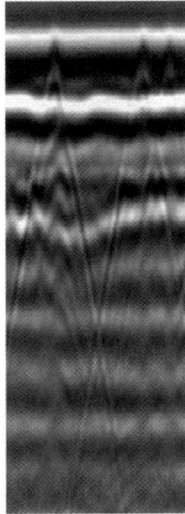

图 5.39 钢筋探测影像

◆◇ 5.13 本章小结

探地雷达探测影像资料的判读和解译是探测工作的难点，也是探测工作成败的关键。本章首先对探地雷达原理与探测地层管线的方法进行了探讨，将此方法用于延长道路使用年限破损检测，给出了常见病害类型影像，并给出了不同条件下市政道路病害标准影像，在积累了大量不同条件下标准影像的基础上，雷达影响判读和解译的准确率将大大提高。最后，对该方法用于地下管线探测中面临的问题进行分析，并给出了异常检测的诊断方法与检测影像。

第 6 章　平战人防路面工程探地雷达检测

慈利县零阳路规划为城市主干路(见图 6.1 和图 6.2),路幅宽度 30~38m,一块板断面,双向六车道,设计车速 40km/h。道路现状为水泥混凝土路面,整体路面外观质量较差,大部分路段路面有破损,有网裂、沉陷、裂缝和剥落等现象,部分破碎路面处积水。根据建设单位要求,零阳路设计速度采用 40km/h,道路破除现状水泥路面后新建路面结构,部分交叉口通过偏移双黄线渠化展宽。本次提质改造包括道路工程设计、排水工程设计、交通工程设计、绿化工程设计、照明工程设计、管线综合设计等。

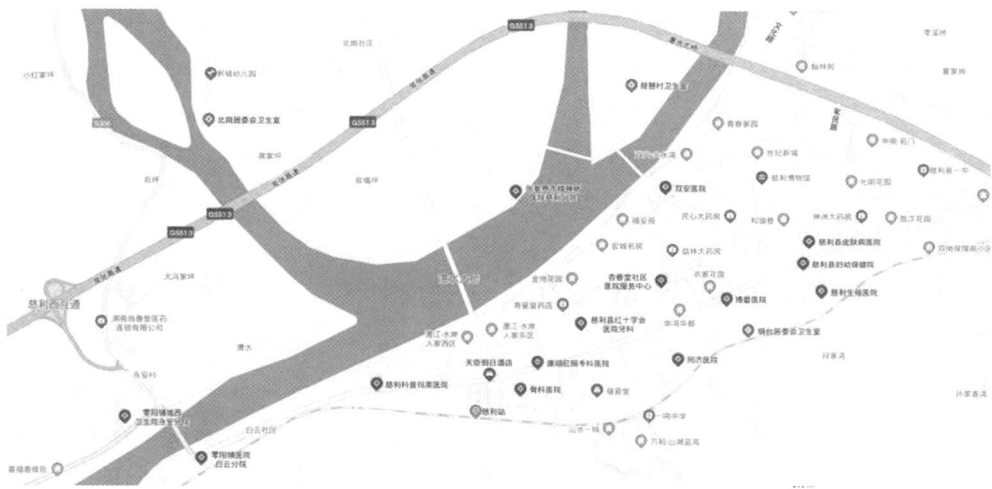

图 6.1　零阳路规划城市主干路交通图

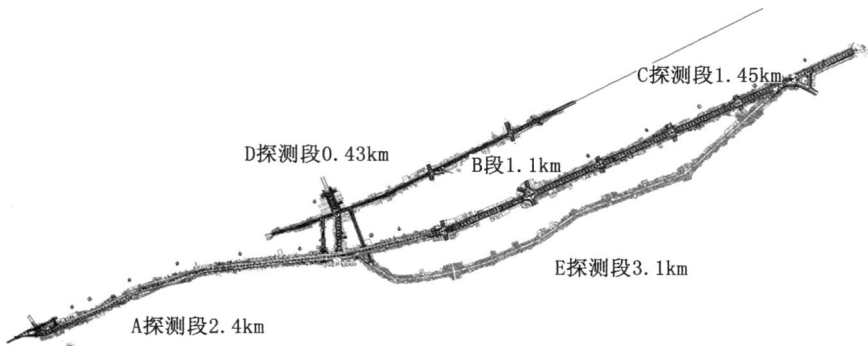

图 6.2　零阳路规划城市主干路路线图

◆◇ 6.1 水泥混凝土路面提质改造工程

根据建设方要求，施工图设计平面和横断面优化方案如下：

①因现状道路纵坡坡长仅能满足 30km/h 设计速度的要求，破除现状水泥路面后拟合现状道路纵坡，优化调整坡度后最小坡长为 110m，满足 40km/h 设计速度的要求，如果按 50km/h 设计，虽然平面线形能满足规范要求，但是纵断面无法满足，故本次设计按 40km/h 执行。

②采用全部破除现状路面的方案。

③道路标准横断面形式采用两种形式。

路面提质改造主要技术指标如下：

①道路等级：城市主干路；

②机动车道设计车速：40km/h；

③沥青路面设计年限：15 年；

④路面标准轴载：BZZ-100；

⑤交通等级：中交通；

⑥结构设计荷载：城—A 级；

⑦净空要求：≥4.7m。

水泥混凝土路基路面提质改造沥青混凝土路基路面结构层与拼接情况见图 6.3。

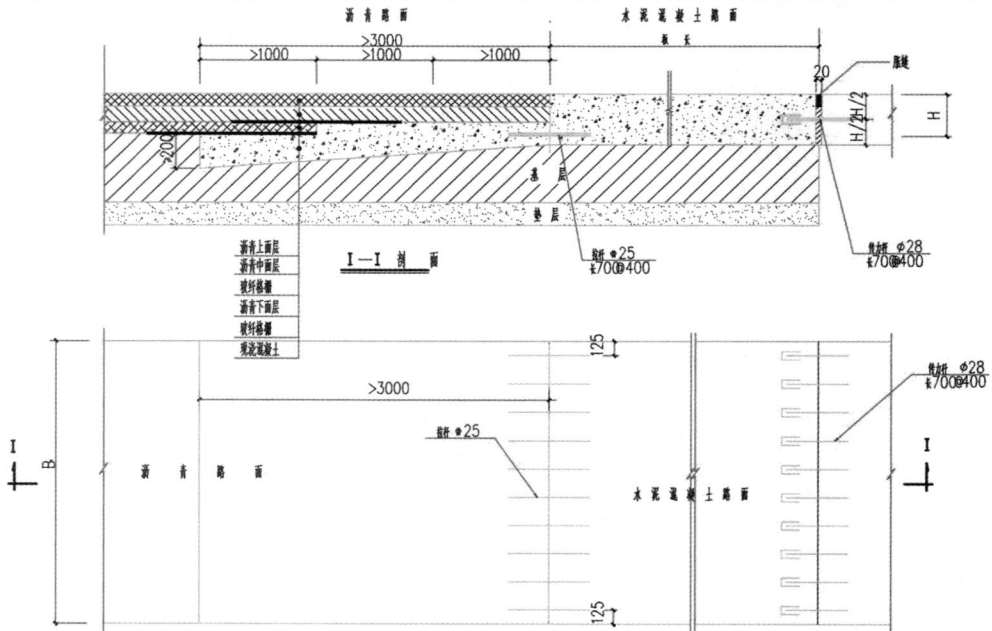

图 6.3 水泥混凝土路基路面提质改造沥青混凝土路基路面结构层与拼接图

探地雷达检测采用 LTD2100 主机，配置 400，900，1500MHz 天线联合检测。

A 检测段总长 2.4km，纵向 400，900MHz 天线测线，横向 900MHz 测线。

B 段终点开挖断面路面结构厚度的 400，900MHz 天线检测验证。

C 检测段总长 1.45km，纵向 400，900MHz 天线测线，横向 900MHz 天线测线。

D 检测段总长 0.43km，纵向 400，900MHz 天线测线，横向 900MHz 天线测线。

E 检测段总长 3.1km，纵向 900MHz 天线测线，横向 900MHz 天线测线。

6.2　探地雷达在道路结构层地下管线检测影像判读

探地雷达道路地下管线检测特征举例见图 6.4 至图 6.12。

①反射同相轴呈向上凸起的弧形。双曲线形，顶部反射振幅最强，弧形两端反射振幅最弱，不同材质的管线，反射波特征不同。

②金属管。介电常数大，电导率极强，衰减极大，金属管顶反射出现极性反转，无管底的反射信息。

③非金属管。管顶无极性反转，有可能出现管底信息，管内是否充水，其波形特征亦不同，若充水，则亦出现波形的极性反转，管线的半径越大，反射弧的曲率半径就越大。

④路基路面基本结构层解译判读。

⑤路基路面基本病害解译判读。

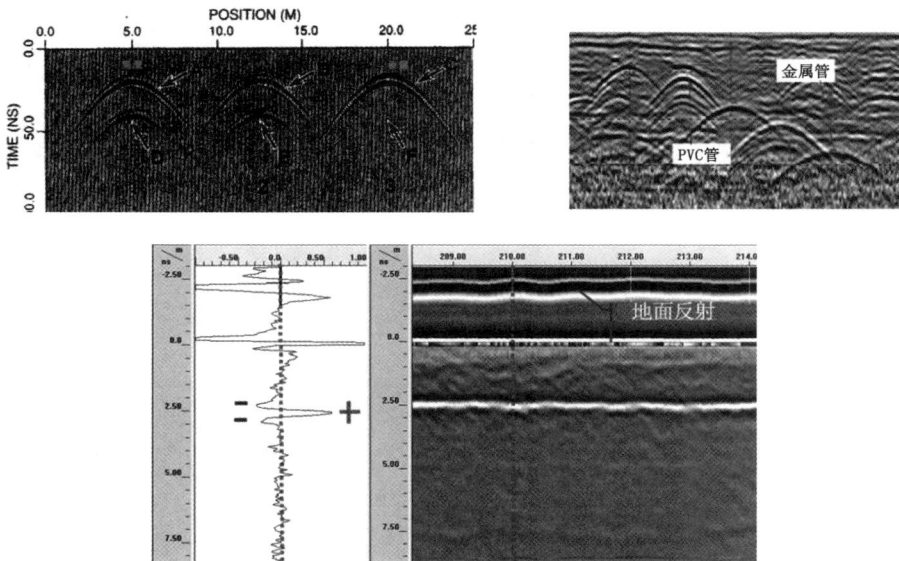

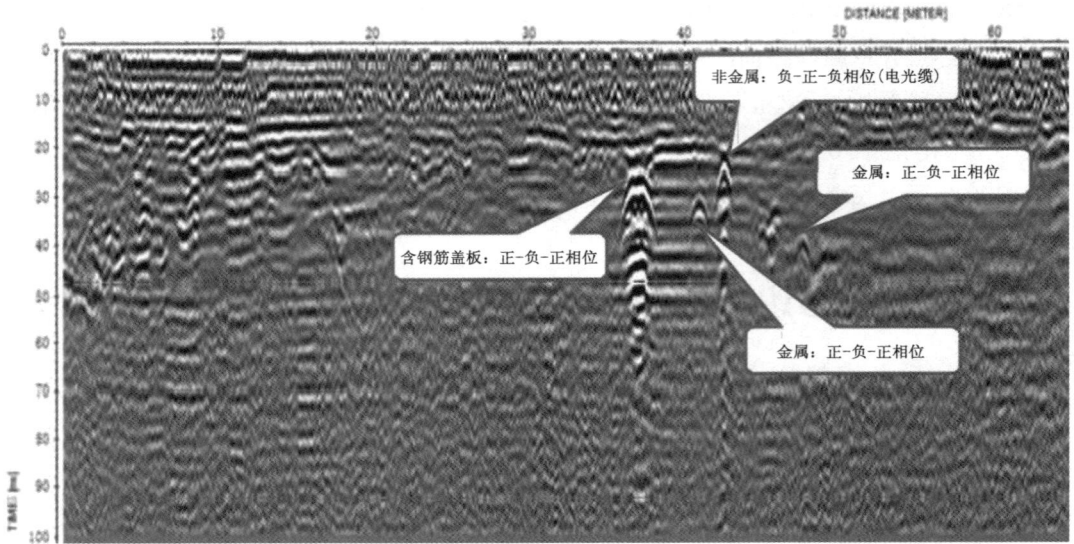

图 6.4　探地雷达在道路地下管线检测双曲线特征

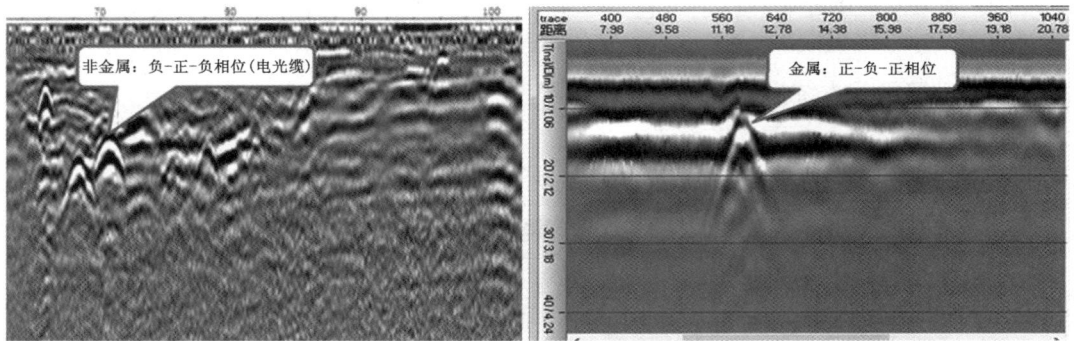

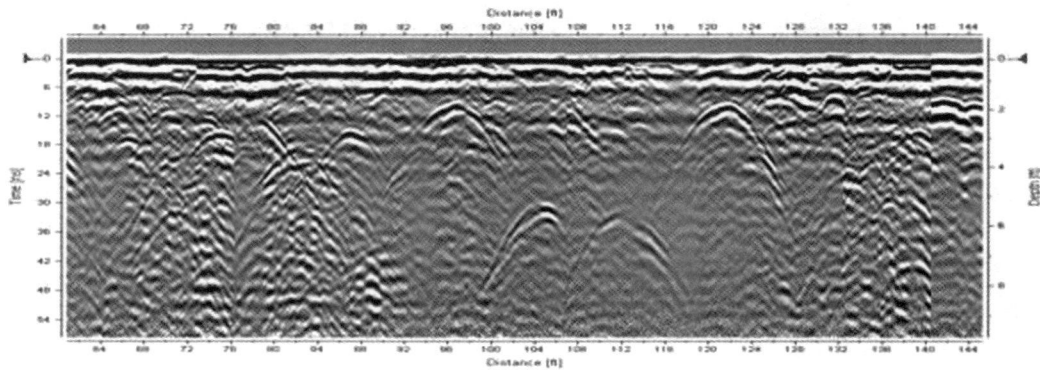

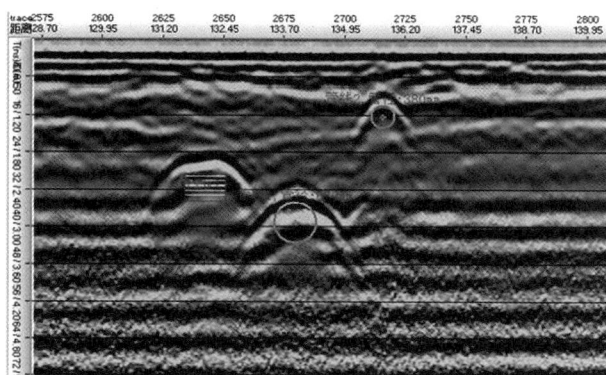

图 6.5　探地雷达在道路地下管线检测可分辨空气直达波特征

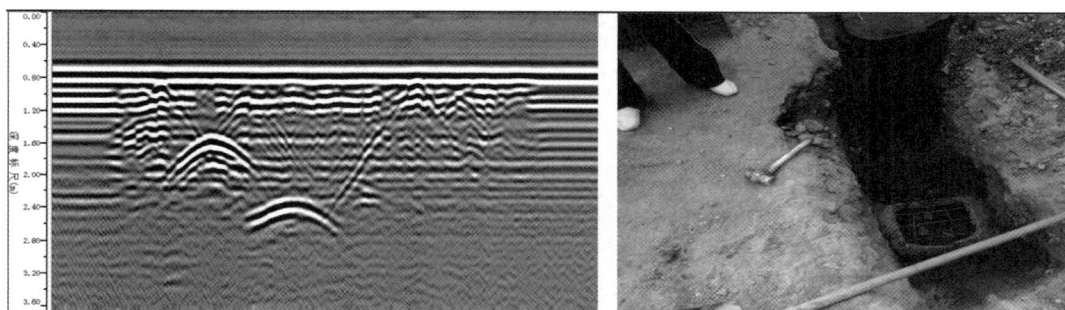

图 6.6　探地雷达排污暗管检测

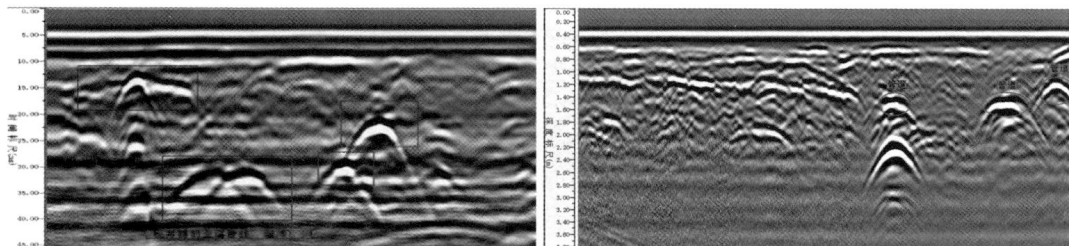

图 6.7　地下管网普查

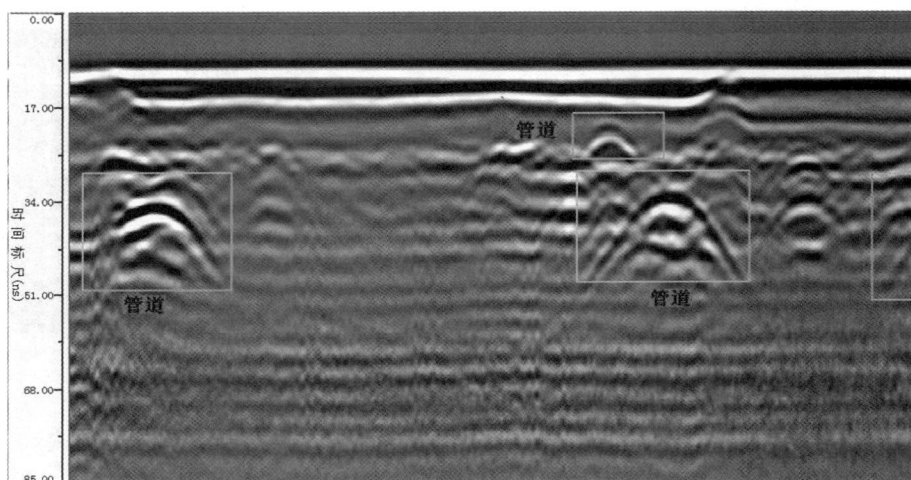

图 6.8　市政地下管线检测(一)

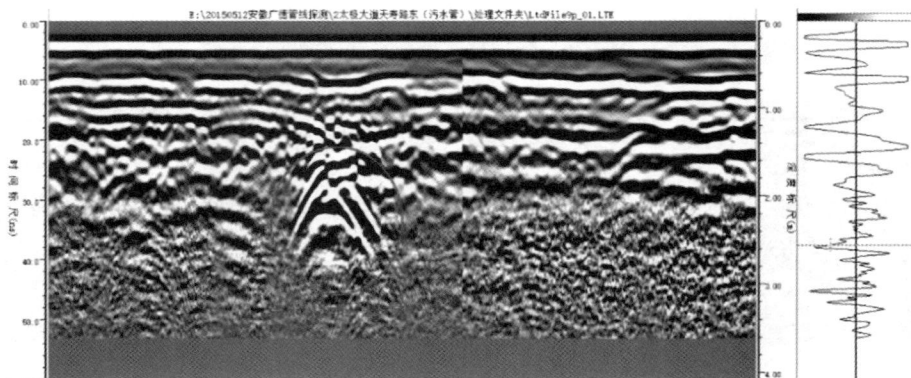

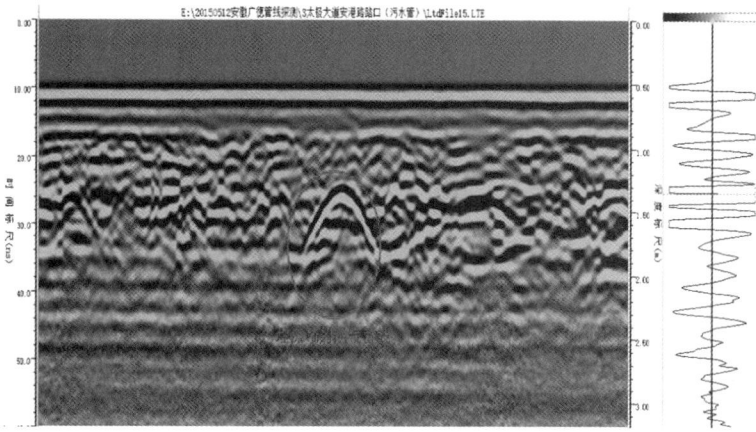

图 6.9　市政地下管线检测(二)

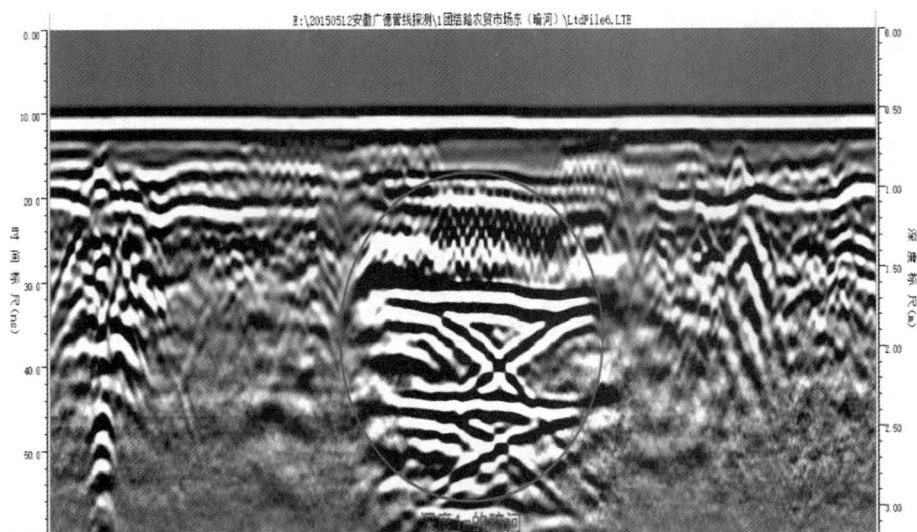

图 6.10　市政地下管线和横穿建筑物的暗河

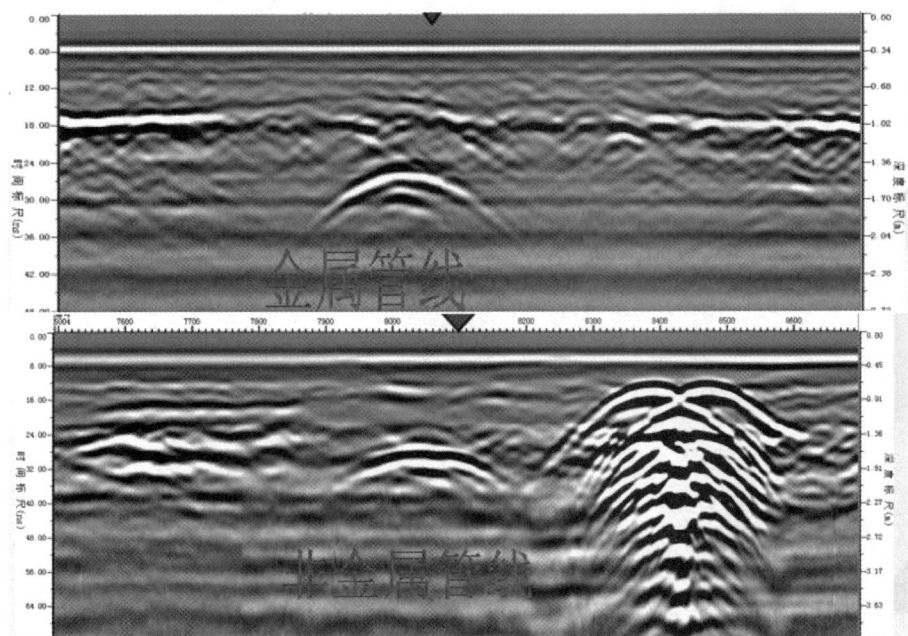

图 6.11　新港暗管探测

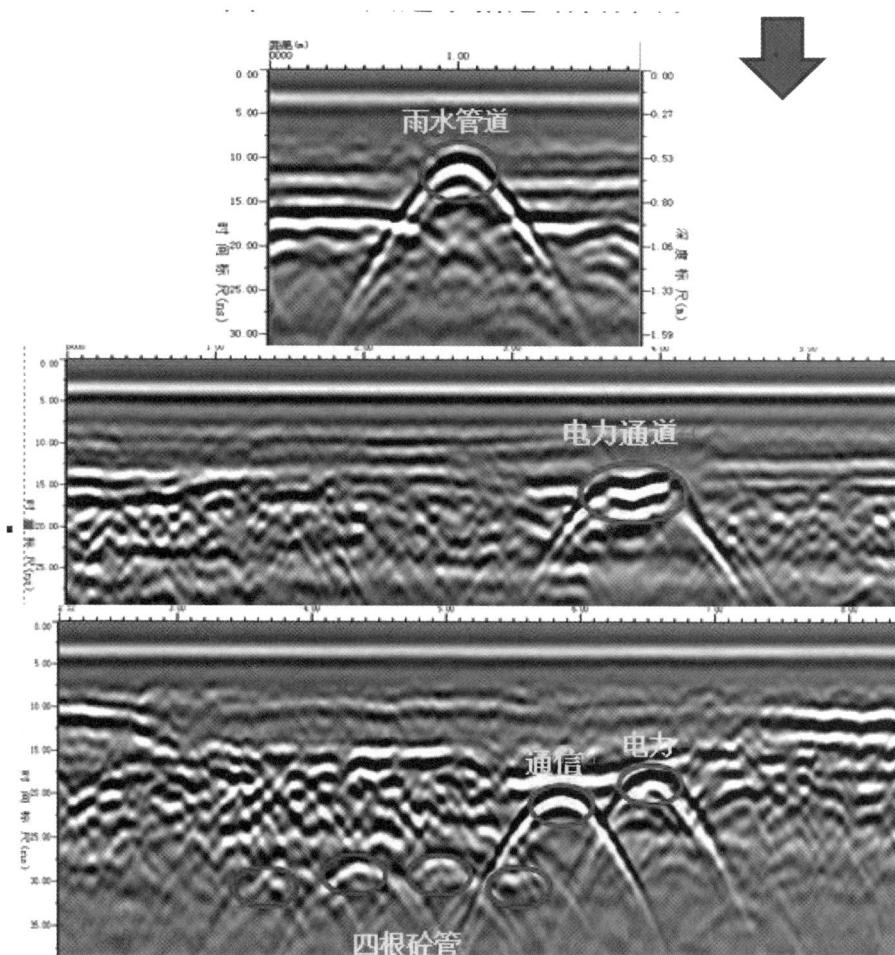

图 6.12 市政各种管线探测

◆◇ 6.3 平战结合人防工程路面结构管线探地雷达检测

探地雷达在 B 区段水泥混凝土路面结构层地下管线检测初步结果如下：

①由图 6.13 至图 6.15 中 B 区段终点水泥混凝土路面结构层与新修路面上基层施工可知，原下基层未开挖处理，直接填筑上基层，并且起伏不平，未使用平地机处理平整，未使用摊铺机施工。

②B 区段终点开挖 1.4m 深沟槽（全幅 6m 长度），路基路面结构：水泥混凝土板厚度 22cm＋上基层（红色）厚度 23cm＋下基层（红色）厚度 25cm＋垫层（灰黑色）10cm＋软土（黑色）60cm＝140cm。

③探地雷达未探测出管线。

④图 6.16 至图 6.23 中水泥混凝土板完整,基层基本密实、局部脱空(见探地雷达探测灰度图)。

⑤图 6.24 至图 6.29 中垫层与软土接触面起伏、厚度不均匀,软土地基不均匀沉降(见探地雷达探测伪彩色图)。

⑥表 6.1 和表 6.2 为探地雷达在沥青混凝土路面结构层地下管线检测。

图 6.13　B 区段终点水泥混凝土路面结构层与新修路面上基层施工

图 6.14　B 区段终点水泥混凝土路面结构层与软土地基(深度开挖 1.4m)

图 6.15　B 区段终点水泥混凝土路面结构层与软土地基上堆填和探地雷达检测验证(开挖 1.4m)

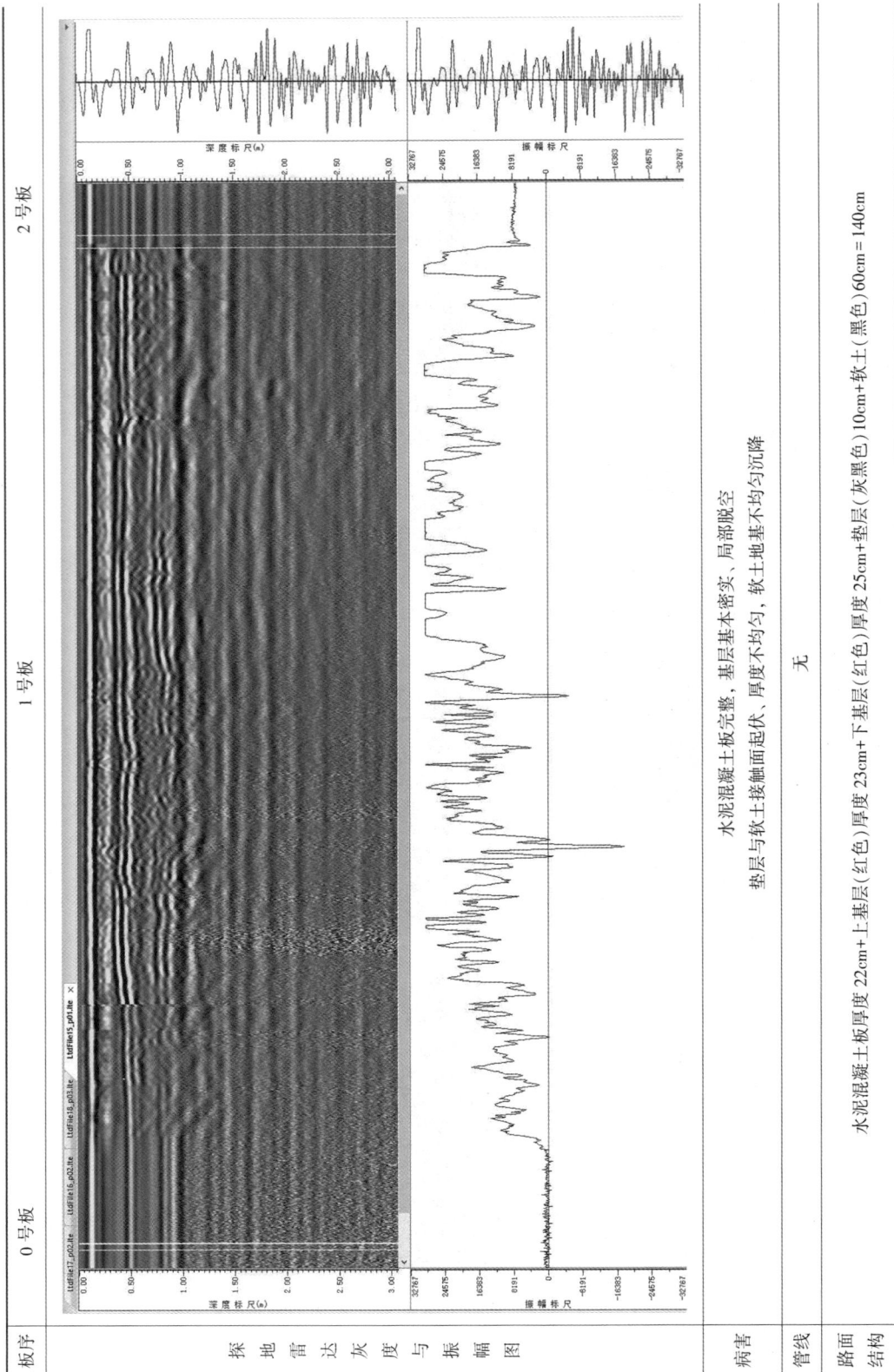

板序	板结构			病害	管线	路面结构
0 号板 1 号板 2 号板	探地雷达灰度与振幅图			水泥混凝土板完整，基层基本密实，局部脱空 垫层与软土接触面起状，厚度不均匀，软土地基不均匀沉降	无	水泥混凝土板厚度 22cm＋上基层(红色)厚度 23cm＋下基层(红色)厚度 25cm＋垫层(灰黑色)10cm＋软土(黑色)60cm＝140cm

图 6.16　B 区段终点水泥混凝土路面结构层与软土地基探地雷达 900MHz 天线检测验证(深度开挖 1.4m)右侧→(2 块板 10m)→左侧 1 测线 K0+0m(一)

板序	0 号板	1 号板	2 号板
探 地 雷 达 伪 彩 色 与 振 幅 图			
病害	水泥混凝土板完整，基层基本密实，局部脱空 垫层与软土接触面起伏，厚度不均匀，软土地基不均匀沉降		
管线	无		
路面结构	水泥混凝土板厚度 22cm+ 上基层（红色）厚度 23cm+下基层（灰黑色）10cm+垫层（红色）厚度 25cm+垫层（灰黑色）60cm=140cm		

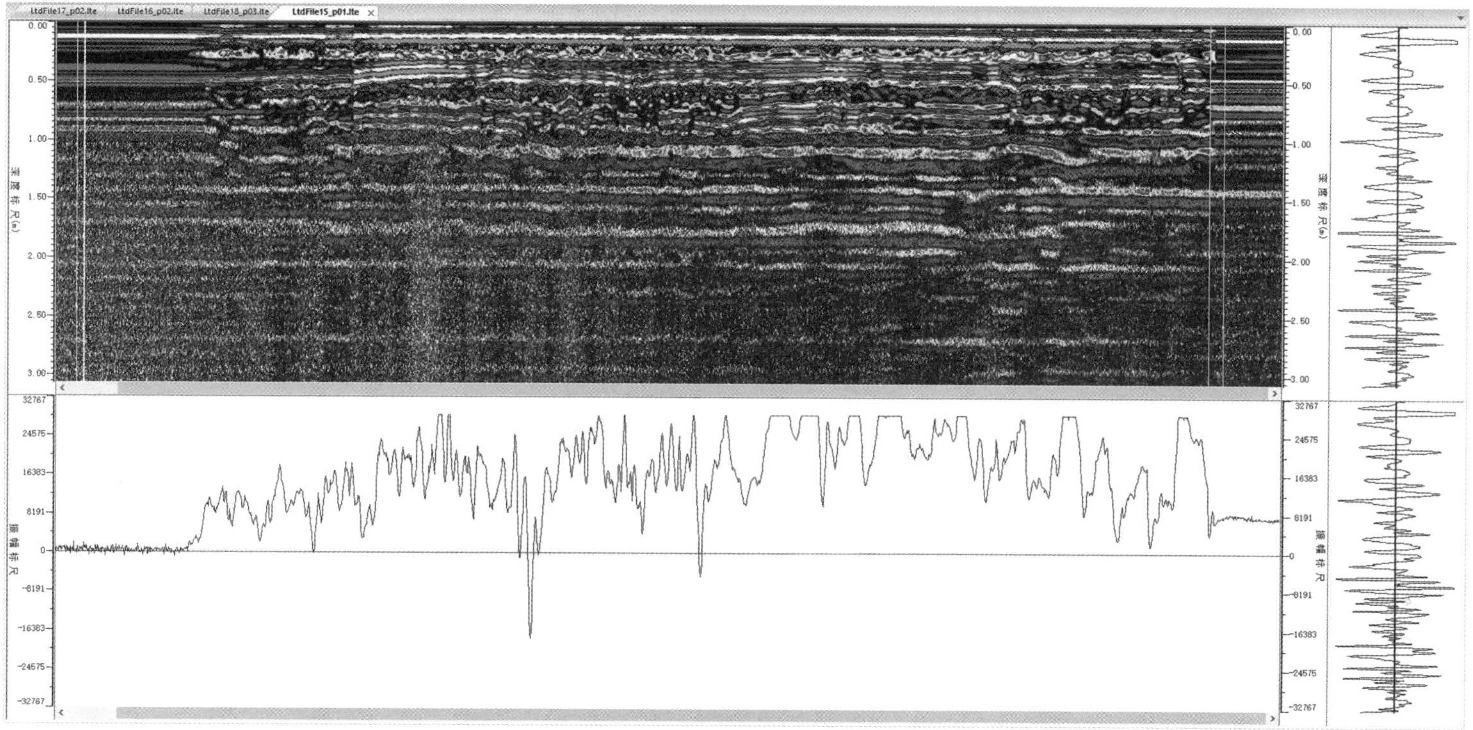

图 6.17　B 区段终点水泥混凝土路面结构层与软土地基探地雷达 900MHz 天线检测验证（深度开挖 1.4m）右侧→（2 块板 10m）→左侧 1 测线 K0+0m（二）

119

板序	0 号板	1 号板	2 号板
探地雷达深度与振幅图			
害	水泥混凝土板完整，基层基本密实，局部脱空 垫层与软土接触面起伏，厚度不均匀，软土地基不均匀沉降		
管线	无		
路面结构	水泥混凝土板厚度 22cm + 上基层（红色）厚度 23cm + 下基层（红色）厚度 25cm + 垫层（灰黑色）10cm + 软土（黑色）60cm = 140cm		

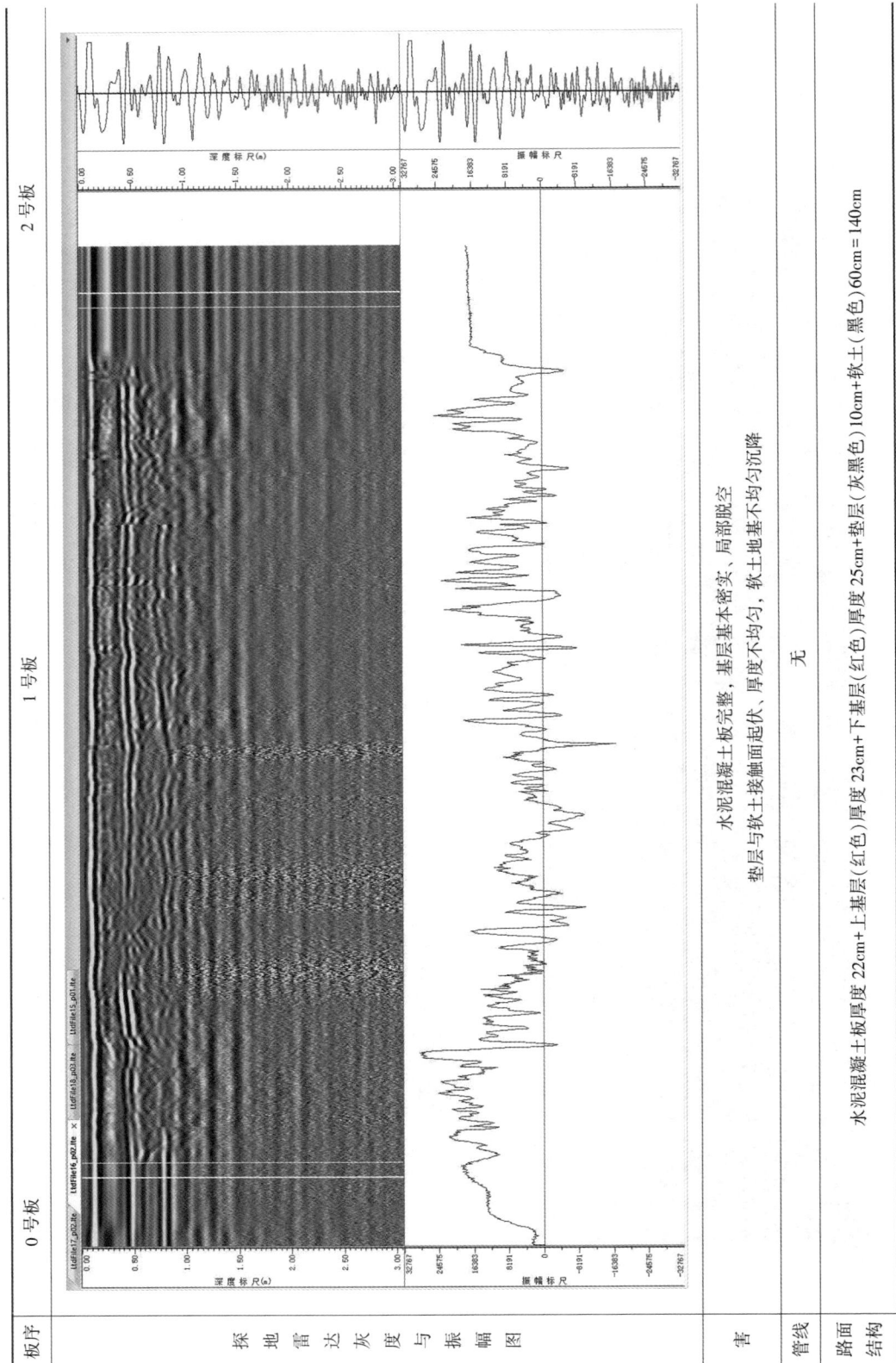

图 6.18 B 区段终点水泥混凝土路面结构层与软土地基探地雷达 900MHz 天线检测验证（深度开挖 1.4m）右侧→（2 块板 10m）→左侧 2 测线 K0+3m（一）

板序	0 号板	1 号板	2 号板
探地雷达伪彩色与振幅图			
病害		水泥混凝土板完整，基层基本密实，局部脱空 垫层与软土接触面起伏，厚度不均匀，软土地基不均匀沉降	
管线		无	
路面结构		水泥混凝土板厚度 22cm+上基层（红色）厚度 23cm+下基层（红色）厚度 25cm+垫层（灰黑色）10cm+软土（黑色）60cm=140cm	

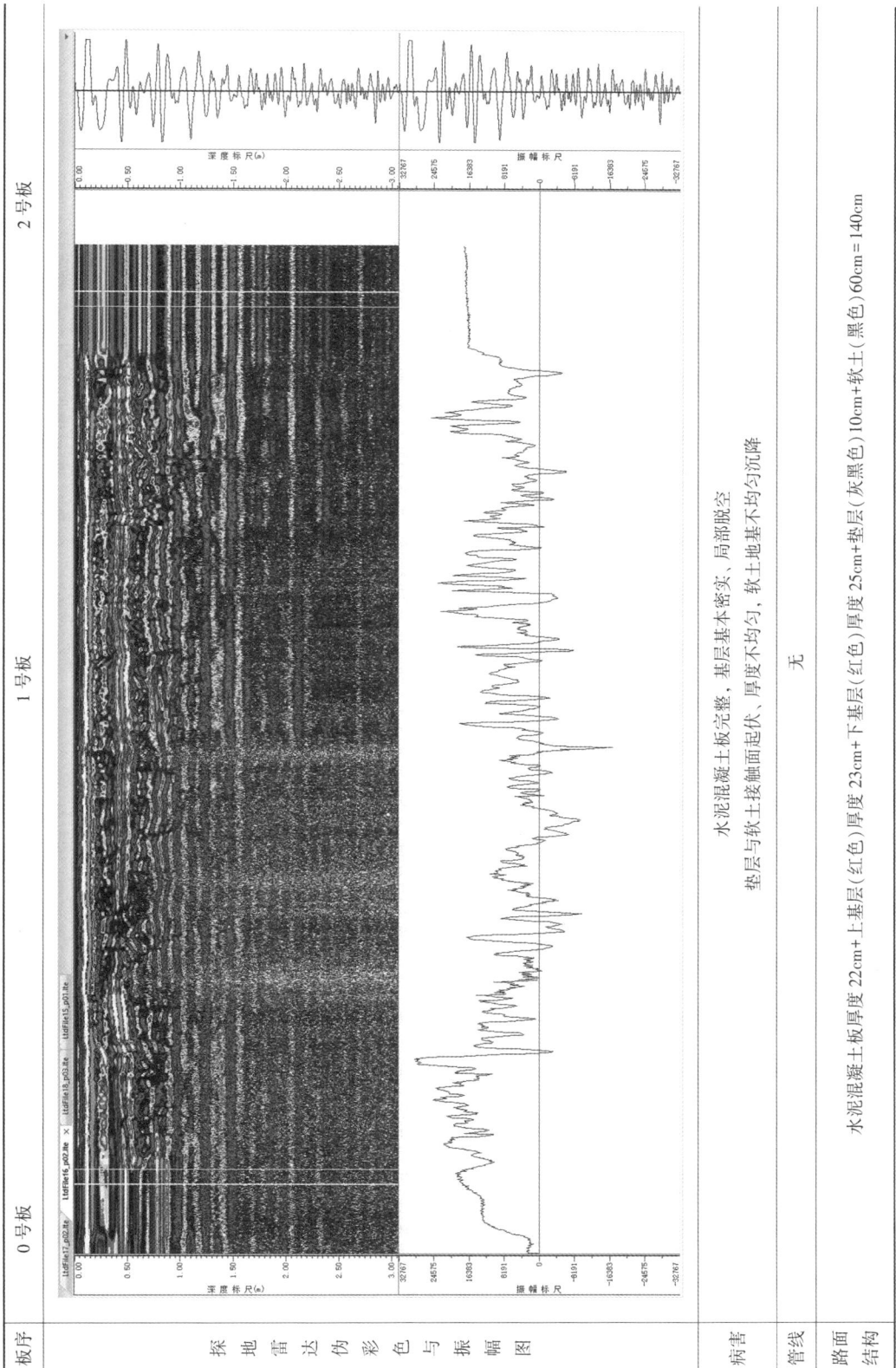

图 6.19　B 区段终点水泥混凝土路面结构层与软土地基探地雷达 900MHz 天线检测验证（深度开挖 1.4m）右侧→（2 块板 10m）→左侧 2 测线 K0+3m（二）

板序	0 号板	1 号板	2 号板
探地雷达灰度与振幅图			
病害	水泥混凝土板完整，基层基本密实，局部脱空 水泥混凝土接触软土，厚度不均匀，软土地基不均匀沉降 垫层与软土接触面起伏，厚度不均匀，软土地基不均匀沉降		
管线	无		
路面结构	水泥混凝土板厚度 22cm+上基层（红色）厚度 23cm+下基层（红色）厚度 25cm+垫层（灰黑色）10cm+软土（黑色）60cm=140cm		

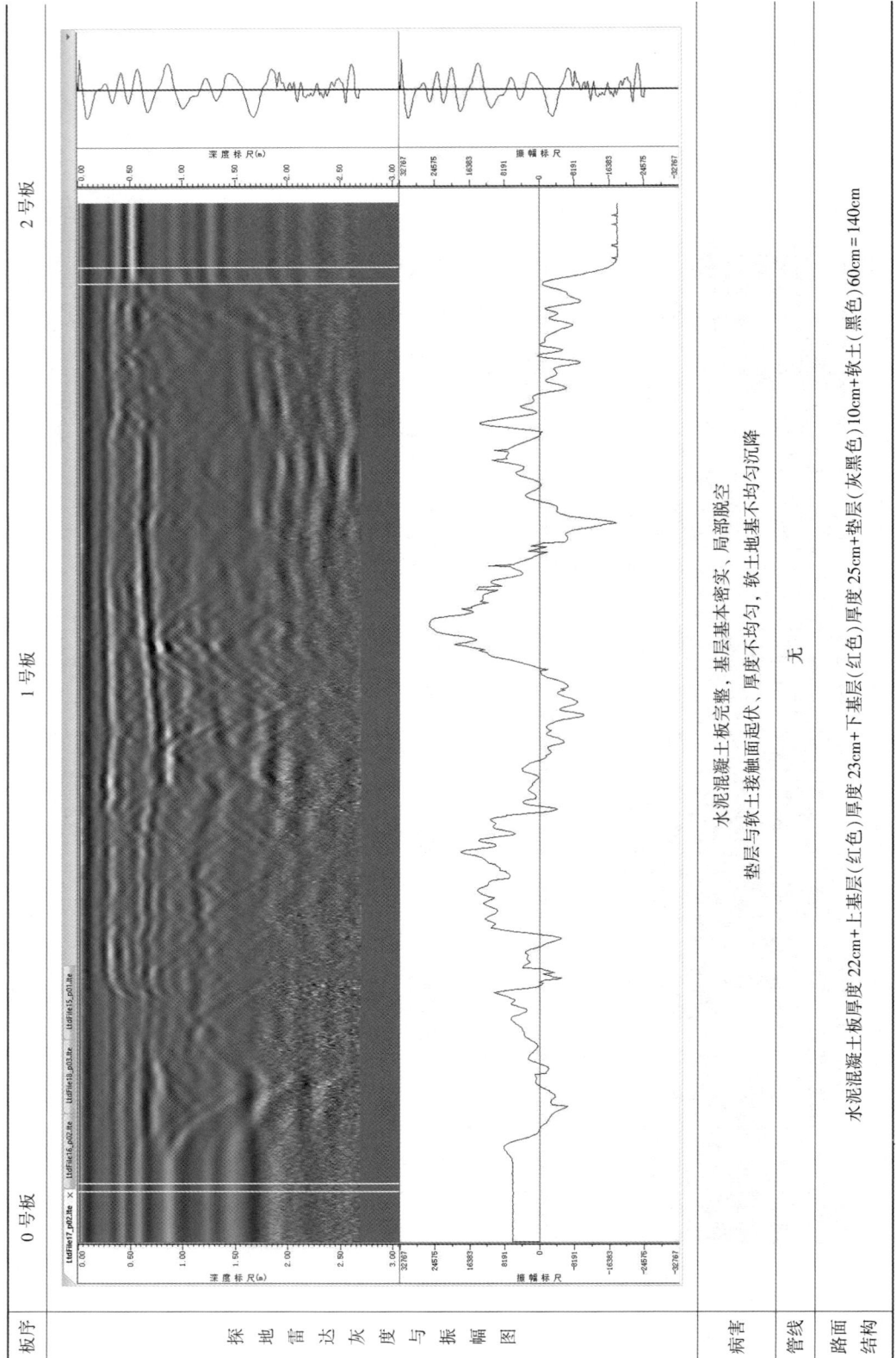

图 6.20 B 区段终点水泥混凝土路面结构层与软土地基探地雷达 400MHz 天线检测验证（深度开挖 1.4m）右侧→（2 块板 10m）→左侧 1 测线 K0+0m（一）

板序	0 号板	1 号板	2 号板

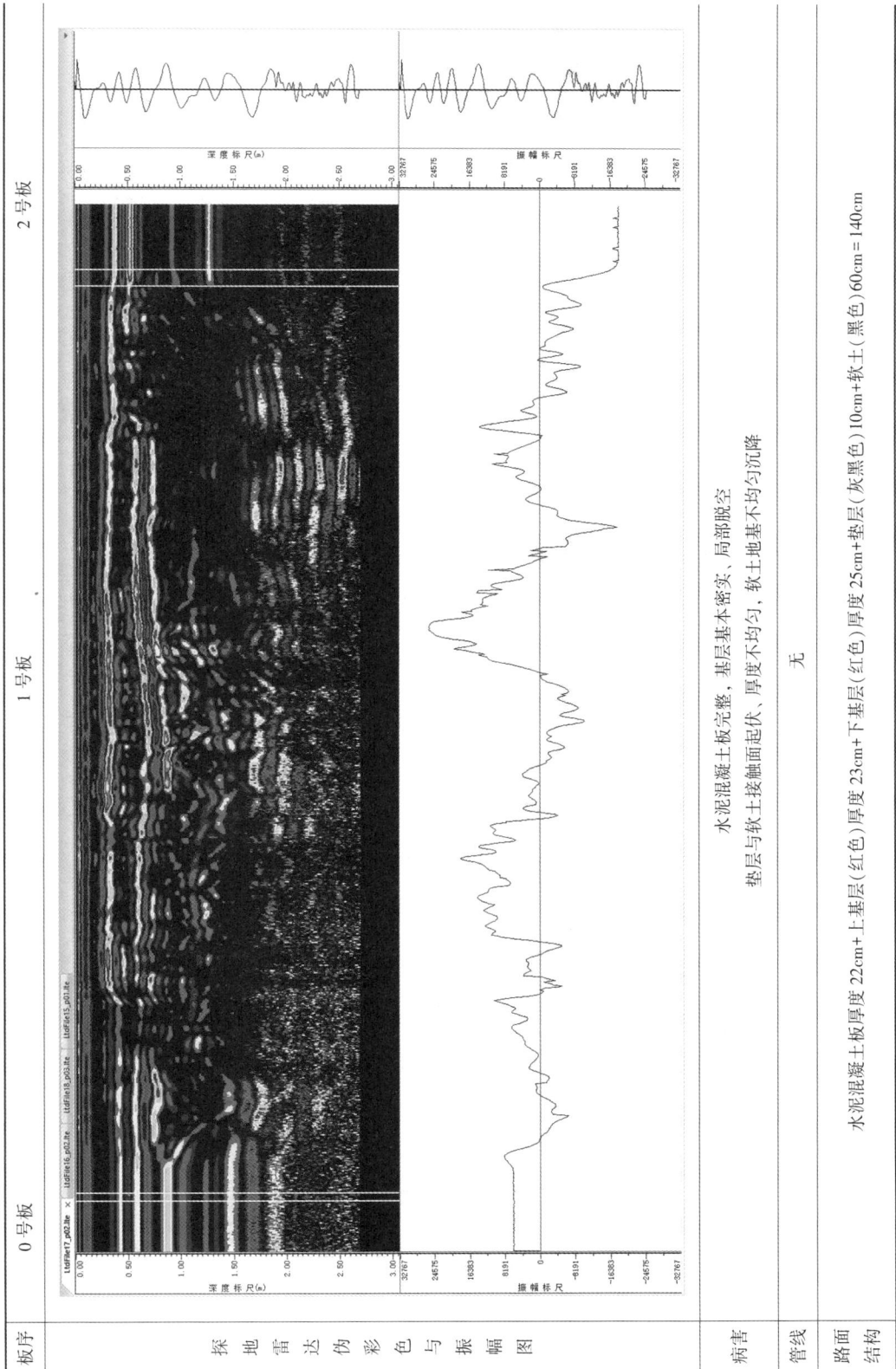

探地雷达伪彩色与振幅图

病害	水泥混凝土板完整，基层基本密实，局部脱空 垫层与软土接触面起伏，厚度不均匀，软土地基不均匀沉降
管线	无
路面结构	水泥混凝土板厚度 22cm+上基层(红色)厚度 23cm+下基层(红色)厚度 25cm+垫层(灰黑色)10cm+软土(黑色)60cm=140cm

图 6.21　B 区段终点水泥混凝土路面结构层与软土地基探地雷达 400MHz 天线检测验证(深度开挖 1.4m)右侧→(2 块板 10m)→左侧 1 测线 K0+0m(二)

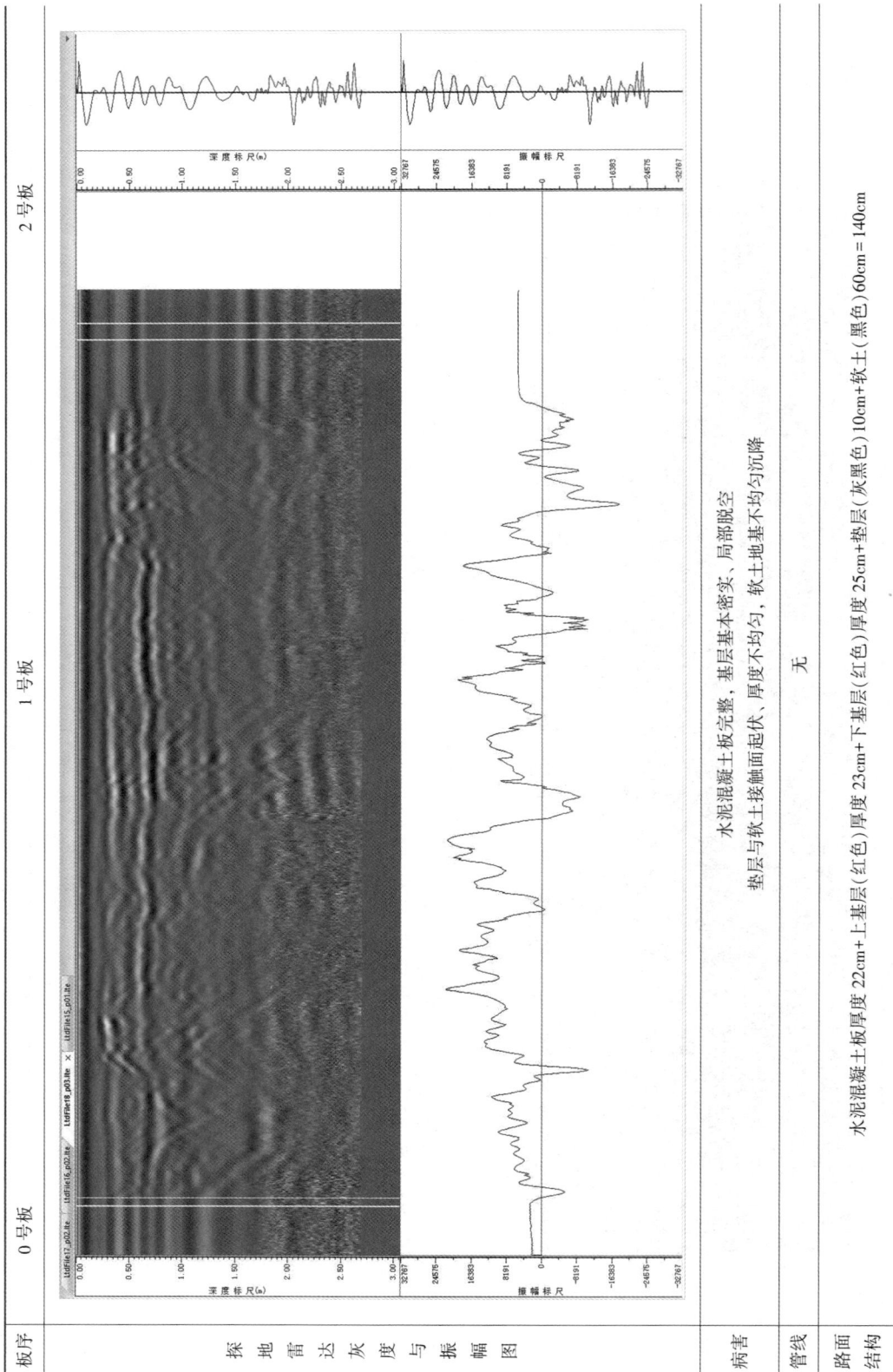

板序	0 号板	1 号板	2 号板

探地雷达灰度与振幅图

病害：水泥混凝土板完整，基层基本密实，局部脱空
垫层与软土接触面起伏状，厚度不均匀，软土地基不均匀沉降

管线：无

路面结构：水泥混凝土板厚度 22cm＋上基层（红色）厚度 23cm＋下基层（红色）厚度 25cm＋垫层（灰黑色）10cm＋软土（黑色）60cm＝140cm

图 6.22　B 区段终点水泥混凝土路面结构层与软土地基探地雷达 400MHz 天线检测验证（深度开挖 1.4m）右侧→（2 块板 10m）→左侧 2 测线 K0+3m（一）

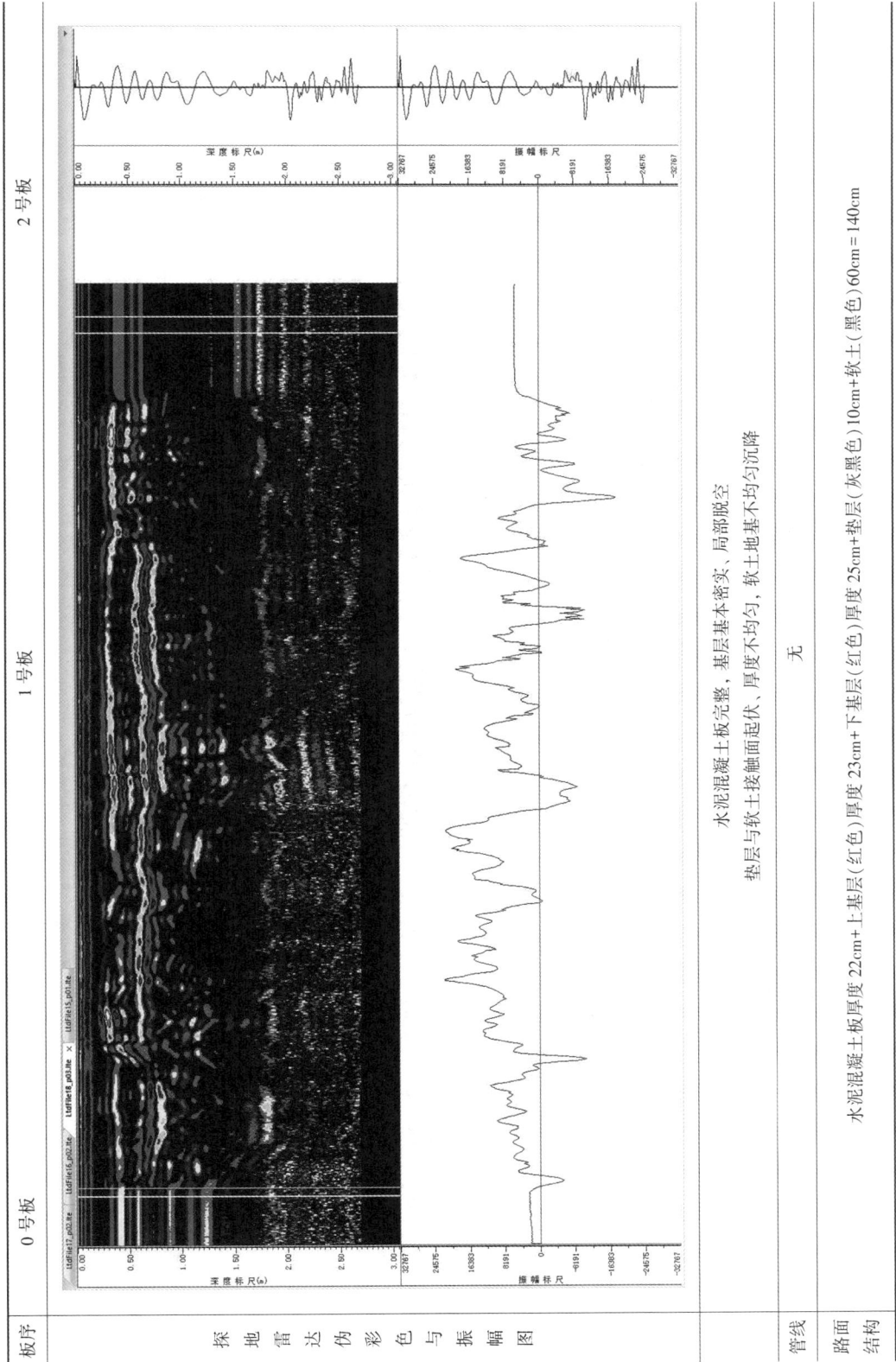

板序	0 号板	1 号板	2 号板
探地雷达伪彩色与振幅图			
管线		无	
路面结构		水泥混凝土板厚度 22cm+上基层(红色)厚度 23cm+下基层(红色)厚度 25cm+垫层(灰黑色)10cm+基层(黑色)60cm+软土(黑色)60cm=140cm	水泥混凝土板完整，基层基本密实，局部脱空 垫层与软土接触面起伏，厚度不均匀，软土地基不均匀沉降

图 6.23　B 区段终点水泥混凝土路面结构层与软土地基探地雷达 400MHz 天线检测验证(深度开挖 1.4m)右侧→(2 块板 10m)→左侧 2 测线 K0+3m(二)

125

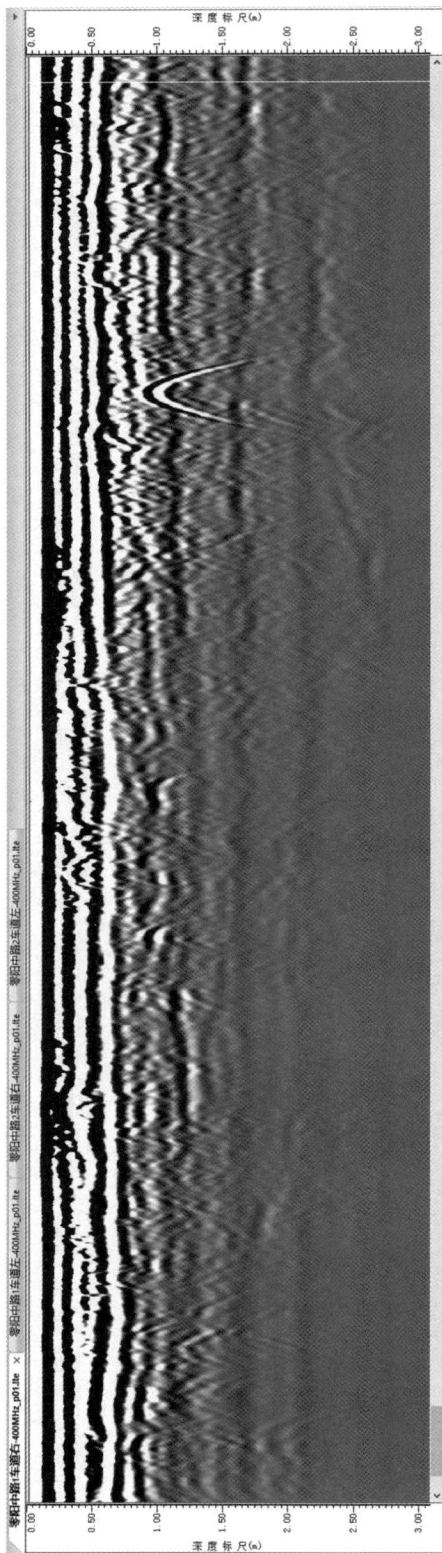

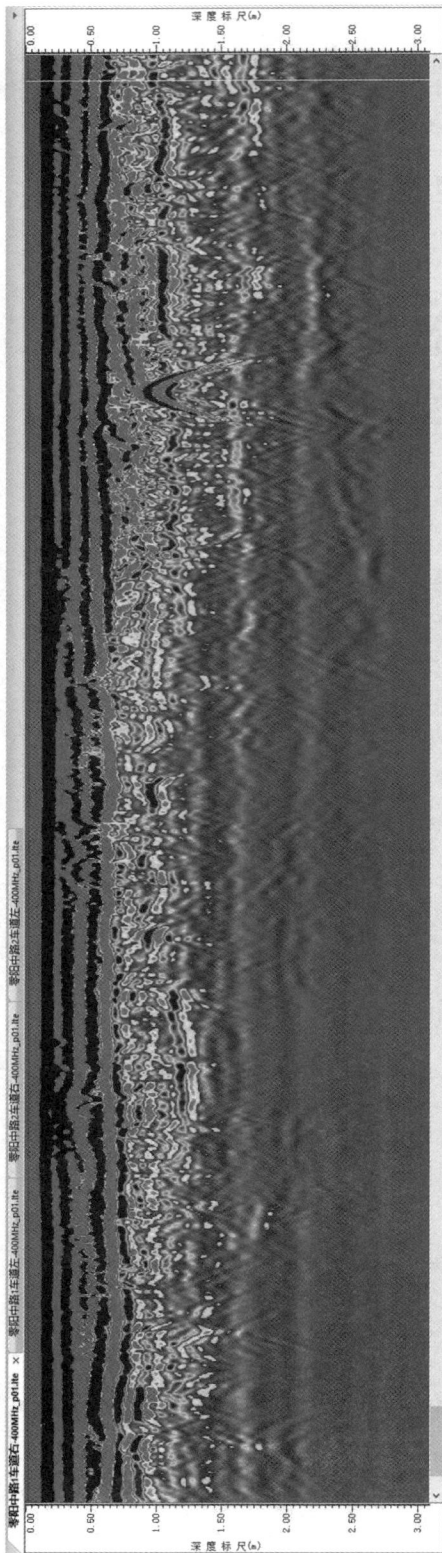

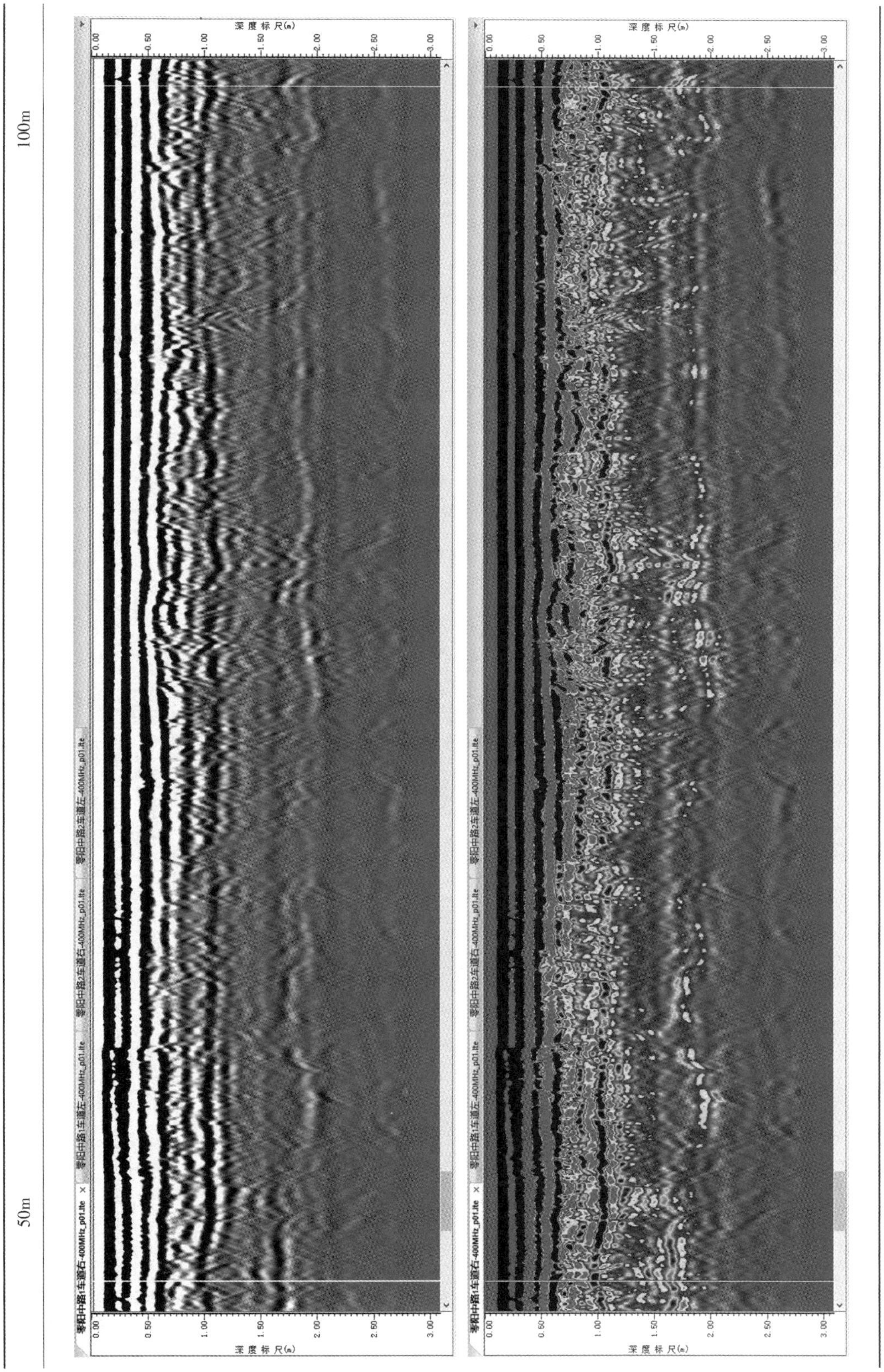
100m
50m
深度标尺(m)
0.00
0.50
1.00
1.50
2.00
2.50
3.00

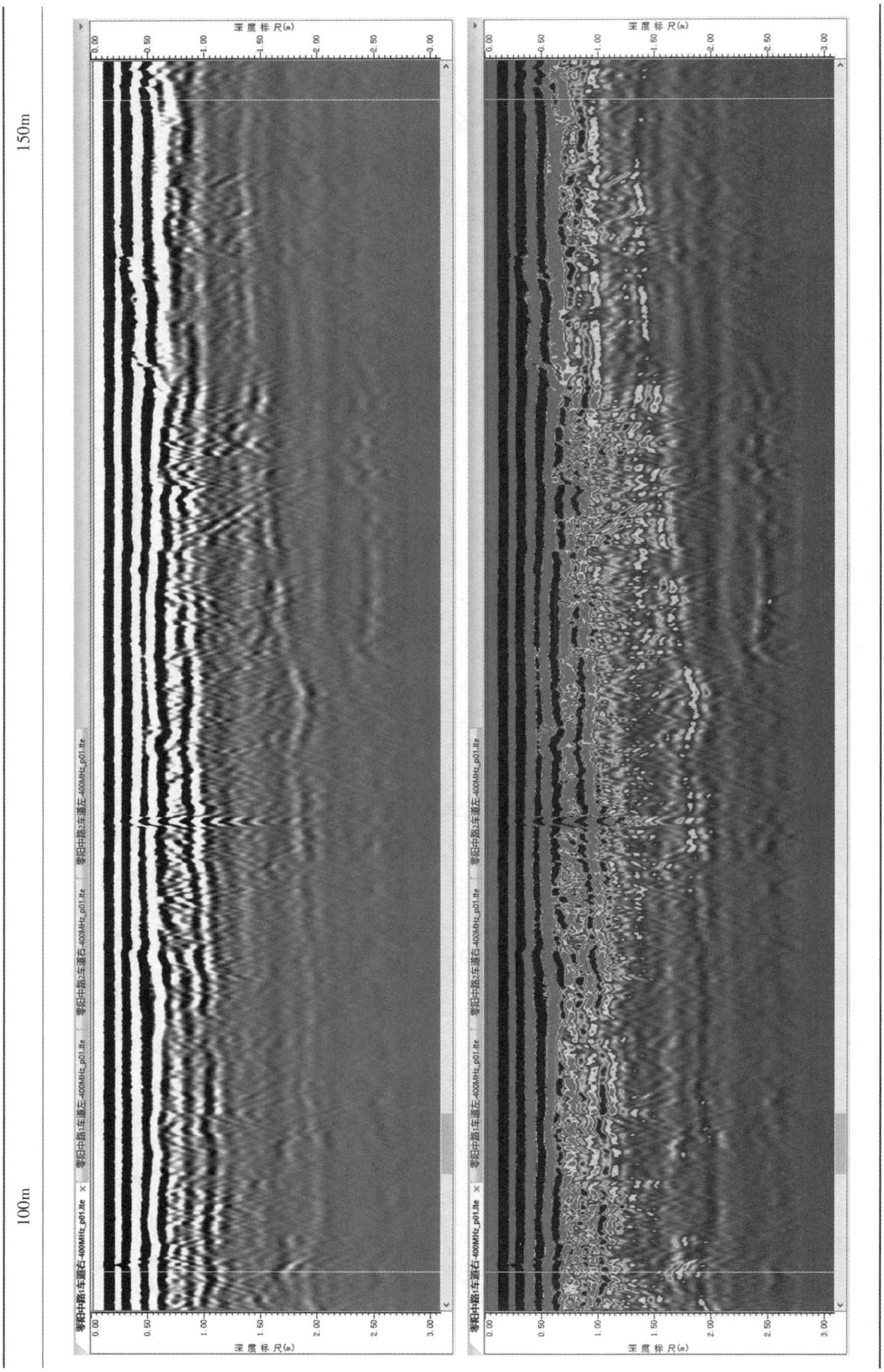
150m
100m
深度标尺(m)
0.00
0.50
1.00
1.50
2.00
2.50
3.00

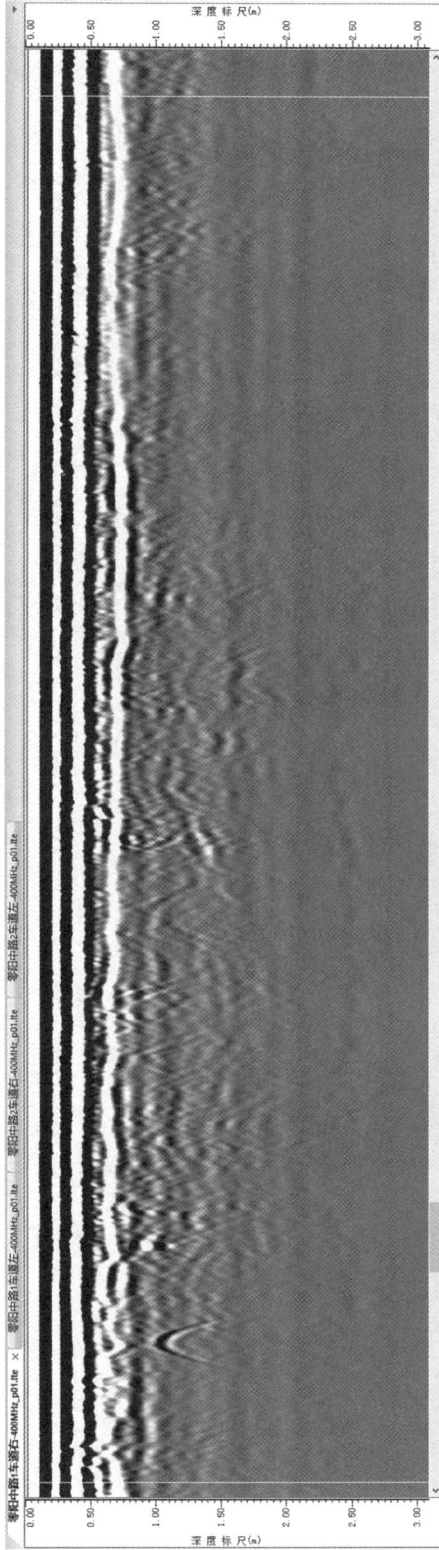

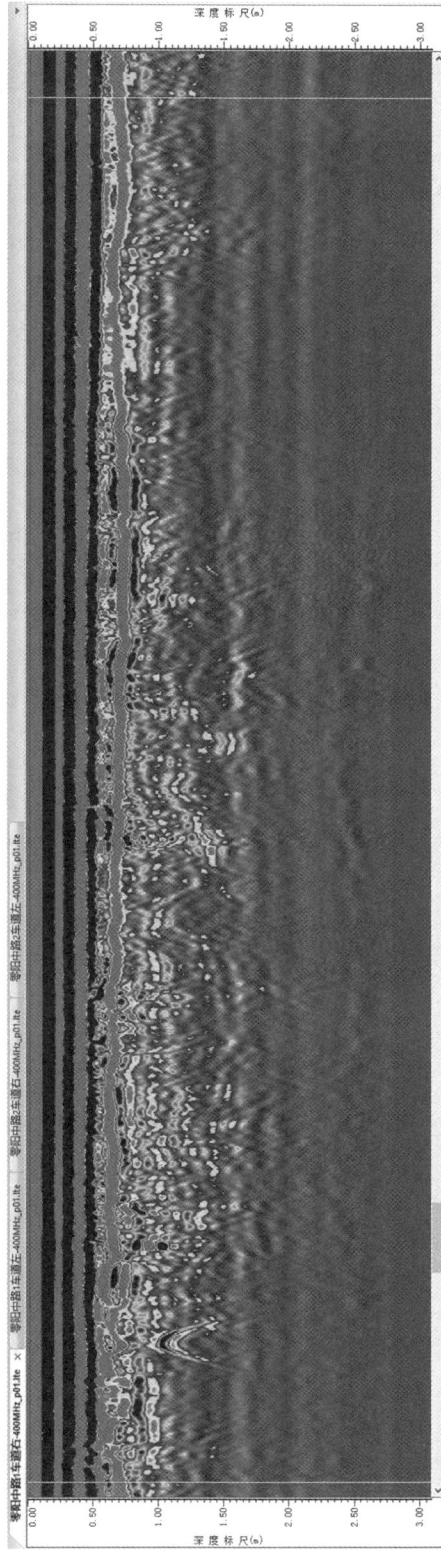

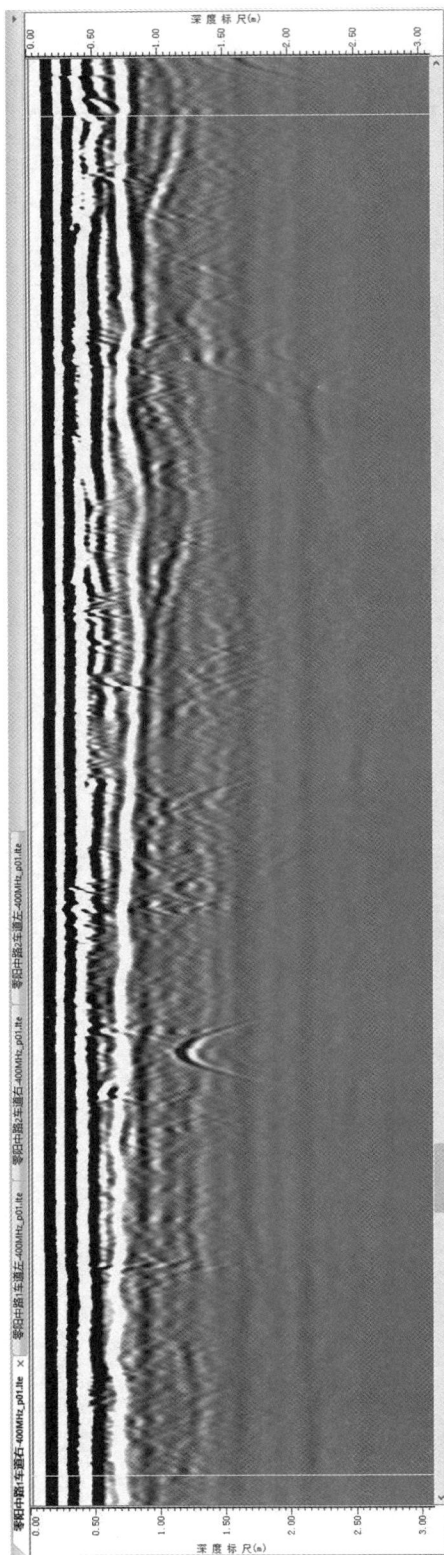

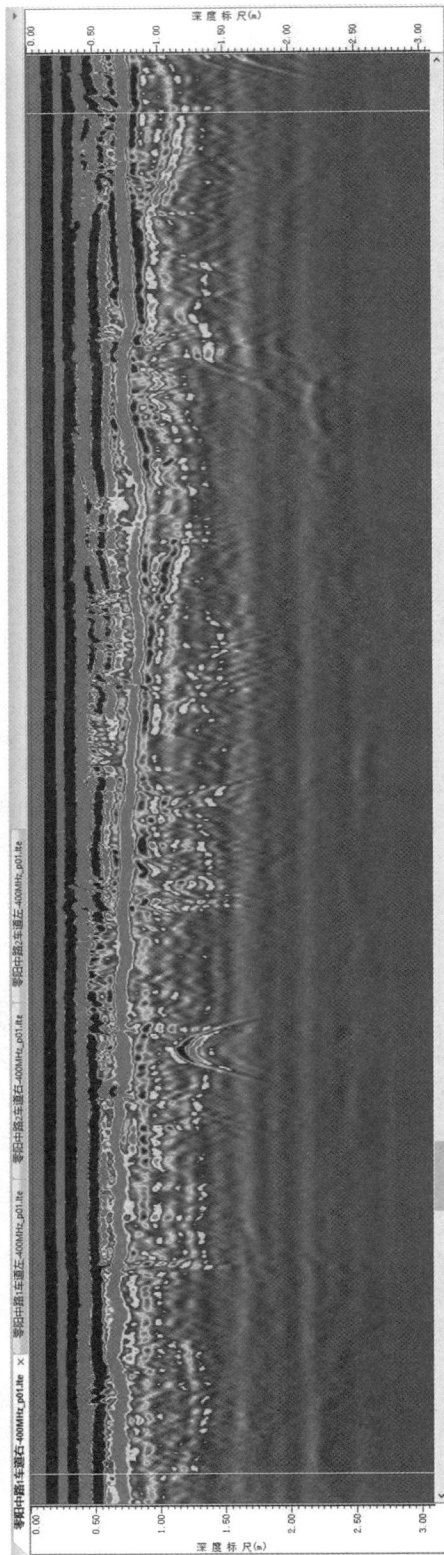

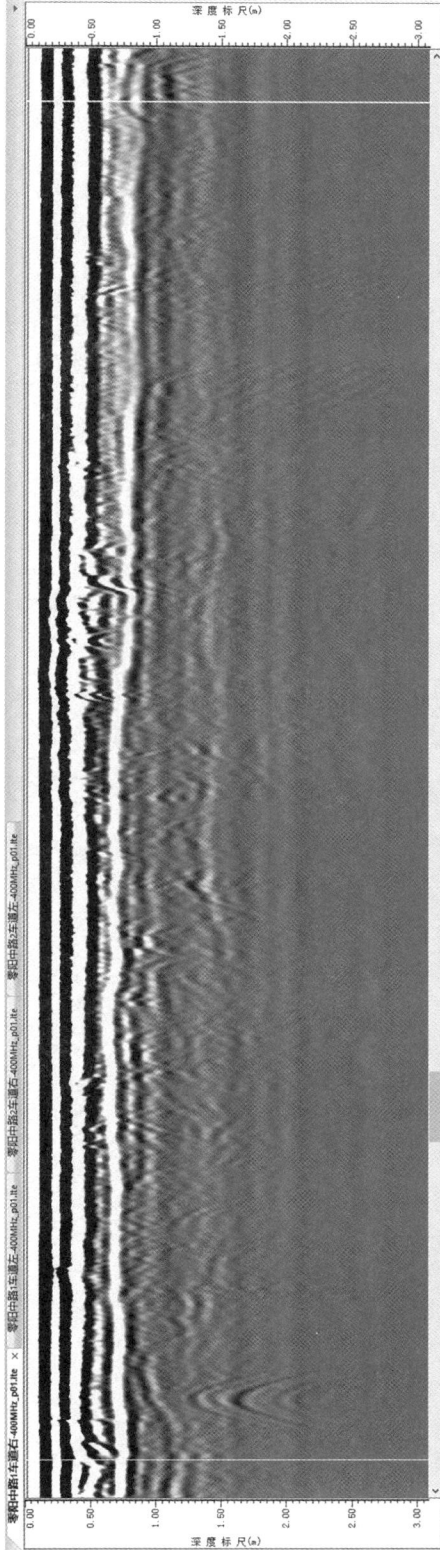

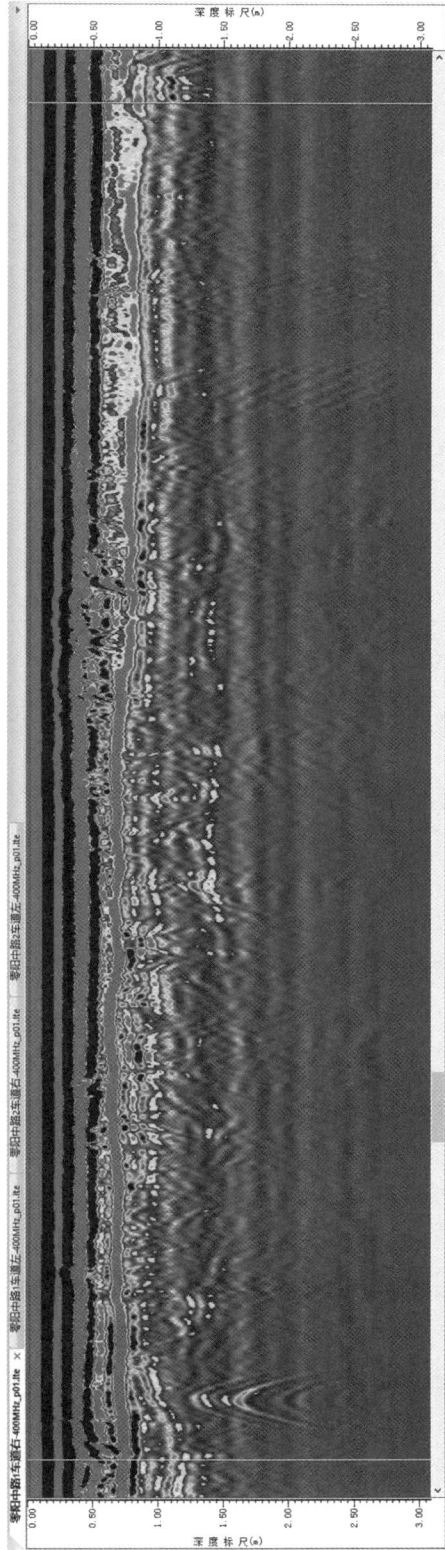

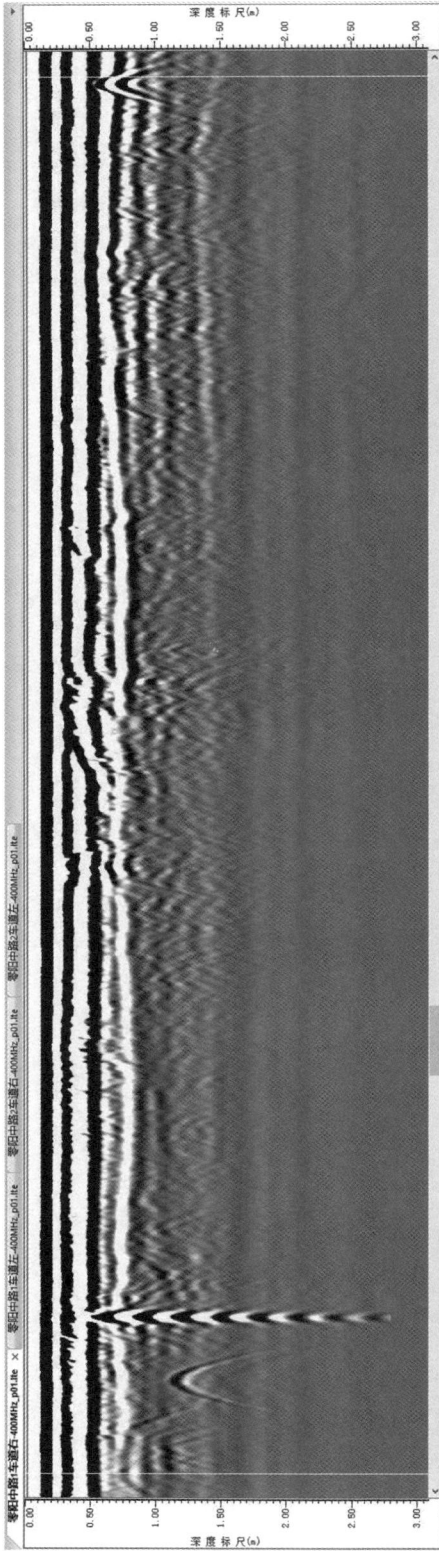

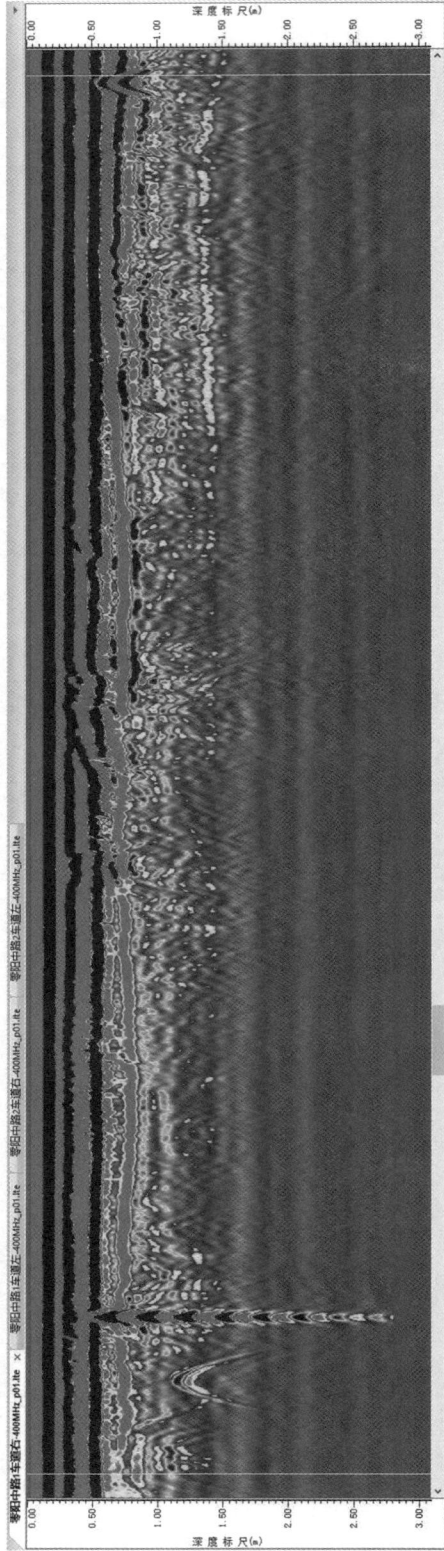

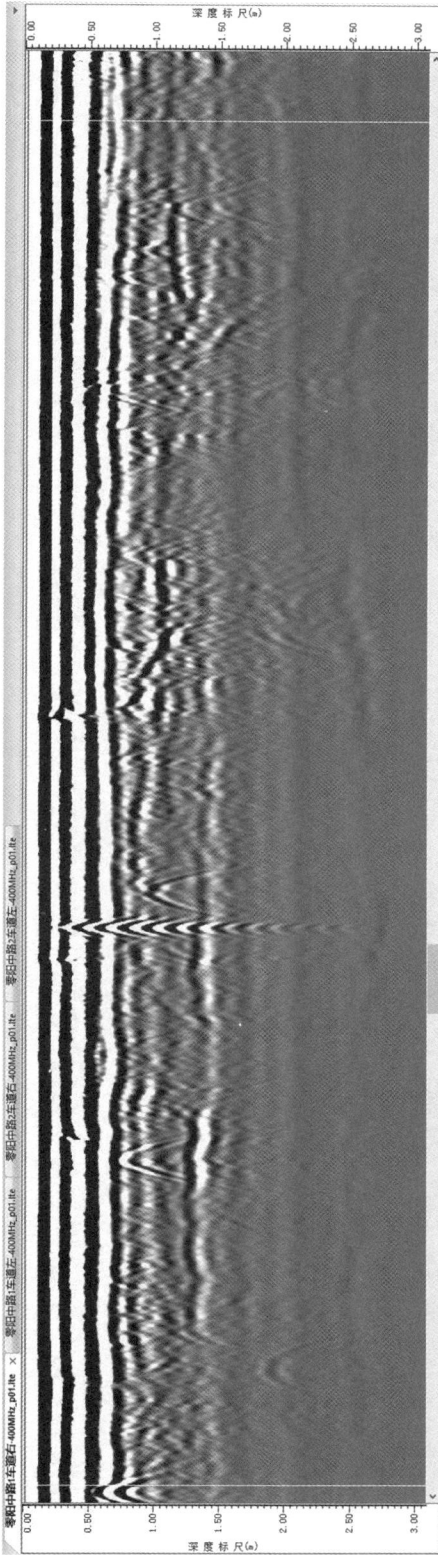

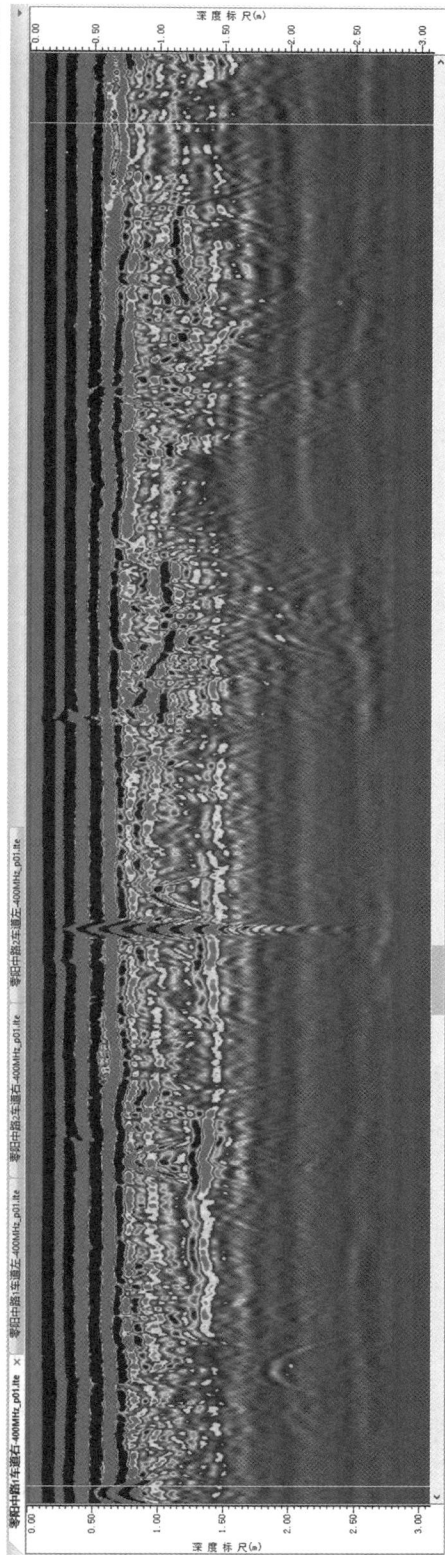

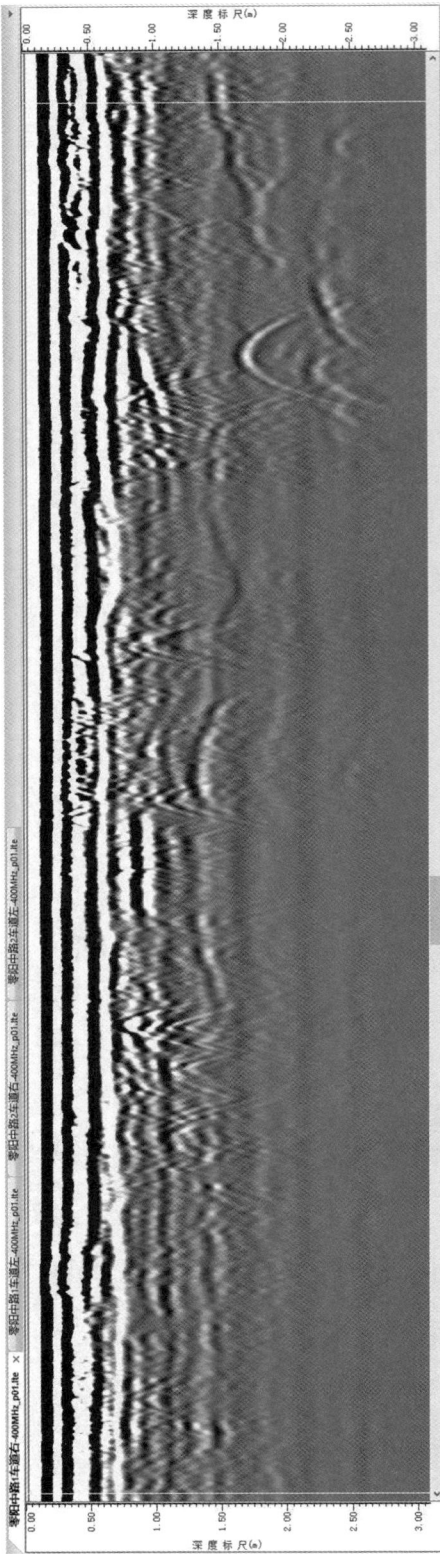

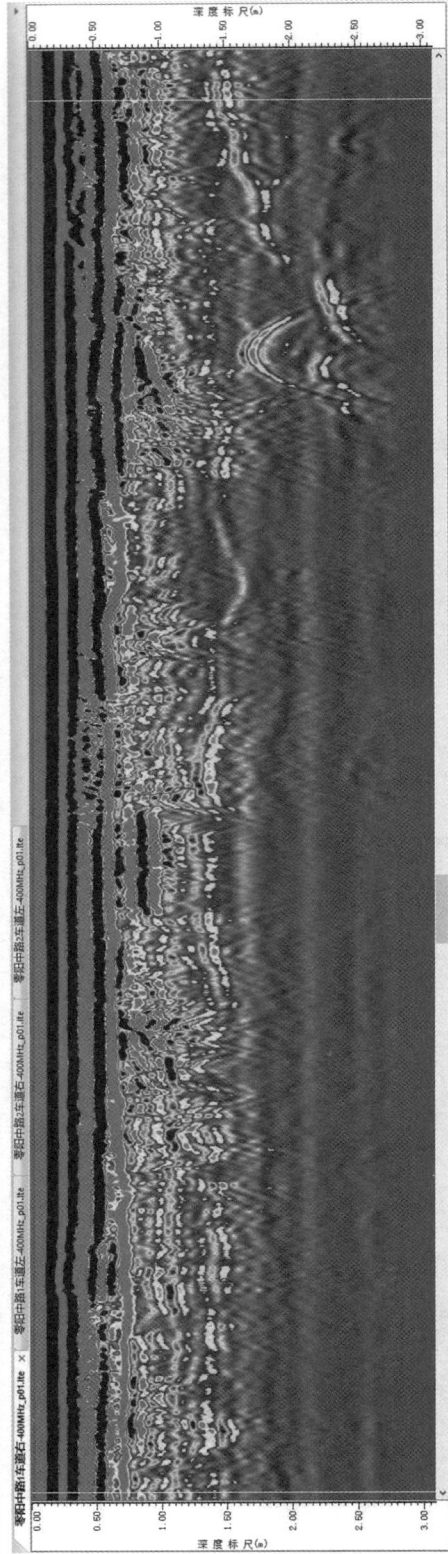

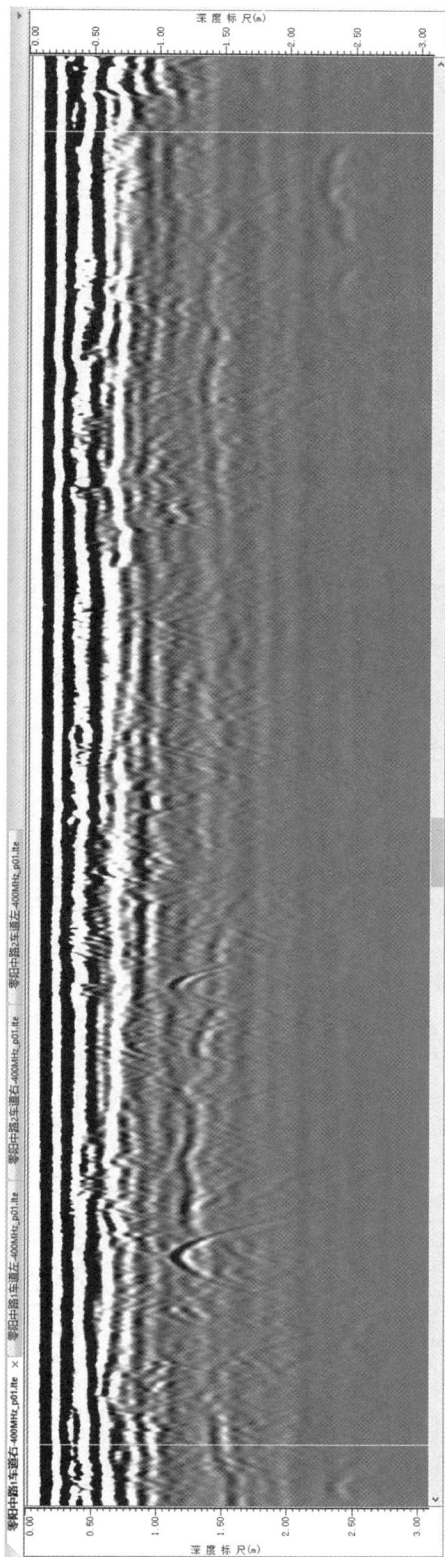

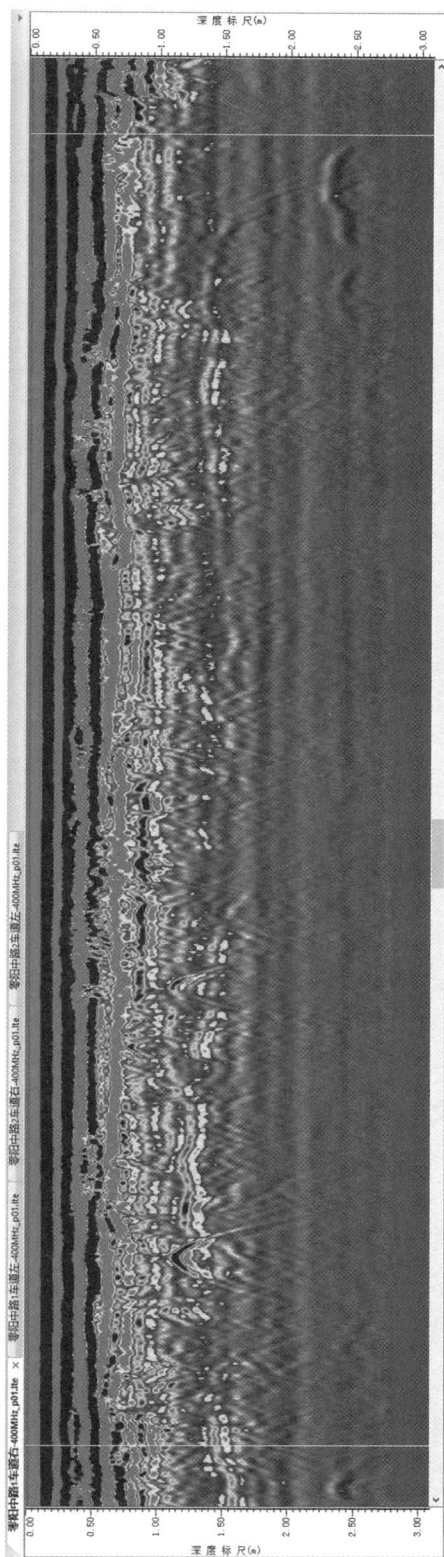

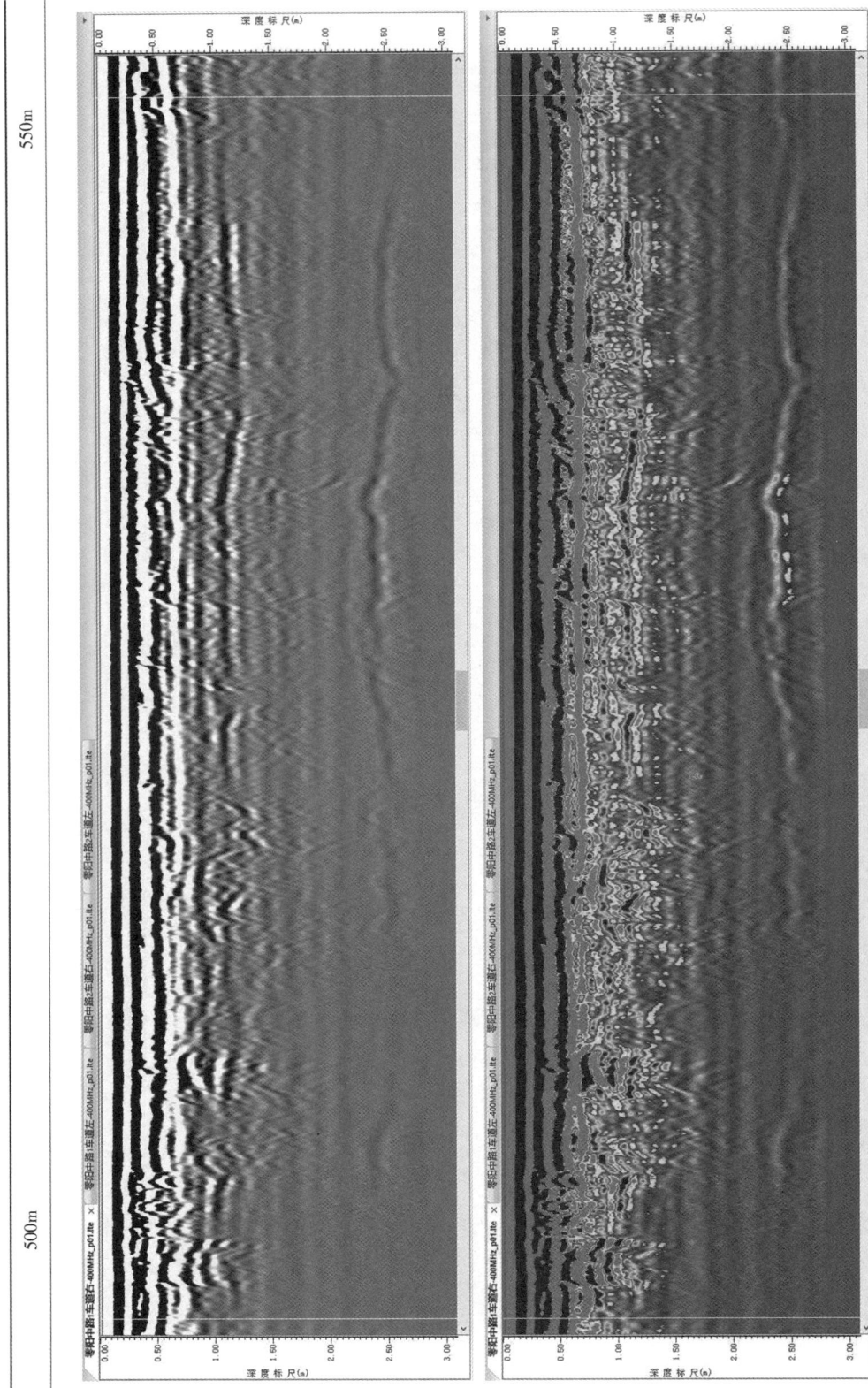

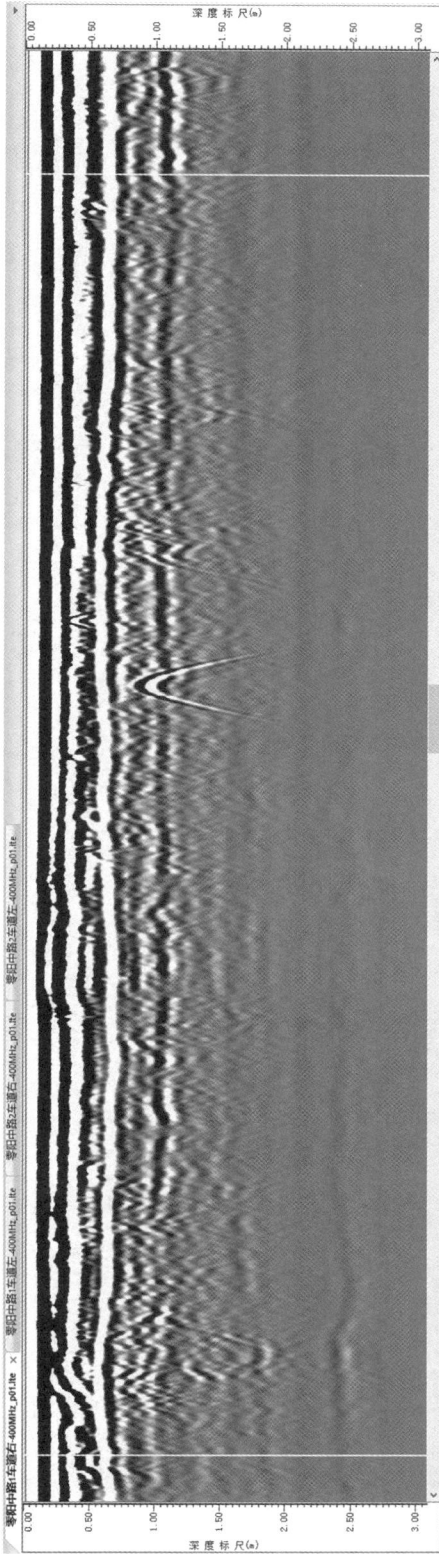

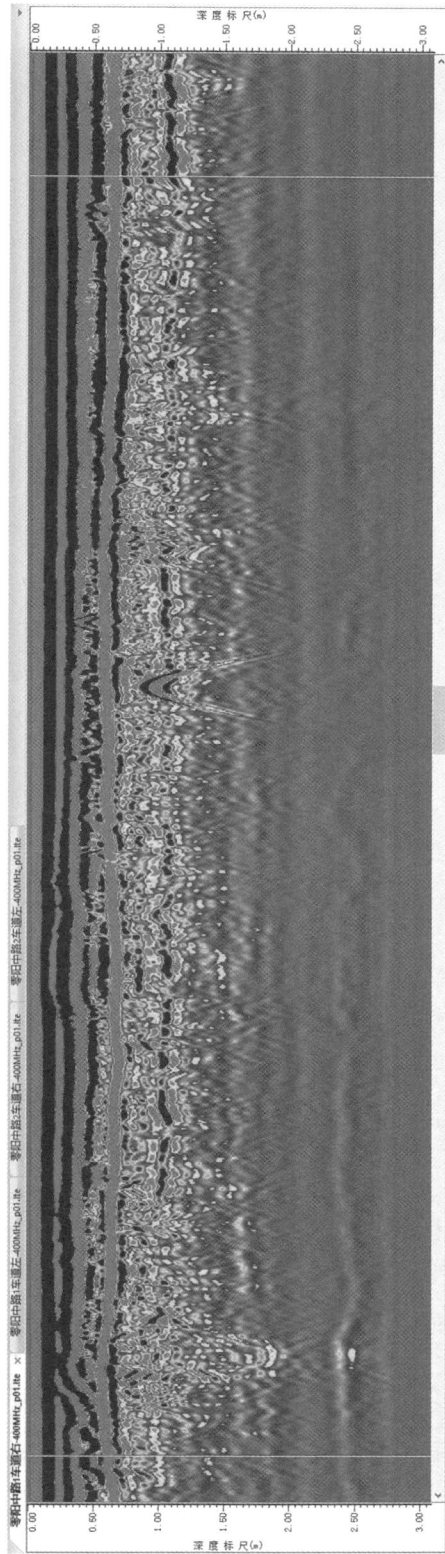

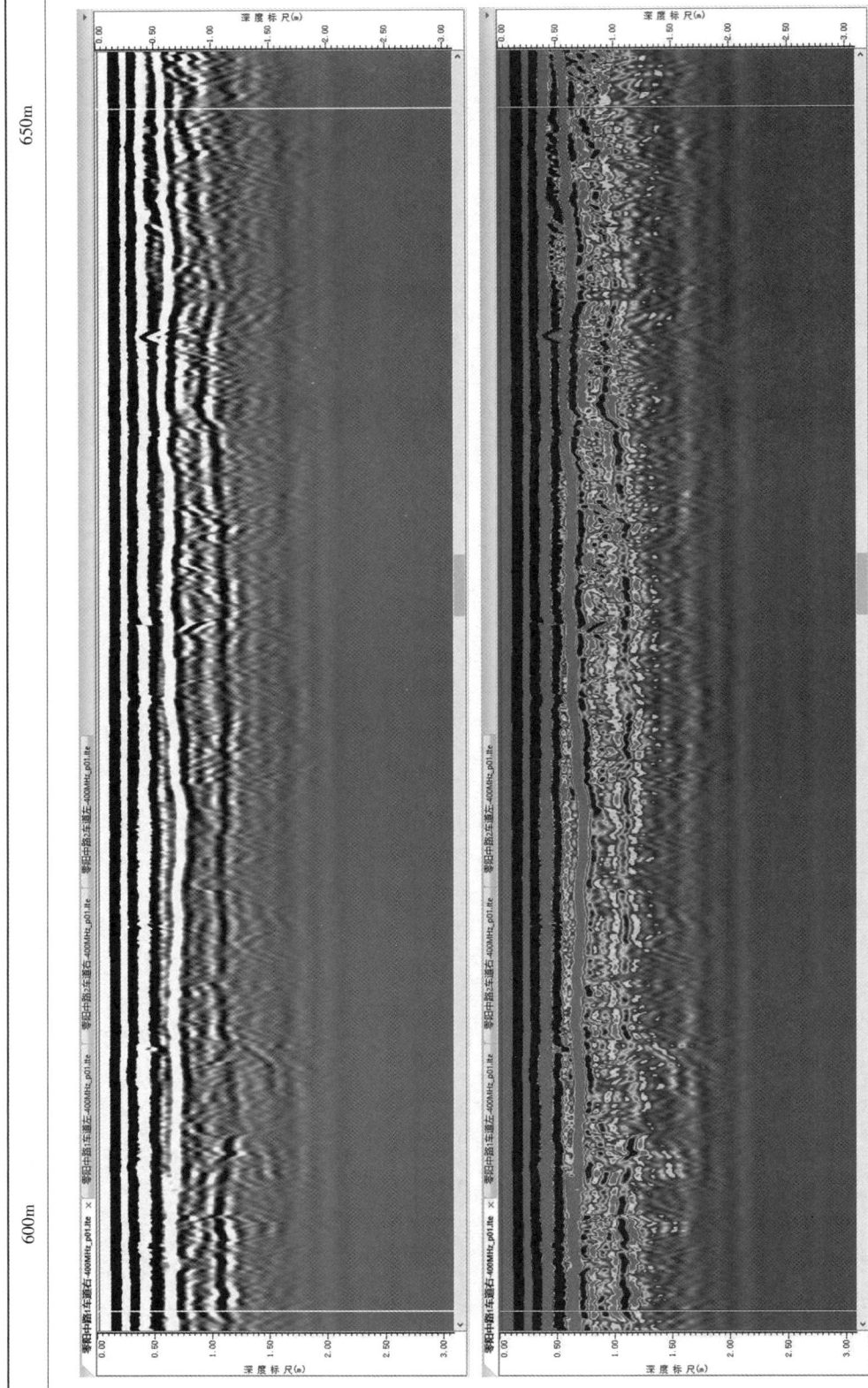

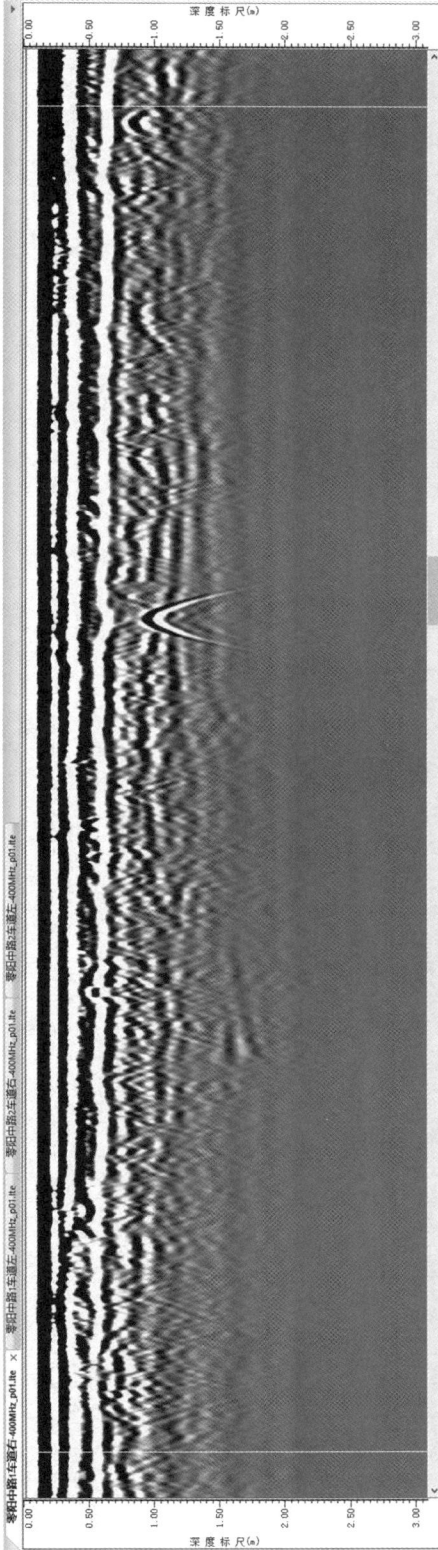

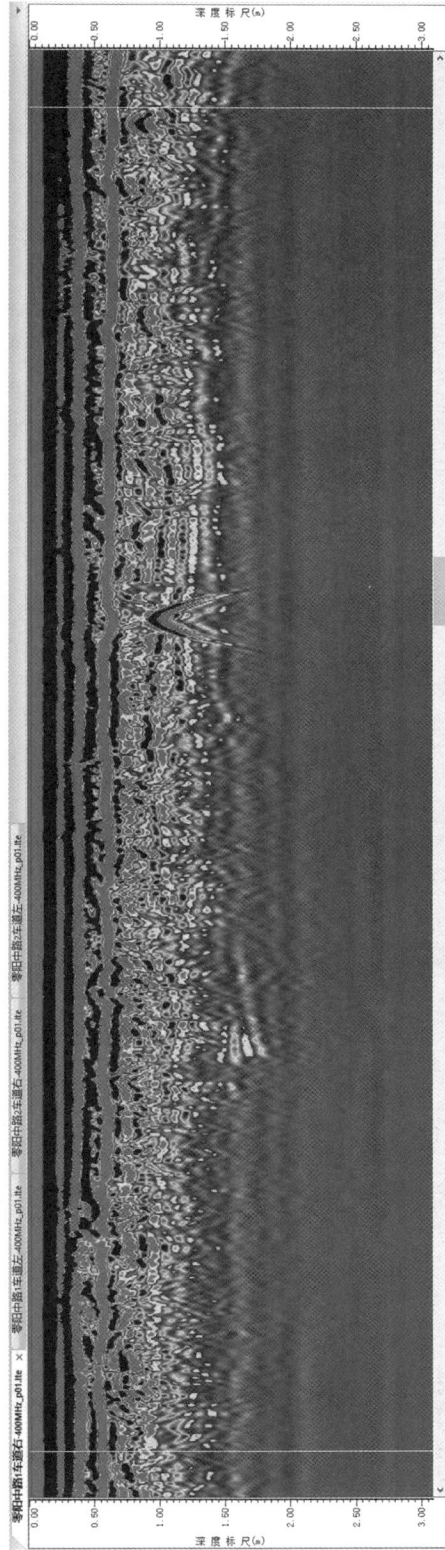

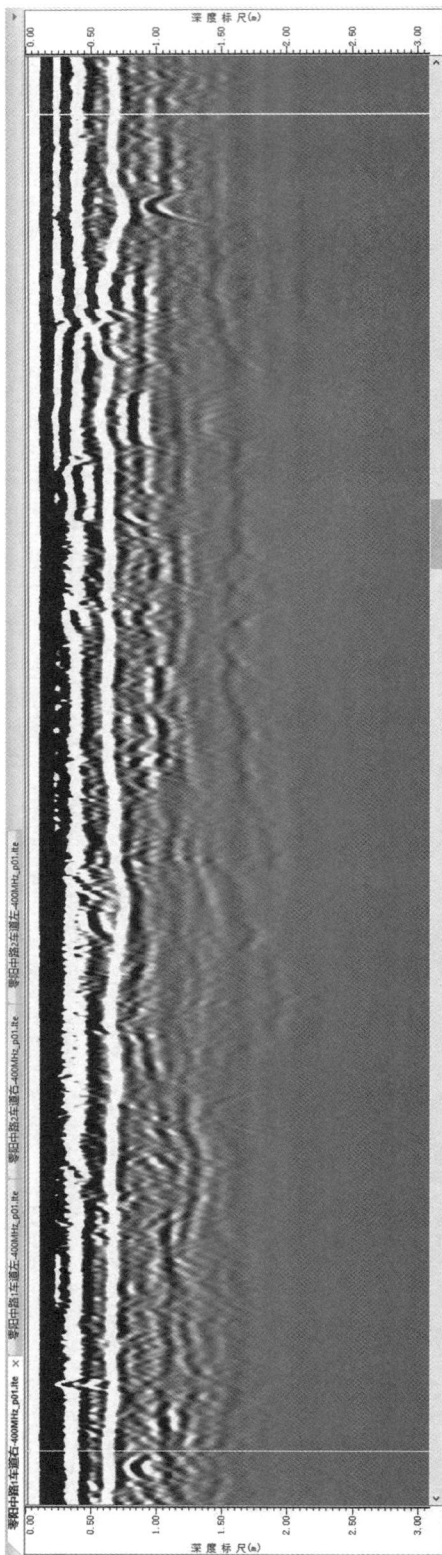

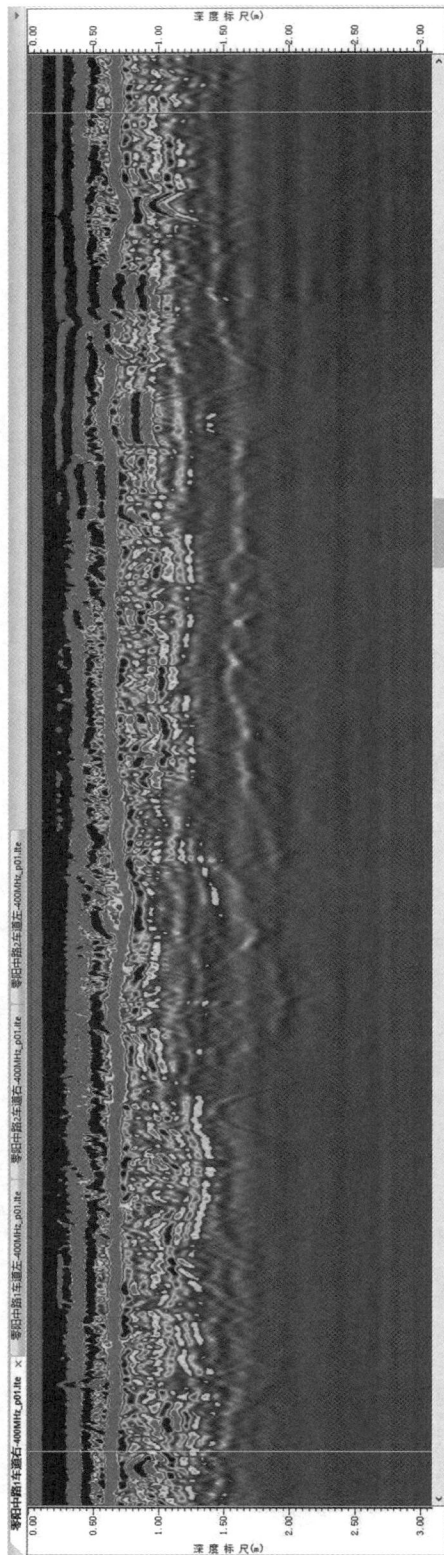

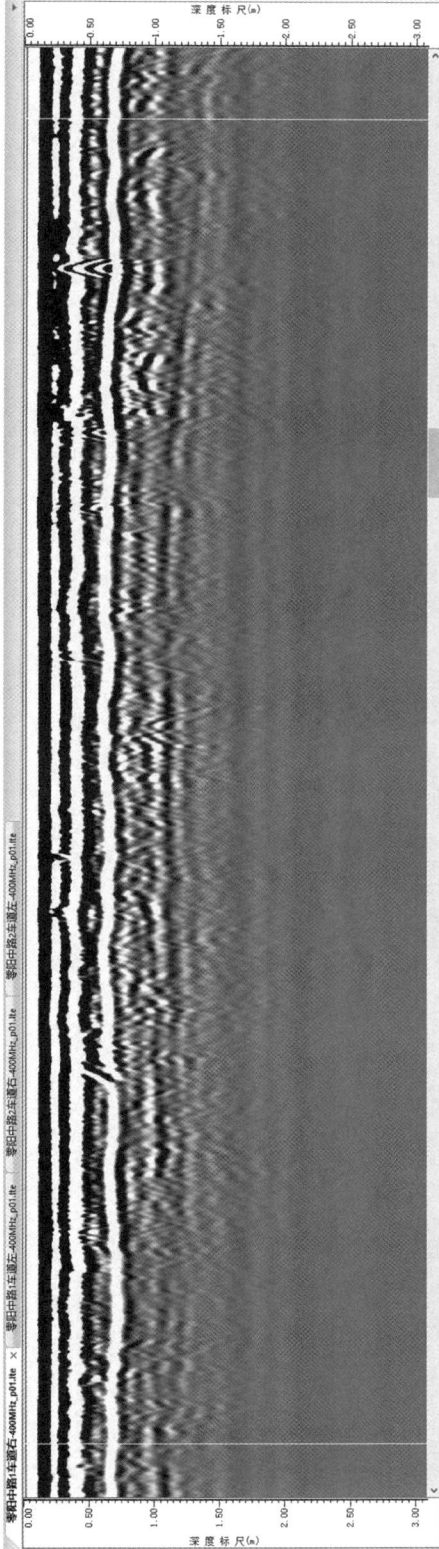

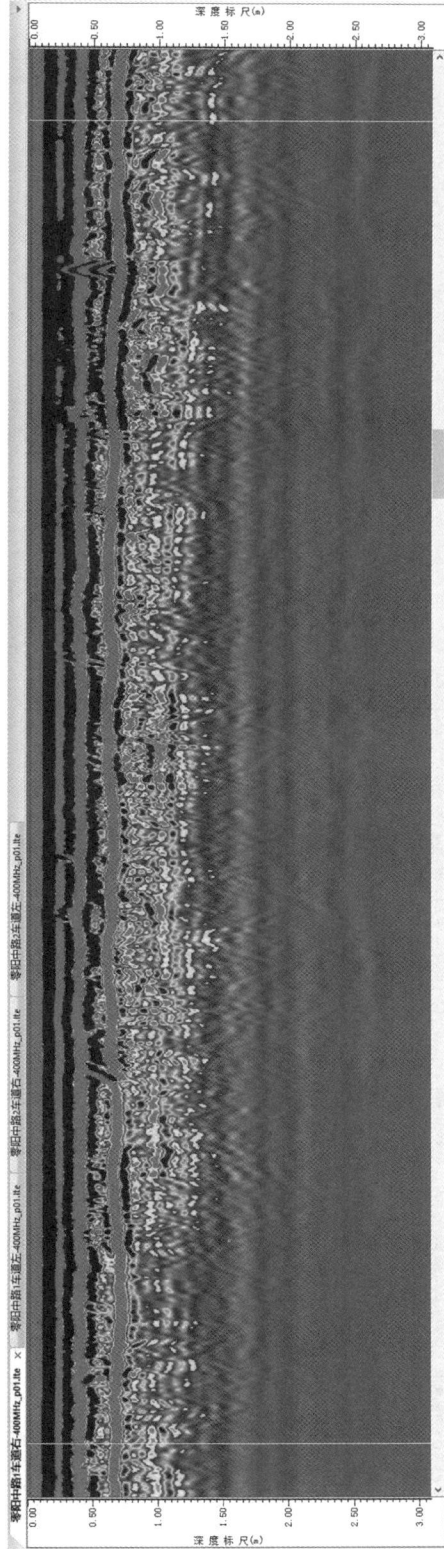

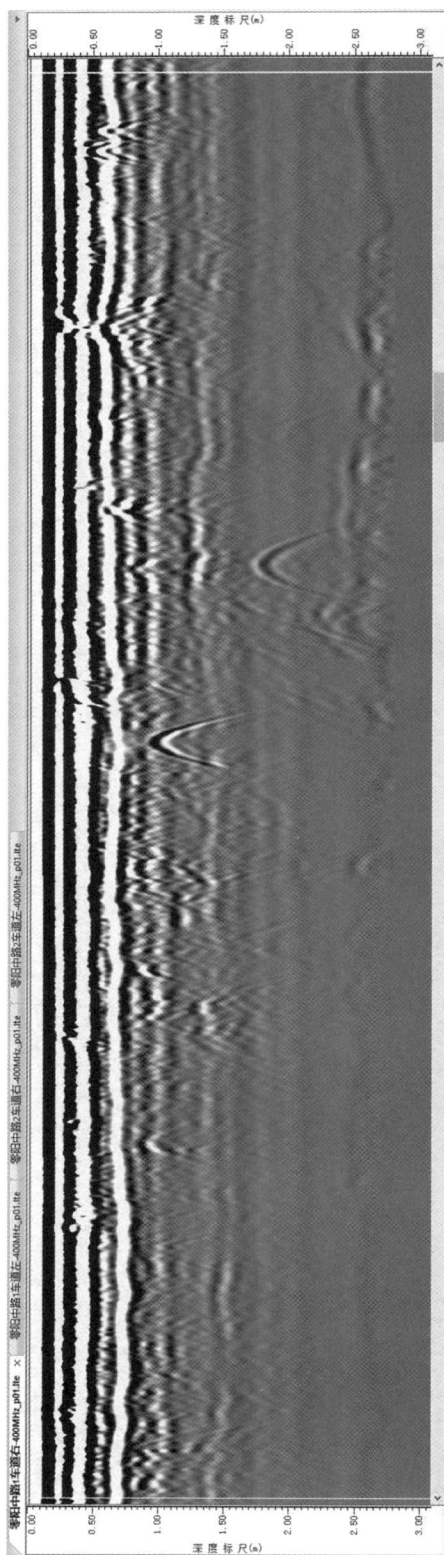

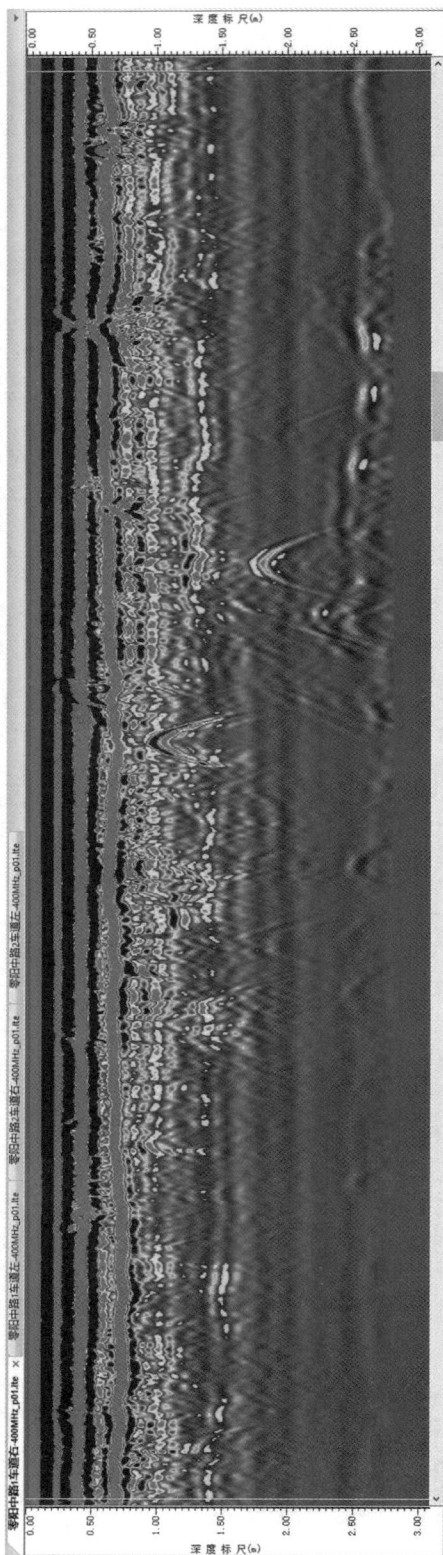

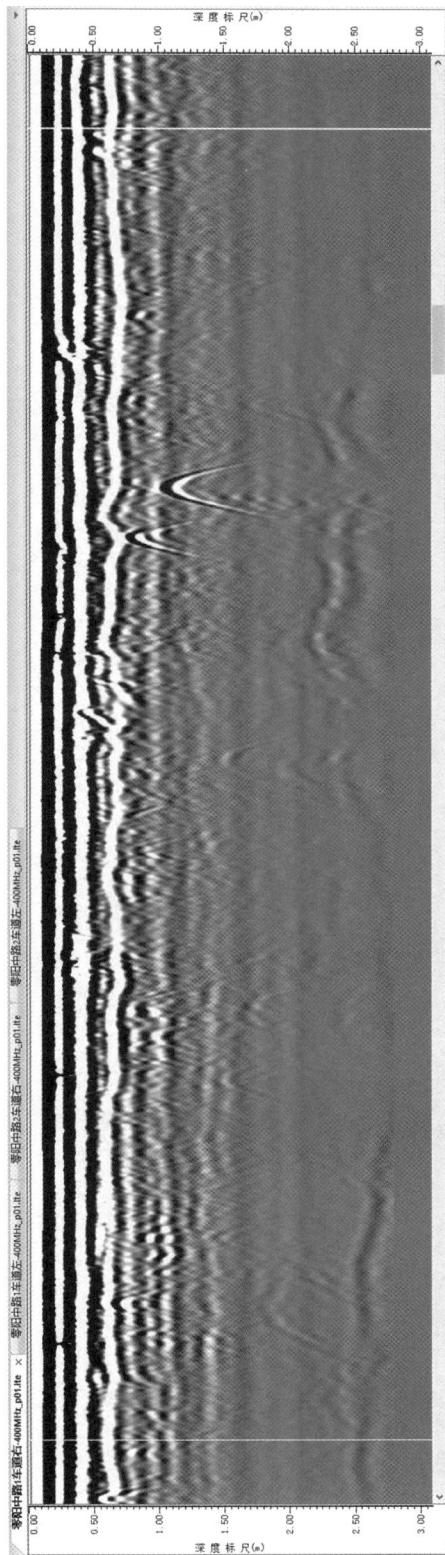

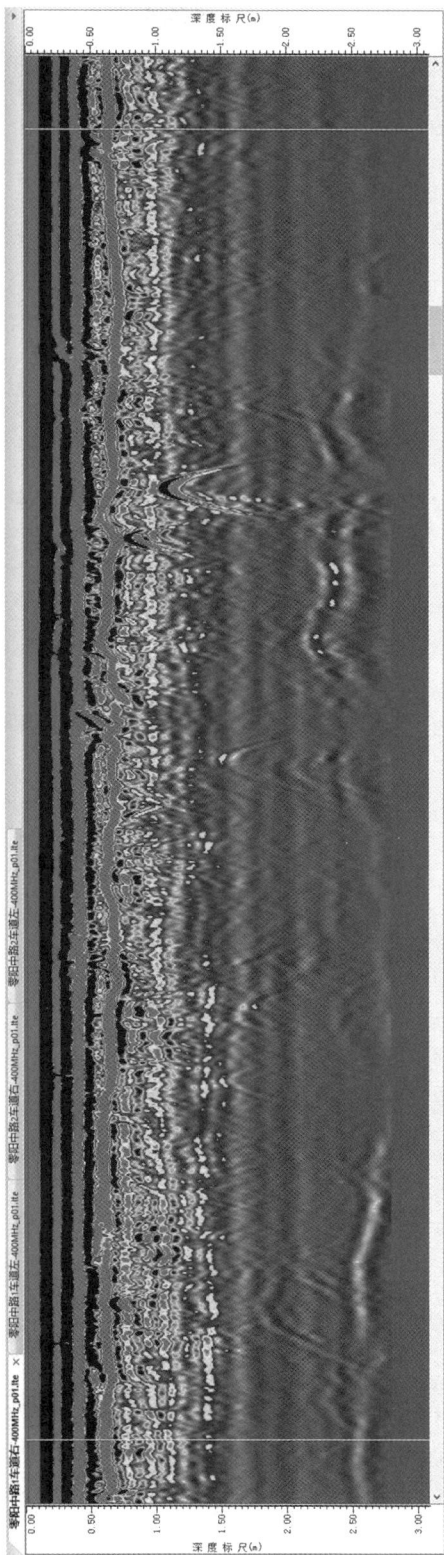

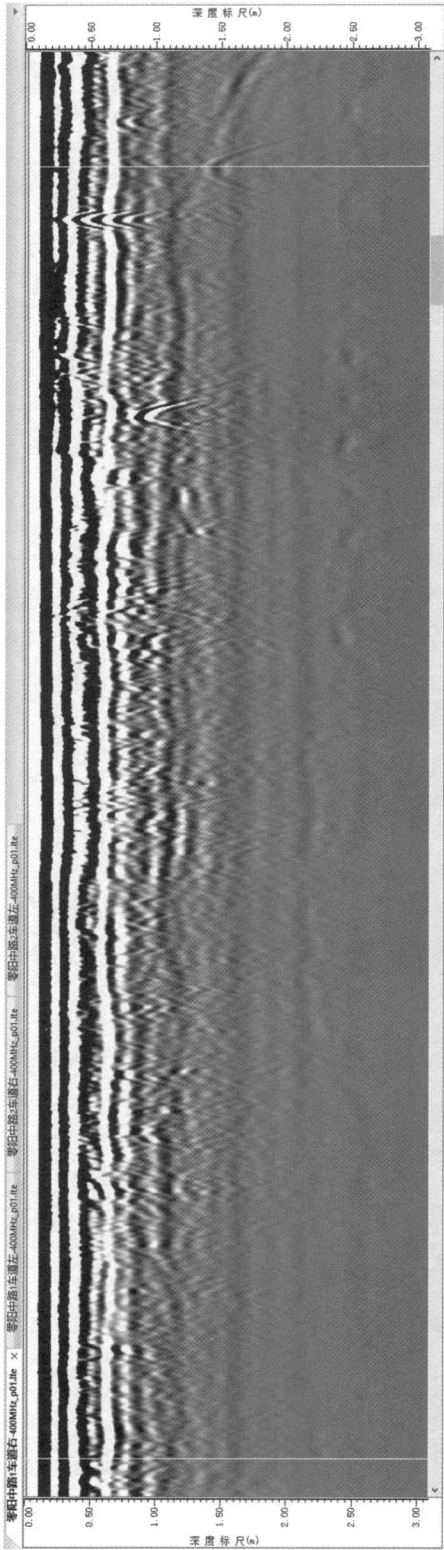

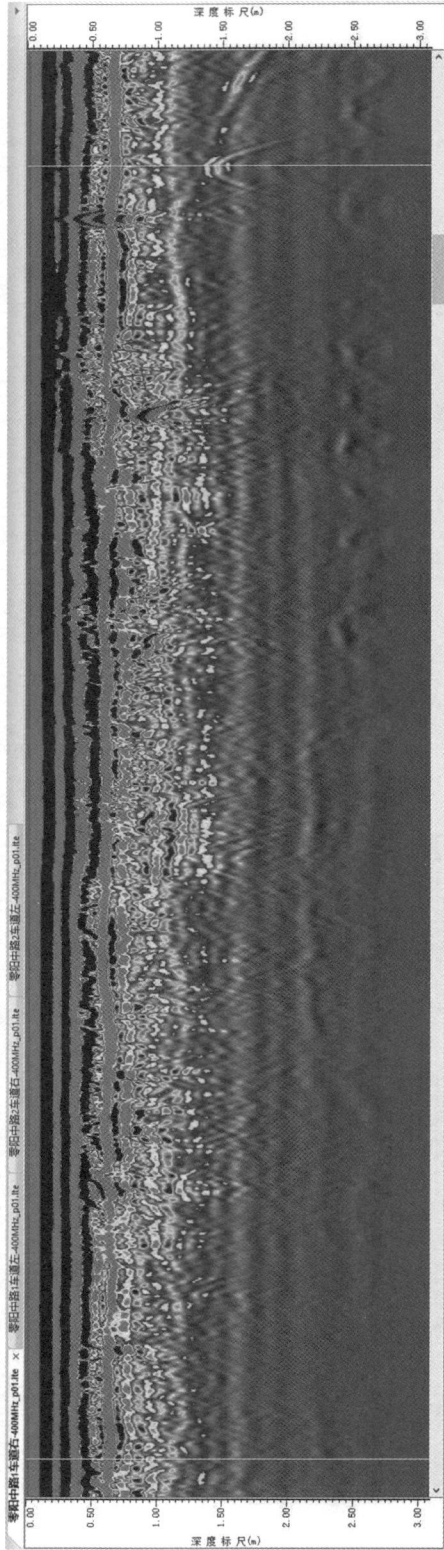

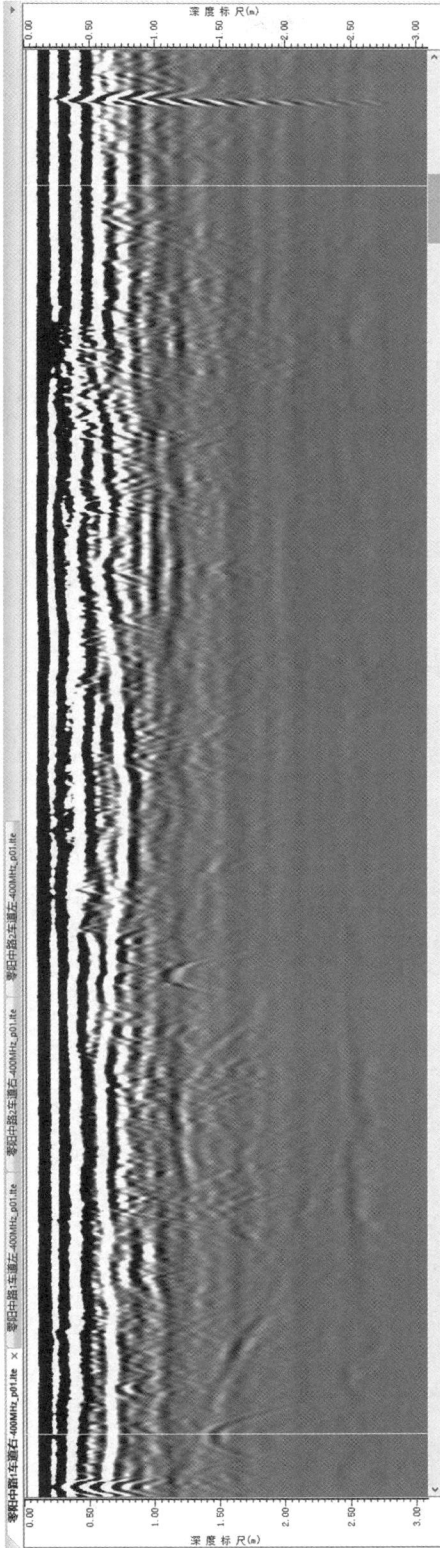

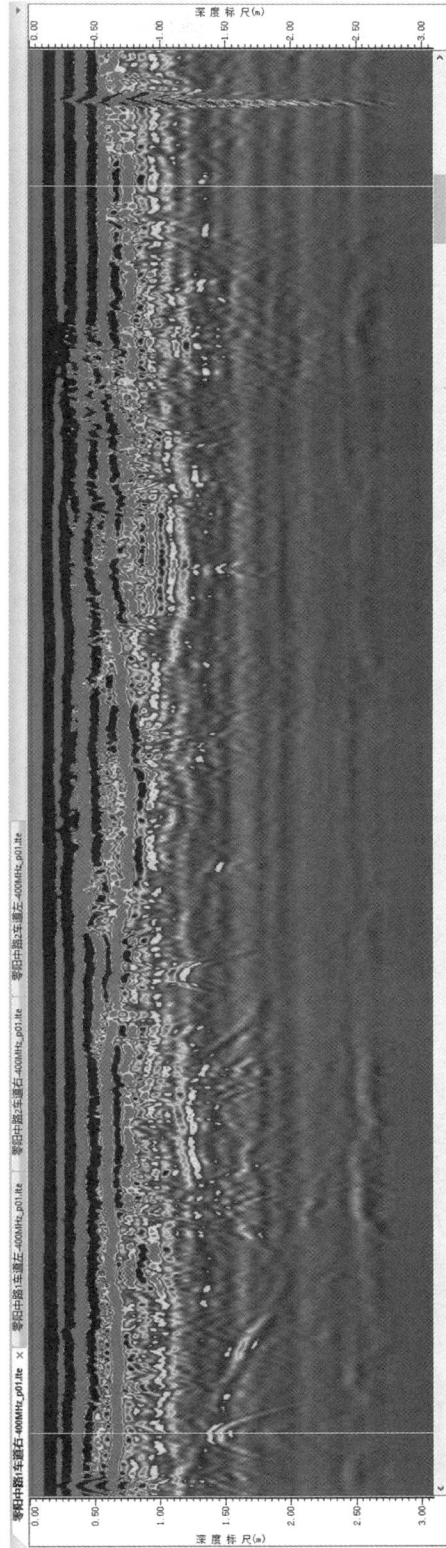

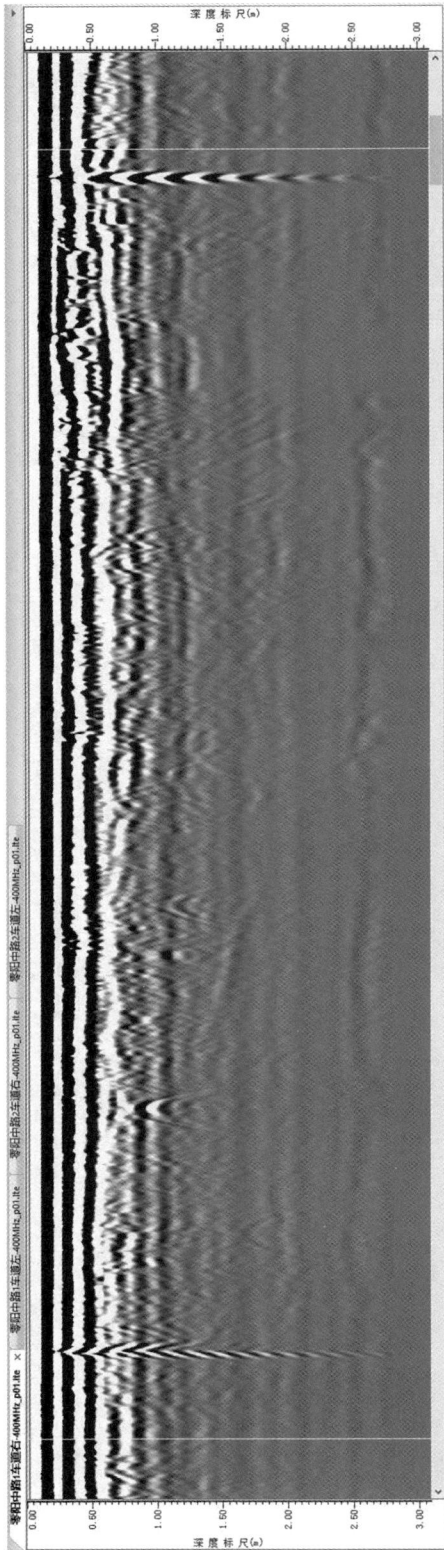

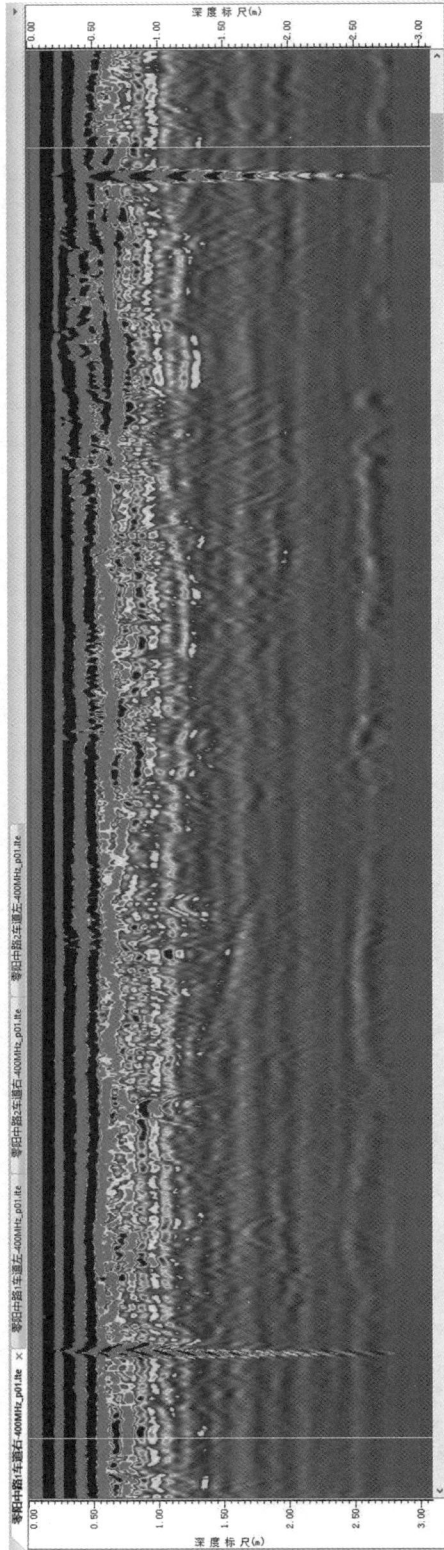

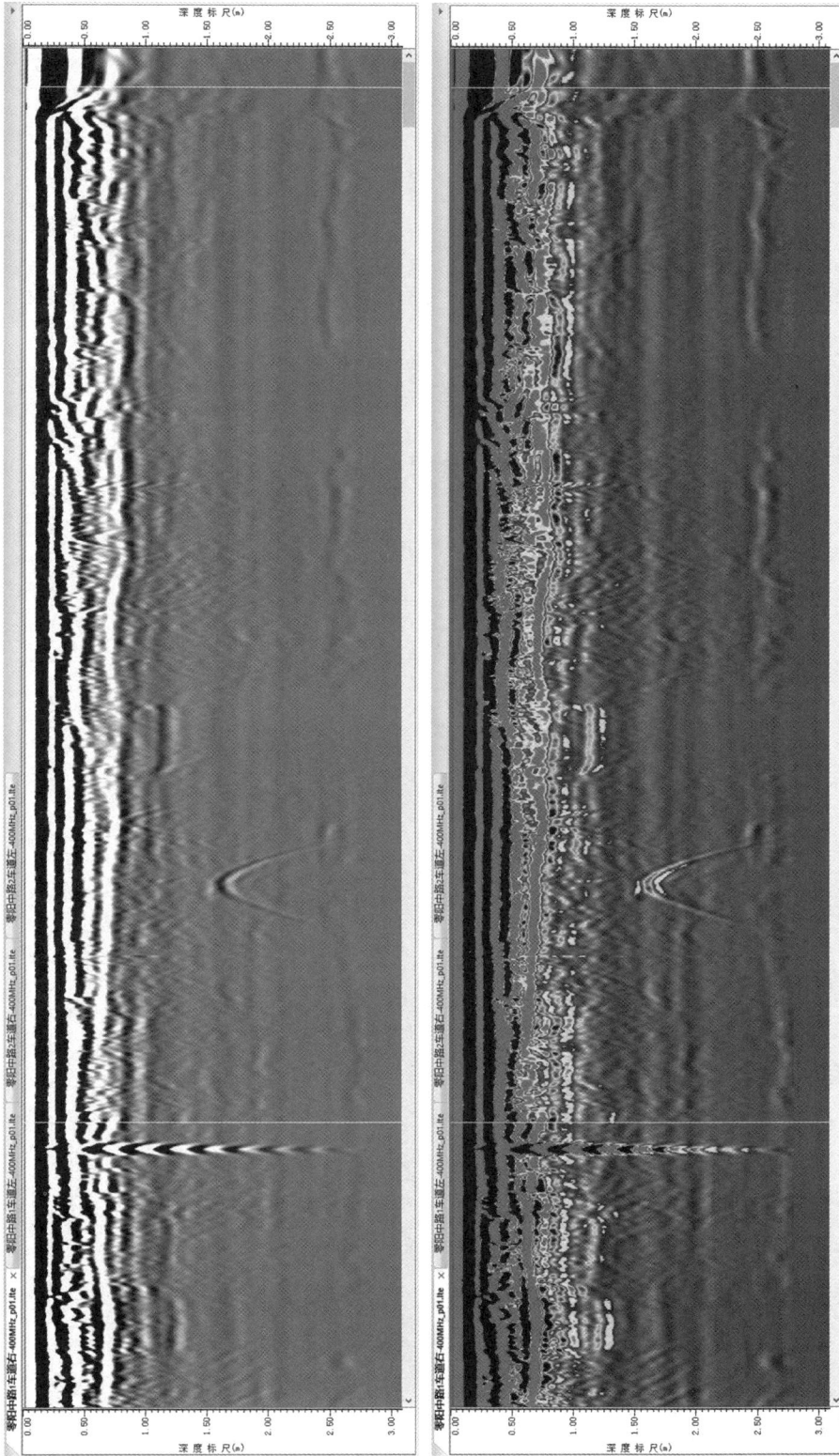

图 6.24 LTD2100—MHz400 沥青混凝土路面管线右幅 1 车道 W→E 纵向探测成果

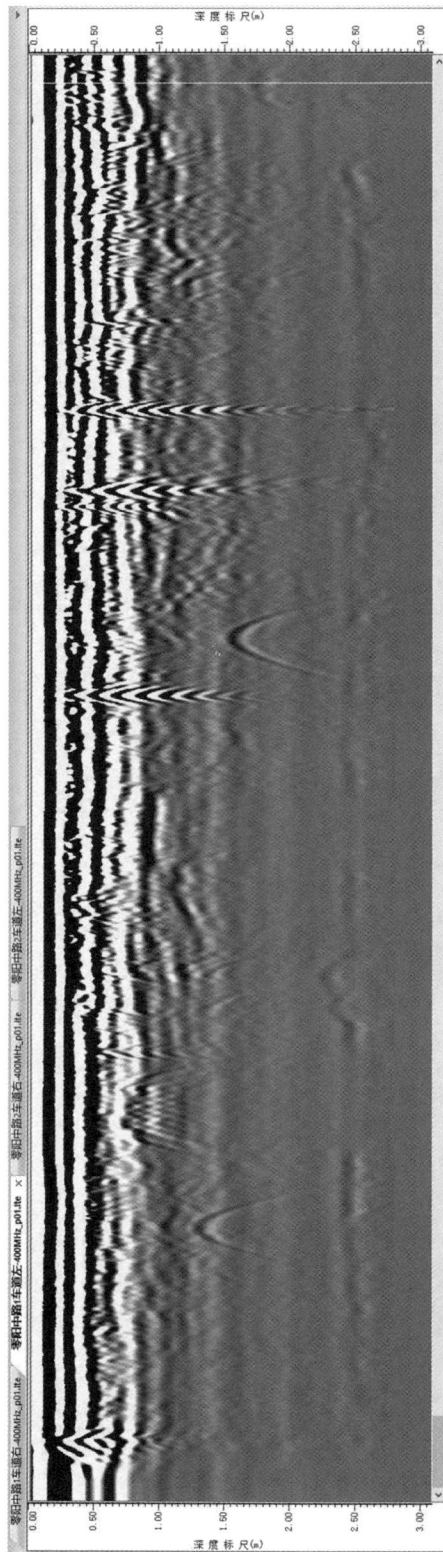

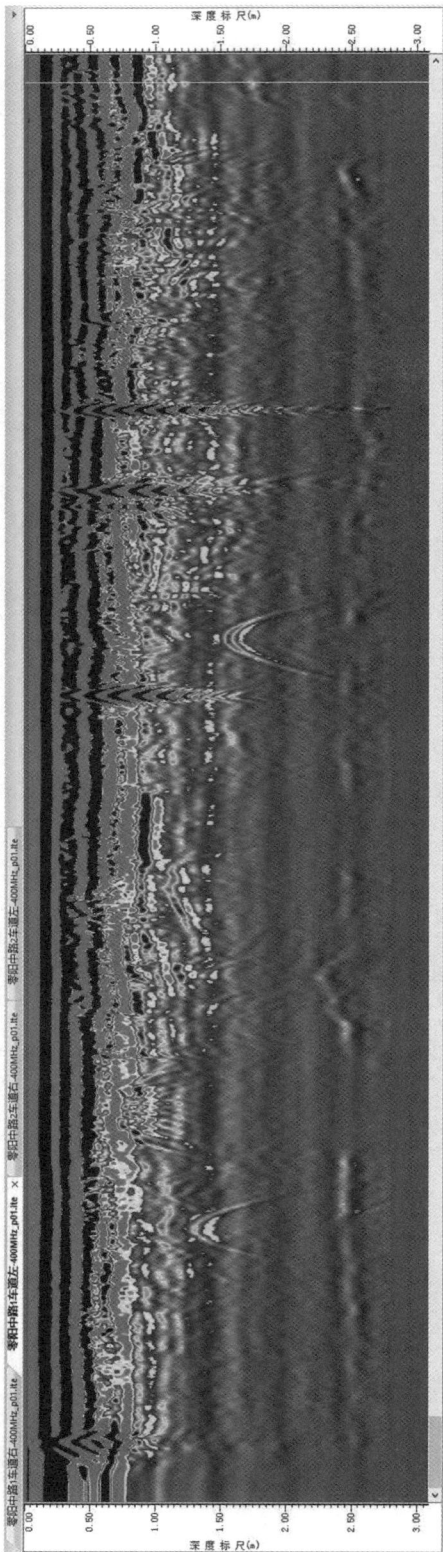

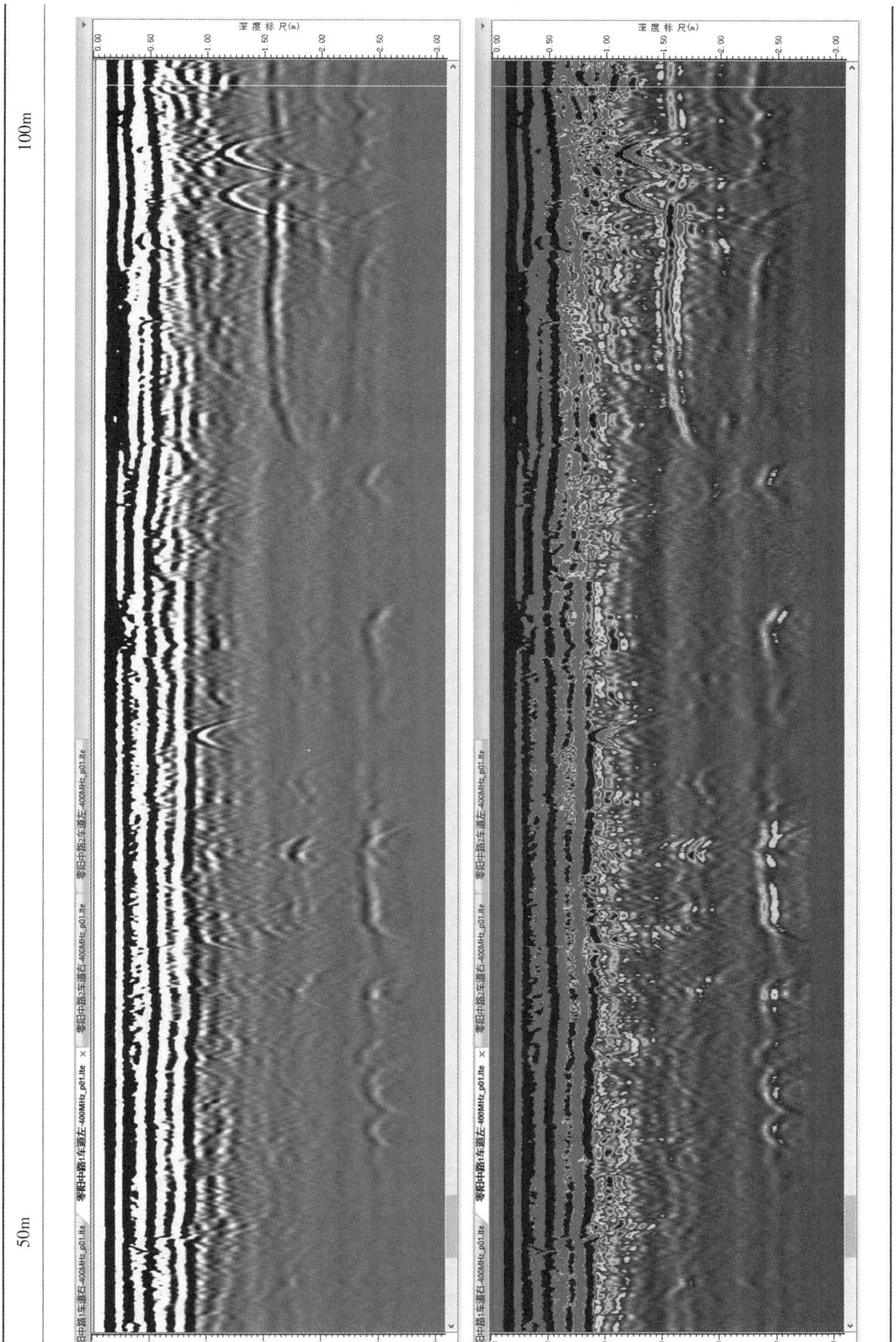
100m
50m
深度标尺(m)
0.00
0.50
1.00
1.50
2.00
2.50
3.00

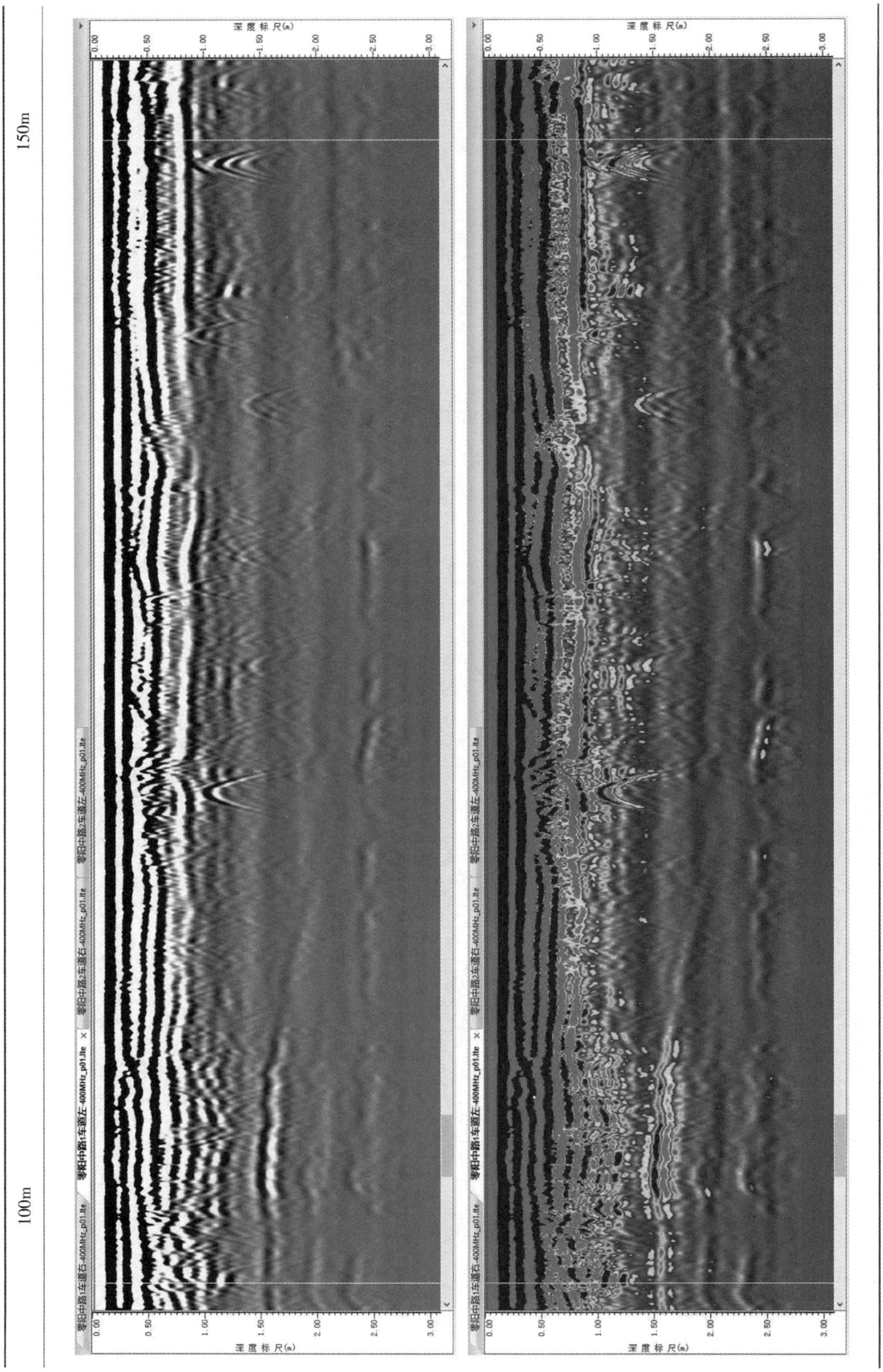
150m
100m
深度标尺(m)

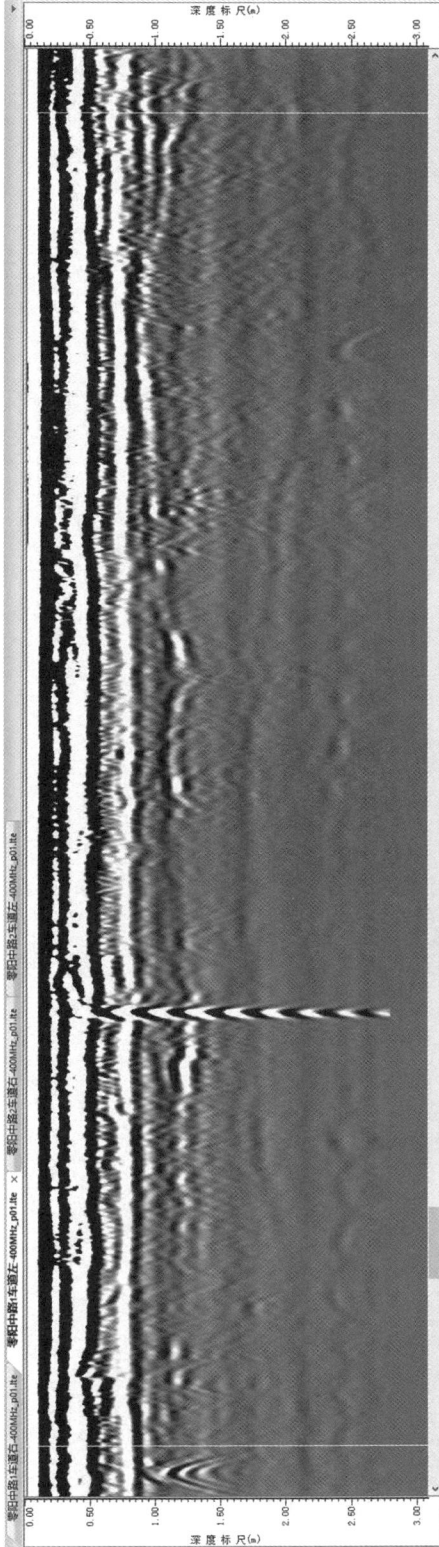

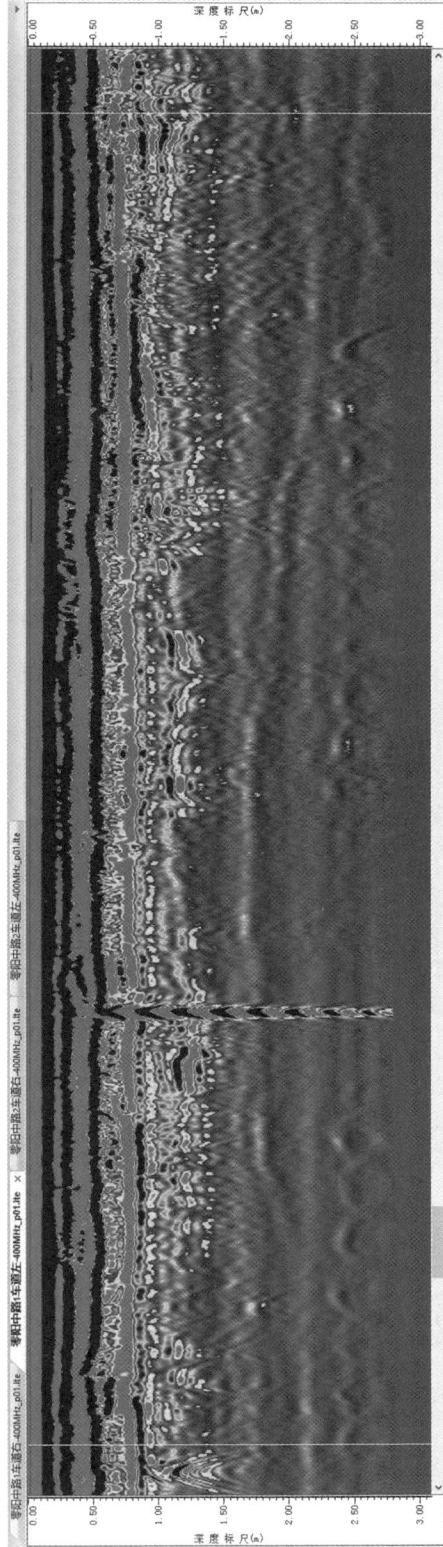

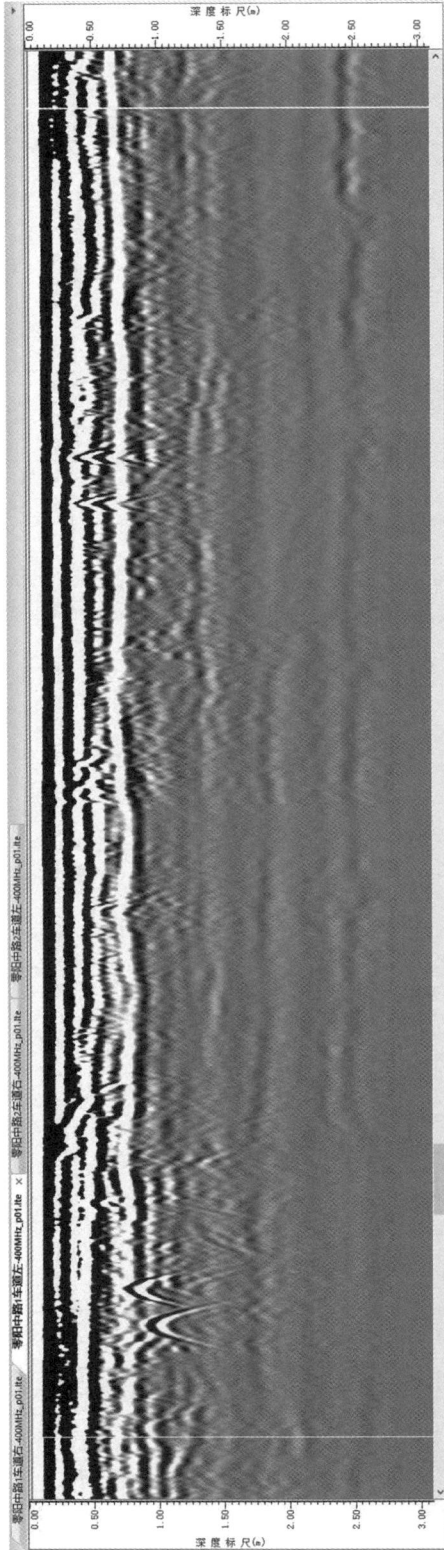

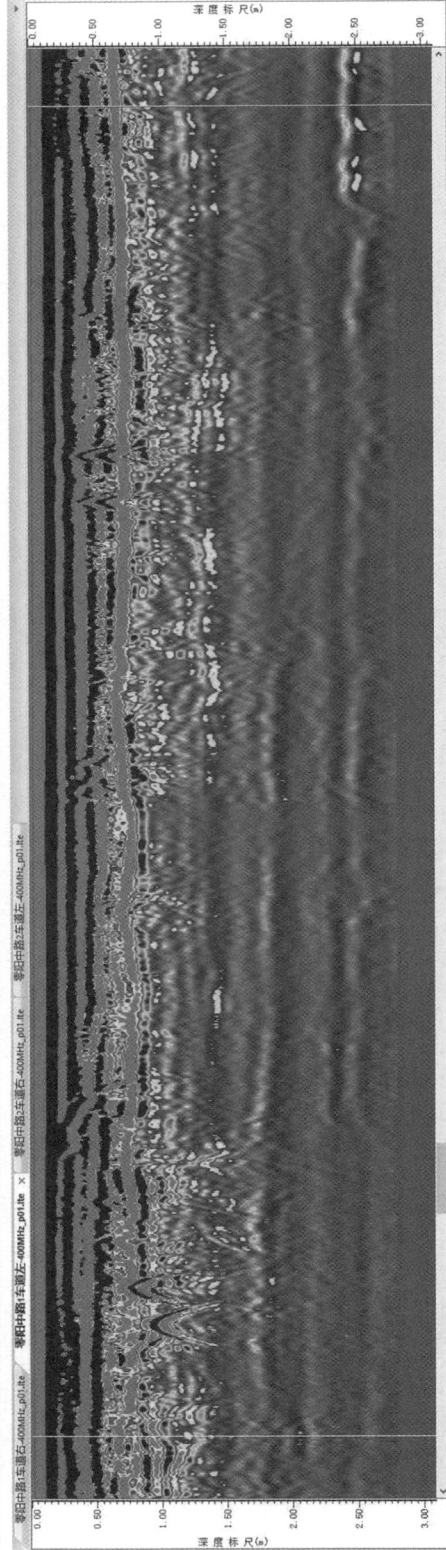

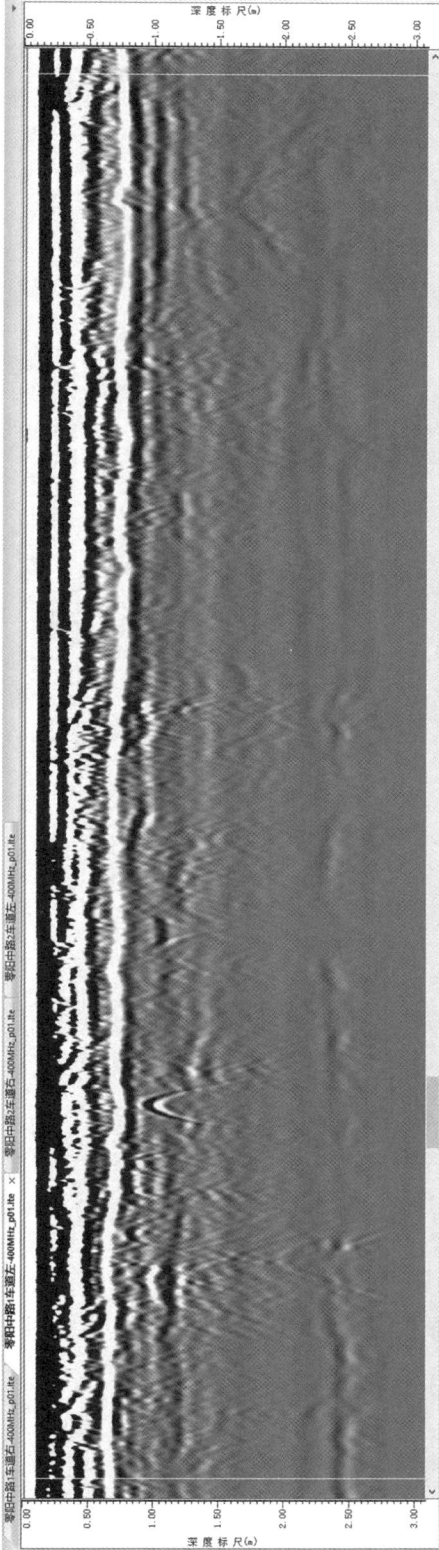

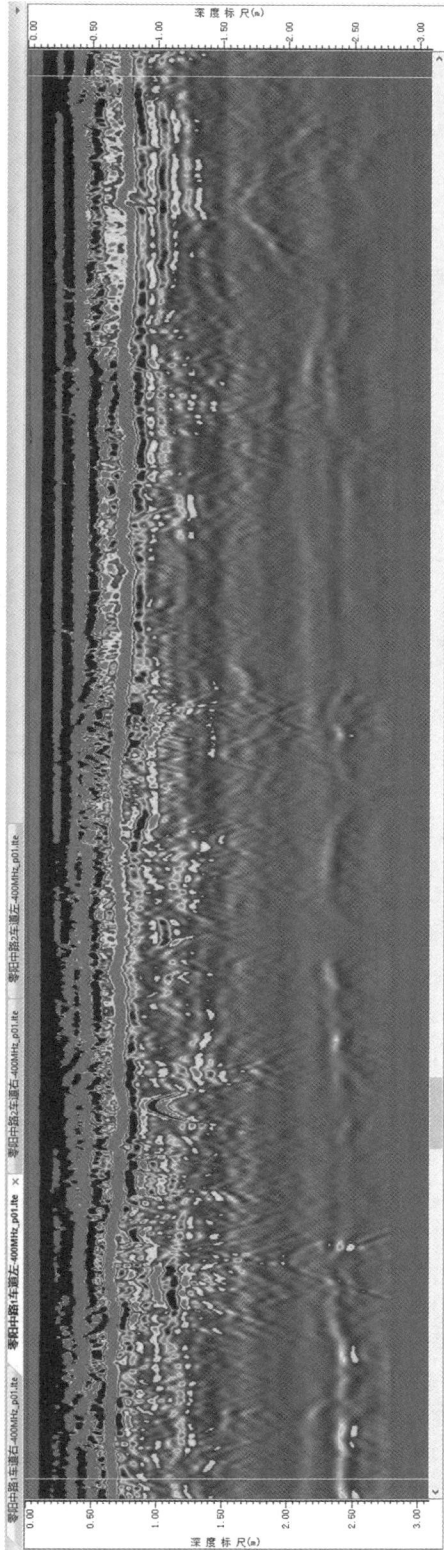

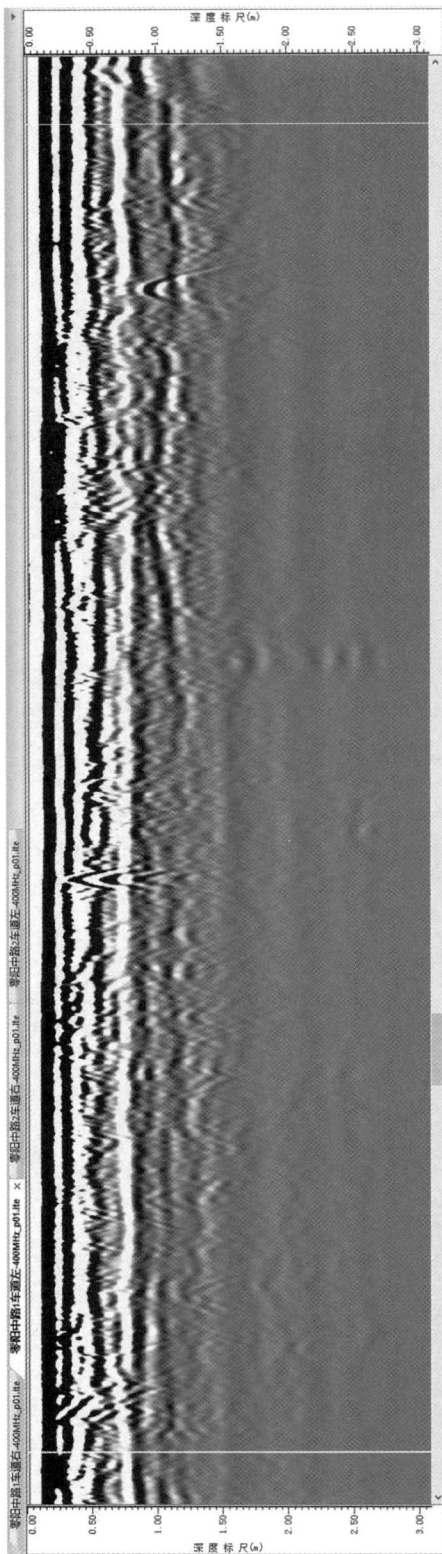

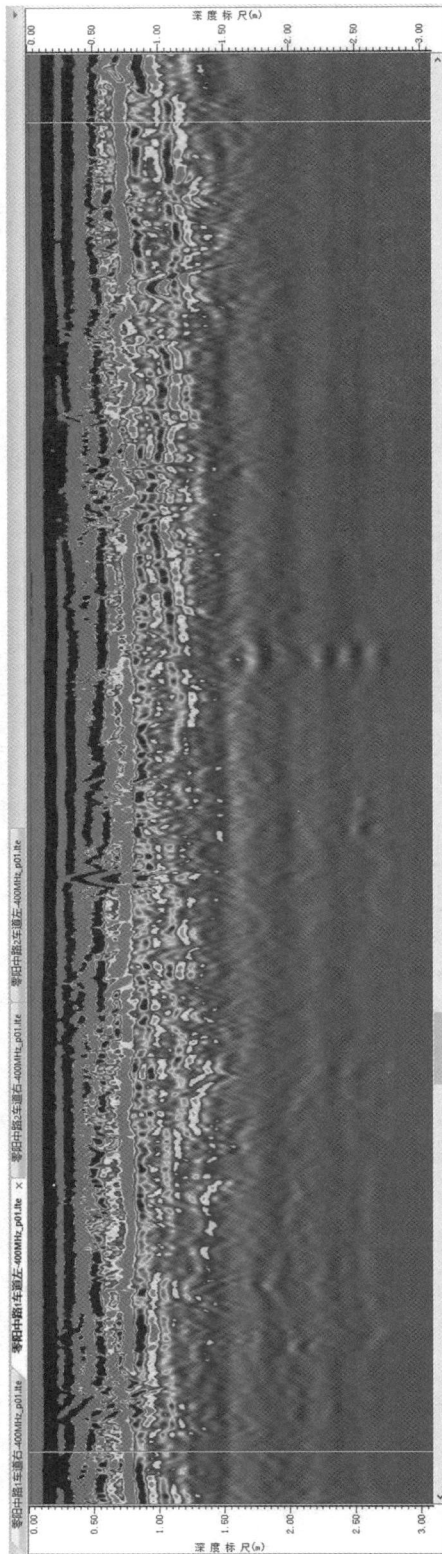

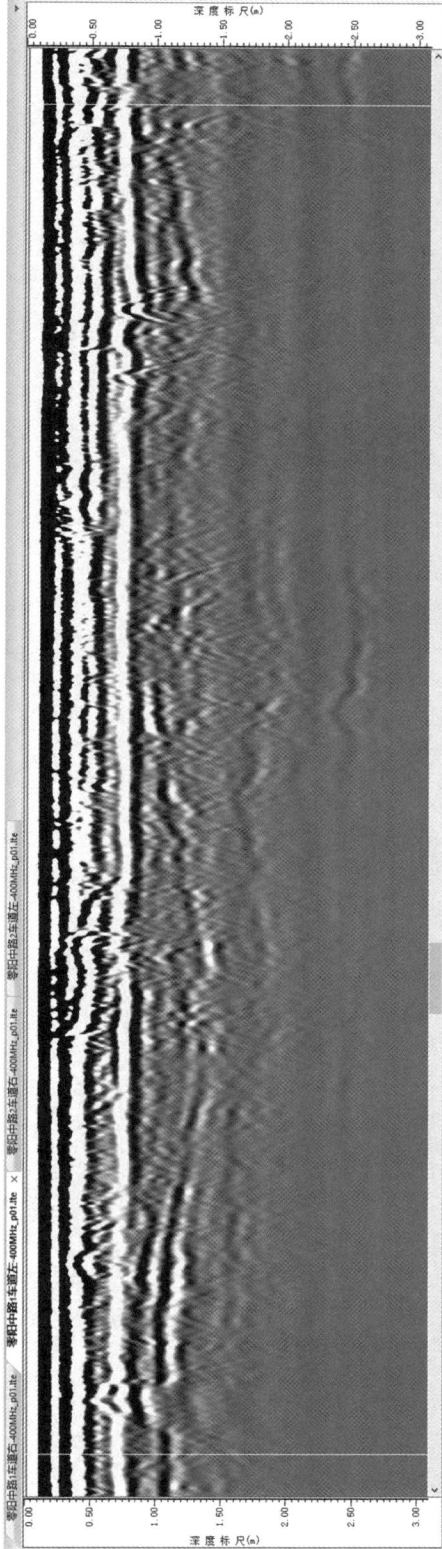

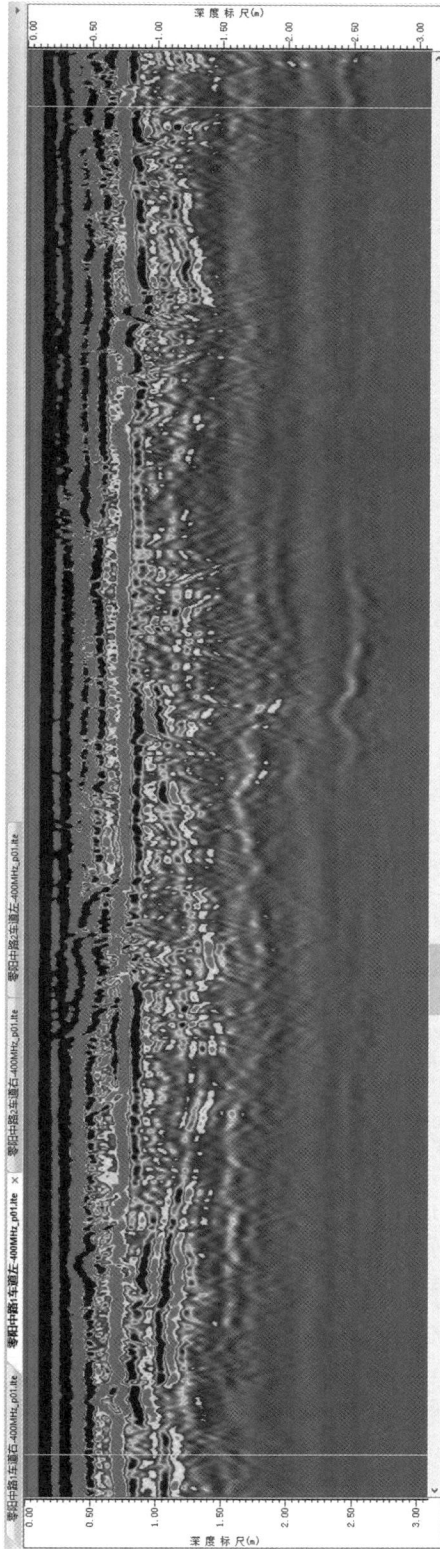

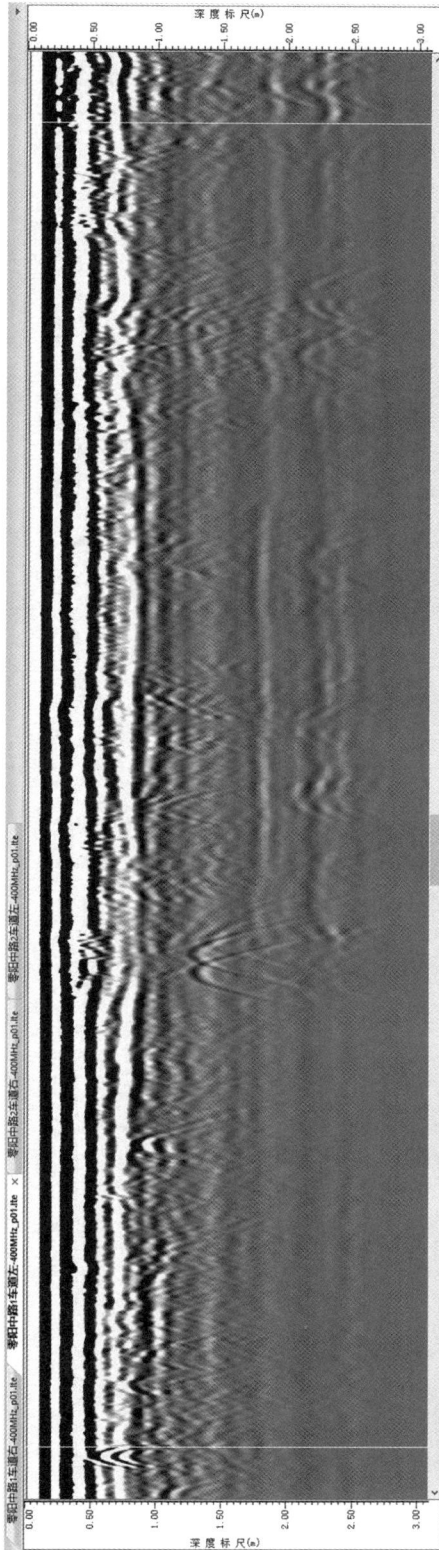

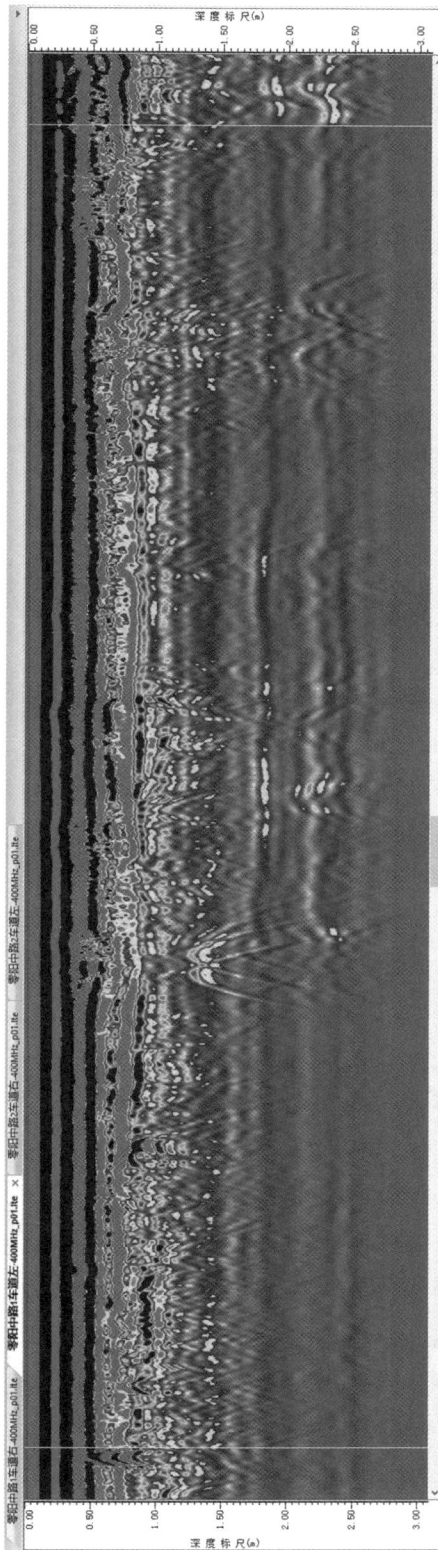

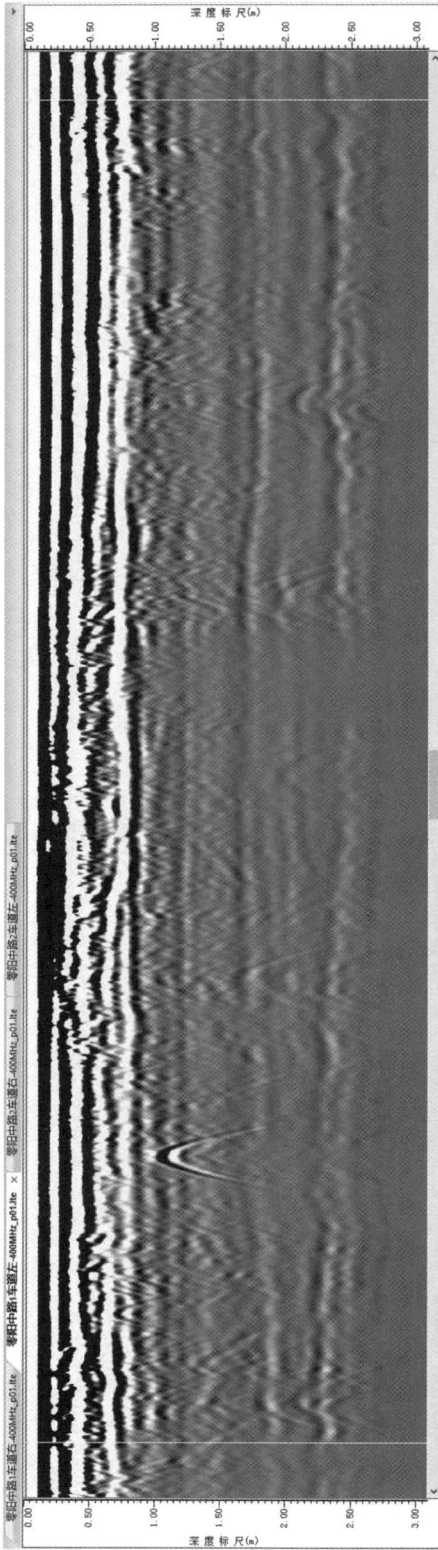

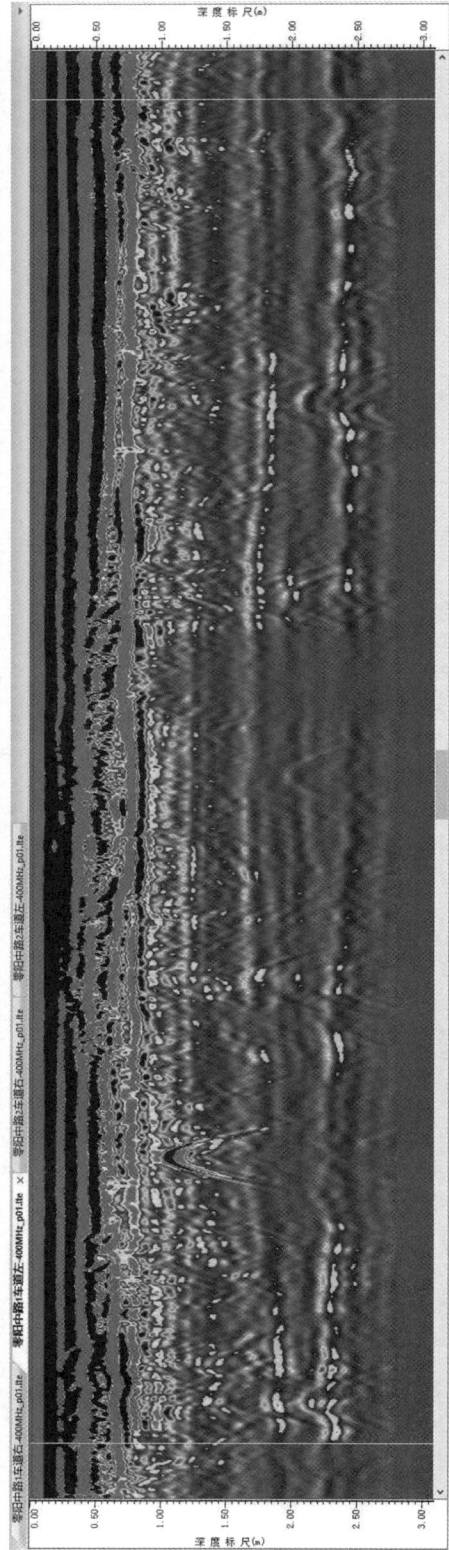

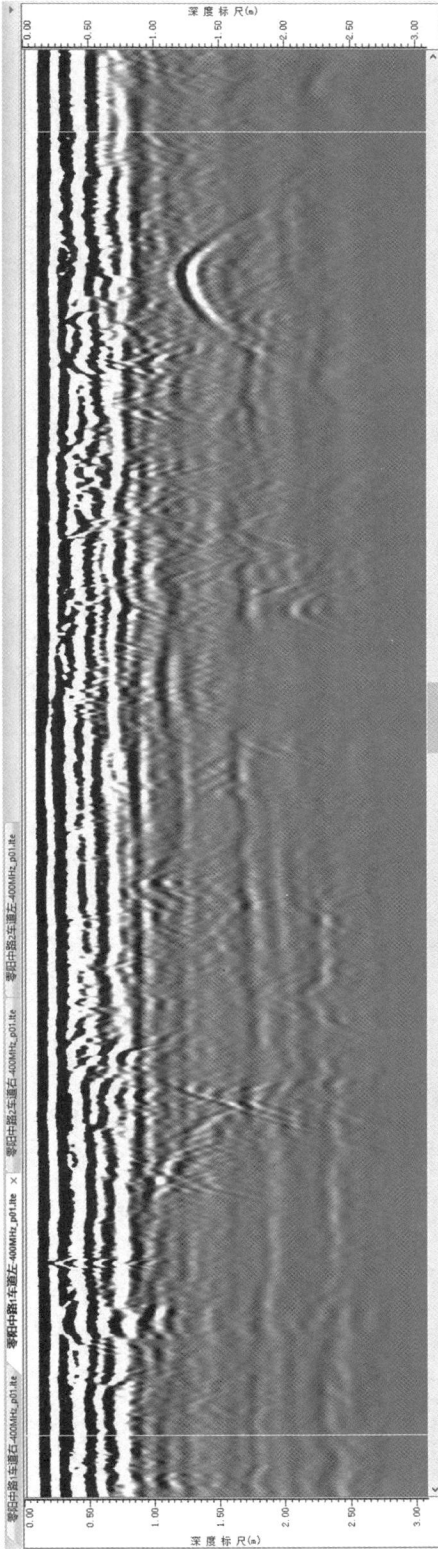

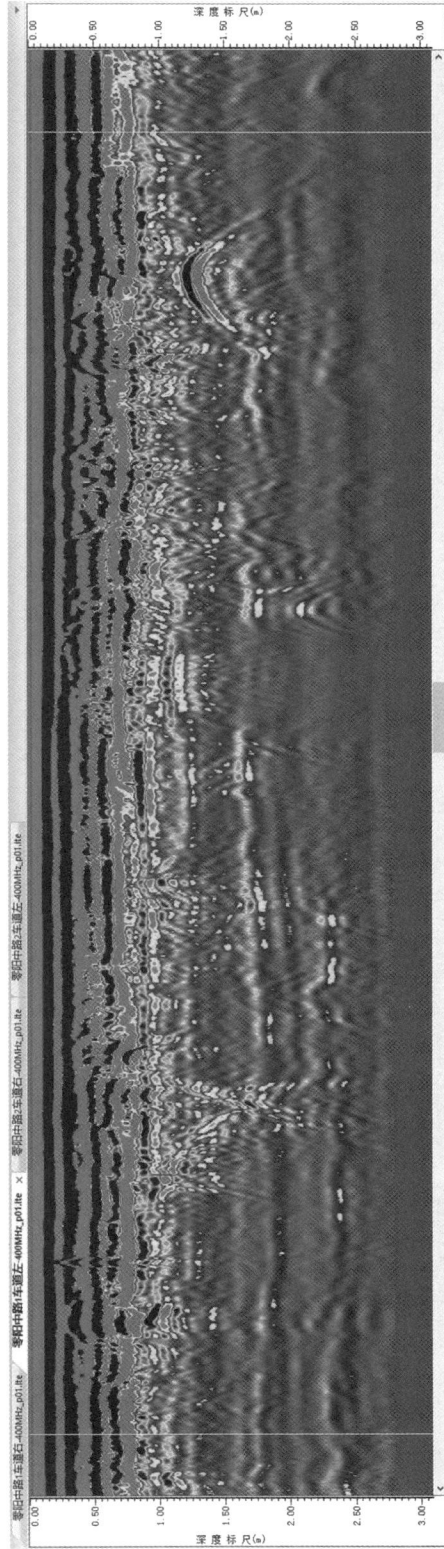

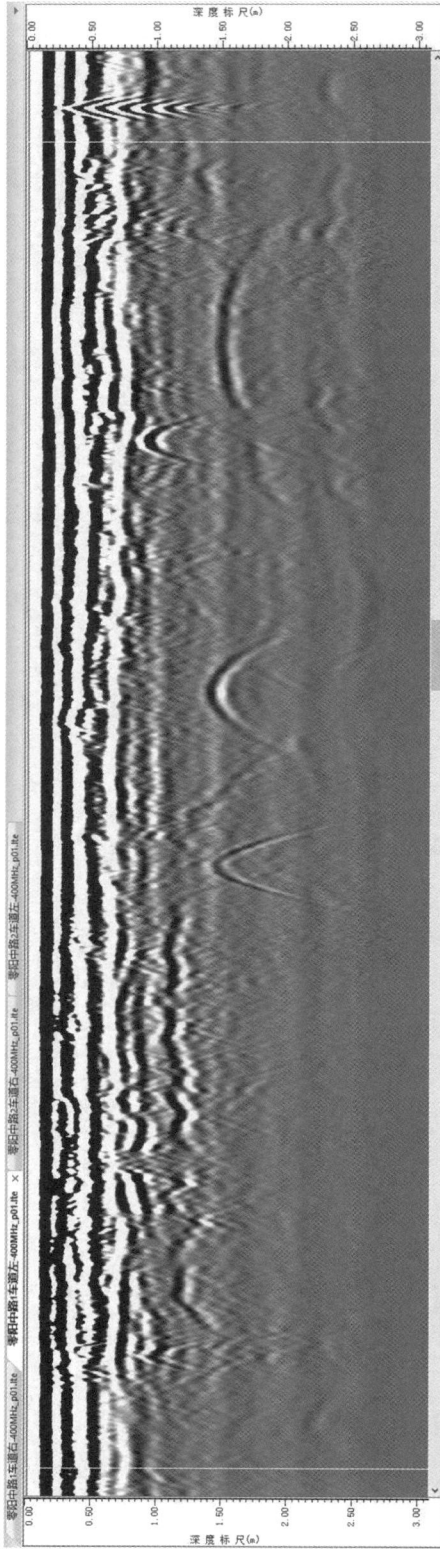

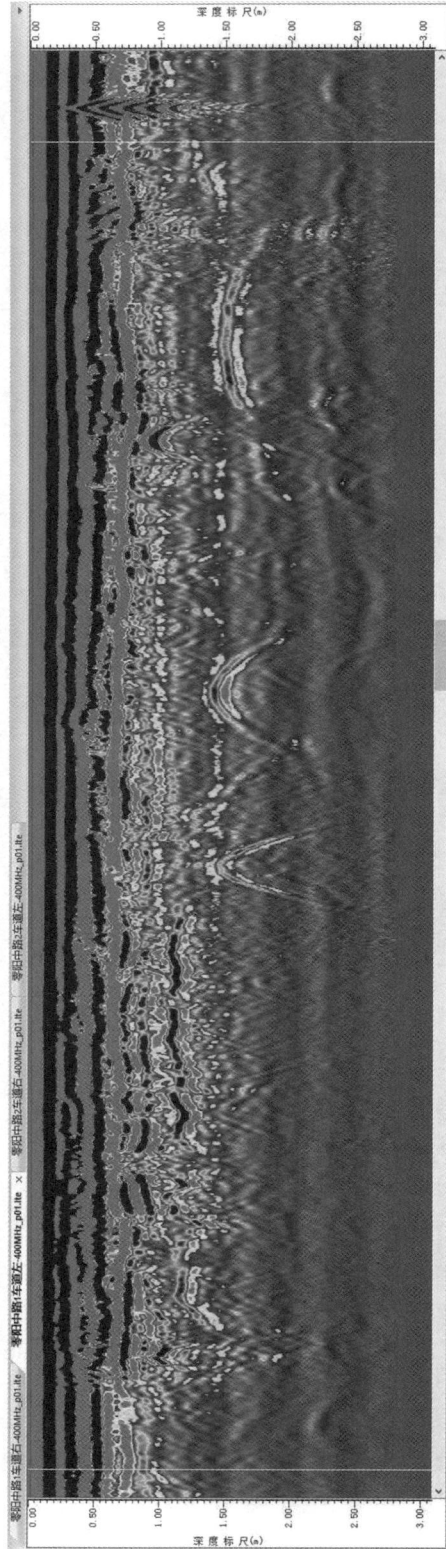

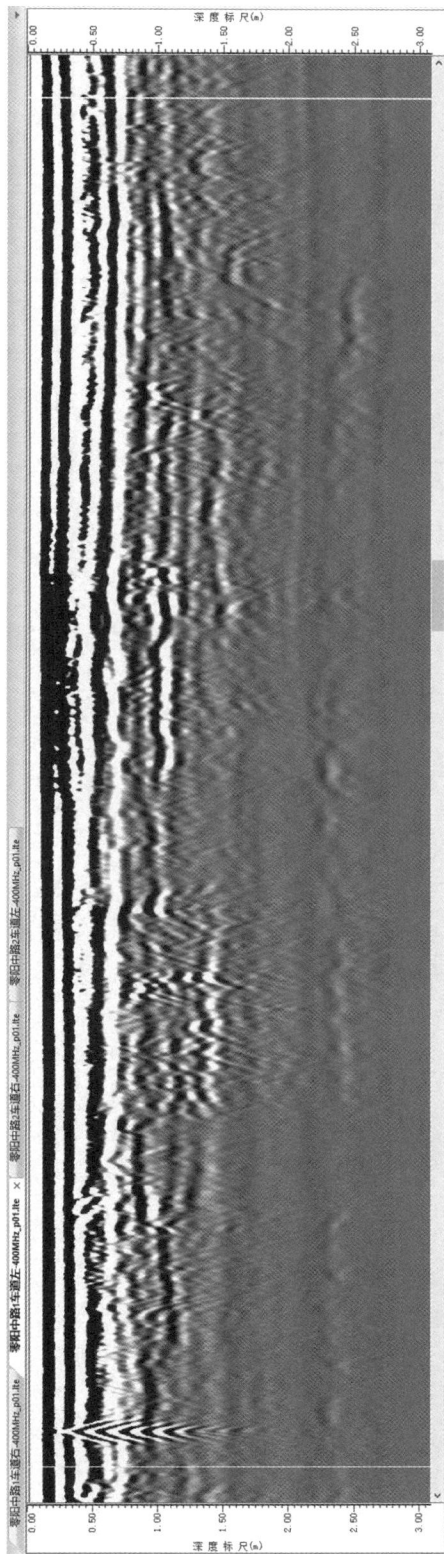

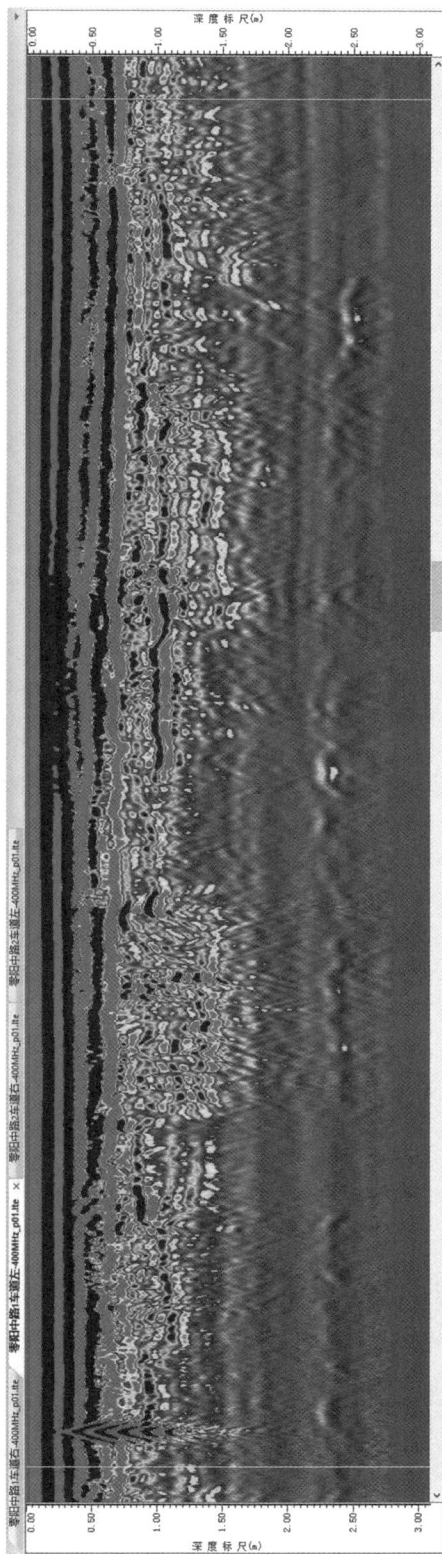

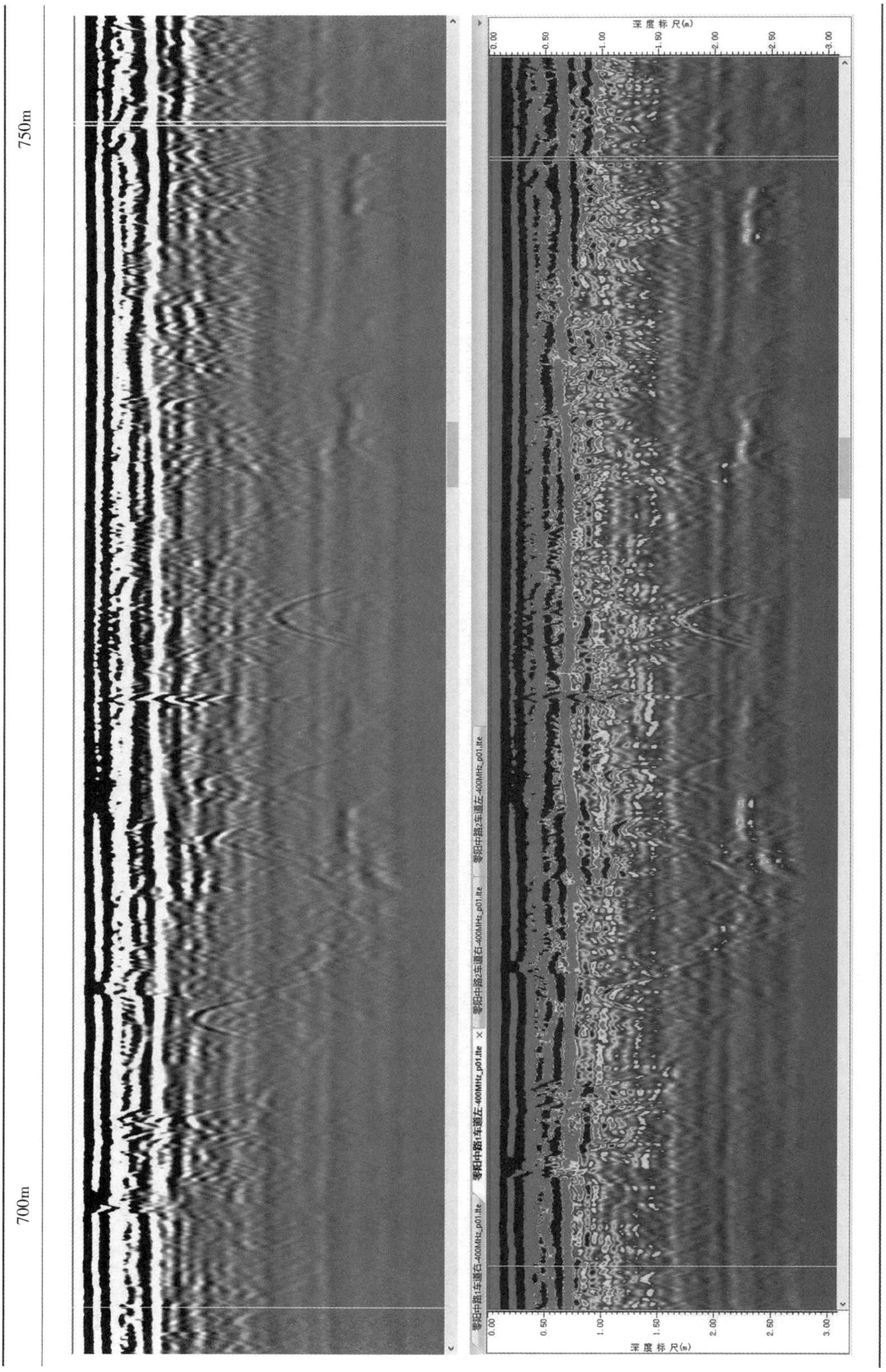
750m
700m
深度标尺(m)
0.00
0.50
1.00
1.50
2.00
2.50
3.00

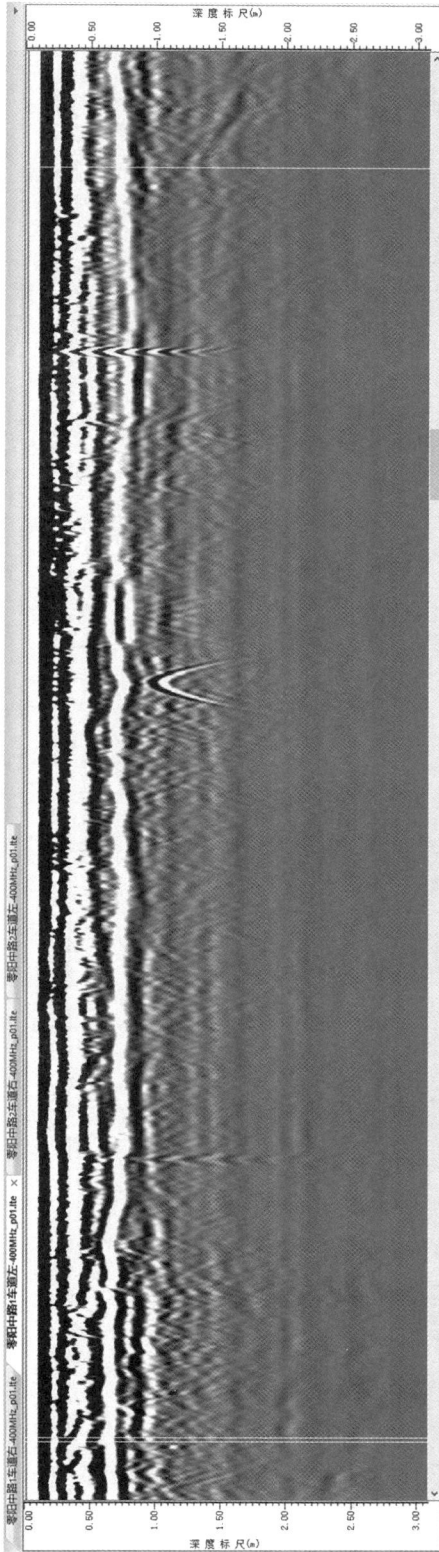

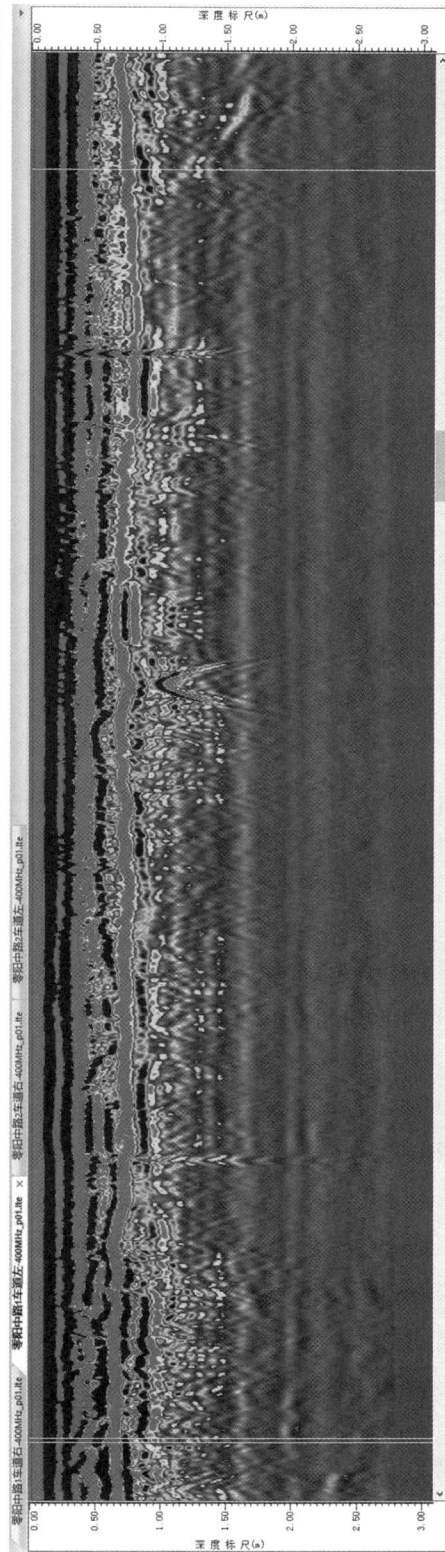

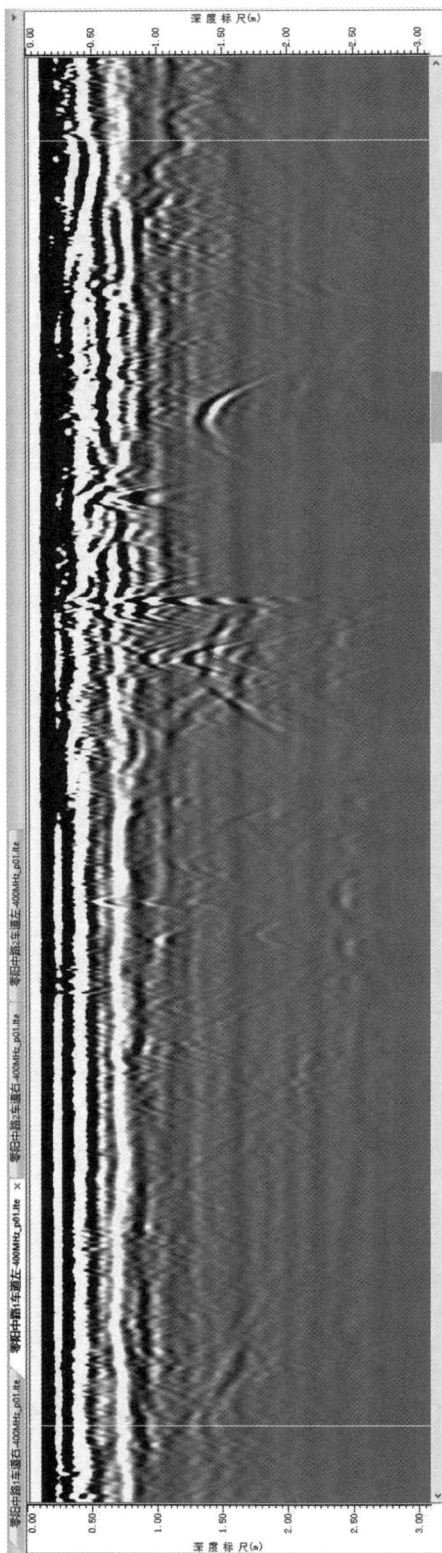

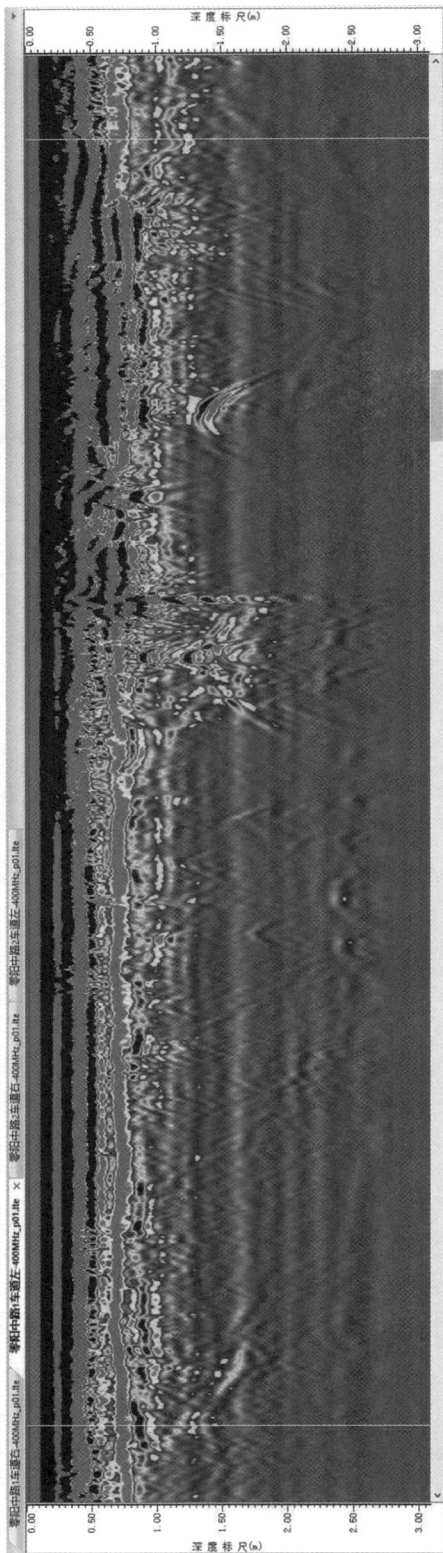

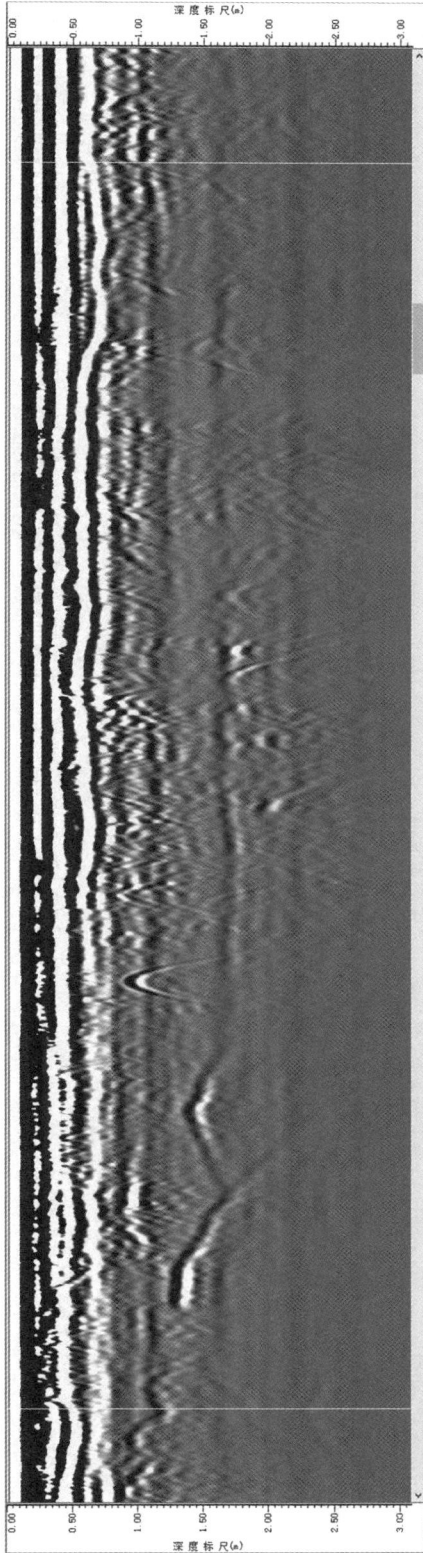

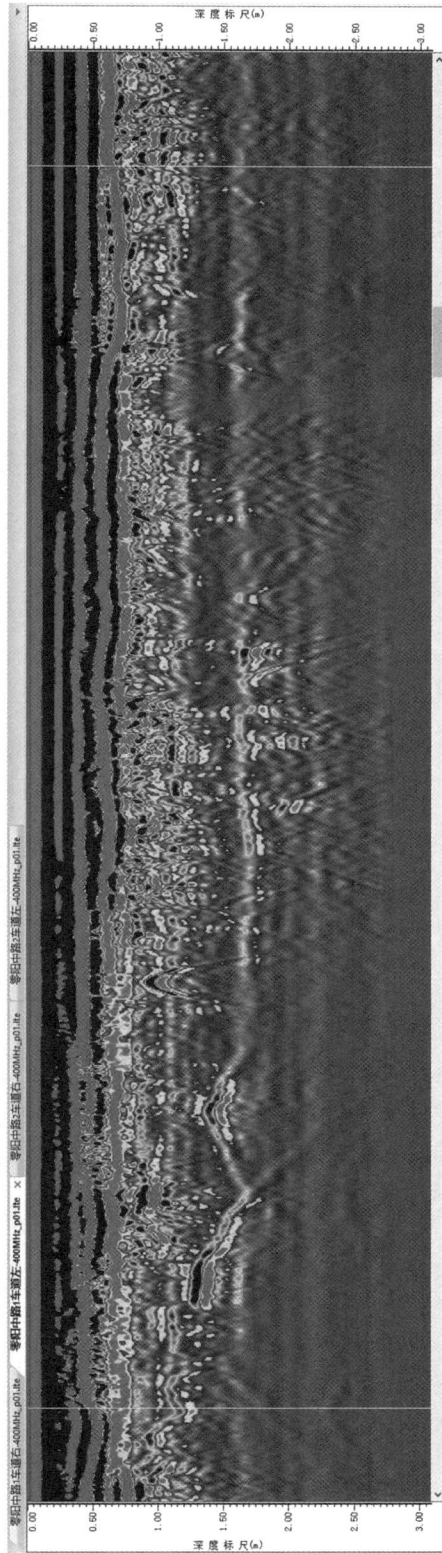

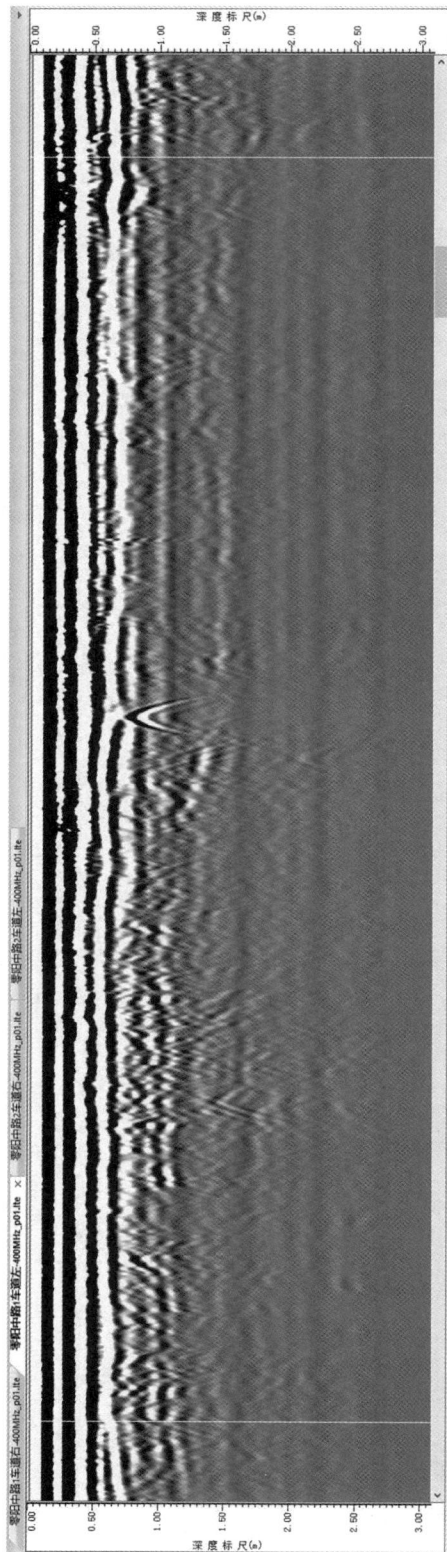

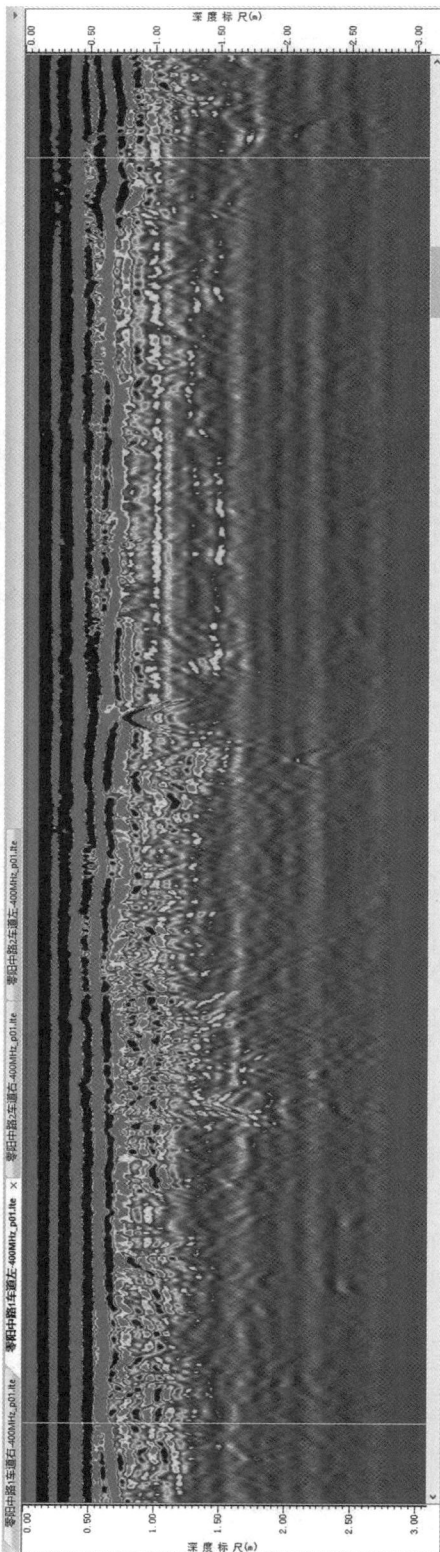

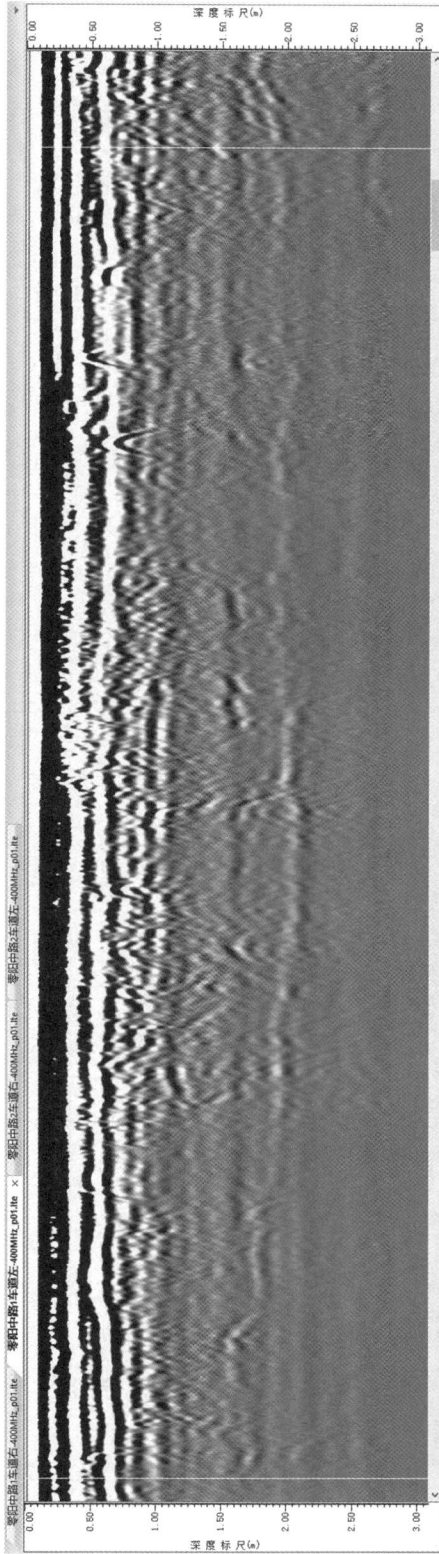

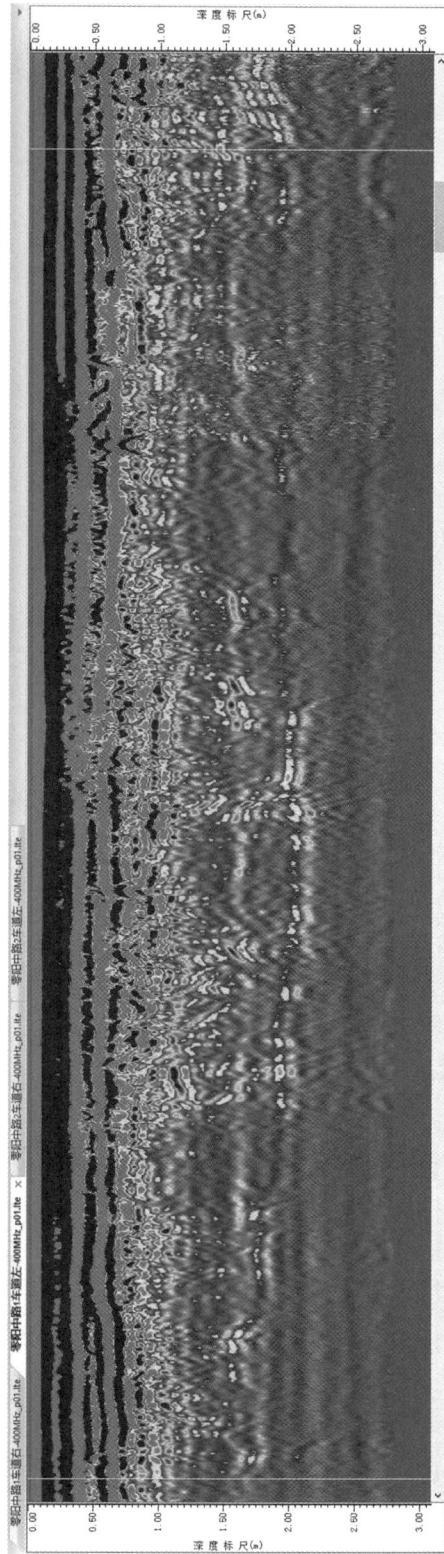

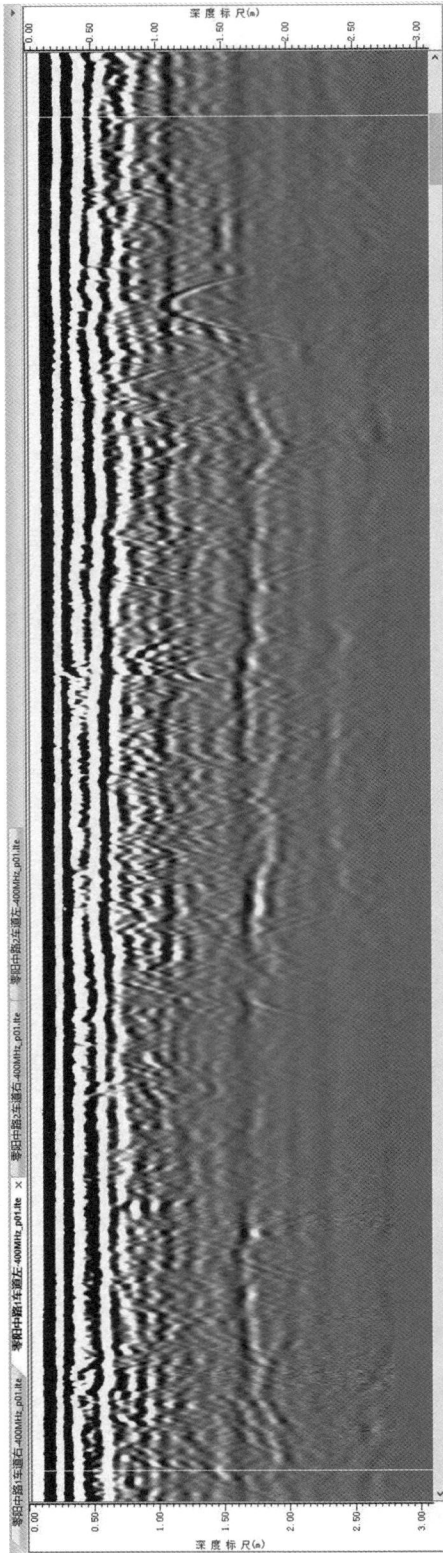

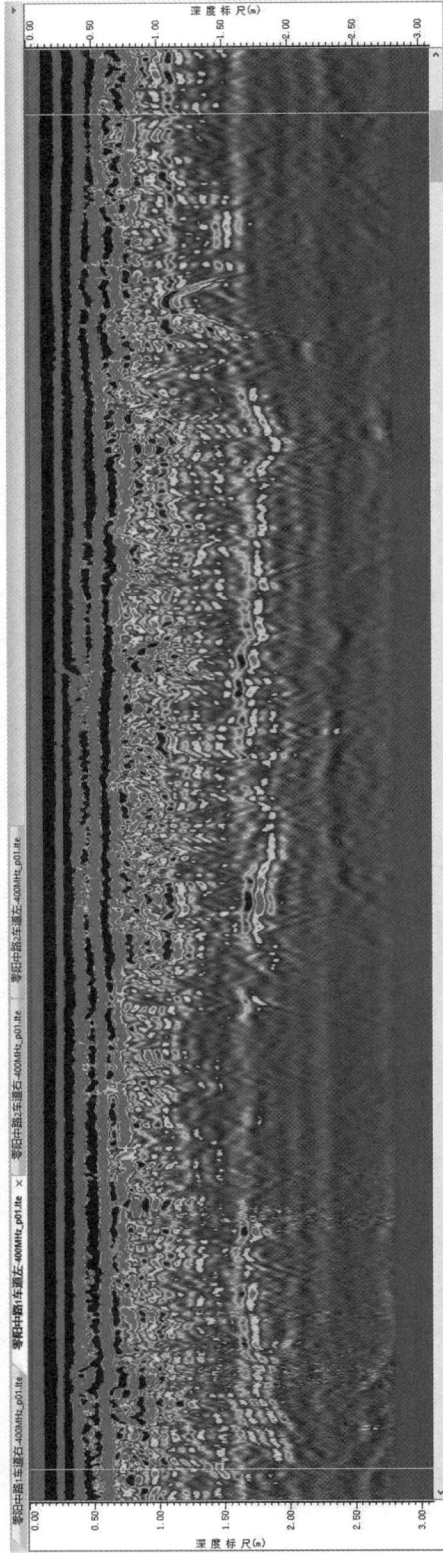

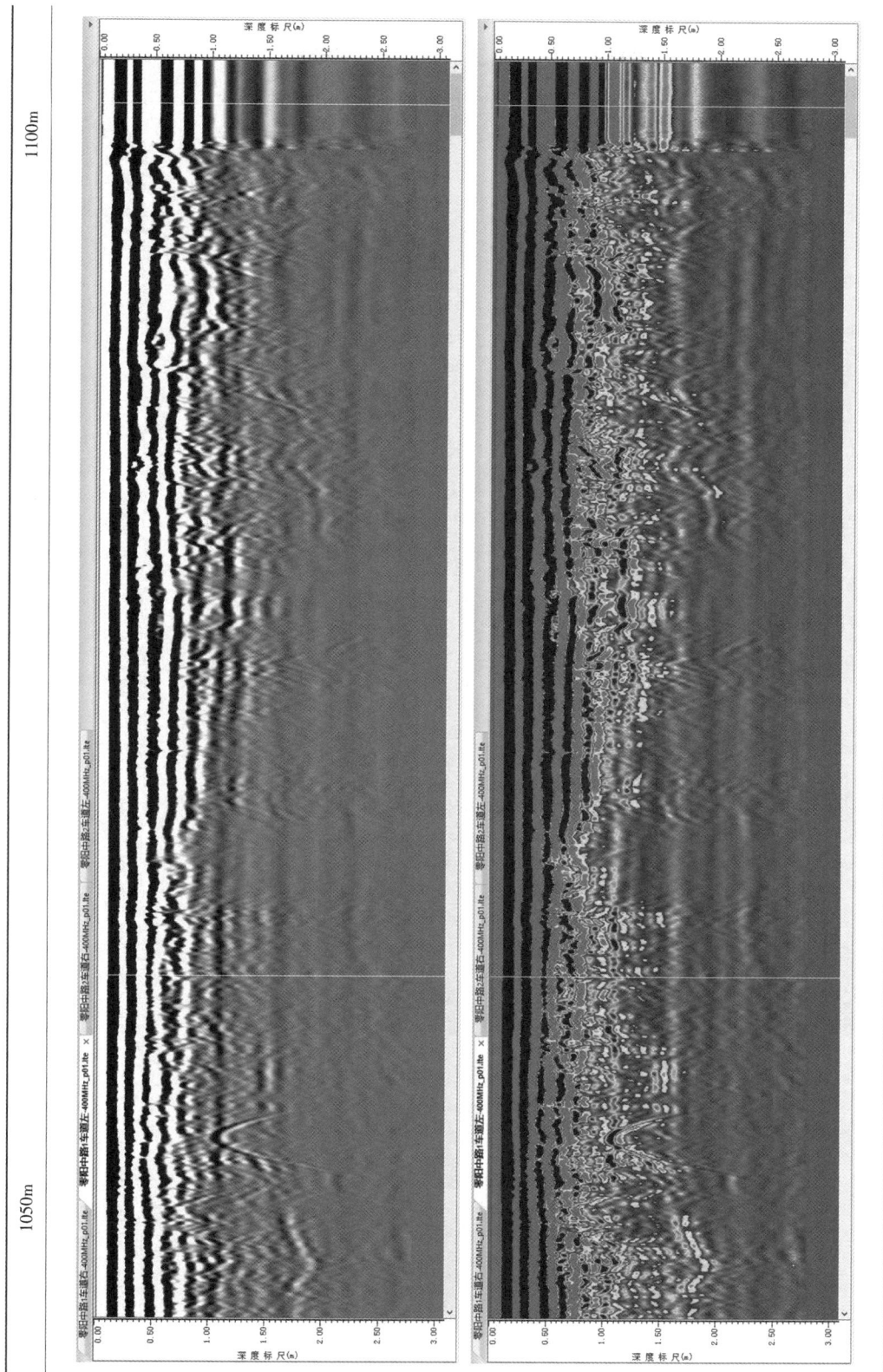

图 6.25　LTD2100–MHz400 沥青混凝土路面管线左幅 1 车道 E→W 纵向探测成果

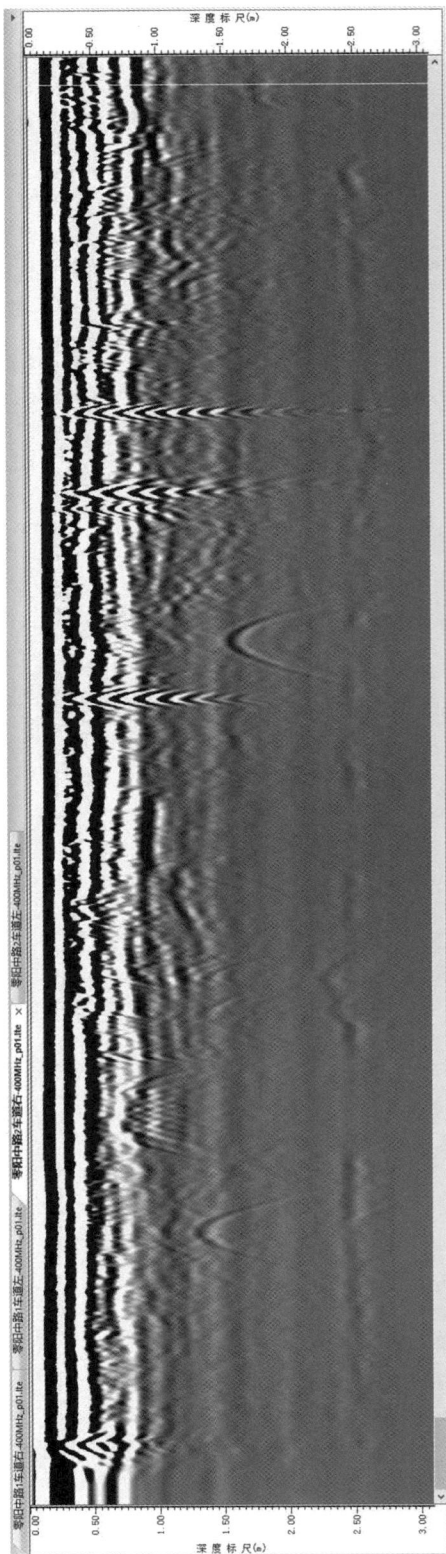

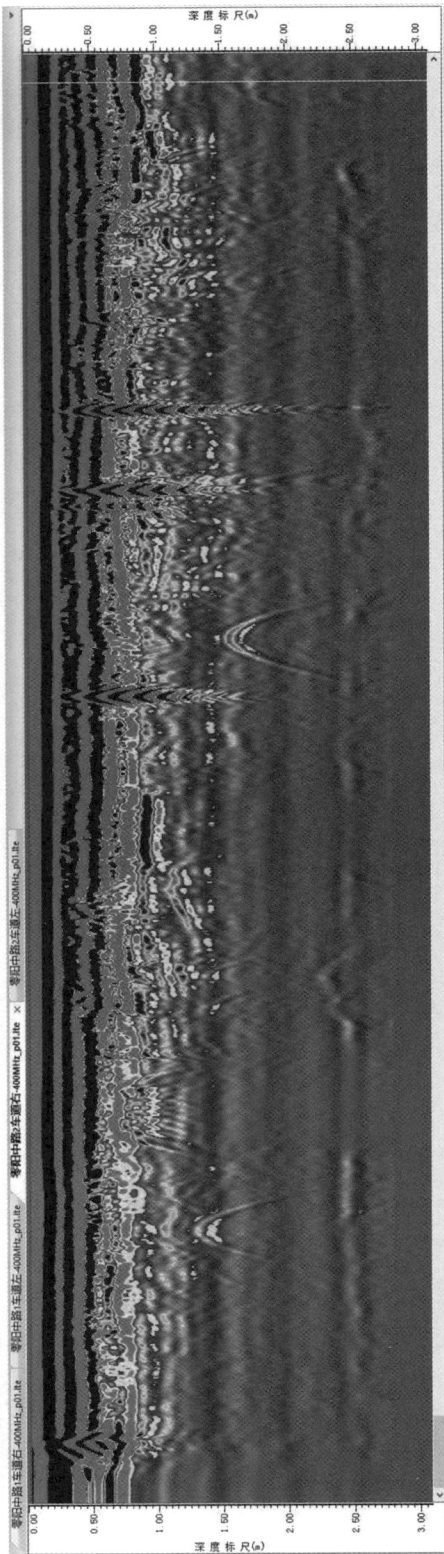

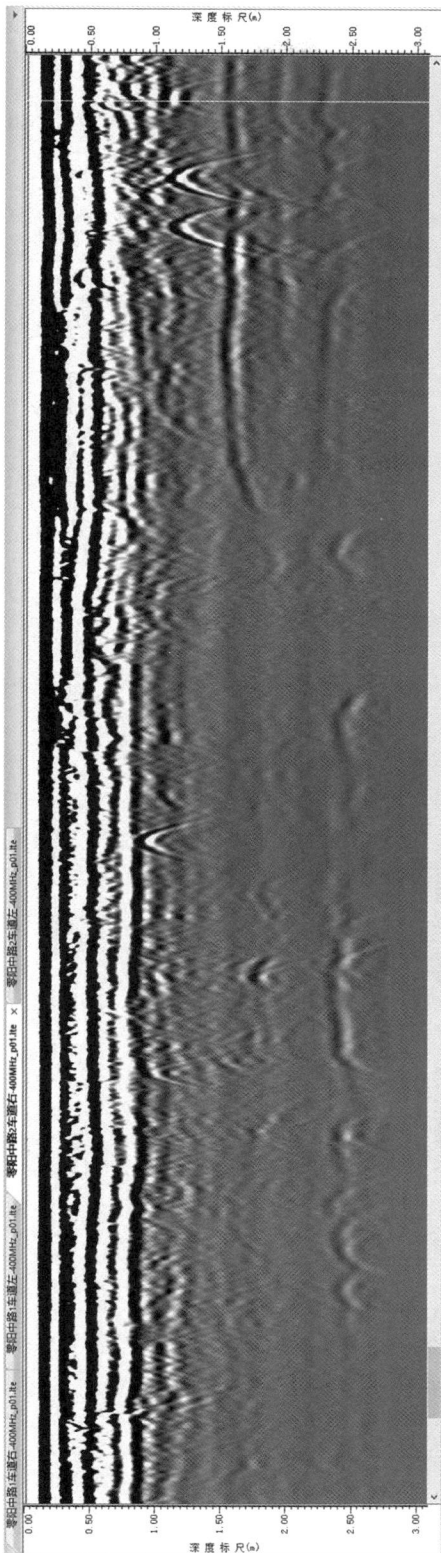

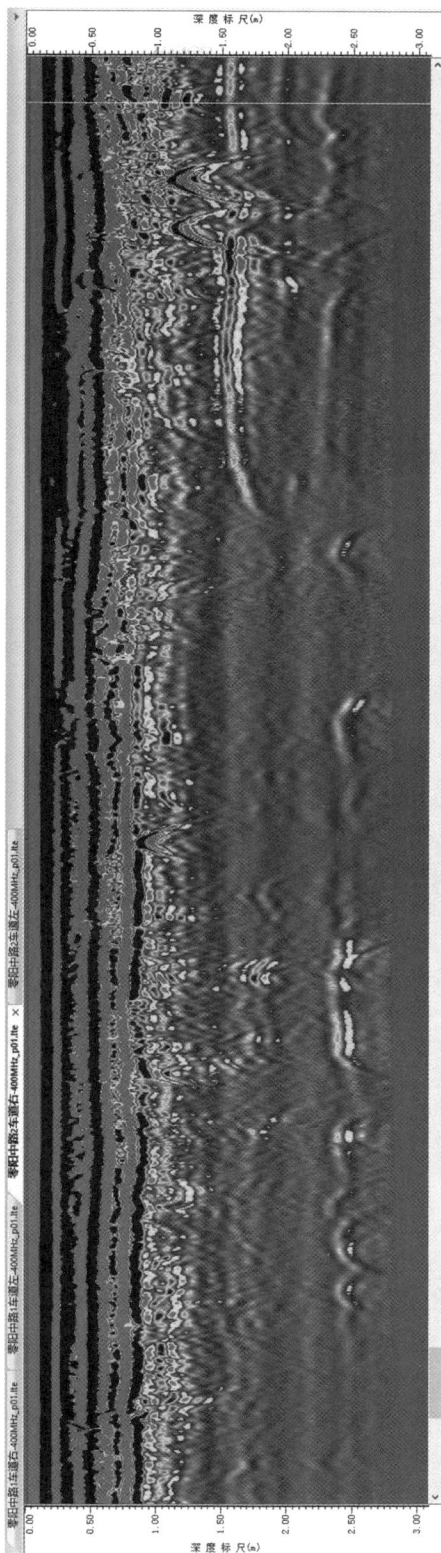

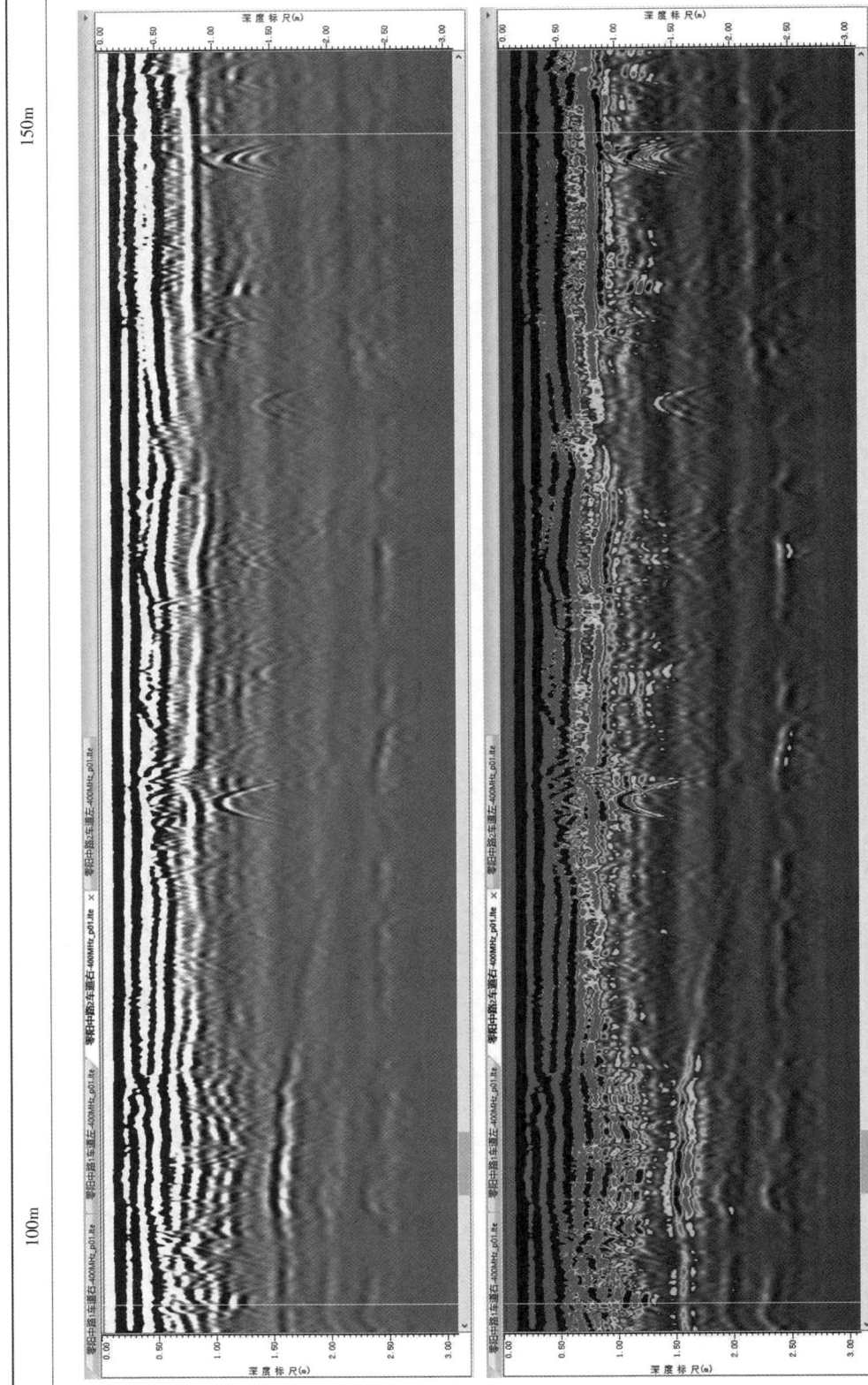

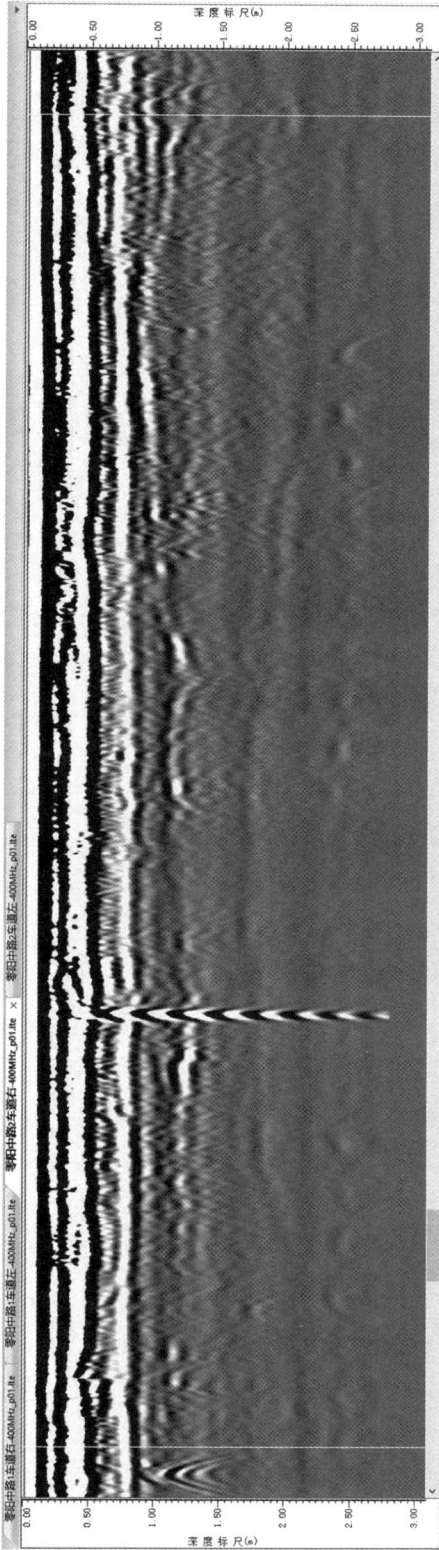

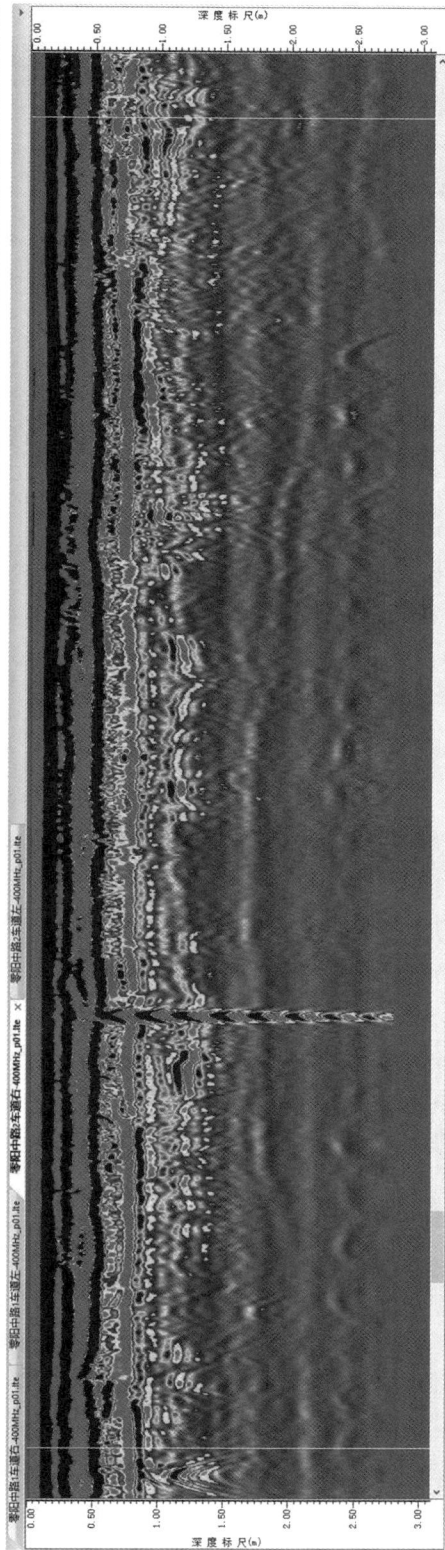

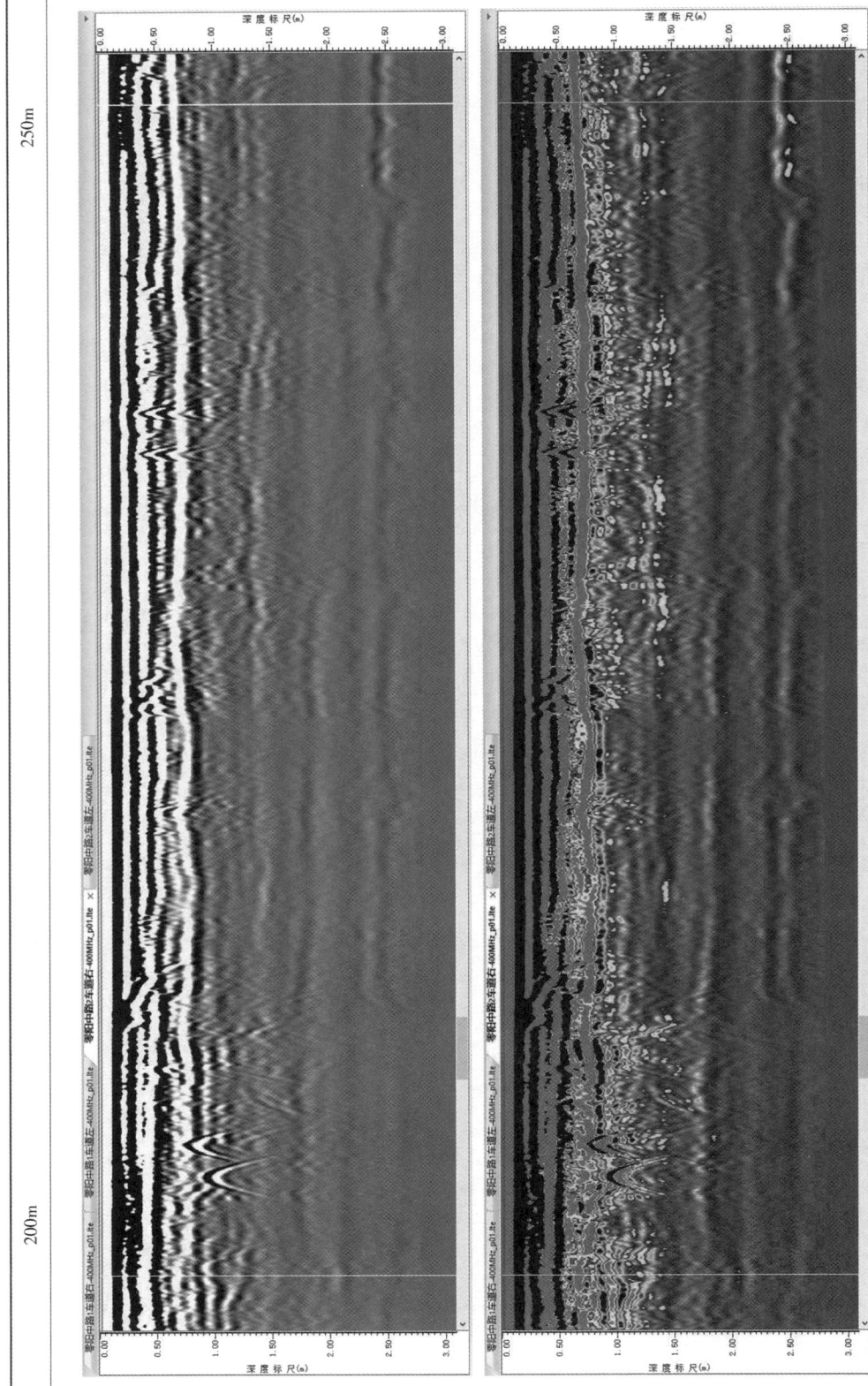

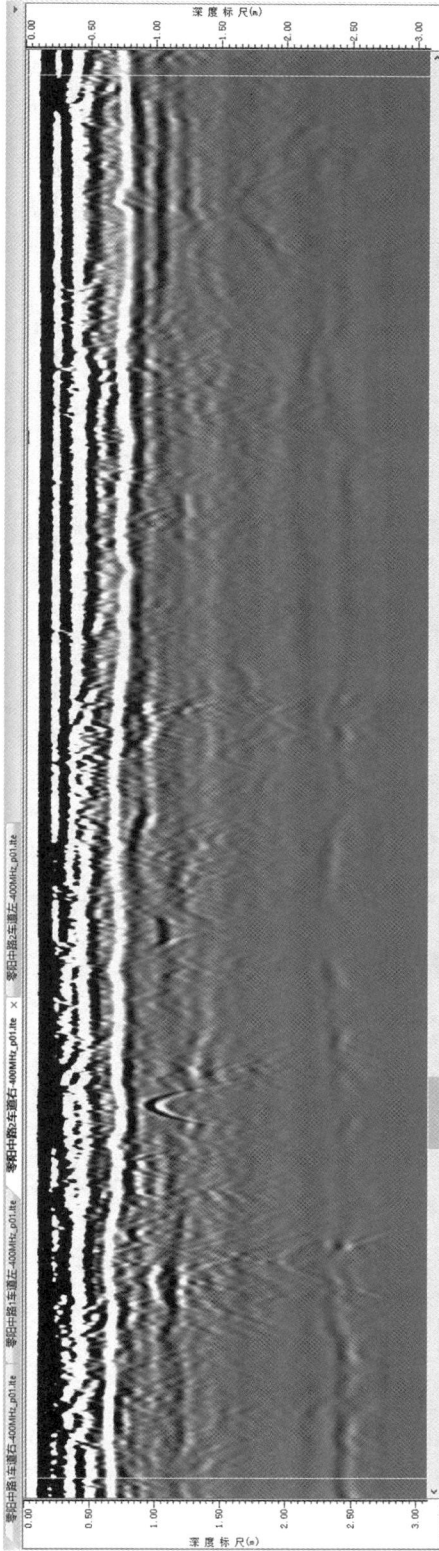

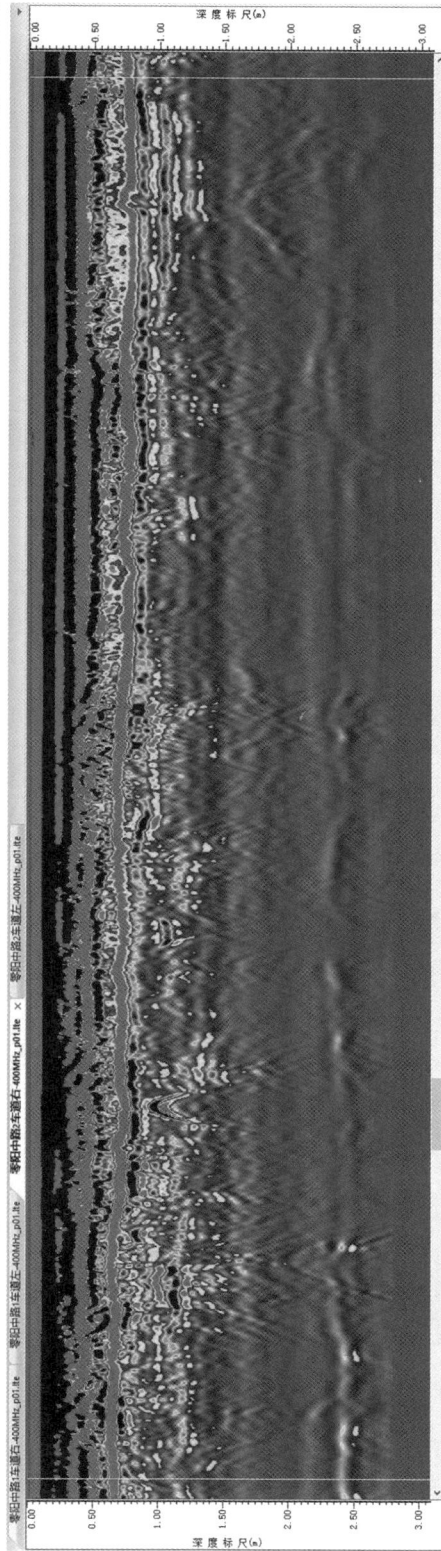

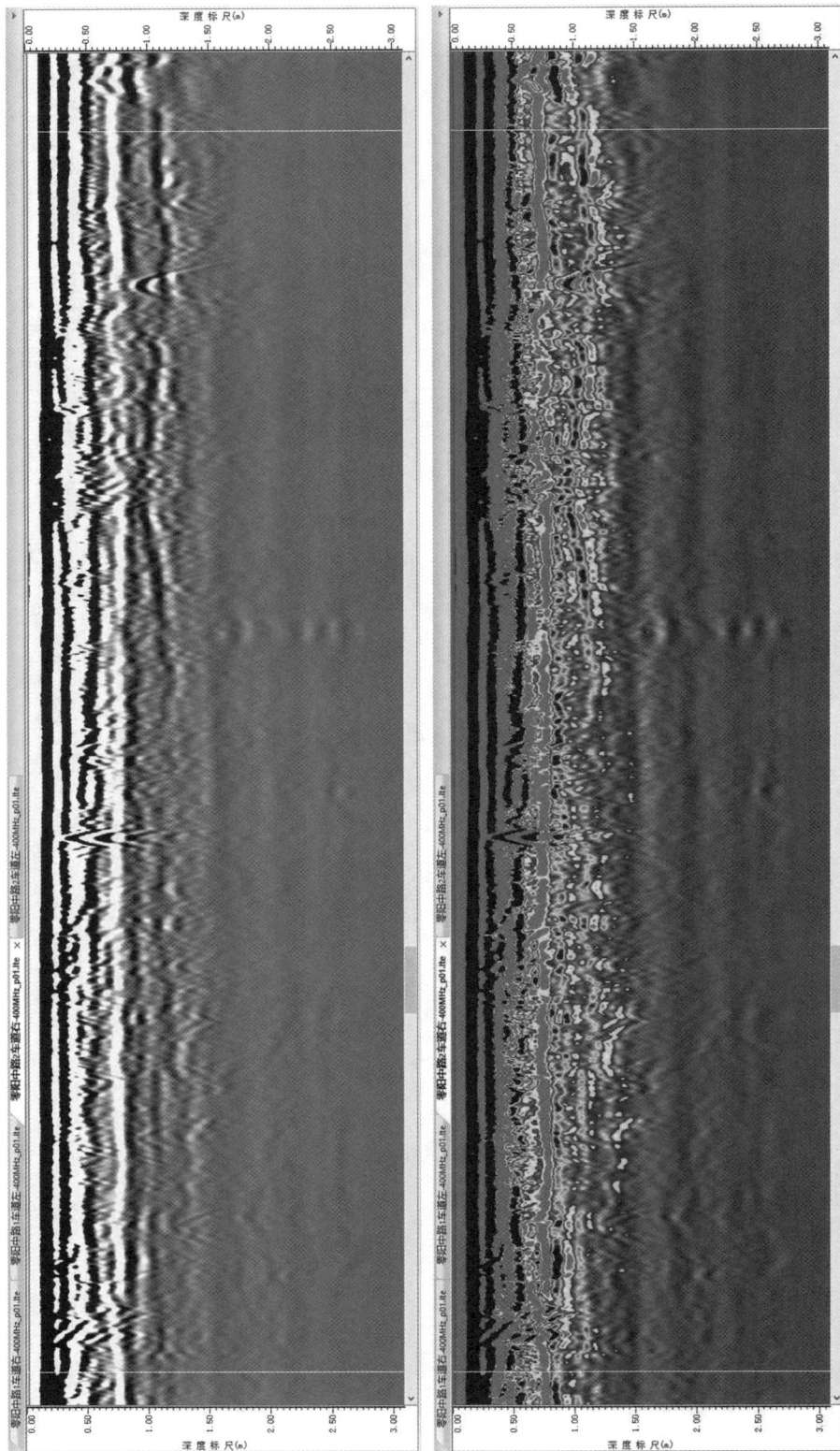

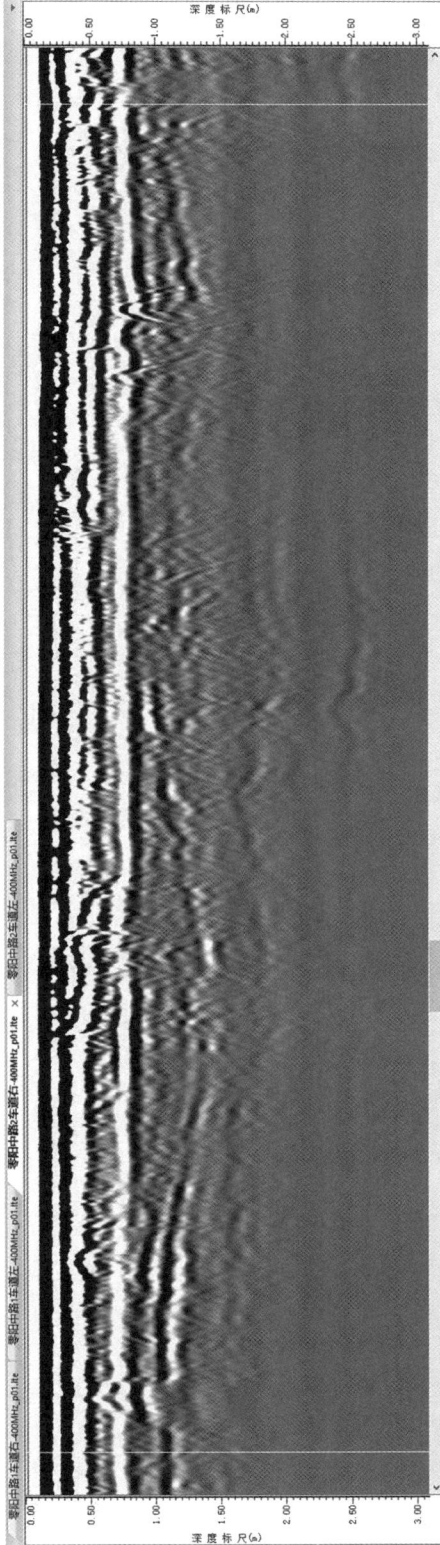

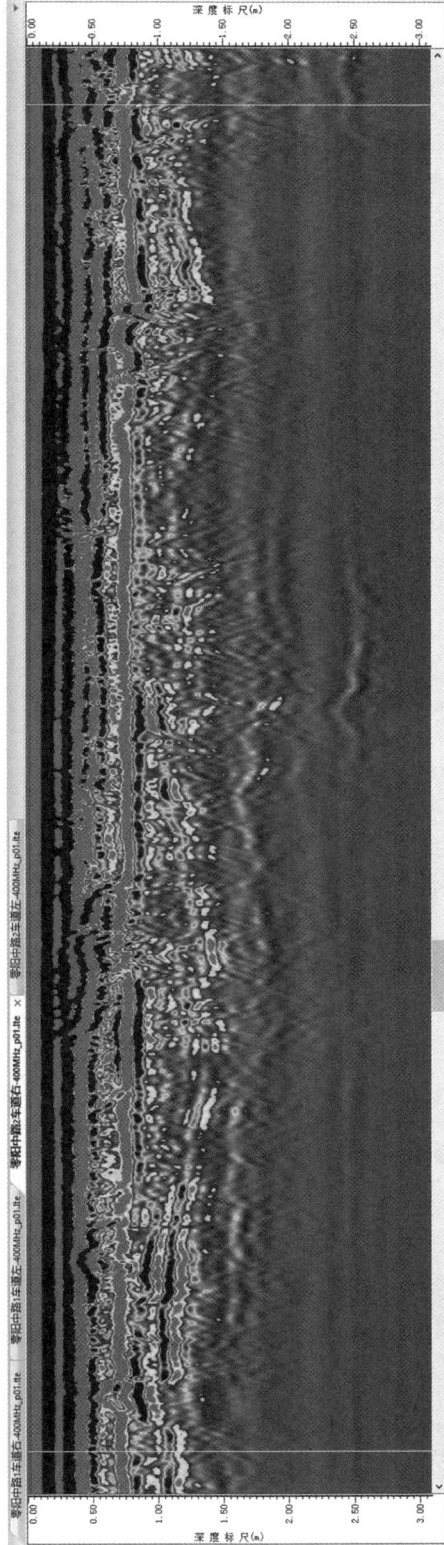

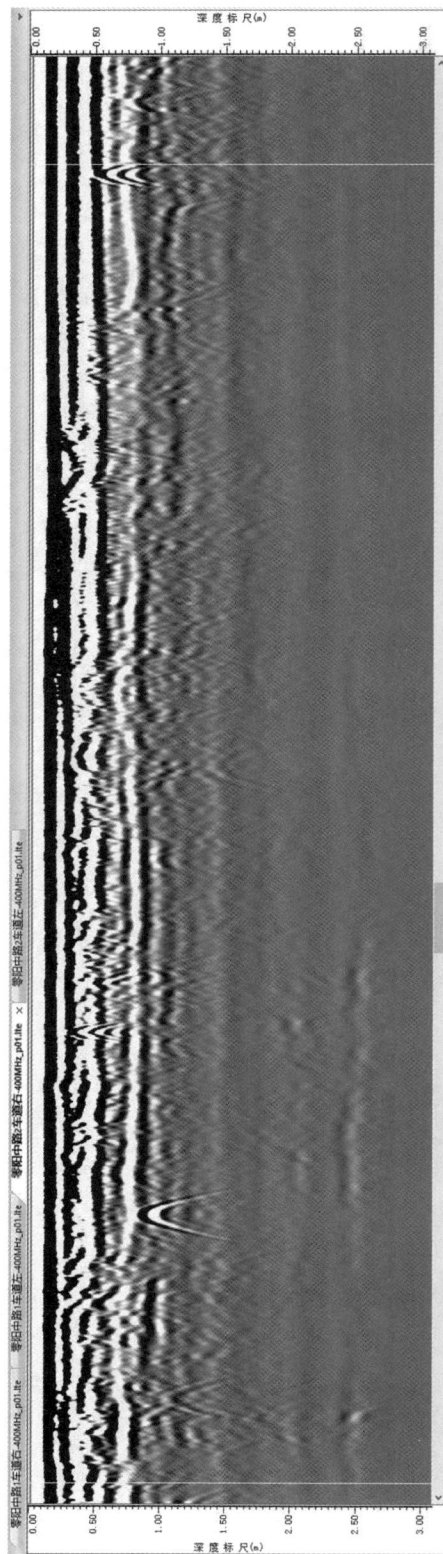

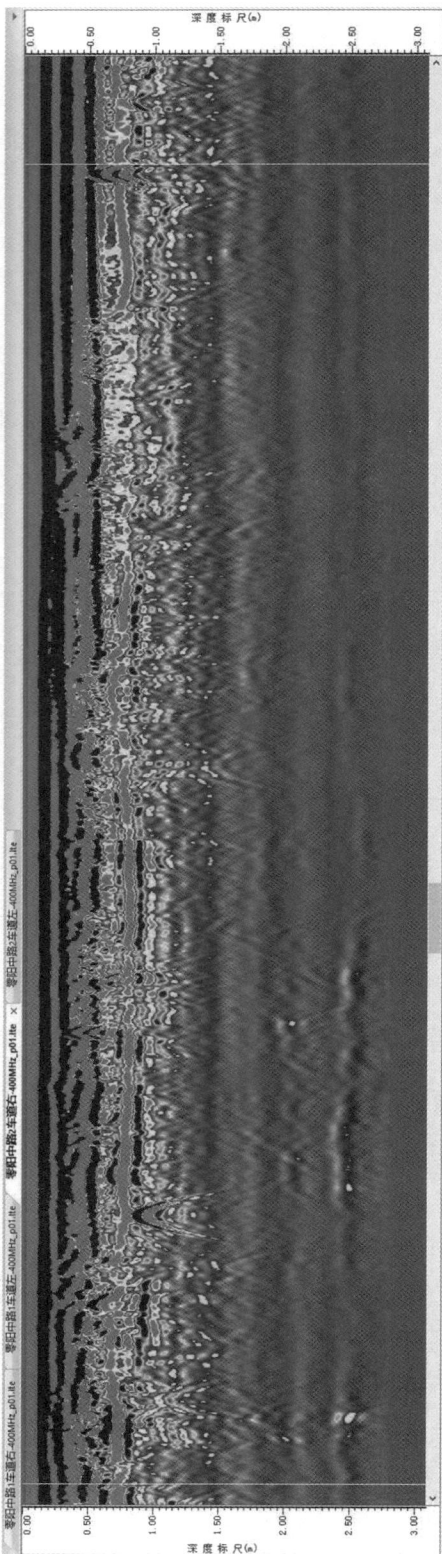

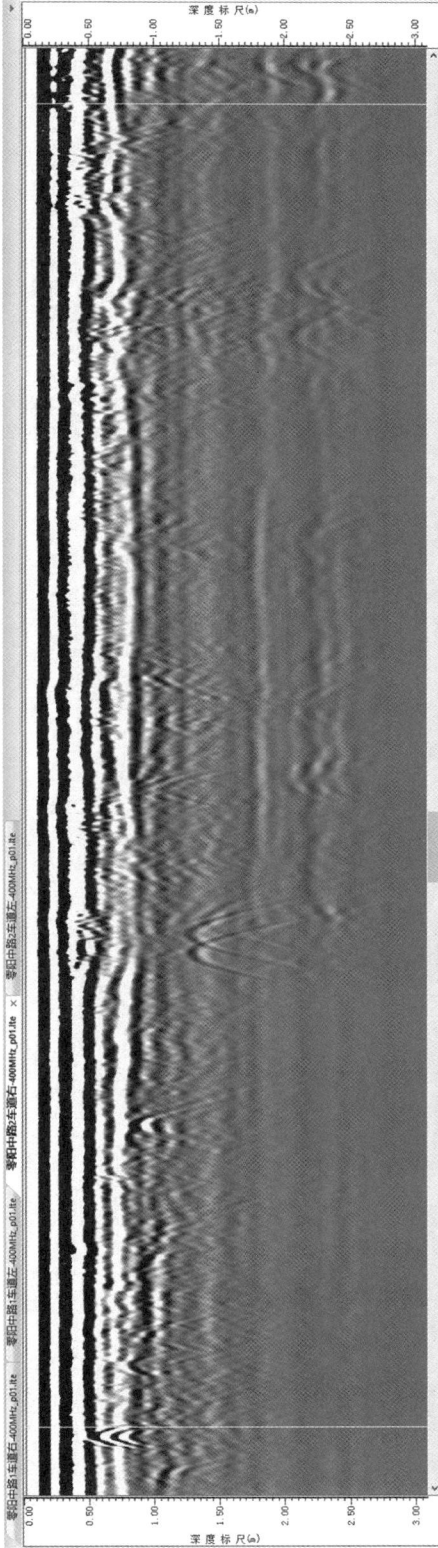

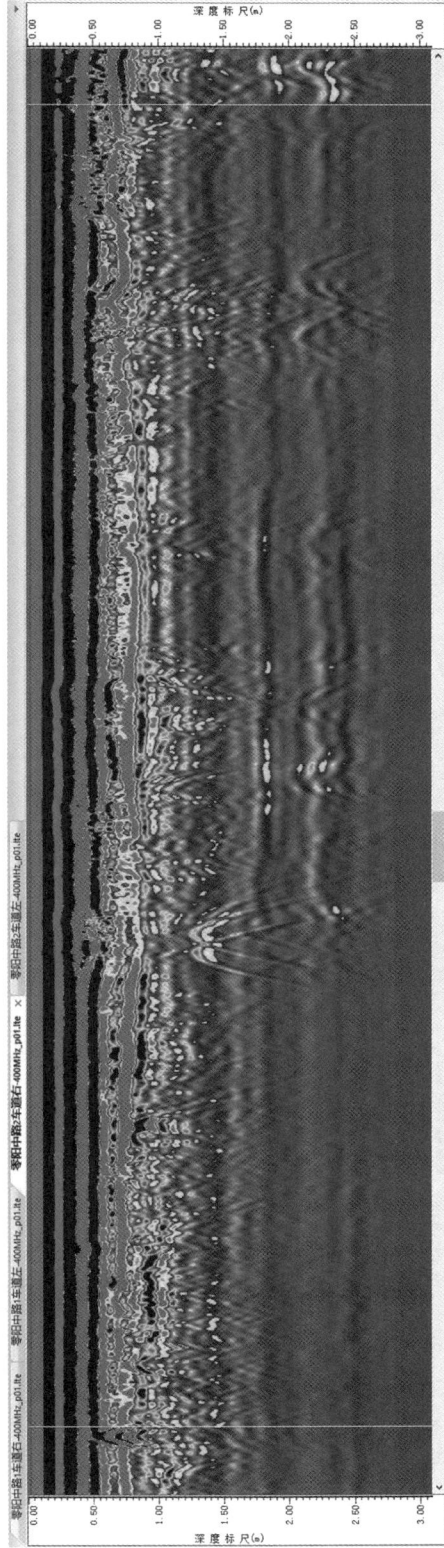

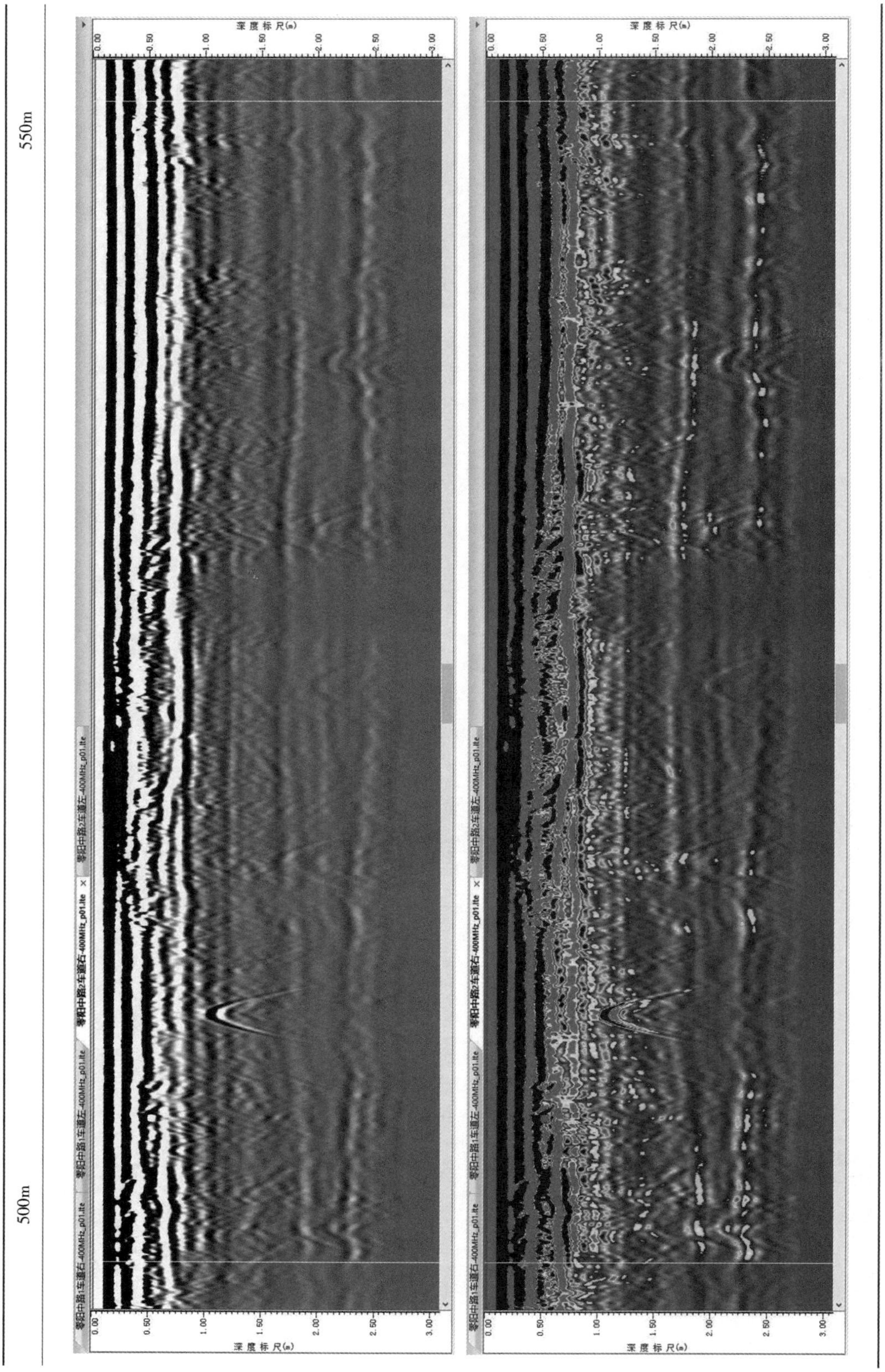
550m
500m
深度标尺(m)
0.00
0.50
1.00
1.50
2.00
2.50
3.00

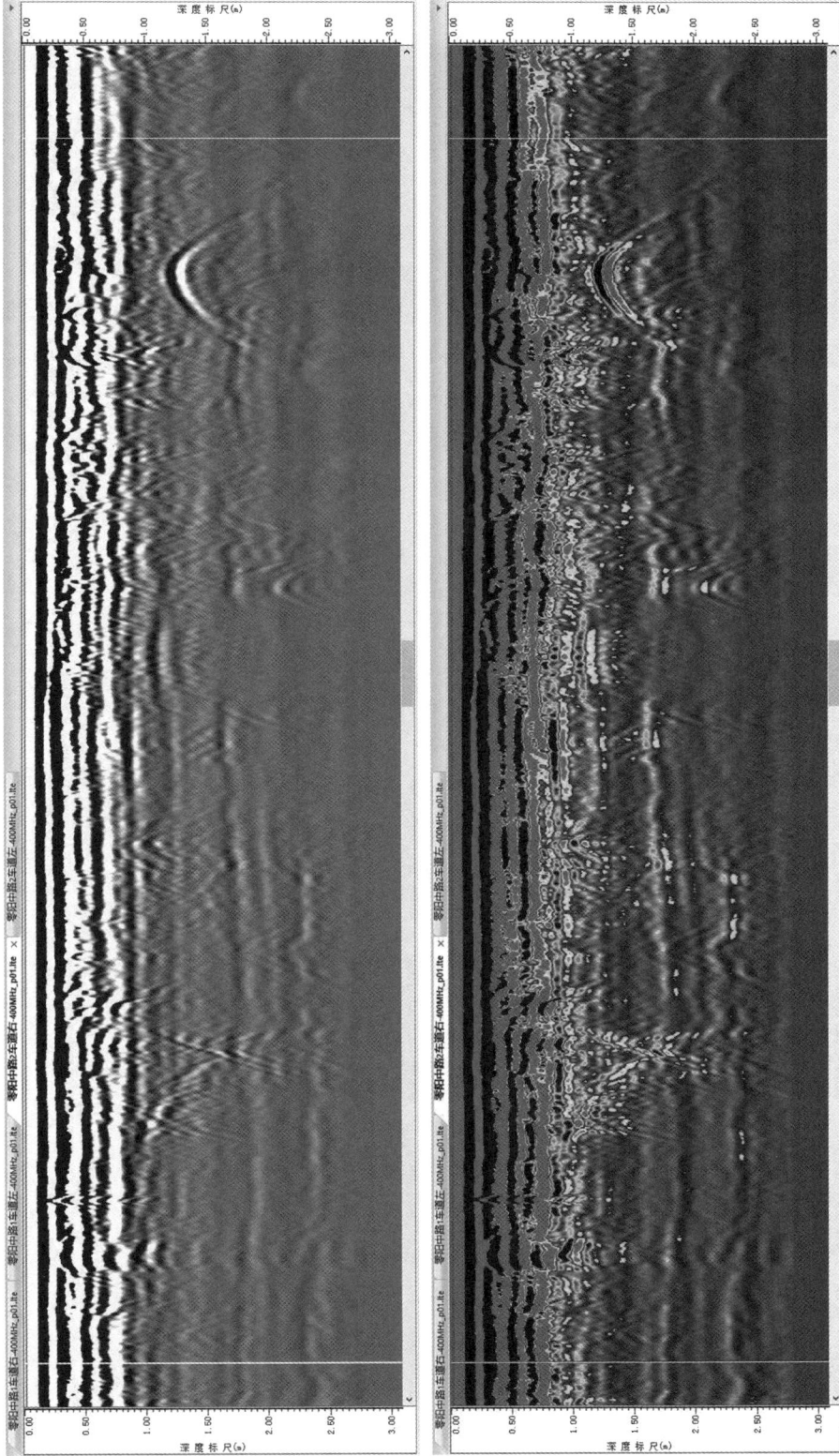

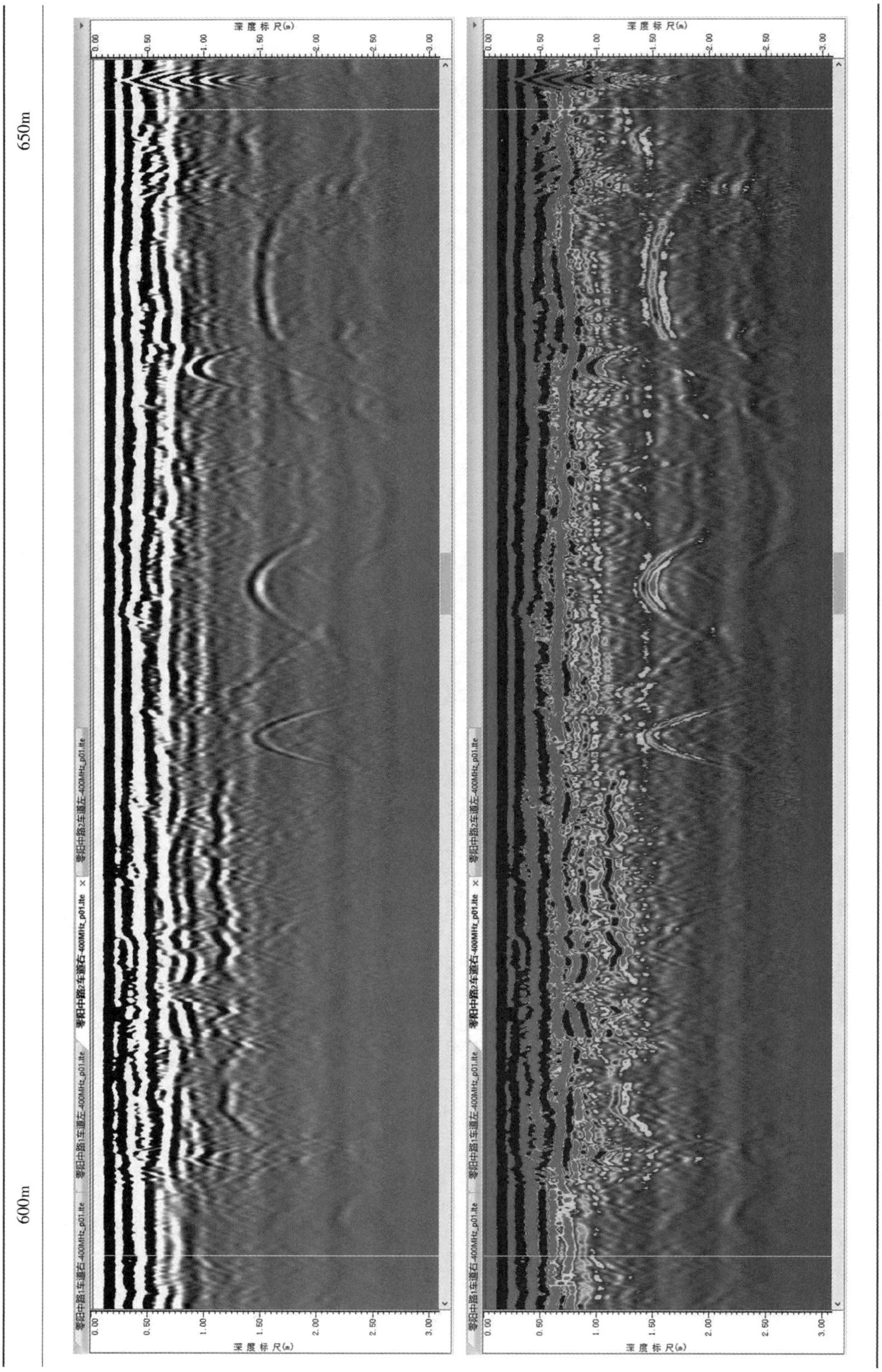
650m
600m
深度标尺(m)
0.00
0.50
1.00
1.50
2.00
2.50
3.00
零阳中路1车道右-400MHz_p01.lte
零阳中路1车道左-400MHz_p01.lte
零阳中路2车道右-400MHz_p01.lte
零阳中路2车道左-400MHz_p01.lte

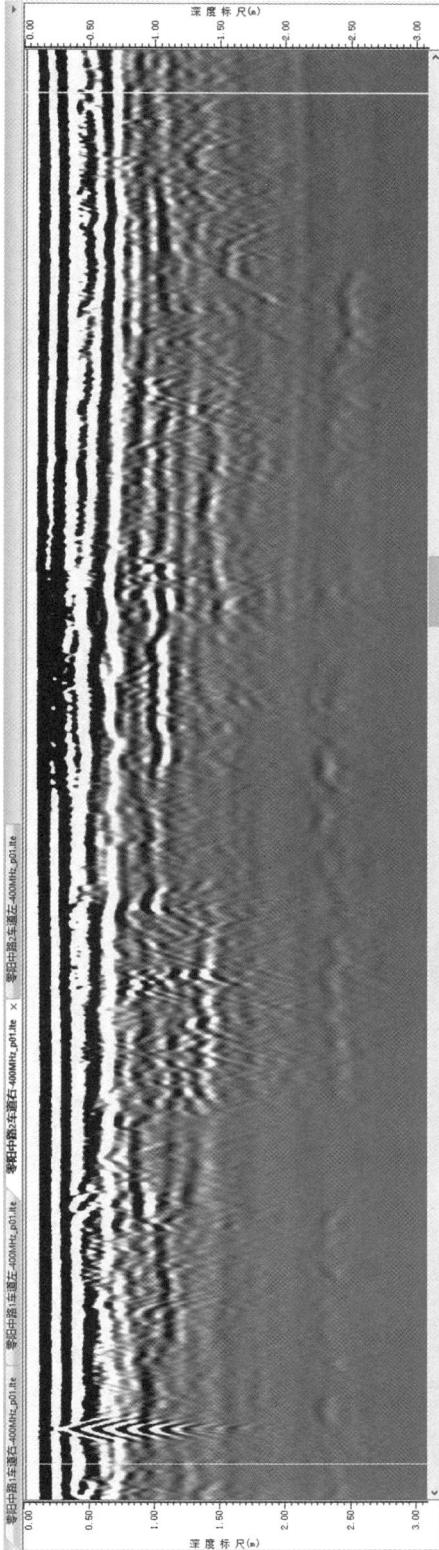

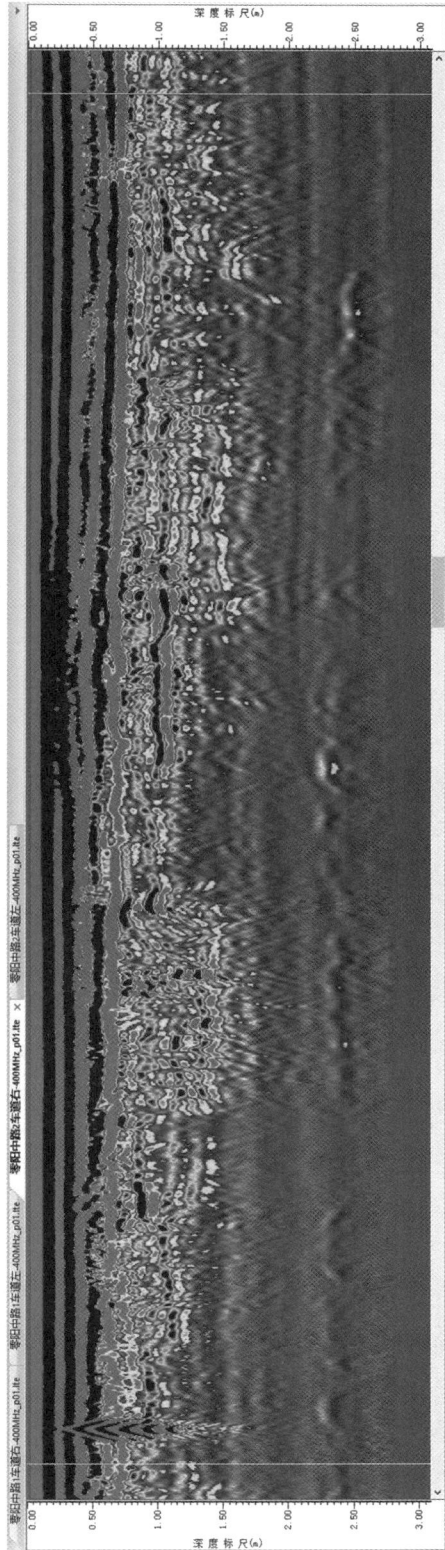

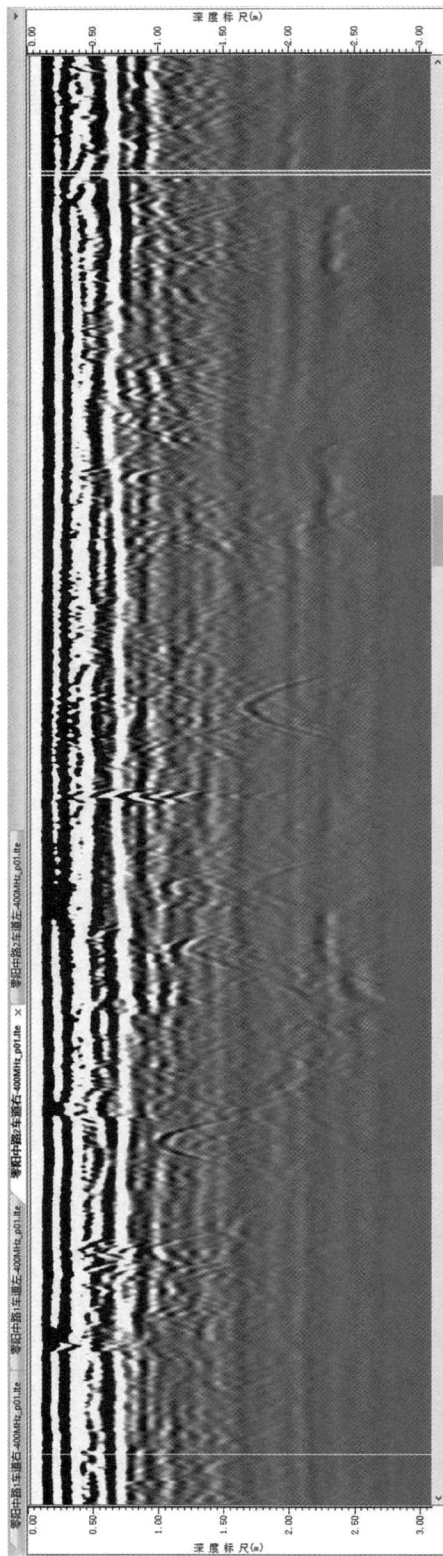

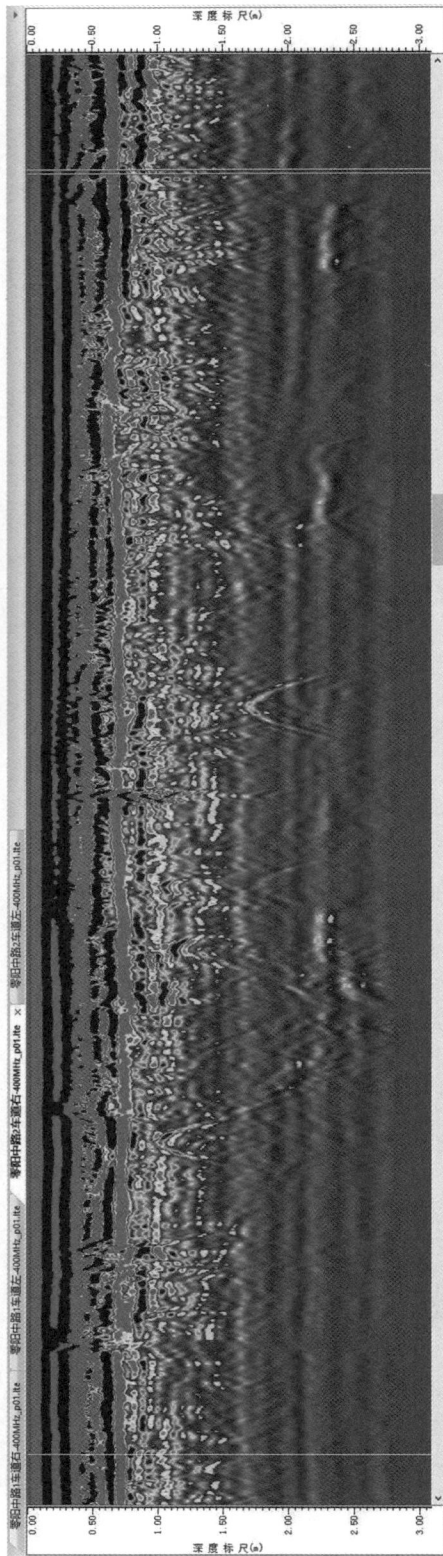

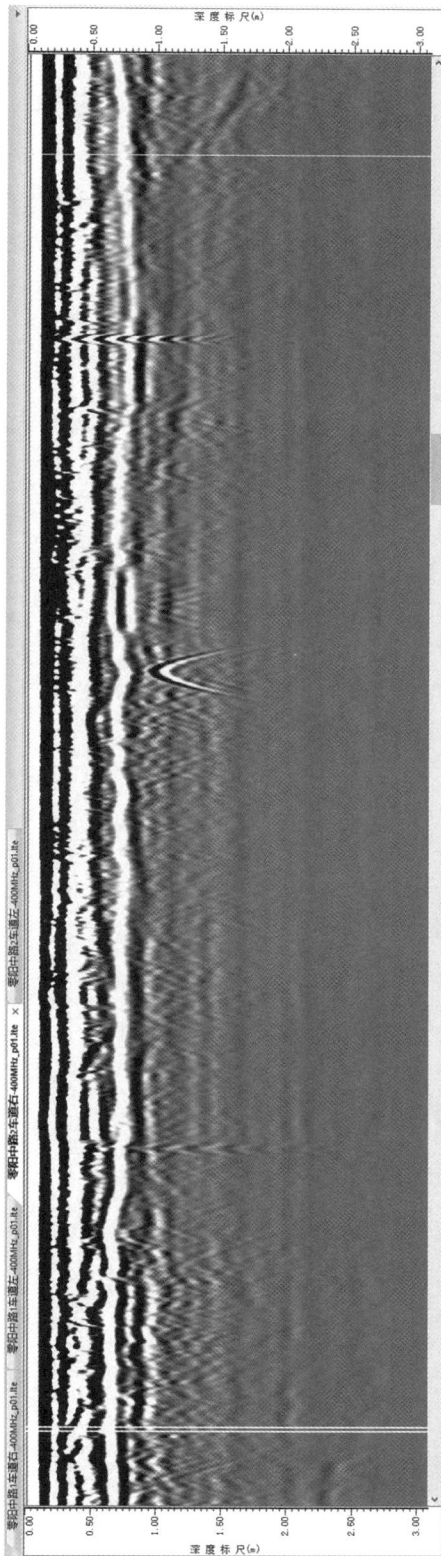

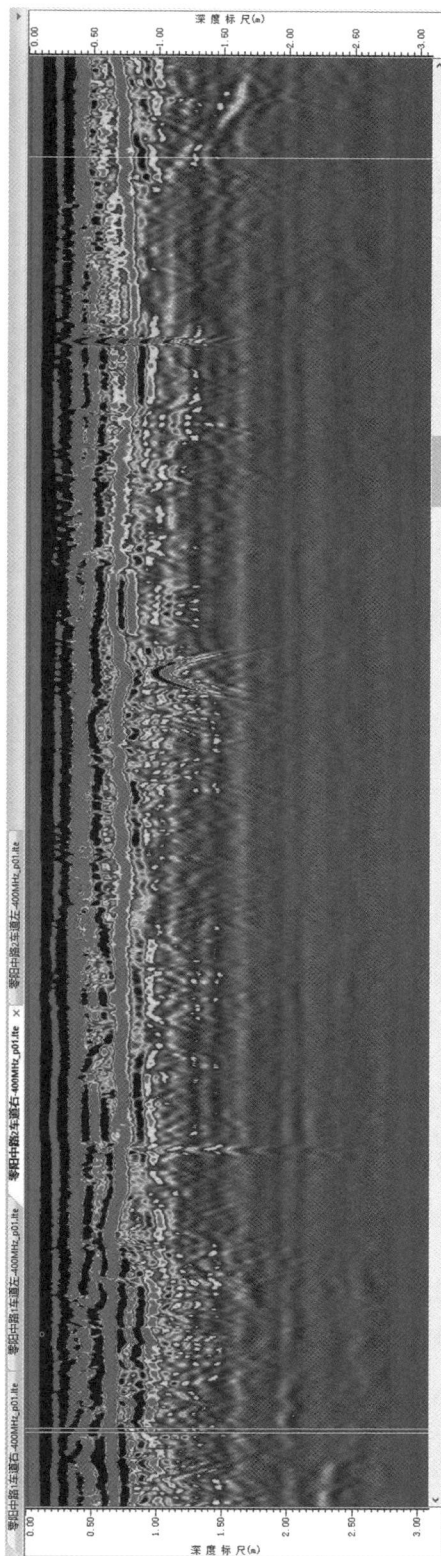

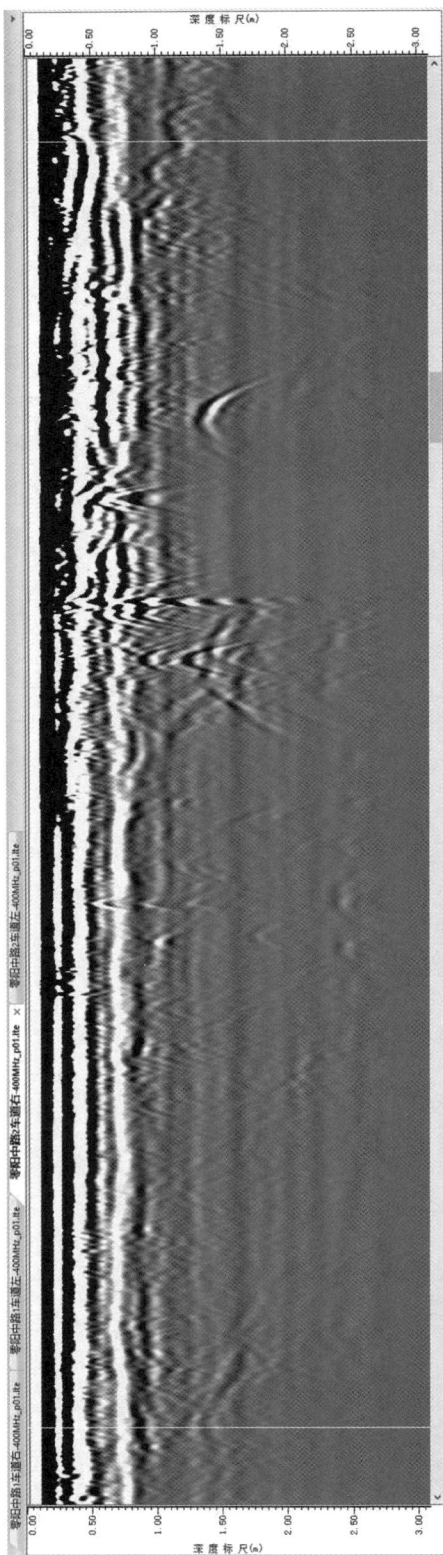

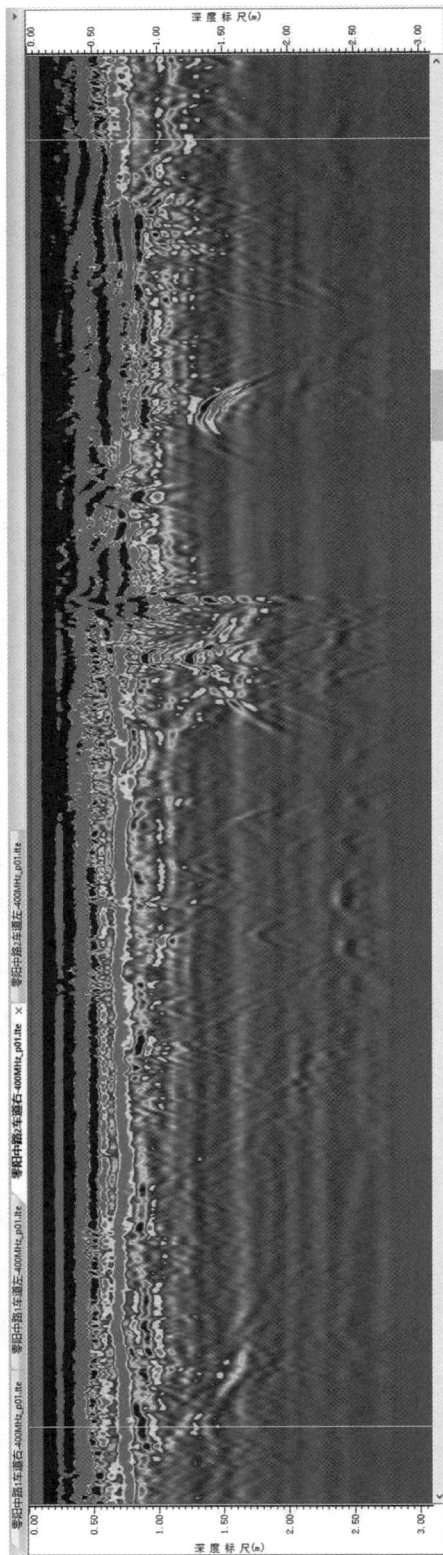

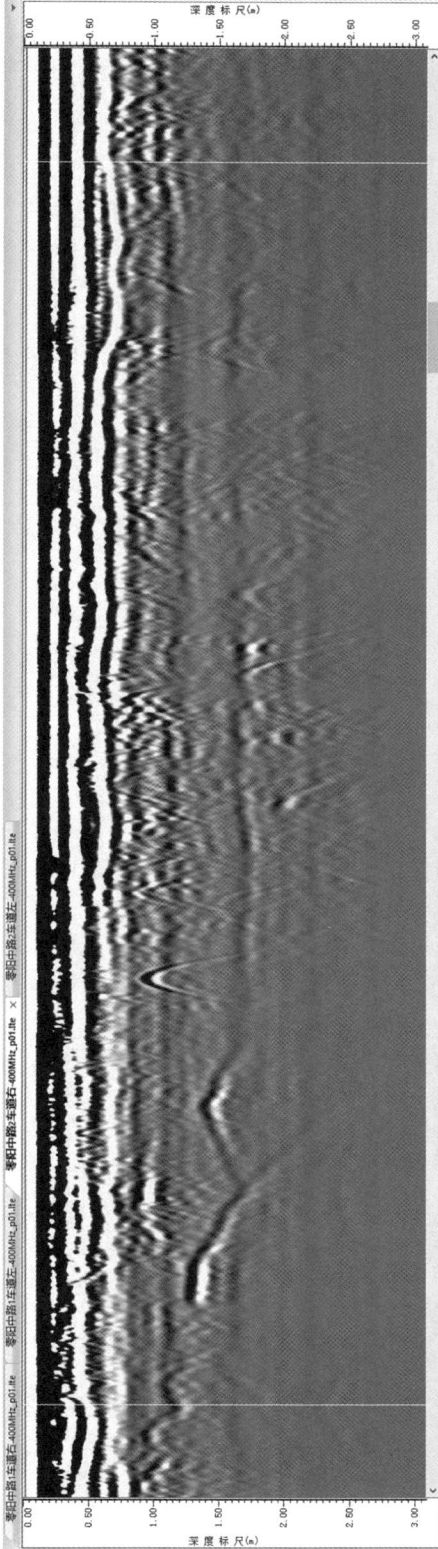

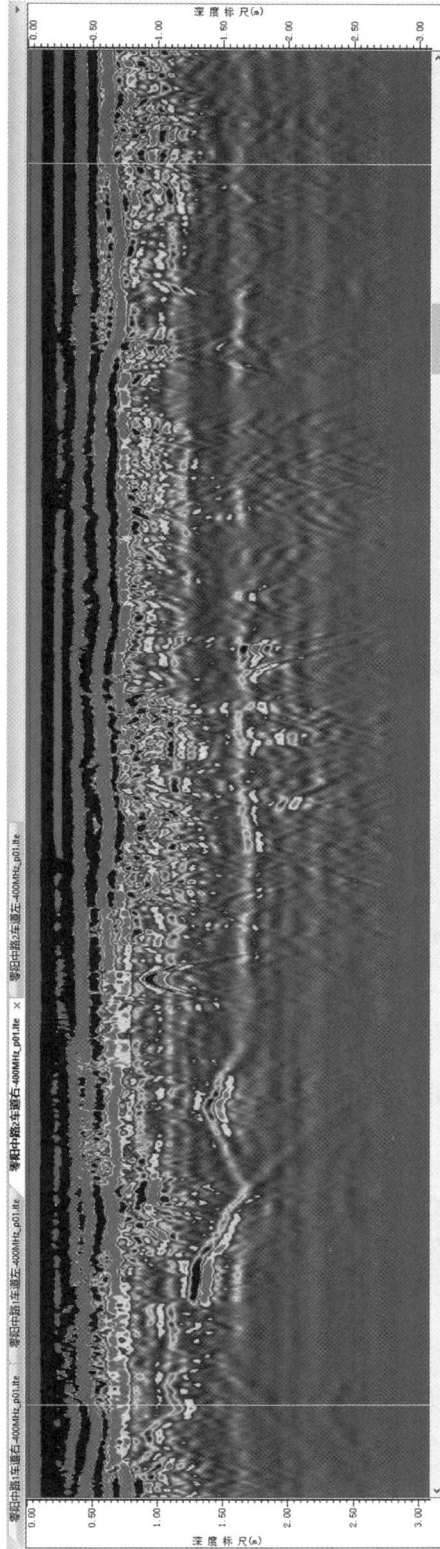

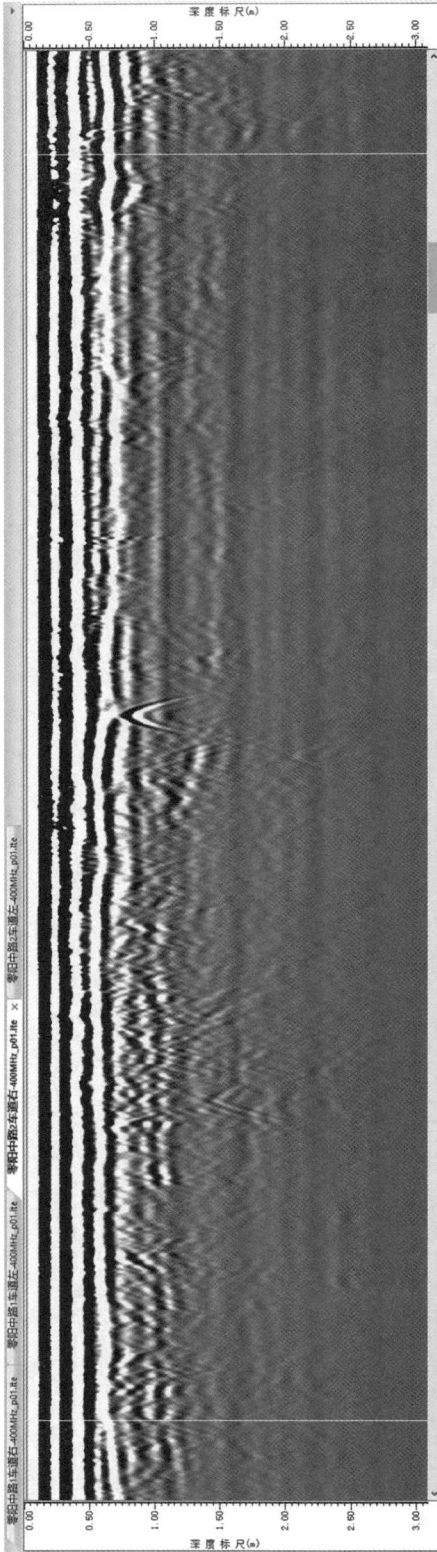

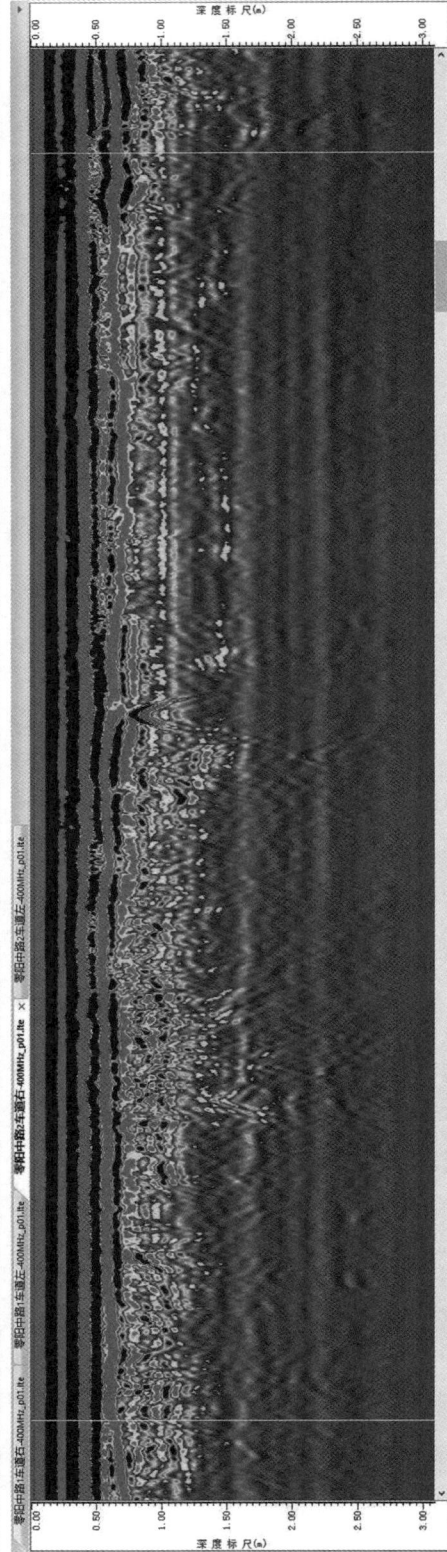

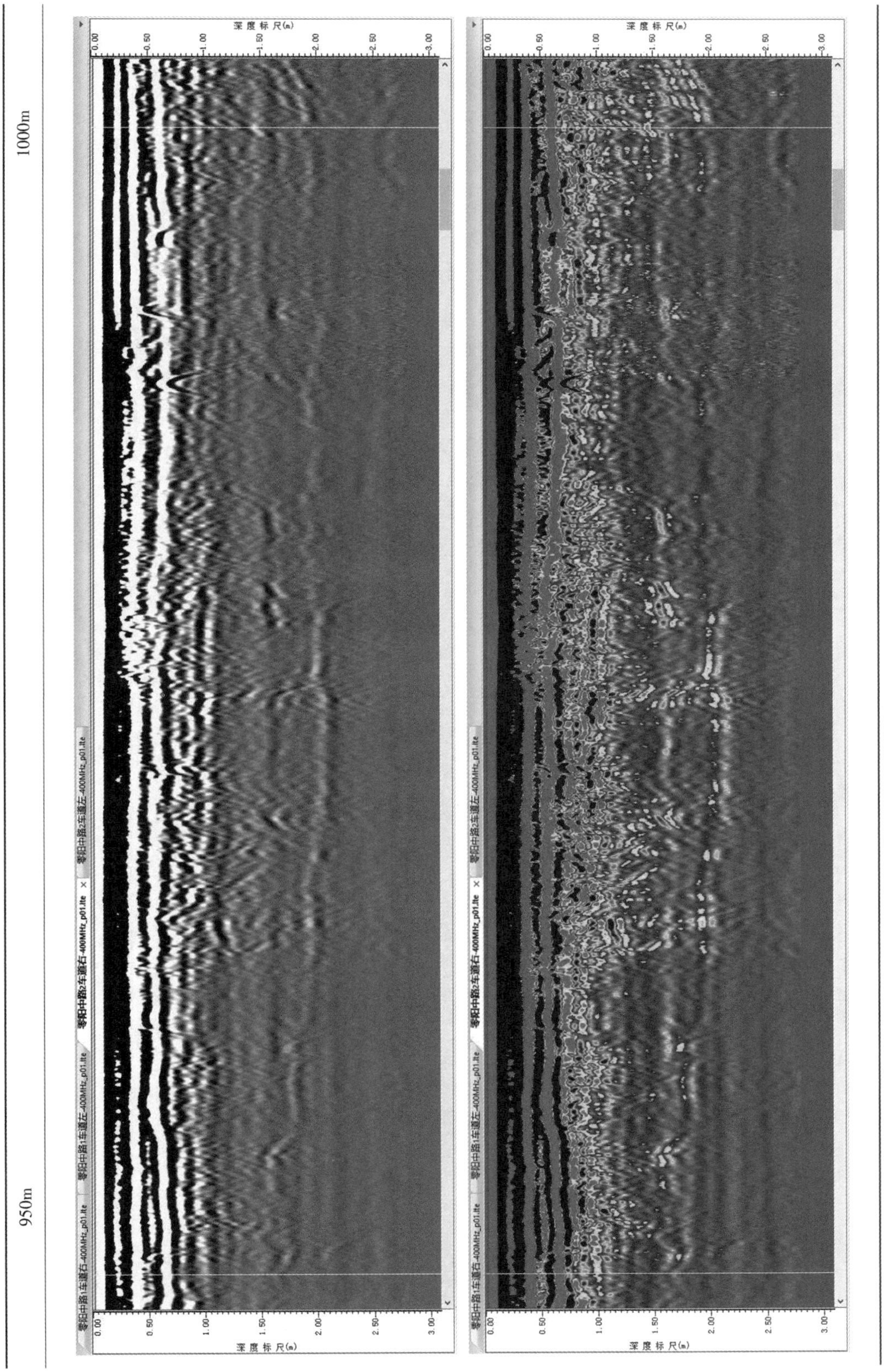
1000m
950m
深度标尺(m)
0.00
0.50
1.00
1.50
2.00
2.50
3.00

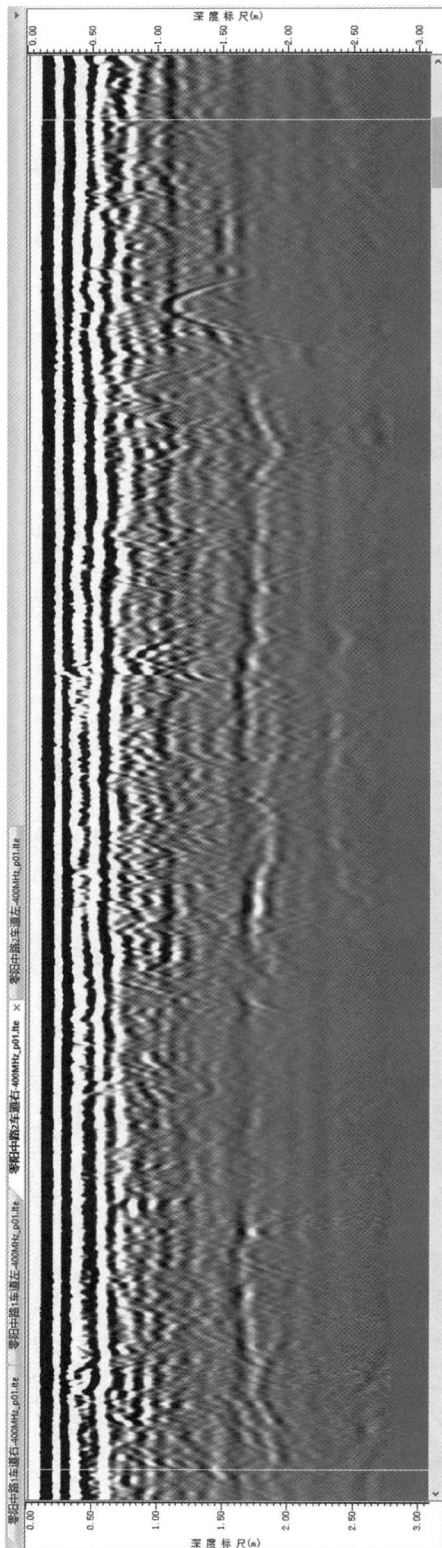

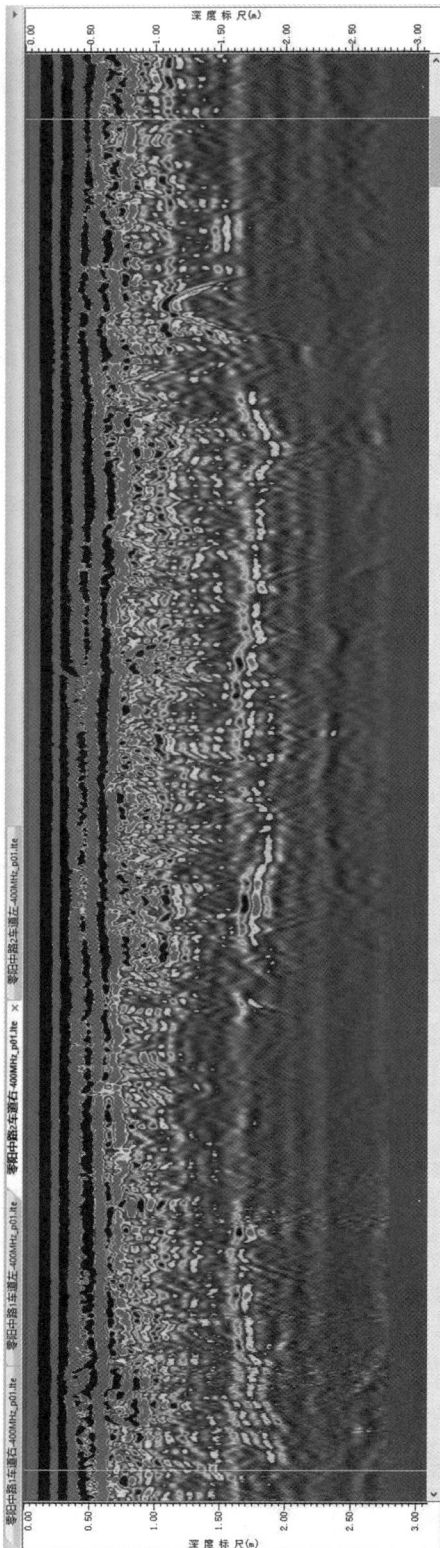

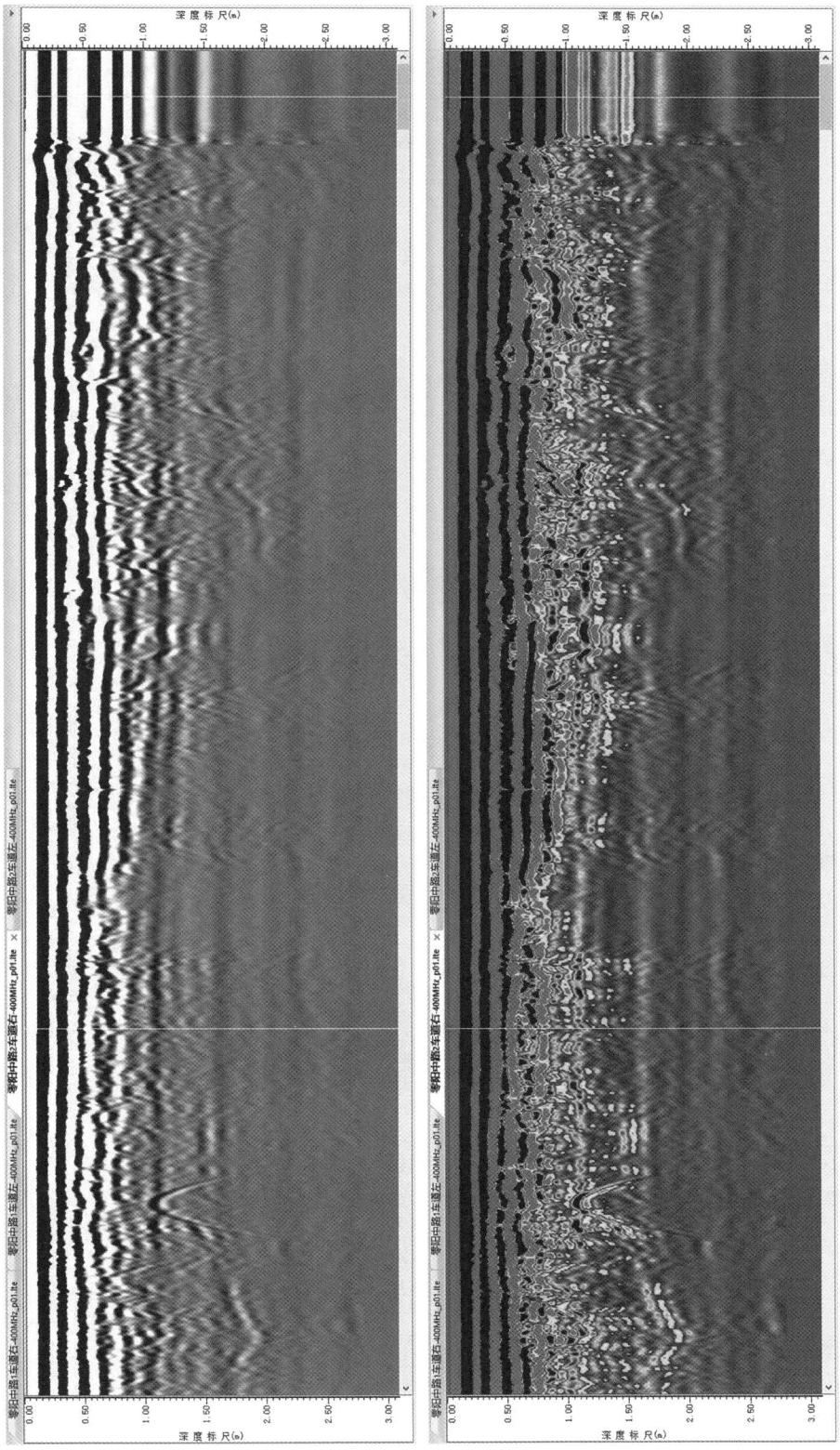

图 6.26　LTD2100–MHz400 沥青混凝土路面管线右幅 2 车道 W→E 纵向探测成果

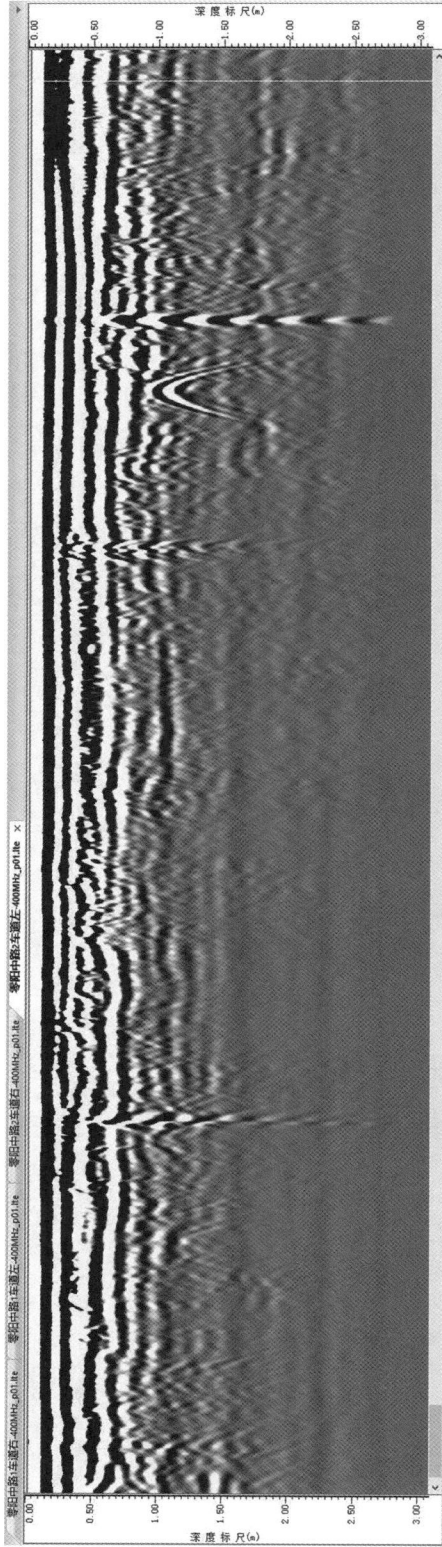

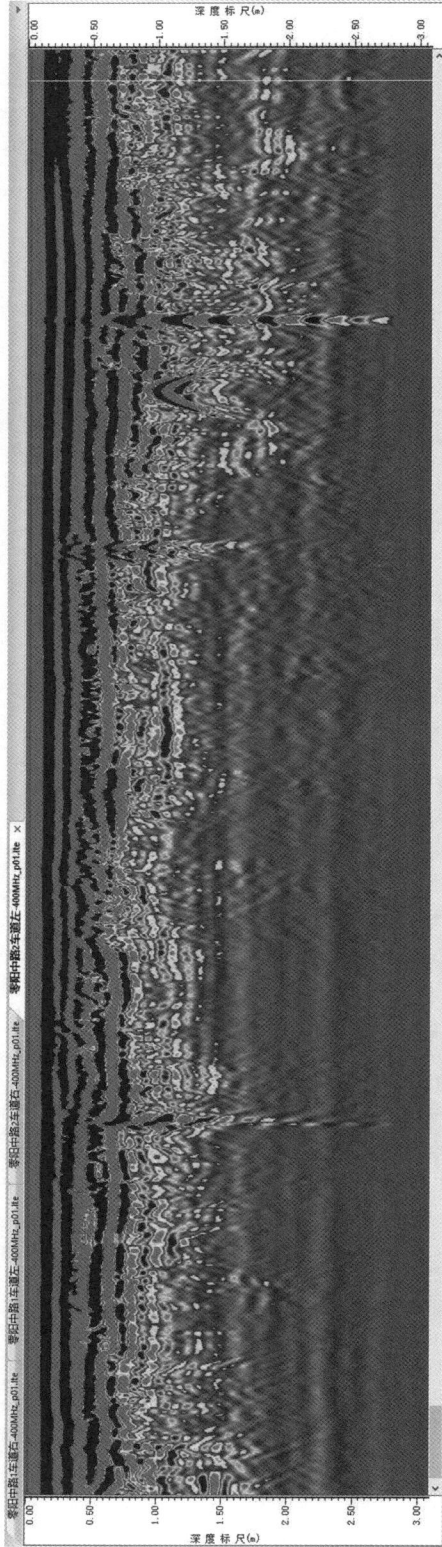

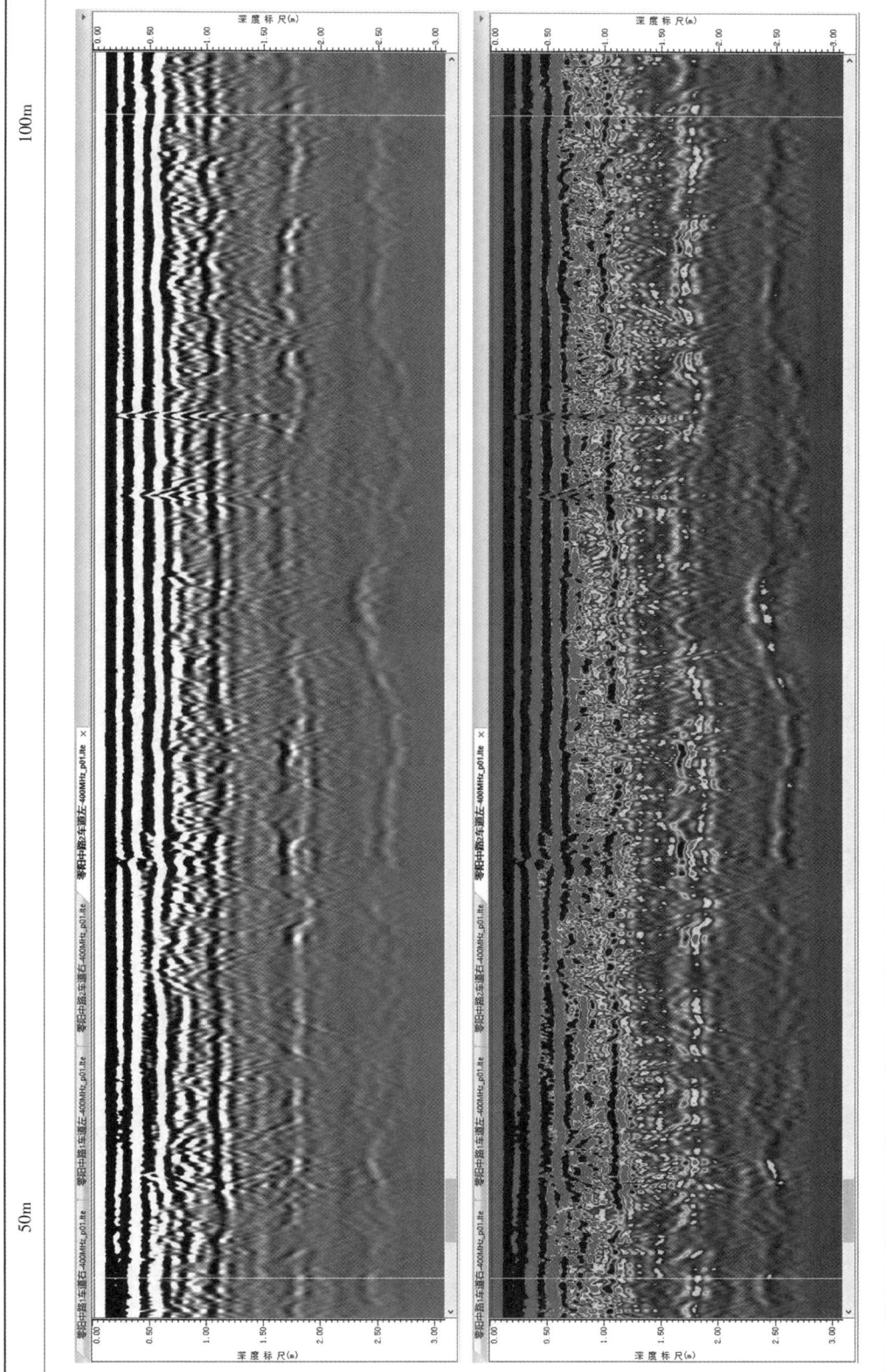

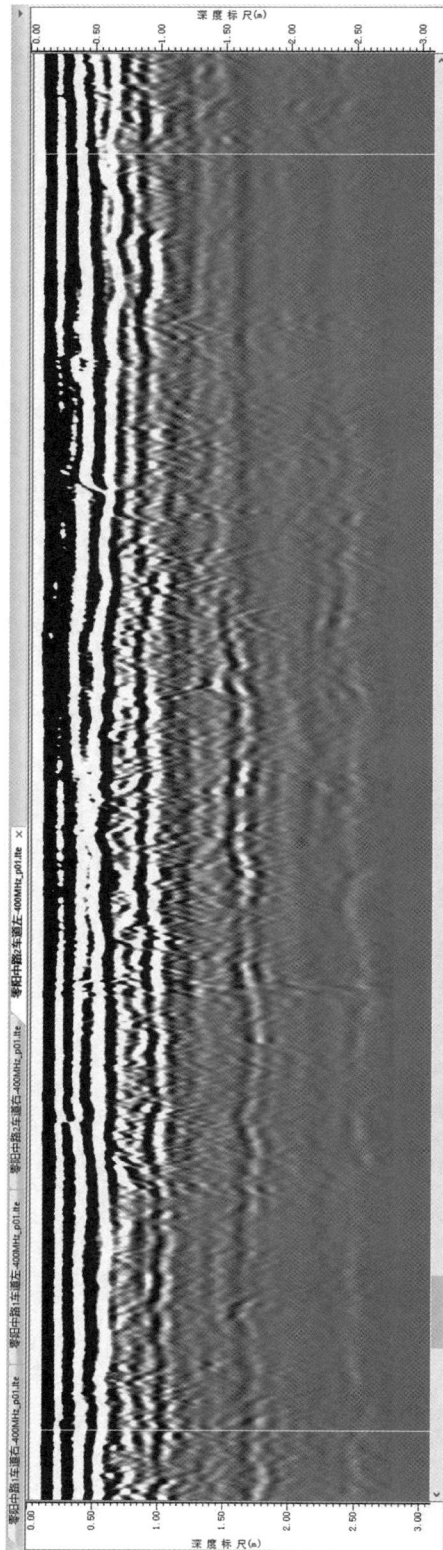

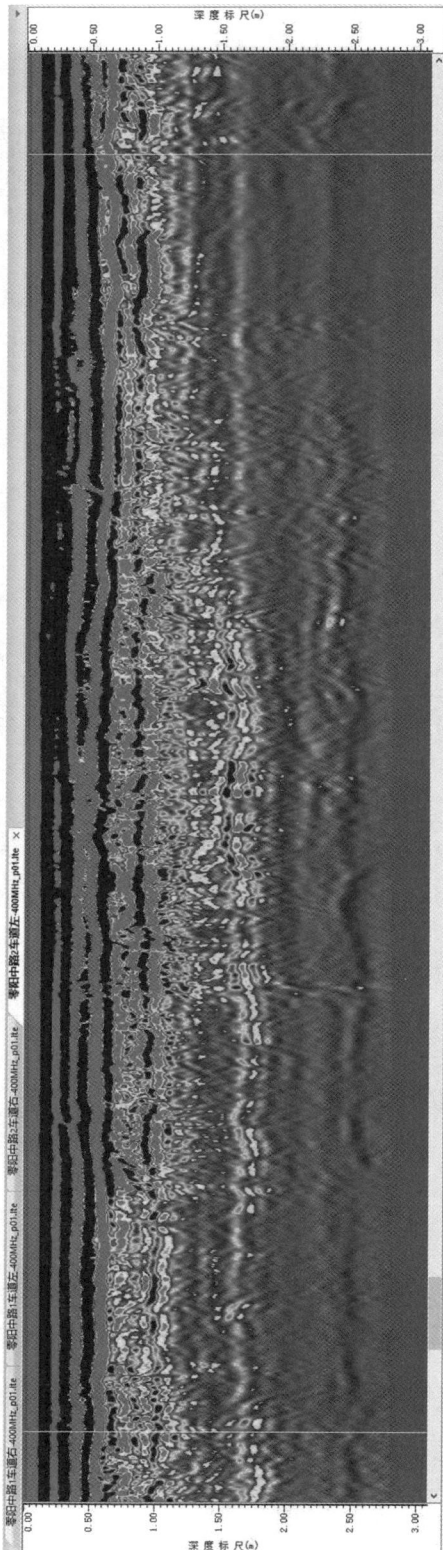

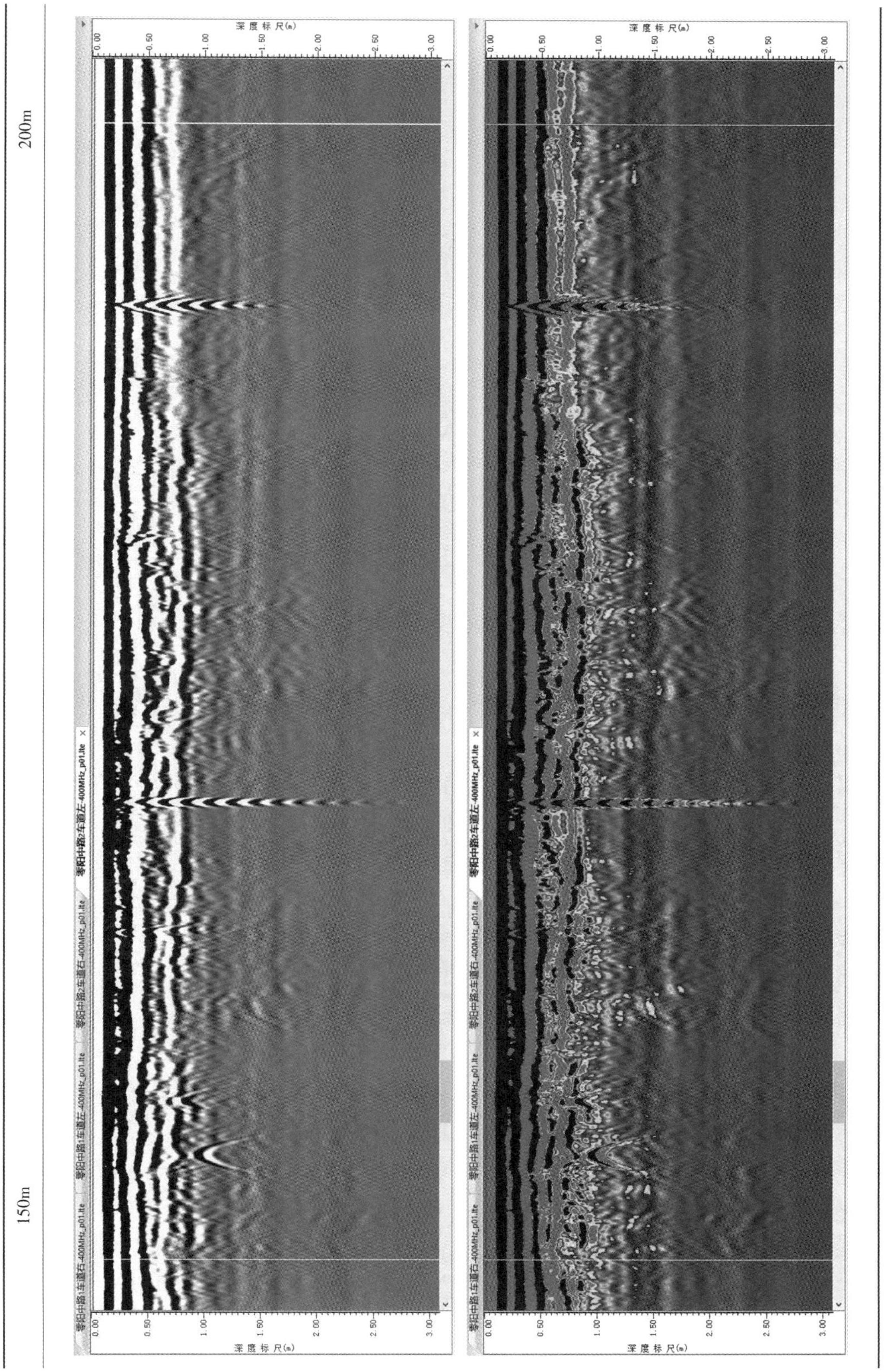
200m
150m
深度标尺(m)
0.00
0.50
1.00
1.50
2.00
2.50
3.00
零阳中路1车道右-400MHz_p01.lte
零阳中路1车道左-400MHz_p01.lte
零阳中路2车道右-400MHz_p01.lte
零阳中路2车道左-400MHz_p01.lte

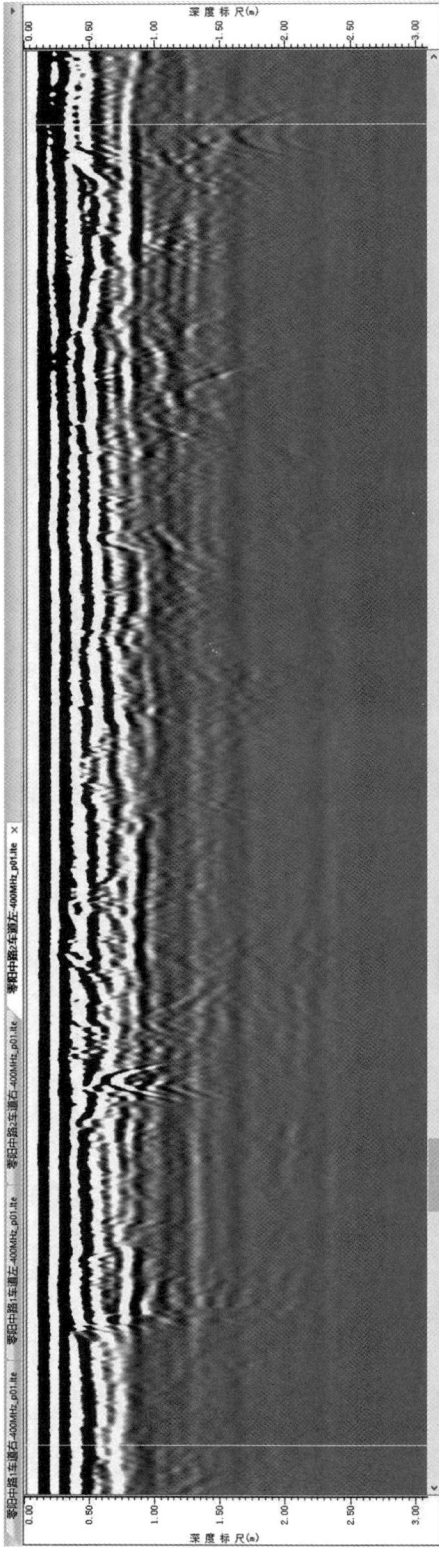

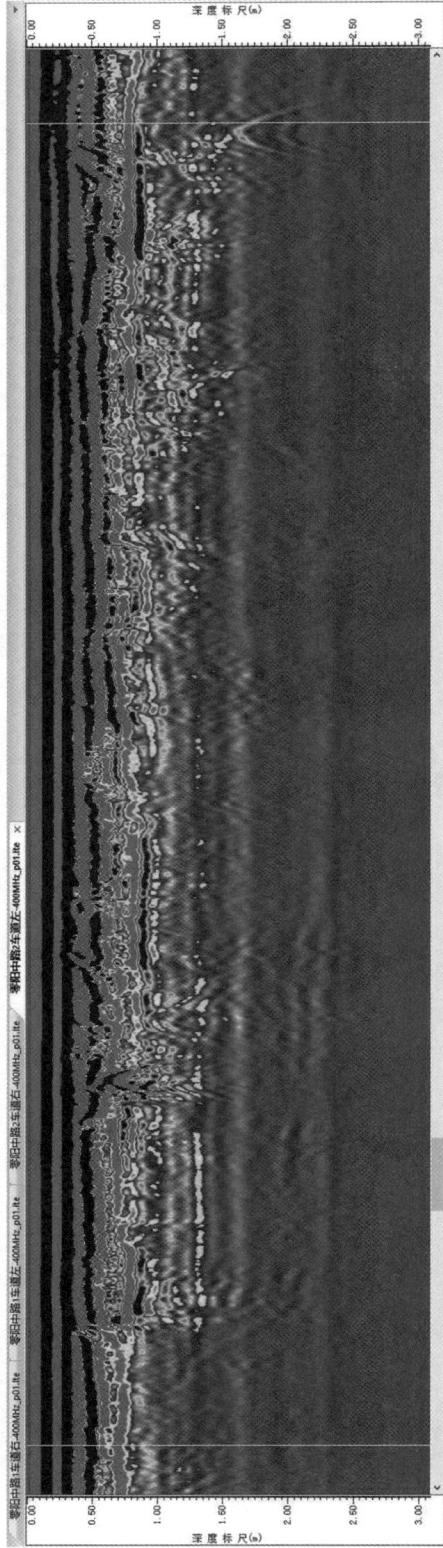

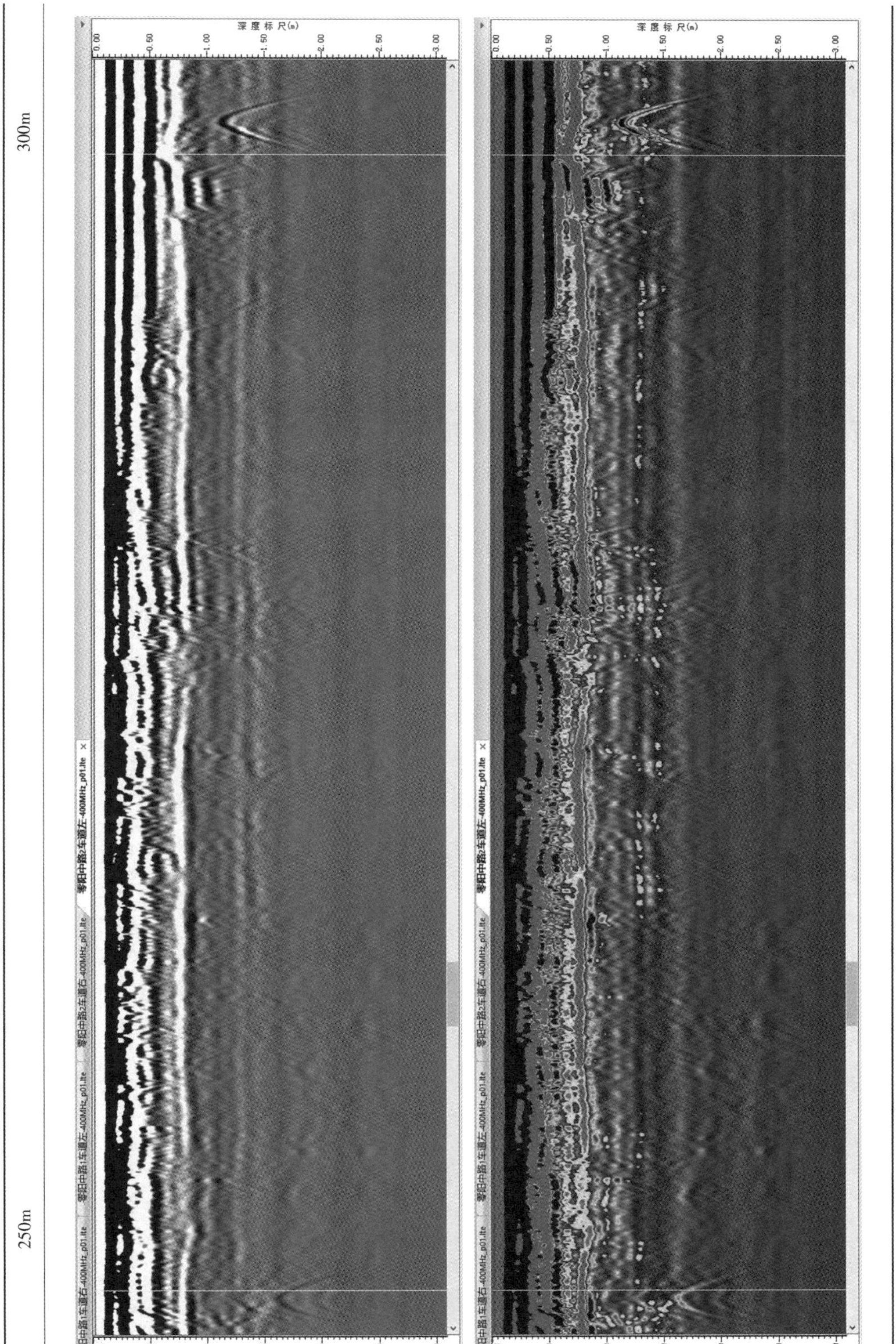
300m
250m
深度标尺(m)
0.00
0.50
1.00
1.50
2.00
2.50
3.00
深度标尺(m)
0.00
0.50
1.00
1.50
2.00
2.50
3.00

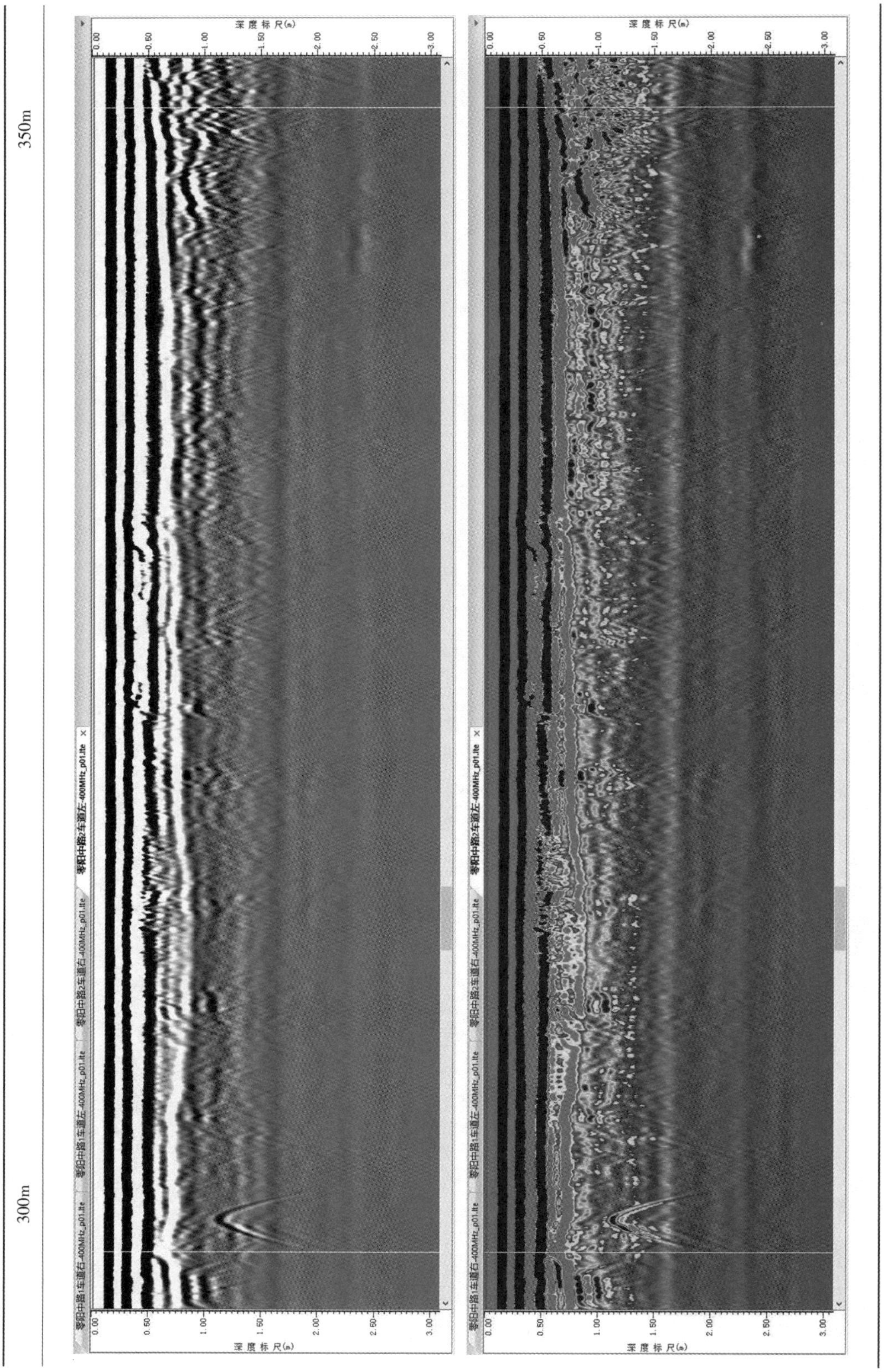
350m
300m
深度标尺(m)
深度标尺(m)

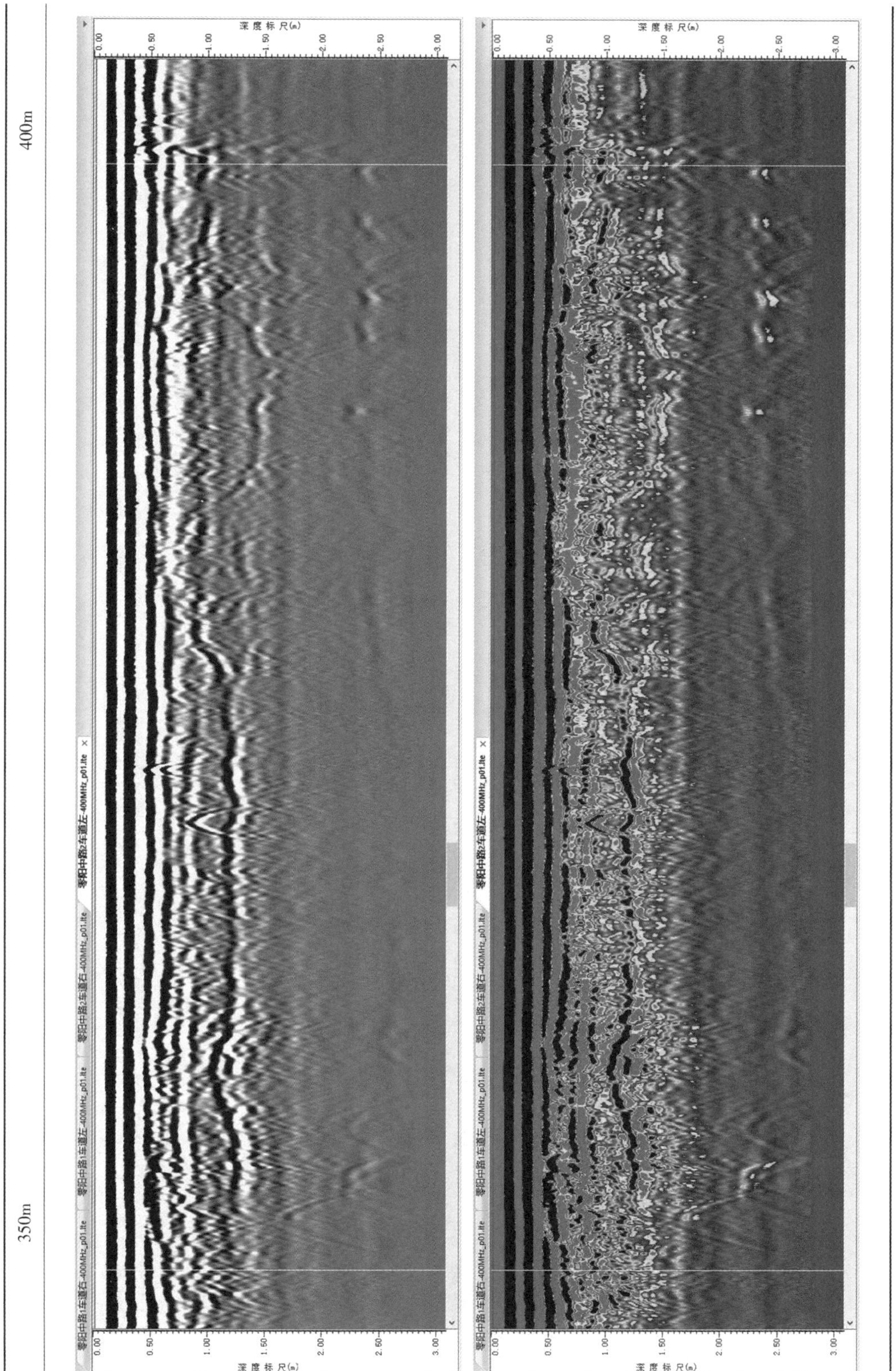
400m
350m
深度标尺(m)
0.00
0.50
1.00
1.50
2.00
2.50
3.00
零阳中路1车道右-400MHz_p01.lte
零阳中路1车道左-400MHz_p01.lte
零阳中路2车道右-400MHz_p01.lte
零阳中路2车道左-400MHz_p01.lte

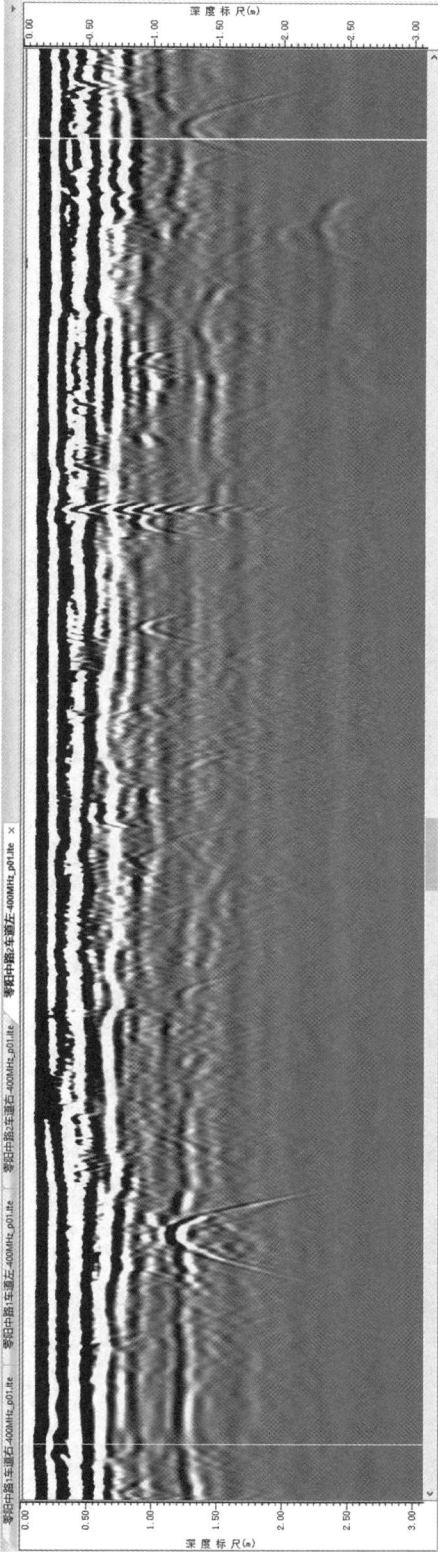

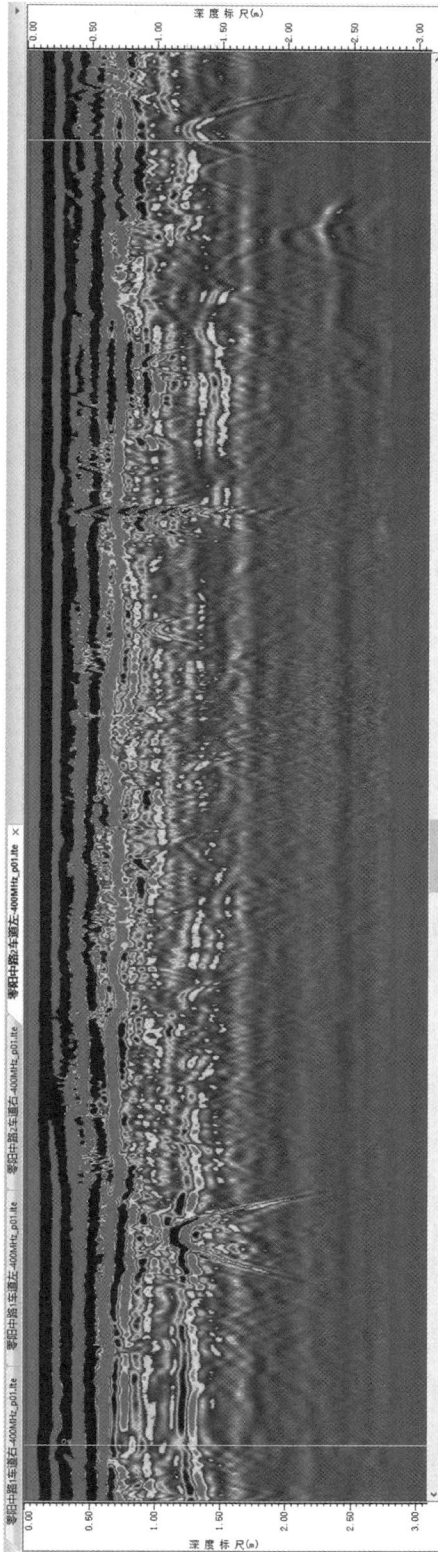

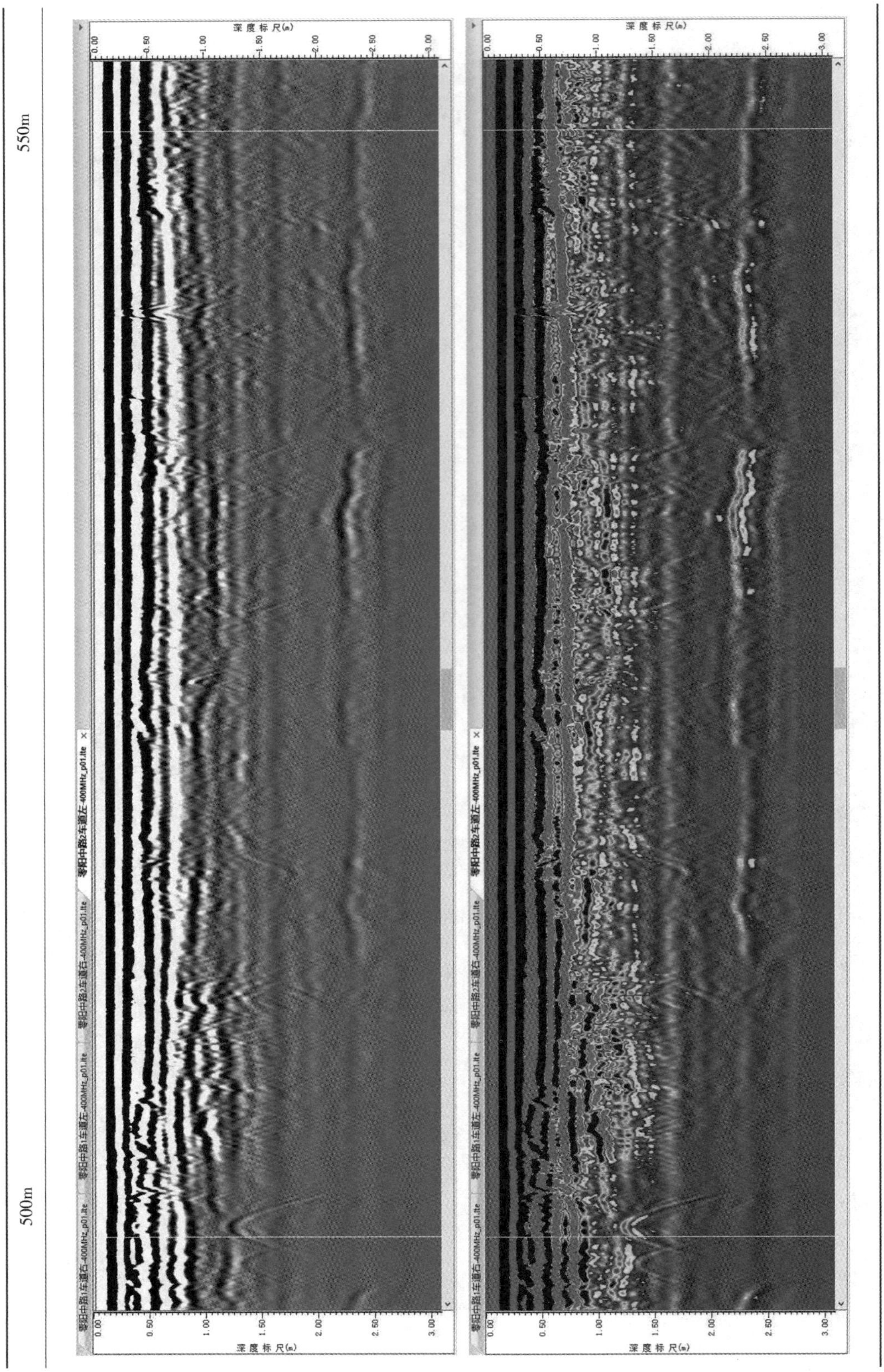
550m
500m
深度标尺(m)
0.00
0.50
1.00
1.50
2.00
2.50
3.00

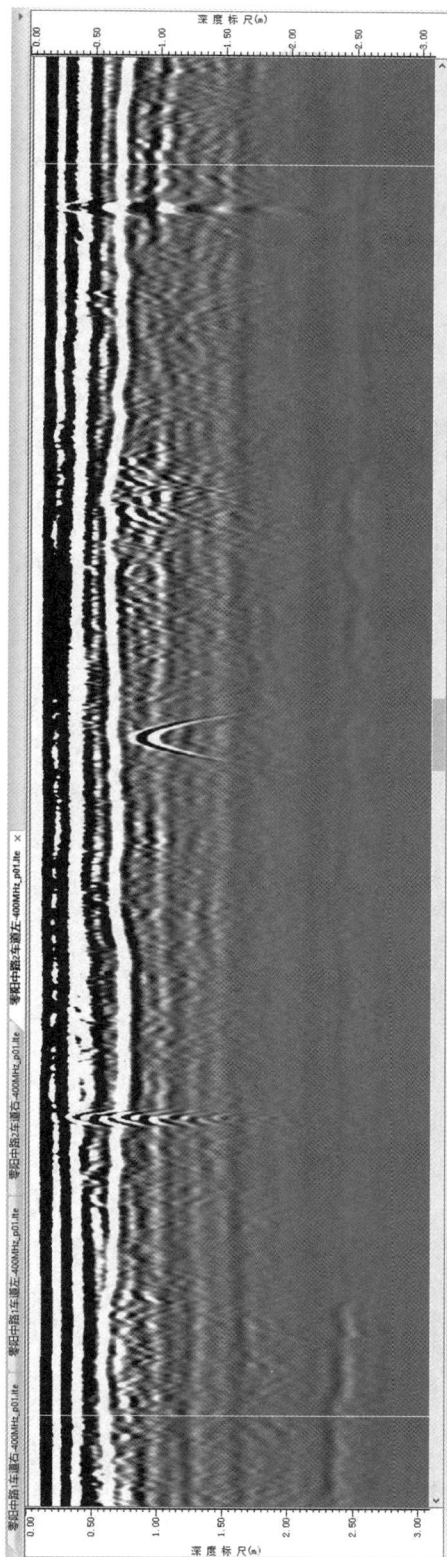

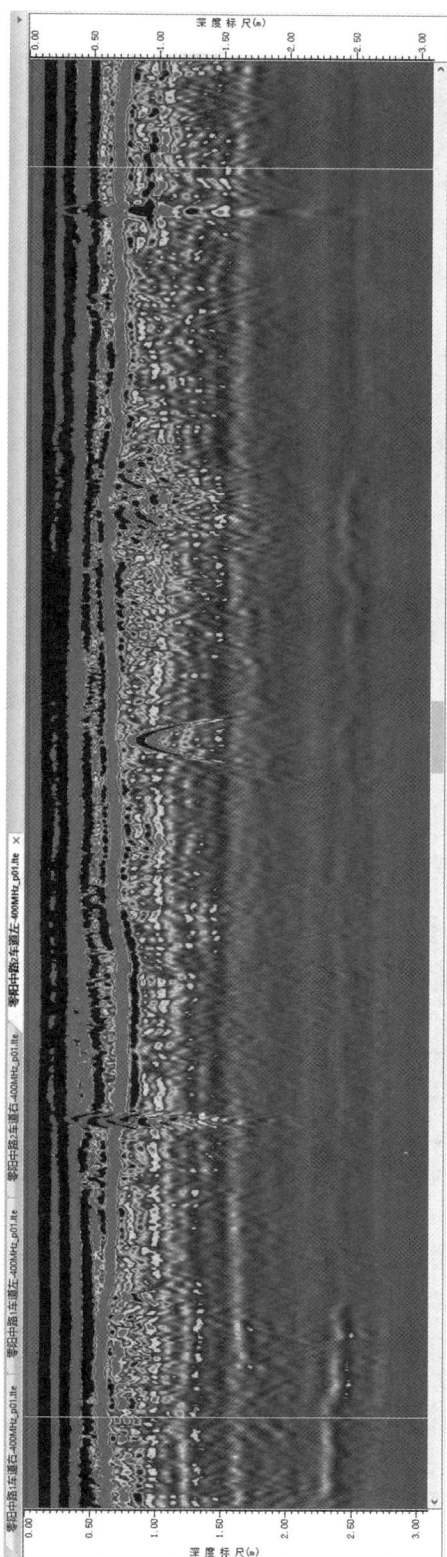

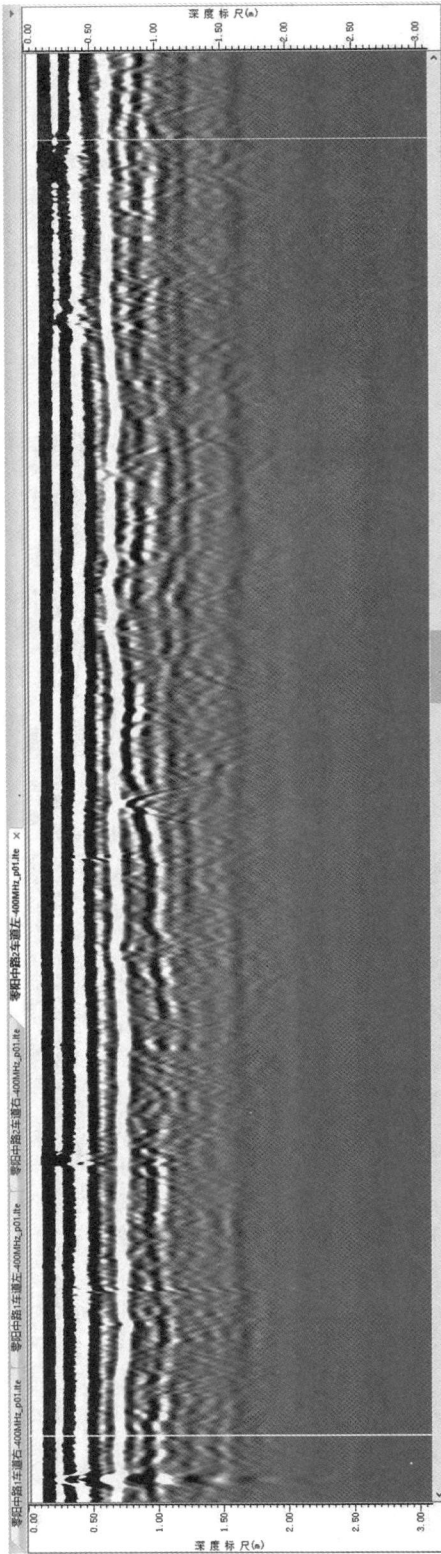

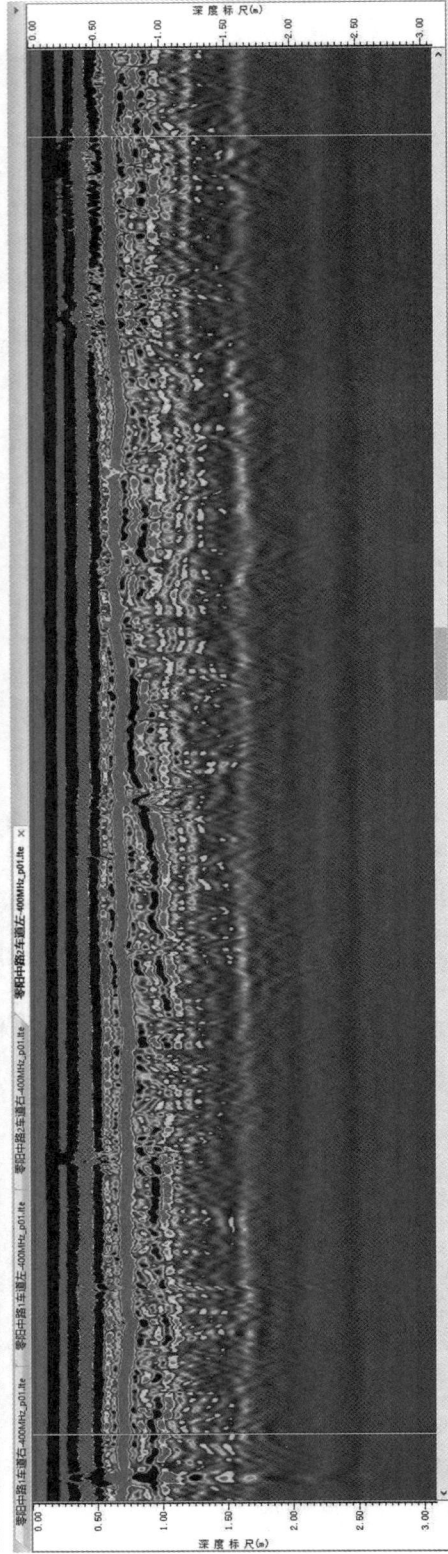

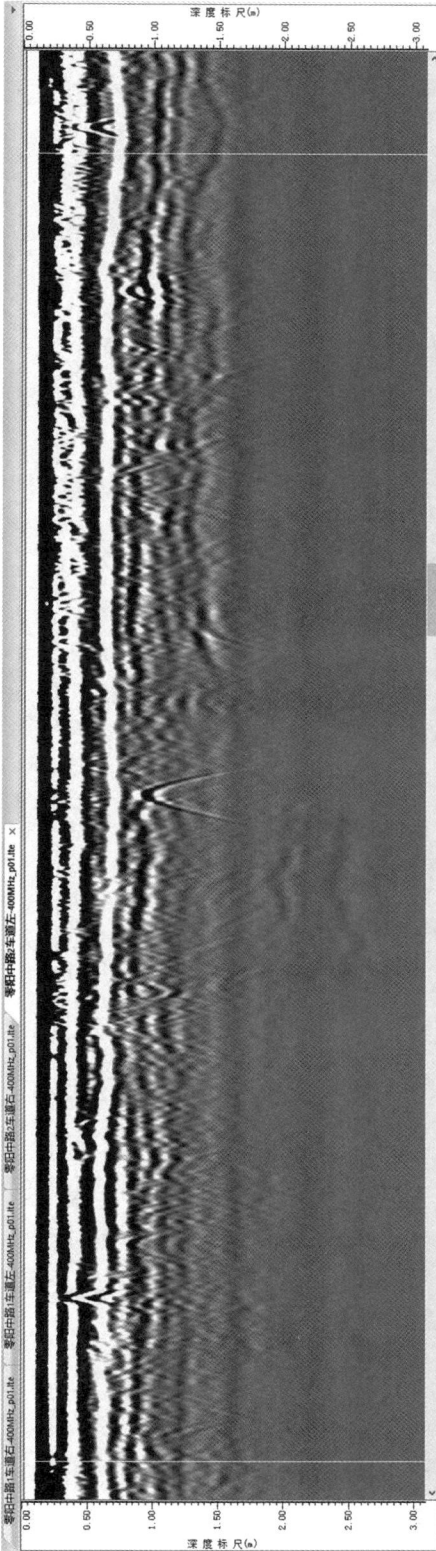

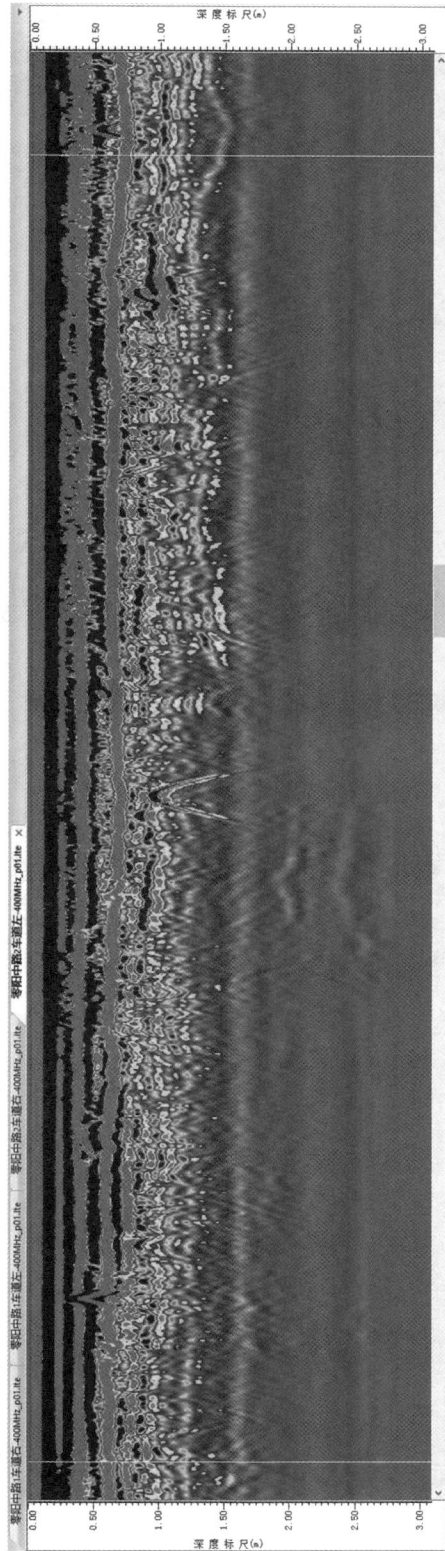

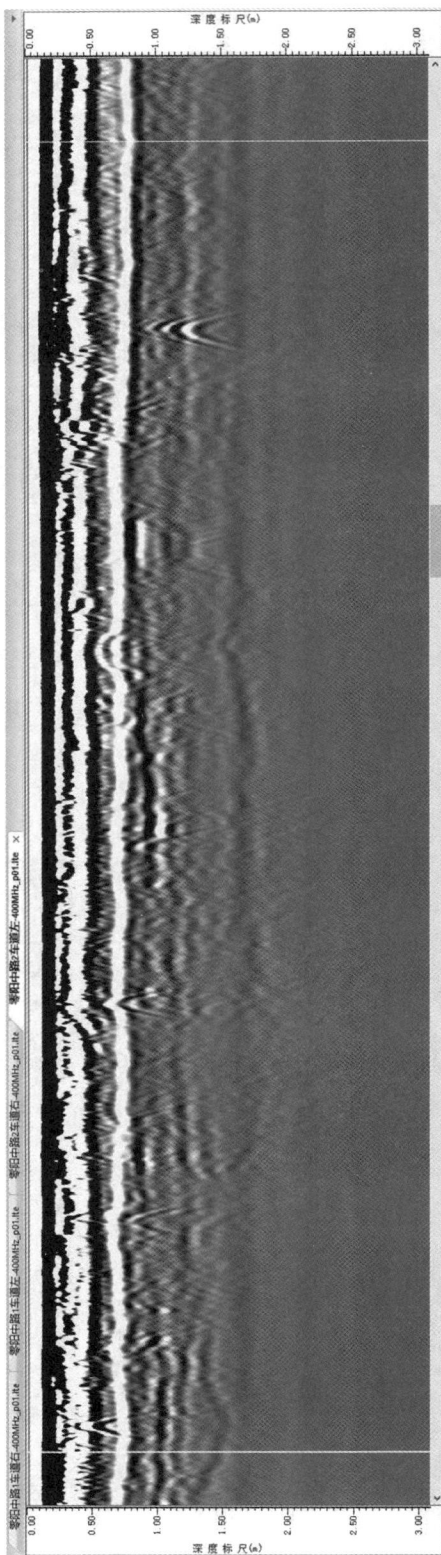

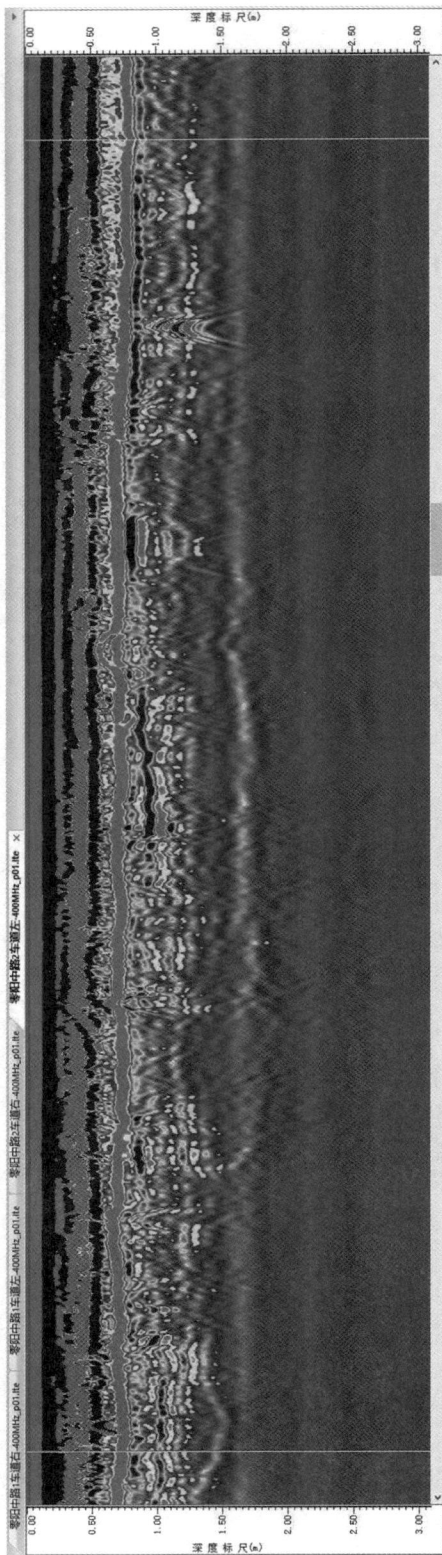

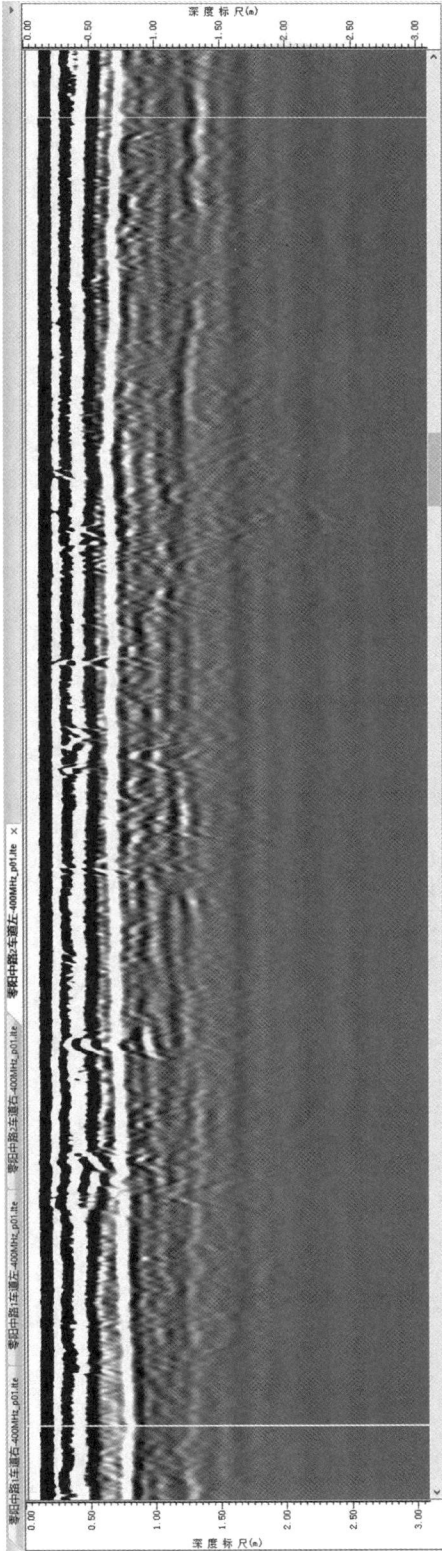

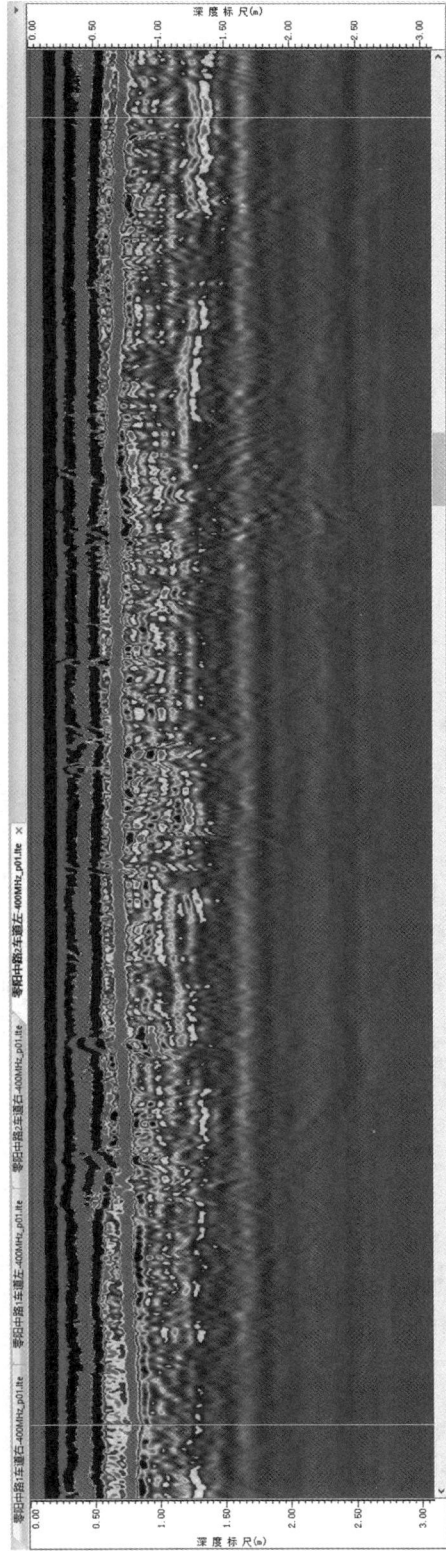

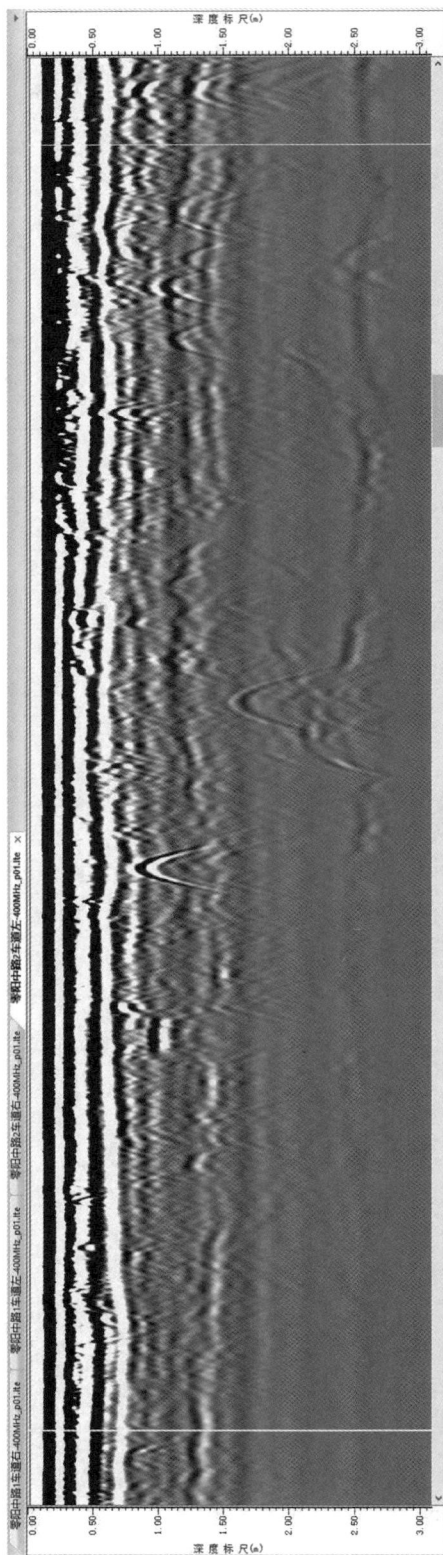

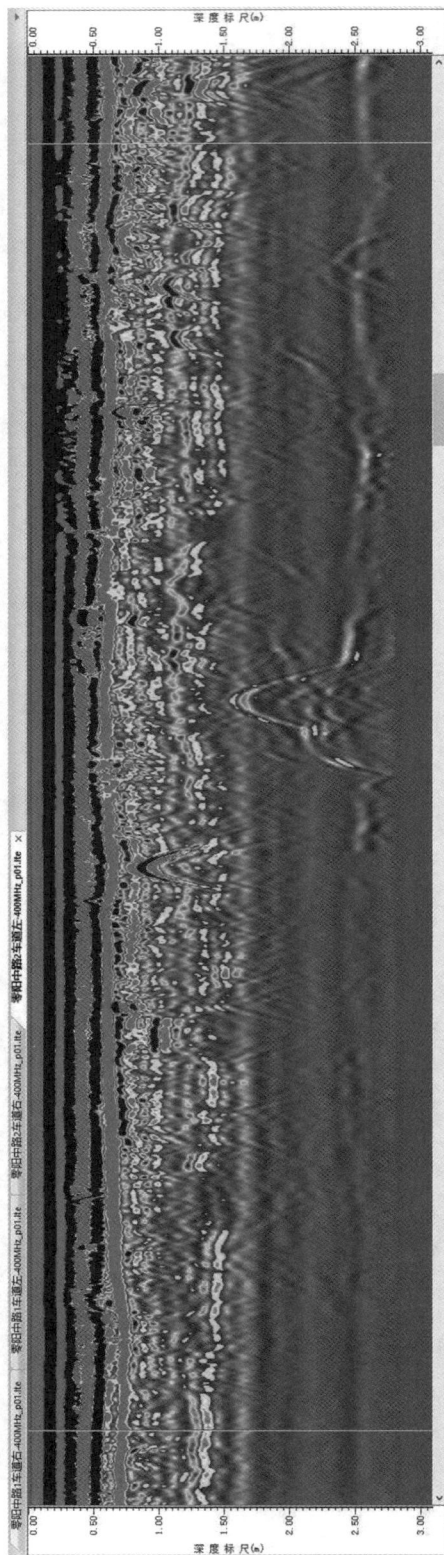

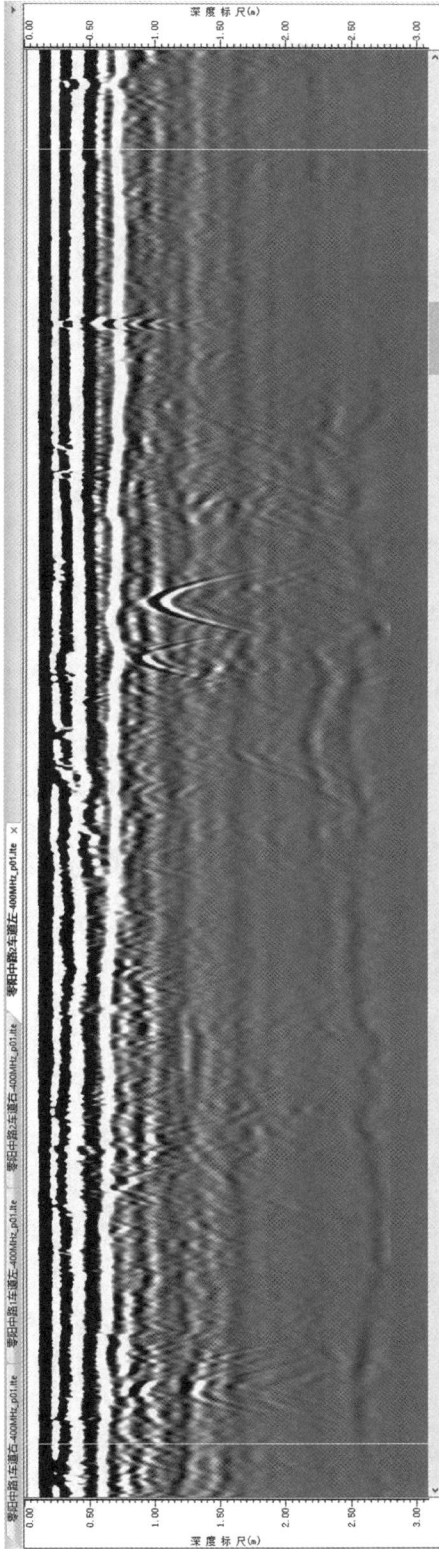

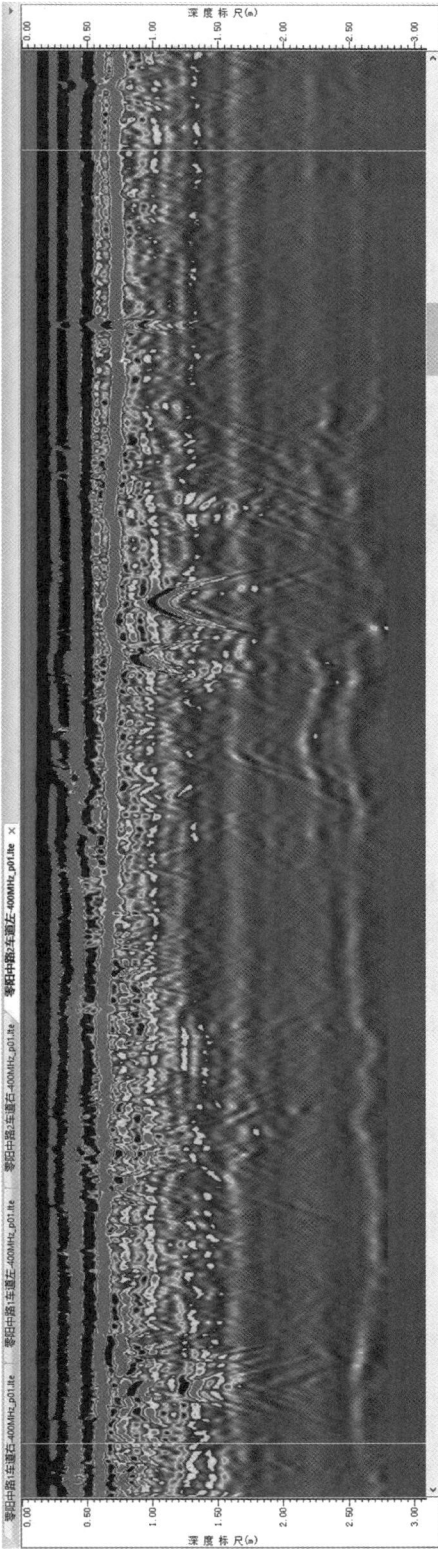

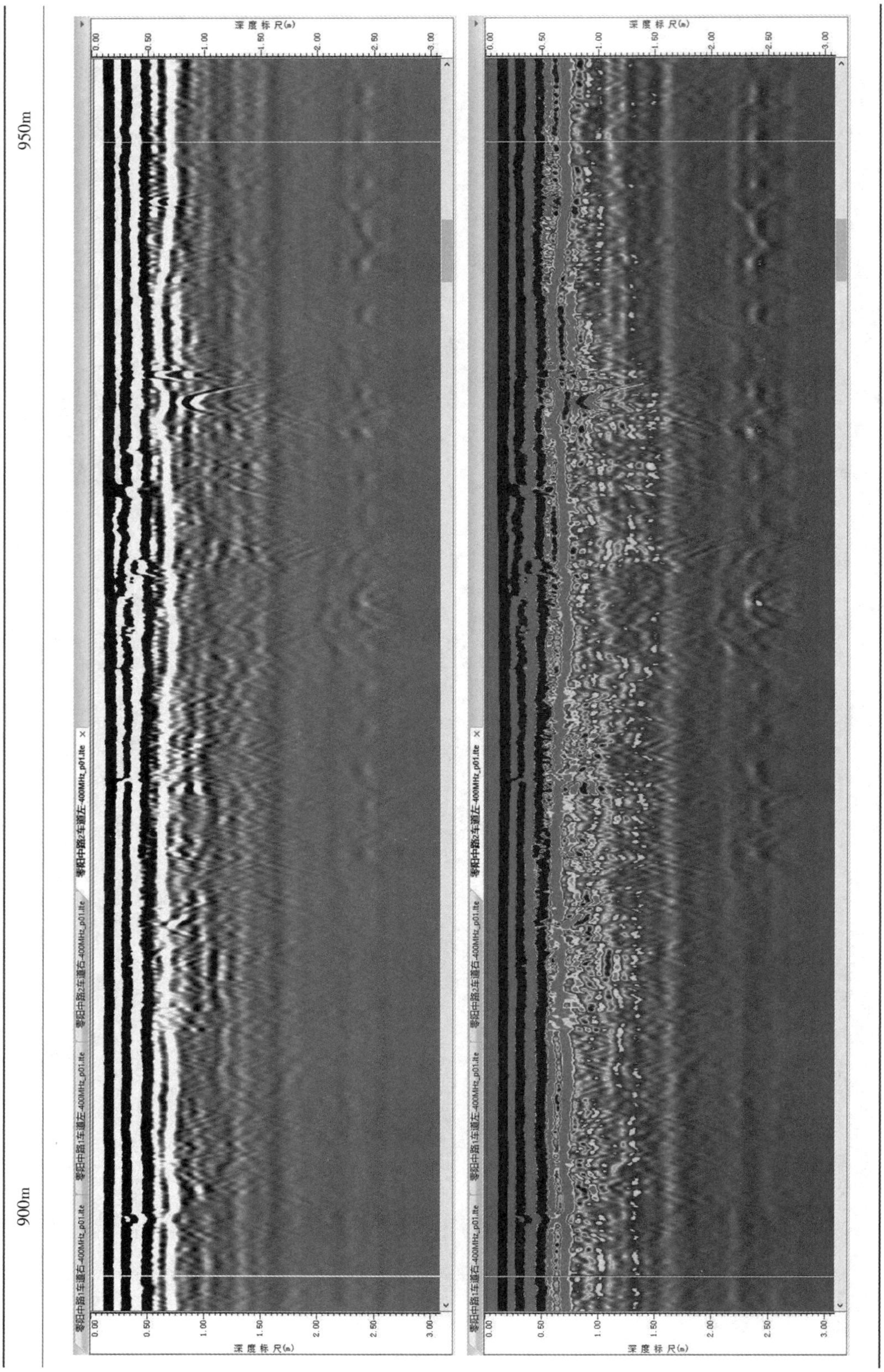
950m
900m
深度标尺(m)
0.00
0.50
1.00
1.50
2.00
2.50
3.00

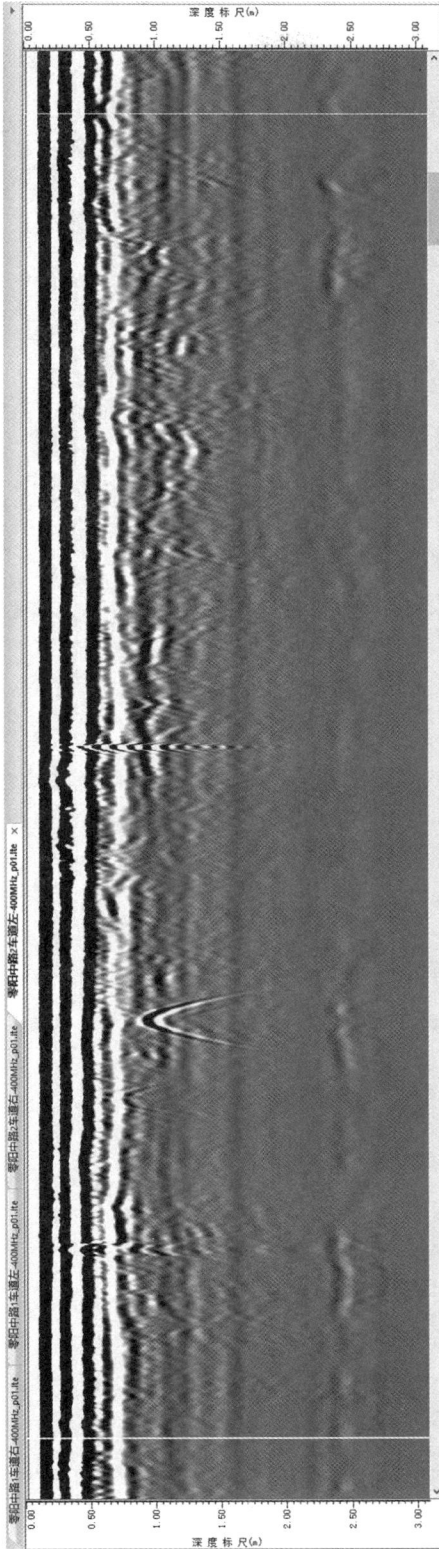

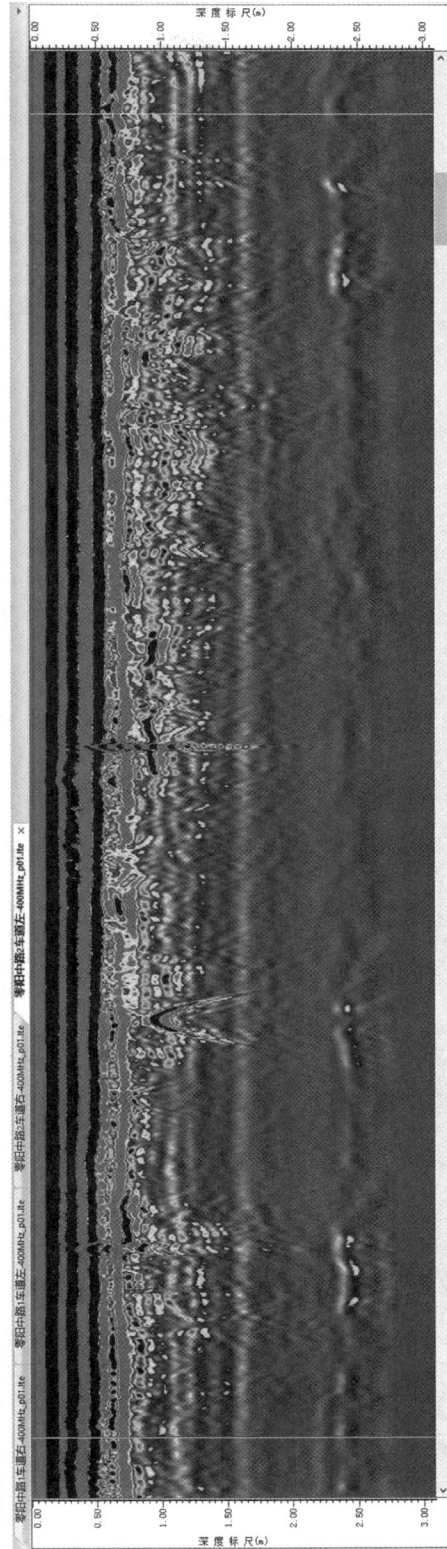

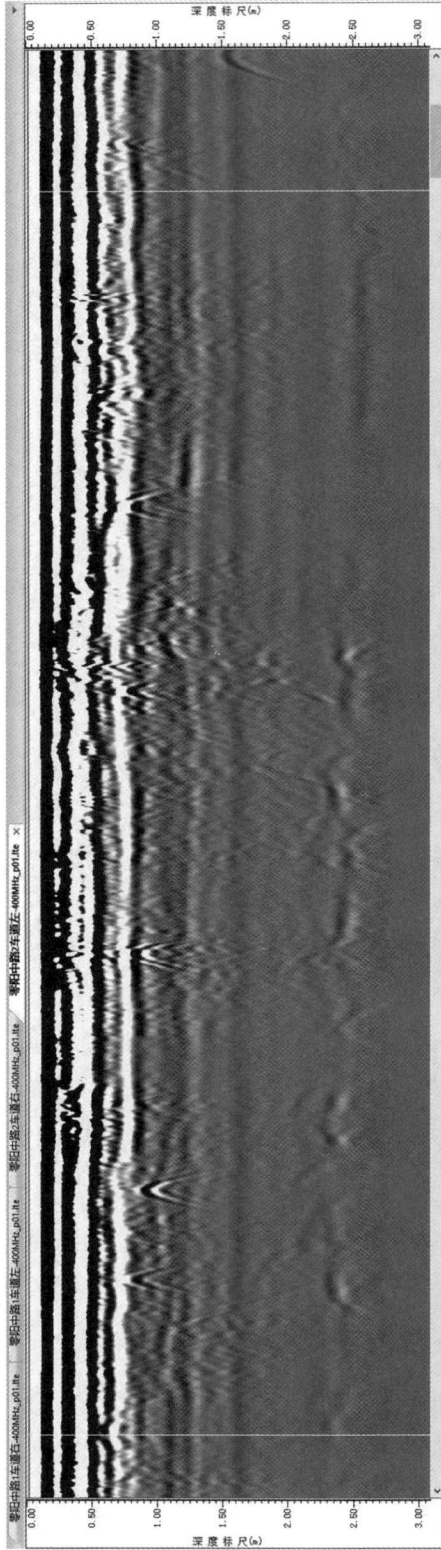

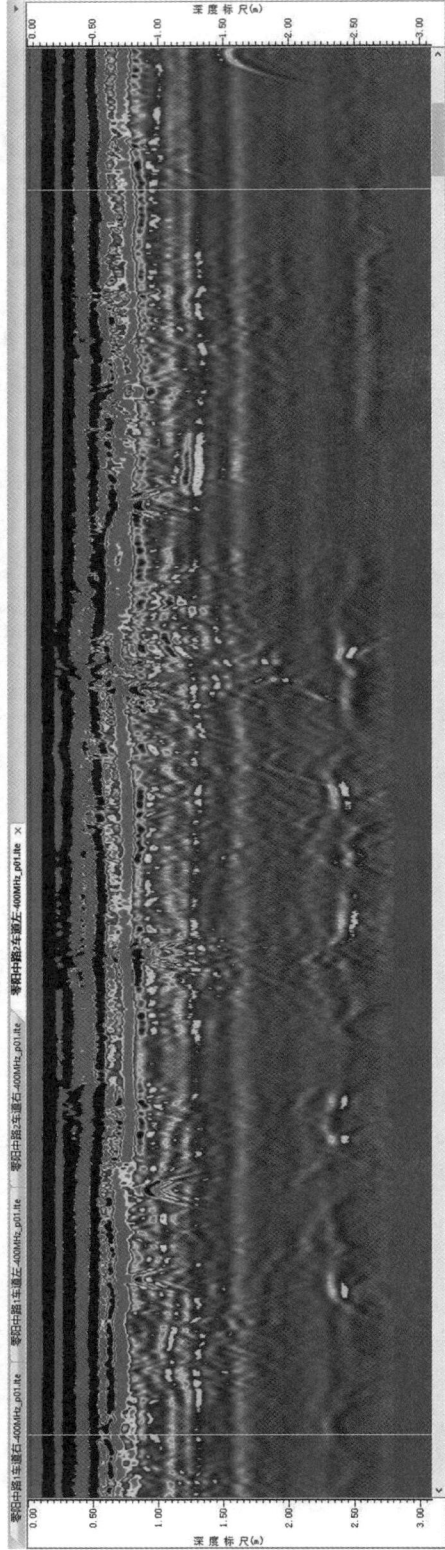

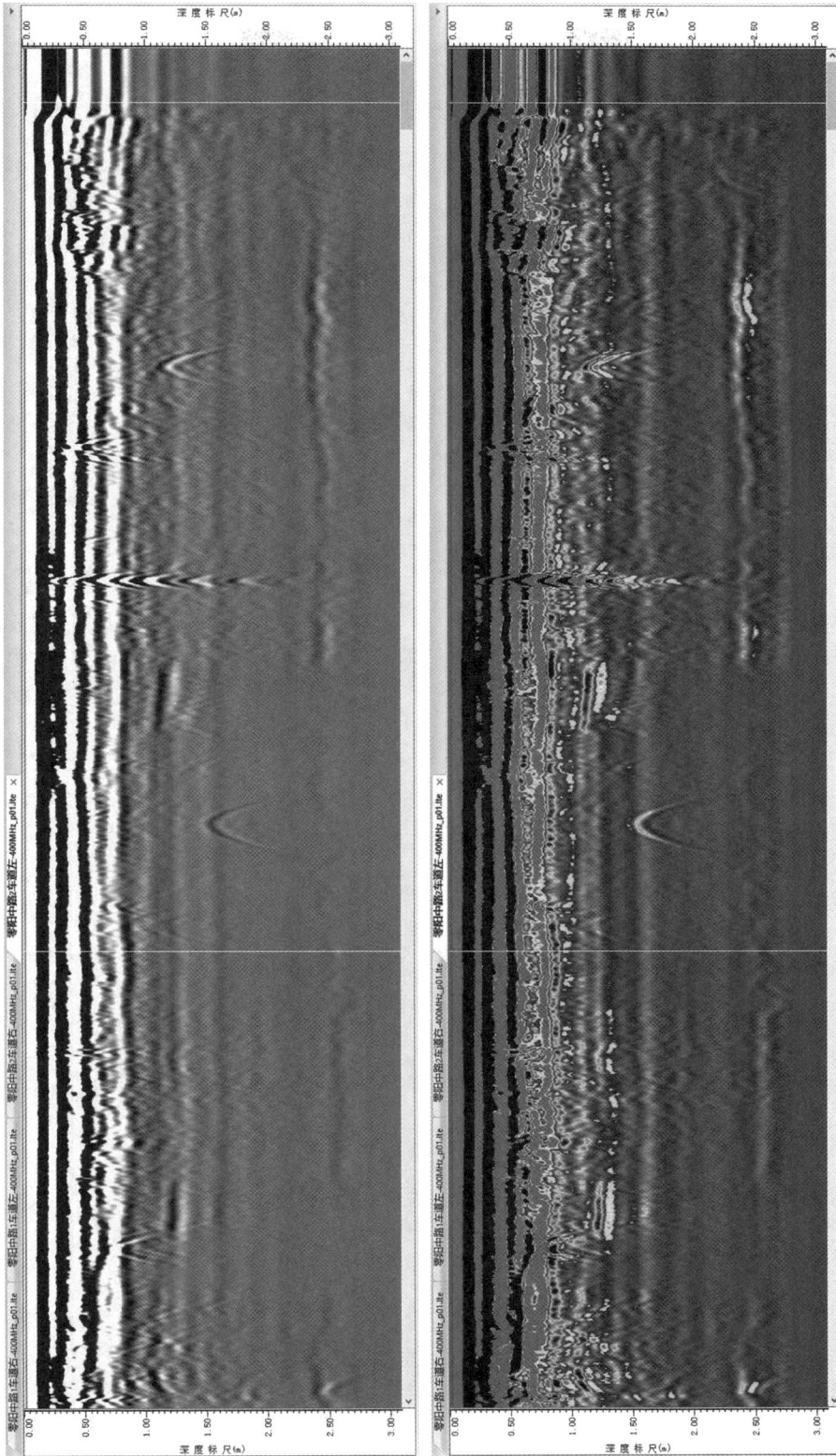

图 6.27　LTD2100–MHz400 沥青混凝土路面管线左幅 2 车道 E→W 纵向探测成果

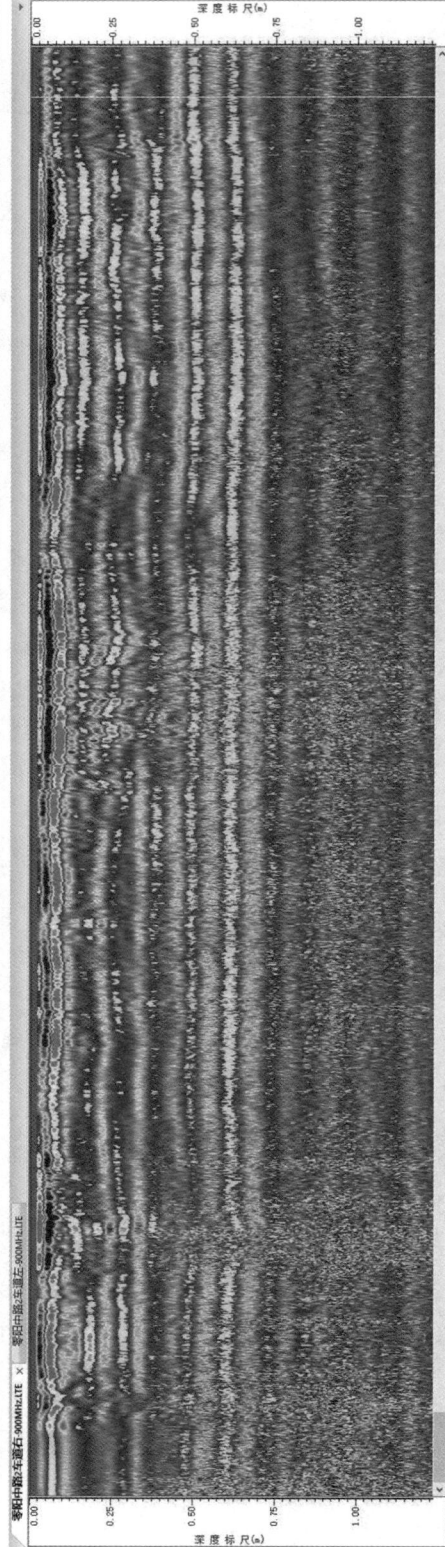

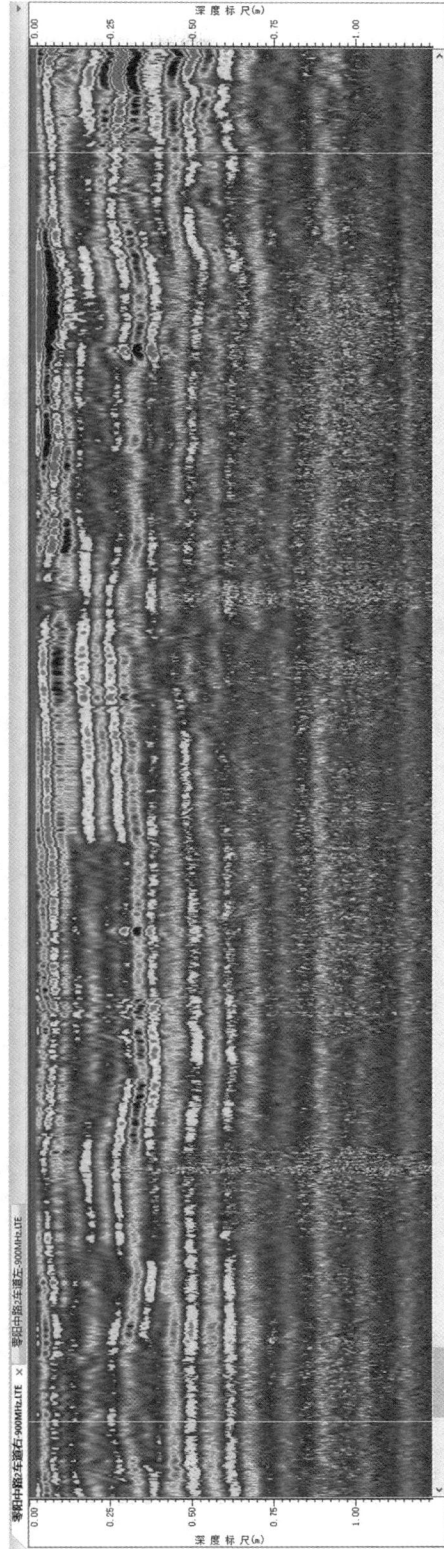

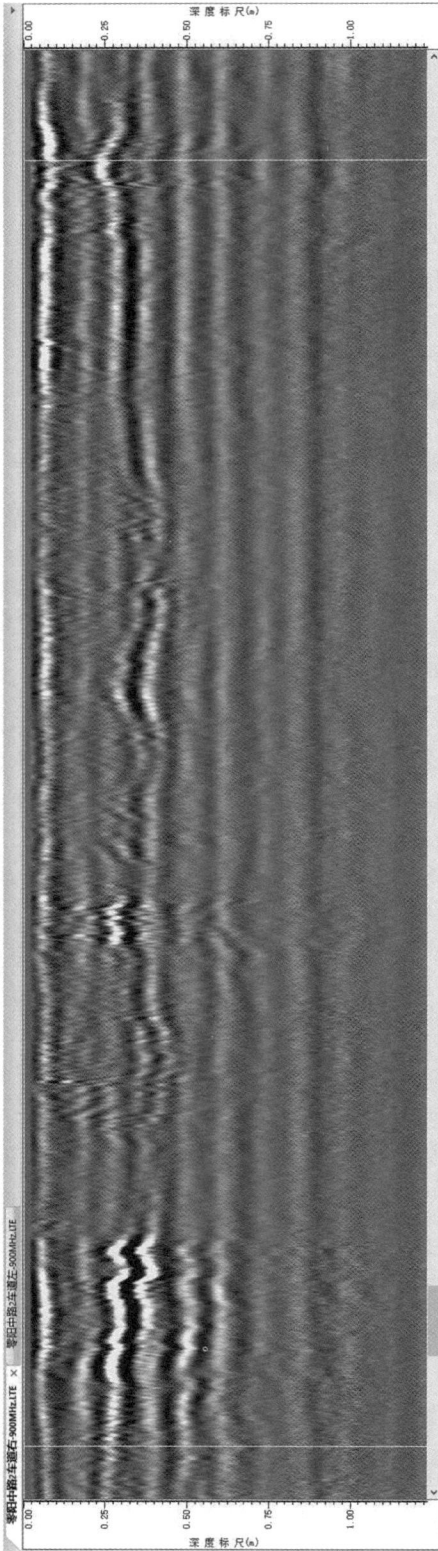

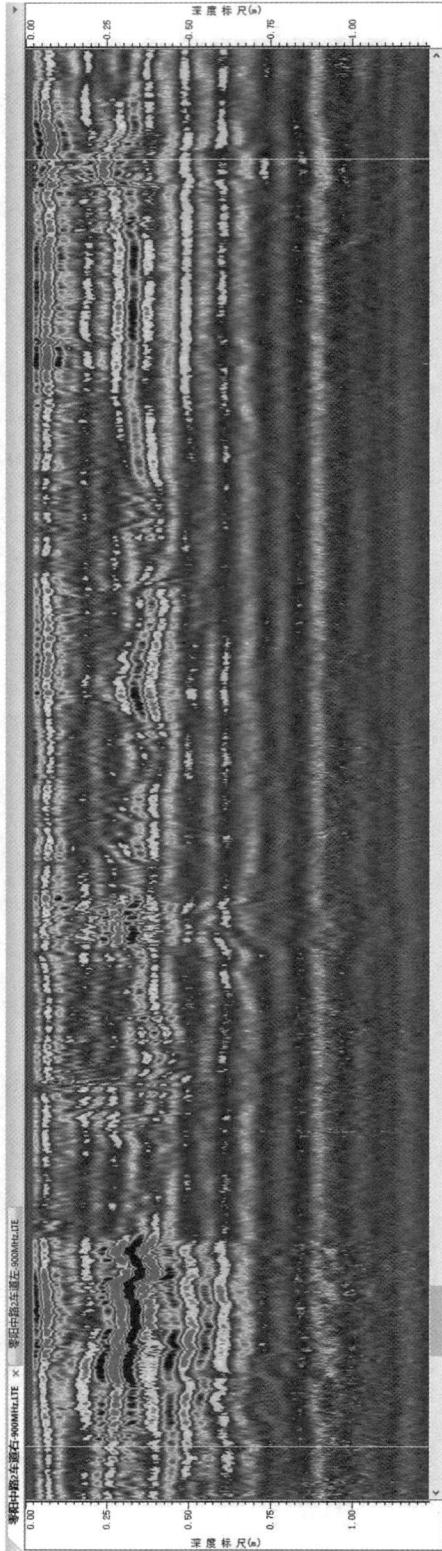

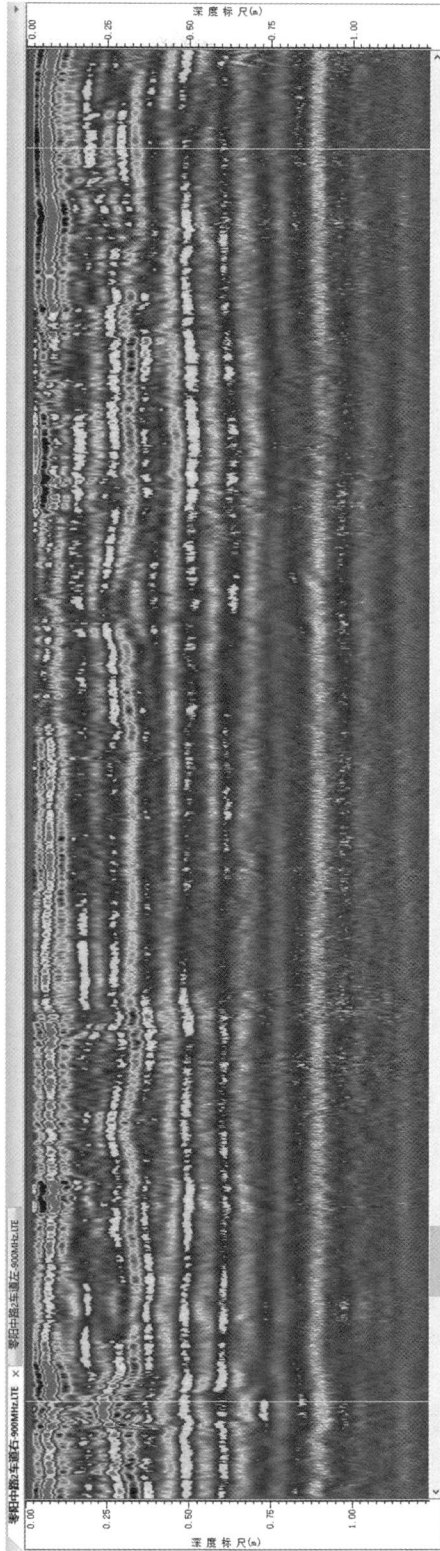

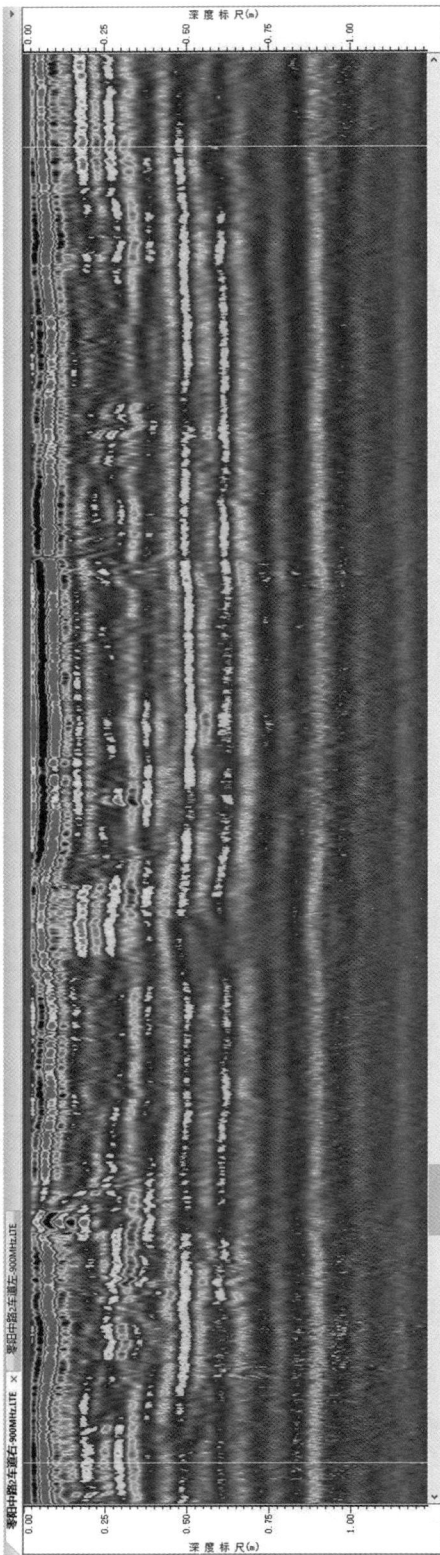

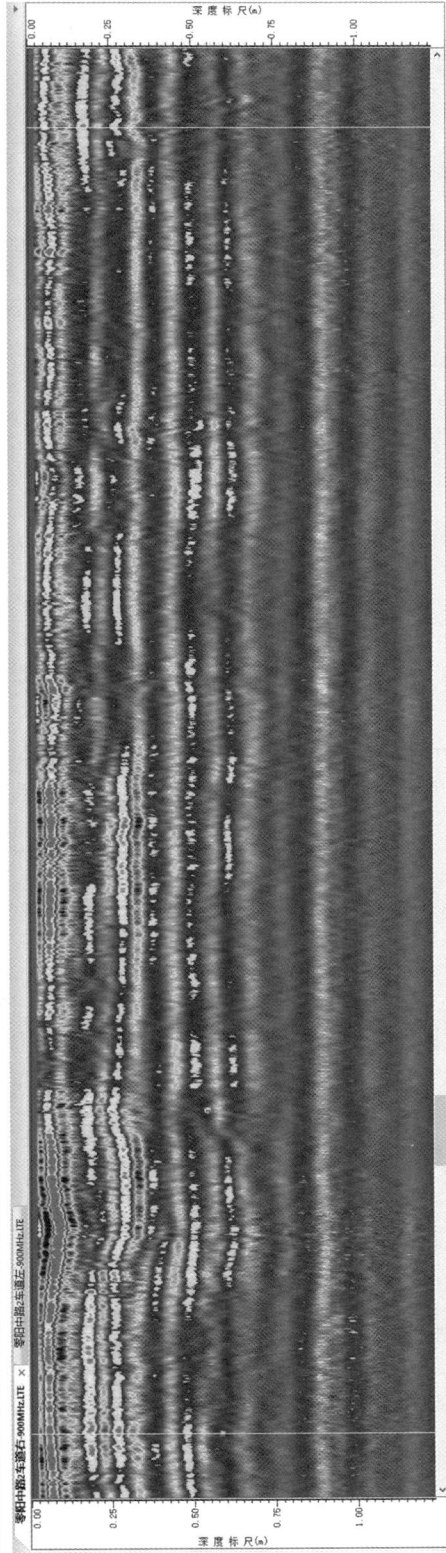

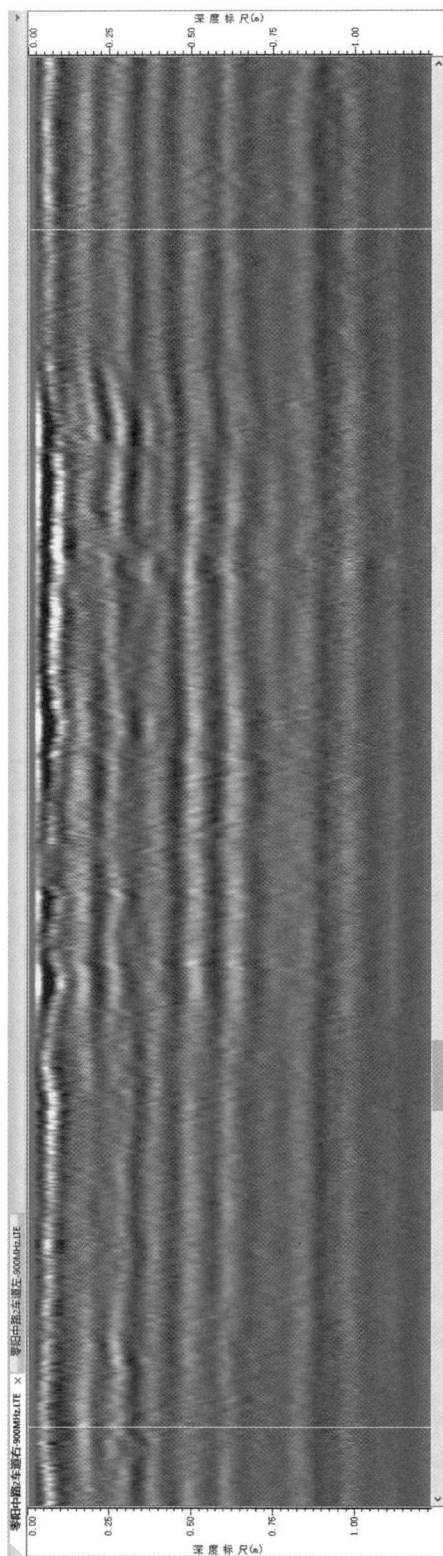

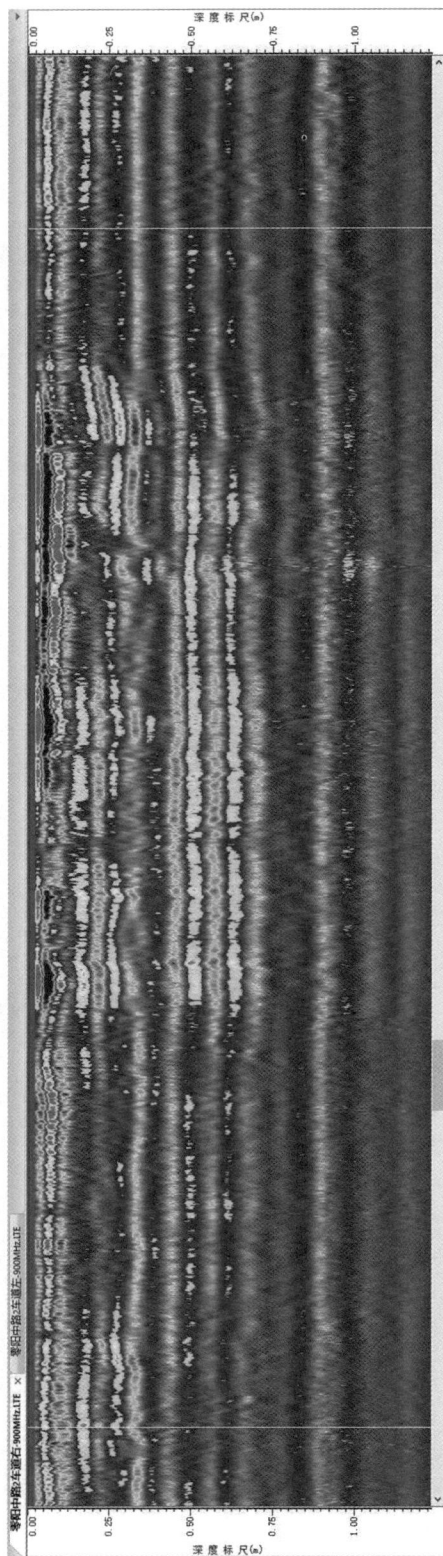

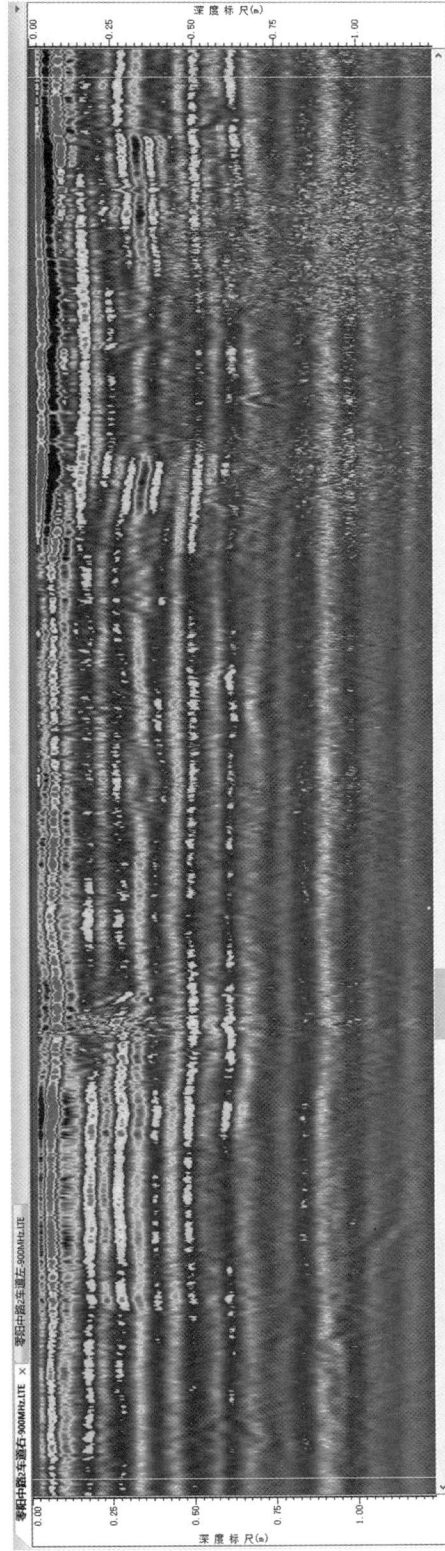

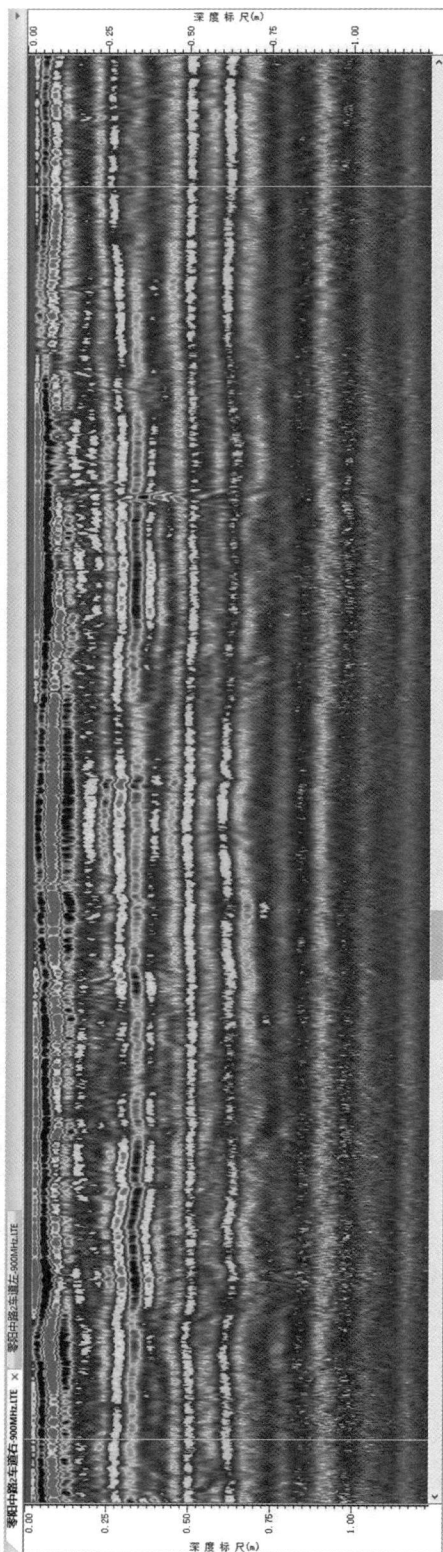

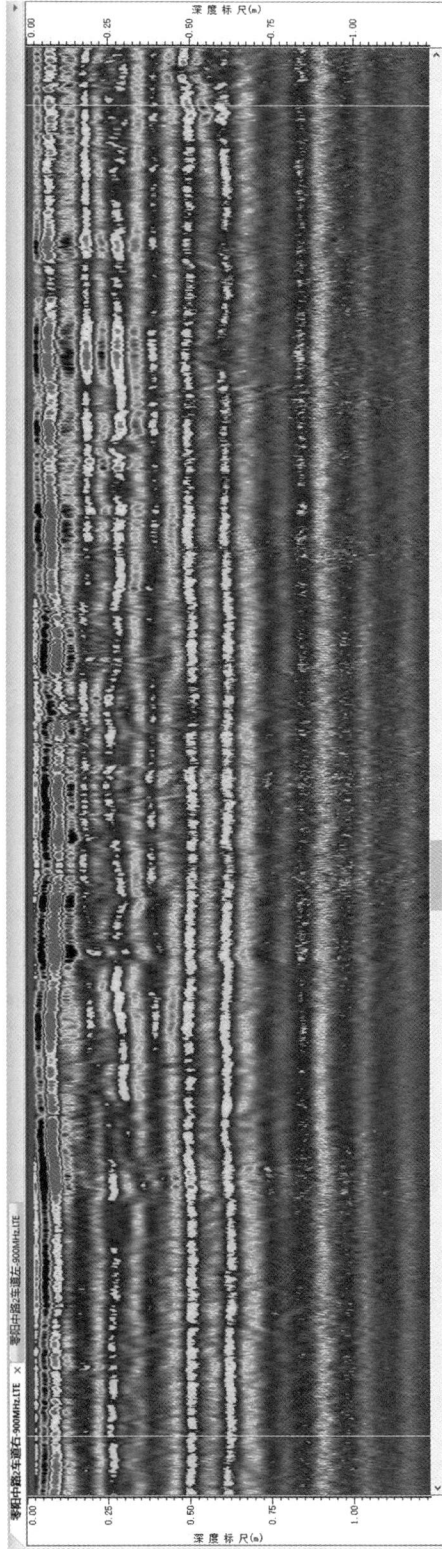

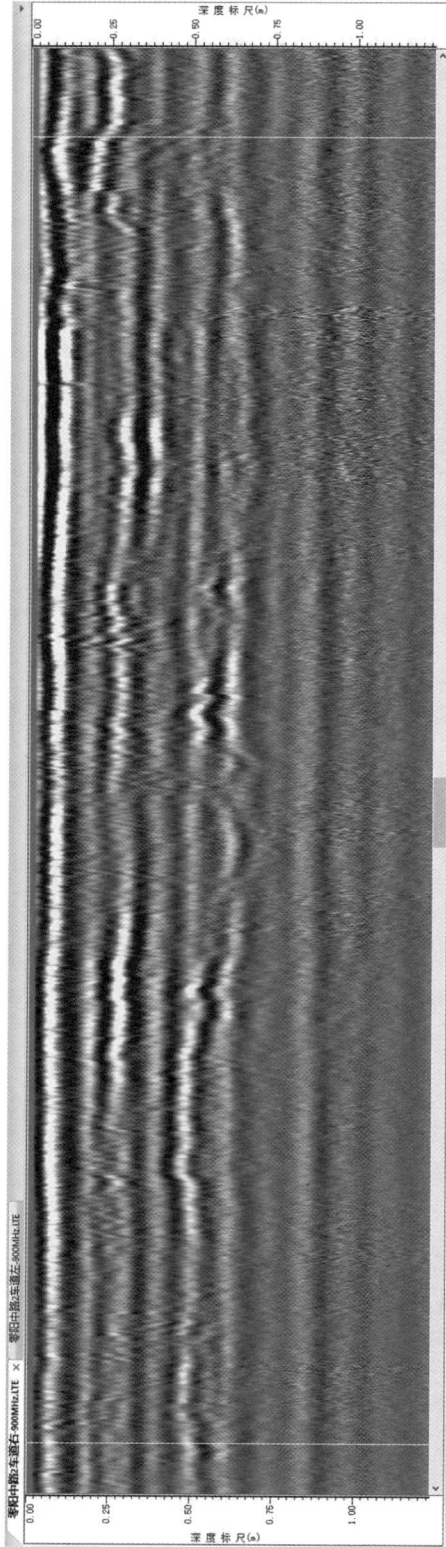

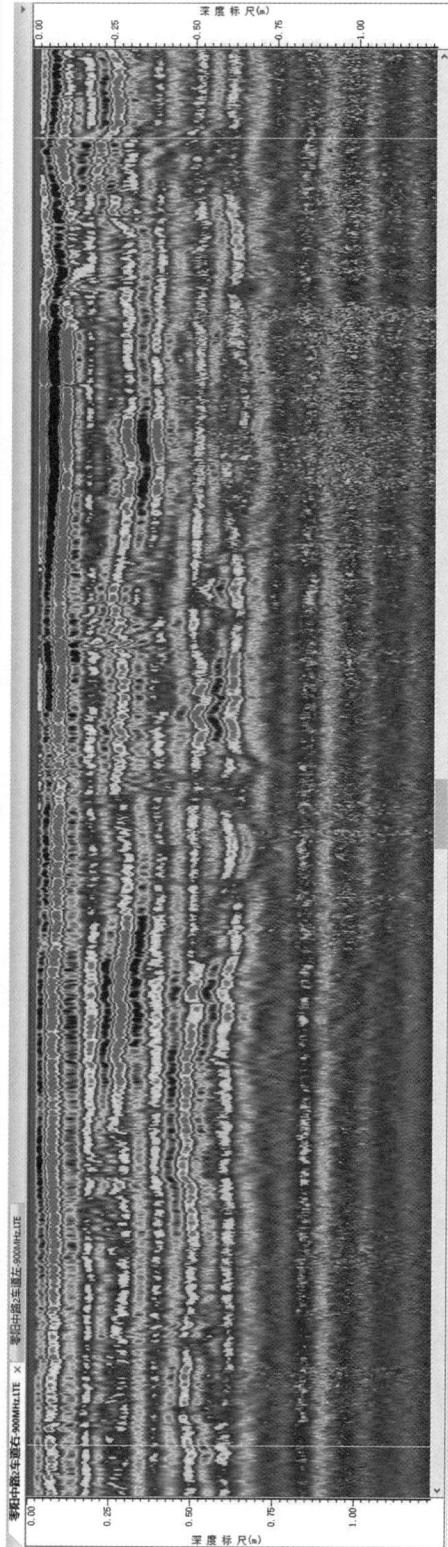

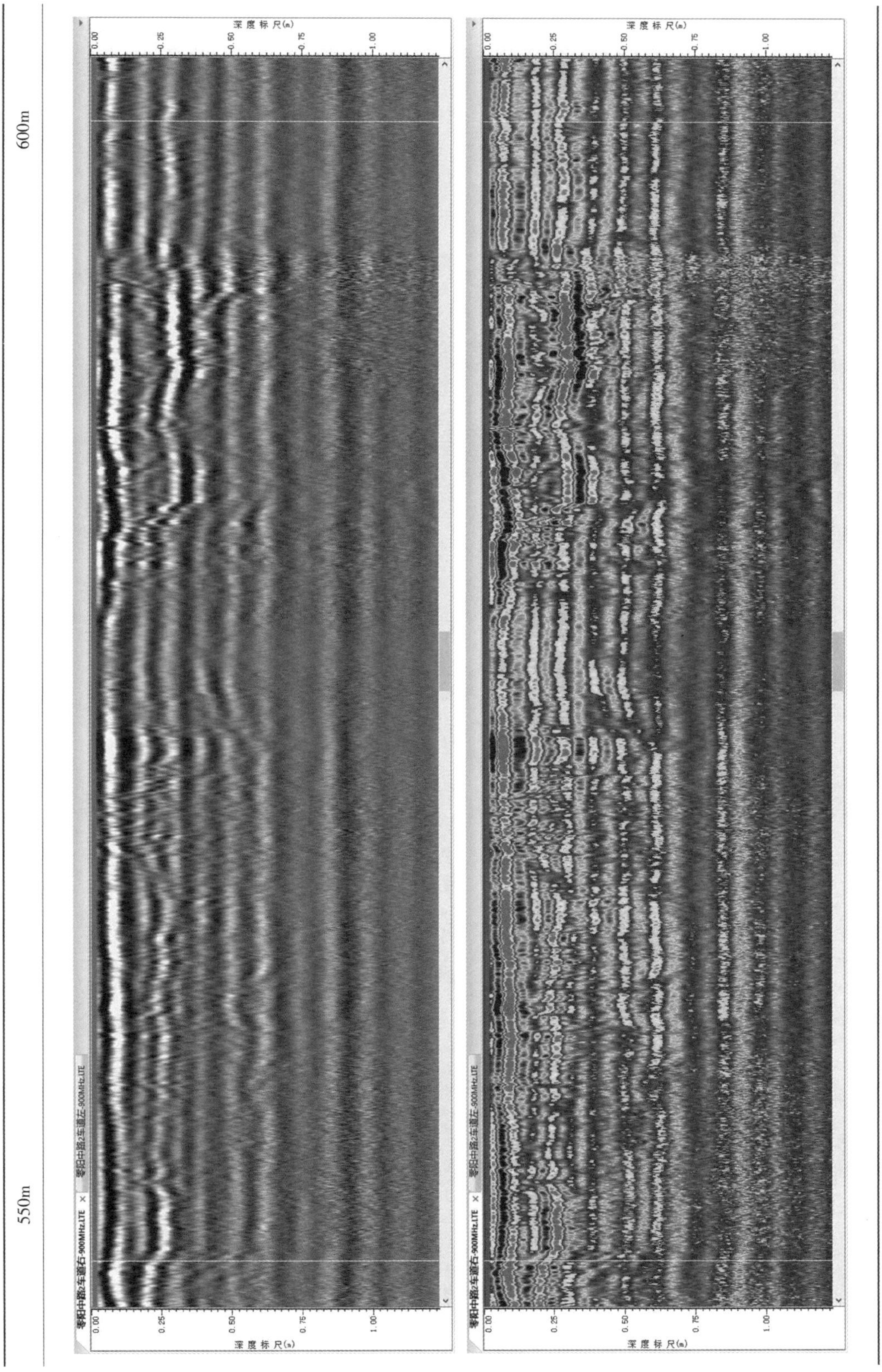
600m
550m
深度标尺(m)
0.00
0.25
0.50
0.75
1.00

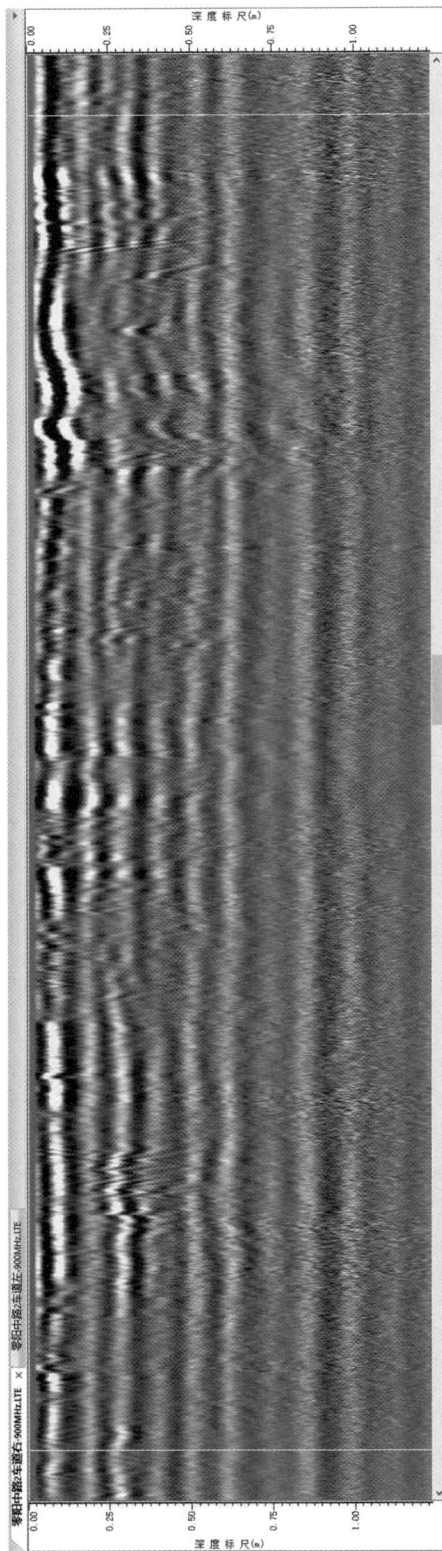

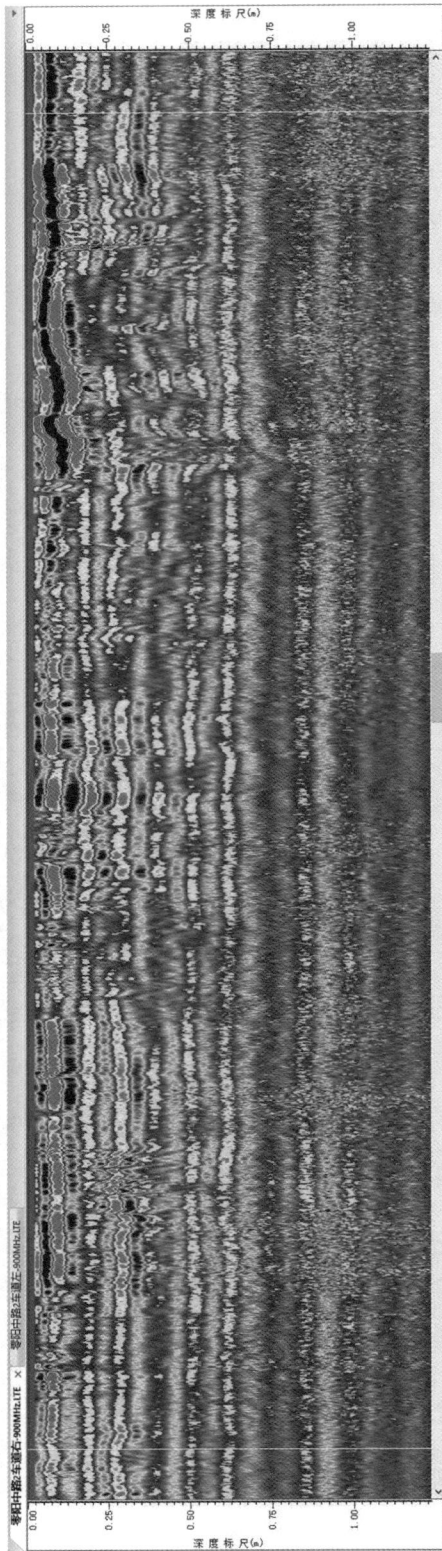

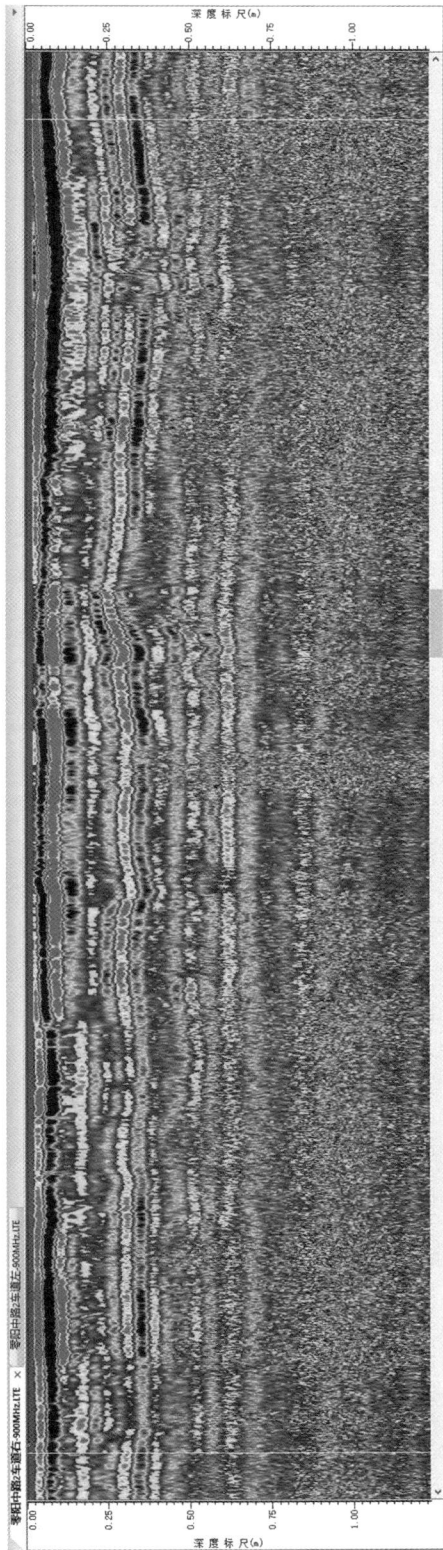

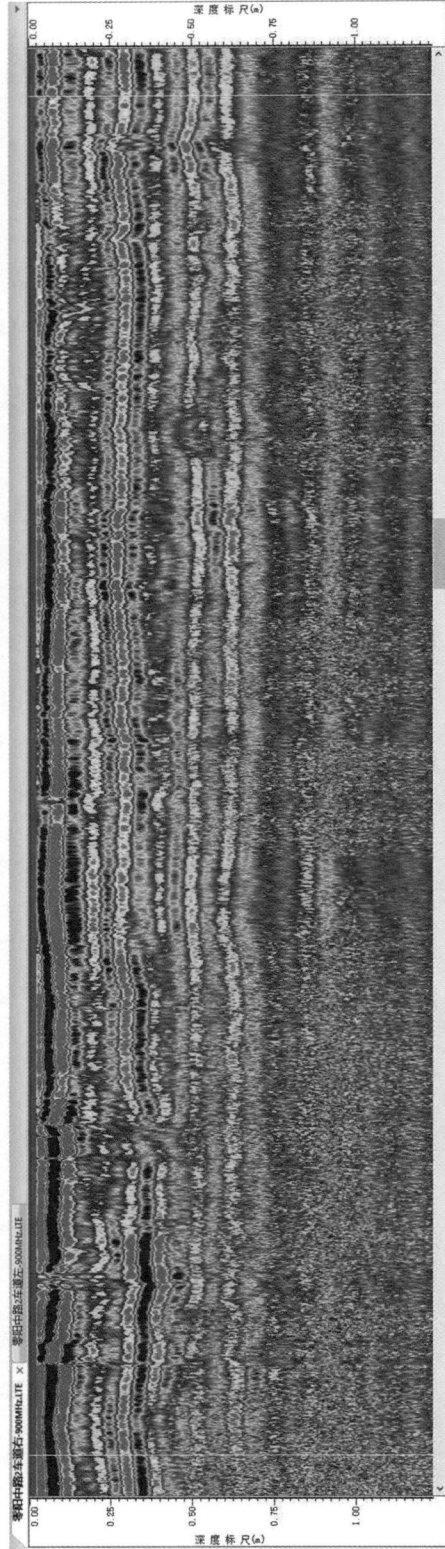

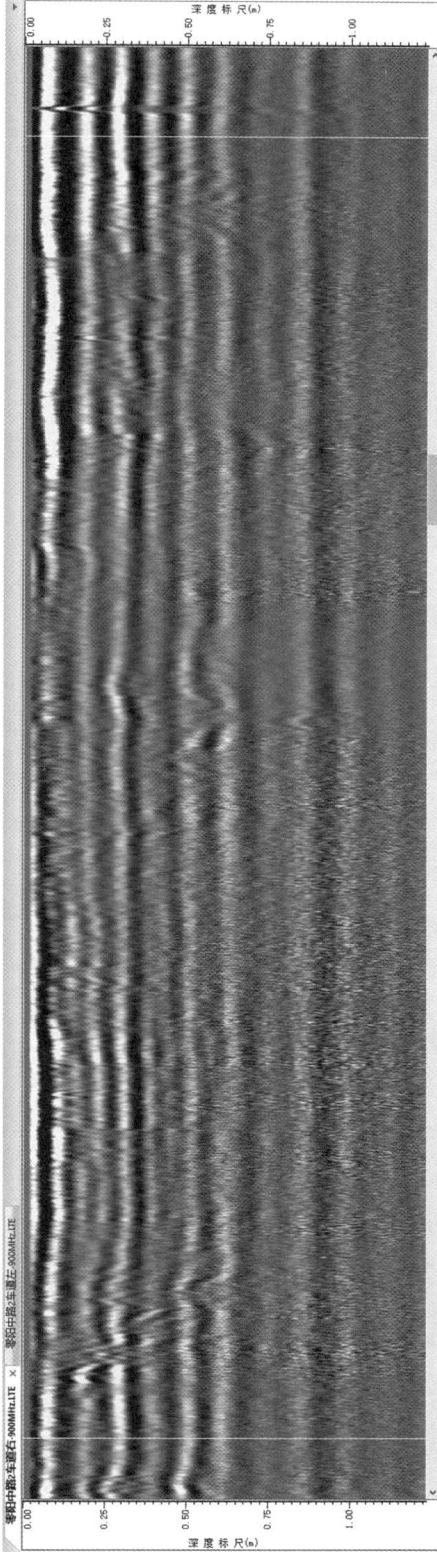

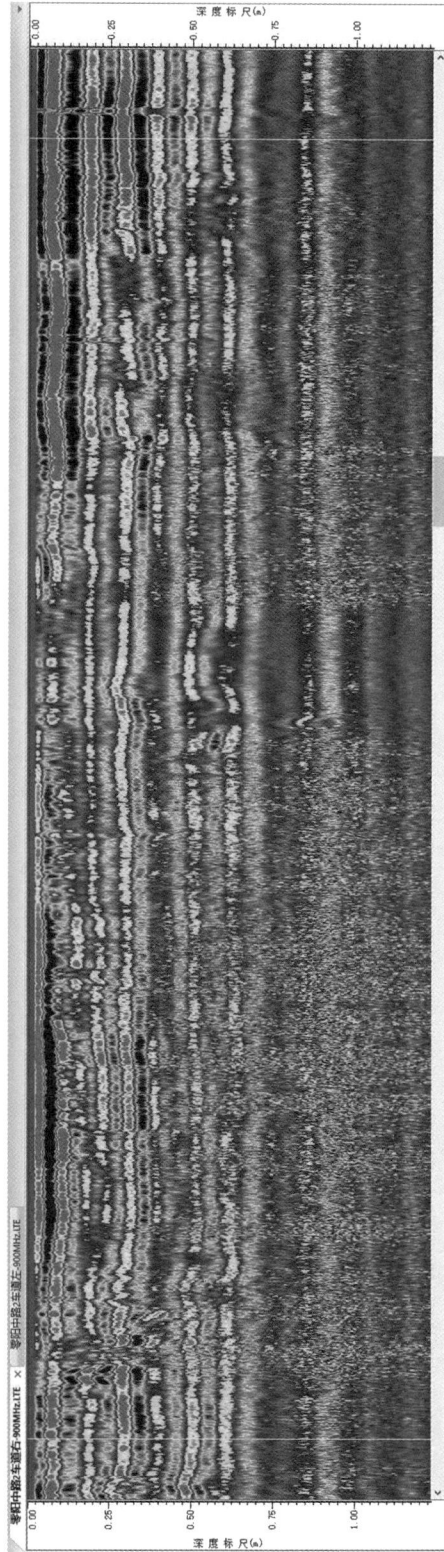

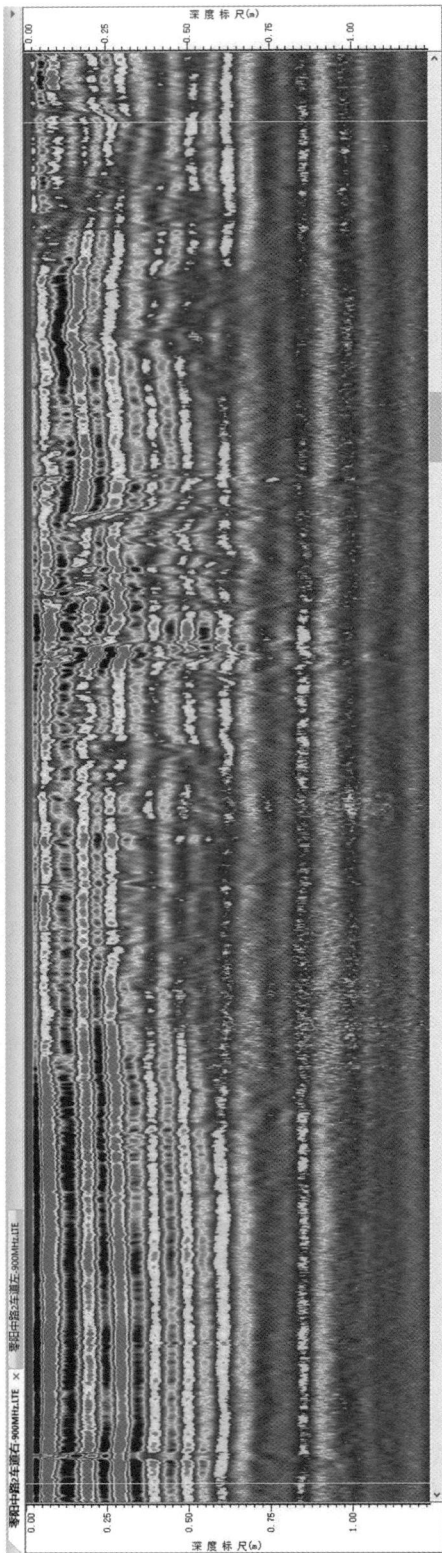

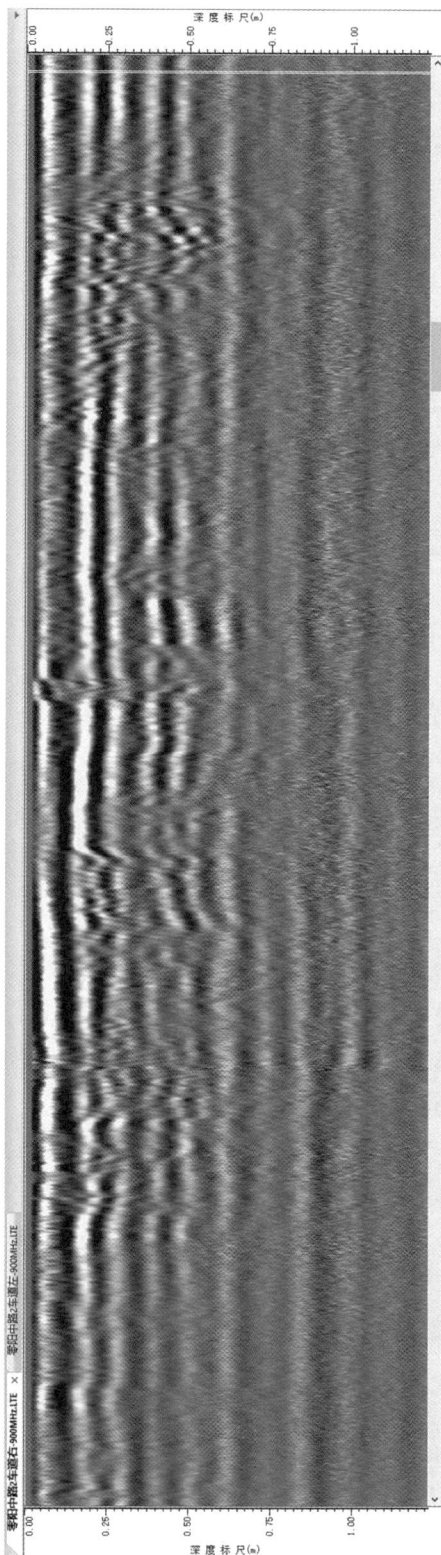

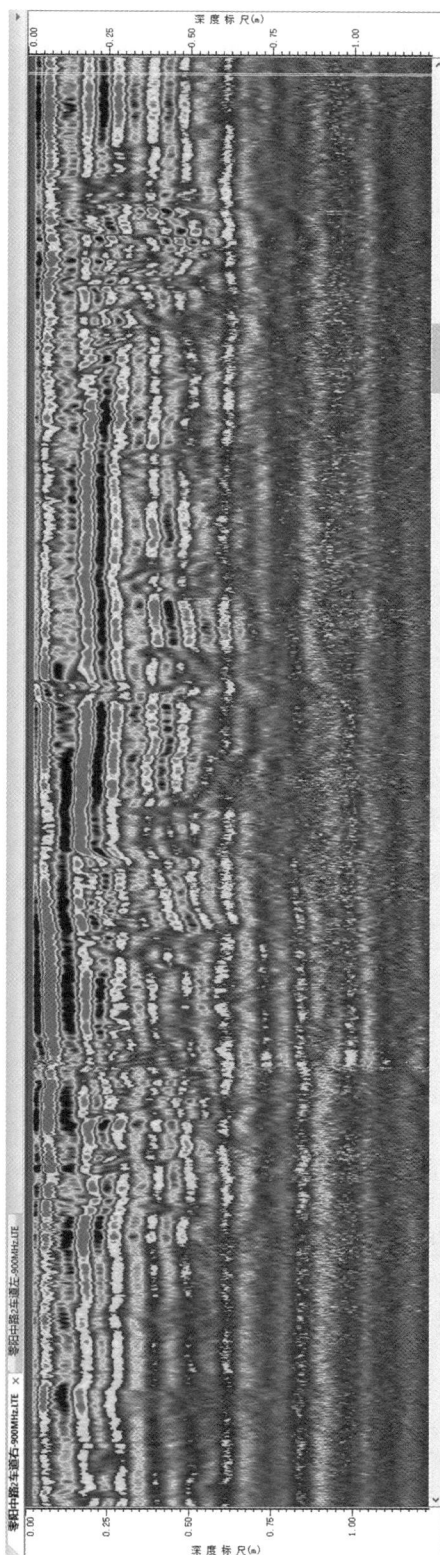

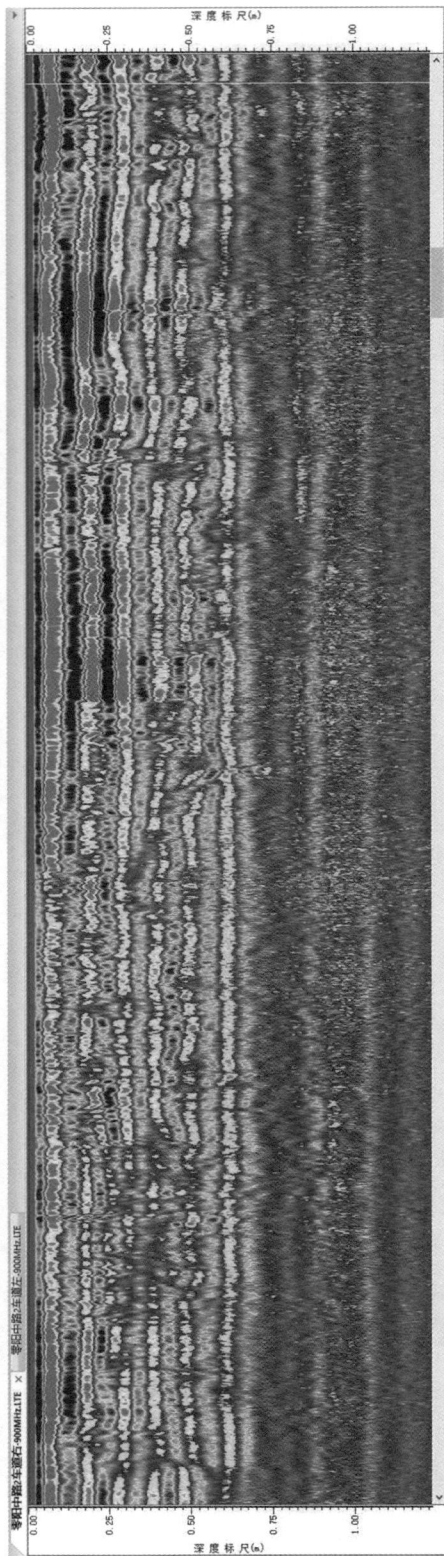

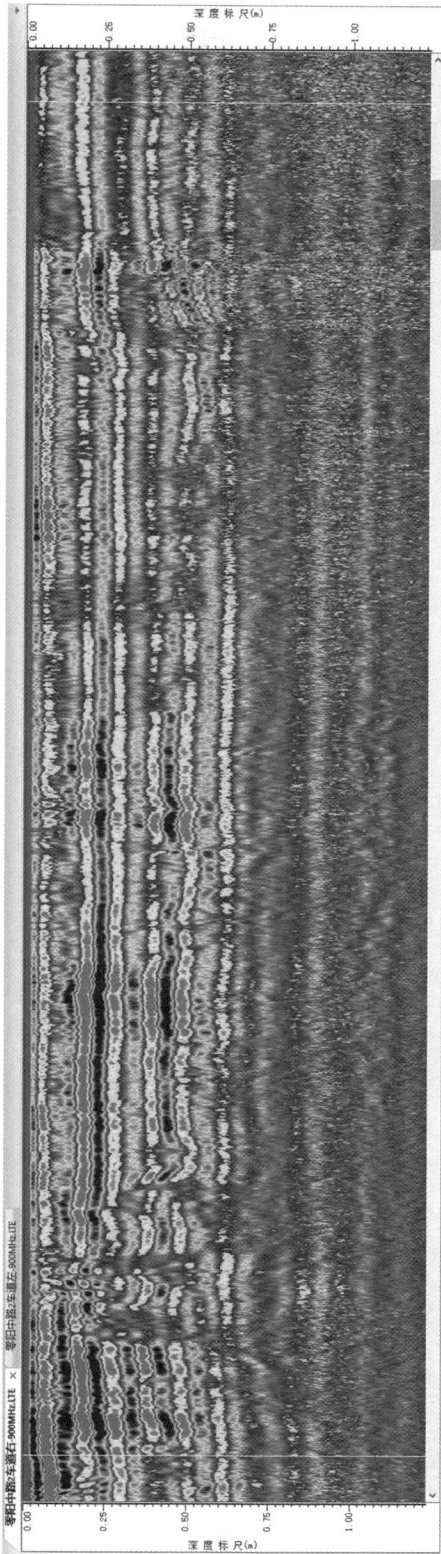

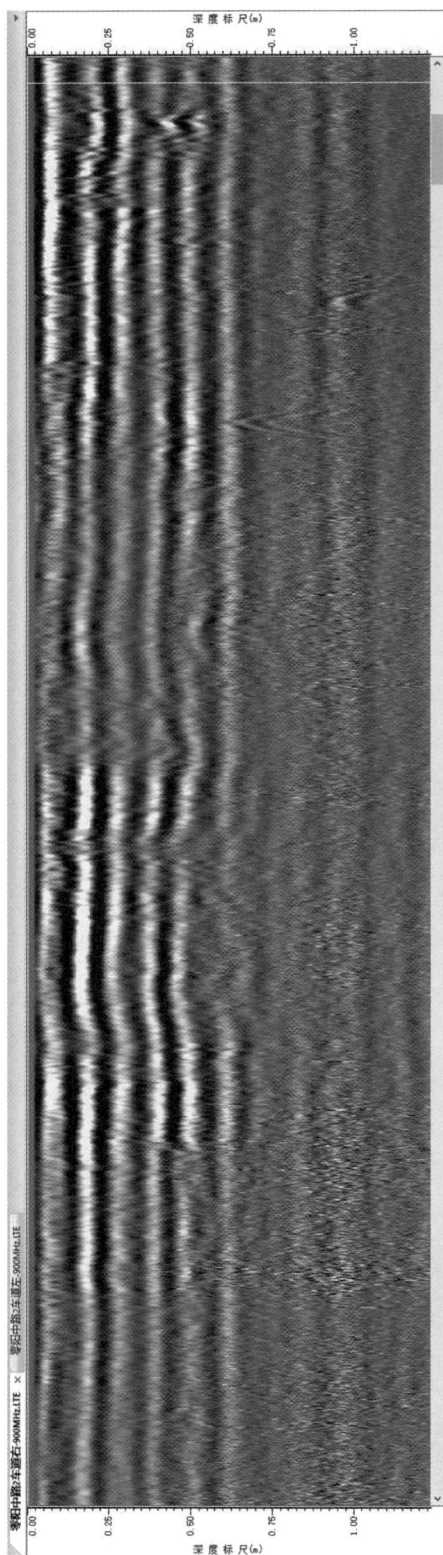

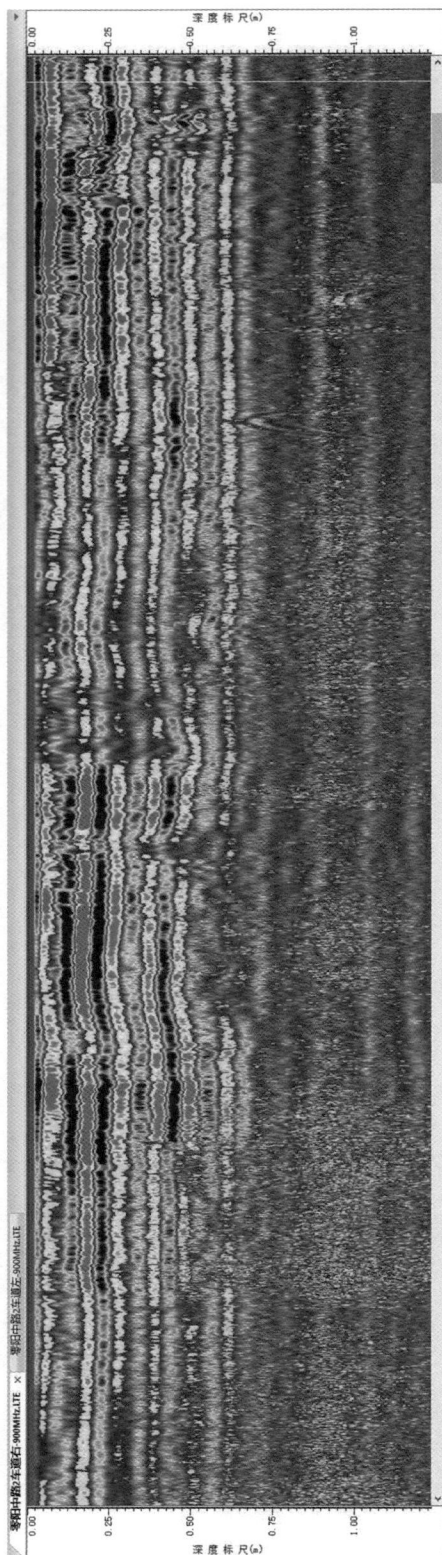

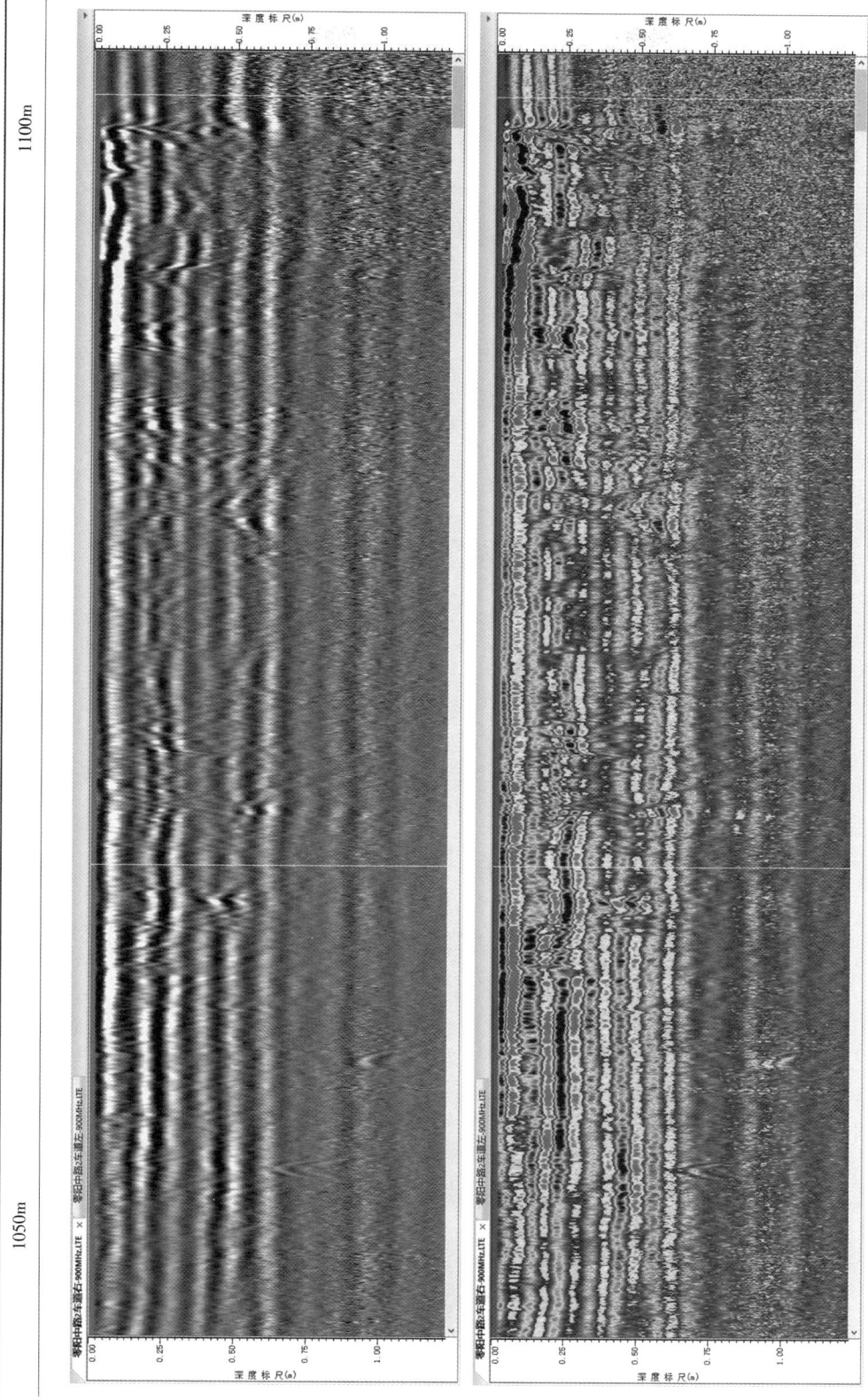

图 6.28　LTD2100–MHz900 沥青混凝土路面管线右幅 2 车道 W→E 纵向探测成果

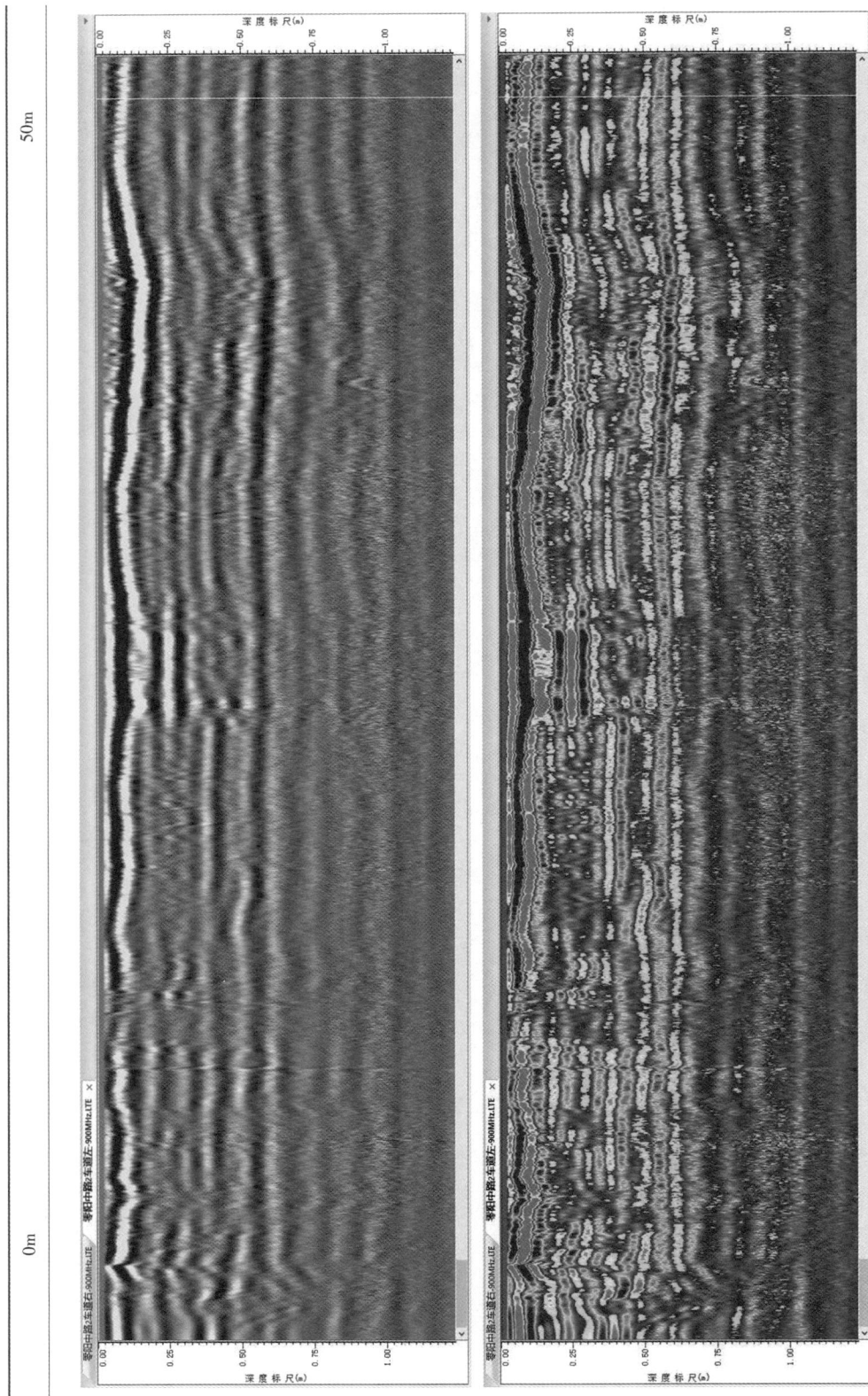

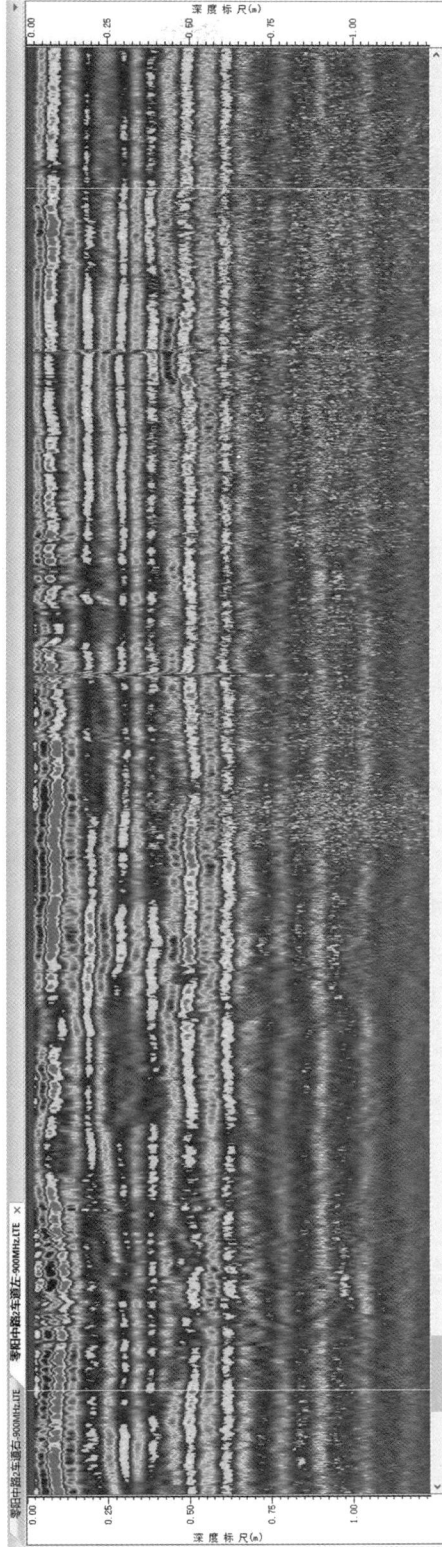

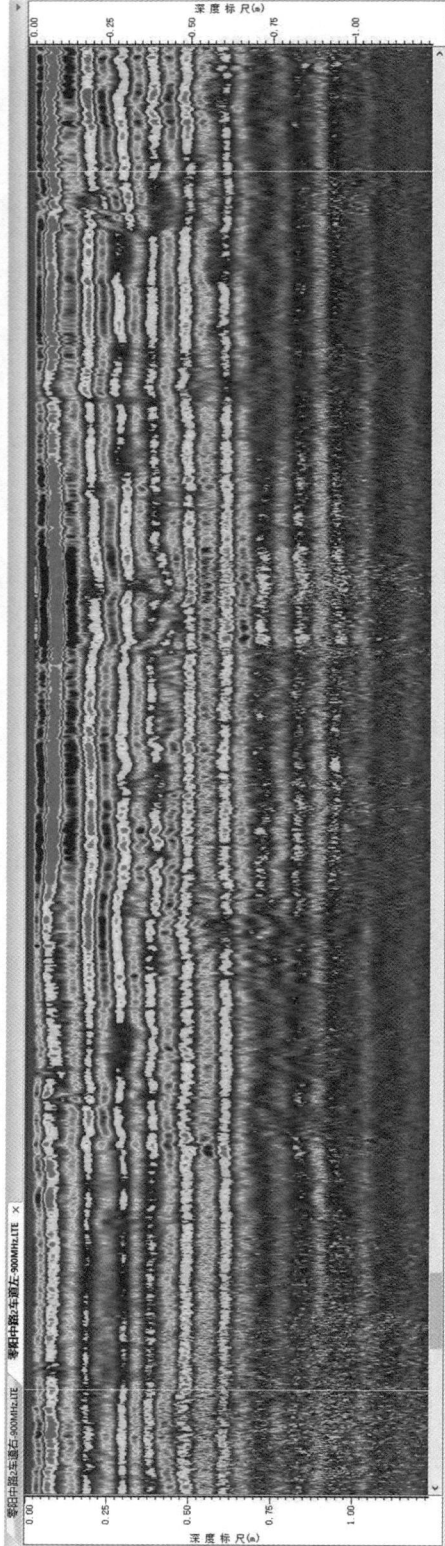

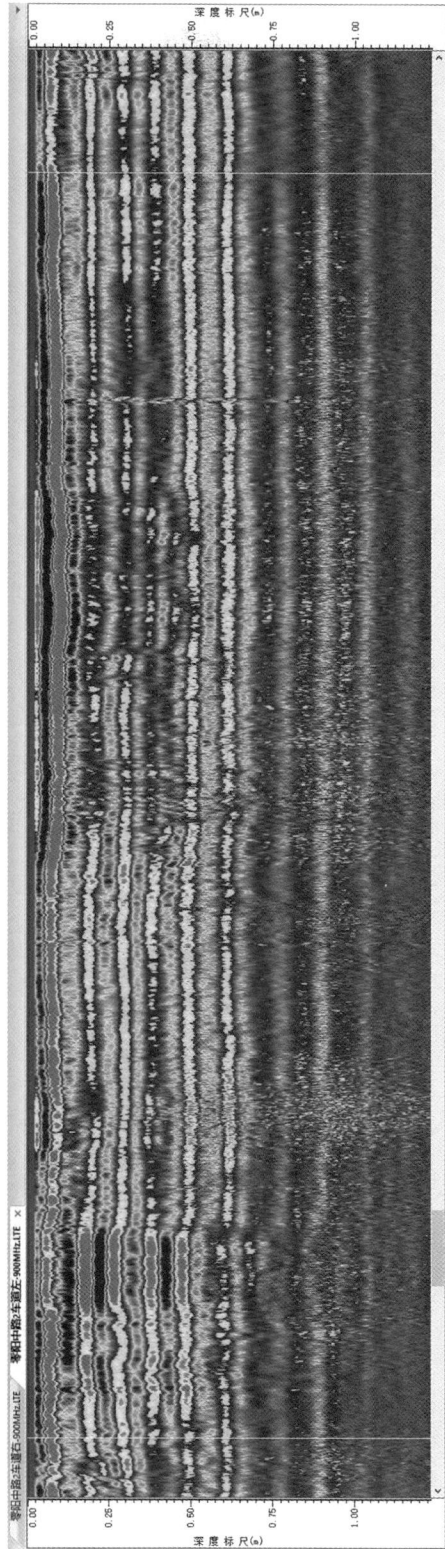

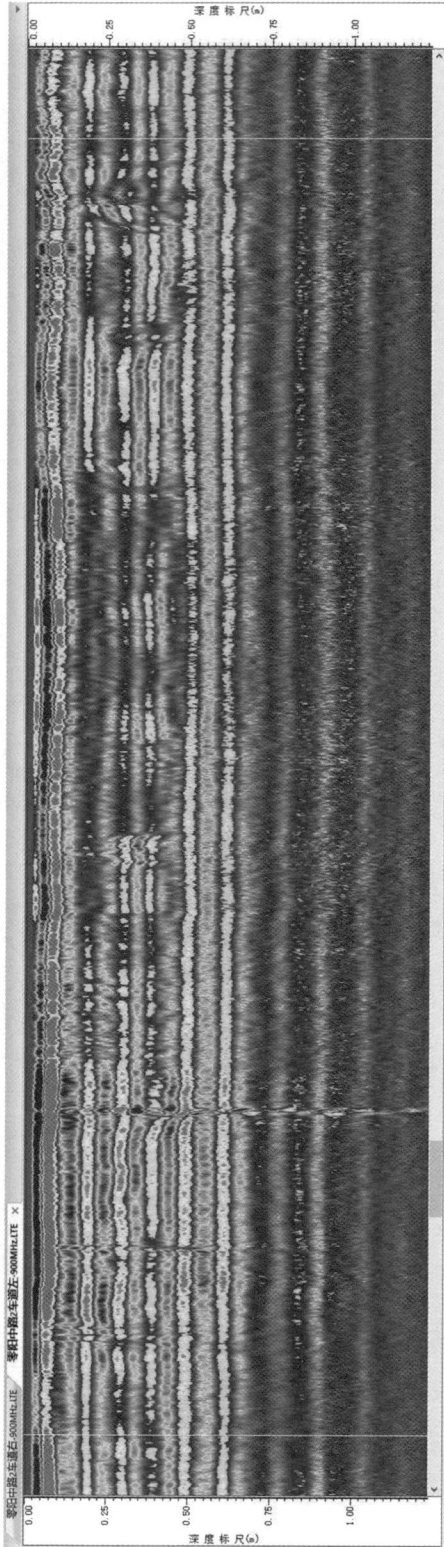

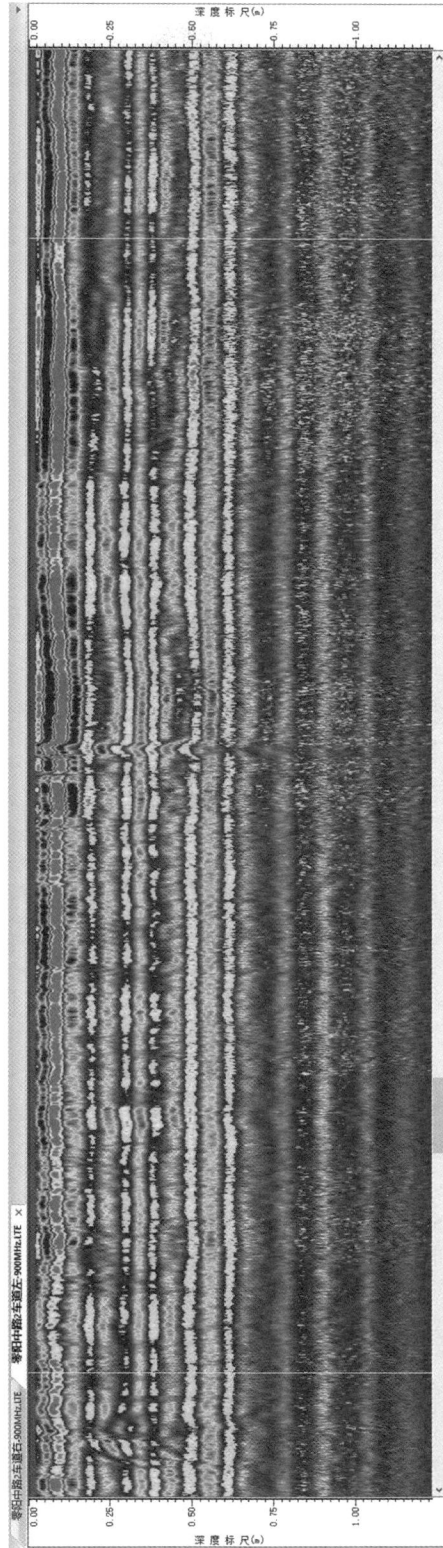

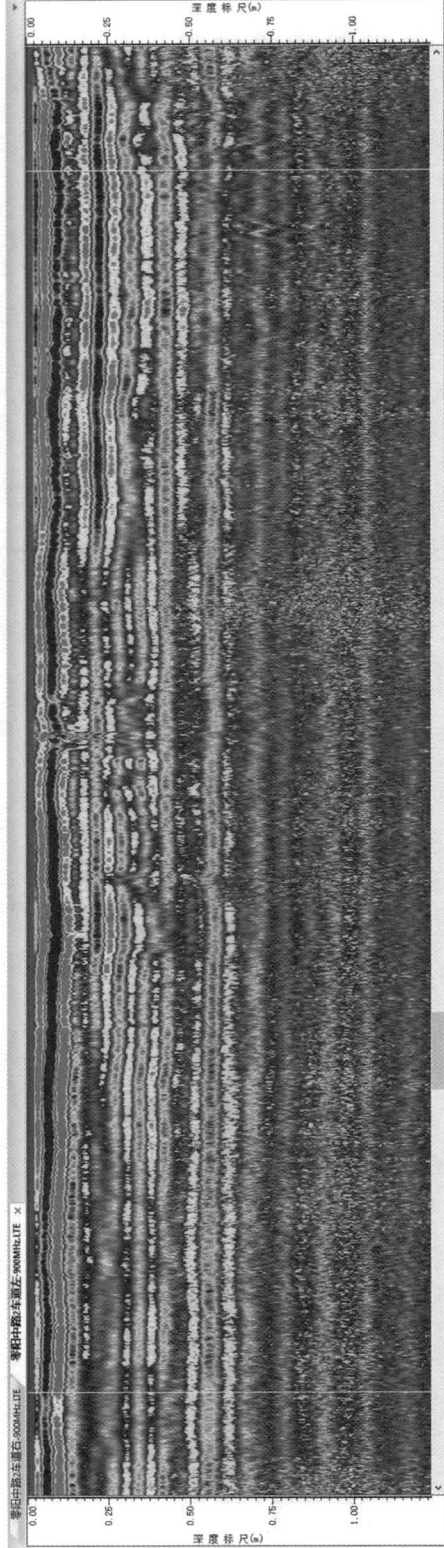

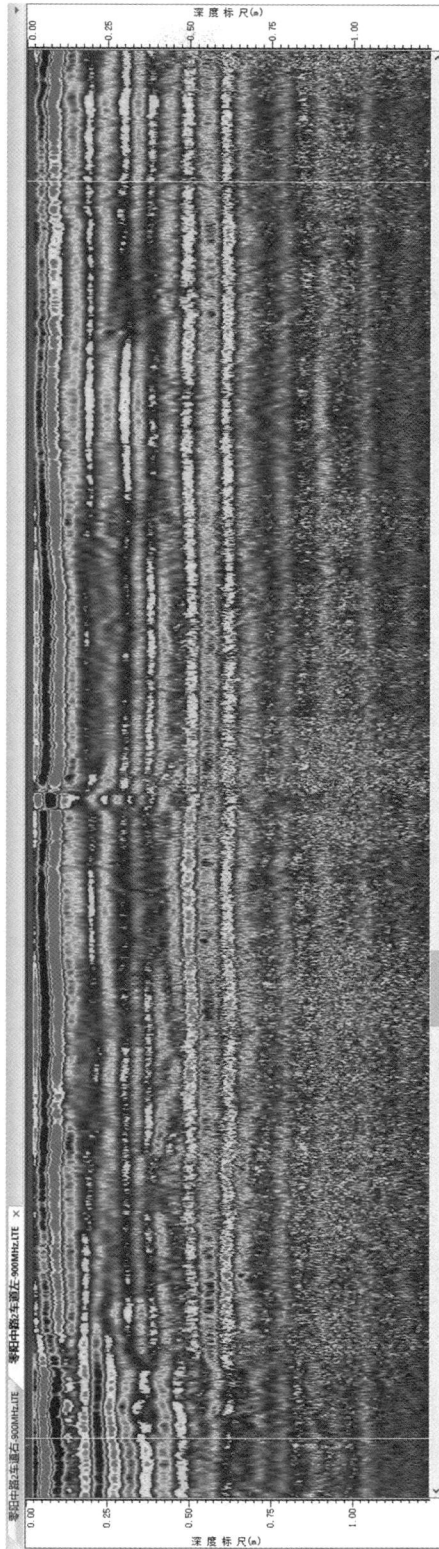

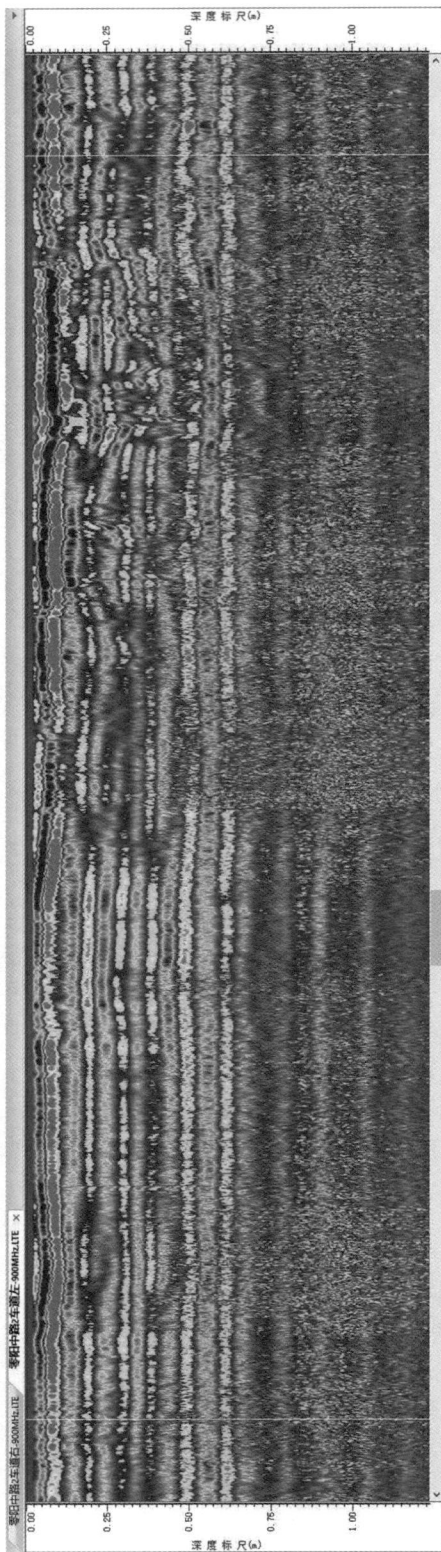

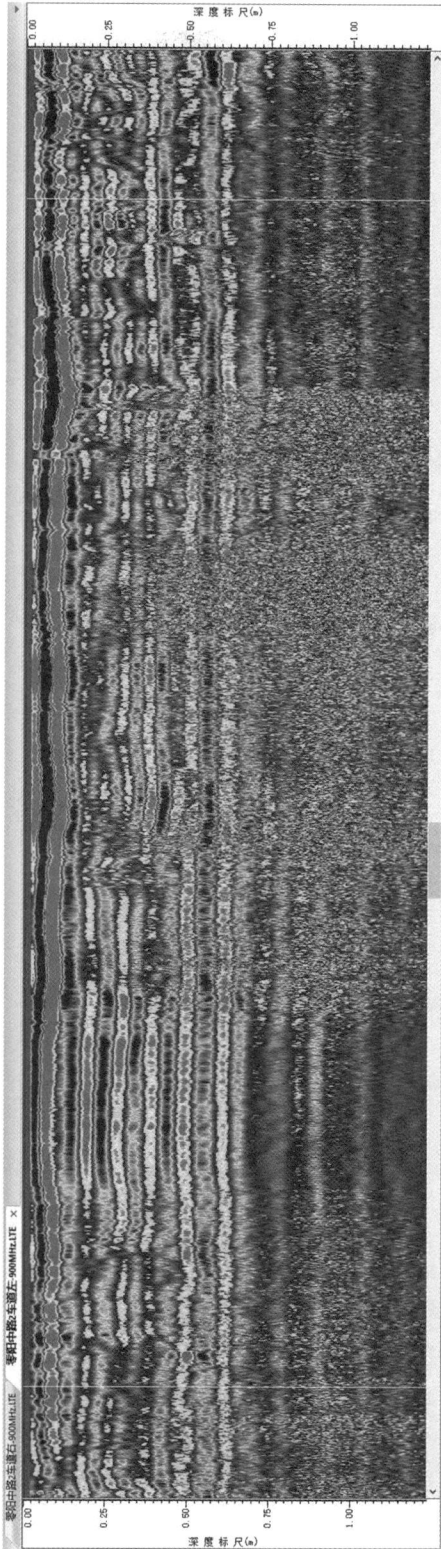

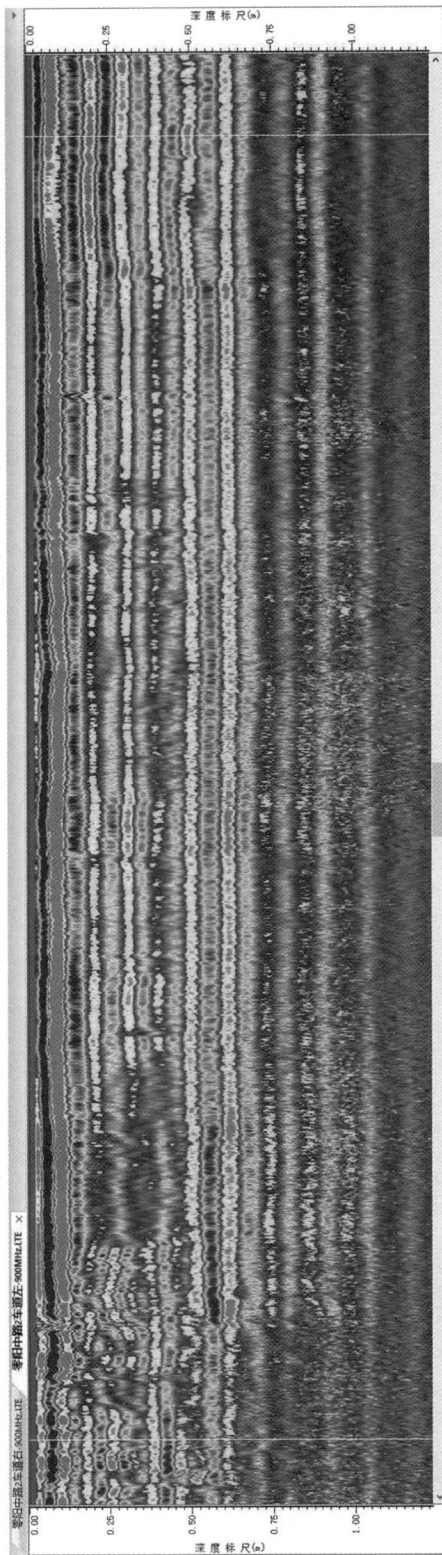

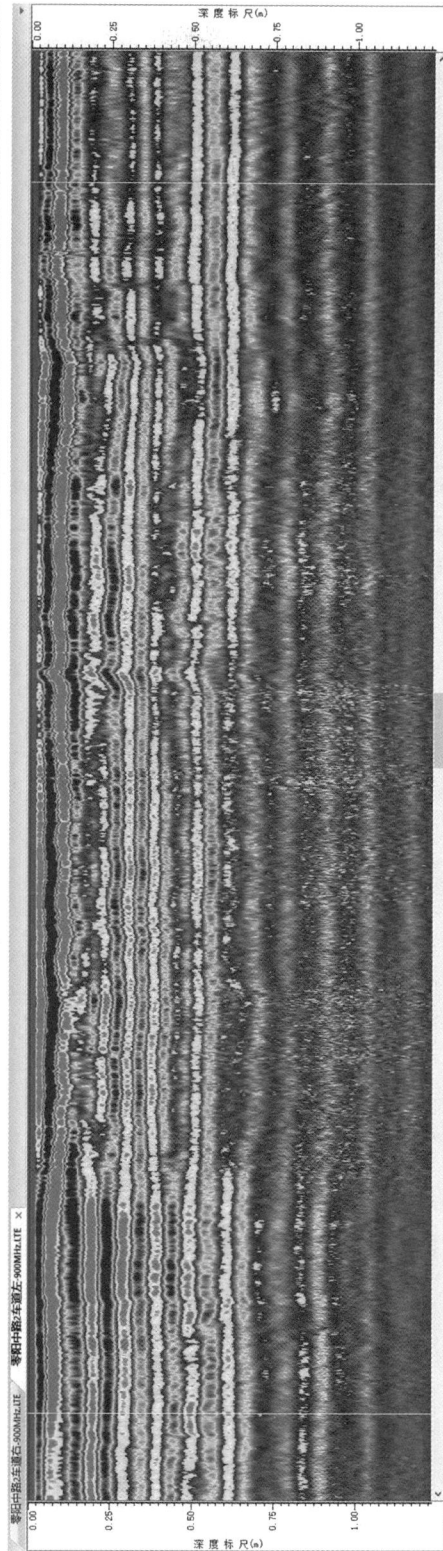

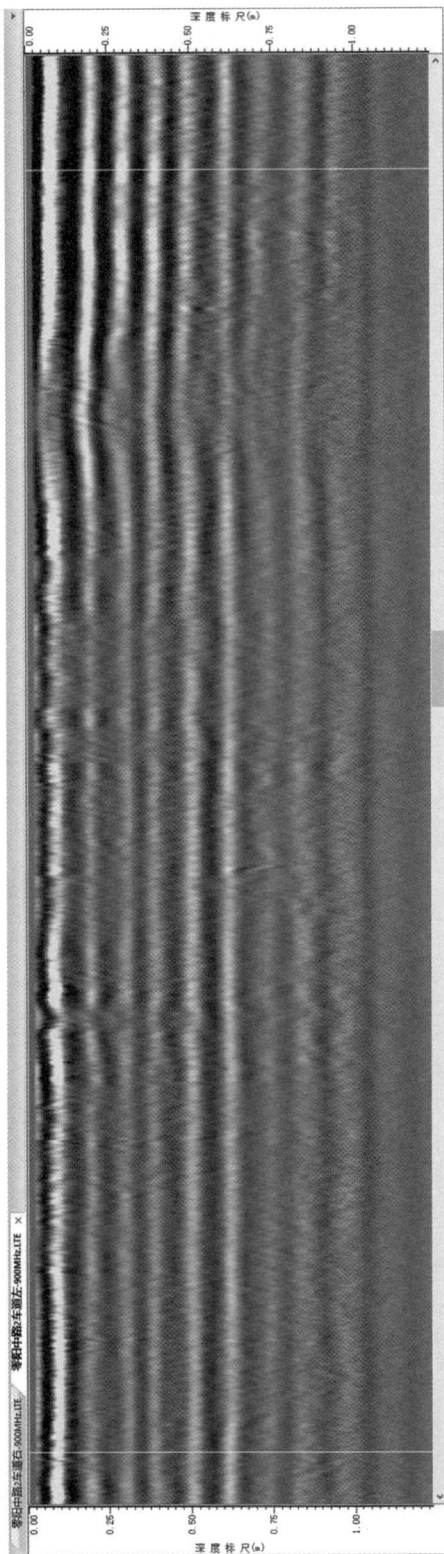

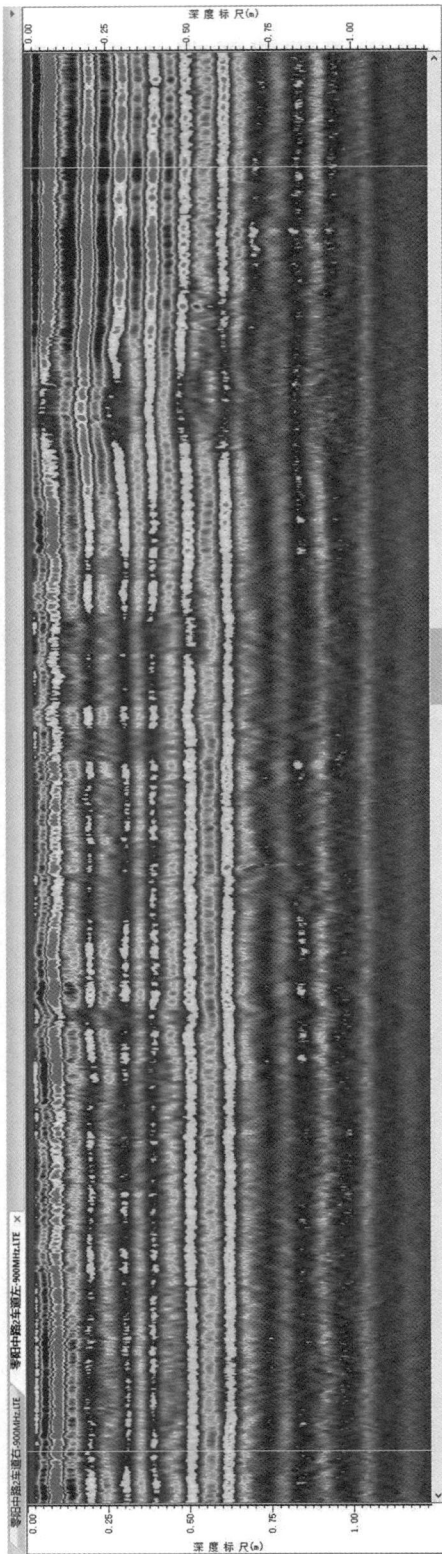

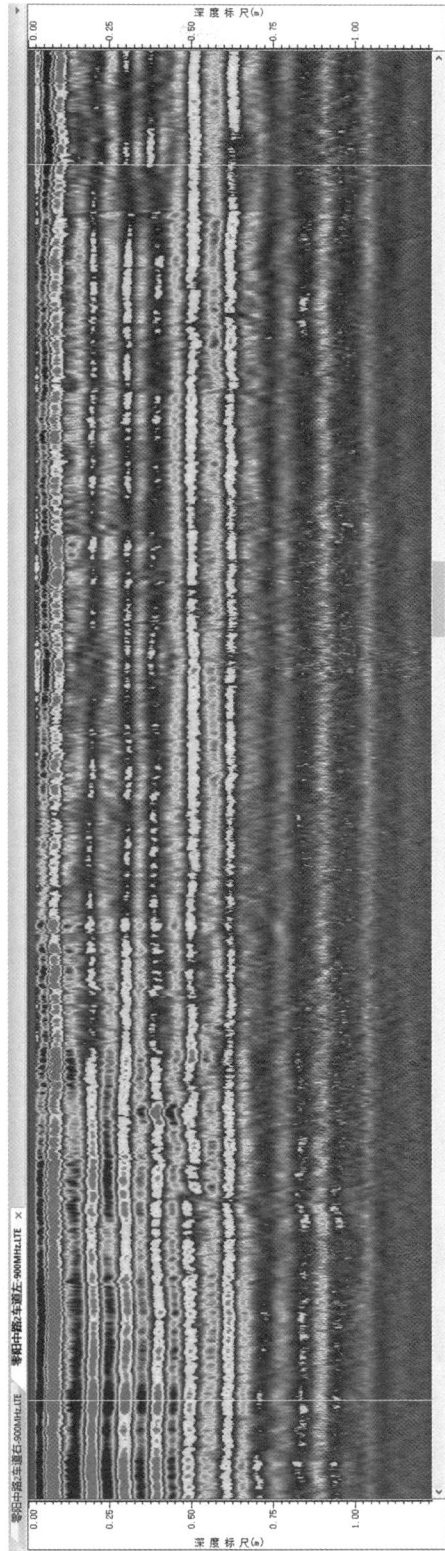

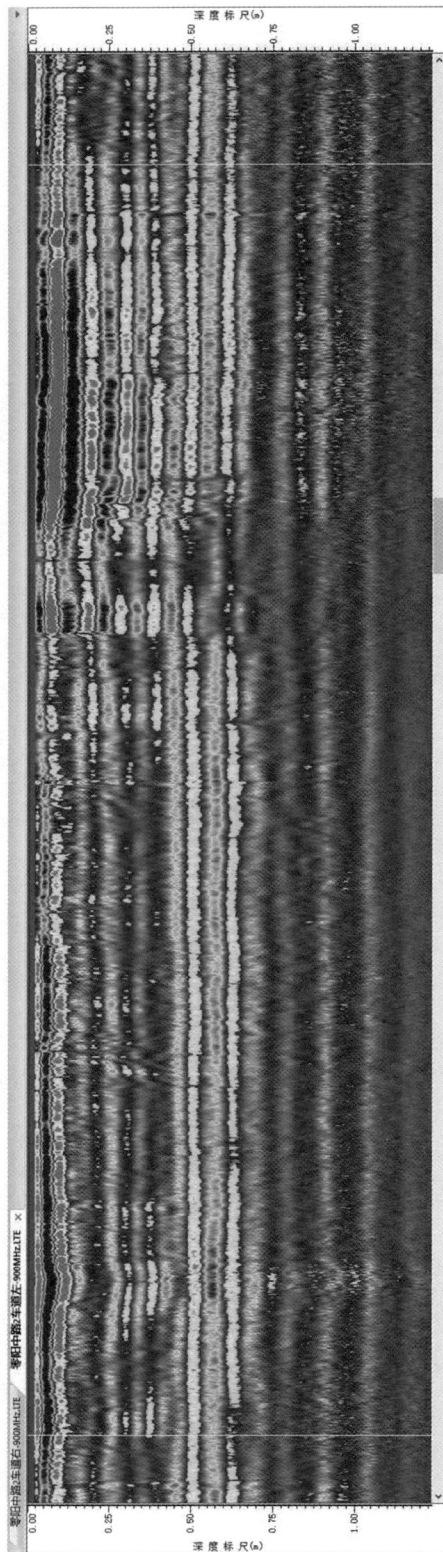

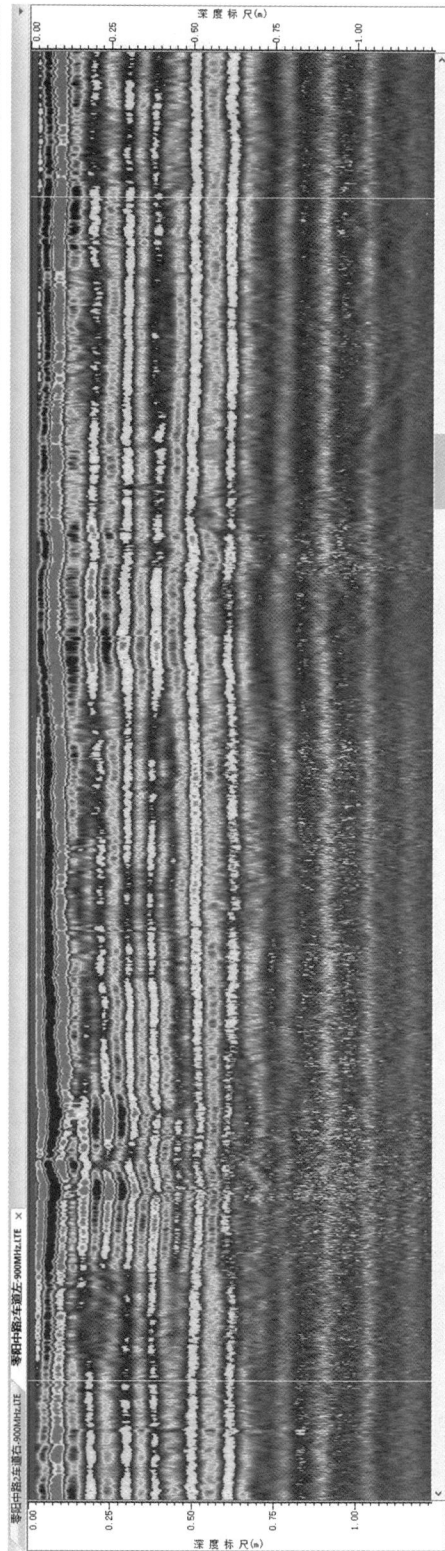

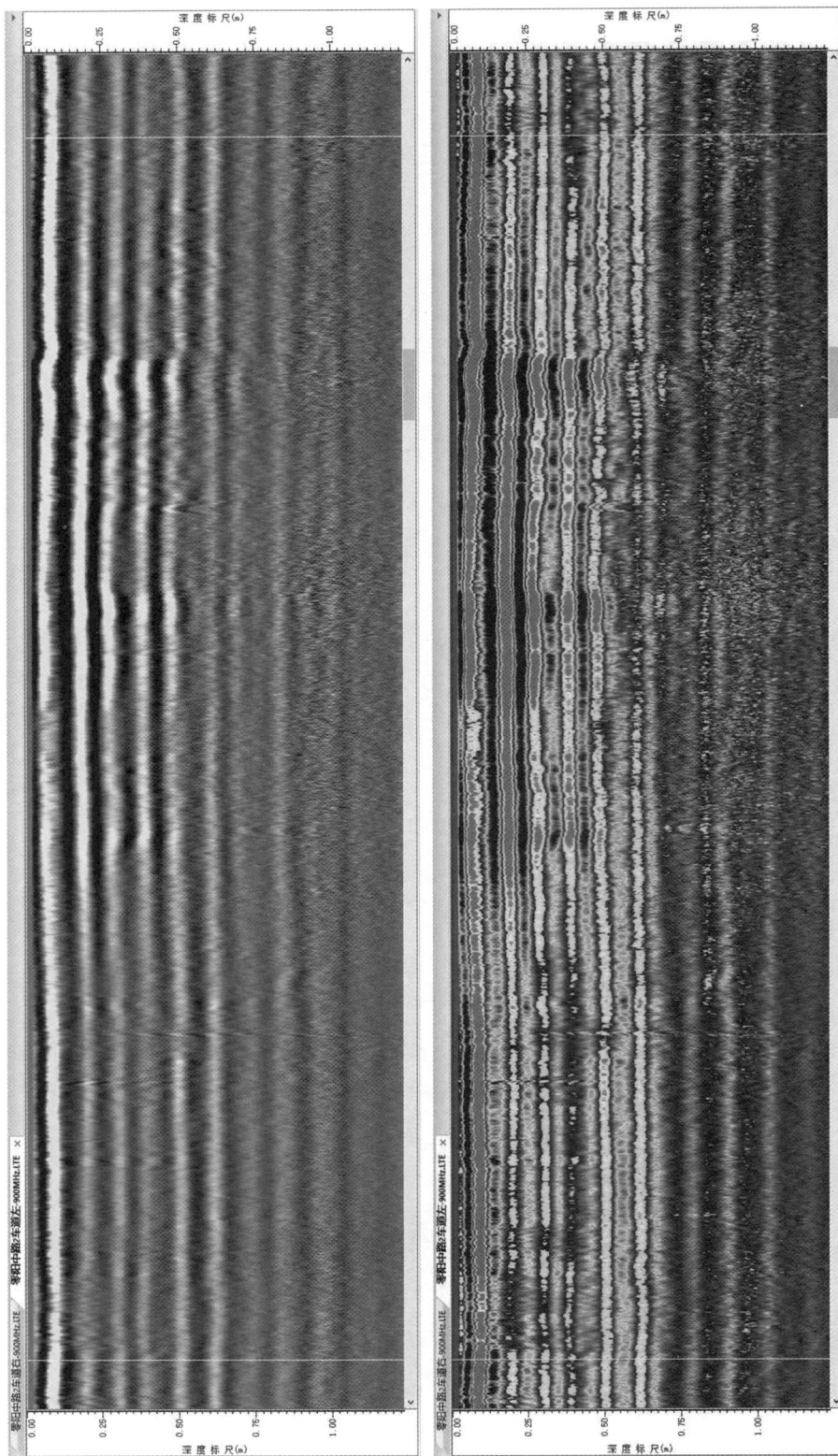

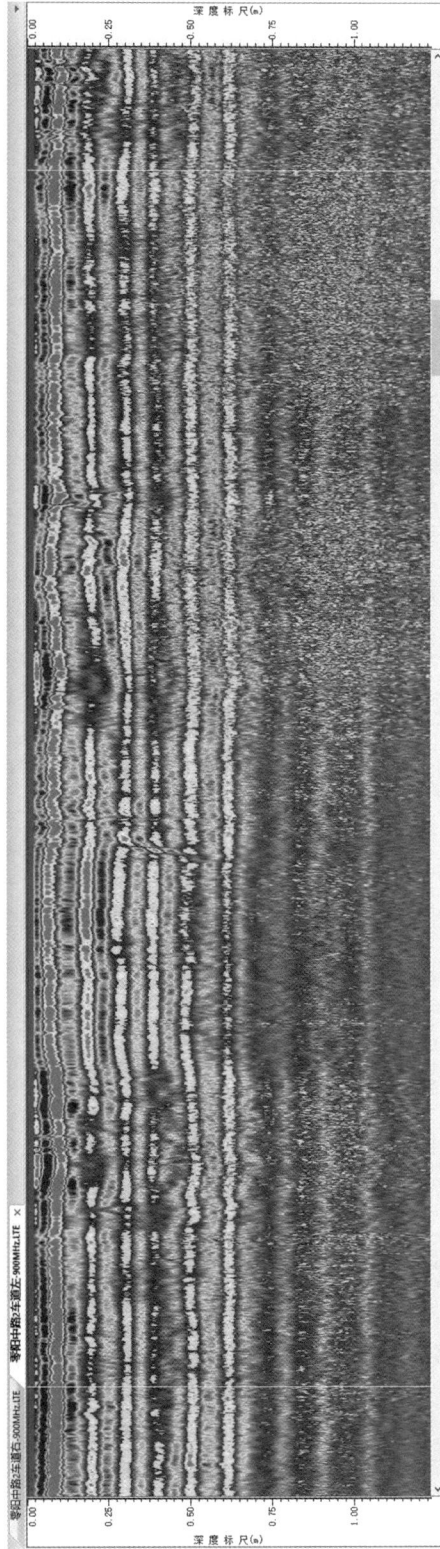

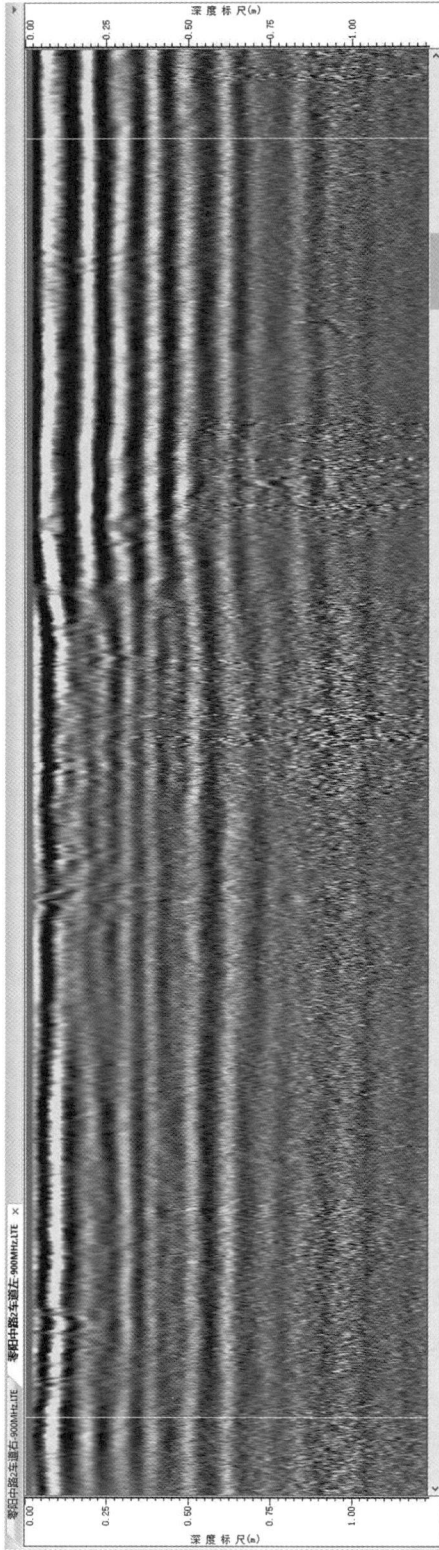

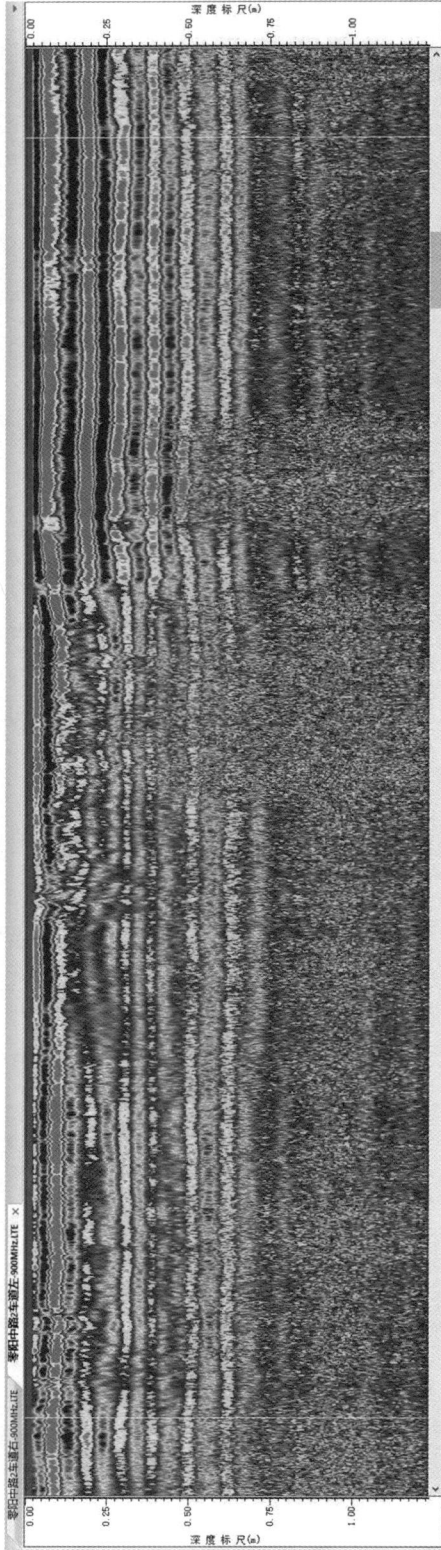

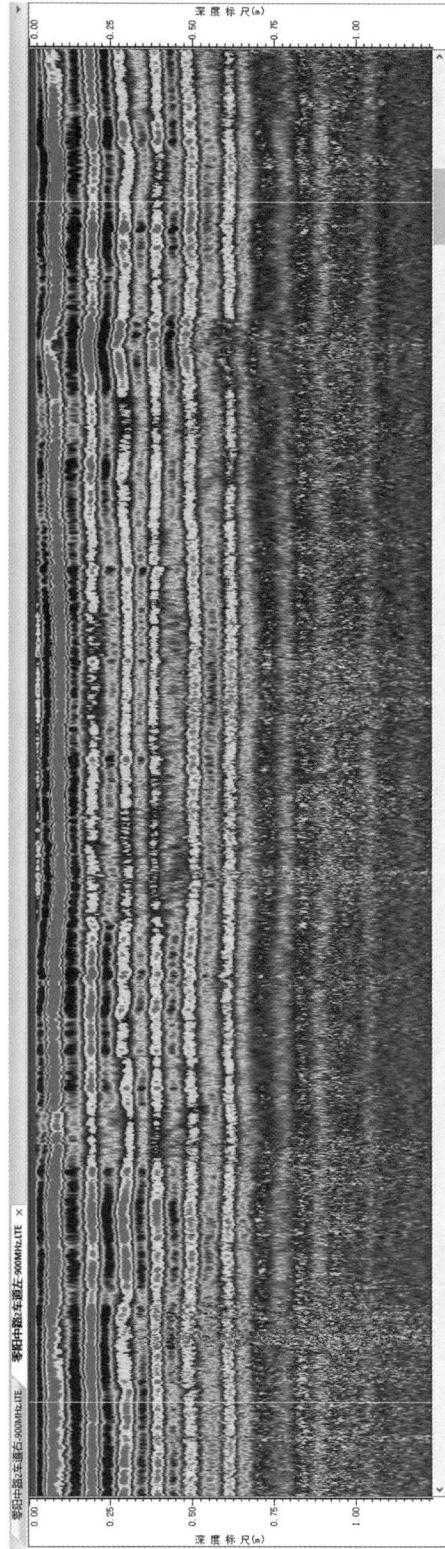

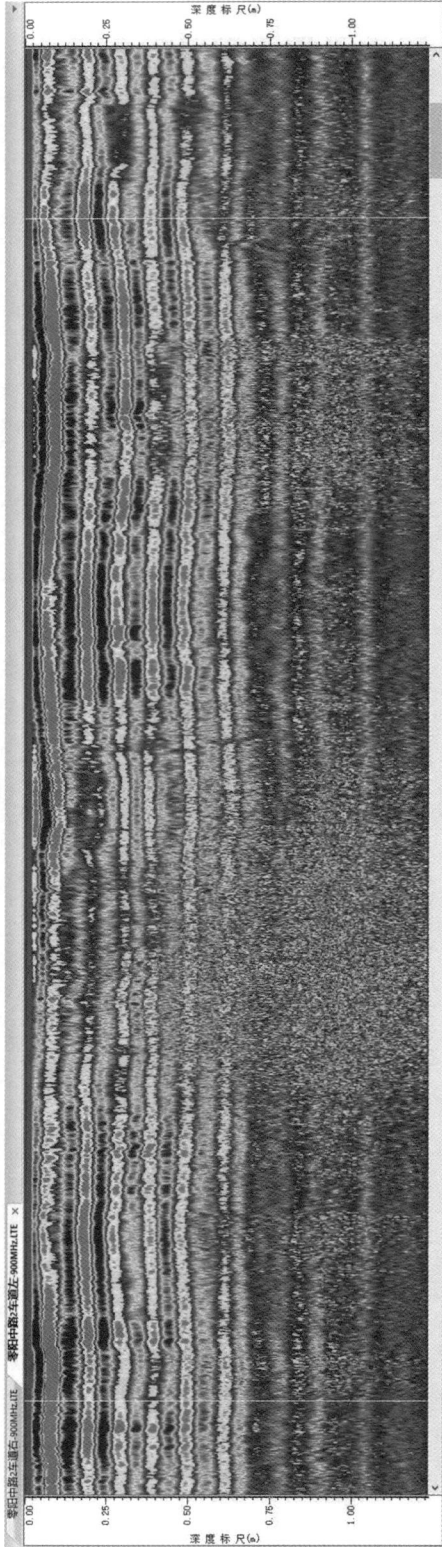

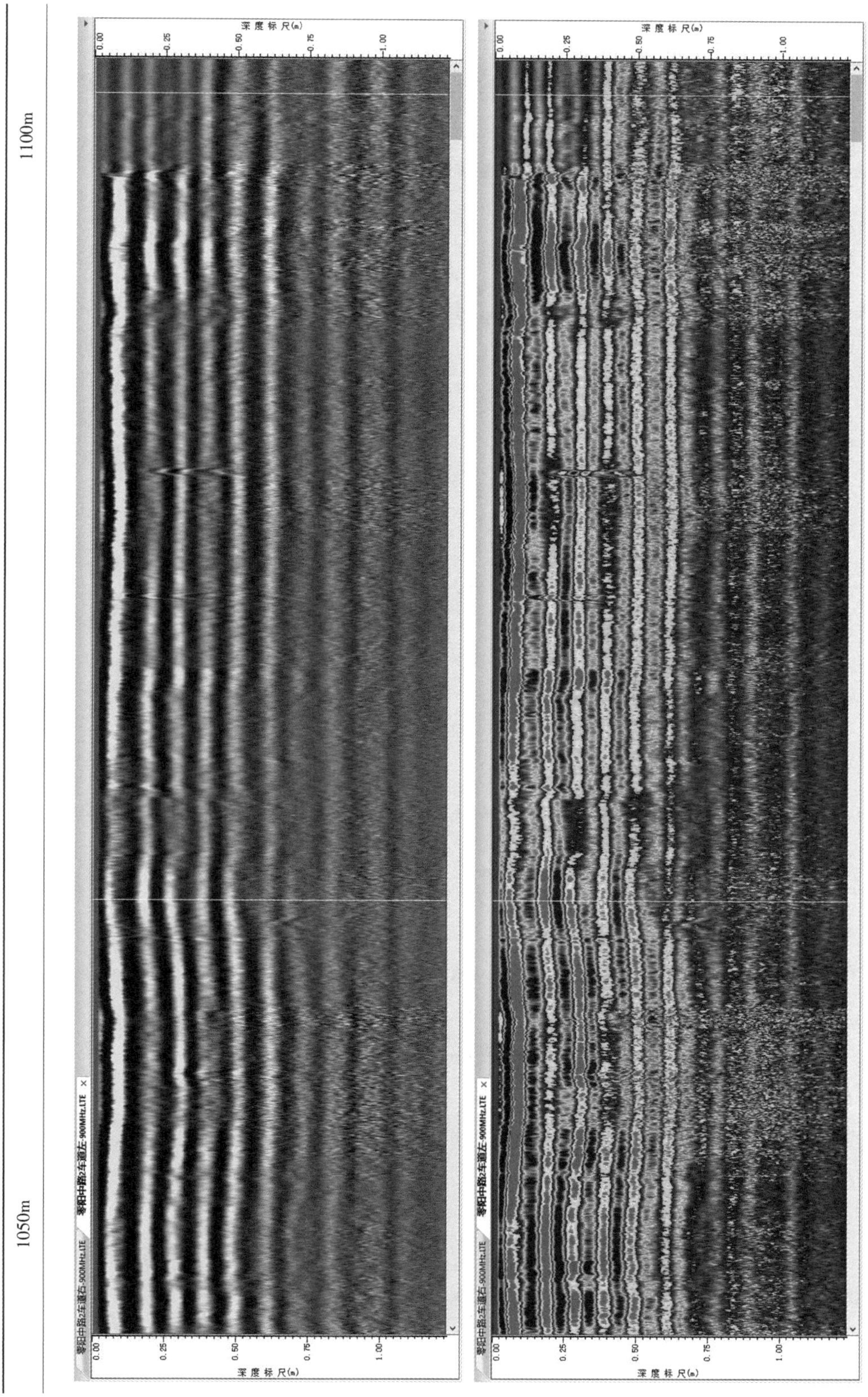

图 6.29 LTD2100-MHz900 沥青混凝土路面管线左幅 2 车道 E→W 纵向探测成果

表 6.1   RD1100 探地雷达沥青混凝土路面结构层地下管线检测

里程桩号	RD1100 路面结构地下管线灰度图（右幅 W→E 向探测）	备注	里程桩号	RD1100 路面结构地下管线灰度图（右幅 W→E 向探测）	备注
K2+609.1		Export3-42	K2+673.9		Export3-43
K2+698.9		Export3-44	K2+726.5		Export3-45
K2+743.0		Export3-46	K2+762.5		Export3-47
K2+781.3		Export3-48	K2+793.2		Export3-49
K2+838.4		Export3-50	K2+919.4		Export3-51
K2+967.0		Export3-52	K2+984.4		Export3-53

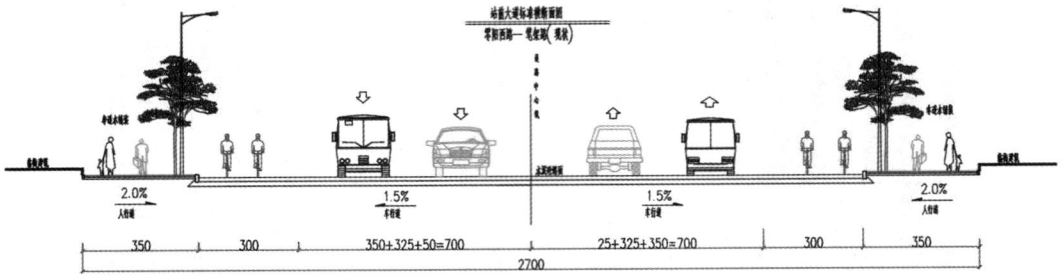

表6.1(续)

里程桩号	RD1100 路面结构地下管线灰度图(右幅 W→E 向探测)	备注	里程桩号	RD1100 路面结构地下管线灰度图(右幅 W→E 向探测)	备注
K3+014.0		Export3-54	K3+029.7		Export3-55
K3+042.6		Export3-56	K3+054.4		Export3-57
K3+084.7		Export3-58	K3+192.9		Export3-59
K3+208.8		Export3-60	K3+221.0		Export3-61
K3+281.2		Export3-62	K3+290.8		Export3-63
K3+301.3		Export3-64	K3+347.9		Export3-65
K3+400.7		Export3-66	K3+428.6		Export3-67

表6.1(续)

里程桩号	RD1100 路面结构地下管线灰度图(右幅 W→E 向探测)	备注	里程桩号	RD1100 路面结构地下管线灰度图(右幅 W→E 向探测)	备注
K3+495.5		Export3-68	K3+514.1		Export3-69
里程桩号	RD1100 路面结构地下管线灰度图(左幅 E→W 向探测)	备注	里程桩号	RD1100 路面结构地下管线灰度图(左幅 E→W 向探测)	备注

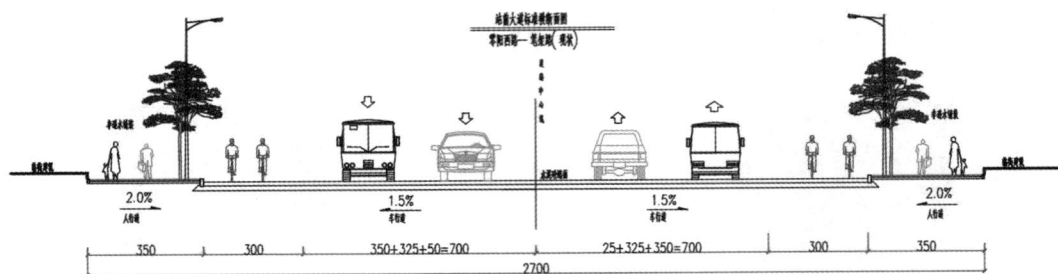

里程桩号	RD1100 路面结构地下管线灰度图	备注	里程桩号	RD1100 路面结构地下管线灰度图	备注
K3+495.3		Export3-15	K3+479.9		Export3-16
K3+400.5		Export3-18	K3+435.8		Export3-19
K3+348.8		Export3-20	K3+309.9		Export3-21
K3+297.0		Export3-22	K3+280.8		Export3-23

表 6.1(续)

里程桩号	RD1100 路面结构地下管线灰度图(左幅 E→W 向探测)	备注	里程桩号	RD1100 路面结构地下管线灰度图(左幅 E→W 向探测)	备注
K3+217.9		Export3-24	K3+199.9		Export3-25
K3+157.0		Export3-26	K3+116.3		Export3-27
K3+084.3		Export3-28	K3+064.5		Export3-29
K3+060.8		Export3-30	K2+984.9		Export3-31
K2+849.7		Export3-32	K2+840.9		Export3-33
K2+817.0		Export3-34	K2+780.9		Export3-35
K2+726.3		Export3-36	K2+699.2		Export3-37

表6.1(续)

里程桩号	RD1100 路面结构地下管线灰度图(左幅 E→W 向探测)	备注	里程桩号	RD1100 路面结构地下管线灰度图(左幅 E→W 向探测)	备注
K2+689.0		Export3−38	K2+665.6		Export3−39
K2+609.9	5 	Export3−40	K2+595.4	5 	Export3−41

表 6.2 LTD2100 和 RD1100 探地雷达沥青混凝土路面结构层地下管线横断面检测

里程桩号	RD1100 和 LTD2100 路面结构地下管线灰度图(右幅 E→左幅 W 探测)	备注
K2+615.5 探测长度 41m	 环城南路管线综合标准横断面图 RD1100 路面结构地下管线灰度图　 RD1100 路面结构地下管线灰度图 LTD2100 路面结构地下管线灰度图　 LTD2100 路面结构地下管线伪彩色图	No.12−249、250、75(人防)

表6.2(续)

里程桩号	RD1100 和 LTD2100 路面结构地下管线灰度图(右幅 E→左幅 W 探测)	备注
K2+ 812.0 探测 长度 33.0m	 环城南路管线综合标准横断面图 　　 RD1100 路面结构地下管线灰度图　　RD1100 路面结构地下管线灰度图 　　 LTD2100 路面结构地下管线灰度图　　LTD2100 路面结构地下管线伪彩色图	No.13－ 251、 252、76
K3+ 165.5 探测长度 66.0m	 环城南路管线综合标准横断面图	No.14－ 253、 254、77

表6.2(续)

里程桩号	RD1100 和 LTD2100 路面结构地下管线灰度图(右幅 E→左幅 W 探测)	备注
K3+165.5 探测长度 66.0m	RD1100 路面结构地下管线灰度图 RD1100 路面结构地下管线灰度图 LTD2100 路面结构地下管线灰度图 LTD2100 路面结构地下管线伪彩色图	No.14-253、254、77
K3+217.2 探测长度 35.2m	环城南路管线综合标准横断面图 RD1100 路面结构地下管线灰度图 RD1100 路面结构地下管线灰度图 LTD2100 路面结构地下管线灰度图 LTD2100 路面结构地下管线伪彩色图	No.15-255、256、78

表 6.2(续)

里程桩号	RD1100 和 LTD2100 路面结构地下管线灰度图（右幅 E→左幅 W 探测）	备注
K3+366.0 探测长度 31.0m	 环城南路管线综合标准横断面图 　　 RD1100 路面结构地下管线灰度图　　RD1100 路面结构地下管线灰度图 　　 LTD2100 路面结构地下管线灰度图　　LTD2100 路面结构地下管线伪彩色图	No.16－257、258、81
K3+640.5 探测长度 34.5m	 环城南路管线综合标准横断面图	No.17－259、260、82

表6.2(续)

| K3+ 640.5 探测 长度 34.5m | RD1100 路面结构地下管线灰度图 | RD1100 路面结构地下管线灰度图 | No.17- 259、 260、82 |
| | LTD2100 路面结构地下管线灰度图 | LTD2100 路面结构地下管线伪彩色图 | |

◆◇ 6.4 本章小结

本章主要对零阳路人防路面工程提质改造工程开展探地雷达检测。首先给出了水泥混凝土路面提质改造工程概况，分析了地下管线探测影像判读方法，采用三种不同天线，运用两种探地雷达设备 LTD2100 和 RD1100，分别对零阳路路面结构管线进行检测。检测成果为路面提质改造工程提供依据。

第7章　零阳东路路面结构管线探地雷达检测

◆◇ 7.1　零阳东路路面结构管线探检测

零阳东路路面结构管线探地雷达检测见图7.1，探地雷达在C区段水泥混凝土路面结构层地下管线检测初步结果如下。

①由图7.2至图7.6和表7.1至表7.2中C区段起点至终点水泥混凝土路面结构层可知，路基病害有局部土质疏松、回填不密实等问题；路面病害有基层局部脱空、路面局部沉陷、网裂、坑槽等问题。

②C区段路基路面结构：水泥混凝土板厚度22cm+基层厚度40cm+垫层10cm+软土路基。

③探地雷达探测出管线大量小于1m浅埋管线、少量大于1m深埋管线（见探地雷达探测灰色、伪彩色图）。

④水泥混凝土路面面层厚度基本达到设计要求（见探地雷达探测灰色、伪彩色图）。

⑤水泥混凝土路面基层厚度均匀，局部出现断裂、裂隙、脱空等问题（见探地雷达探测灰色、伪彩色图）。

⑥软土路基面局部起伏较大、不密实、不均匀沉降（见探地雷达探测灰色、伪彩色图）。

⑦横断面探地雷达探测路面基层厚度均匀，局部出现断裂、脱空等问题（见探地雷达探测灰色、伪彩色图）。

⑧水泥混凝土路面基本良好。

探地雷达检测采用LTD—2100主机，配置400，900，1500MHz天线联合检测。A检测段总长2.4km，纵向400，900MHz天线测线，横向900MHz测线。B段终点开挖断面路面结构厚度的400，900MHz天线检测验证。C检测段总长1.45km，纵向400，900MHz天线测线，横向900MHz天线测线。D检测段总长0.43km，纵向400，900MHz天线测线，横向900MHz天线测线。E检测段总长3.1km，纵向900MHz天线测线，横向900MHz天线测线。

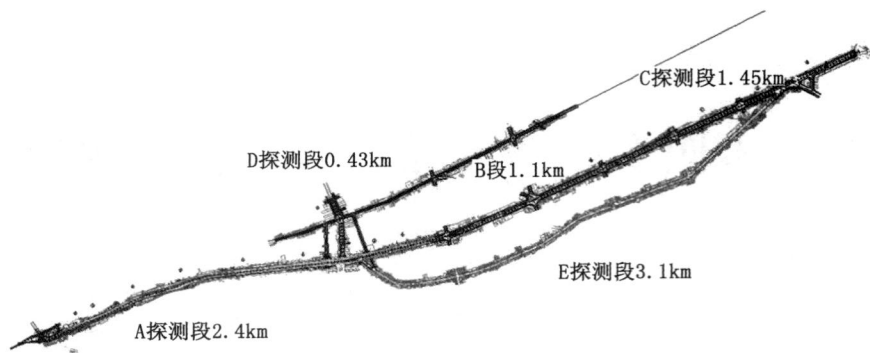

图 7.1　零阳东路规划城市主干路路线图

图 7.2　C 区段零阳东路水泥混凝土路面与雨水管线检查井盖

图 7.3　C 区段零阳东路水泥混凝土路面与路面破坏

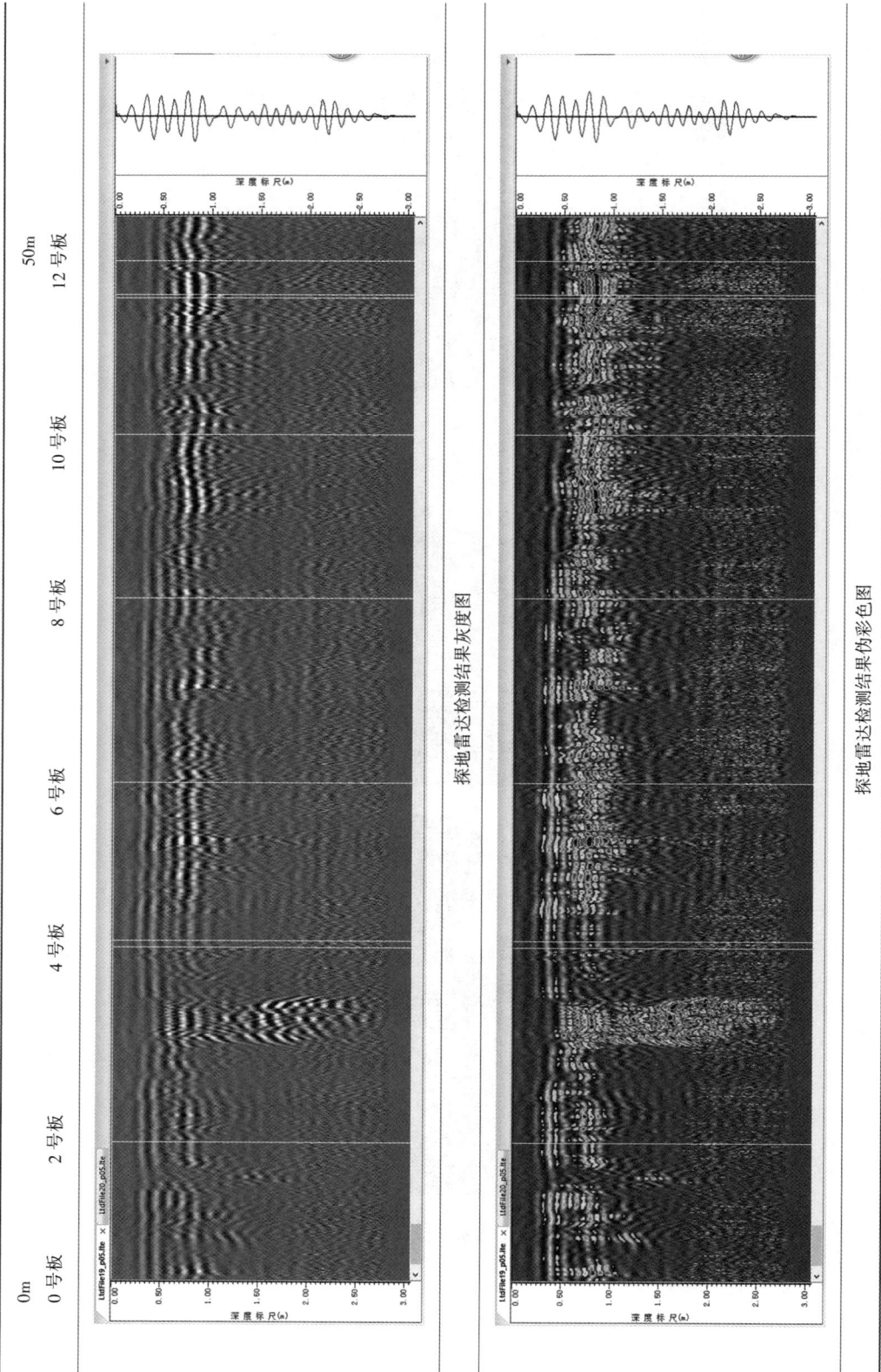

探地雷达检测结果灰度图

探地雷达检测结果伪彩色图

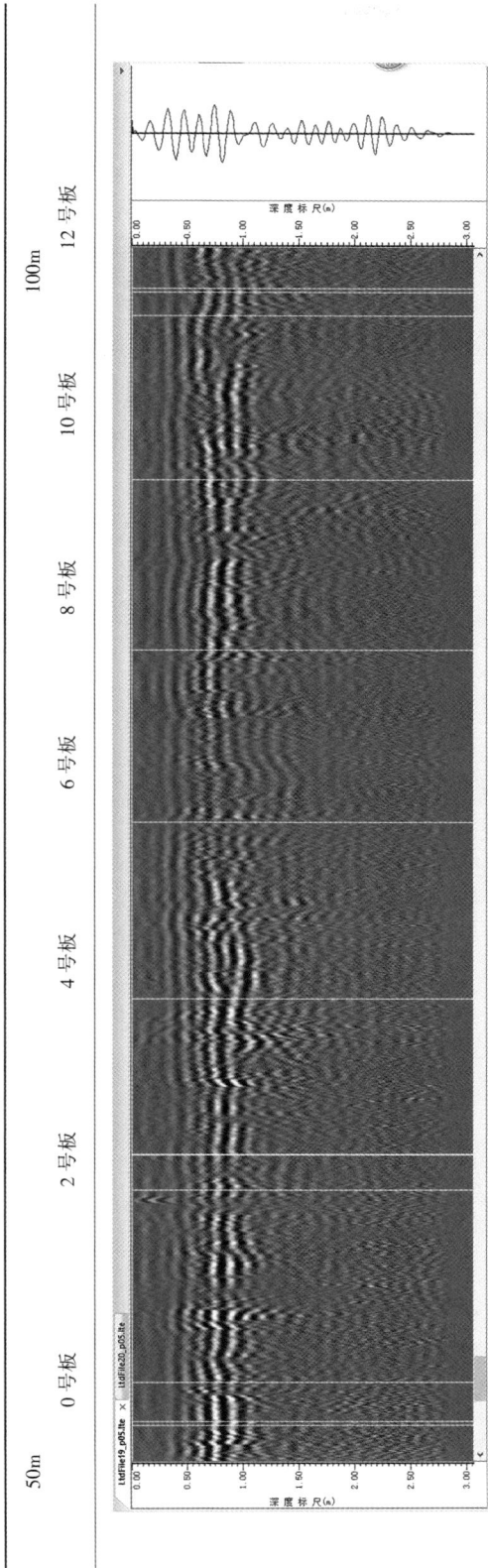

探地雷达检测结果灰度图

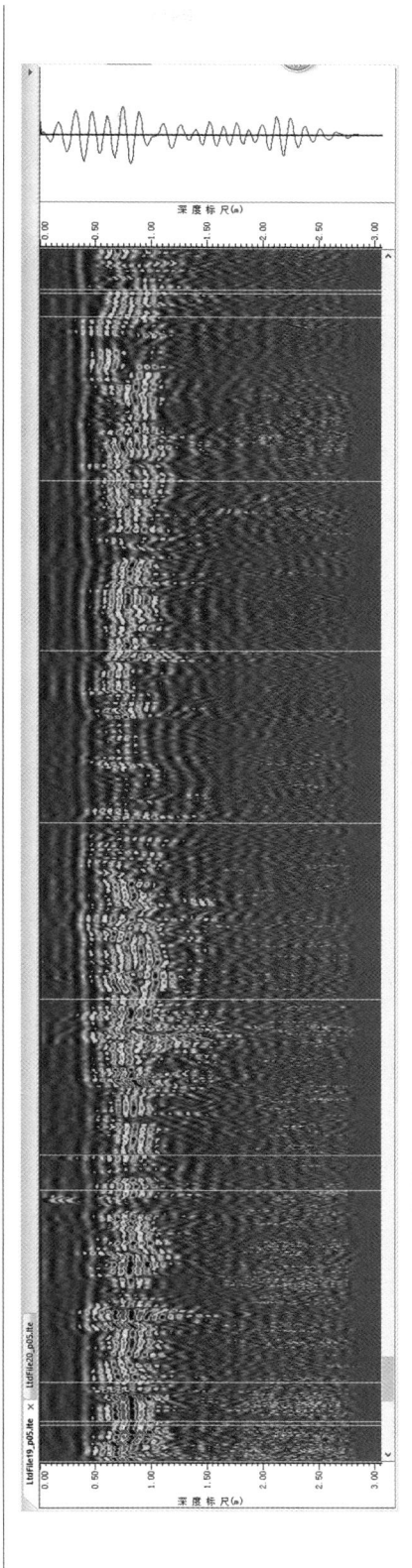

探地雷达检测结果伪彩色图

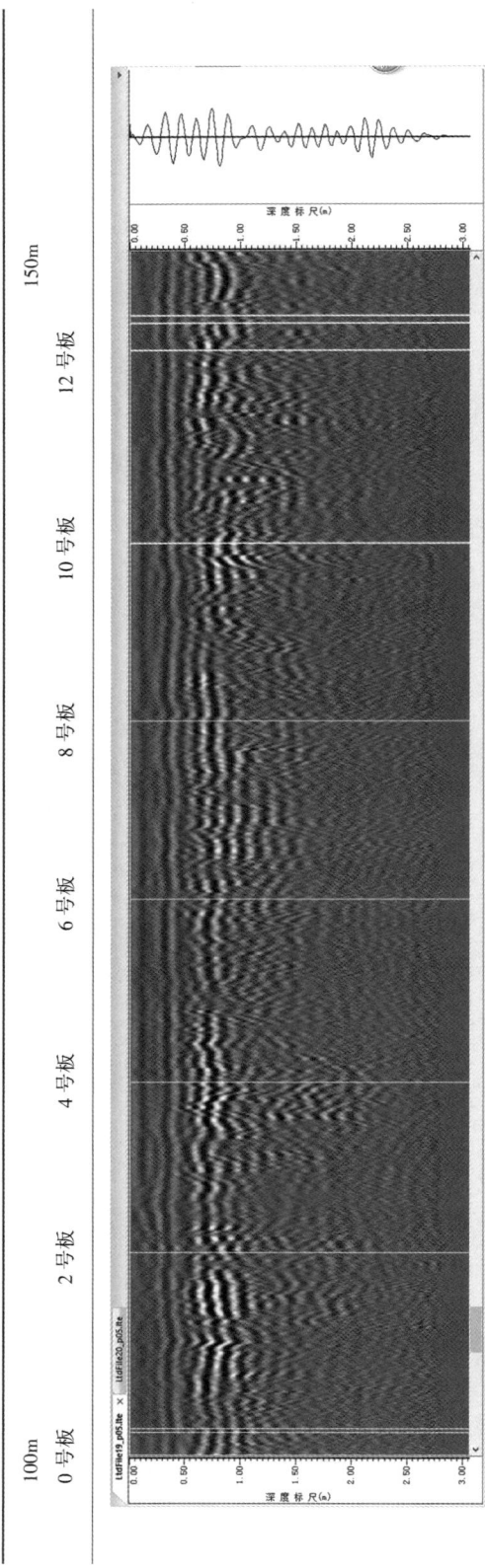

探地雷达检测结果灰度图

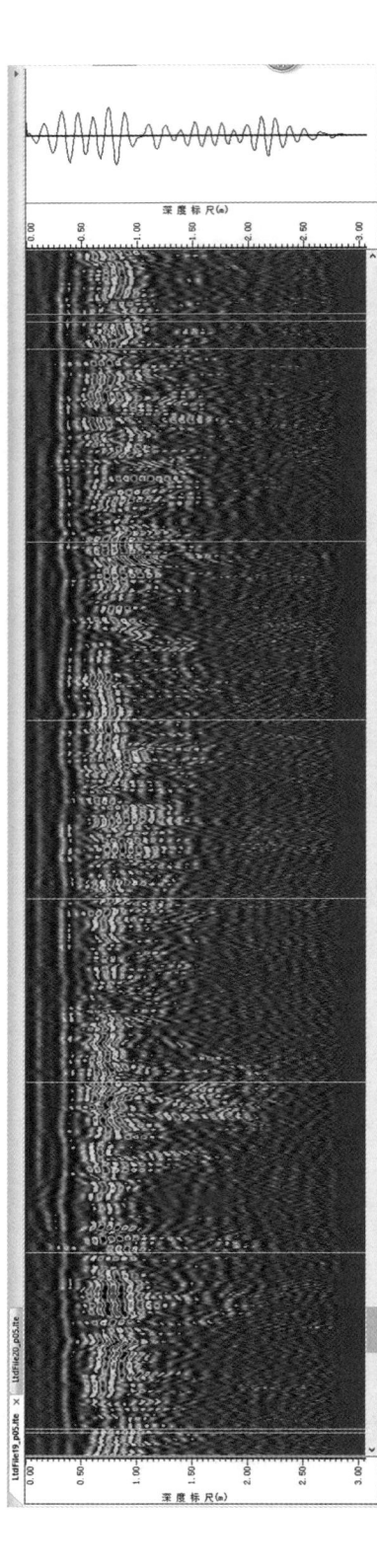

探地雷达检测结果伪彩色图

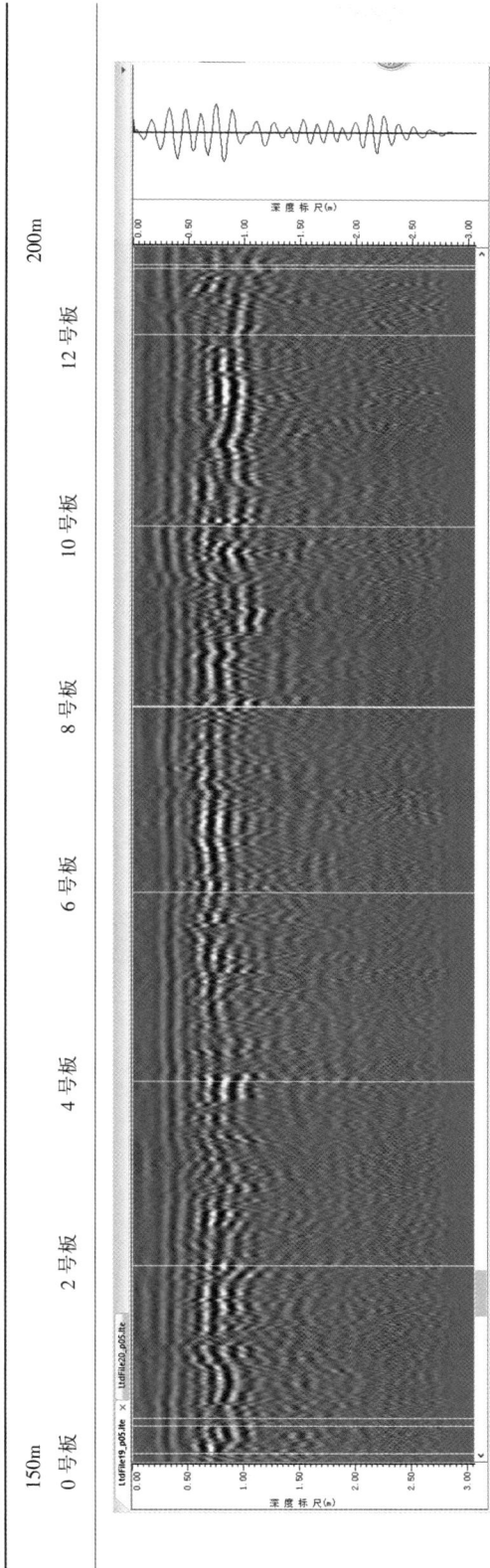

探地雷达检测结果灰度图

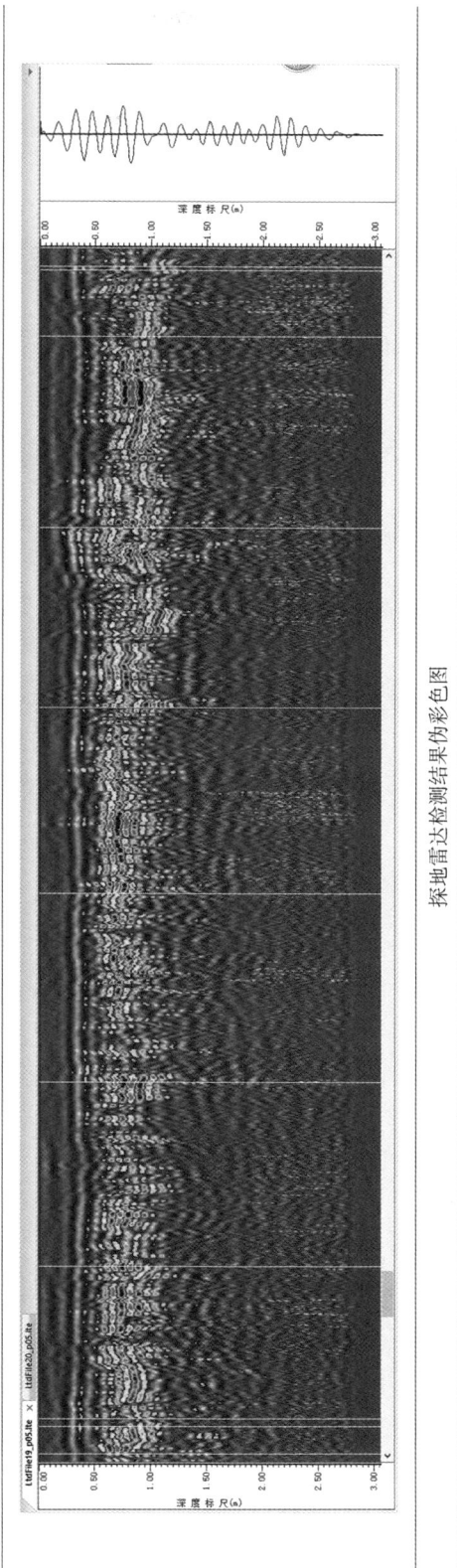

探地雷达检测结果伪彩色图

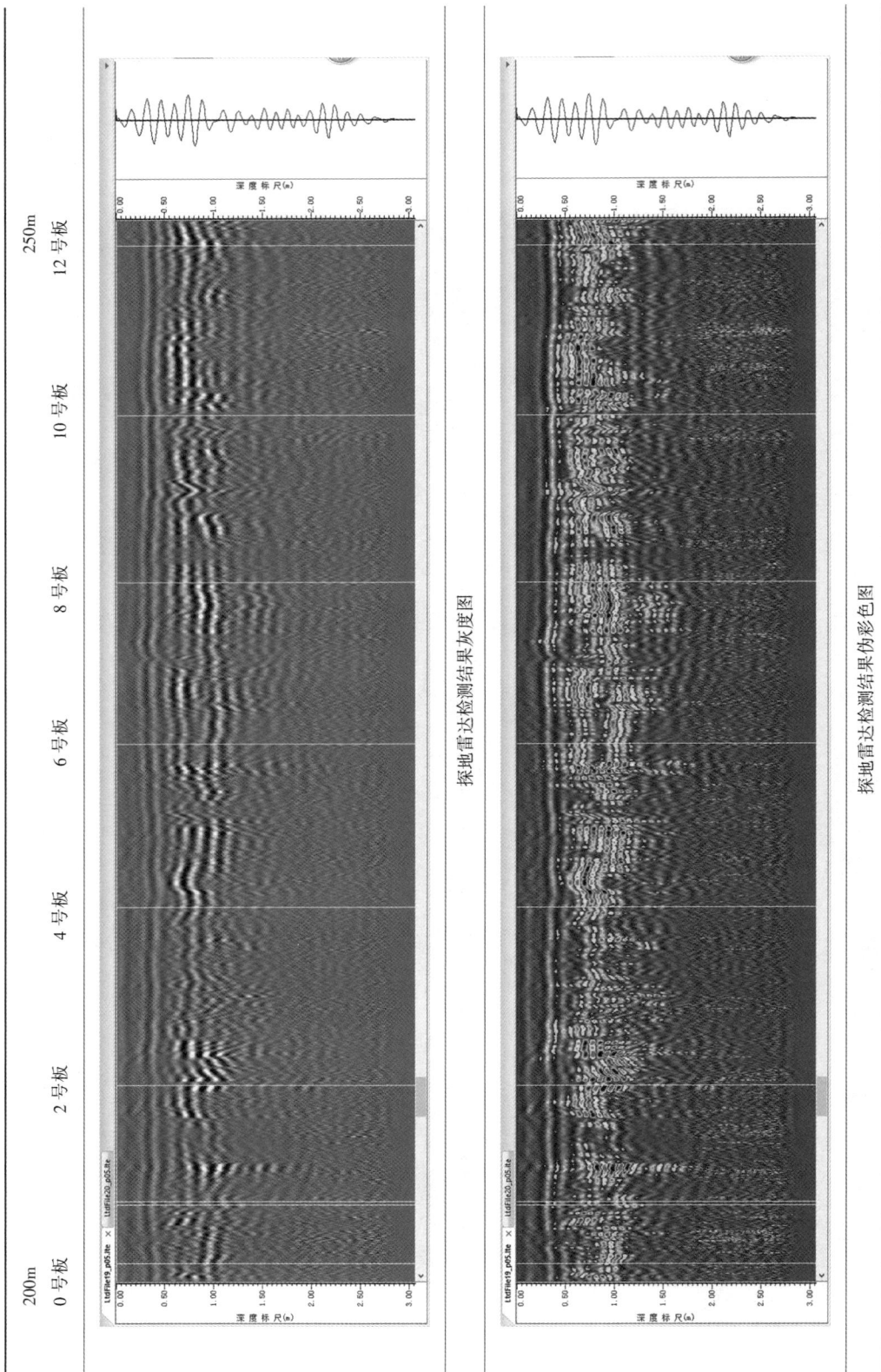

探地雷达检测结果灰度图

探地雷达检测结果伪彩色图

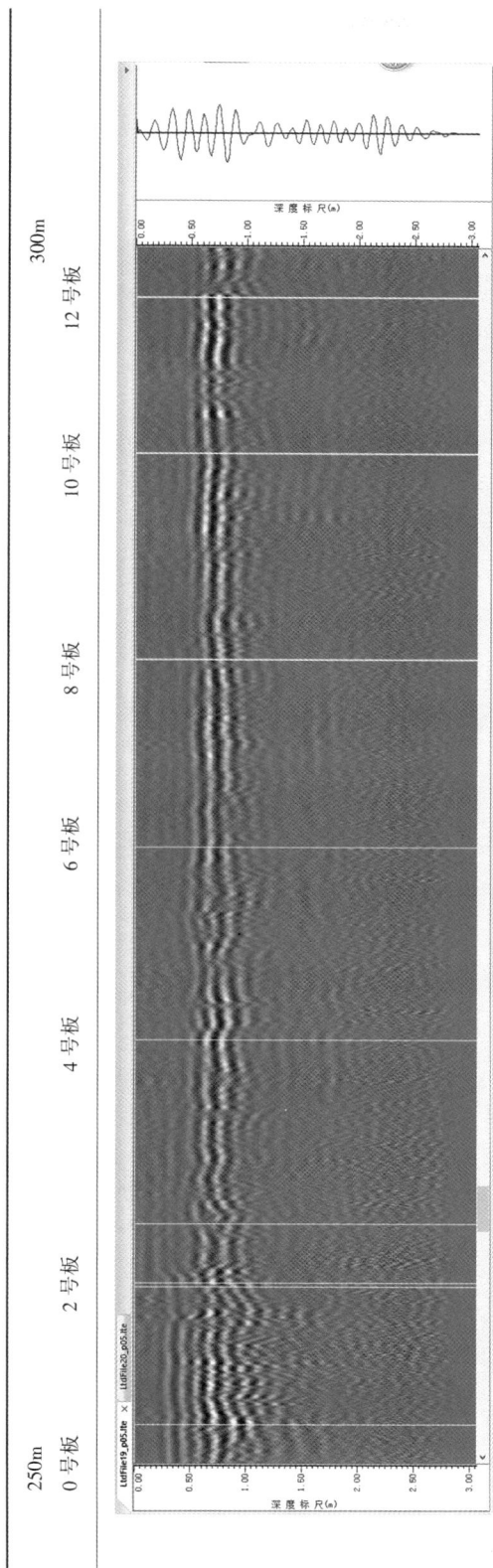

探地雷达检测结果灰度图

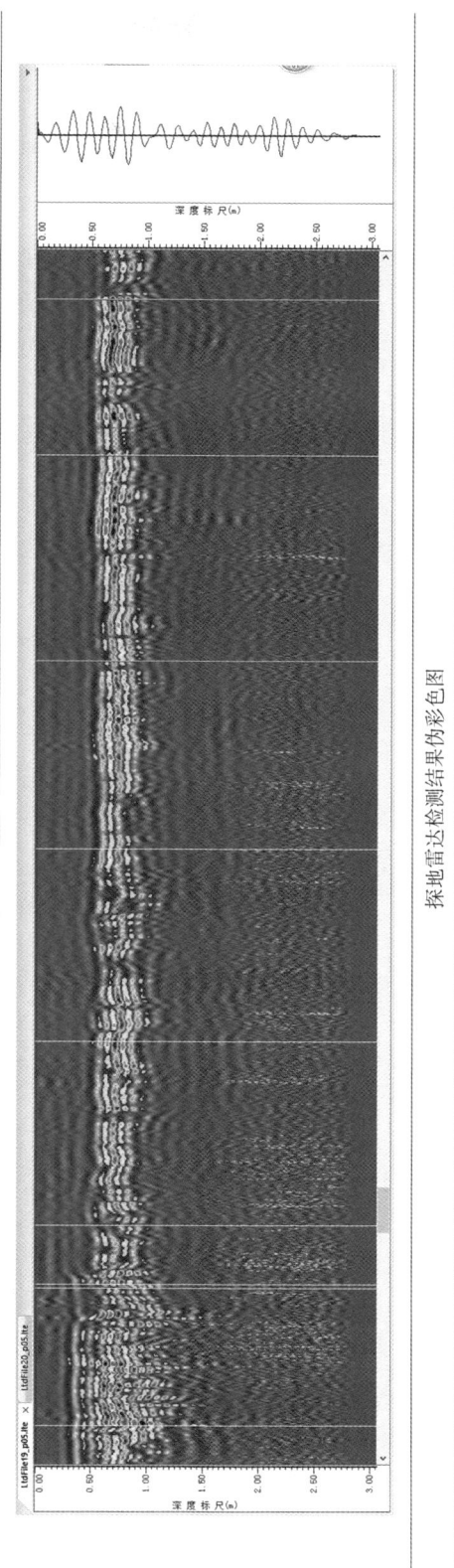

探地雷达检测结果伪彩色图

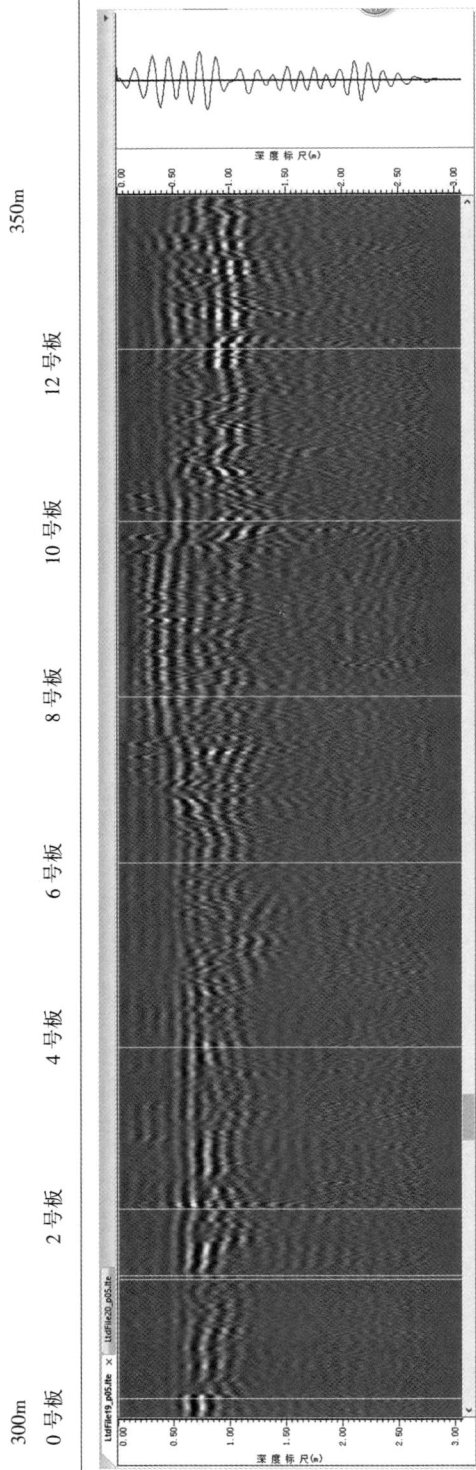

探地雷达检测结果灰度图

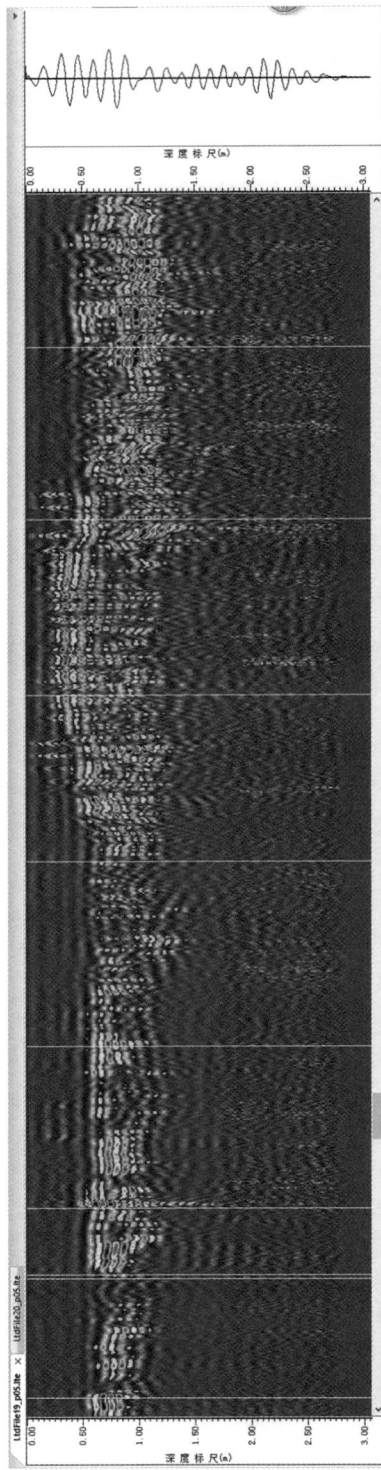

探地雷达检测结果伪彩色图

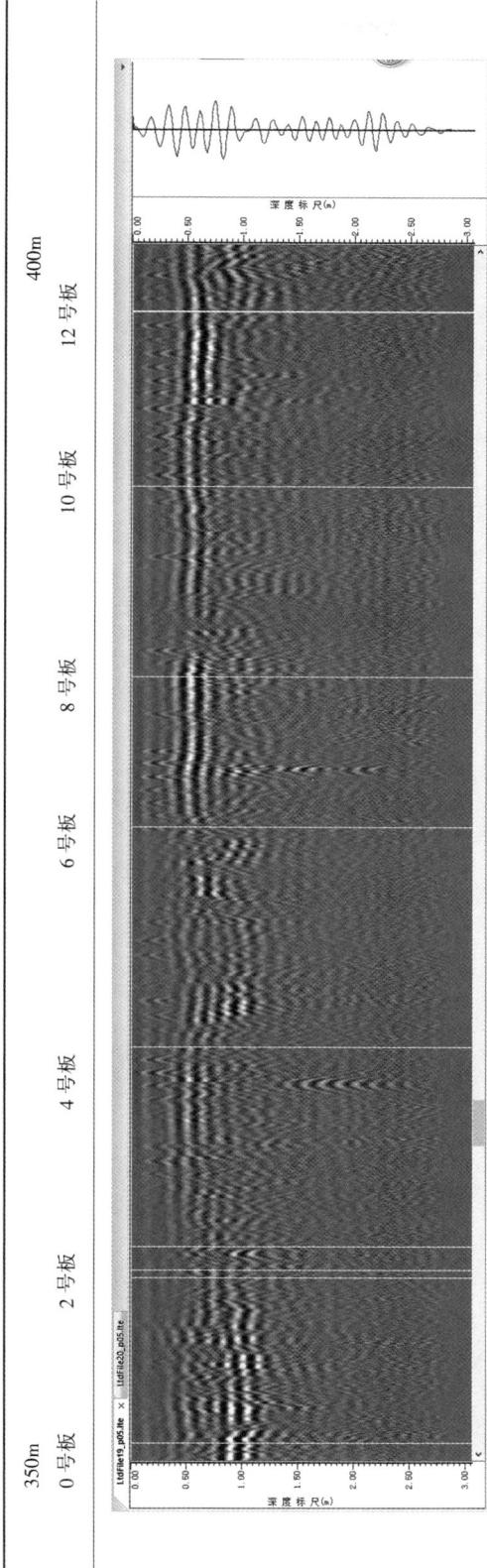

探地雷达检测结果灰度图

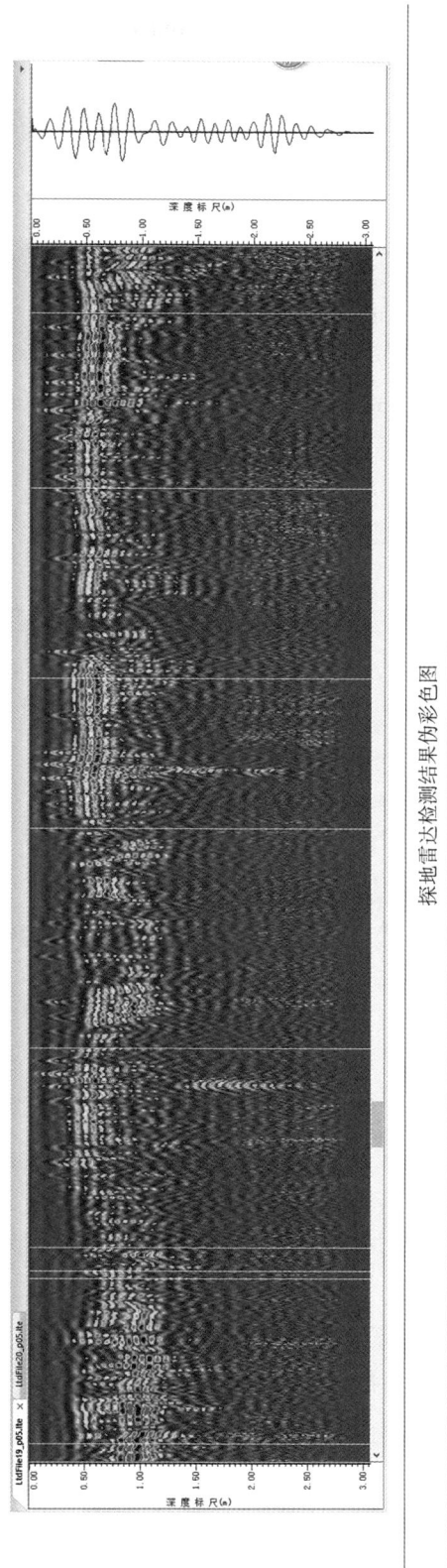

探地雷达检测结果伪彩色图

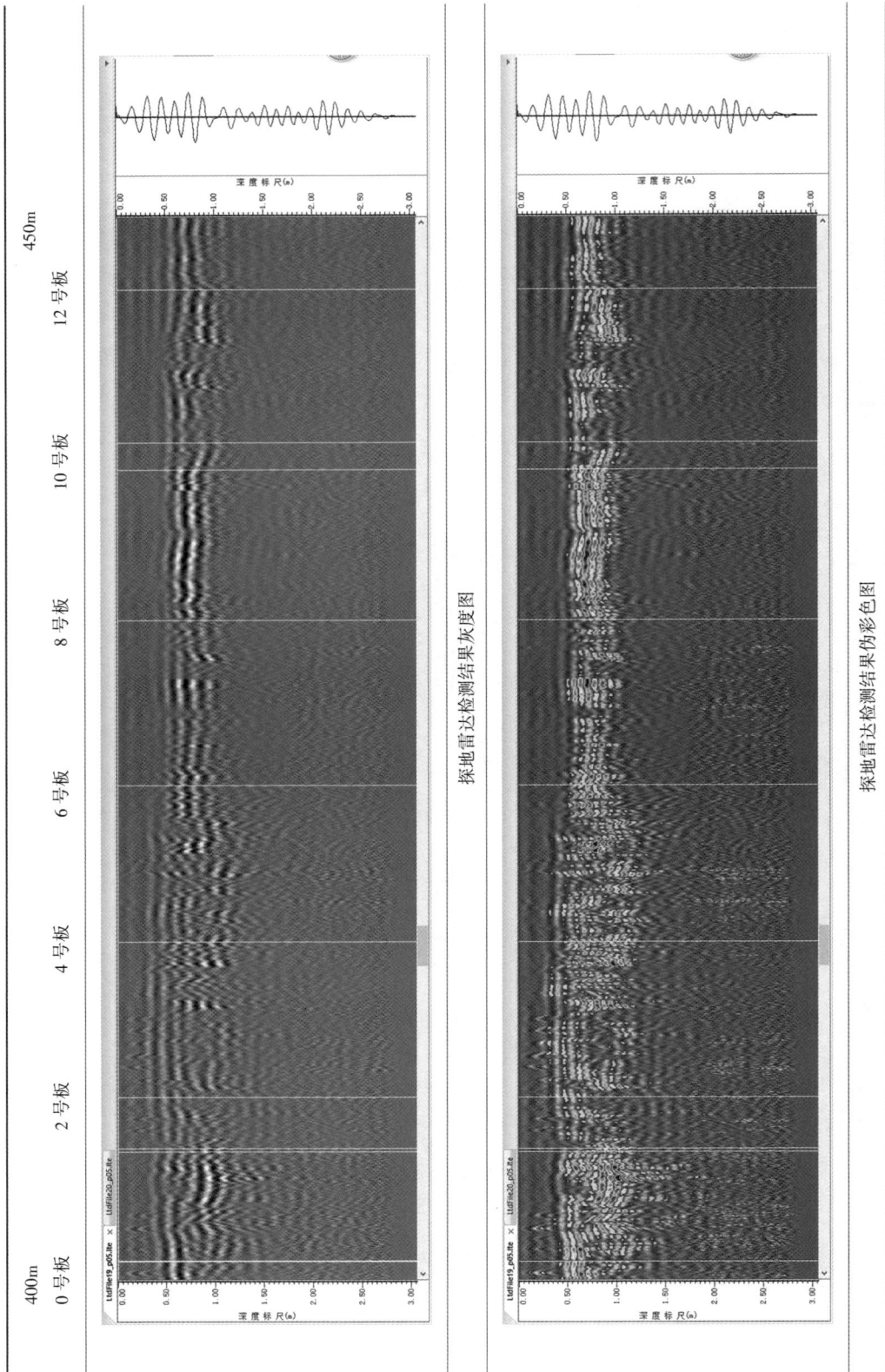

探地雷达检测结果灰度图

探地雷达检测结果伪彩色图

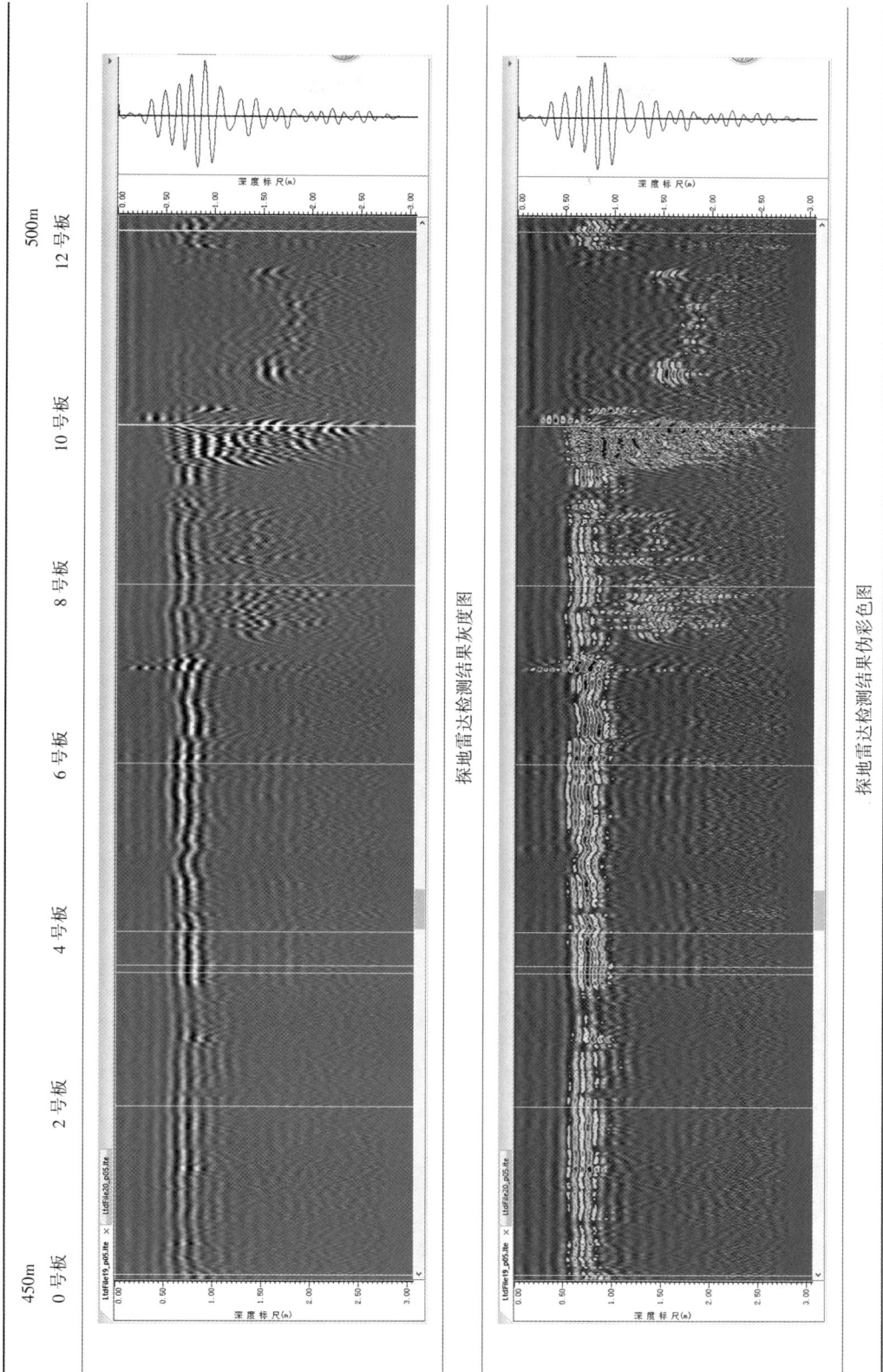

探地雷达检测结果灰度图

探地雷达检测结果伪彩色图

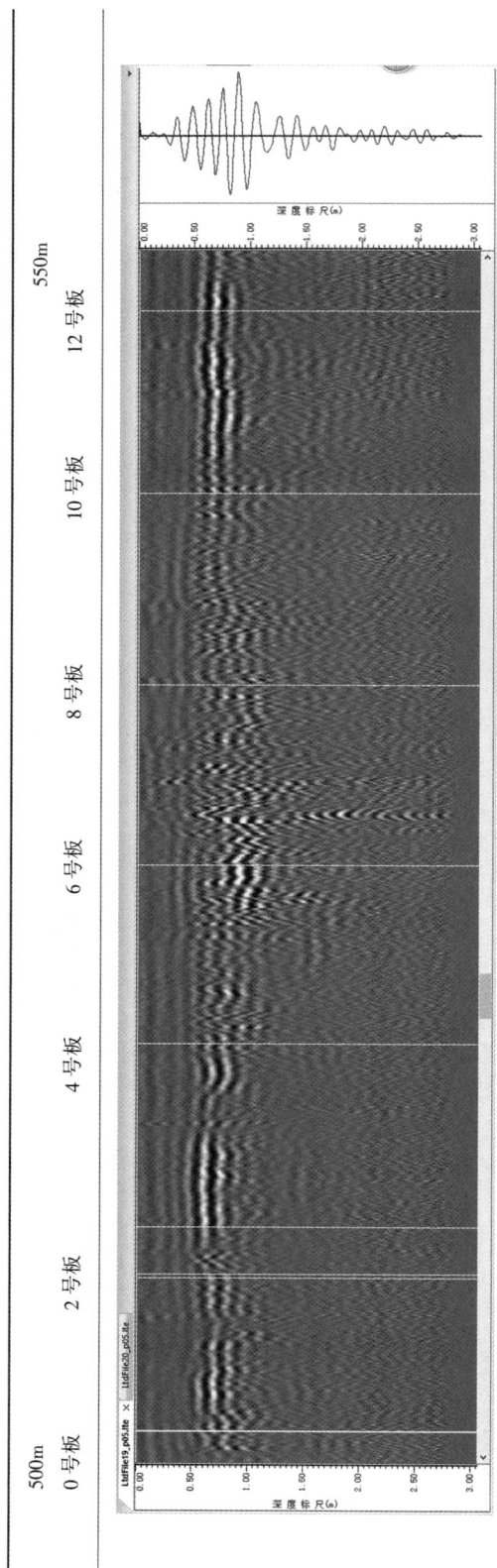

探地雷达检测结果灰度图

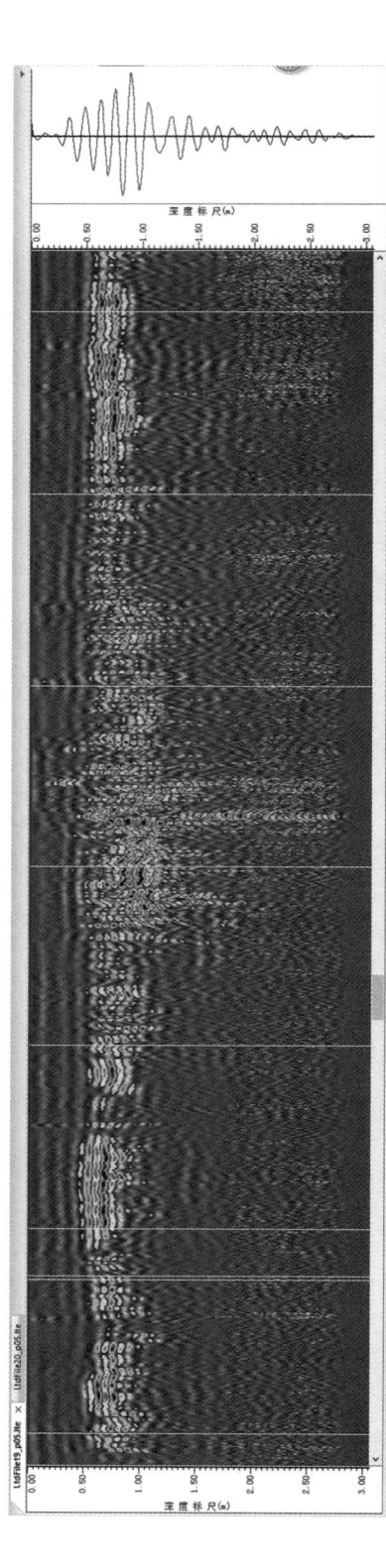

探地雷达检测结果伪彩色图

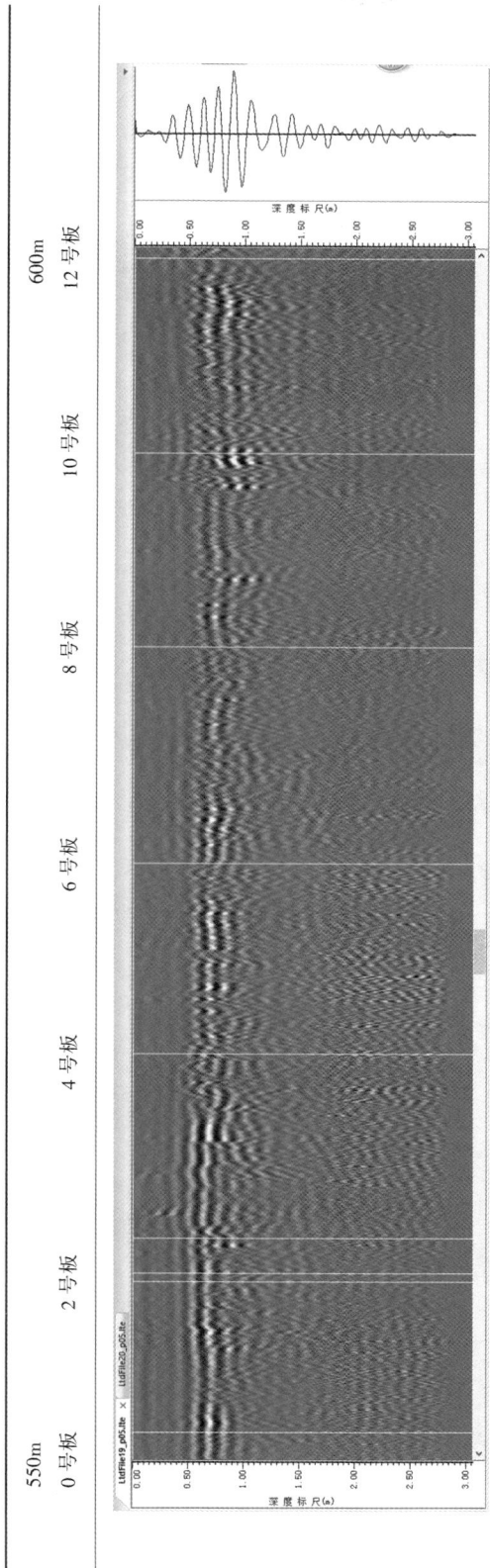

探地雷达检测结果灰度图

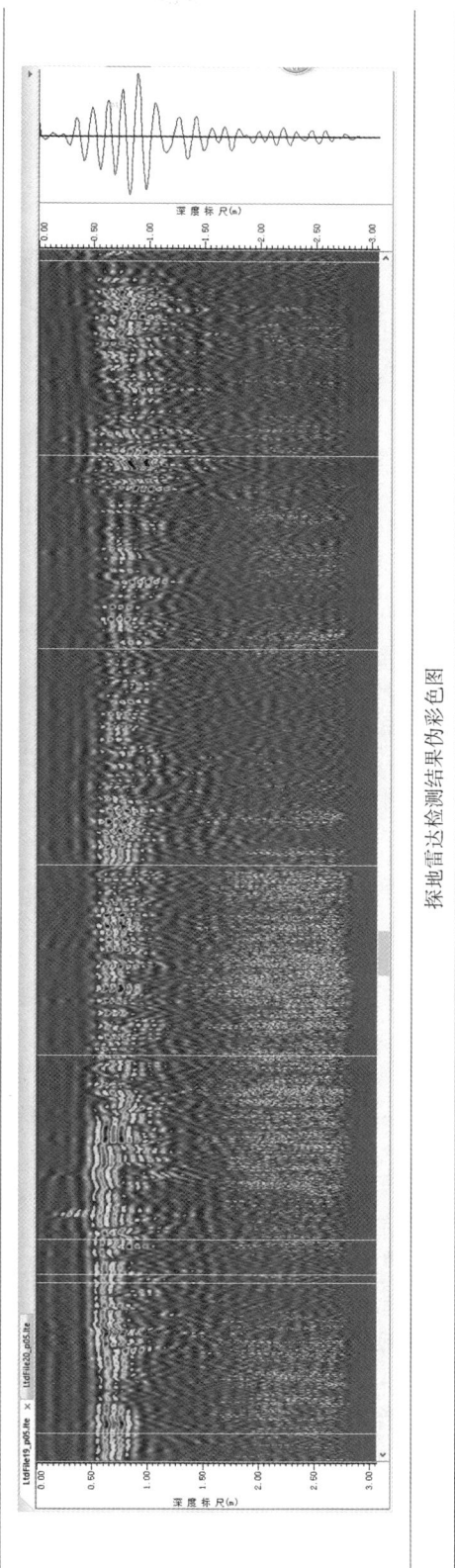

探地雷达检测结果伪彩色图

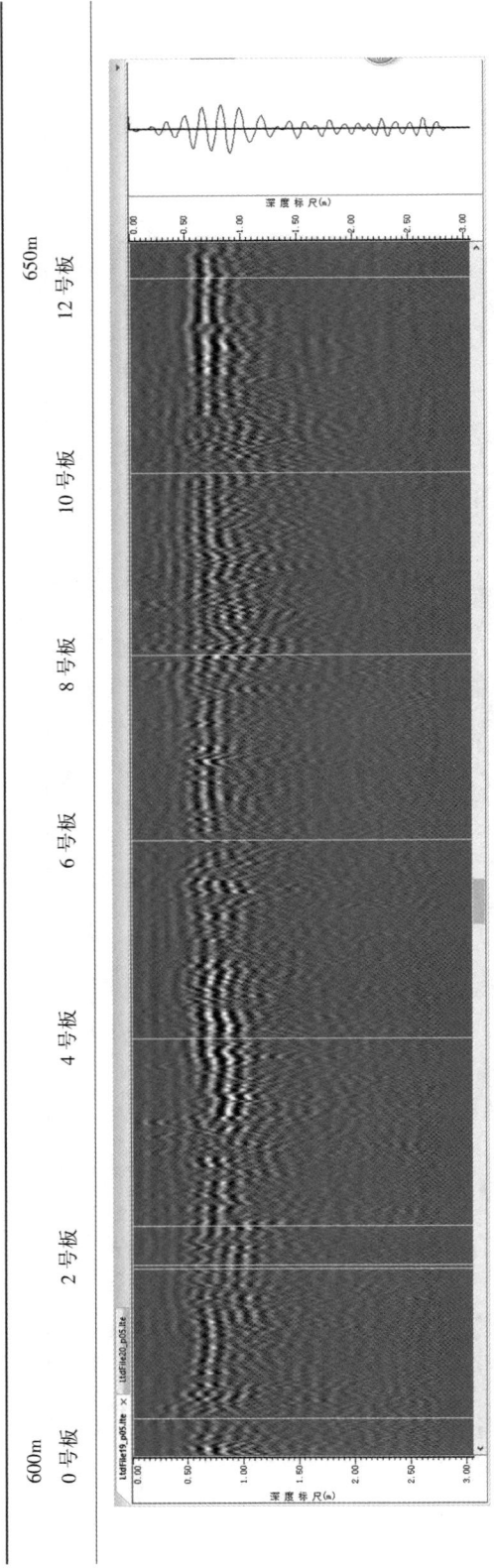

探地雷达检测结果灰度图

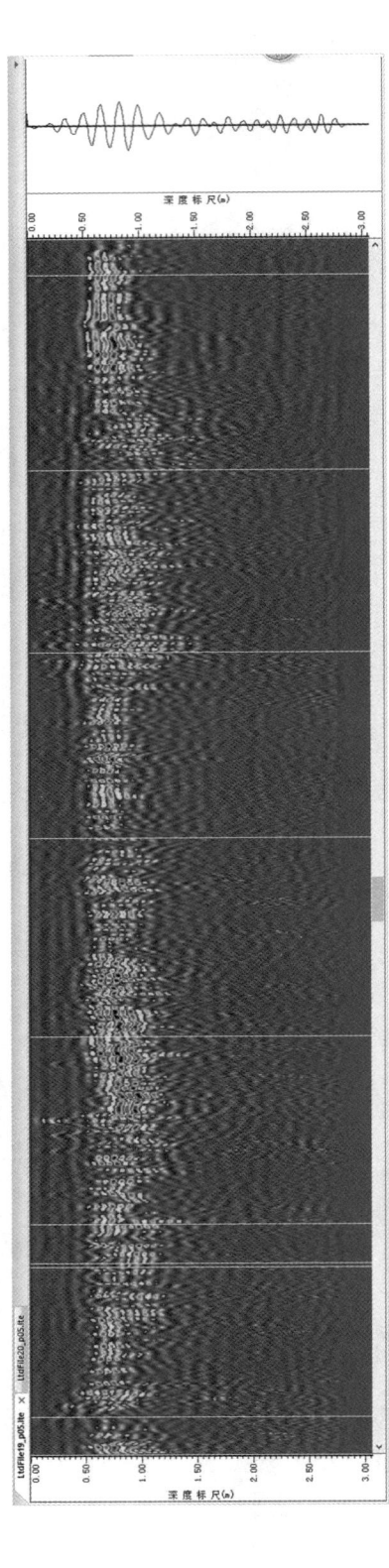

探地雷达检测结果伪彩色图

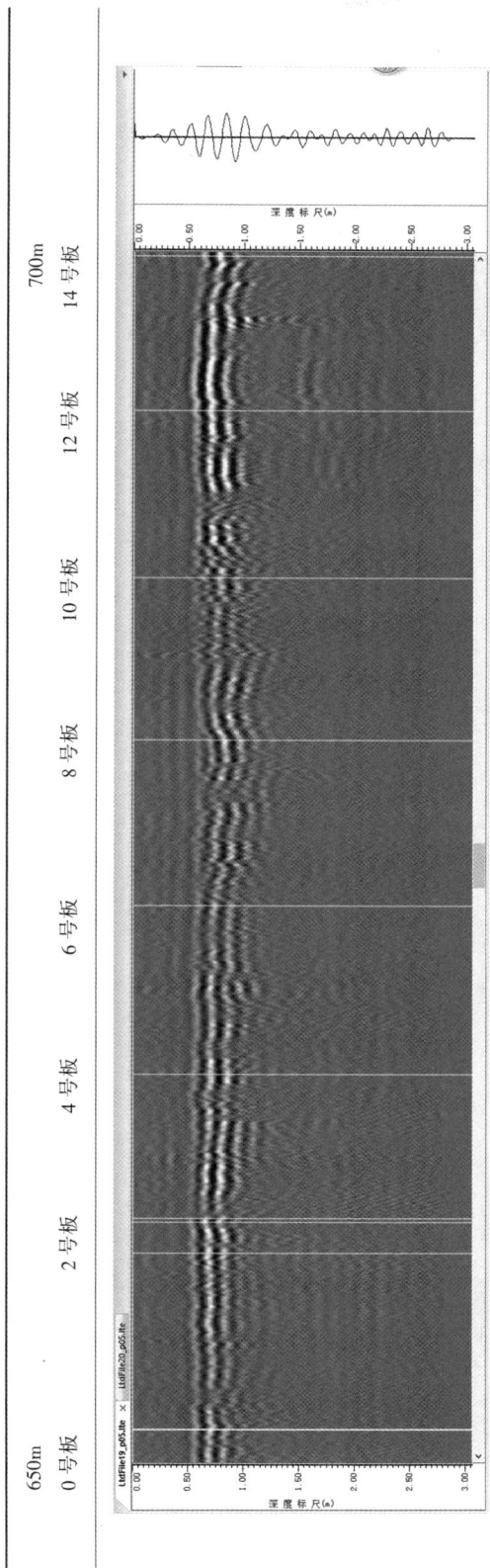

探地雷达检测结果灰度图

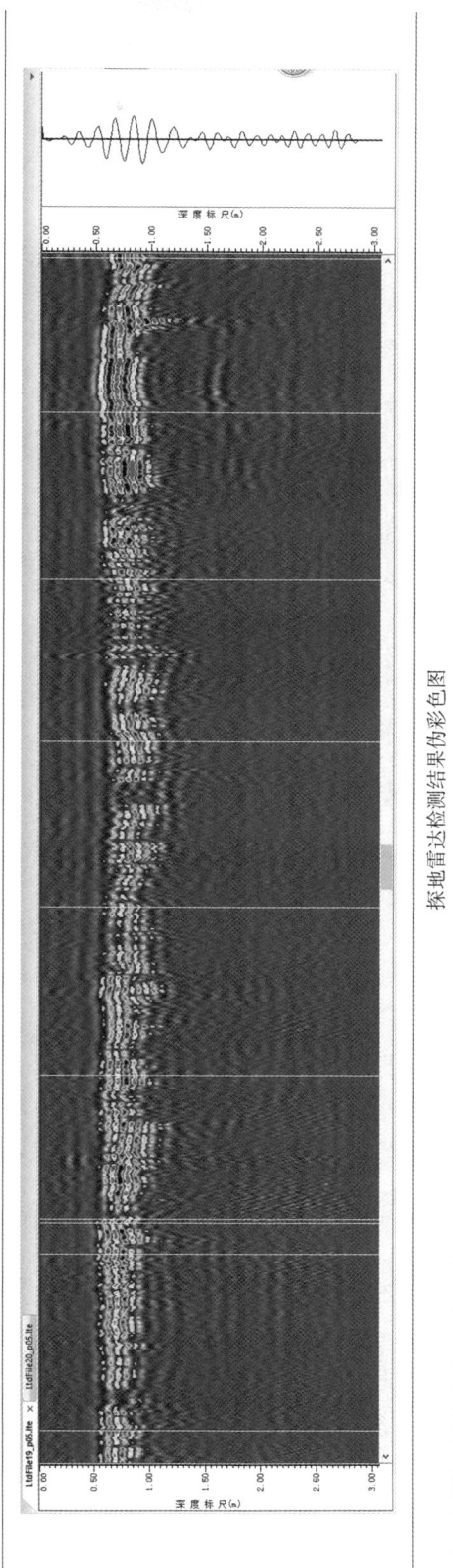

探地雷达检测结果伪彩色图

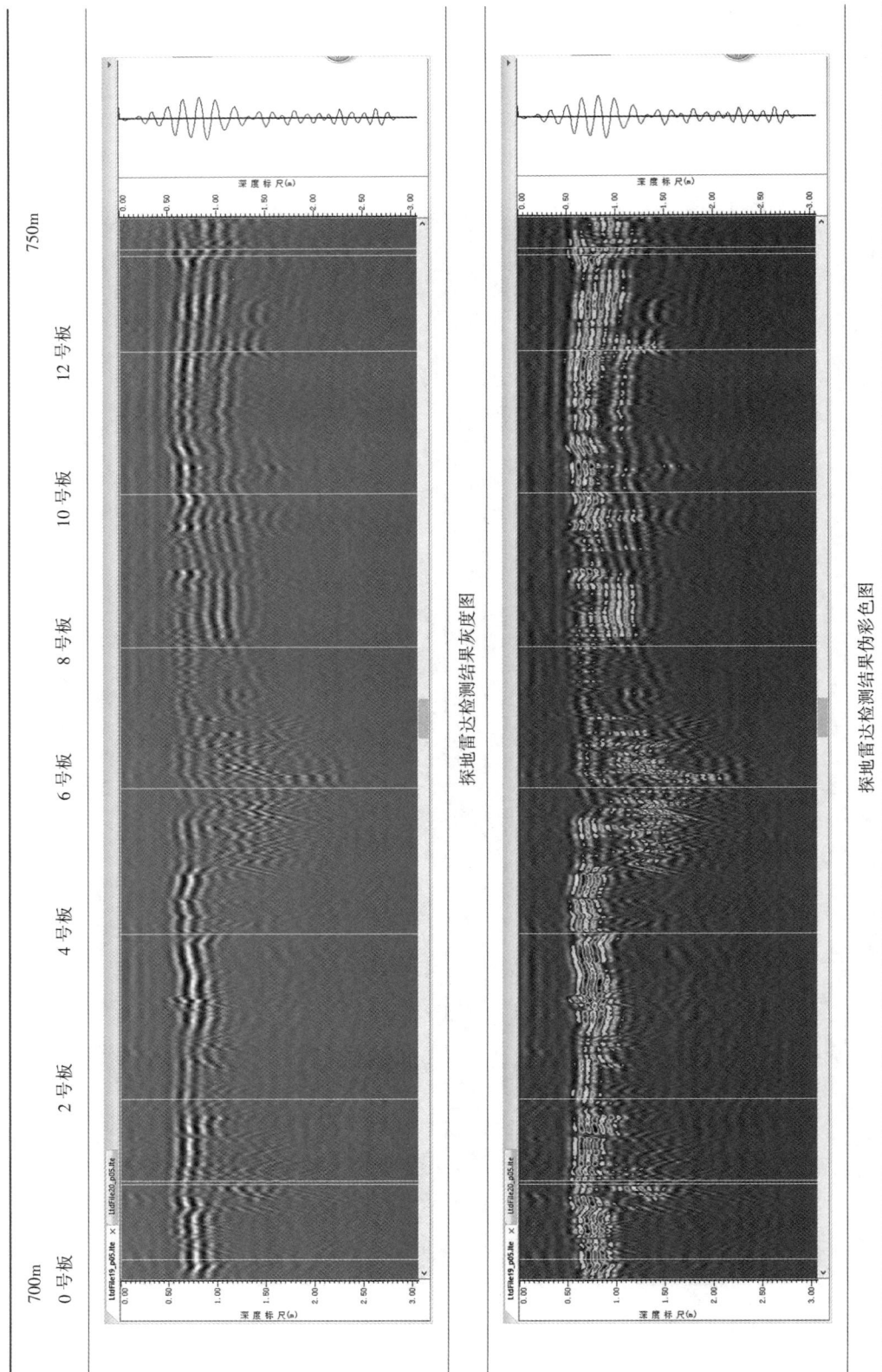

探地雷达检测结果灰度图

探地雷达检测结果伪彩色图

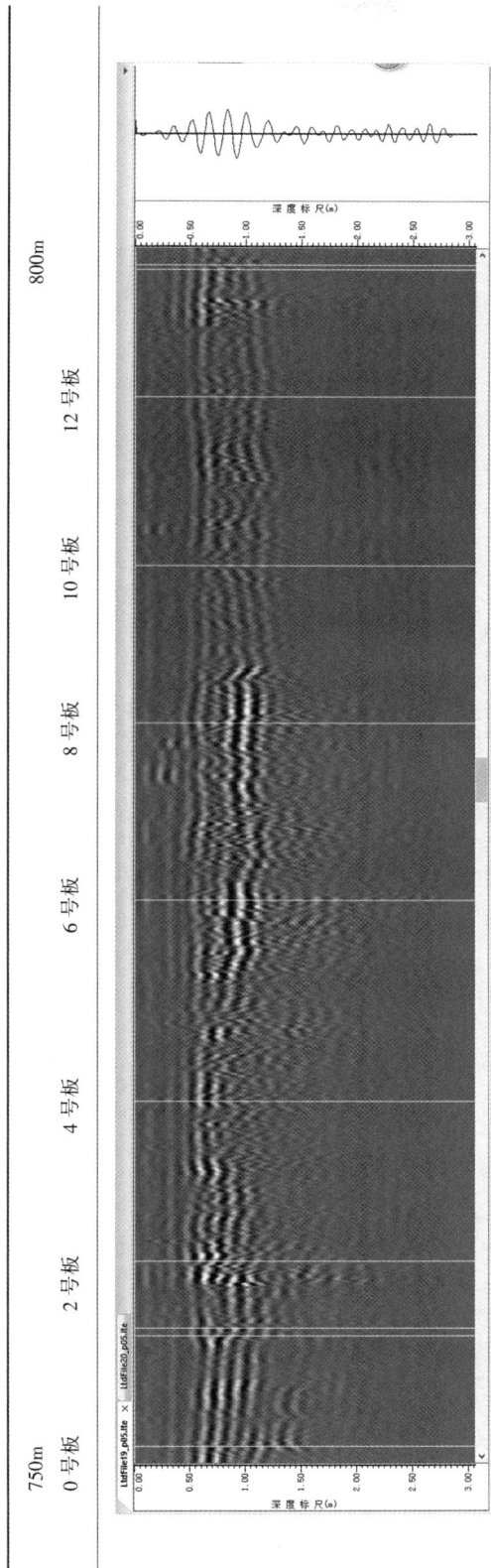

探地雷达检测结果灰度图

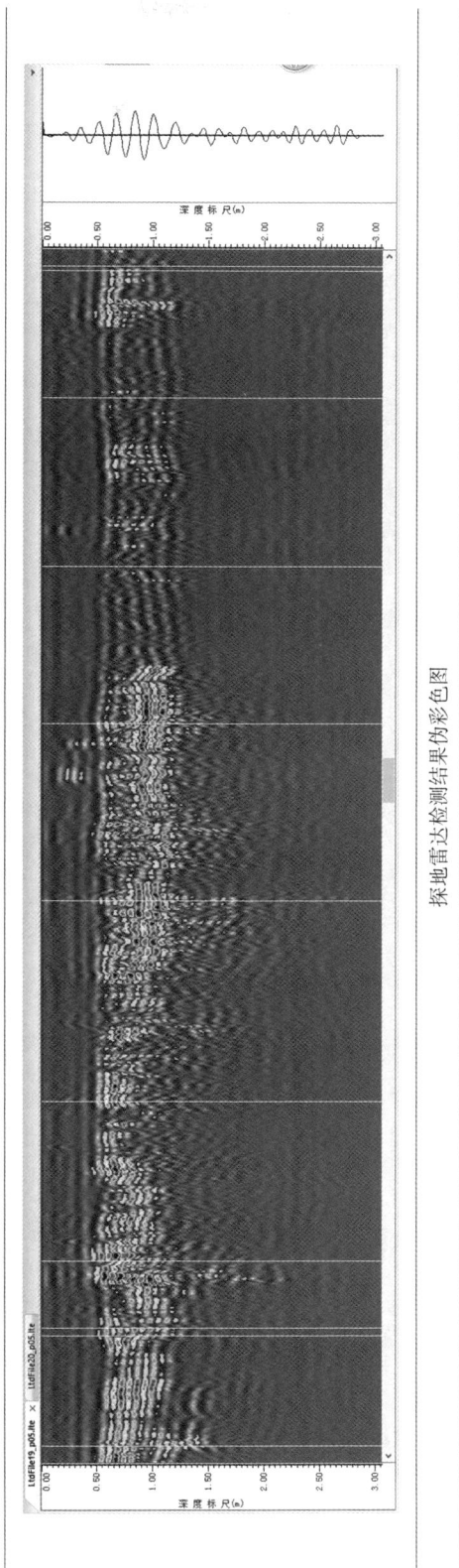

探地雷达检测结果伪彩色图

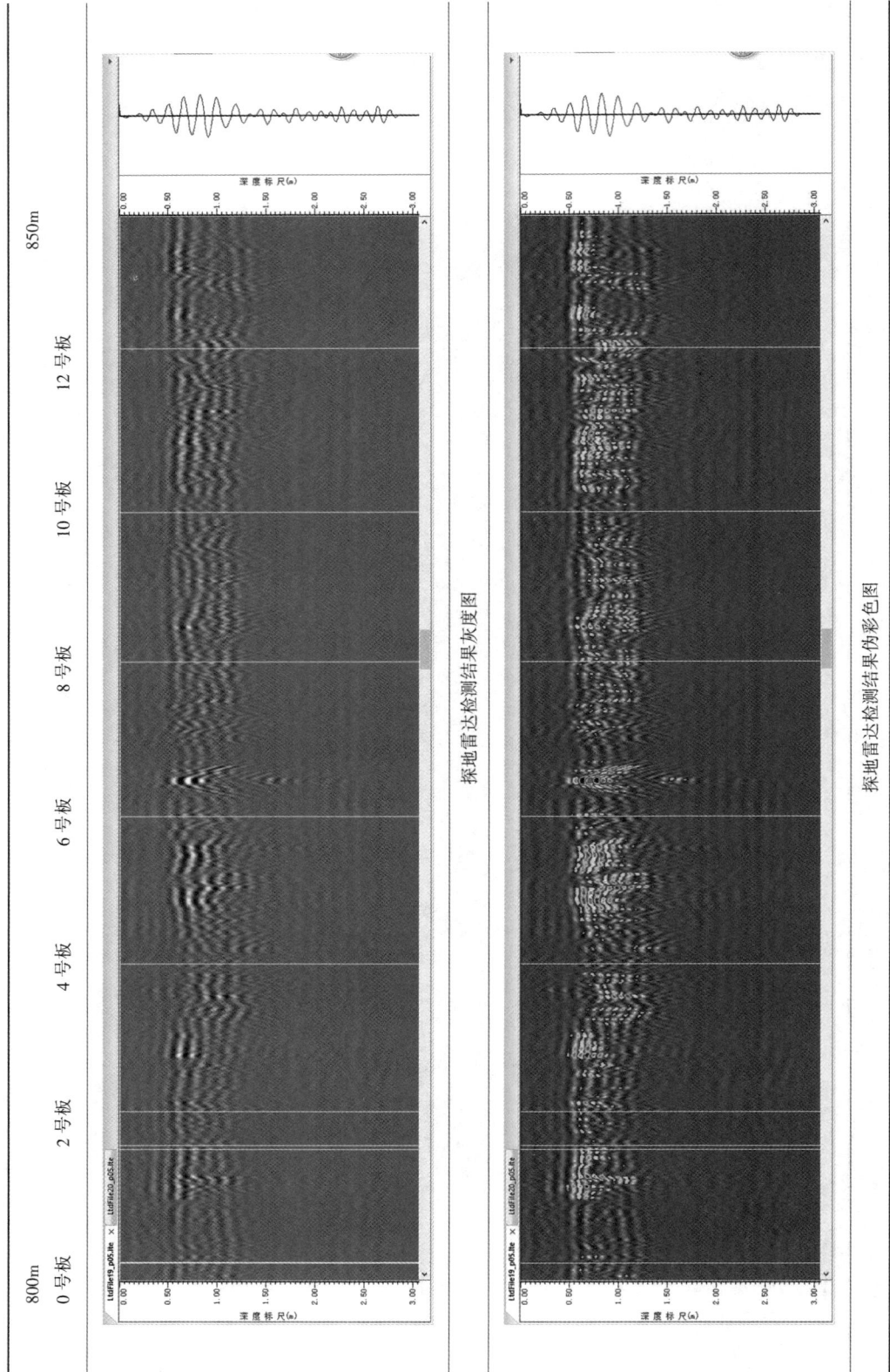

探地雷达检测结果灰度图

探地雷达检测结果伪彩色图

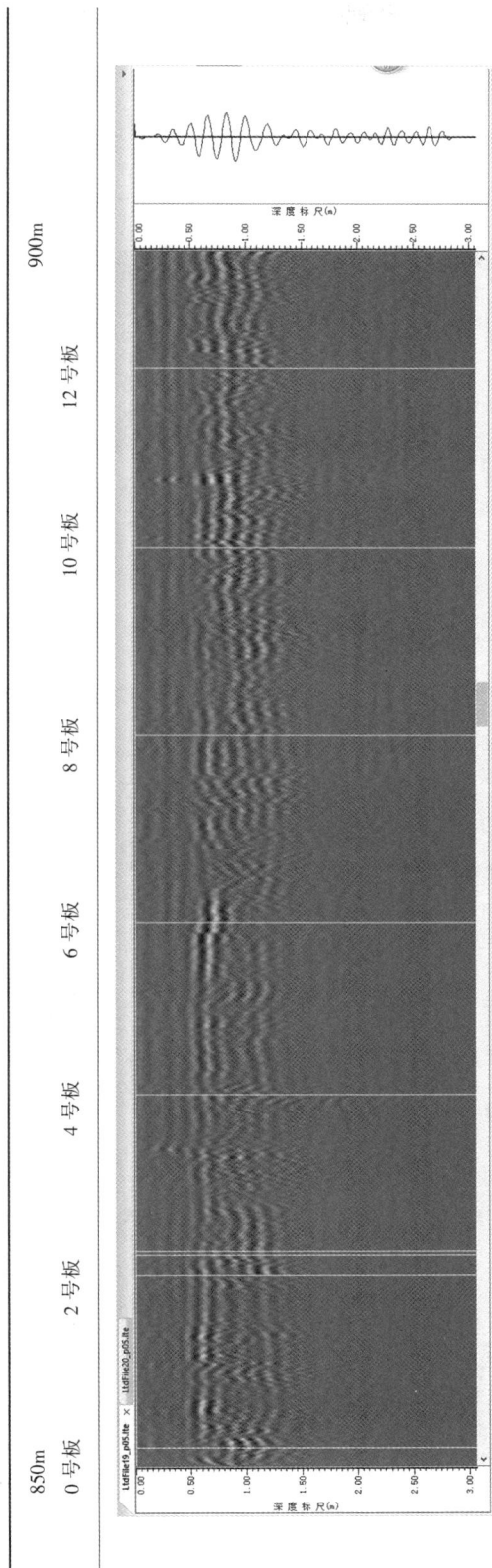

探地雷达检测结果灰度图

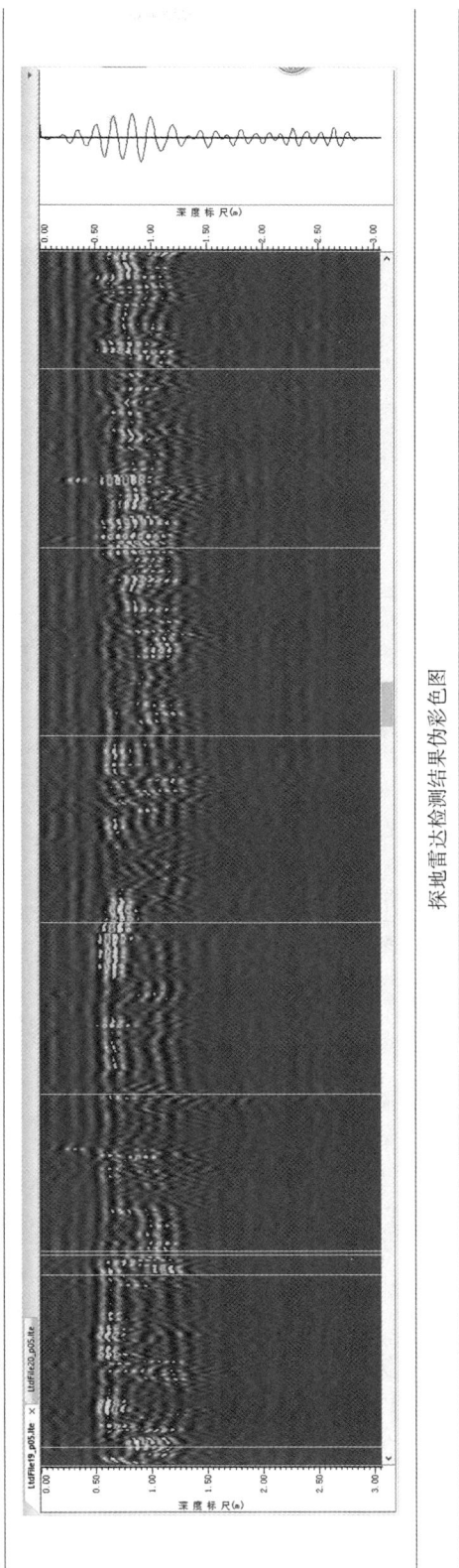

探地雷达检测结果彩色图

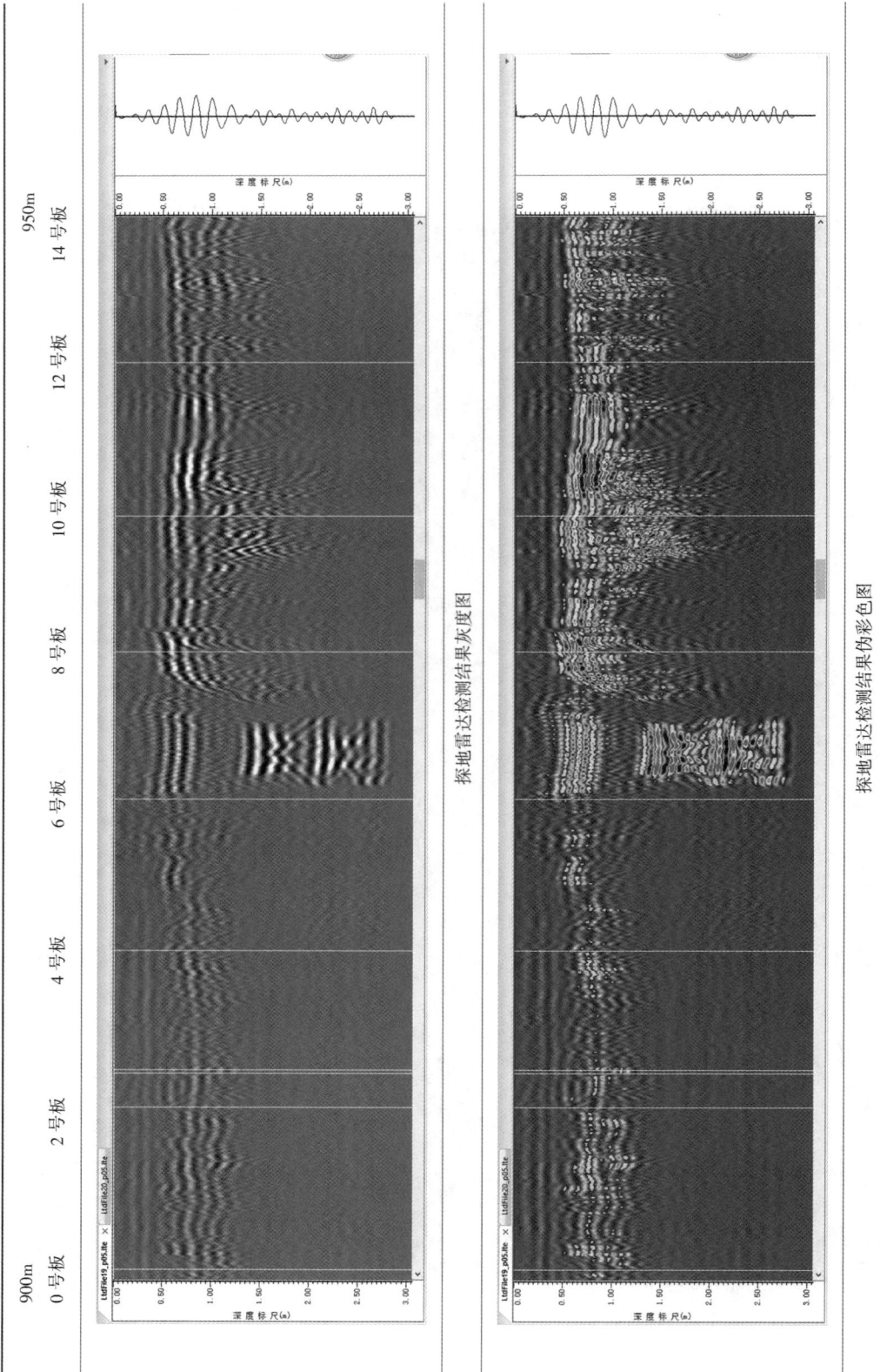

探地雷达检测结果灰度图

探地雷达检测结果伪彩色图

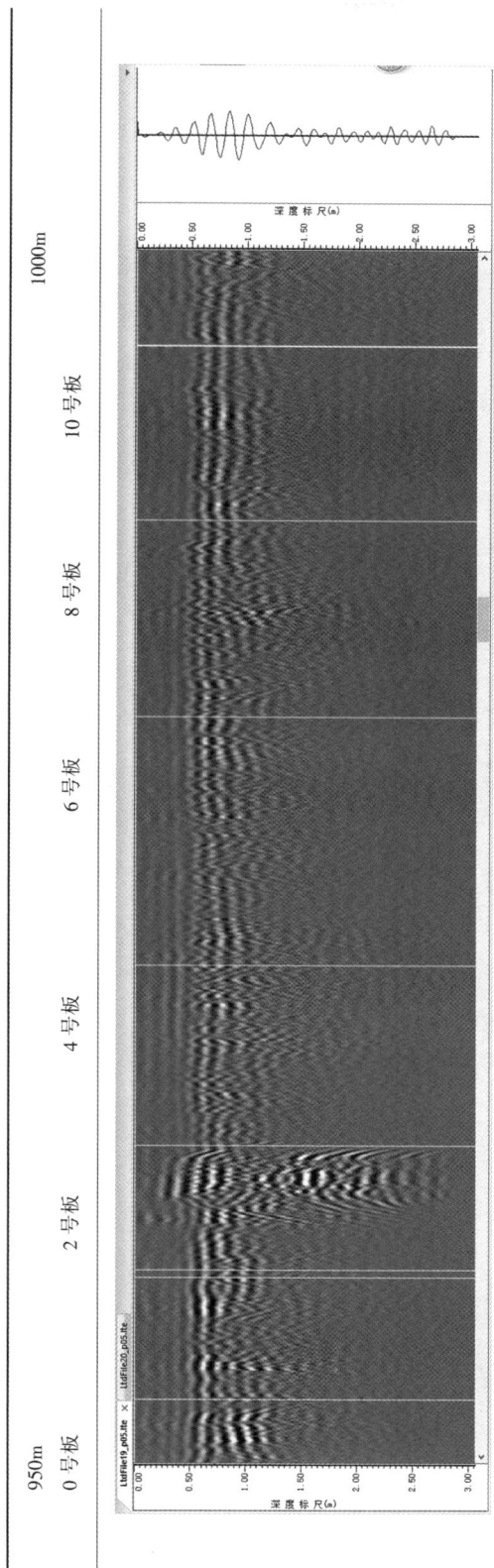

探地雷达检测结果灰度图

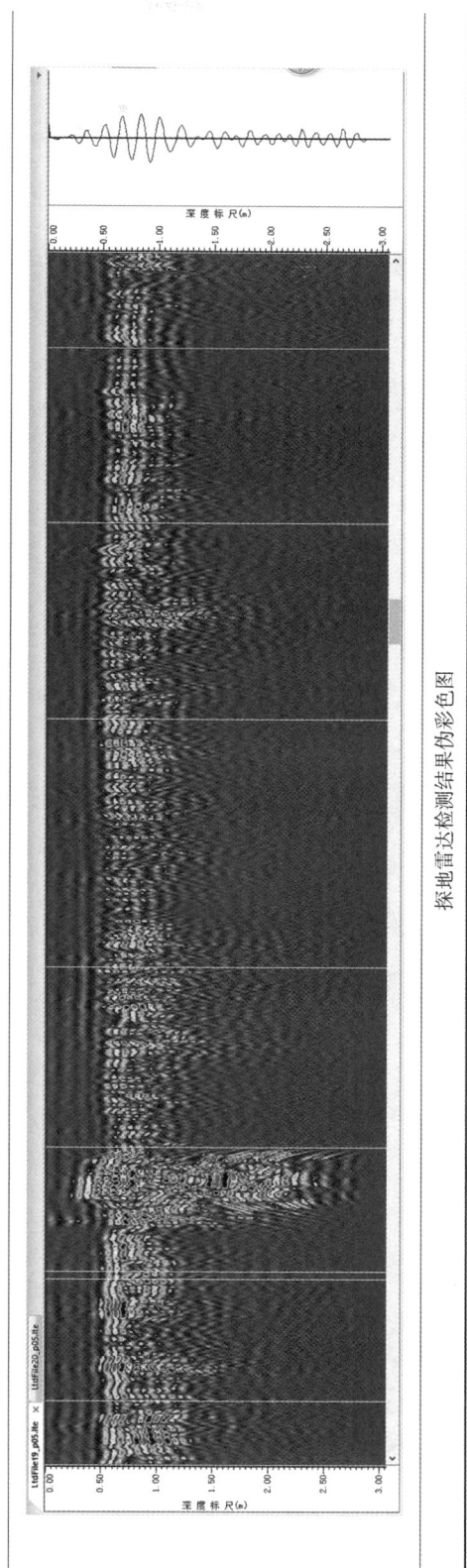

探地雷达检测结果伪彩色图

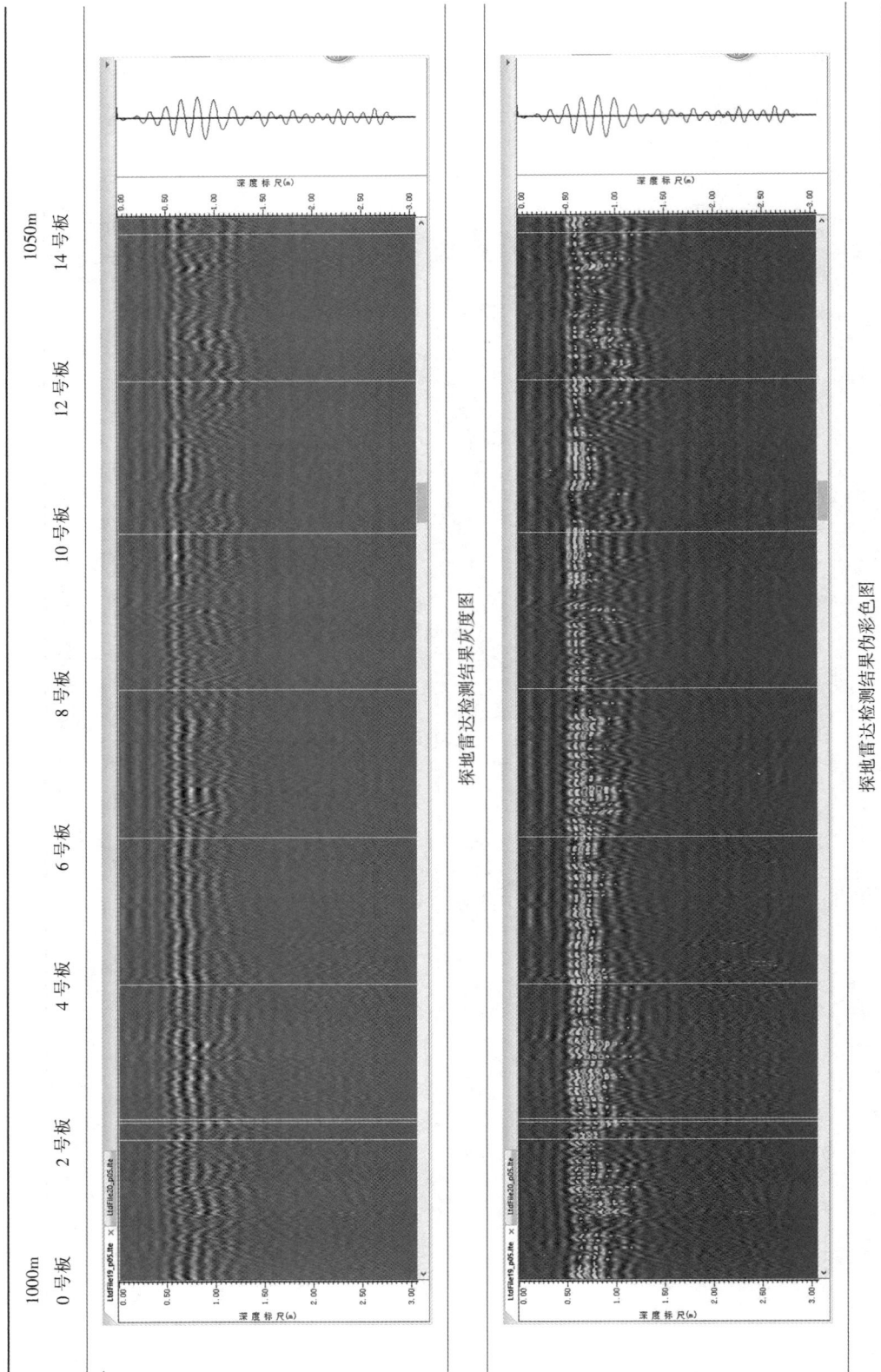

探地雷达检测结果灰度图

探地雷达检测结果伪彩色图

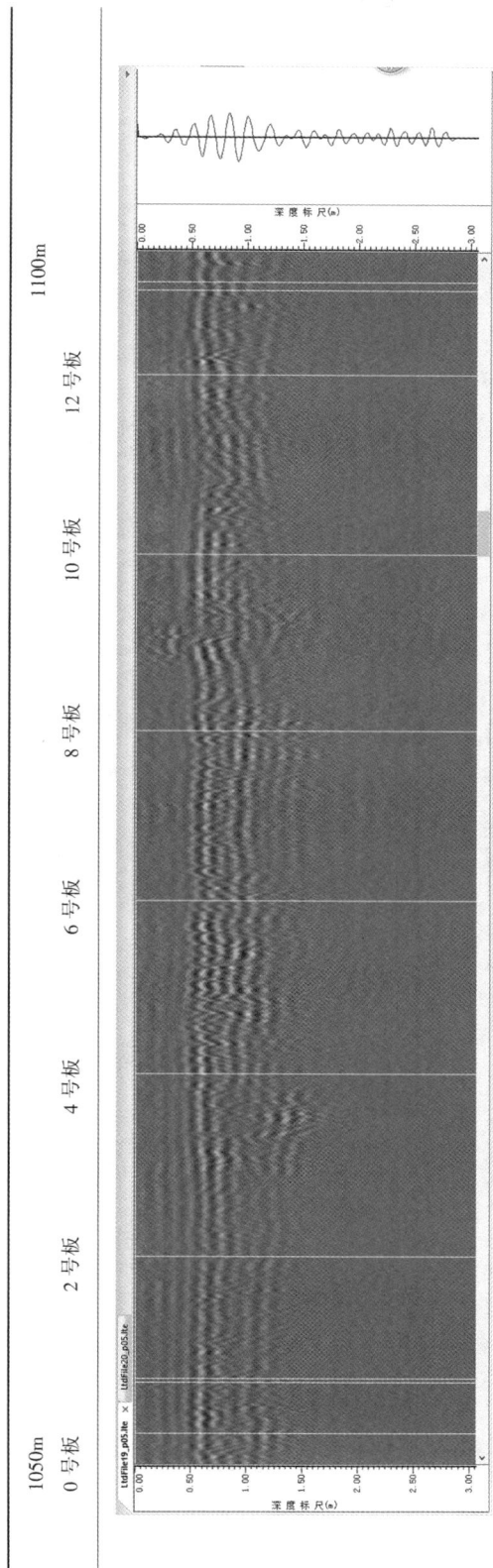

探地雷达检测结果灰度图

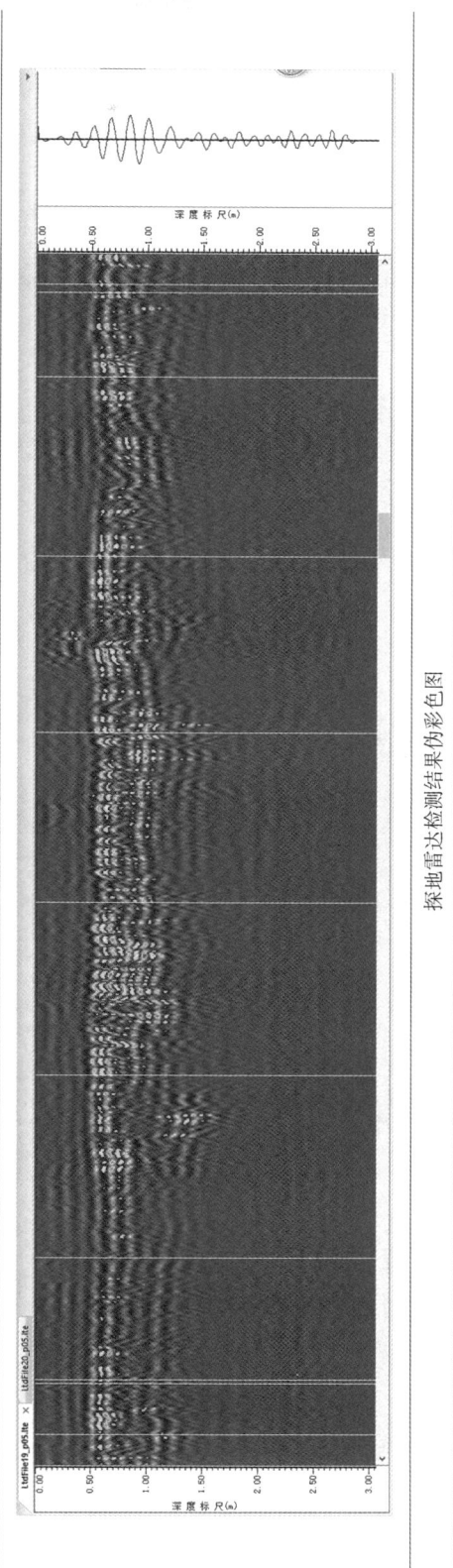

探地雷达检测结果伪彩色图

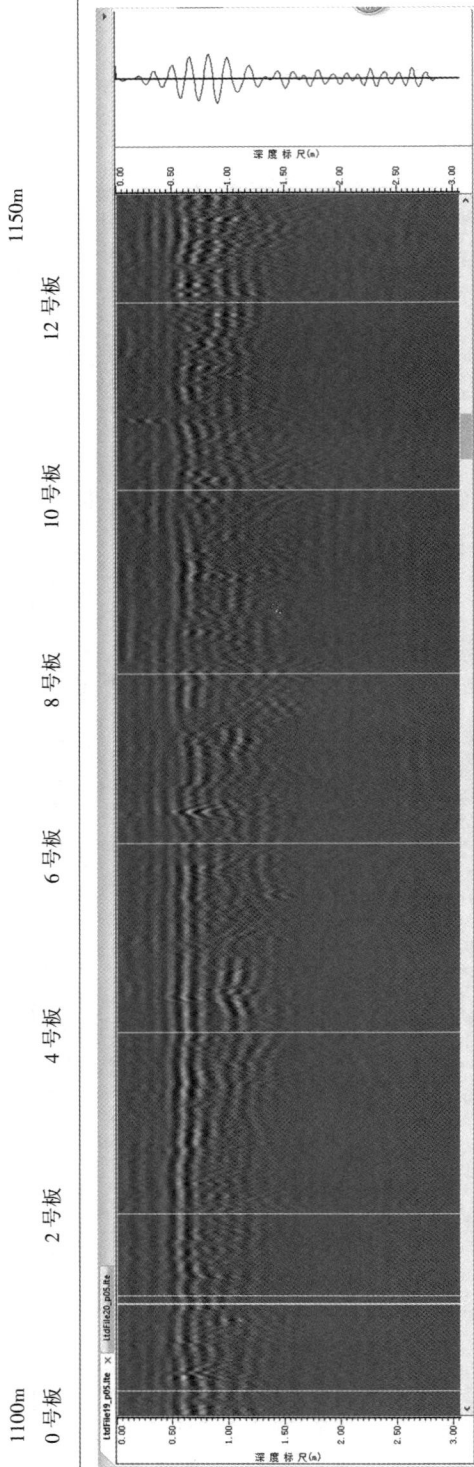

探地雷达检测结果灰度图

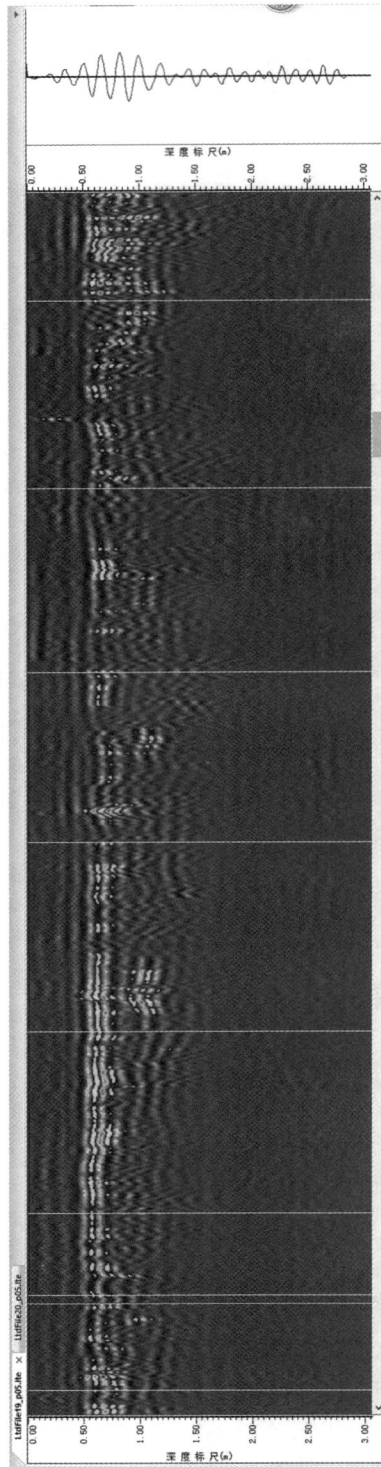

探地雷达检测结果伪彩色图

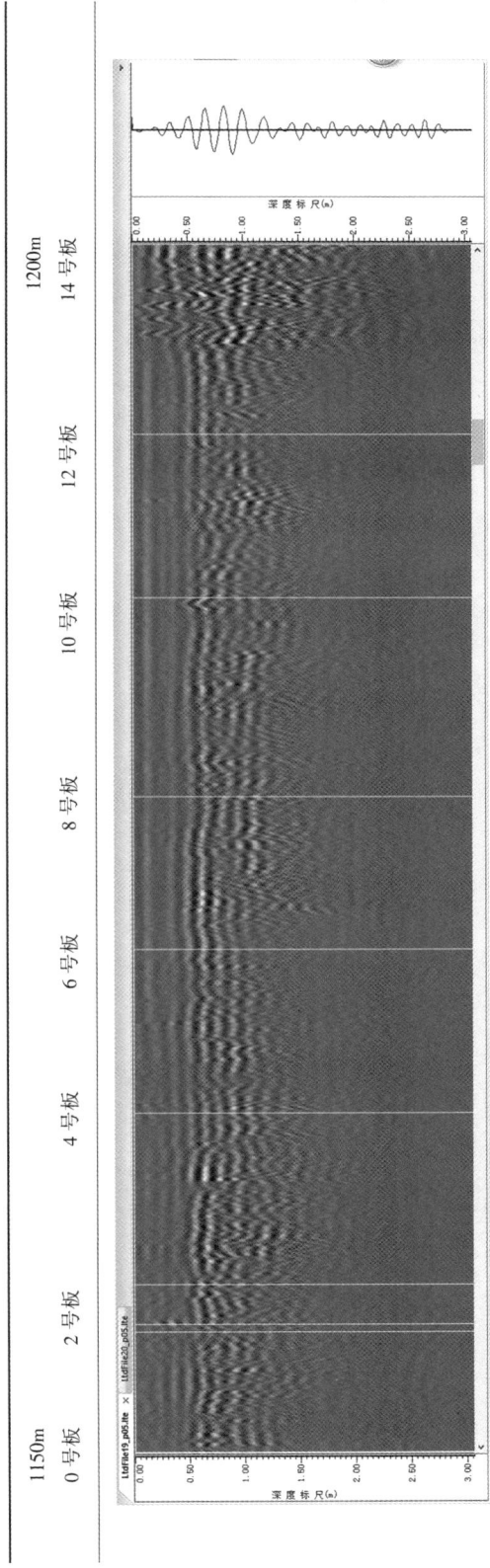

探地雷达检测结果灰度图

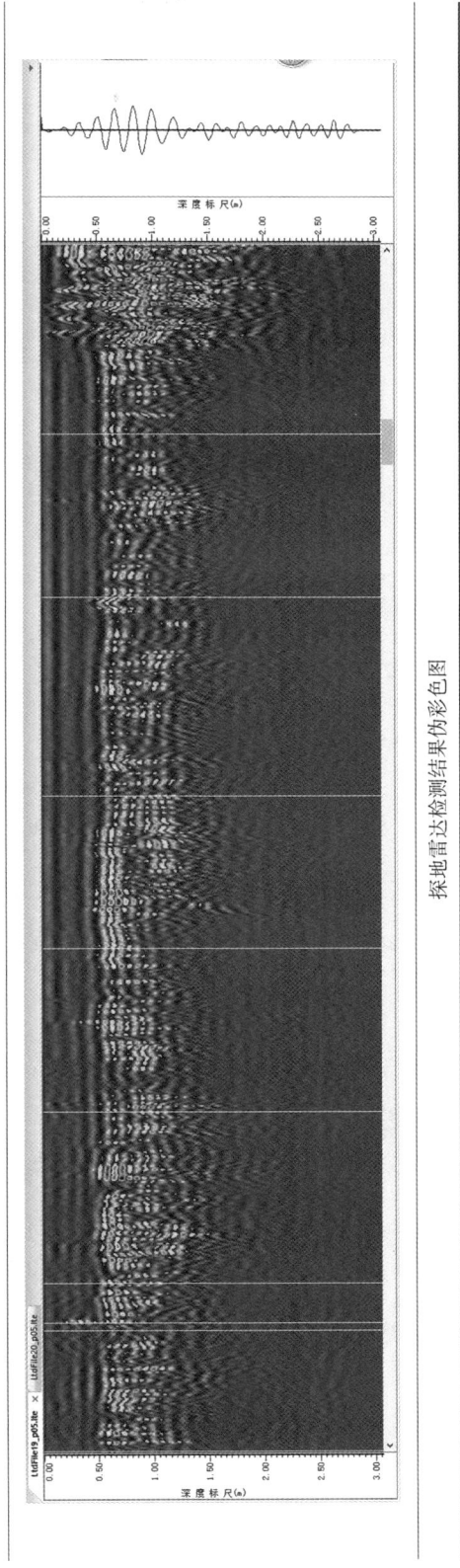

探地雷达检测结果伪彩色图

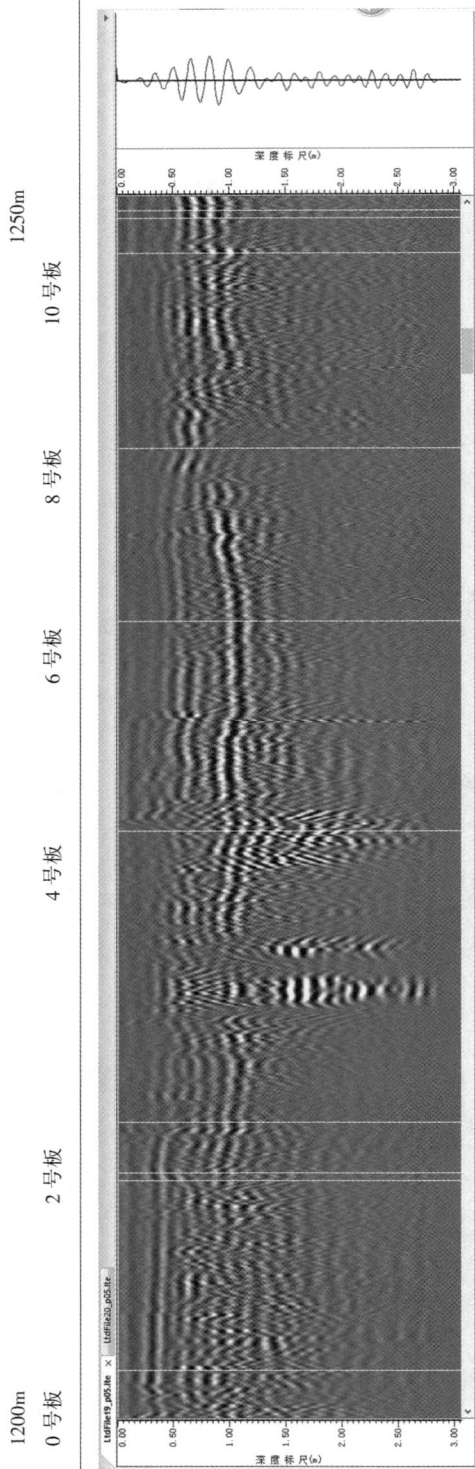

探地雷达检测结果灰度图

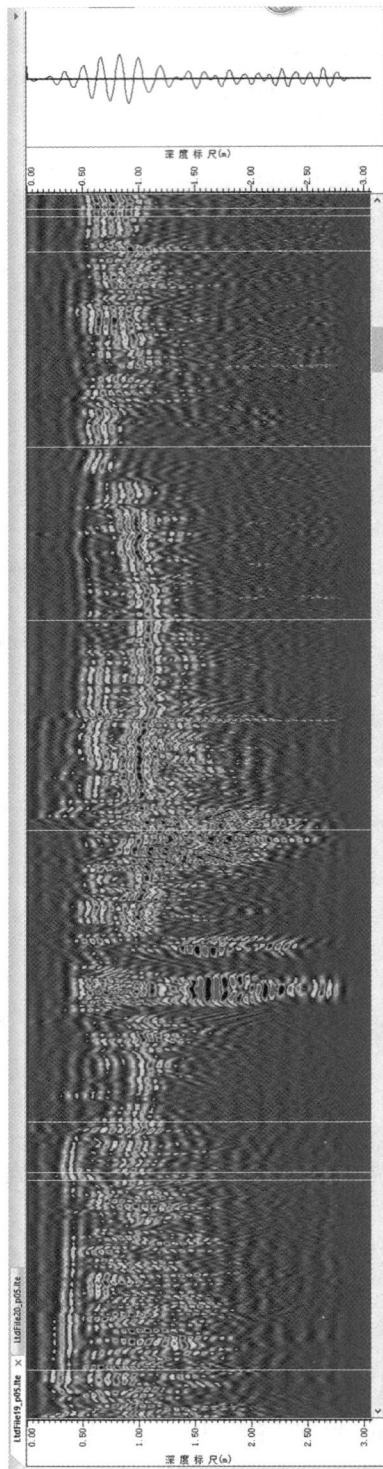

探地雷达检测结果伪彩色图

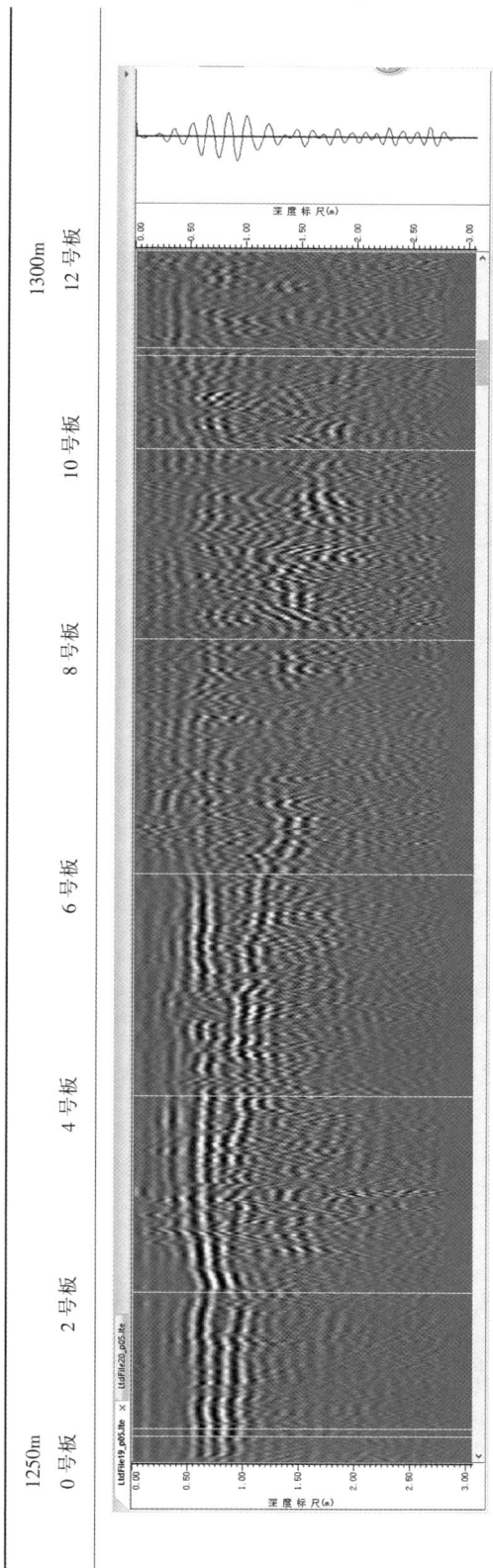

探地雷达检测结果灰度图

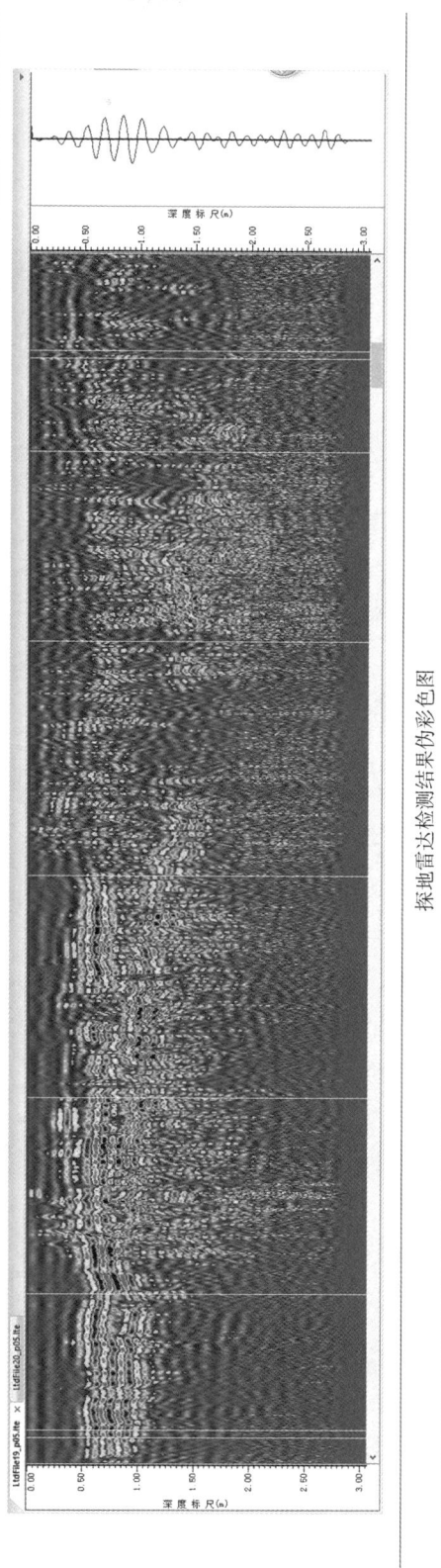

探地雷达检测结果伪彩色图

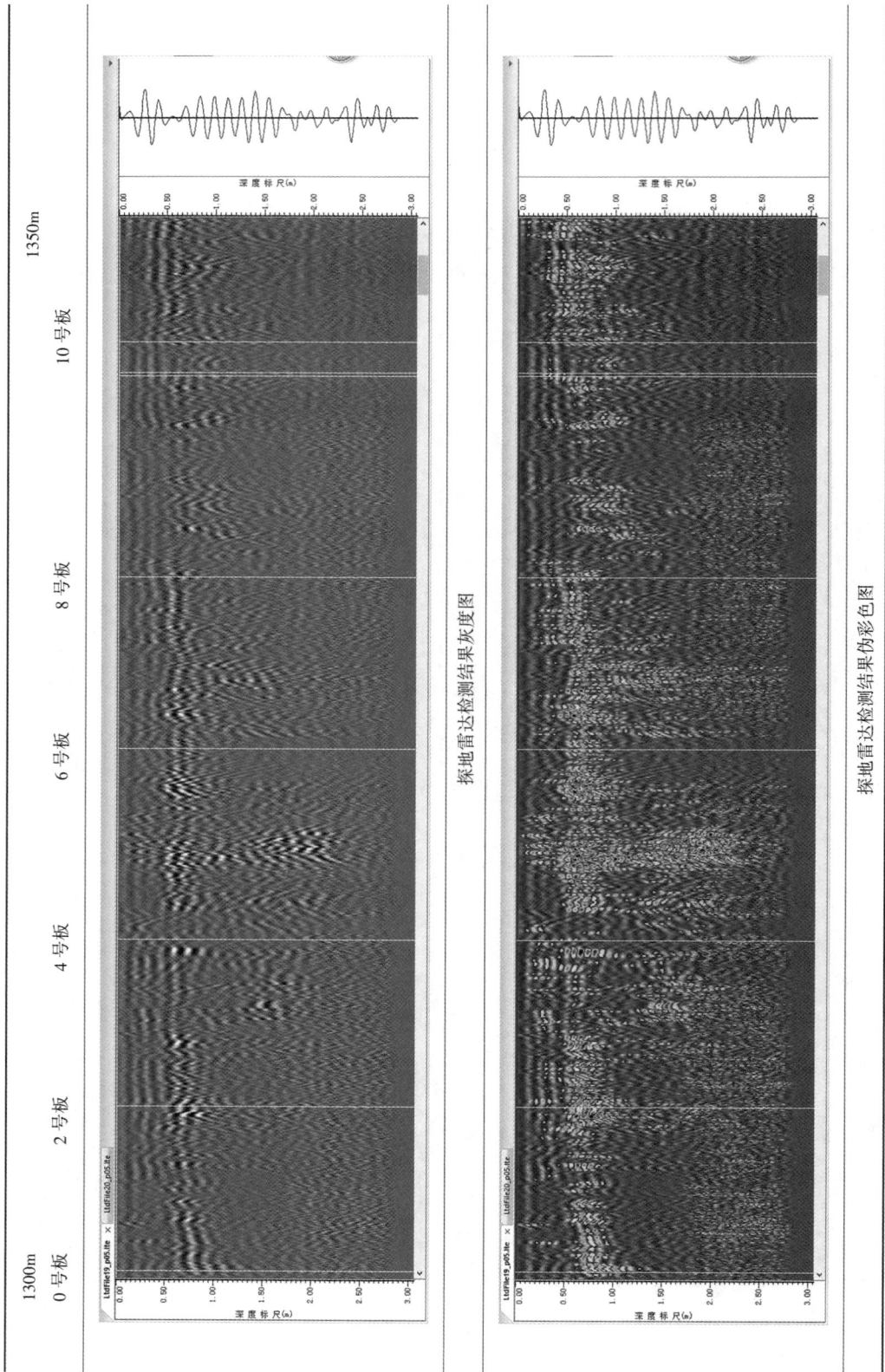

探地雷达检测结果灰度图

探地雷达检测结果伪彩色图

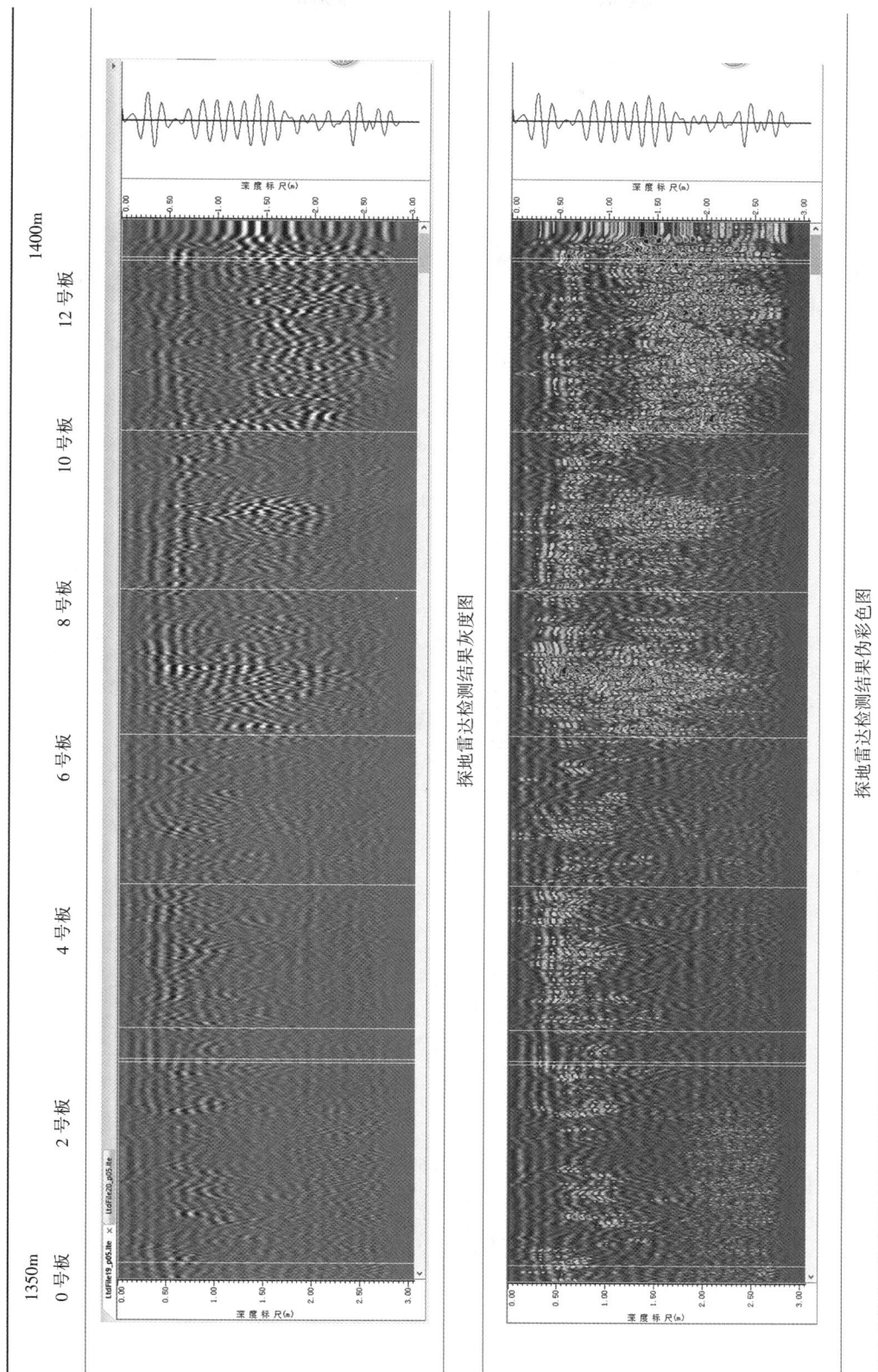

探地雷达检测结果灰度图

探地雷达检测结果伪彩色图

图 7.4 C 区段水泥混凝土路面探地雷达 400MHz 天线检测结果 [起点→（2 块板、50m 间距打线标记）→终点右侧测线]

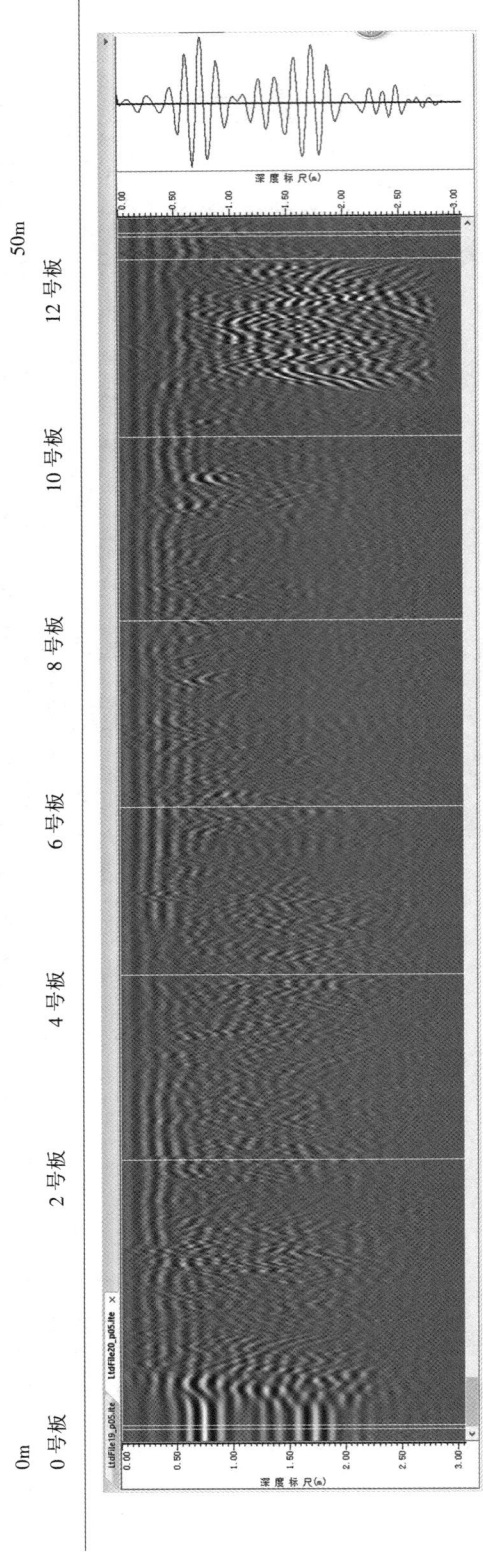

探地雷达检测结果灰度图

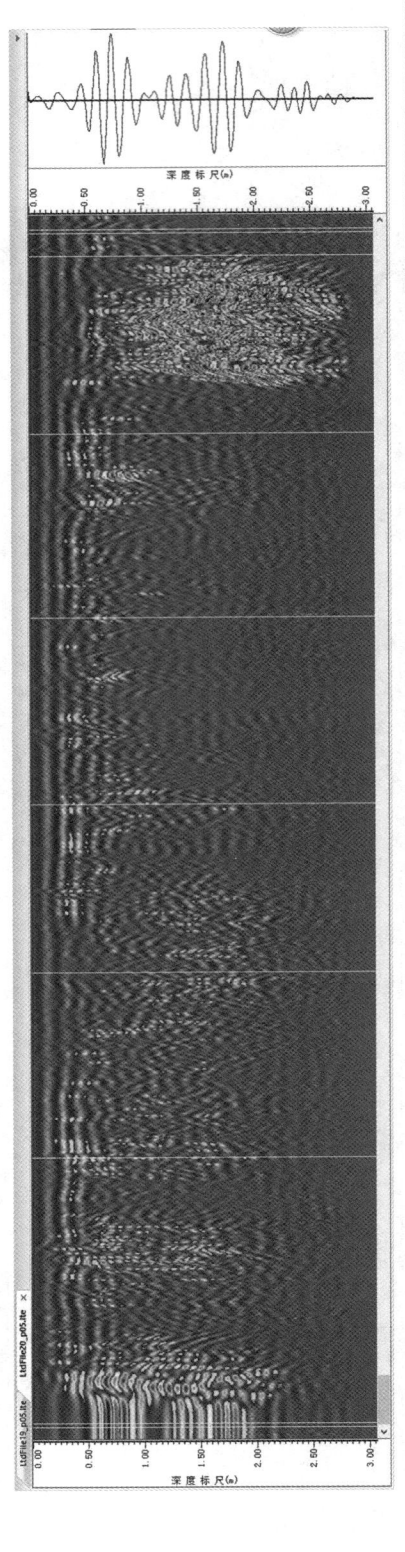

探地雷达检测结果伪彩色图

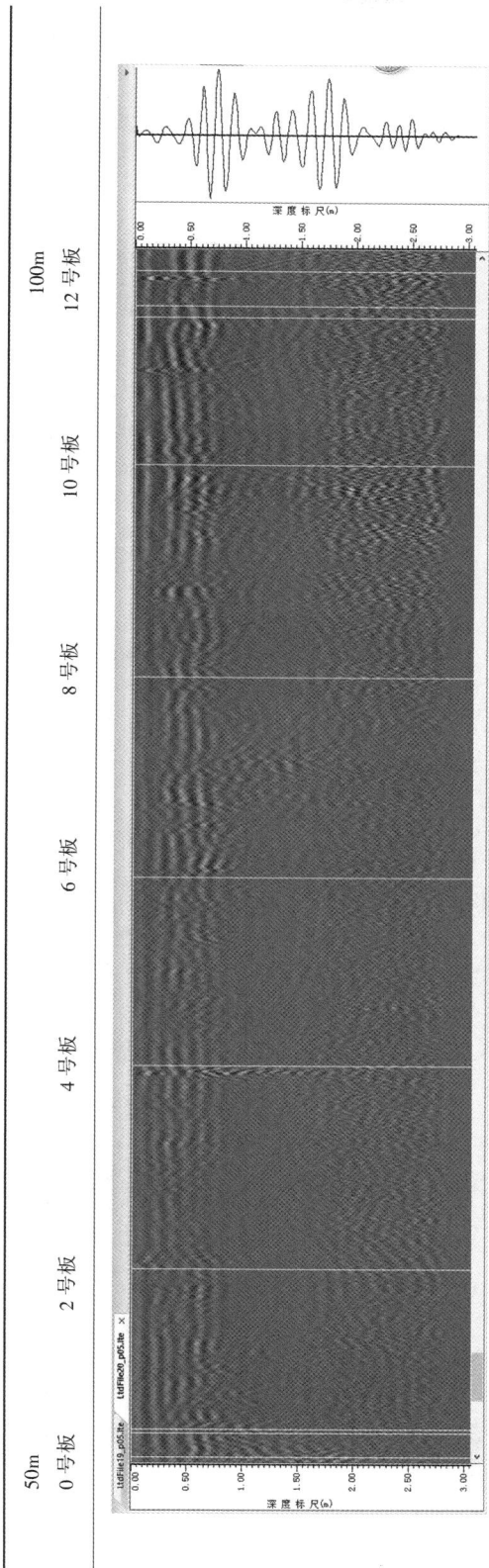

探地雷达检测结果灰度图

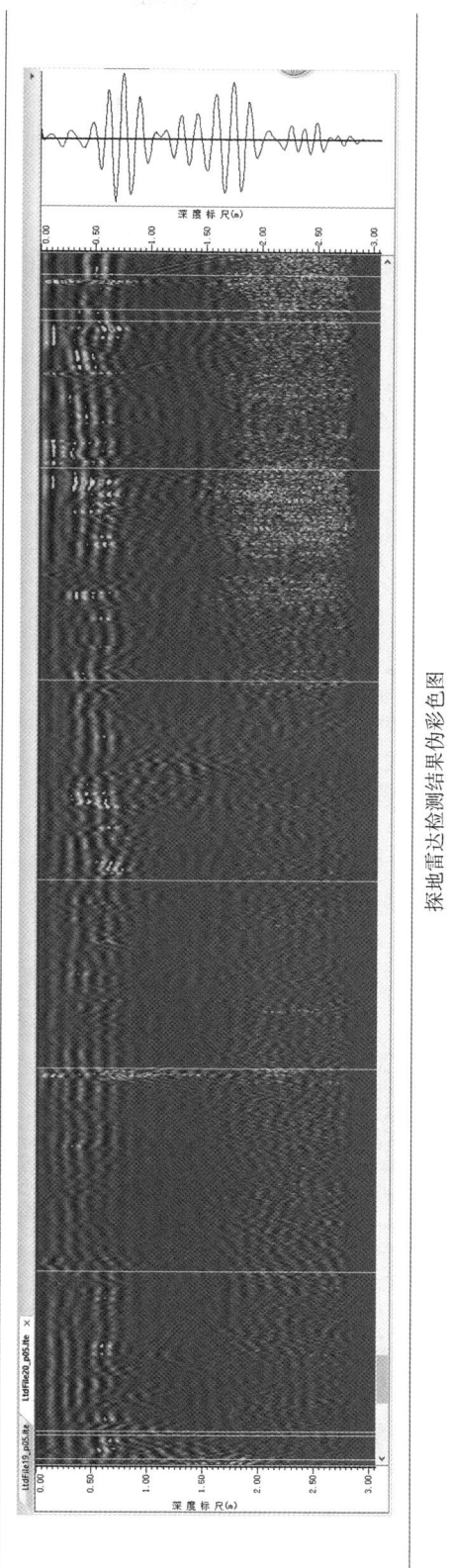

探地雷达检测结果伪彩色图

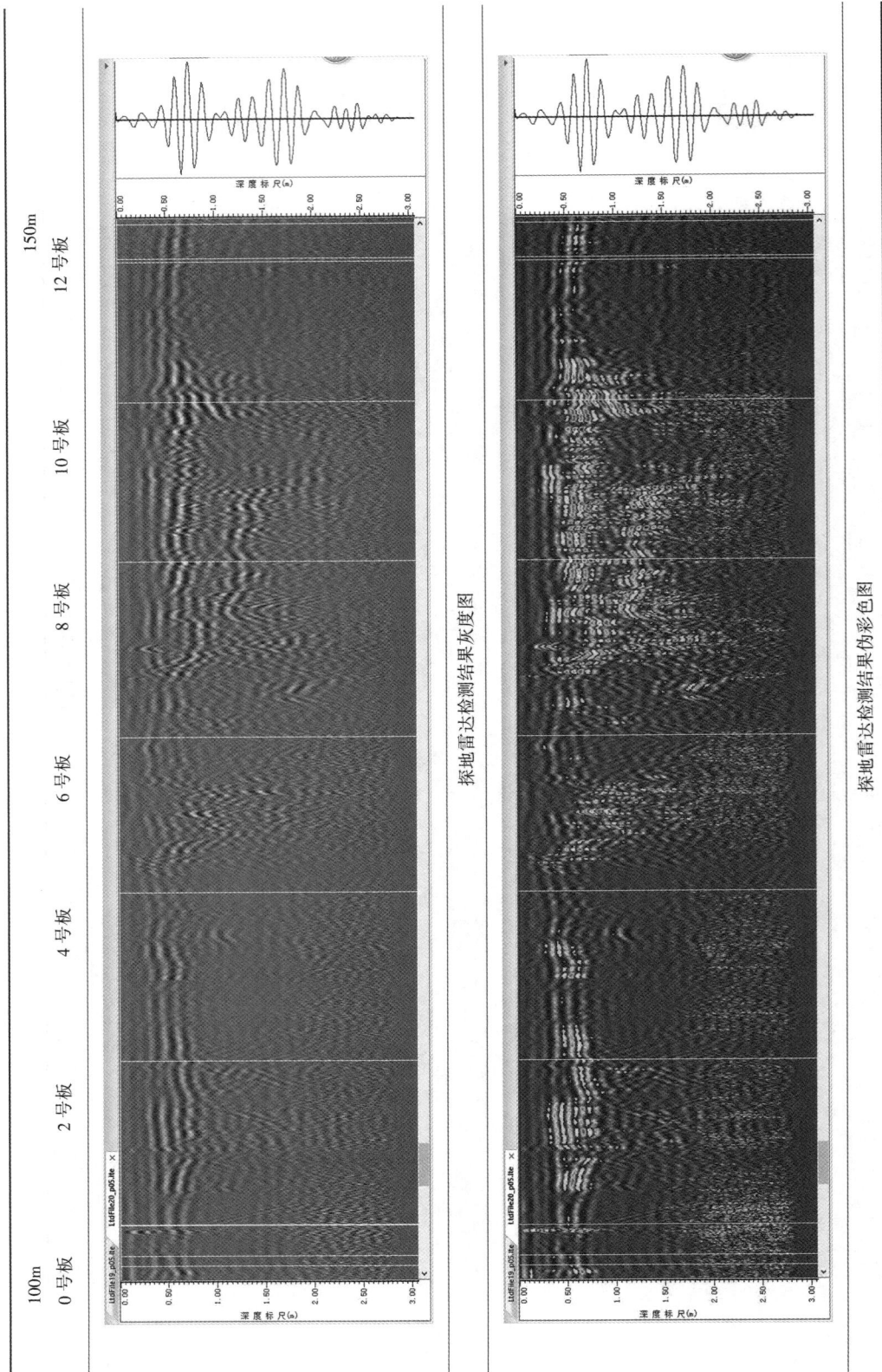

探地雷达检测结果灰度图

探地雷达检测结果伪彩色图

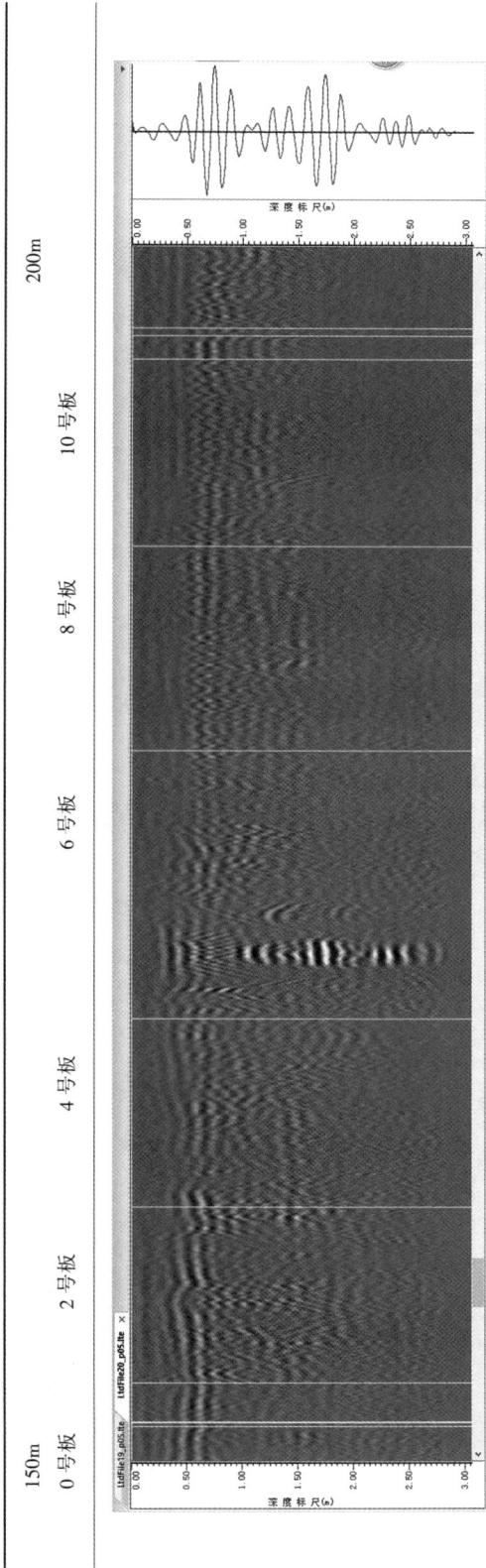

探地雷达检测结果灰度图

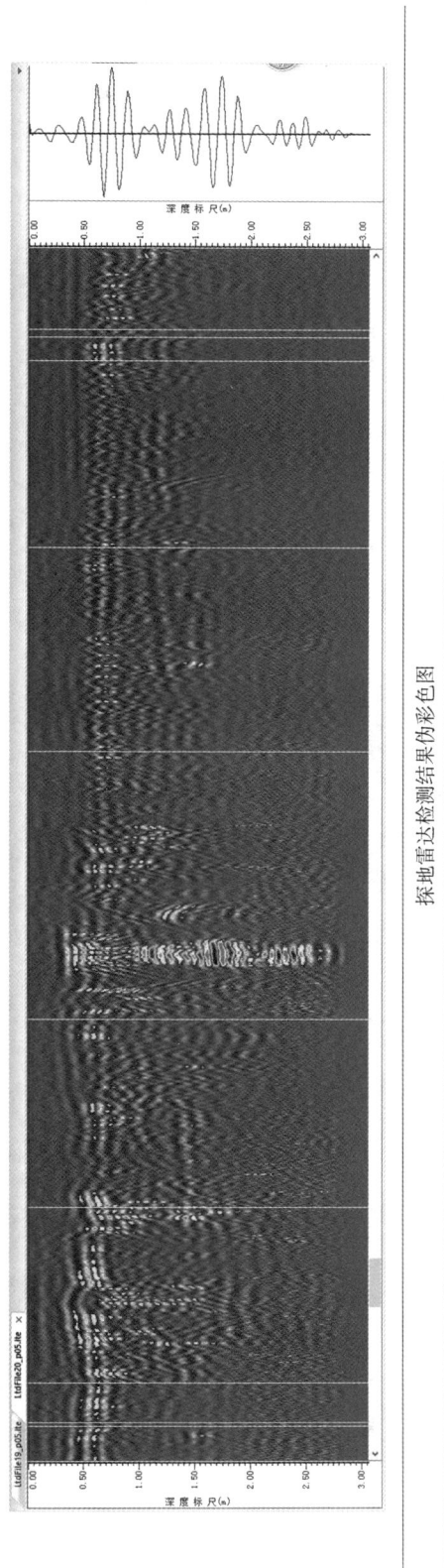

探地雷达检测结果伪彩色图

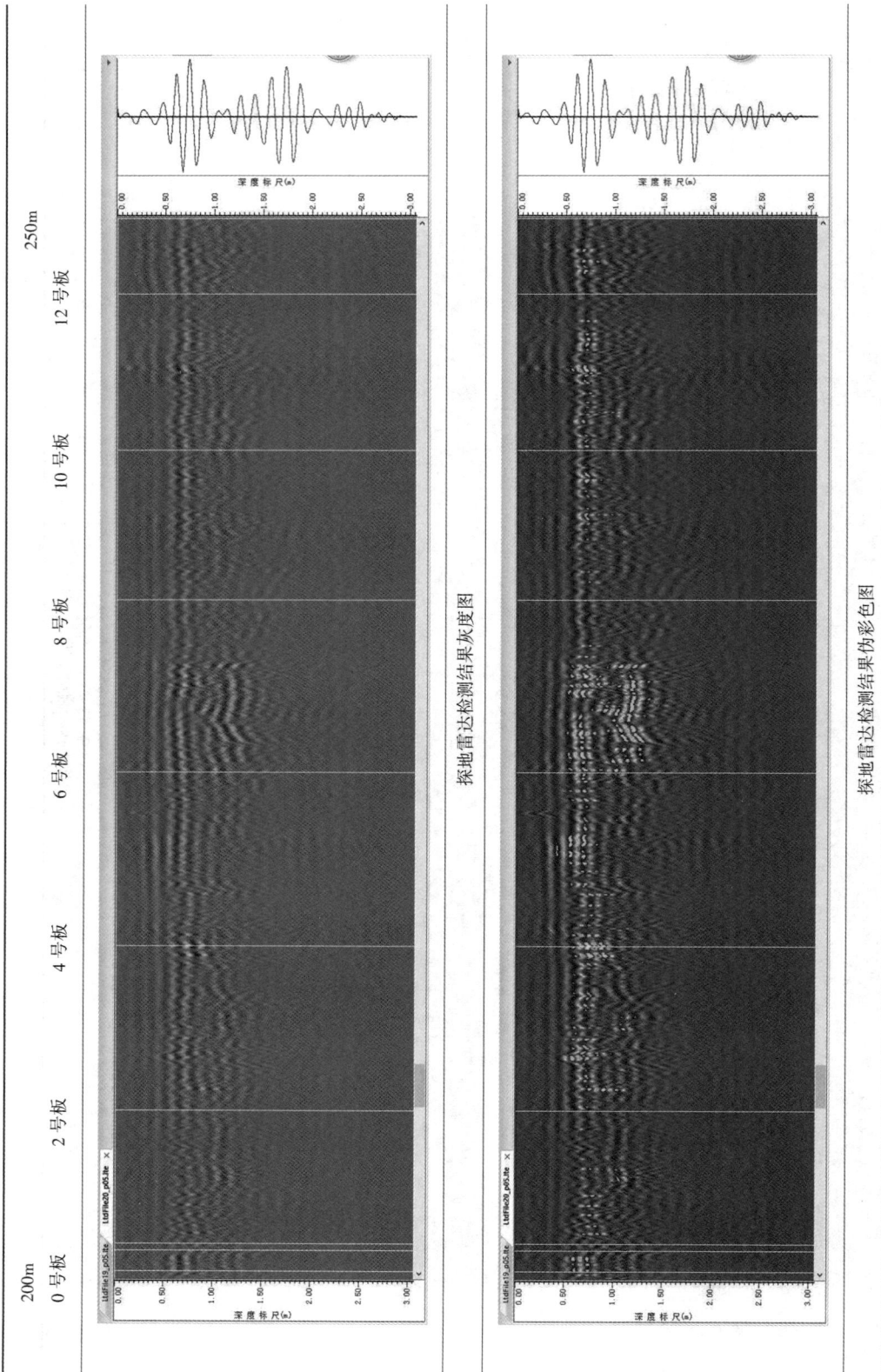

探地雷达检测结果灰度图

探地雷达检测结果伪彩色图

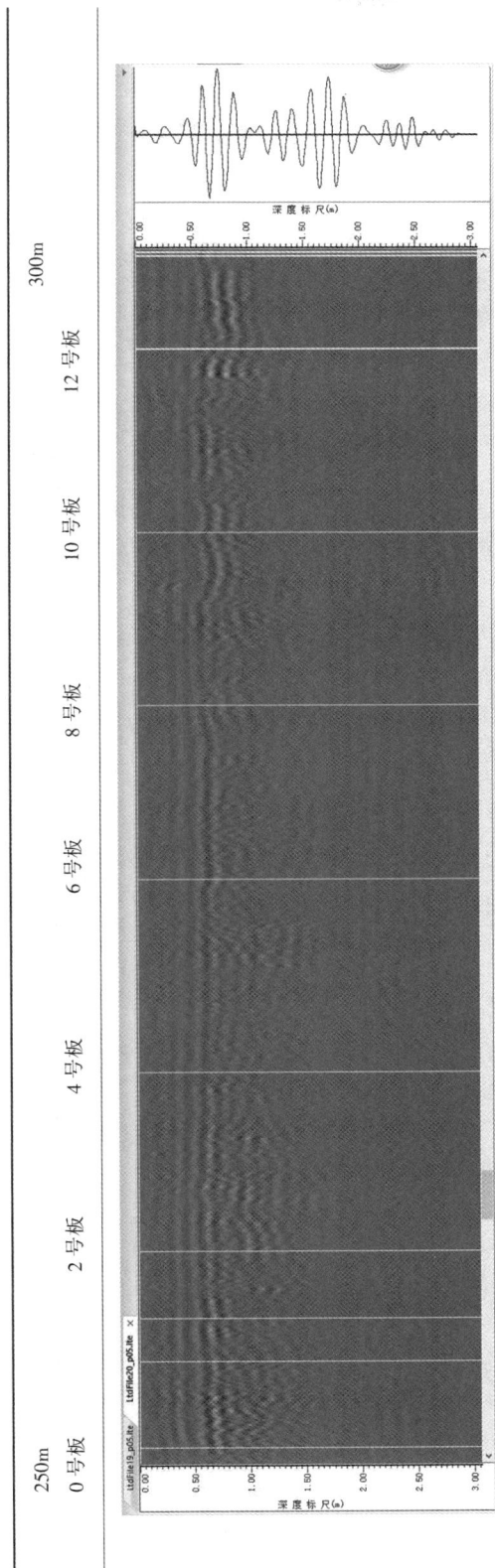

探地雷达检测结果灰度图

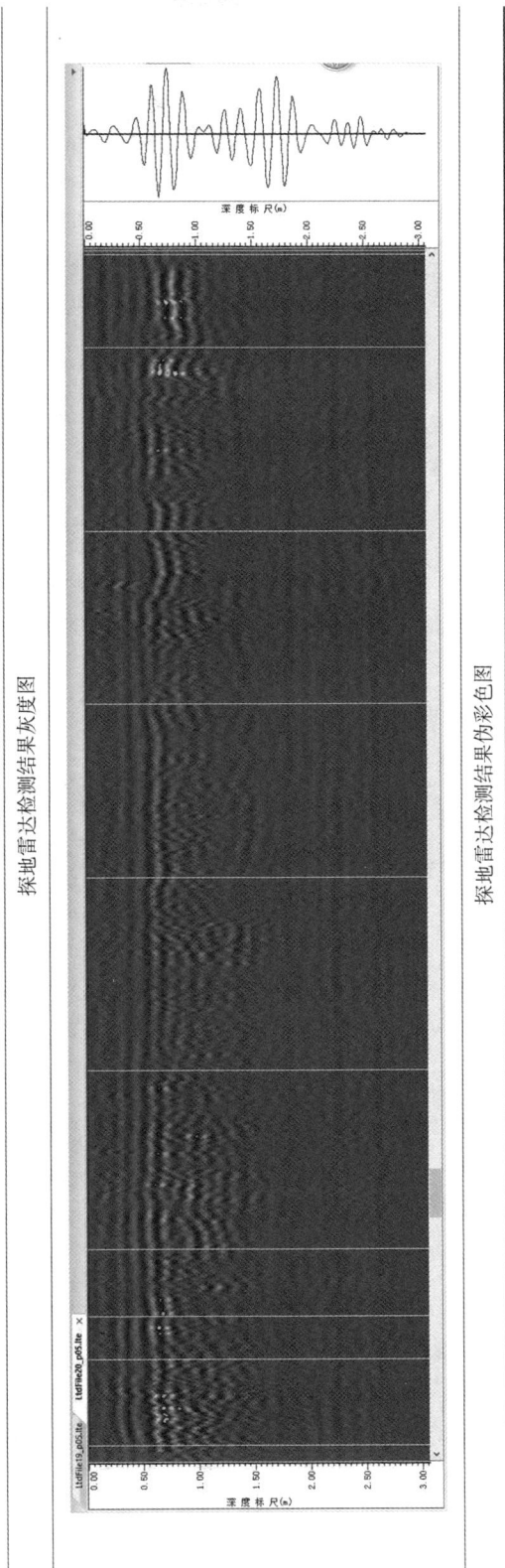

探地雷达检测结果伪彩色图

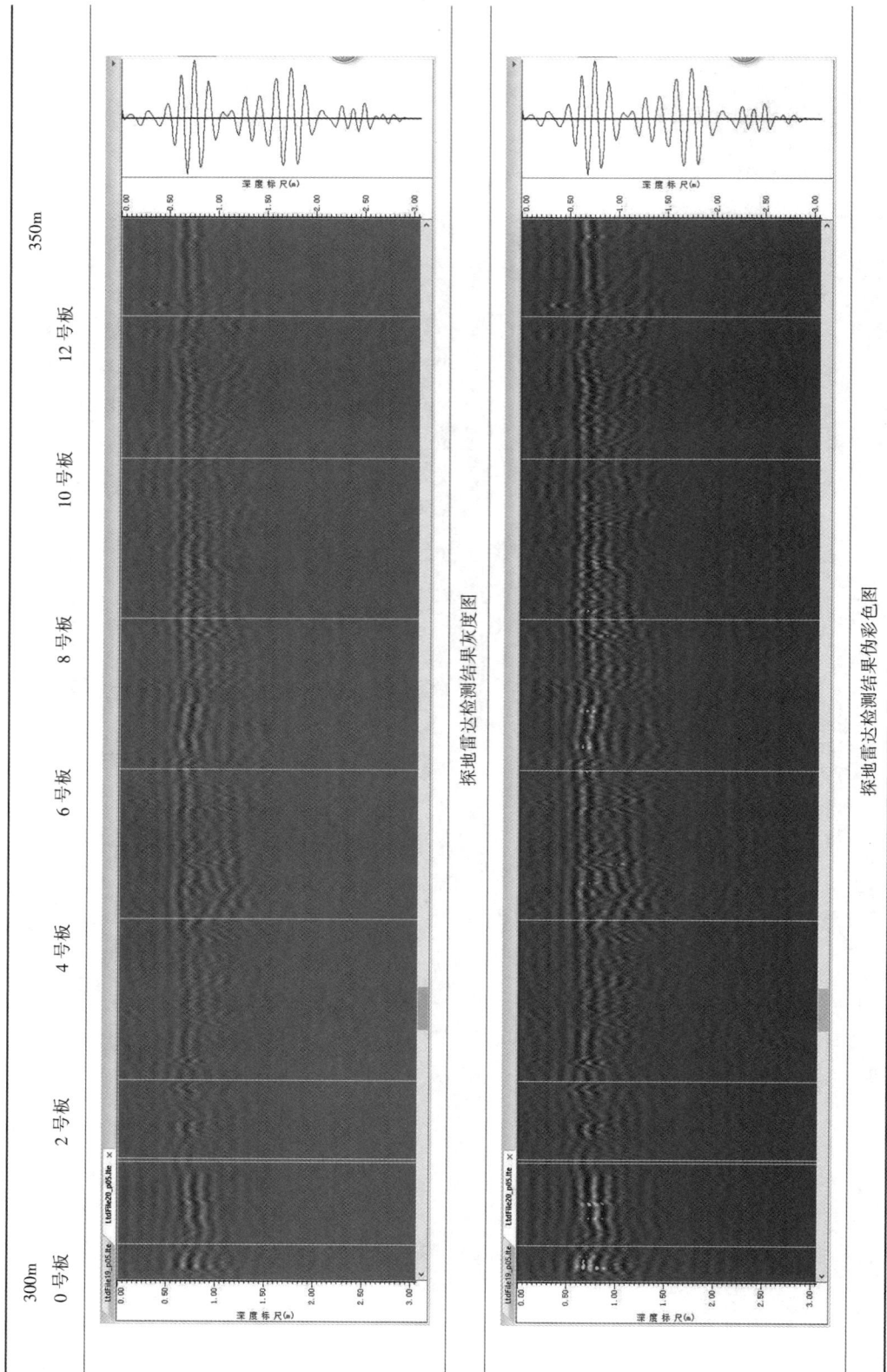

探地雷达检测结果灰度图

探地雷达检测结果伪彩色图

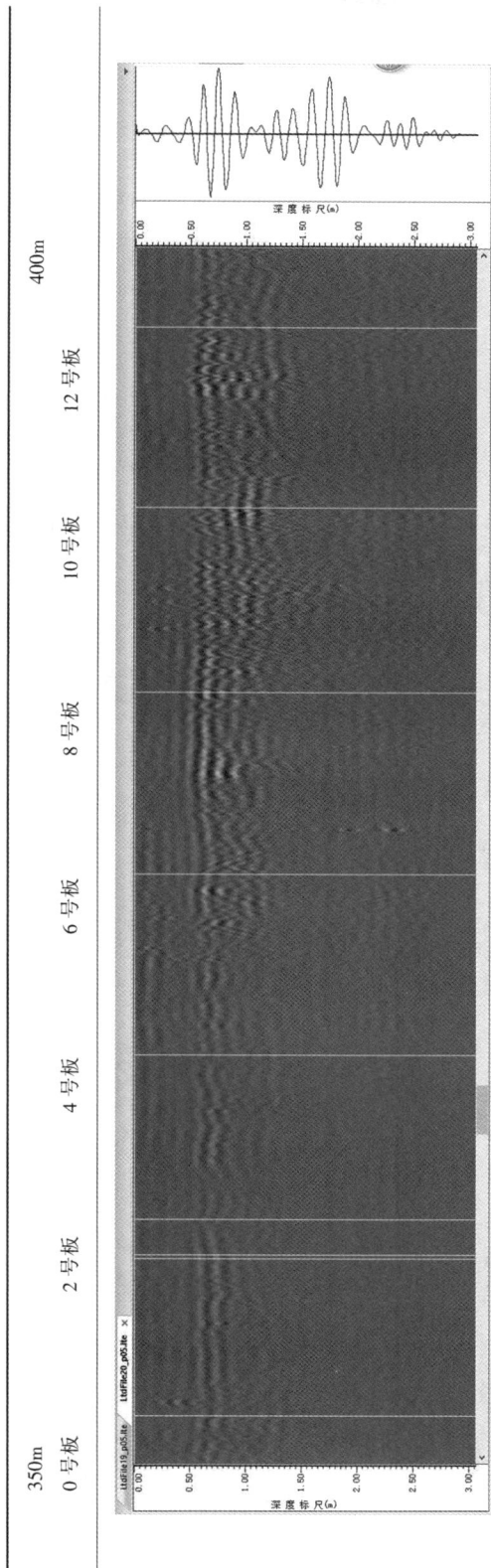

探地雷达检测结果灰度图

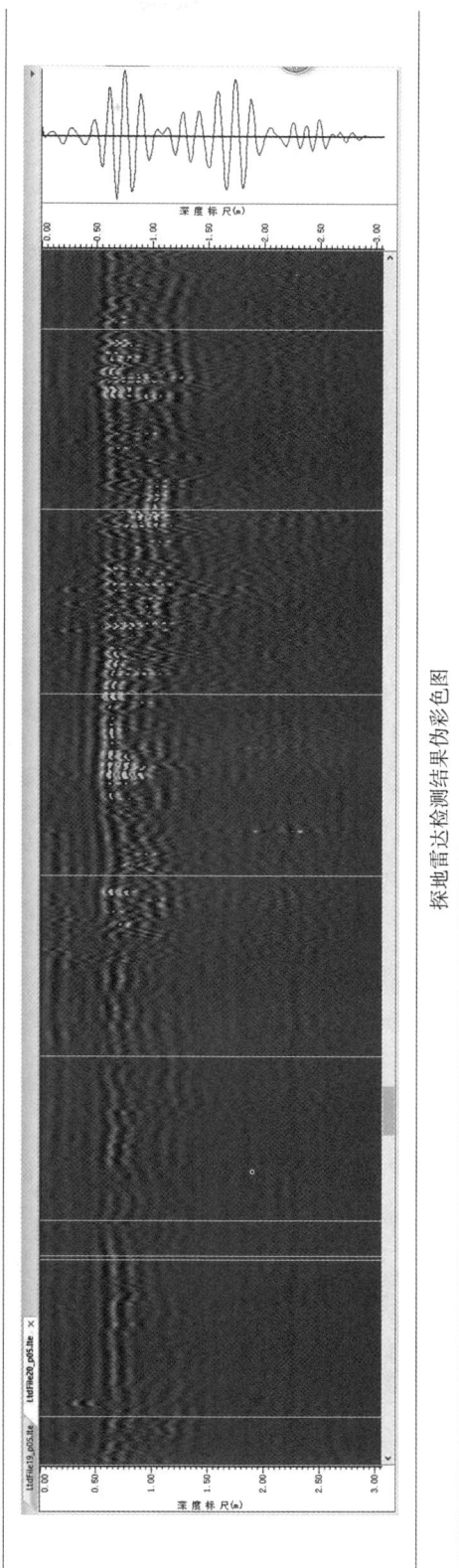

探地雷达检测结果伪彩色图

探地雷达检测结果灰度图

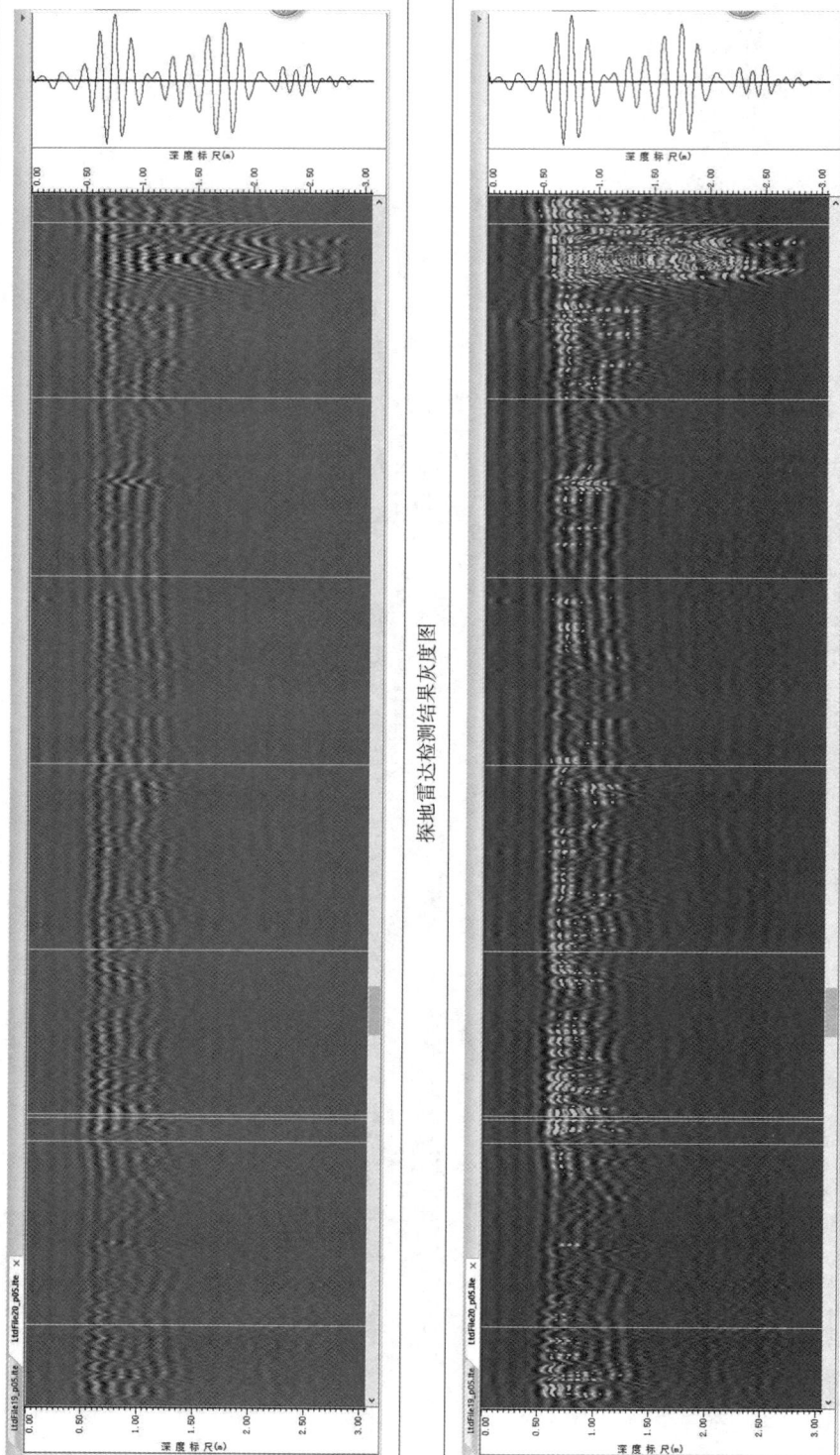

探地雷达检测结果伪彩色图

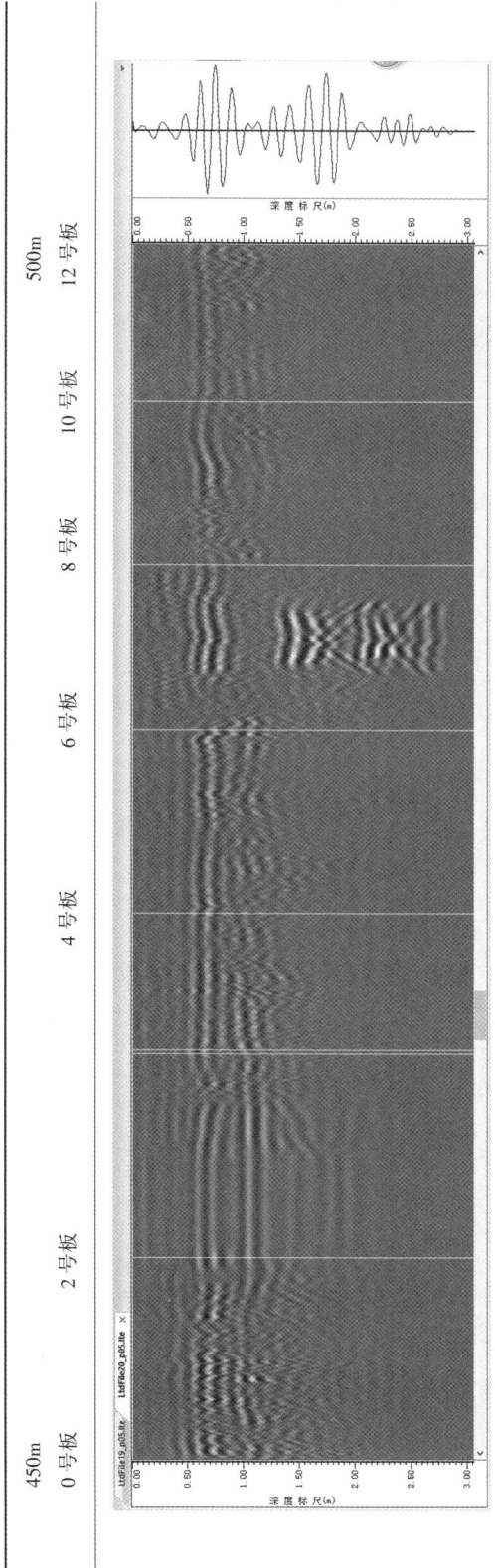

探地雷达检测结果灰度图

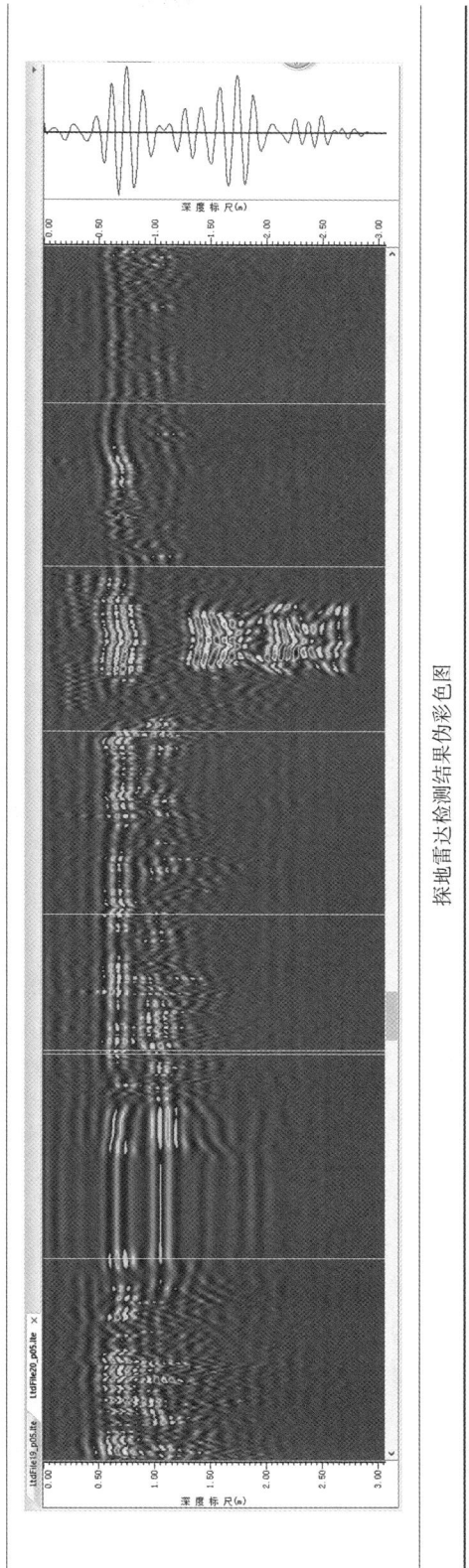

探地雷达检测结果伪彩色图

探地雷达检测结果灰度图

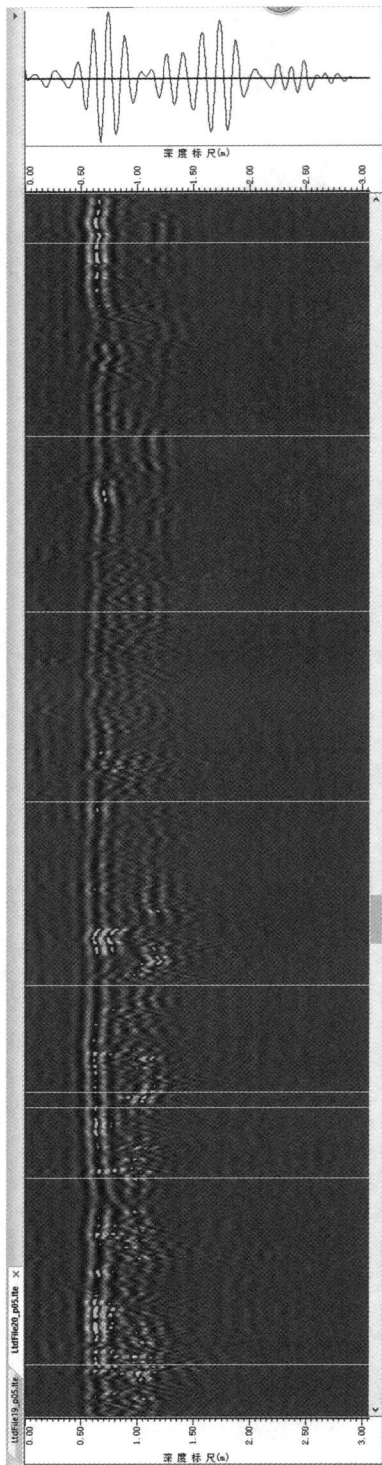

探地雷达检测结果伪彩色图

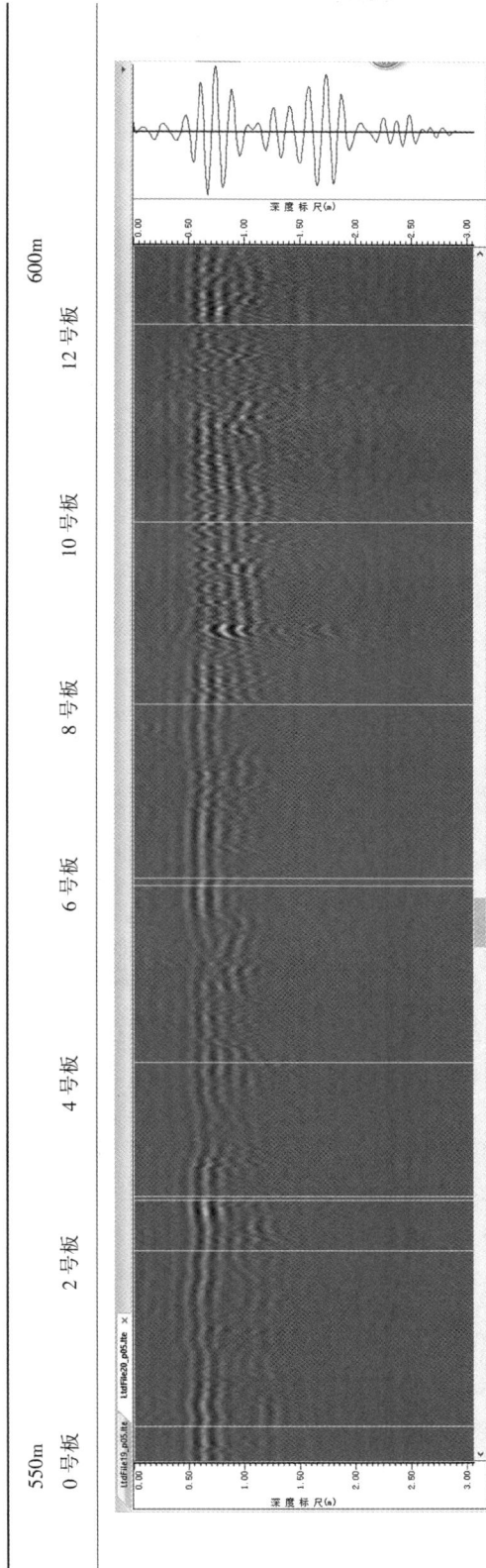

探地雷达检测结果灰度图

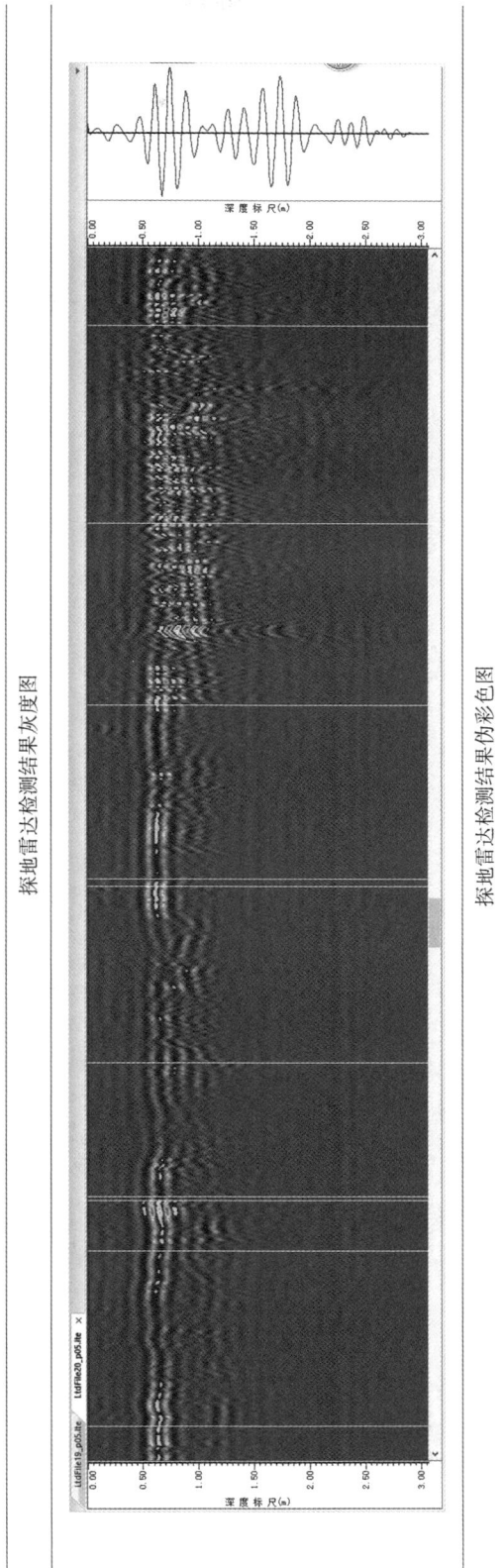

探地雷达检测结果伪彩色图

探地雷达检测结果灰度图

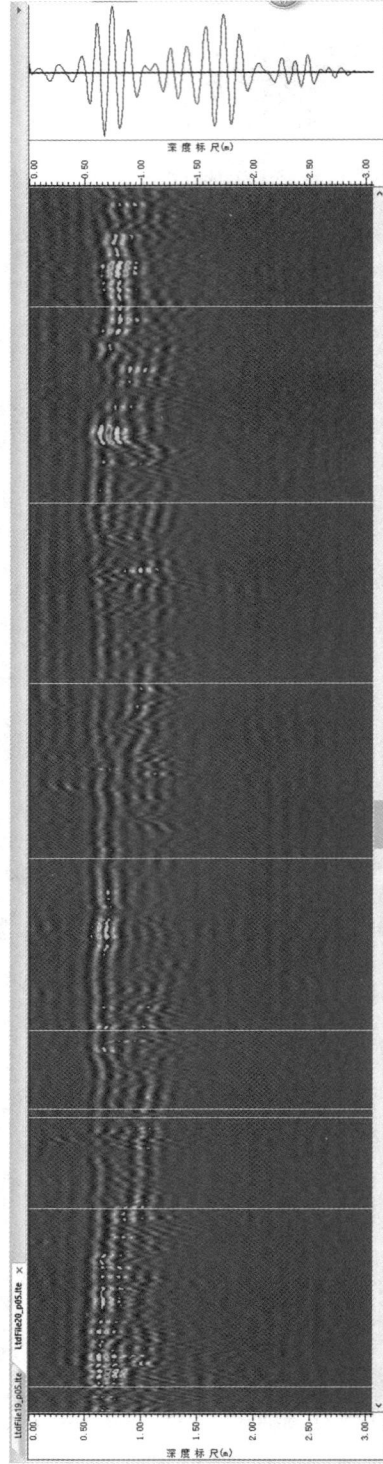

探地雷达检测结果伪彩色图

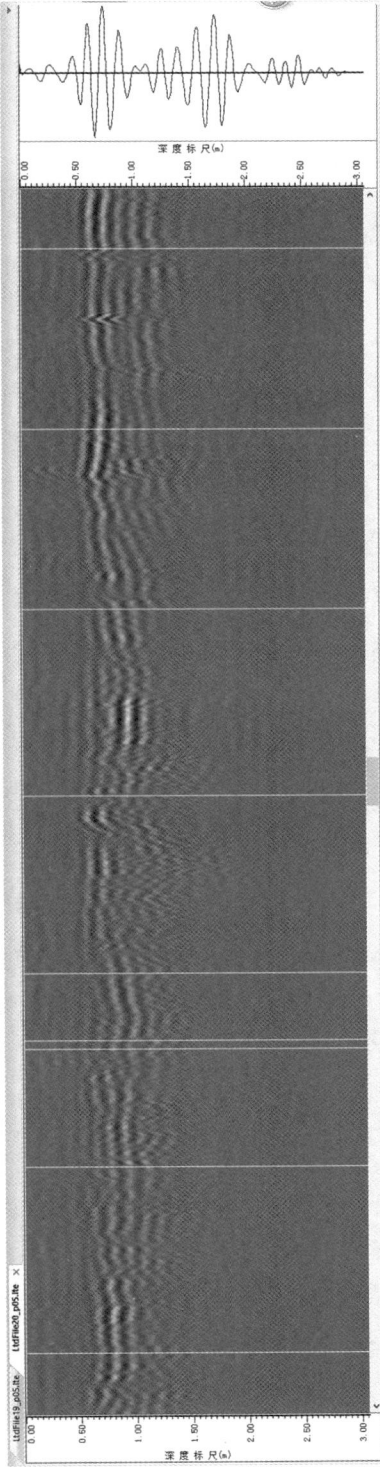

探地雷达检测结果灰度图

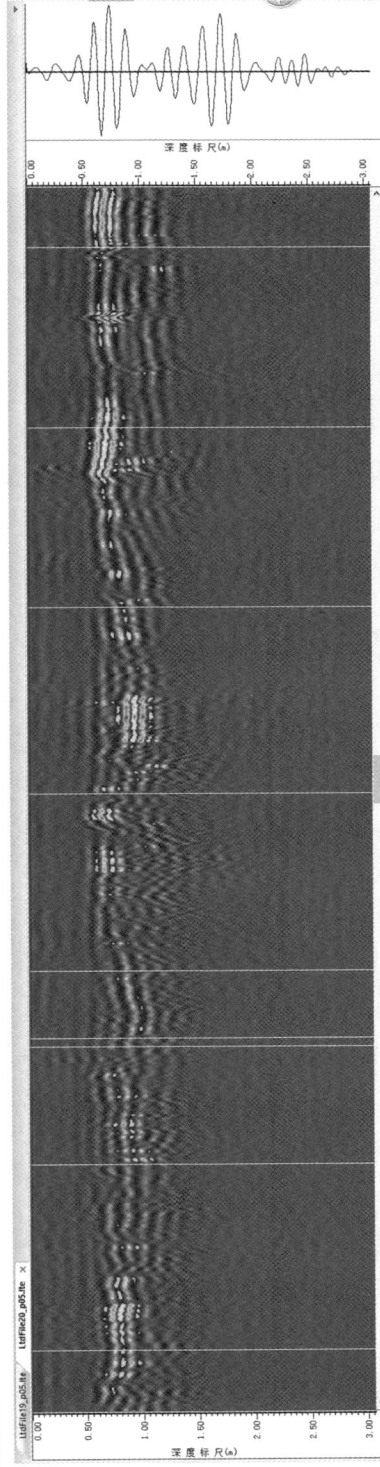

探地雷达检测结果伪彩色图

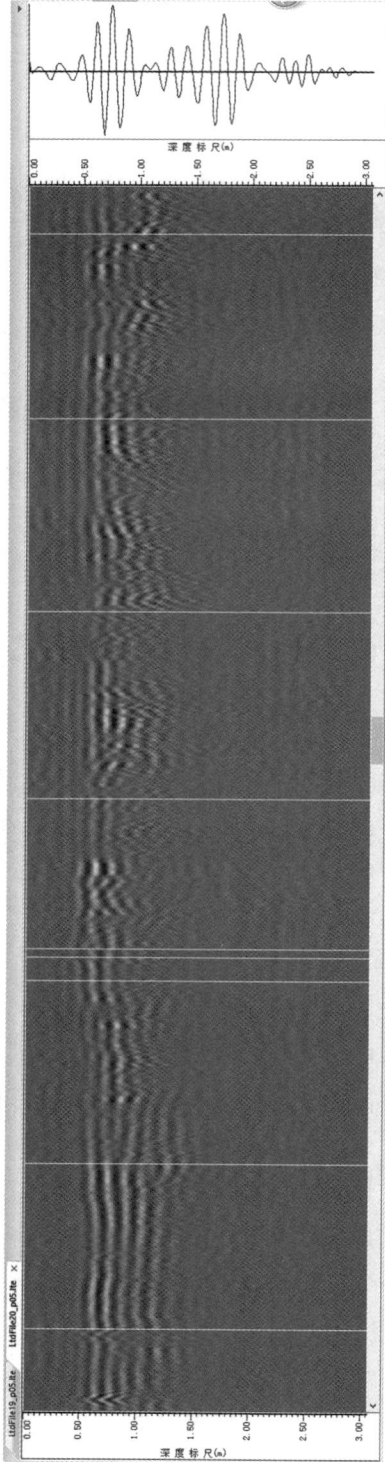

探地雷达检测结果灰度图

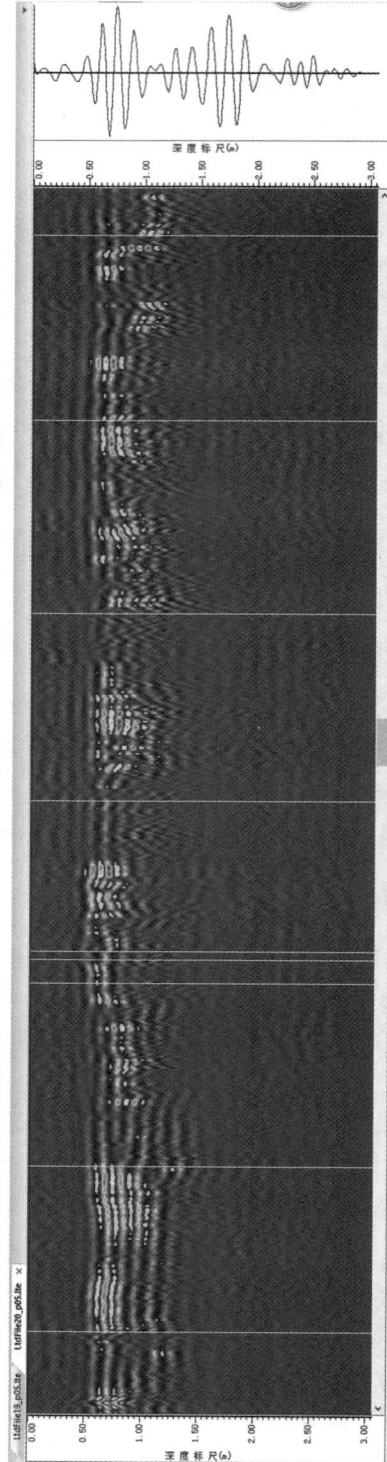

探地雷达检测结果伪彩色图

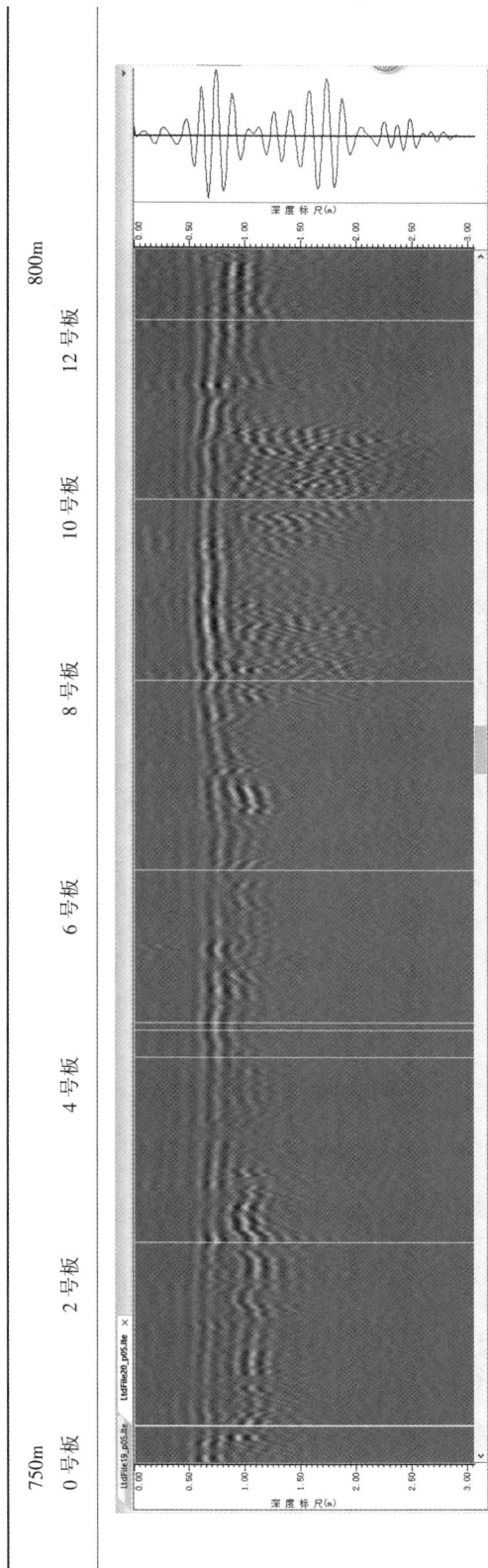

探地雷达检测结果灰度图

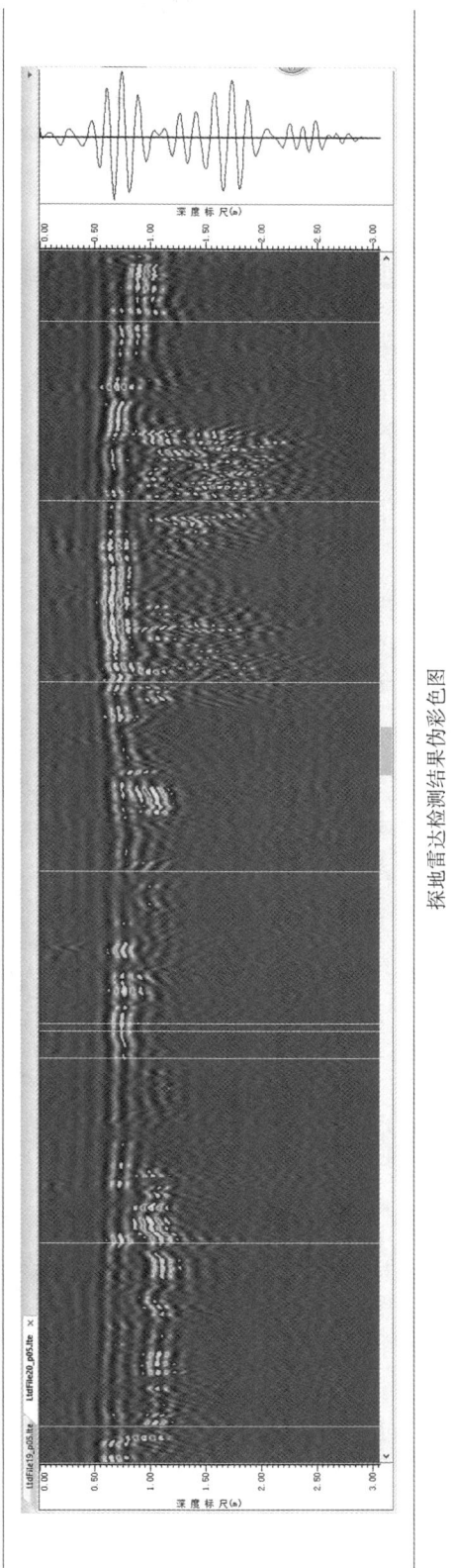

探地雷达检测结果伪彩色图

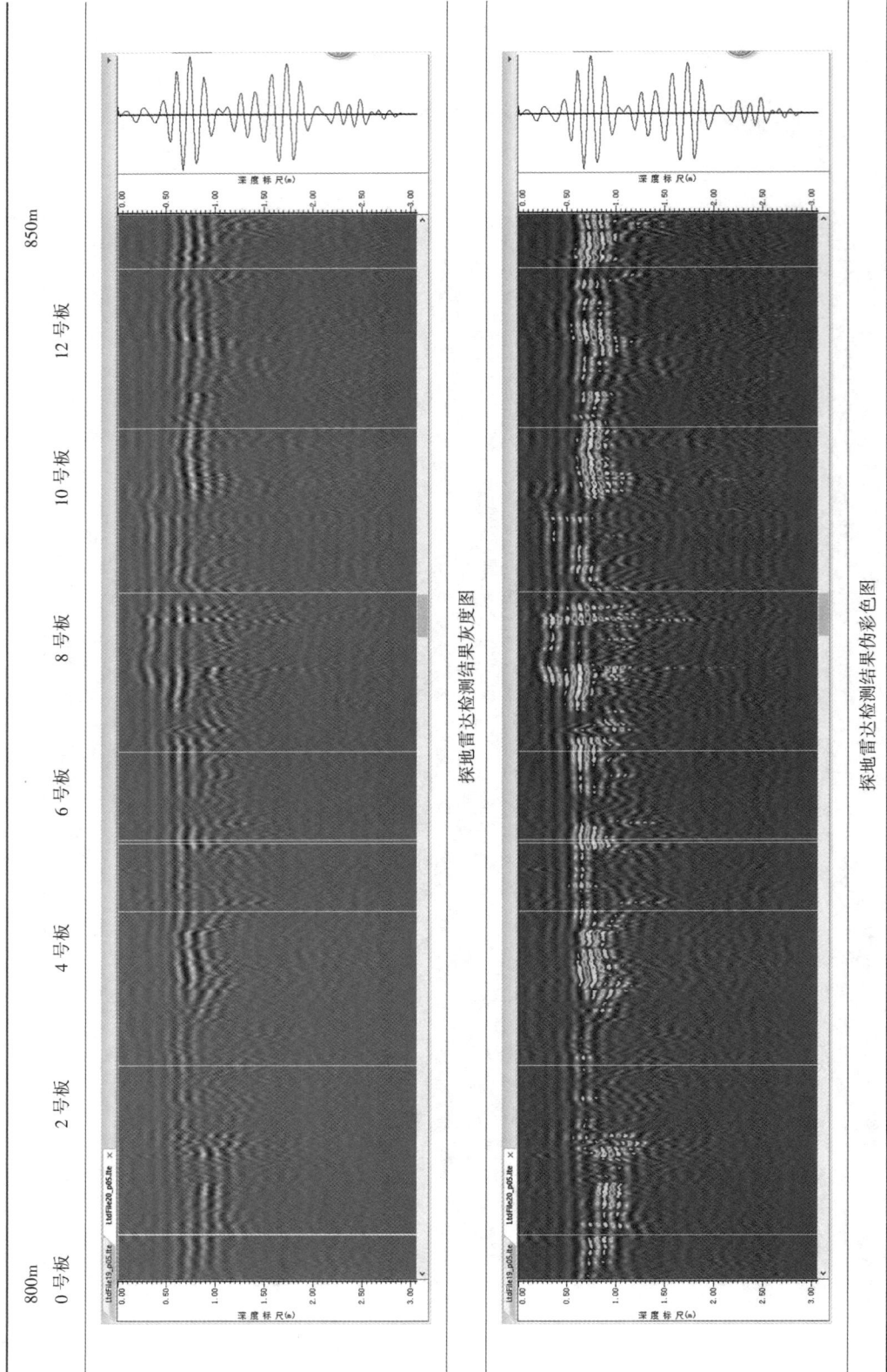

探地雷达检测结果灰度图

探地雷达检测结果伪彩色图

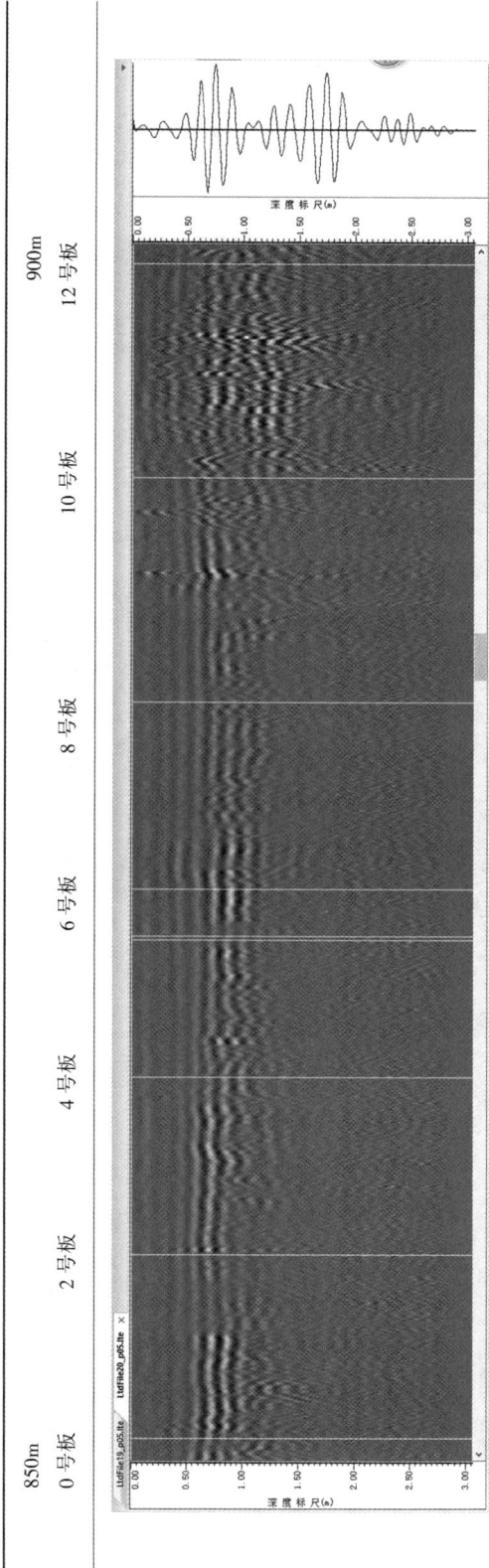

探地雷达检测结果灰度图

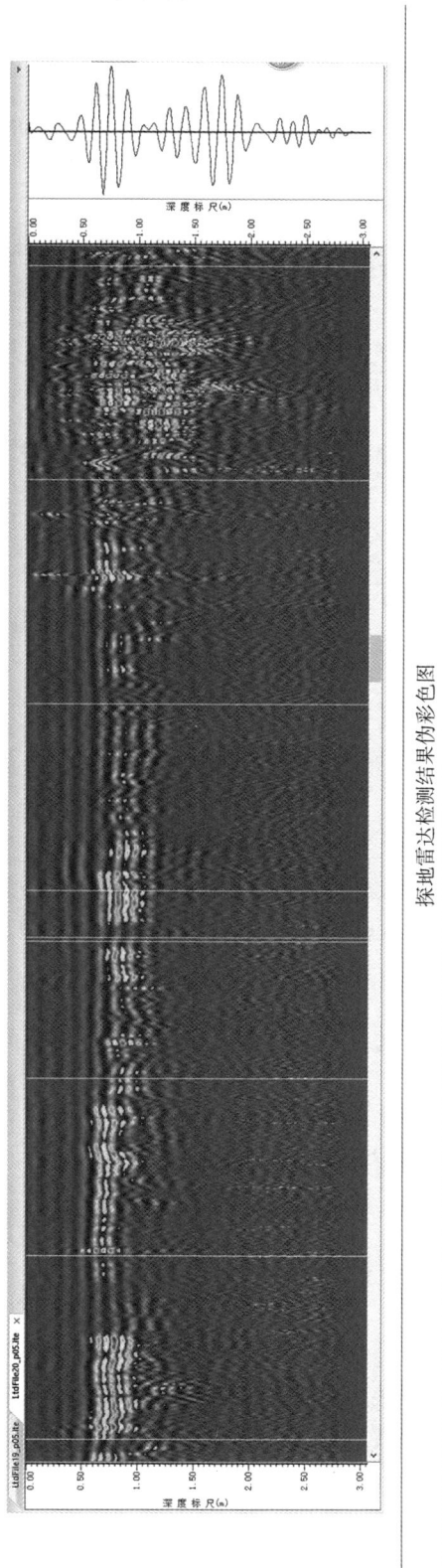

探地雷达检测结果伪彩色图

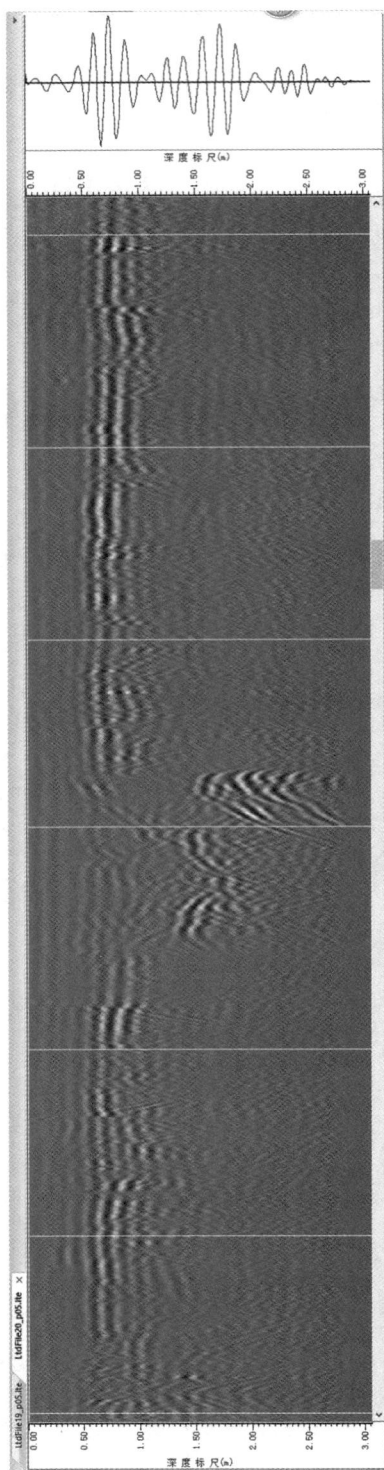

探地雷达检测结果灰度图

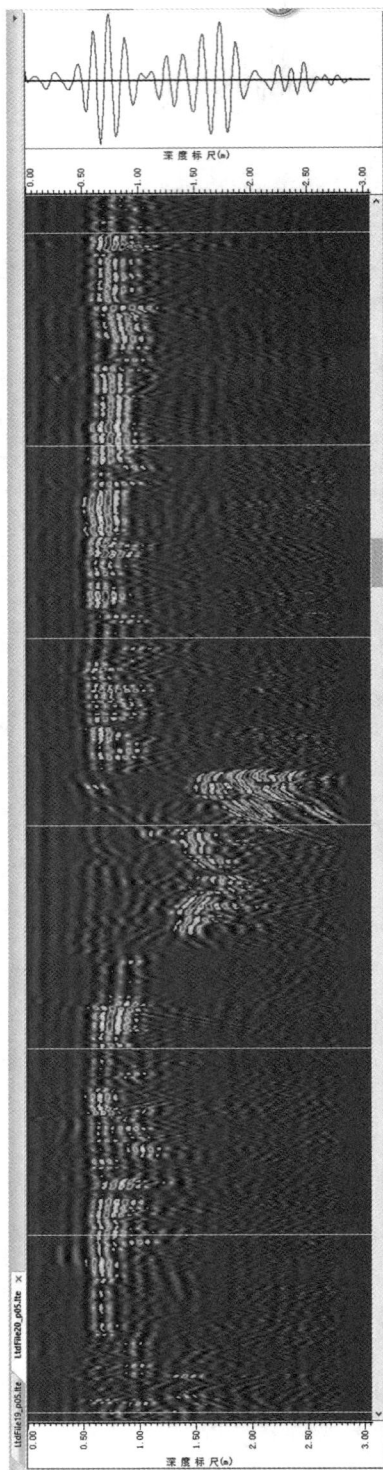

探地雷达检测结果伪彩色图

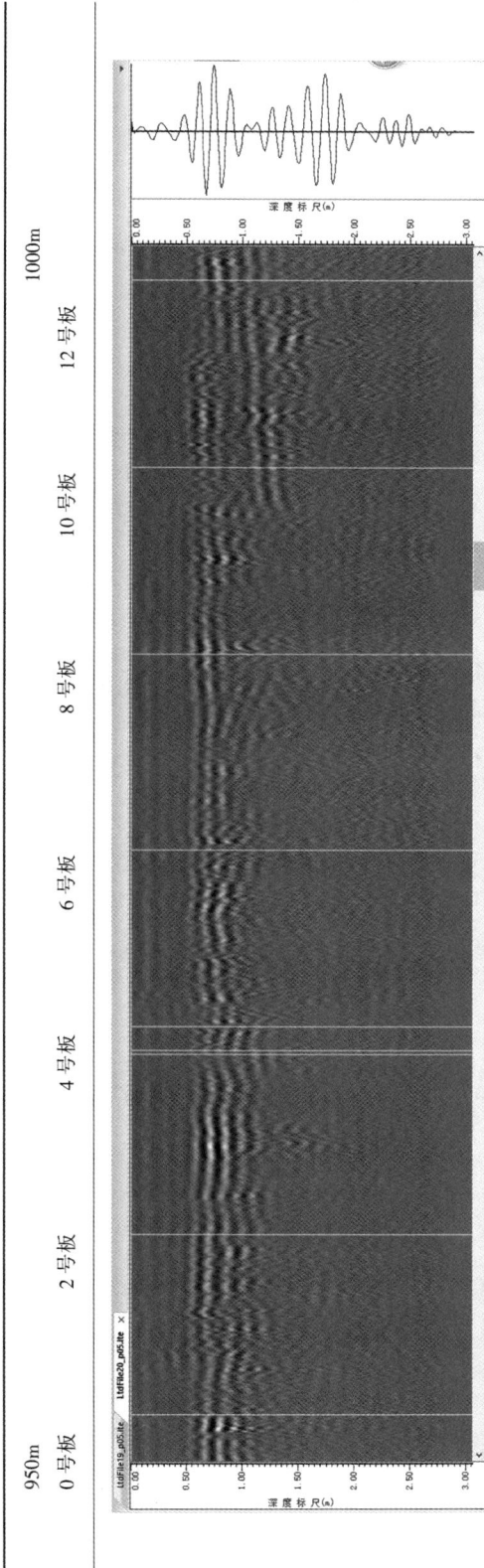

探地雷达检测结果灰度图

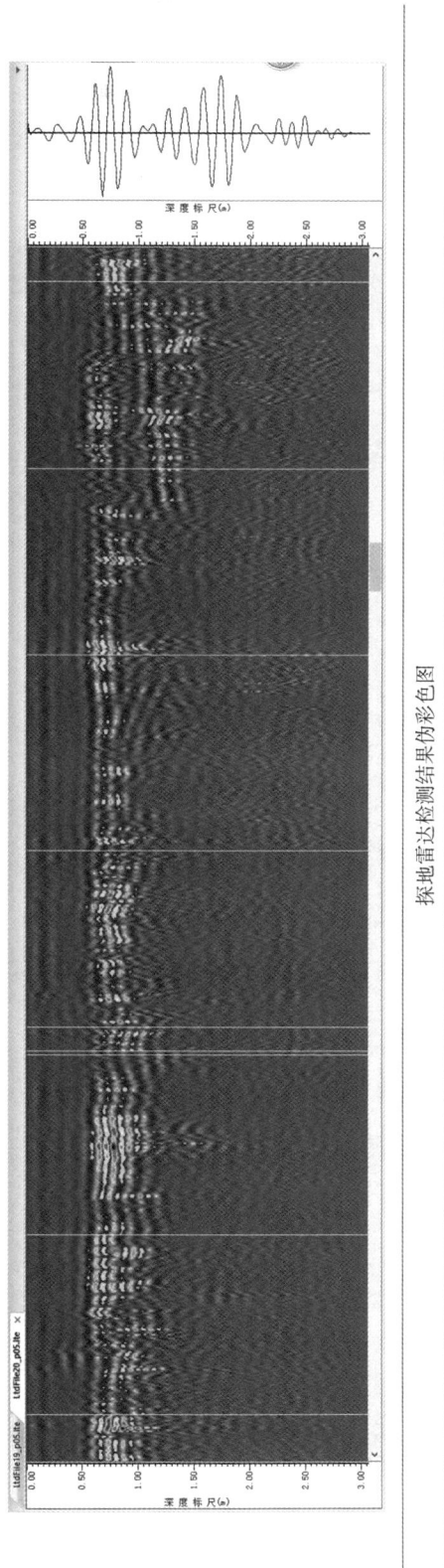

探地雷达检测结果伪彩色图

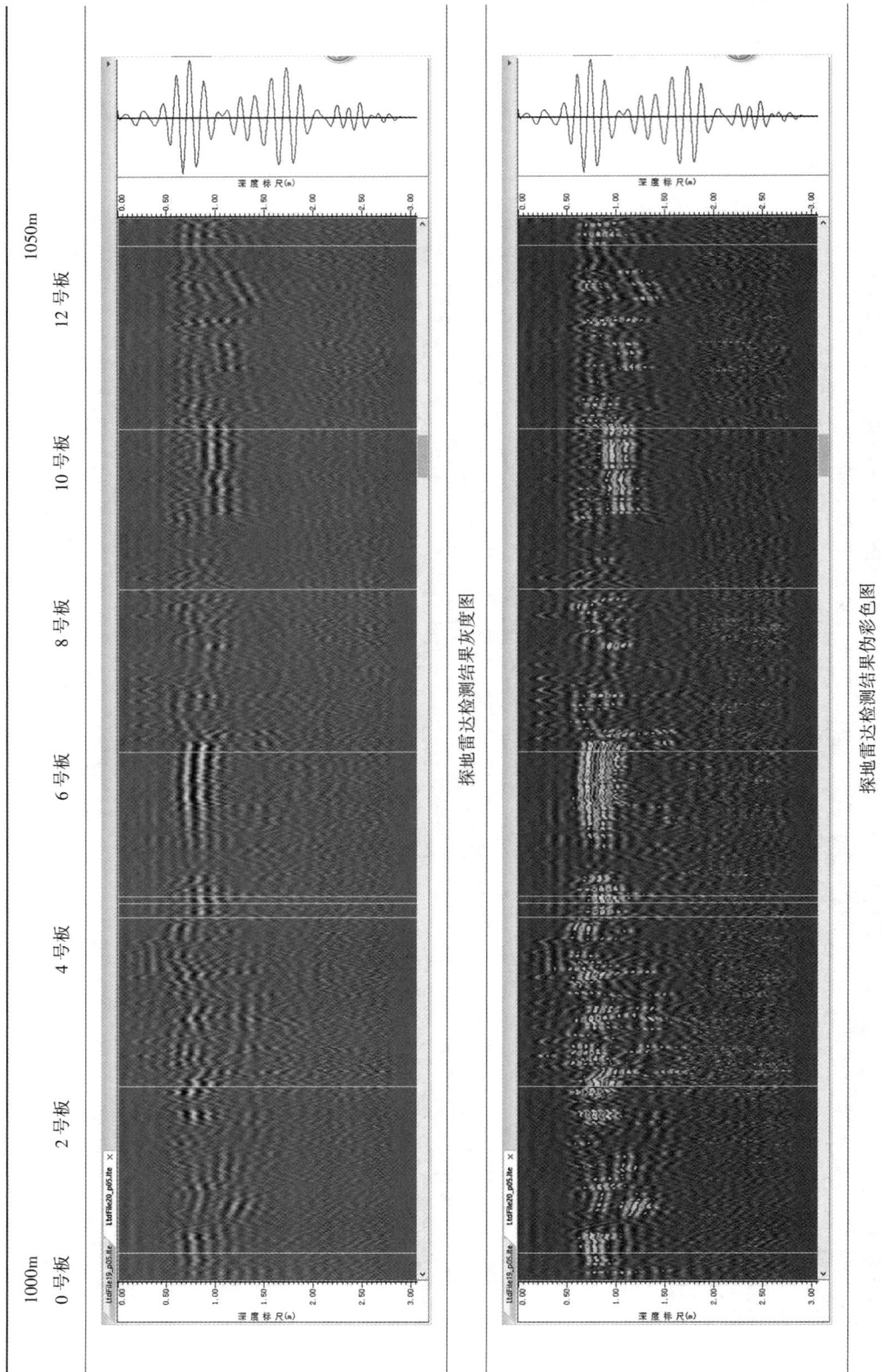

探地雷达检测结果灰度图

探地雷达检测结果伪彩色图

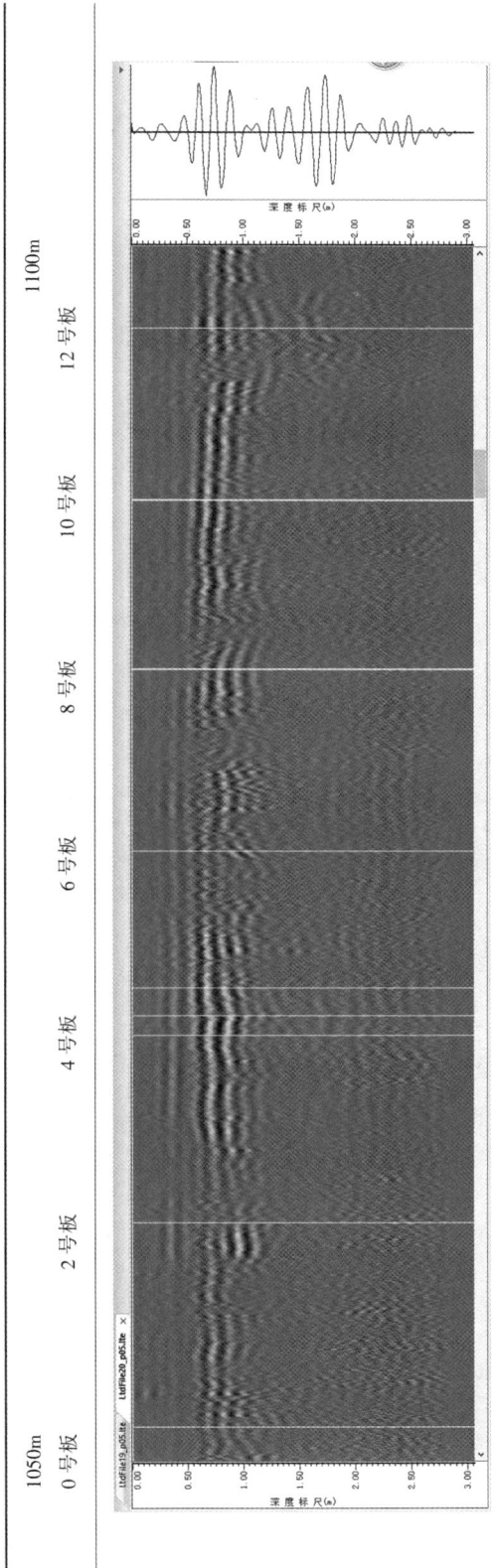

探地雷达检测结果灰度图

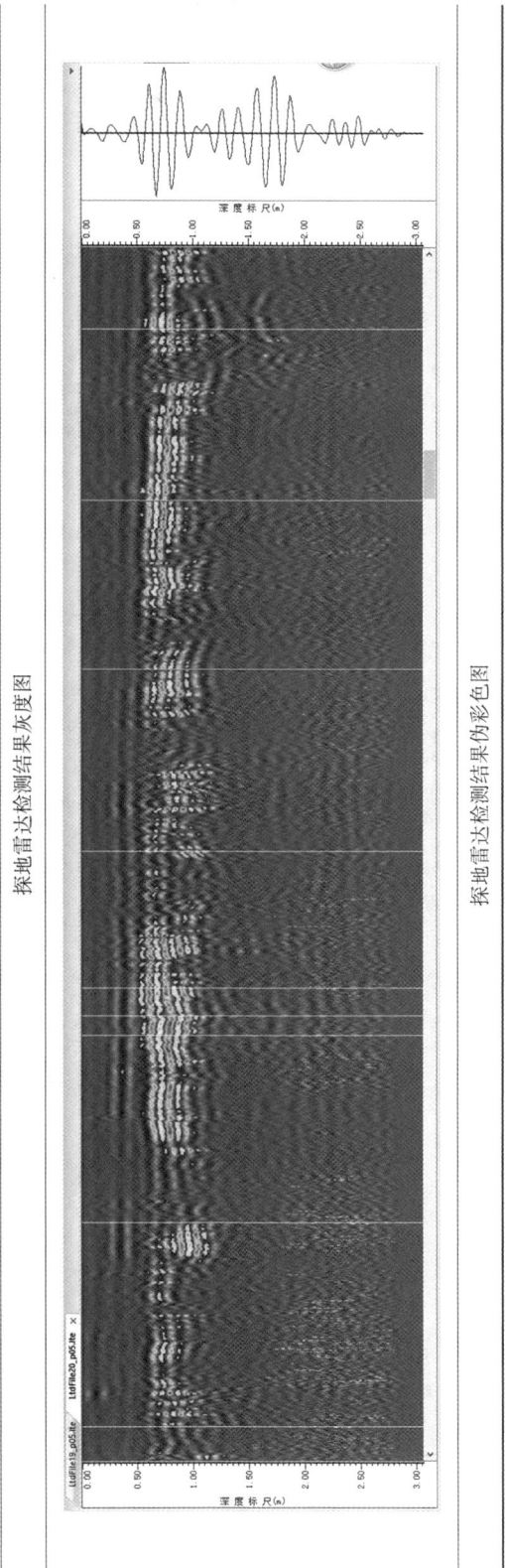

探地雷达检测结果伪彩色图

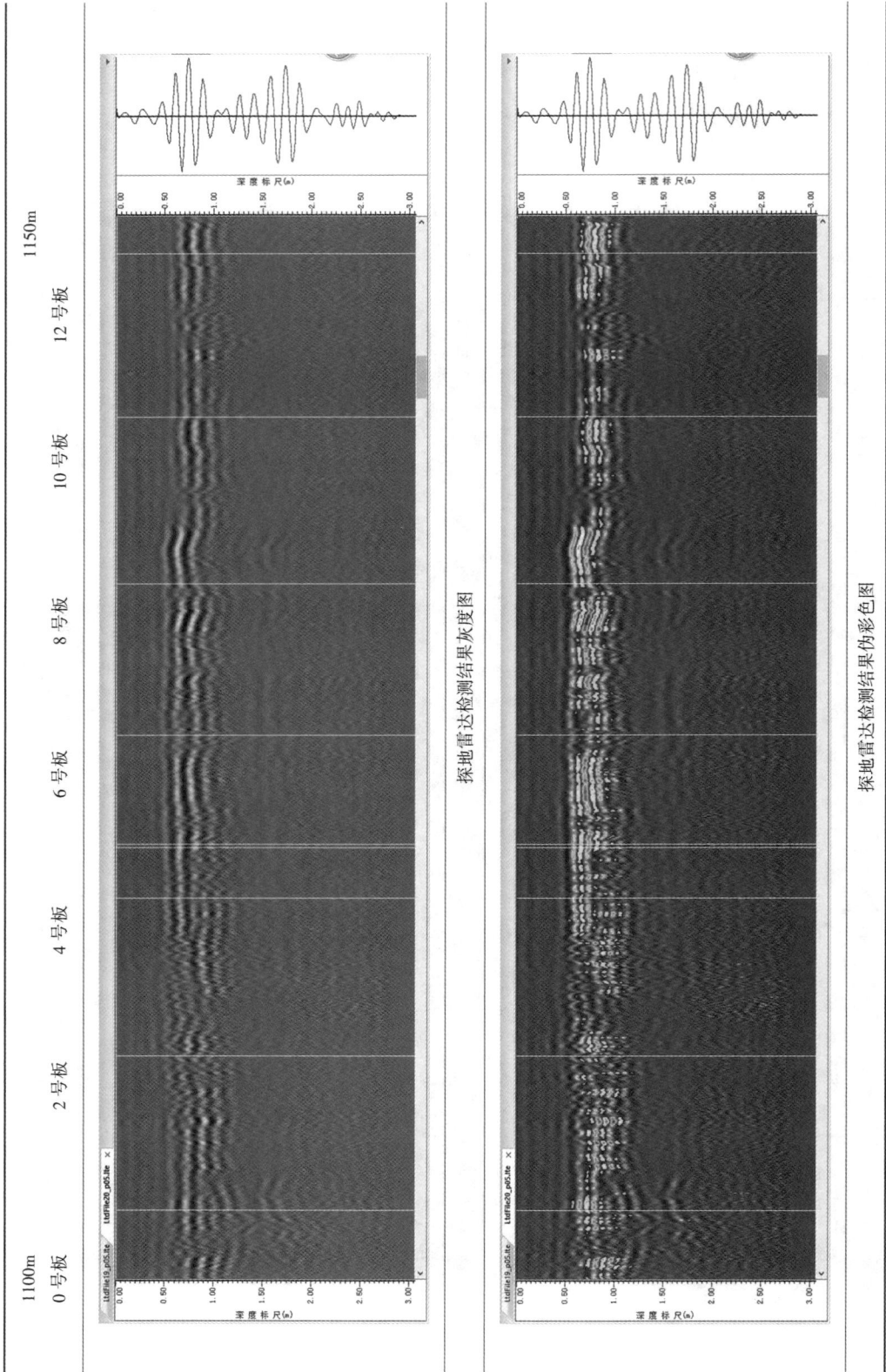

探地雷达检测结果灰度图

探地雷达检测结果伪彩色图

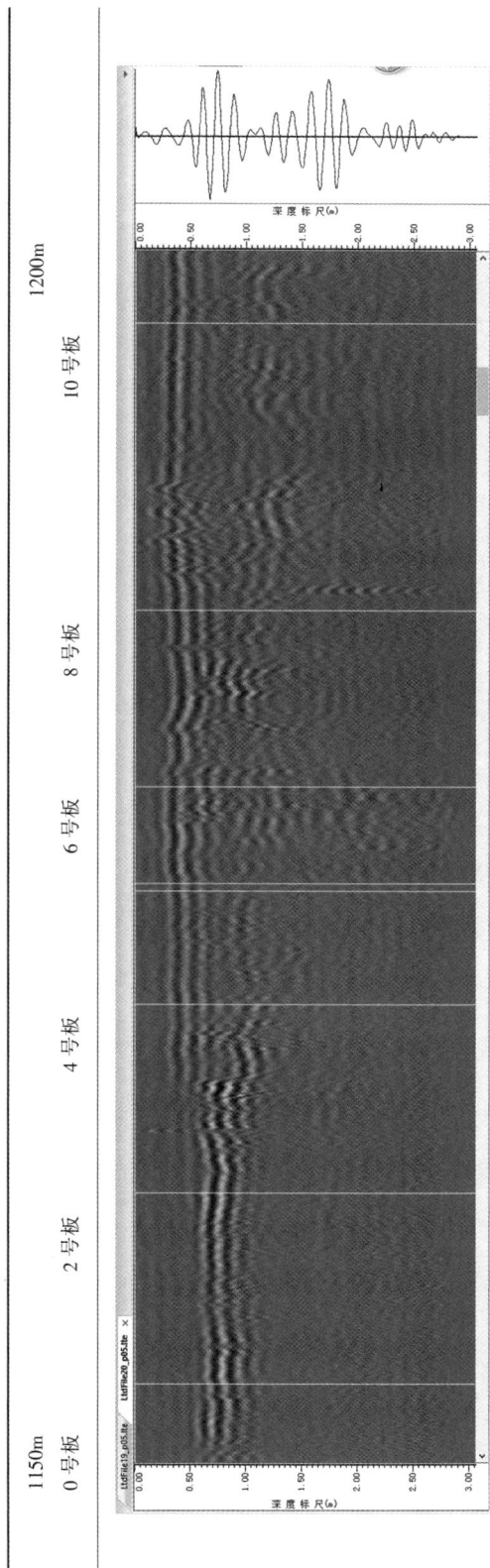

探地雷达检测结果灰度图

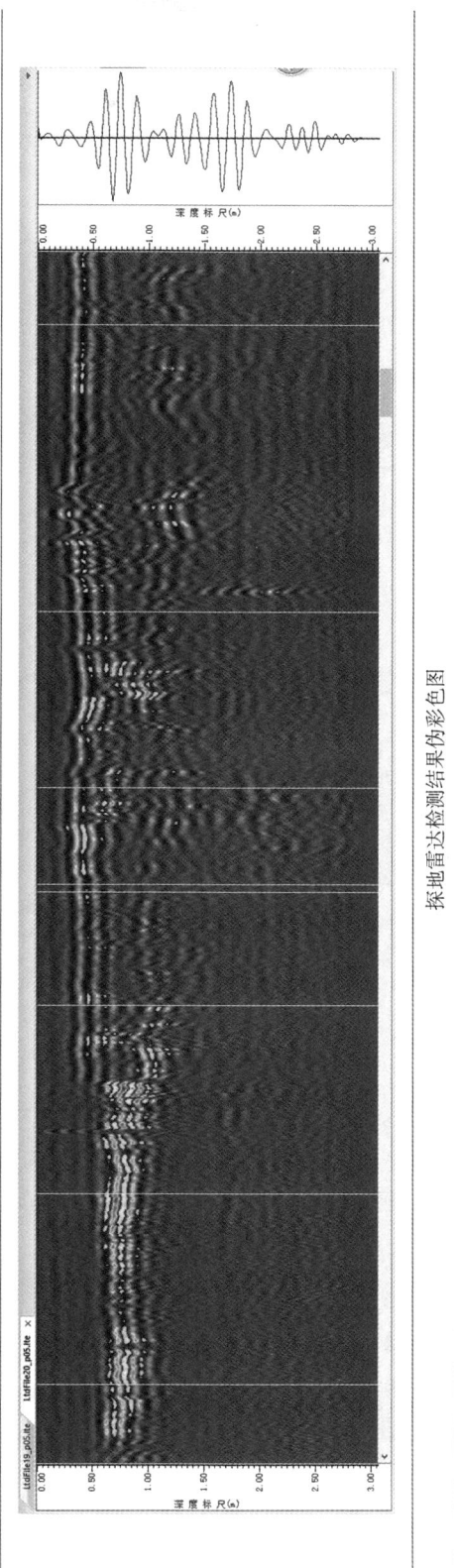

探地雷达检测结果伪彩色图

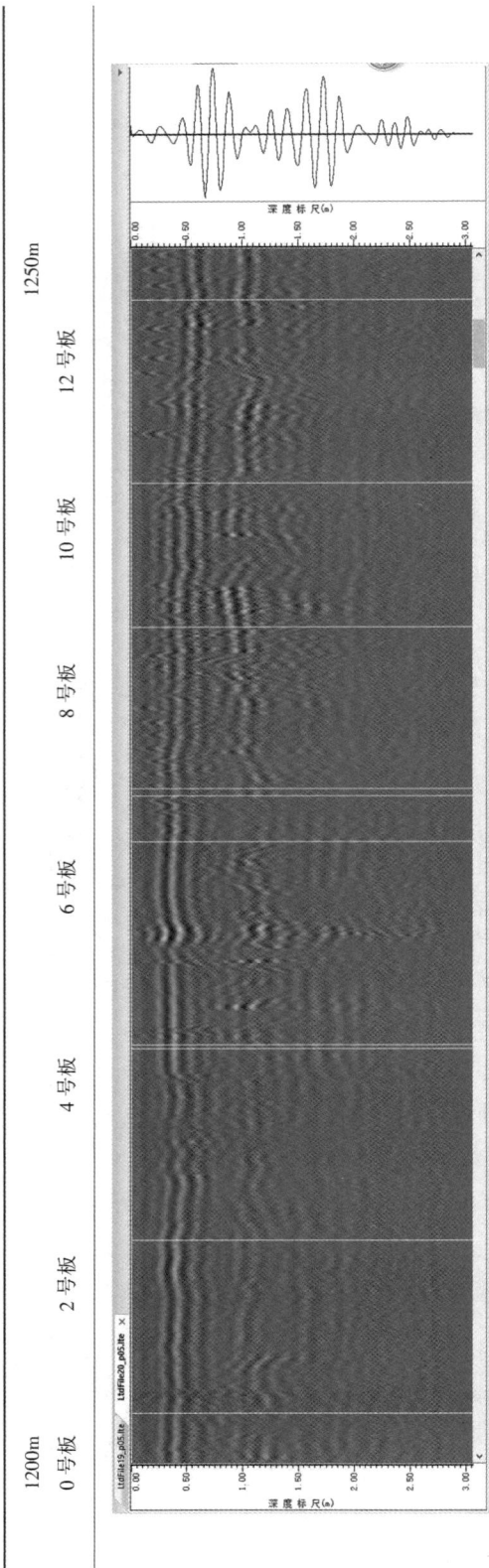

探地雷达检测结果灰度图

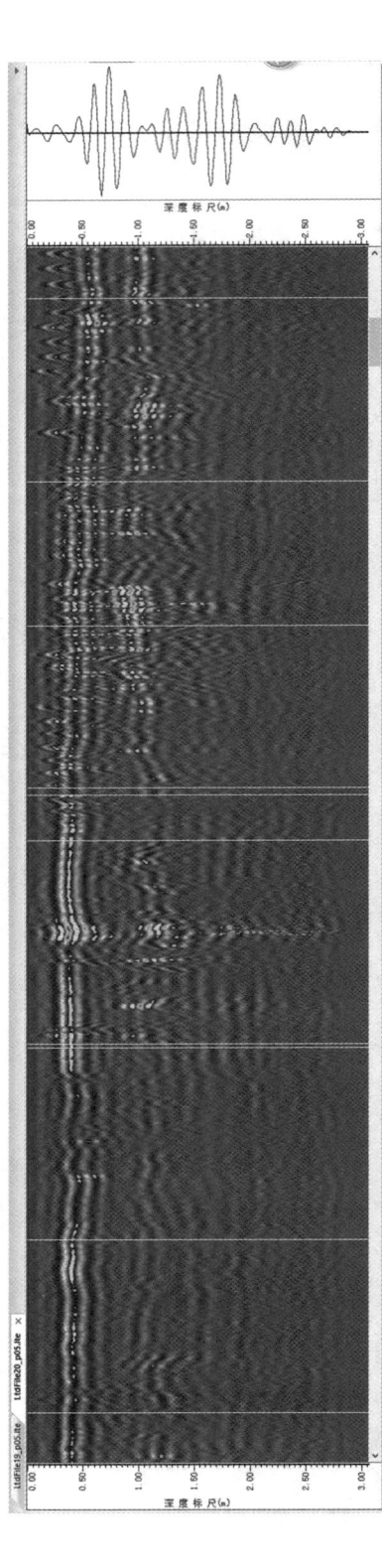

探地雷达检测结果伪彩色图

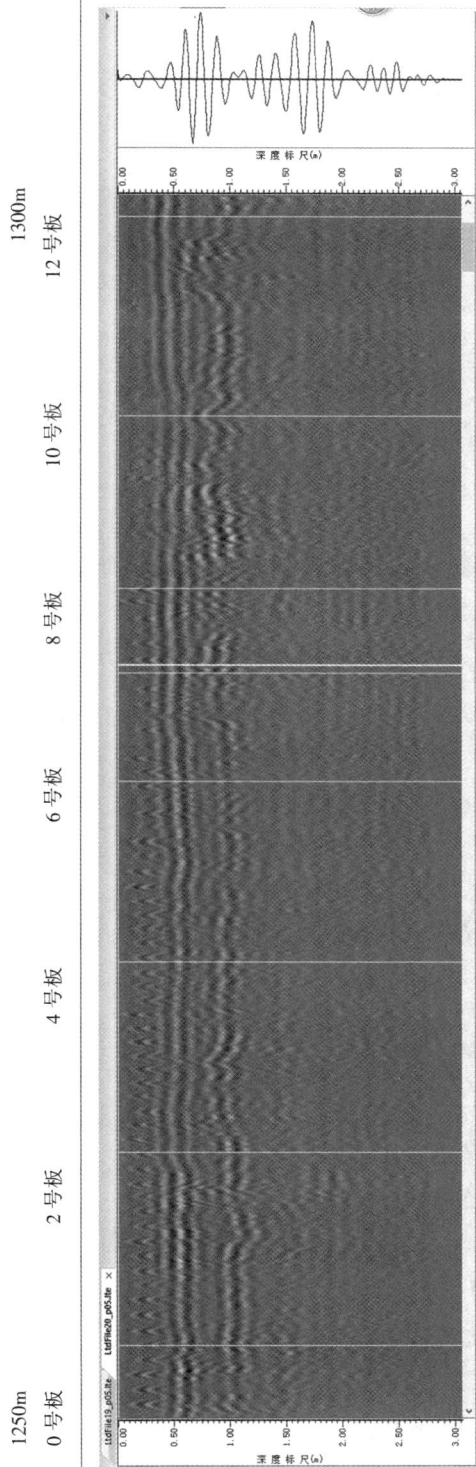

探地雷达检测结果灰度图

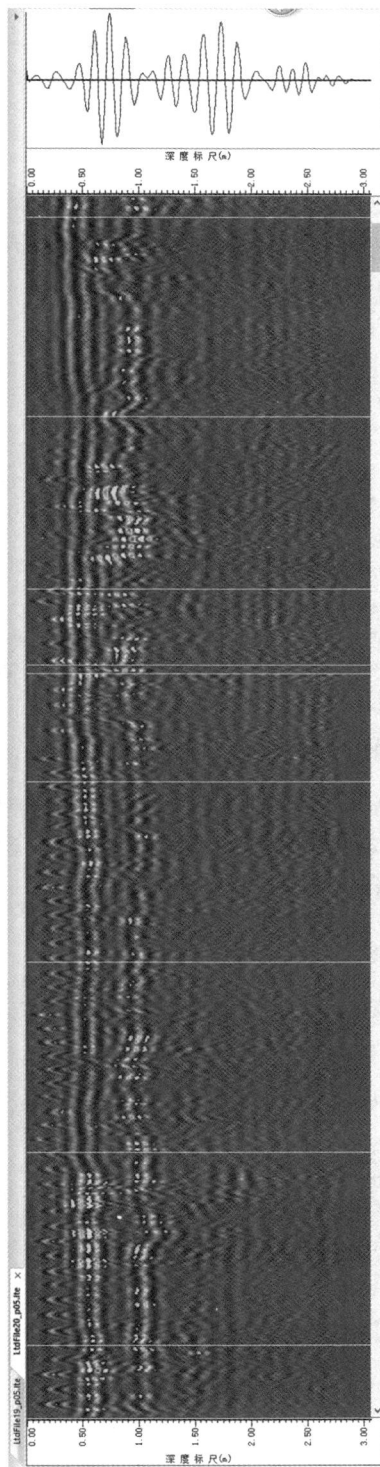

探地雷达检测结果伪色图

图 7.5 C 区段水泥混凝土路面探地雷达 400MHz 天线检测结果 [起点→(2 块板、50m 间距打线标记)→终点左侧测线]

1-1 断面检测结果灰度图

1-1 断面检测结果伪彩色图

2-2 断面检测结果灰度图

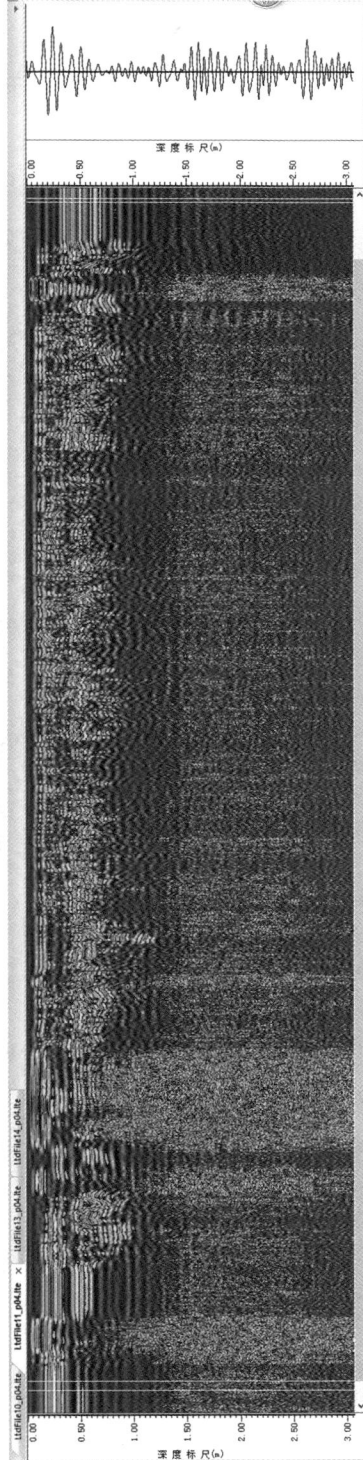

2-2 断面检测结果伪彩色图

3-3 断面检测结果灰度图

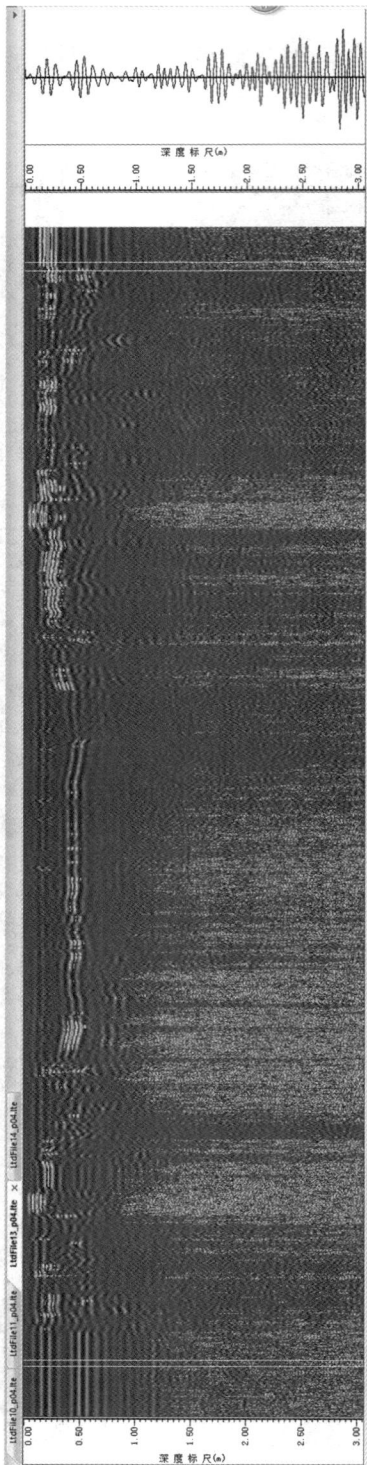

3-3 断面检测结果伪色图

4-4 断面检测结果灰度图

4-4 断面检测结果伪彩色图

图 7.6　C 区段水泥混凝土路面探地雷达 900MHz 天线检测结果 [道路右侧人行道起点→左侧人行道终点测线]

表 7.1 RD1100 探地雷达水泥混凝土路面结构层地下管线检测

里程桩号	RD1100 路面结构地下管线灰度图（右幅 W→E 向探测）	备注	里程桩号	RD1100 路面结构地下管线灰度图（右幅 W→E 向探测）	备注
	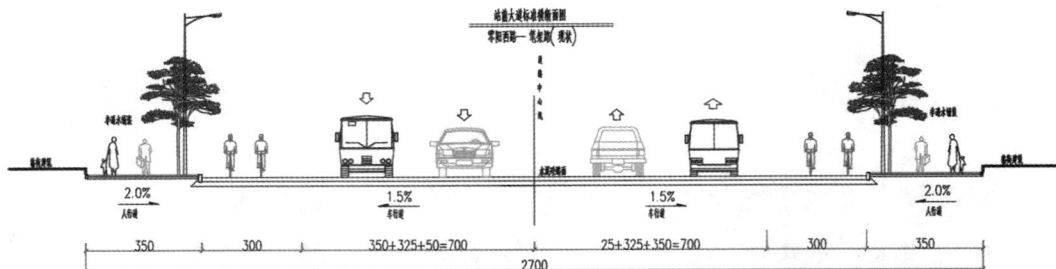				
K3+673.3		Export4-1	K3+717.7		Export4-2
K3+724.5		Export4-3	K3+730.1		Export4-4
K3+740.5		Export4-5	K3+748.1		Export4-6
K3+774.0		Export4-7	K3+798.7		Export4-8
K3+825.9		Export4-9	K3+892.9		Export4-10

表7.1（续）

里程桩号	RD1100 路面结构地下管线灰度图（右幅 W→E 向探测）	备注	里程桩号	RD1100 路面结构地下管线灰度图（右幅 W→E 向探测）	备注
K3+920.9		Export4-11	K3+953.9		Export4-12
K3+974.5		Export4-13	K3+983.2		Export4-14
K3+989.7		Export4-15	K4+002.8		Export4-16
K4+040.4		Export4-17	K4+063.6		Export4-18
K4+066.0		Export4-19	K4+093.8		Export4-20
K4+109.8		Export4-21	K4+121.6		Export4-22
K4+130.3		Export4-23	K4+133.5		Export4-24

表7.1(续)

里程桩号	RD1100 路面结构地下管线灰度图 （右幅 W→E 向探测）	备注	里程桩号	RD1100 路面结构地下管线灰度图 （右幅 W→E 向探测）	备注
K4+141.5		Export4-25	K4+149.1		Export4-26
K4+160.2		Export4-27	K4+163.0		Export4-28
K4+179.0		Export4-29	K4+191.0		Export4-30
K4+203.8		Export4-31	K4+243.4		Export4-32
K4+251.8		Export4-33	K4+266.8		Export4-34
K4+294.3		Export4-35	K4+304.8		Export4-36
K4+367.7		Export4-37	K4+425.2		Export4-38

表7.1(续)

里程桩号	RD1100 路面结构地下管线灰度图（右幅 W→E 向探测）	备注	里程桩号	RD1100 路面结构地下管线灰度图（右幅 W→E 向探测）	备注
K4+432.3		Export4−39	K4+457.2		Export4−40
K4+472.2		Export4−41	K4+485.0		Export4−42
K4+497.9		Export4−43	K4+510.8		Export4−44
K4+516.2		Export4−45	K4+521.4		Export4−46
K4+570.2		Export4−47	K4+577.8		Export4−48
K4+599.8		Export4−49	K4+603.8		Export4−50
K4+607.0		Export4−51	K4+624.1		Export4−52

表7.1(续)

里程桩号	RD1100 路面结构地下管线灰度图（右幅 W→E 向探测）	备注	里程桩号	RD1100 路面结构地下管线灰度图（右幅 W→E 向探测）	备注
K4+630. 1		Export4-53	K4+636. 2		Export4-54
K4+710. 8		Export4-55	K4+751. 4		Export4-56
K4+772. 4		Export4-57	K4+793. 2		Export4-58
K4+813. 7		Export4-59	K4+832. 3		Export4-60
K4+899. 4		Export4-61	K4+907. 0		Export4-62
K4+926. 9		Export4-63	K4+961. 7		Export4-64
K5+027. 5		Export4-65			

表 7.1(续)

里程桩号	RD1100 路面结构地下管线灰度图（左幅 E→W 向探测）	备注	里程桩号	RD1100 路面结构地下管线灰度图（左幅 E→W 向探测）	备注

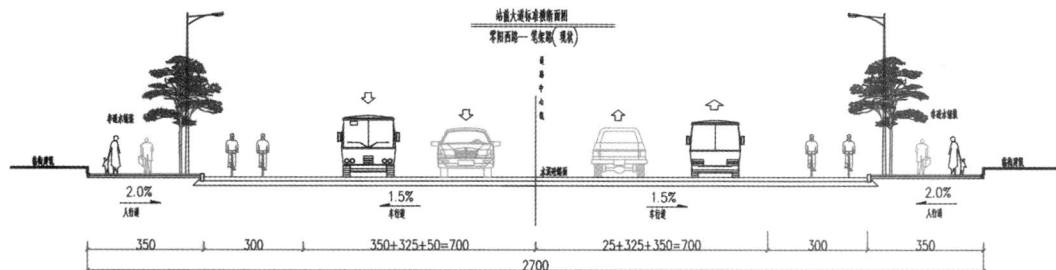

里程桩号	RD1100 路面结构地下管线灰度图（左幅 E→W 向探测）	备注	里程桩号	RD1100 路面结构地下管线灰度图（左幅 E→W 向探测）	备注
K5+045.8		Export4-66	K4+998.0		Export4-67
K4+968.6		Export4-68	K4+924.4		Export4-69
K4+911.9		Export4-70	K4+884.1		Export4-71
K4+835.0		Export4-72	K4+824.9		Export4-73
K4+760.8		Export4-74	K4+690.5		Export4-75
K4+633.3		Export4-76	K4+616.3		Export4-77

表7.1(续)

里程桩号	RD1100 路面结构地下管线灰度图（左幅 E→W 向探测）	备注	里程桩号	RD1100 路面结构地下管线灰度图（左幅 E→W 向探测）	备注
K4+591.7		Export4-78	K4+515.0		Export4-79
K4+472.4		Export4-80	K4+368.0		Export4-81
K4+177.6		Export4-82	K4+081.1		Export4-83
K3+965.8		Export4-84	K3+910.4		Export4-85
K3+775.7		Export4-86	K3+767.8		Export4-87
K3+704.4		Export4-88	K3+678.3		Export4-89
K3+658.5		Export4-90			

表 7.2 LTD2100 和 RD1100 探地雷达水泥混凝土路面结构层地下管线横断面检测

里程桩号	RD1100 和 LTD2100 路面结构地下管线灰度图（右幅 E→左幅 W 探测）	备注
	环城南路管线综合标准横断面图	
K3+655.9 探测长度 41.7m	RD1100 路面结构地下管线灰度图 　RD1100 路面结构地下管线灰度图 LTD2100 路面结构地下管线灰度图 　LTD2100 路面结构地下管线伪彩色图	No.18－261、262、83
K3+672.7 探测长度 36.2m	环城南路管线综合标准横断面图	No.19－263、264、84

表7.2(续)

里程桩号	RD1100 和 LTD2100 路面结构地下管线灰度图(右幅 E→左幅 W 探测)		备注
K3+672.7 探测长度 36.2m	RD1100 路面结构地下管线灰度图	RD1100 路面结构地下管线灰度图	No.19-263、264、84
	LTD2100 路面结构地下管线灰度图	LTD2100 路面结构地下管线伪彩色图	
K3+887.7 探测长度 37.0m	环城南路管线综合标准横断面图		No.20-265、266、85
	RD1100 路面结构地下管线灰度图	RD1100 路面结构地下管线灰度图	
	LTD2100 路面结构地下管线灰度图	LTD2100 路面结构地下管线伪彩色图	

表7.2(续)

里程桩号	RD1100 和 LTD2100 路面结构地下管线灰度图(右幅 E→左幅 W 探测)	备注
	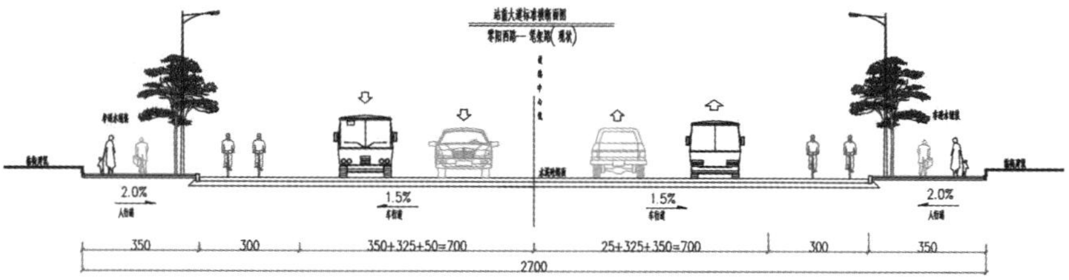 环城南路管线综合标准横断面图	
K4+133.4 探测长度 40.0m	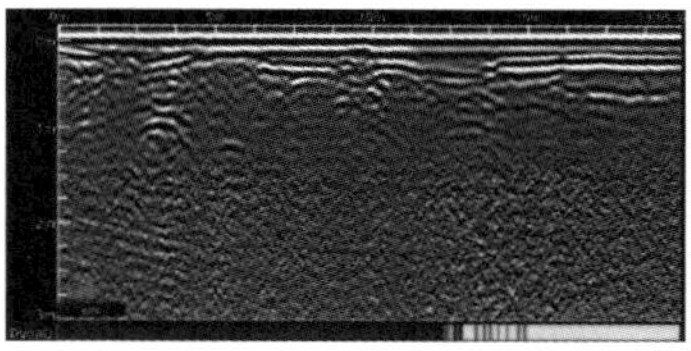 RD1100 路面结构地下管线灰度图　　RD1100 路面结构地下管线灰度图 LTD2100 路面结构地下管线灰度图　　LTD2100 路面结构地下管线伪彩色图	No.21－267、268、86
K4+159.7 探测长度 41.0m	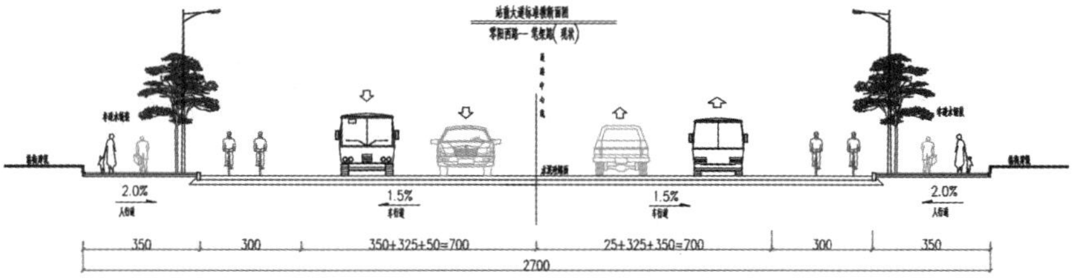 环城南路管线综合标准横断面图	No.22－269、270、87

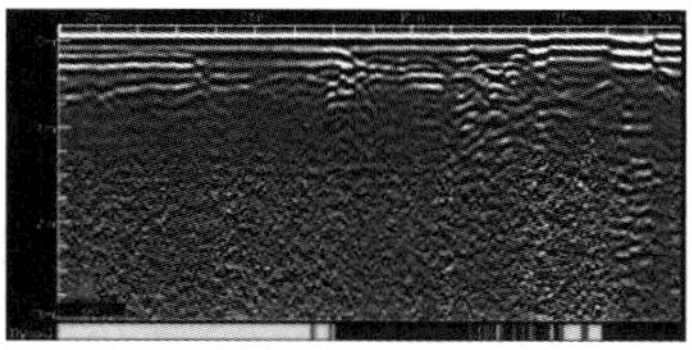

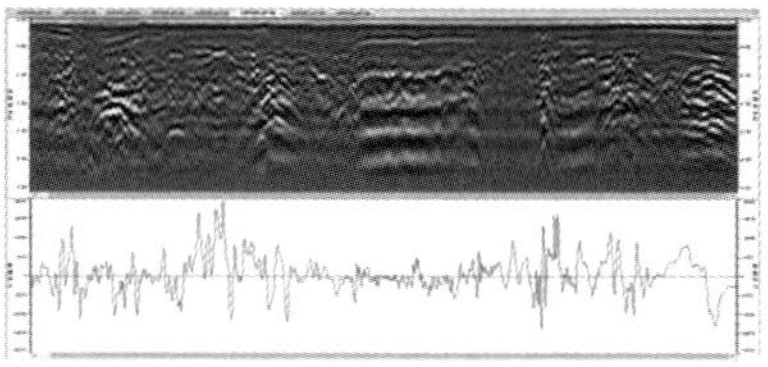

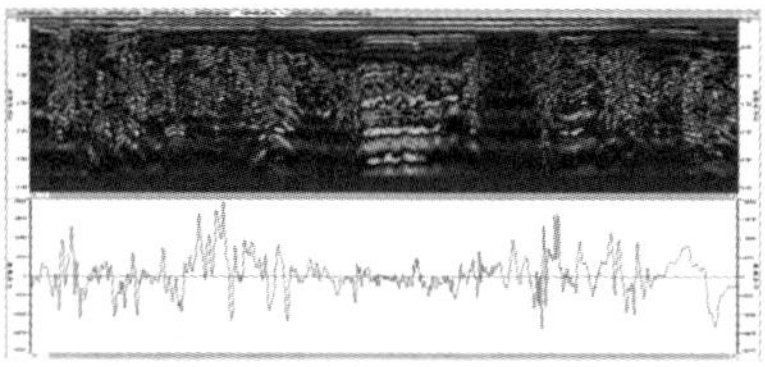

337

表7.2(续)

里程桩号	RD1100 和 LTD2100 路面结构地下管线灰度图(右幅 E→左幅 W 探测)	备注
K4+159.7 探测长度41.0m	RD1100 路面结构地下管线灰度图　　　　RD1100 路面结构地下管线灰度图 LTD2100 路面结构地下管线灰度图　　　　LTD2100 路面结构地下管线伪彩色图 环城南路管线综合标准横断面图	No.22－269、270、87
K4+366.8 探测长度38.2m	RD1100 路面结构地下管线灰度图　　　　RD1100 路面结构地下管线灰度图 LTD2100 路面结构地下管线灰度图　　　　LTD2100 路面结构地下管线伪彩色图	No.23－271、272、88

表7.2(续)

里程桩号	RD1100 和 LTD2100 路面结构地下管线灰度图(右幅 E→左幅 W 探测)	备注
	 环城南路管线综合标准横断面图	
K4+580.6 探测长度 37.6m	 RD1100 路面结构地下管线灰度图　　RD1100 路面结构地下管线灰度图 LTD2100 路面结构地下管线灰度图　　LTD2100 路面结构地下管线伪彩色图	No.2-229、230、65
K4+613.9 探测长度 38.1m	 环城南路管线综合标准横断面图	No.1-227、228、64

表7. 2(续)

里程桩号	RD1100 和 LTD2100 路面结构地下管线灰度图(右幅 E→左幅 W 探测)		备注
K4+ 613.9 探测 长度 38. 1m	 RD1100 路面结构地下管线灰度图	 RD1100 路面结构地下管线灰度图	No.1- 227、 228、64
	 LTD2100 路面结构地下管线灰度图	 LTD2100 路面结构地下管线伪彩色图	

◆◇ 7. 2　本章小结

    本章主要介绍了零阳东路 C 区段水泥混凝土路面结构管线探地雷达检测。采用 LTD2100 和 RD1100,分别对零阳东路路面结构管线进行检测,并在部分路段进行了开挖验证,检测成果与工程实际符合良好。

第8章 非饱和渗流与本构模型理论分析方法

动力作用,尤其是地震作用亦是诱发事故的重要原因。强震作用下,强大的外力作用及地震液化对稳定性起到控制性作用。地震对稳定性作用的研究也是当前热点问题,对防灾减灾具有重要的现实意义。模拟岩土与结构体力学行为的方法有很多种,但它们的精度各不相同。例如,线性及各向同性弹性的胡克定律是最简单的应力-应变关系。由于它仅仅涉及两个输入参数,即弹性模量 E 和泊松比 ν,通常认为这种应力-应变关系太粗糙了,不能把握岩土体行为的本质特点。然而,对于大量结构单元和岩层的模拟,线弹性性质往往是比较合适的,为此深入研究岩土非饱和渗流与本构模型理论和分析方法显得尤为重要。

◆◇ 8.1 非饱和渗流特性理论分析

8.1.1 稳态流的基本方程

多孔介质中的渗流可以用达西定律来描述。考虑在竖向 x-y 平面内的渗流:

$$\left.\begin{array}{l} q_x = -k_x \dfrac{\partial \phi}{\partial x} \\[2mm] q_y = -k_y \dfrac{\partial \phi}{\partial y} \end{array}\right\} \tag{8.1}$$

式中:q_x,q_y——比流量,由渗透系数 k_x,k_y 和地下水头梯度计算得到。水头 ϕ 定义为:

$$\phi = y - \frac{p}{\gamma_w} \tag{8.2}$$

式中:y——竖直位置;

p——孔隙水压力(压力为负);

γ_w——水的重度。

对于稳态流而言,其应用的连续条件为:

$$\frac{\partial q_x}{\partial x} + \frac{\partial q_y}{\partial y} = 0 \tag{8.3}$$

等式(8.3)表示单位时间内流入单元体的总水量等于流出的总水量,如图8.1所示。

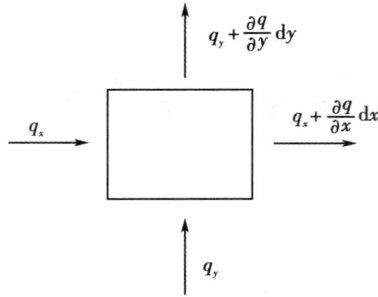

图 8.1 连续性条件示意图

8.1.2 界面单元中的渗流

在地下水渗流计算中界面单元需要特殊处理,可以被冻结或者激活。当单元被冻结时,所有的孔压自由度是完全耦合的;当界面单元激活时是不透水的(隔水帷幕)。

8.1.3 非饱和渗流材料模型

非饱和渗流的模拟基于 Van Genuchten 材料模型。根据该模型,饱和度与有效压力水头关系如下:

$$S(\phi_p) = S_{res} + (S_{sat} - S_{res}) \left[1 + (g_a |\phi_p|)^{g_n} \right]^{\left(\frac{g_n - 1}{g_n} \right)} \tag{8.4}$$

Van Genuchten 假定了参数剩余体积含水量 S_{res},该参数用来描述在吸力水头下保留在孔隙中的部分流体。一般情况下,在饱和条件下孔隙不会完全充满水,由于空气滞留在孔隙中,此时饱和度 S_{sat} 小于1。其他参数 g_a、g_l、g_n 需要对特定的材料进行测定。有效饱和度 S_e 表述为:

$$S_e = \frac{S - S_{res}}{S_{sat} - S_{res}} \tag{8.5}$$

根据 Van Genuchten 模型,相对渗透率表述为:

$$k_{rel}(S) = (S_e)^{g_l} \left[1 - (1 - S_e^{\frac{g_n}{g_n - 1}})^{\frac{g_n - 1}{g_n}} \right]^2 \tag{8.6}$$

使用该表达式计算饱和度时,相对渗透率可以直接用有效压力来表示。

8.1.4 Van Genuchten 渗流模型

水特征曲线 SWCC 描述地下水渗流非饱和区域(通常位于水位线以上)渗流参数。SWCC 描述的是不同应力状态下,土体持有水分的能力。有很多模型可以描述非饱和土的渗流行为。地下水渗流文献中最常见的是 Van Genuchten(1980)提出的模型,Van Genuchten 函数为3参数等式,将饱和度与有效压力水头 ϕ_p 关联在一起:

$$S(\phi_p) = S_{res} + (S_{sat} - S_{res}) \left[1 + (g_a | \phi_p)^{g_n} \right]^{g_c} \tag{8.7}$$

$$\phi_p = \frac{p_w}{\gamma_w} \tag{8.8}$$

式中：p_w——吸力孔压；

　　γ_w——孔隙流体单位重度；

　　S_{res}——剩余饱和度，描述部分流体在高吸力水头的情况下仍存在于孔隙中；

　　S_{sat}——一般地，饱和条件下孔隙不会被水完全填充，其中可能包含空气，因此该值小于 1；

　　g_a——拟合参数，与土体的进气值相关，对特定材料需要测量获得，单位为 1/L，正值；

　　g_n——达到进气值后的拟合参数，该参数为水的抽取率的函数，对于特性材料需要测量得到该参数；

　　g_c——一般 Van Genuchten 等式中用到的拟合参数。

假定将 Van Genuchten 转换为 2 参数等式。

$$g_c = \frac{1 - g_n}{g_n} \tag{8.9}$$

Van Genuchten 关系为中低吸力情况提供了合理结果。对于较高吸力值，饱和度保持在剩余饱和度。图 8.2 和图 8.3 显示了参数 g_a 和 g_n 对 SWCC 形状的影响。相对渗透性与饱和度的关系通过有效饱和度表示。

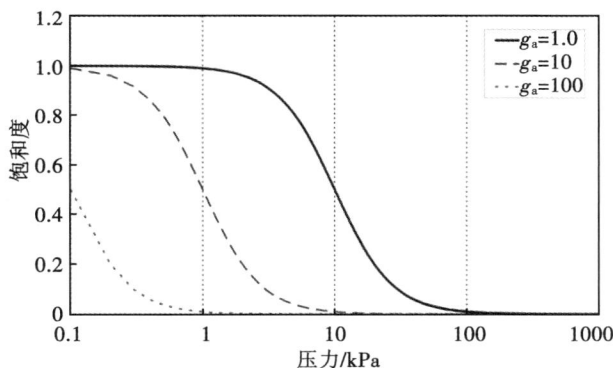

图 8.2　参数 g_a 对 SWCC 的影响

有效饱和度 S_e 表述为：

$$S_e = \frac{S - S_{res}}{S_{sat} - S_{res}} \tag{8.10}$$

根据 Van Genuchten 模型，相对渗透率表述为：

$$k_{rel}(S) = (S_e)^{g_1} \left[1 - \left(1 - S_e^{\frac{g_n}{g_n-1}} \right)^{\frac{g_n-1}{g_n}} \right]^2 \tag{8.11}$$

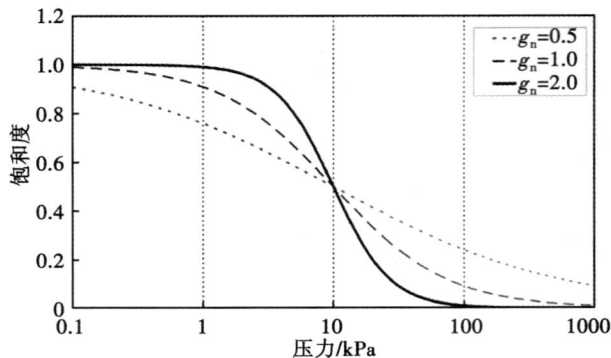

图 8.3 参数 g_n 对 SWCC 的影响

式中：g_1——拟合参数，对于特定材料需要测定。注意，使用上述表达式，相对渗透性可直接与吸力孔压相关。

饱和度的获取与吸力孔压相关：

$$\frac{\partial S(p_w)}{\partial p_w} = (S_{sat} - S_{res}) \left[\frac{1-g_n}{g_n} \right] \left[g_n \left(\frac{g_a}{\gamma_w} \right)^{g_n} \cdot p_w^{(g_n-1)} \right] \left[1 + \left(g_a \cdot \frac{p_w}{\gamma_w} \right)^{g_n} \right]^{\left(1 - \frac{2g_n}{g_n} \right)} \quad (8.12)$$

图 8.4 和图 8.5 显示了某砂土材料的使用情况，Van Genuchten 模型对应的参数 S_{sat} = 1.0，S_{res} = 0.027，g_a = 2.24m^{-1}，g_1 = 0.0，g_n = 2.286。

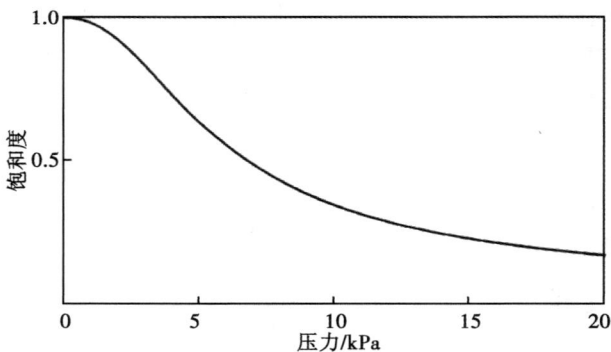

图 8.4 Van Genuchten 压力-饱和度关系曲线

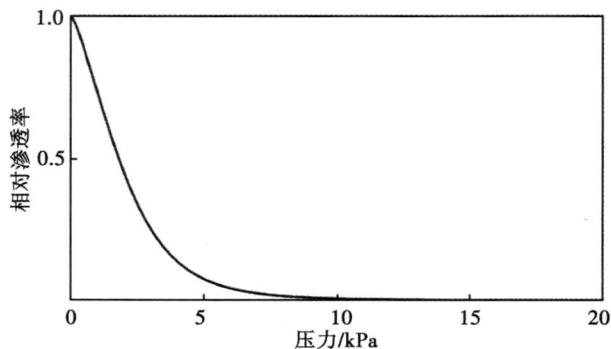

图 8.5 Van Genuchten 压力-相对渗透率关系曲线

8.1.5　近似 Van Genuchten 渗流模型

Van Genuchten 模型线性化模式可以获得模型参数的近似值。因此,饱和度与孔隙水头的关系表述如下:

$$S(\phi_p) = \begin{cases} 1 & , \quad \phi_p \geq 0 \\ 1+\dfrac{\phi_p}{|\phi_{ps}|} & , \quad \phi_{ps} < \phi_p < 0 \\ 0 & , \quad \phi_p \leq \phi_{ps} \end{cases} \tag{8.13}$$

变量 ϕ_{ps} 为与材料有关的压力水头,定义的是在静水压力条件下非饱和区域的范围。小于其初始值时,饱和度假定为 0;饱和条件下,饱和度等于 1。相对渗透率和压力水头之间的关系表述为:

$$k_{rel}(\phi_p) = \begin{cases} 1 & , \quad \phi_p \geq 0 \\ 10^{\frac{4\phi_p}{|\phi_{pk}|}} & , \quad \phi_{pk} < \phi_p < 0 \\ 10^{-4} & , \quad \phi_p \leq \phi_{pk} \end{cases} \tag{8.14}$$

由上式可知,在渗流区域,渗透系数与压力水头成对数-线性关系,其中 ϕ_{pk} 为压力水头,在该压力水头下,相对渗透系数降为 10^{-4}。当压力水头较大时,渗透系数保持为常数。在饱和条件下,相对渗透率为 1,且有效渗透性为饱和渗透性,假定为常数。

近似 Van Genuchten 模型的参数从经典 Van Genuchten 模型的参数转化而来,以满足强大的线性模型的计算需要。对于参数 ϕ_{ps},转化方式如下:

$$\phi_{ps} = \frac{1}{S_{\phi_p} - S_{sat}} \tag{8.15}$$

参数 ϕ_{pk} 等于压力水头,根据 Van Genuchten 模型,相对渗透率为 10^{-2},最低限值为 $-0.5m$。图 8.6 描述了压力水头与饱和度的函数关系(根据近似 Van Genuchten 模型,并使用 $\phi_{ps} = 1.48$)。图 8.7 给出了 $\phi_{pk} = 1.15$ 时的压力-相对渗透率关系。地下水渗流问题还需要边界条件和初始条件。

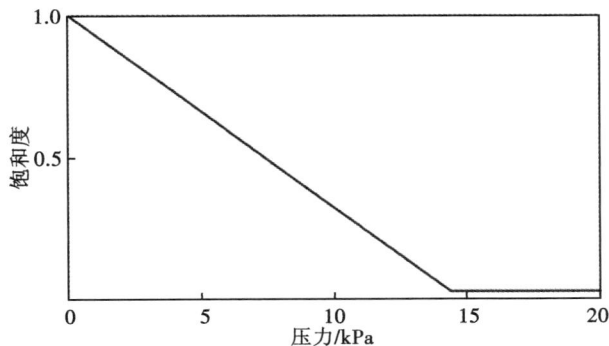

图 8.6　近似 Van Genutchen 压力-饱和度关系曲线

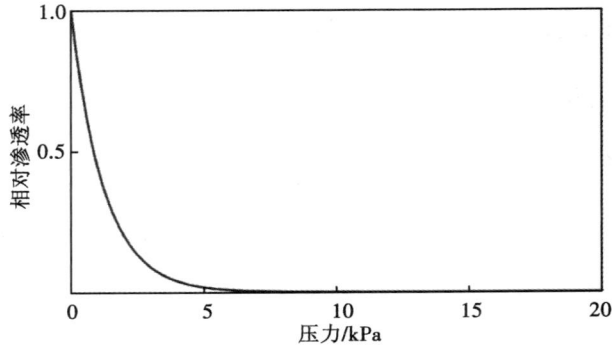

图 8.7　近似 Van Genuchten 压力-相对渗透率曲线

◆ 8.2　本构模型种类及其选用

8.2.1　本构模型种类及其特点

（1）线弹性（LE）模型

线弹性模型是基于各向同性胡克定理。它引入两个基本参数，弹性模量 E 和泊松比 ν。尽管线弹性模型不适合模拟土体，但可用来模拟刚体，例如混凝土或者完整岩体。

（2）摩尔-库仑（Mohr-Coulomb，MC）模型

弹塑性摩尔-库仑模型包括 5 个输入参数，即表示土体弹性的 E 和 ν，表示土体塑性的 ϕ 和 c，以及剪胀角 ψ。摩尔-库仑模型描述了对岩土行为的一种"一阶"近似。这种模型推荐用于问题的初步分析。对于每个土层，可以估计出一个平均刚度常数。由于这个刚度是常数，计算往往会相对较快。初始的土体条件在许多土体变形问题中也起着关键的作用。通过选择适当 K_0 值，可以生成初始水平土应力。

（3）节理岩石（JR）模型

节理岩石模型是一种各向异性的弹塑性模型，特别适用于模拟包括层理尤其是断层方向在内的岩层行为等。塑性最多只能在三个剪切方向（剪切面）上发生。每个剪切面都有它自身的抗剪强度参数 ϕ 和 c。完整岩石被认为具有完全弹性性质，其刚度特性由常数 E 和 ν 表示。在层理方向上将定义简化的弹性特征。

（4）土体硬化（HS）模型

土体硬化模型是一种高级土体模型。同摩尔-库仑模型一样，极限应力状态是由摩擦角 ϕ、黏聚力 c 以及剪胀角 ψ 来描述的。但是，土体硬化模型采用 3 个不同的输入刚度，可以将土体刚度描述得更为准确：三轴加载刚度 E_{50}、三轴卸载刚度 E_{ur} 和固结仪加载刚度 E_{oed}。一般取 $E_{ur} \approx 3E_{50}$ 和 $E_{oed} \approx E_{50}$ 作为不同土体类型的平均值，但是，对于非常

软的土或者非常硬的土通常会给出不同的 E_{oed}/E_{50} 比值。

对比摩尔-库仑模型，土体硬化模型还可以用来解决模量依赖于应力的情况。这意味着所有的刚度随着压力的增加而增加。因此，输入的 3 个刚度值与一个参考应力有关，这个参考应力值通常取为 100kPa。

（5）小应变土体硬化（HSS）模型

HSS 模型是对上述 HS 模型的一个修正，依据土体在小应变的情况下土体刚度增大。在小应变水平时，大多数土表现出的刚度比该工程应变水平时更高，且这个刚度分布与应变是非线性的关系。该行为在 HSS 模型中通过一个应变-历史参数和 2 个材料参数来描述。如：G_0^{ref} 和 $\gamma_{0.7}$，G_0^{ref} 是小应变剪切模量，$\gamma_{0.7}$ 是剪切模量达到小应变剪切模量的 70% 时的应变水平。HSS 高级特性主要体现在工作荷载条件。模型给出比 HS 更可靠的位移。当在动力中应用时，HSS 模型同样引入黏滞材料阻尼。

（6）软土蠕变（SSC）模型

HS 模型适用于所有的土，但是它不能用来解释黏性效应，即蠕变和应力松弛。事实上，所有的土都会产生一定的蠕变，这样，主压缩后面就会跟随着某种程度的次压缩。而蠕变和松弛主要是指各种软土，包括正常固结黏土、粉土和泥炭土。在这种情况下采用软土蠕变模型。请注意，软土蠕变模型是一个新近开发的应用于地基和路基等的沉陷问题的模型。对于隧道或者其他开挖问题中通常会遇到的卸载问题，软土蠕变模型几乎比不上简单的摩尔-库仑模型。就像摩尔-库仑模型一样，在软土蠕变模型中，恰当的初始土条件也相当重要。对于土体硬化模型和软土蠕变模型来说，由于它们还要解释超固结效应，因此初始土条件中还包括先期固结应力的数据。

（7）软土（SS）模型

软土模型是一种 Cam-Clay 类型的模型，特别适用于接近正常固结的黏性土的主压缩。尽管这种模型的模拟能力可以被 HS 模型取代，当前仍然保留了这种软土模型。

（8）改进的 Cam-Clay（MCC）模型

改进的 Cam-Clay 模型是对 Muir Wood（1990）描述的原始 Cam-Clay 模型的一种改写。它主要用于模拟接近正常固结的黏性土。

（9）NGI-ADP 模型

NGI-ADP 模型是一个各向异性不排水剪切强度模型。土体剪切强度以主动、被动和剪切的 S_u 值来定义。

（10）胡克-布朗（HB）模型

胡克-布朗模型是基于胡克-布朗破坏准则（2002）的一个各向同性理想弹塑性模型。这个非线性应力相关准则通过连续方程描述剪切破坏和拉伸破坏，深为地质学家和岩石工程师所熟悉。除了弹性参数 E 和 ν，模型还引入实用岩石参数，如完整岩体单轴压缩强度（σ_{ci}）、地质强度指数（GSI）和扰动系数（D）。

综上所述，不同模型的分析表现为：如果要对所考虑的问题进行一个简单迅速的初步分析，建议使用摩尔-库仑模型。当缺乏好的土工数据时，进一步的高级分析是没有用的。在许多情况下，当拥有主导土层的好的数据时，可以利用土体硬化模型来进行一个额外的分析。毫无疑问，同时拥有三轴试验和固结仪试验结果的可能性是很小的。但是，原位试验数据的修正值对高质量试验数据来说是一个有益的补充。软土蠕变模型可以用于分析蠕变(即极软土的次压缩)。用不同的土工模型来分析同一个岩土问题显得代价过高，但是它们往往是值得的。首先，用摩尔-库仑模型来分析是相对较快而且简单的；其次，这一过程通常会减小计算结果的误差。

8.2.2　本构模型种类及其选用局限性

土工模型是对岩土行为的一种定性描述，而模型参数是对岩土行为的一种定量描述。尽管数值模拟在开发程序及其模型上面花了很多工夫，但它对现实情况的模拟仍然只是一个近似，这就意味着在数值和模型方面都有不可避免的误差。此外，模拟现实情况的准确度在很大程度上还依赖于用户对所要模拟问题的熟练程度、对各类模型及其局限性的了解、模型参数的选择和对计算结果可信度的判断能力。当前局限性如下：

（1）线弹性模型

土体行为具有高非线性和不可逆性。线弹性材料不足以描述土体的一些必要特性。线弹性模型可用来模拟强块体结构或基岩。线弹性模型中的应力状态不受限制，模型具有无限的强度。一定要谨慎地使用这个模型，防止加载高于实际材料的强度。

（2）摩尔-库仑模型

理想弹塑性模型 MC 是一个一阶模型，它包括仅有几个土体行为的特性。尽管考虑了随深度变化的刚度增量，但 MC 模型既不能考虑应力相关又不能考虑刚度或各向同性刚度的应力路径。总的说来，MC 破坏准则可以非常好地描述破坏时的有效应力状态，有效强度参数 ϕ' 和 c'。对于不排水材料，MC 模型可以使用 $\phi = 0$，$c = c_u(s_u)$，来控制不排水强度。在这种情况下，注意模型不能包括固结的剪切强度的增量。

（3）HS 模型

这是一个硬化模型，不能用来说明由于岩土剪胀和崩解效应带来的软化性质。事实上，它是一个各向同性的硬化模型，因此，不能用来模拟滞后或者反复循环加载情形。如果要准确地模拟反复循环加载情形，需要一个更为复杂的模型。要说明的是，由于材料刚度矩阵在计算的每一步都需要重新形成和分解，HS 模型通常需要较长的计算时间。

（4）HSS 模型

HSS 模型加入了土体的应力历史和应变相关刚度，一定程度上，它可以模拟循环加载。但它没有加入循环加载下的逐级软化，所以，不适合软化占主导的循环加载。

（5）SSC 模型

上述局限性对软土蠕变(SSC)模型同样存在。此外，SSC 模型通常会过高地预计弹性岩土的行为范围。特别是在包括隧道修建在内的开挖问题上。还要注意正常固结土的初始应力。尽管使用 $OCR=1$ 看似合理，但对于应力水平受控于初始应力的问题，将导致过高估计变形。实际上，与初始有效应力相比，大多数土都有微小增加的预固结应力。在开始分析具有外荷载的问题前，强烈建议执行一个计算阶段，设置小的间隔，不要施加荷载，根据经验来检验地表沉降率。

（6）SS 模型

局限性（包括 HS 和 SSC 模型的）存在于 SS 模型中。事实上，SS 模型可以被 HS 模型所取代，这种模型是为了方便那些熟悉它的用户而保留下来的。SS 模型的应用范围局限在压缩占主导地位的情形下。显然，在开挖问题上不推荐使用这种模型。

（7）MCC 模型

同样的局限性（包括 HS 模型和 SSC 模型的）存在于 MCC 模型中。此外，MCC 模型允许极高的剪应力存在，特别是在应力路径穿过临界状态线的情形下。进一步说，改进的 Cam-Clay 模型可以给出特定应力路径的软化行为。如果没有特殊的正规化技巧，那么，软化行为可能会导致网格相关和迭代过程中的收敛问题。改进的 Cam-Clay 模型在实际应用中是不被推荐的。

（8）NGI-ADP 模型

NGI-ADP 模型是一个不排水剪切强度模型。可用排水或者有效应力分析，注意剪切强度不会随着有效应力改变而自动更新。同样注意 NGI-ADP 模型不包括拉伸截断。

（9）胡克–布朗模型

胡克–布朗模型是各向异性连续模型。因此，该模型不适合成层或者节理岩体等具有明显的刚度各向异性或者一个两个主导滑移方向的对象，其行为可用节理岩体模型。

（10）界面

界面单元通常用双线性的摩尔–库仑模型模拟。当一个更高级的模型被用于相应的材料数据集时，界面单元仅需要选择那些与摩尔–库仑模型相关的数据：c，ϕ，ψ，E，ν。在这种情况下，界面刚度值取的就是弹性岩土刚度值。因此，$E=E_{ur}$，其中 E_{ur} 是应力水平相关的，即 E_{ur} 与 σ_m 成幂比例。对于软土蠕变模型来说，幂指数 m 等于 1，E_{ur} 在很大程度上由膨胀指数 κ^* 确定。

（11）不排水行为

总的来说，需要注意不排水条件，因为各种模型中所遵循有效应力路径很可能发生偏离。尽管数值模拟有选项在有效应力分析中处理不排水行为，但不排水强度 c_u 和 s_u 的使用可能优先选择有效应力属性（c'，ϕ'）。请注意直接输入的不排水强度不能自动包括剪切强度随固结的增加。无论任何原因，无论用户决定使用有效应力强度属性，强烈推荐检查输出程序中的滑动剪切强度的结果。

◈ 8.3 基于塑性理论的摩尔-库仑模型

塑性理论是在常规应力状态，描述弹塑性力学行为的需要：弹性范围内的应力应变行为；屈服或破坏方程；流动法则；应变硬化的定义（屈服函数随应力而改变）。对于标准摩尔-库仑模型，弹性区域是新弹性，没有应变硬化。

（1）理想塑性理论模型

弹塑性理论的一个基本原理是：应变和应变率可以分解成弹性部分和塑性部分。胡克定律是用来联系应力率和弹性应变率的。根据经典塑性理论（Hill，1950），塑性应变率与屈服函数对应力的导数成比例。这就意味着塑性应变率可以由垂直于屈服面的向量来表示。这个定理的经典形式被称为相关塑性。

然而，对于摩尔-库仑型屈服函数，相关塑性理论将会导致对剪胀的过高估计（见图8.8）。

通常塑性应变率可以写为：

$$\dot{\underline{\sigma}}' = \underline{\underline{D}}^e\,\dot{\underline{\varepsilon}}^e = \underline{\underline{D}}^e(\,\dot{\underline{\varepsilon}} - \dot{\underline{\varepsilon}}^p\,)\;;\quad \dot{\underline{\varepsilon}}^p = \lambda\,\frac{\partial g}{\partial \underline{\sigma}'} \tag{8.16}$$

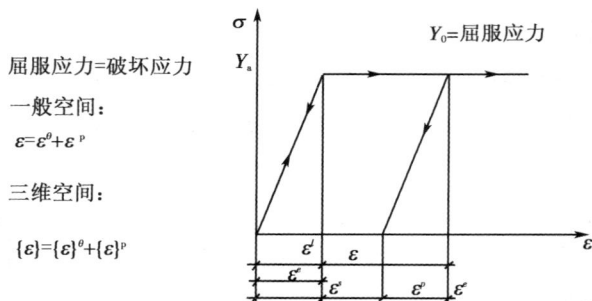

图 8.8　理想塑性理论模型

因此，除了屈服函数之外，还要引入一个塑性位能函数 g。$g \neq f$ 表示非相关塑性的情况。

在这里 λ 是塑性乘子。完全弹性行为情况下 $\lambda = 0$，塑性行为情况下 λ 为正：

$\lambda = 0$，当 $f < 0$ 或者

$$\frac{\partial \underline{f}^T}{\partial \underline{\sigma}'}\underline{\underline{D}}^e\,\dot{\underline{\varepsilon}} \leqslant 0 \tag{8.17}$$

$\lambda > 0$，当 $f = 0$ 或者

$$\frac{\partial \underline{f}^T}{\partial \underline{\sigma}'}\underline{\underline{D}}^e\,\dot{\underline{\varepsilon}} > 0 \tag{8.18}$$

这些方程可以用来得到弹塑性情况下有效应力率和有效应变率之间的关系如下

(Smith 和 Griffith，1982；Vermeer 和 de Borst，1984)：

$$\dot{\underline{\sigma}}' = \left(\underline{D}^e - \frac{\alpha}{d} \underline{D}^e \frac{\partial g}{\partial \underline{\sigma}'} \frac{\partial f^T}{\partial \underline{\sigma}'} \underline{D}^e \right) \dot{\underline{\varepsilon}}$$
$$d = \frac{\partial f^T}{\partial \underline{\sigma}'} \underline{D}^e \frac{\partial g}{\partial \underline{\sigma}'}$$

(8.19)

参数 α 起着一个开关的作用。如果材料行为是弹性的，α 的值就等于零；当材料行为是塑性的，α 的值就等于1。

上述的塑性理论限制在光滑屈服面情况下，不包括摩尔-库仑模型中出现的那种多段屈服面包线。Koiter(1960)和其他人已经将塑性理论推广到了这种屈服面的情况，用来处理包括两个或者多个塑性势函数的流函数顶点：

$$\dot{\underline{\varepsilon}}^p = \lambda_1 \frac{\partial g_1}{\partial \underline{\sigma}'} + \lambda_2 \frac{\partial g_2}{\partial \underline{\sigma}'} + \cdots$$

(8.20)

类似地，几个拟无关屈服函数(f_1，f_2，…)被用于确定乘子(λ_1，λ_2，…)的大小。

(2)非理想塑性理论模型

图 8.9 所示为非理想塑性理论模型。

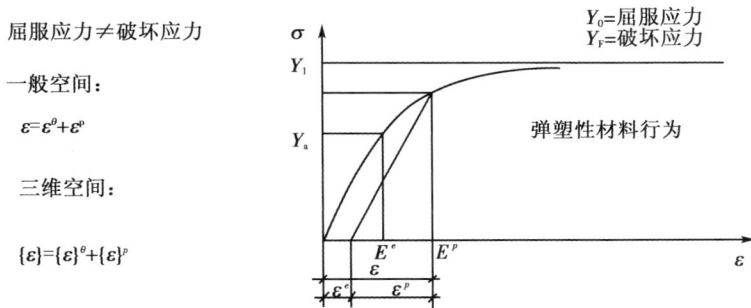

图 8.9　非理想塑性理论模型

(3)软化弹塑性理论模型

图 8.10 中材料属性决定软化的比例。

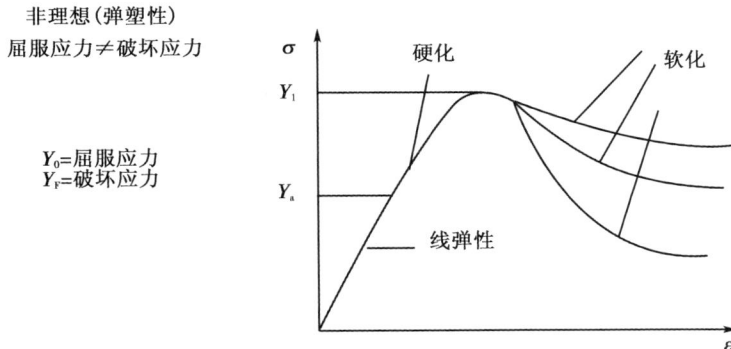

图 8.10　软化弹塑性理论模型

（4）屈服/破坏方程

图 8.11 所示为屈服/破坏方程示意图。图中，$f=0$ 表示应力空间的屈服面。

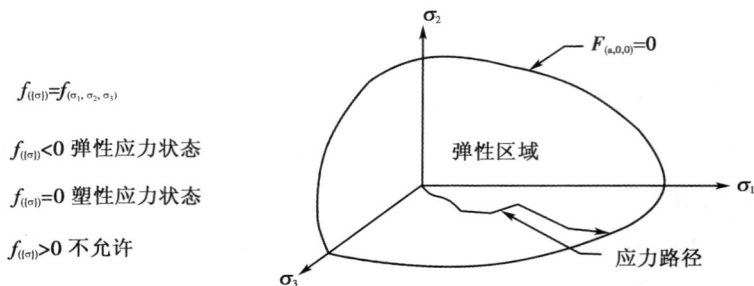

$f_{(|\sigma|)}=f_{(\sigma_1, \sigma_2, \sigma_3)}$

$f_{(|\sigma|)}<0$ 弹性应力状态

$f_{(|\sigma|)}=0$ 塑性应力状态

$f_{(|\sigma|)}>0$ 不允许

图 8.11　屈服/破坏方程

（5）摩尔–库仑准则

图 8.12 所示为摩尔–库仑准则示意图。

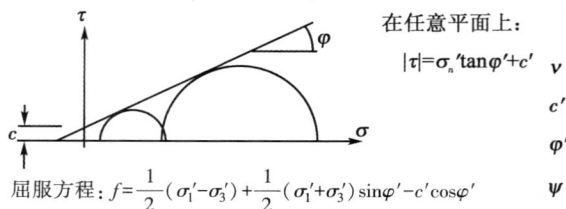

在任意平面上：

$|\tau|=\sigma_n'\tan\varphi'+c'$ 　 ν

c'

φ'

屈服方程：$f=\dfrac{1}{2}(\sigma_1'-\sigma_3')+\dfrac{1}{2}(\sigma_1'+\sigma_3')\sin\varphi'-c'\cos\varphi'$ 　 ψ

图 8.12　摩尔–库仑准则

基本参数：杨氏模量 E，单位 kN/m^2；泊松比 ν；黏聚力 c'，单位 kN/m^2；摩擦角 φ'，单位：$(°)$；剪胀角 ψ，单位：$(°)$。

（6）空间 3D 应力摩尔–库仑准则

摩尔–库仑屈服条件是库仑摩擦定律在一般应力状态下的推广。事实上，这个条件保证了一个材料单元内的任意平面都将遵守库仑摩擦定律。如果用主应力来描述，完全 MC 屈服条件由 6 个屈服函数组成：

$$
\left.
\begin{aligned}
f_{1a} &= \frac{1}{2}(\sigma_2'-\sigma_3')+\frac{1}{2}(\sigma_2'+\sigma_3')\sin\varphi-c\cos\varphi \leqslant 0\\[4pt]
f_{1b} &= \frac{1}{2}(\sigma_3'-\sigma_2')+\frac{1}{2}(\sigma_2'+\sigma_3')\sin\varphi-c\cos\varphi \leqslant 0\\[4pt]
f_{2a} &= \frac{1}{2}(\sigma_3'-\sigma_1')+\frac{1}{2}(\sigma_3'+\sigma_1')\sin\varphi-c\cos\varphi \leqslant 0\\[4pt]
f_{2b} &= \frac{1}{2}(\sigma_1'-\sigma_3')+\frac{1}{2}(\sigma_1'+\sigma_3')\sin\varphi-c\cos\varphi \leqslant 0\\[4pt]
f_{3a} &= \frac{1}{2}(\sigma_1'-\sigma_2')+\frac{1}{2}(\sigma_1'+\sigma_2')\sin\varphi-c\cos\varphi \leqslant 0\\[4pt]
f_{3b} &= \frac{1}{2}(\sigma_2'-\sigma_1')+\frac{1}{2}(\sigma_2'+\sigma_1')\sin\varphi-c\cos\varphi \leqslant 0
\end{aligned}
\right\}
\tag{8.21}
$$

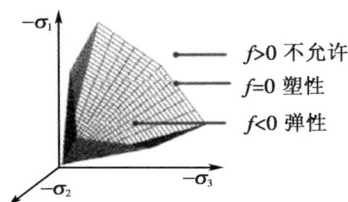

$$f = \frac{1}{2}(\sigma_1' - \sigma_3') + \frac{1}{2}(\sigma_1' + \sigma_3')\sin\varphi' - c'\cos\varphi'$$

图 8.13　空间 3D 应力摩尔–库仑准则

出现在上述屈服函数中的两个塑性模型参数就是众所周知的摩擦角和黏聚力。如图 8.13 所示，这些屈服函数可以共同表示主应力空间中的一个六棱锥。除了这些屈服函数，摩尔–库仑模型还定义了 6 个塑性势函数：

$$\left.\begin{aligned}
g_{1a} &= \frac{1}{2}(\sigma_2' - \sigma_3') + \frac{1}{2}(\sigma_2' + \sigma_3')\sin\psi \\[2mm]
g_{1b} &= \frac{1}{2}(\sigma_3' - \sigma_2') + \frac{1}{2}(\sigma_2' + \sigma_3')\sin\psi \\[2mm]
g_{2a} &= \frac{1}{2}(\sigma_3' - \sigma_1') + \frac{1}{2}(\sigma_3' + \sigma_1')\sin\psi \\[2mm]
g_{2b} &= \frac{1}{2}(\sigma_1' - \sigma_3') + \frac{1}{2}(\sigma_1' + \sigma_3')\sin\psi \\[2mm]
g_{3a} &= \frac{1}{2}(\sigma_1' - \sigma_2') + \frac{1}{2}(\sigma_1' + \sigma_2')\sin\psi \\[2mm]
g_{3b} &= \frac{1}{2}(\sigma_2' - \sigma_1') + \frac{1}{2}(\sigma_2' + \sigma_1')\sin\psi
\end{aligned}\right\} \qquad (8.22)$$

这些塑性势函数包含了第三个塑性参数，即剪胀角 ψ。它用于模拟正的塑性体积应变增量（剪胀现象），就像在密实的土中实际观察到的那样。后面将对 MC 模型中用到的所有模型参数做一个讨论。在一般应力状态下运用摩尔–库仑模型时，如果两个屈服面相交，需要作特殊处理。有些程序使用从一个屈服面到另一个屈服面的光滑过渡，即将棱角磨光（Smith 和 Griffith，1982）。MC 模型使用准确形式，即从一个屈服面到另一个屈服面用的是准确变化。关于棱角处理的详细情况可以参阅相关文献（Koiter，1960；Van Langen 和 Vermeer，1990）。对于 $c>0$，标准摩尔–库仑准则允许有拉应力。事实上，它允许的拉应力大小随着黏性的增加而增加。实际情况是，土不能承受或者仅能承受极小的拉应力。这种性质可以通过指定"拉伸截断"来模拟。

在这种情况下，不允许有正的主应力摩尔圆。"拉伸截断"将引入另外三个屈服函数，定义如下：

$$\left.\begin{aligned} f_4 &= \sigma_1' - \sigma_t \leqslant 0 \\ f_5 &= \sigma_2' - \sigma_t \leqslant 0 \\ f_6 &= \sigma_3' - \sigma_t \leqslant 0 \end{aligned}\right\} \tag{8.23}$$

当使用"拉伸截断"时，允许拉应力 σ_t 的缺省值取为零。对这三个屈服函数采用相关联的流动法则。对于屈服面内的应力状态，它的行为是弹性的并且遵守各向同性的线弹性胡克定律。因此，除了塑性参数 c 和 ψ，还需要输入弹性弹性模量 E 和泊松比 ν。

（7）偏平面摩尔-库仑准则

图 8.14 所示为偏平面摩尔-库仑准则示意图。

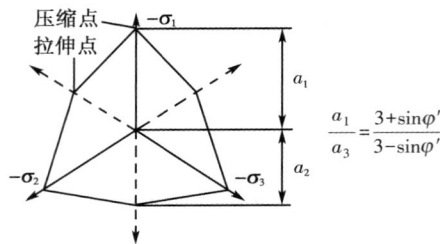

图 8.14　偏平面摩尔-库仑准则

（8）流动法则

屈服/破坏准则给出是否塑性应变，但是无法给出塑性应变增量的大小与方向。因此，需要建立另一个方程，即塑性势方程。图 8.15 所示为塑性势方程示意图。

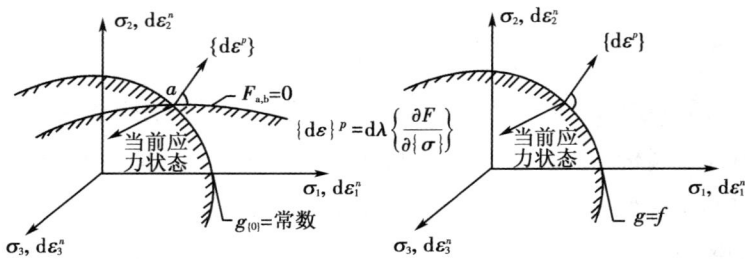

图 8.15　塑性势方程

塑性应变增量

$$\{\mathrm{d}\varepsilon\}^p = \mathrm{d}\lambda \left\{ \frac{\partial g}{|\partial \sigma|} \right\} \tag{8.24}$$

式中，g——塑性势，$g = g_{(|\sigma|)}$；

$\mathrm{d}\lambda$——常量（非材料参数）。

不相关流动法则：

$$\{\mathrm{d}\varepsilon\}^p = \mathrm{d}\lambda\left\{\frac{\partial g}{\partial(\sigma)}\right\}, \ g \neq f \tag{8.25}$$

相关流动法则：

$$\{\mathrm{d}\varepsilon\}^p = \mathrm{d}\lambda\left\{\frac{\partial F}{\partial\{\sigma\}}\right\}, \ g = f \tag{8.26}$$

（9）摩尔–库仑塑性势

图 8.16 所示为摩尔–库仑塑性势示意图。

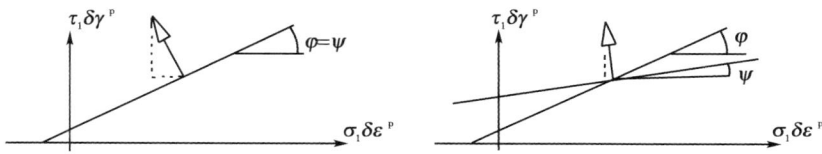

图 8.16　摩尔–库仑塑性势

$$\left.\begin{array}{l} f = \dfrac{1}{2}(\sigma_1' - \sigma_3') + \dfrac{1}{2}(\sigma_1' + \sigma_3')\sin\varphi' - c'\cos\varphi' \\[3mm] g = \dfrac{1}{2}(\sigma_1' - \sigma_3') + \dfrac{1}{2}(\sigma_1' + \sigma_3')\sin\psi + \cos\psi \end{array}\right\} \tag{8.27}$$

（10）摩尔–库仑剪胀

强度达到摩尔强度后的剪胀，强度＝摩擦＋剪胀。其中，Kinematic 硬化是指移动硬化特性。如图 8.17 和图 8.18 所示。

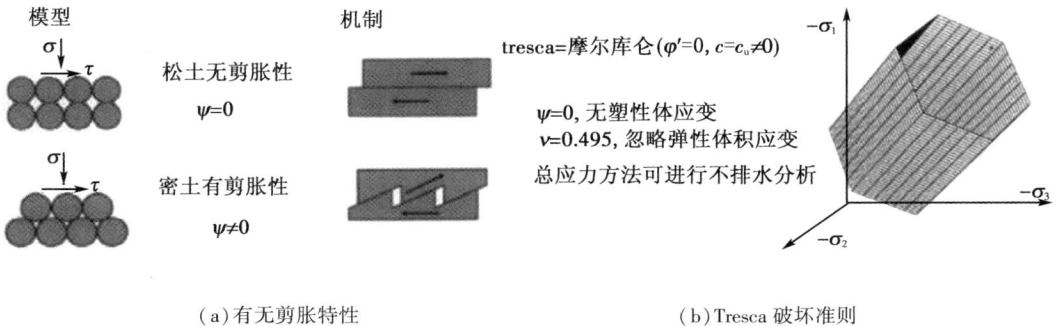

（a）有无剪胀特性　　　　　　　　　（b）Tresca 破坏准则

图 8.17　摩尔–库仑有无剪胀性与 Tresca 破坏准则

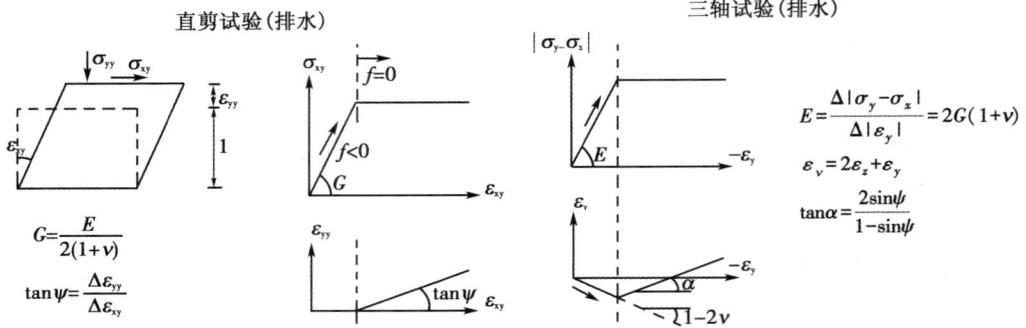

（a）直剪试验（排水）　　　　　　　　　　（b）三轴试验（排水）

$$G=\frac{E}{2(1+v)}$$

$$\tan\psi=\frac{\Delta\varepsilon_{yy}}{\Delta\varepsilon_{xy}}$$

$$E=\frac{\Delta|\sigma_y-\sigma_x|}{\Delta|\varepsilon_y|}=2G(1+v)$$

$$\varepsilon_v=2\varepsilon_x+\varepsilon_y$$

$$\tan\alpha=\frac{2\sin\psi}{1-\sin\psi}$$

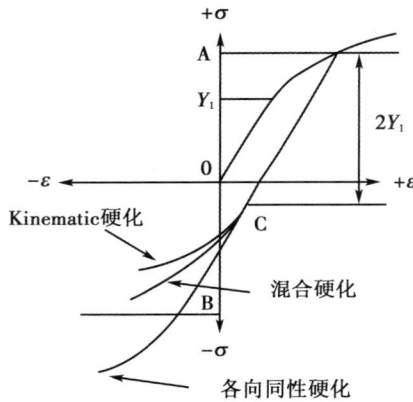

$$F(\{\sigma\}_0\{\varepsilon\}^p)=0 \quad 一般为 F(\{\sigma\}_0 h)=0;\ h=f(\{\varepsilon\}^p)$$

（c）摩尔–库仑应变硬化特性

图 8.18　摩尔–库仑排水剪切特性与应变硬化特性

综上所述，可知摩尔–库仑模型的性能与局限性。摩尔–库仑的性能：简单的理想弹塑性模型，一阶方法近似模拟土体的一般行为，适合某些工程应用，参数少而意义明确，可以很好地表示破坏行为（排水），包括剪胀角，各向同性行为和破坏前为线弹性行为。摩尔库仑的局限性：无应力相关刚度，加载/卸载重加载刚度相同，不适合深部开挖和隧道工程，无剪胀截断，不排水行为有些情况失真，无各向异性和无时间相关性（蠕变行为）。

◆◇ 8.4　基于塑性理论的典型本构模型比较

沈珠江院士认为计算岩土力学的核心问题是本构模型。下面讨论基坑数值分析土体本构模型的选择。目前，已有几百种土体的本构模型，常见的可以分为三大类即弹性模型、弹–理想塑性模型和应变硬化弹塑性模型，如表8.1所示。

表 8.1　主要本构模型

模型大类	本构模型
弹性模型	线弹性模型、非线性弹性模型、Duncan-Chang(DC)模型
弹–理想塑性模型	Mohr-Coulomb(MC)模型、Druker-Prager(DP)模型、
应变硬化弹塑性模型	Modified Cam-Clay(MCC)模型、Hardening Soil(HS)模型、 小应变土体硬化(HSS)模型

MC、HS 以及 MCC 三个本构模型选择的对比分析情况如图8.19所示。

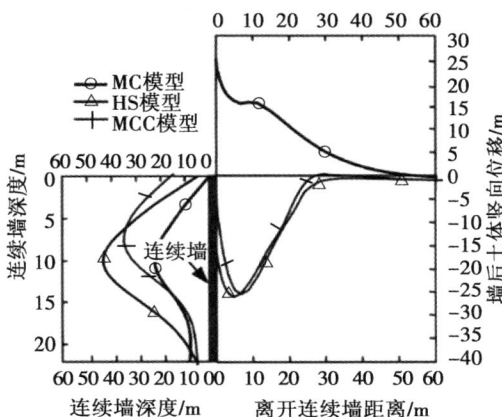

图 8.19　不同本构模型对比分析情况

　　研究基坑墙体侧移，HS 模型和 MCC 模型得到的变形较接近，MC 模型得到的侧移则要小得多，原因是 HS 模型和 MCC 模型在卸载时较加载具有更大的模量，而 MC 模型的加载和卸载模量相同，且无法考虑应力路径的影响，这导致 MC 模型产生很大的坑底回弹，从而减小了墙体的变形。从墙后地表竖向位移来看，HS 模型和 MCC 模型得到了与工程经验相符合的凹槽型沉降，而 MC 模型的墙后地表位移则表现为回弹，这与工程经验不符。产生这种差别的原因是 MC 模型的回弹过大而使得墙体的回弹过大，进而显著地影响了墙后地表的变形。表8.2为各种本构模型在基坑数值开挖分析中的适用性。

表 8.2　各种本构模型在基坑数值开挖分析中的适用性

本构模型的类型		不适合一般分析	适合初步分析	适合准确分析	适合高级分析
弹性模型	线弹性模型	√			
	横观各向同性	√			
	DC 模型		√		
弹–理想塑性模型	MC 模型		√		
	DP 模型		√		

表8.2(续)

本构模型的类型		不适合一般分析	适合初步分析	适合准确分析	适合高级分析
硬化模型	MCC 模型			√	
	HS 模型			√	
小应变模型	MIT-E3、HSS 模型				√

　　弹性模型由于不能反映土体的塑性性质、不能较好地模拟主动土压力和被动土压力因而不适合于基坑开挖的分析。弹-理想塑性的 MC 模型和 DP 模型由于采用单一刚度往往导致很大的坑底回弹,难以同时给出合理的墙体变形和墙后土体变形。能考虑软黏土应变硬化特征、能区分加载和卸载的区别且其刚度依赖于应力历史和应力路径的硬化模型如 MCC 模型和 HS 模型,能同时给出较为合理的墙体变形及墙后土体变形情况。

　　由上述分析可知:敏感环境下的基坑工程设计需重点关心墙后土体的变形情况,从满足工程需要和方便实用的角度出发,建议采用 MCC 模型和 HS 模型进行敏感环境下的基坑开挖数值分析。

◆◇ 8.5 基于土体硬化(HS)模型的小应变土体硬化(HSS)模型

(1)小应变土体硬化(HSS)模型

　　最初的土体硬化模型假设土体在卸载和再加载时是弹性的。但是实际上土体刚度为完全弹性的应变范围十分狭小。随着应变范围的扩大,土体剪切刚度会显示出非线性。通过绘制土体刚度和 log 应变图可以发现,土体刚度呈 S 曲线状衰减。图 8.20 显示了这种刚度衰减曲线。它的轮廓线(剪切应变参数)可以由现场土工测试和实验室测试得到。通过经典试验(例如三轴试验、普通固结试验)在实验室中测得的刚度参数已经不到初始状态的一半了。

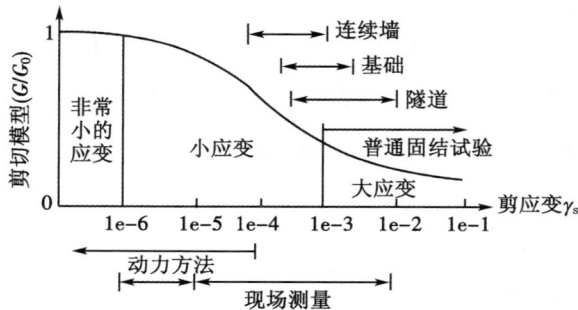

图 8.20　土体的典型剪切刚度-应变曲线

用于分析土工结构的土体刚度并不是依照图 8.20 在施工完成时的刚度。需要考虑小应变土体刚度和土体在整个应变范围内的非线性。HSS 模型继承了 HS 模型的所有特性，提供了解决这类问题的可能性。HSS 模型是基于 HS 模型而建立的，两者有着几乎相同的参数。实际上，模型中只增加了两个参数用于描述小应变刚度行为：初始小应变模量 G_0；剪切应变水平 $\gamma_{0.7}$——割线模量 G_s 减小到 $70\%G_0$ 时的应变水平。

（2）用双曲线准则描述小应变刚度

在土体动力学中，小应变刚度已经广为人知。在静力分析中，这个土体动力学中的发现一直没有被实际应用。静力土体与动力土体的刚度区别应该归因于荷载种类（例如惯性力和应变），而不是范围巨大的应变范围，后者在动力情况（包括地震）下很少考虑。惯性力和应变率只对初始土体刚度有很小的影响。所以，动力土体刚度和小应变刚度实际上是相同的。

土体动力学中最常用的模型大概就是 Hardin-Drnevich 模型。由试验数据充分证明了小应变情况下的应力-应变曲线可以用简单的双曲线形式来模拟。类似地，Kondner 在 Hardin 和 Drnevich（1972）的提议下发表了应用于大应变的双曲线准则。

$$\frac{G_S}{G_0}=\frac{1}{1+\left|\dfrac{\gamma}{\gamma_r}\right|}\qquad(8.28)$$

其中极限剪切应变 γ_r 定义为：

$$\gamma_r=\frac{\tau_{\max}}{G_0}\qquad(8.29)$$

式中：$\tau_{\max}$——破坏时的剪应力。

式（8.28）和式（8.29）将大应变（破坏）与小应变行为很好地联系起来。

为了避免错误地使用较大的极限剪应变，Santos 和 Correia（2001）建议使用割线模量 G_s 减小到初始值的 70% 时的剪应变 $\gamma_{0.7}$ 来替代 γ_r。

$$\frac{G_S}{G_0}=\frac{1}{1+a\left|\dfrac{\gamma}{\gamma_{0.7}}\right|}\qquad(8.30)$$

其中 $a=0.385$。

事实上，使用 $a=0.385$ 和 $\gamma_r=\gamma_{0.7}$ 意味着 $\dfrac{G_S}{G_0}=0.722$。所以，大约 70% 应该精确地称为 72.2%。图 8.21 显示了修正后的 Hardin-Drnevich 关系曲线（归一化）。

（3）土体硬化（HS）模型中使用 Hardin-Drnevich 关系

软黏土的小应变刚度可以与分子间体积损失以及土体骨架间的表面力相结合。一旦荷载方向相反，刚度恢复到依据初始土体刚度确定的最大值。然后，随着反向荷载加载，

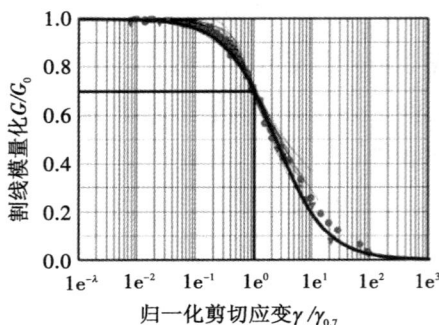

图 8.21　Hardin-Drnevich 关系曲线与实测数据对比

刚度又逐渐减小。应力历史相关,多轴扩张的 Hardin-Drnevich 关系需要加入 HS 模型中。这个扩充最初由 Benz(2006)以小应变模型的方式提出。Benz 定义了剪切应变标量 γ_{hist}:

$$\gamma_{\text{hist}} = \sqrt{3}\, \frac{\| \underline{\underline{H}} \Delta \underline{e} \|}{\| \Delta \underline{e} \|} \tag{8.31}$$

式中:$\Delta \underline{e}$——当前偏应变增量;

　　　$\underline{\underline{H}}$——材料应变历史的对称张量。

一旦监测到应变方向反向,$\underline{\underline{H}}$ 就会在实际应变增量 $\Delta \underline{e}$ 增加前部分或是全部重置。依据 Simpson(1992)的块体模型理论:所有 3 个方向主应变偏量都检测应变方向,就像 3 个独立的 Brick 模型。应变张量 $\underline{\underline{H}}$ 和随应力路径变化的更多细节请查阅 Benz(2006)的相关文献。

剪切应变标量 γ_{hist} 的值由式(8.31)计算得到。剪切应变标量定义为:

$$\gamma = \frac{3}{2}\varepsilon_q \tag{8.32}$$

式中:ε_q——第二偏应变不变量。

在三维空间中 γ 可以写成:

$$\gamma = \varepsilon_{\text{axial}} - \varepsilon_{\text{lateral}} \tag{8.32}$$

在小应变土体硬化(HSS)模型中,应力应变关系可以用割线模量简单表示为:

$$\tau = G_s \gamma = \frac{G_0 \gamma}{1 + 0.385\, \dfrac{\gamma}{\gamma_{0.7}}} \tag{8.34}$$

对剪切应变进行求导可以得到切线剪切模量:

$$G_t = \frac{G_0}{\left(1 + 0.385\, \dfrac{\gamma}{\gamma_{0.7}}\right)^2} \tag{8.35}$$

刚度减小曲线一直到材料塑性区。在土体硬化(HS)模型和小应变土体硬化(HSS)

模型中，塑性应变产生的刚度退化使用应变强化来模拟。

在小应变土体硬化（HSS）模型中，小应变刚度减小曲线有一个下限，它可以由常规试验室试验得到，切线剪切模量 G_t 的下限是卸载再加载模量 G_{ur}，与材料参数 E_{ur} 和 ν_{ur} 相关：

$$\left.\begin{array}{l} G_t \geqslant G_{ur} \\[2mm] G_{ur} = \dfrac{E_{ur}}{2(1+\nu_{ur})} \end{array}\right\} \tag{8.36}$$

截断剪切应变 $\gamma_{\text{cut-off}}$ 计算公式为：

$$\gamma_{\text{cut-off}} = \frac{1}{0.385}\left(\sqrt{\frac{G_0}{G_{ur}}} - 1\right)\gamma_{0.7} \tag{8.37}$$

在小应变土体硬化（HSS）模型中，实际准弹性切线模量是通过切线刚度在实际剪应变增量范围内积分求得的。小应变土体硬化模型 HSS 中使用的刚度减小曲线如图 8.22 所示。

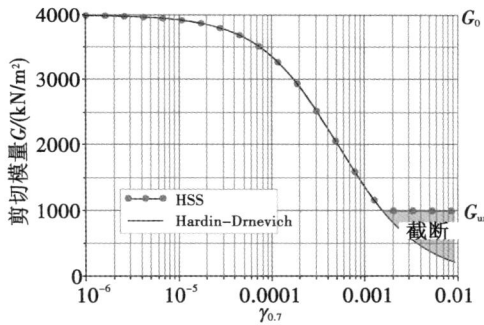

图 8.22　小应变土体硬化（HSS）模型中使用的刚度减小曲线以及截断

（4）原始（初始）加载与卸载/再加载

Masing（1962）在研究材料的滞回行为中发现土体卸载/再加载循环中遵循以下准则：卸载时的剪切模量等于初次加载时的初始切线模量。卸载再加载的曲线形状与初始加载曲线形状相同，数值增大 2 倍。

对于上面提到的剪切应变 $\gamma_{0.7}$，Masing 可以通过下面的设定来满足 Hardin-Drnevich 关系（见图 8.23 和图 8.24）。

$$\gamma_{0.7\text{re-loading}} = 2\gamma_{0.7\text{virgin-loading}} \tag{8.38}$$

HSS 模型通过把用户提供的初始加载剪切模量加倍来满足 Masing 的准则。如果考虑塑性强化，初始加载时的小应变刚度就会很快减小，用户定义的初始剪切应变通常需要加倍。HSS 模型中的强化准则可以很好地适应这种小应变刚度减小。图 8.23 和图 8.24 举例说明了 Masing 准则以及初始加载、卸载/再加载刚度减小。

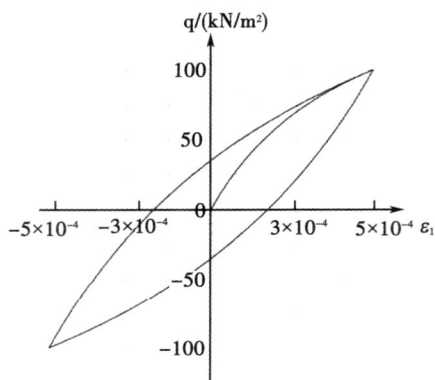

图 8.23　土体材料滞回性能

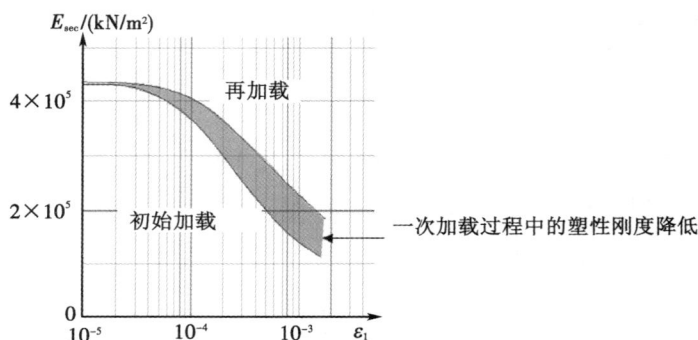

图 8.24　HSS 模型刚度参数在主加载以及卸载/再加载时减小示意图

（5）模型参数及确定方法

相比 HS 模型，HSS 模型需要两个额外的刚度参数输入：G_0^{ref} 和 $\gamma_{0.7}$。所有其他参数，包括代替刚度参数，都保持不变。G_0^{ref} 定义为参考最小主应力 $-\sigma_3' = p^{ref}$ 的非常小应变（如：$\varepsilon < 10^{-6}$）下的剪切模量。卸载泊松比 ν_{ur} 设为恒定，因而剪切刚度 G_0^{ref} 可以通过小应变弹性模量很快计算出来 $G_0^{ref} = E_0^{ref} / [2(1+\nu_{ur})]$。界限剪应变 $\gamma_{0.7}$ 使得割线剪切模量 G_s^{ref} 衰退为 $0.722 G_0^{ref}$。界限应变 $\gamma_{0.7}$ 是自初次加载。总之，除了 HS 模型需要输入的参数外，HSS 模型需要输入刚度参数：G_0^{ref} 为小应变（$\varepsilon < 10^{-6}$）的参考剪切模量，kN/m^2；$\gamma_{0.7}$ 为 $G_s^{ref} = 0.722 G_0^{ref}$ 时的剪切应变。图 8.25 表明了三轴试验的模型刚度参数 E_{50}、E_{ur} 和 $E_0 = 2G_0$（$1 + \nu_{ur}$）。对于 E_{ur} 和 $2G_0$ 对应的应变，可以参考前面的论述。如果默认值 $E_0^{ref} = G_{ur}^{ref}$，没有小应变硬化行为发生，HSS 模型就相当于 HS 模型。

① 弹性模量（E）。初始斜率用 E_0 表示，50% 强度处割线模量用 E_{50} 表示，如图 8.26 所示。对于土体加载问题一般使用 E_{50}；如果考虑隧道等开挖卸载问题，一般需要用 E_{ur}

替换 E_{50}。

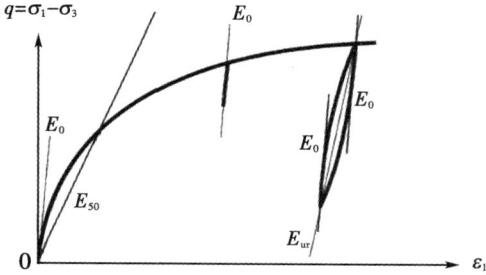

图 8.25　HSS 模型中的刚度参数 $E_0 = 2G_0(1+\nu_{ur})$

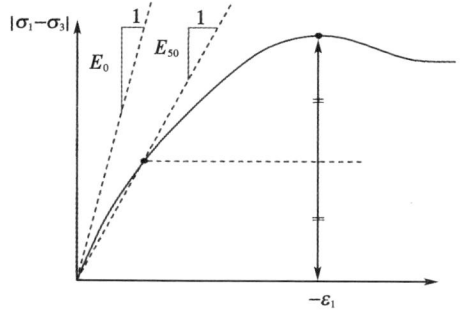

图 8.26　E_0 和 E_{50} 的定义方法
（标准排水三轴试验结果）

对于岩土材料而言，不管是卸载模量还是初始加载模量，往往都会随着围压的增加而增大。给出了一个刚度会随着深度增加而增加的特殊输入选项，如图 8.27 所示。另外，观测到刚度与应力路径相关。卸载重加载的刚度比首次加载的刚度更大。所以，土体观测到（排水）压缩的弹性模量比剪切的更低。因此，当使用恒定的刚度模量来模拟土体行为，可以选择一个与应力水平和应力路径发展相关的值。

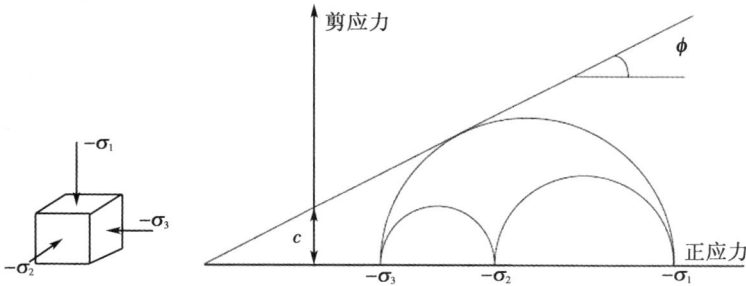

（a）有效应力强度参数

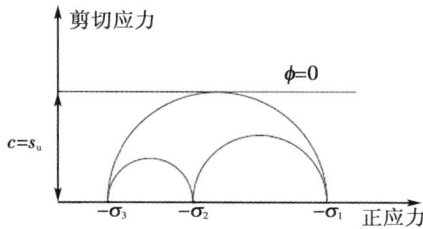

（b）不排水强度参数

图 8.27　应力圆与库仑破坏线

② 泊松比(ν)。当弹性模型或者 MC 模型用于重力荷载(塑性计算中 $\sum M_{weight}$ 从 0 增加到 1)问题时,泊松比的选择特别简单。对于这种类型的加载,给出比较符合实际的比值 $K_0 = \sigma_h / \sigma_v$。在一维压缩情况下,由于两种模型都会给出众所周知的比值:$\sigma_h / \sigma_v = \nu / (1-\nu)$,因此容易选择一个可以得到比较符合实际的 K_0 值的泊松比。通过匹配 K_0 值,可以估计 ν 值。在许多情况下得到的 ν 值是介于 0.3 和 0.4 之间的。一般地说,除了一维压缩,这个范围的值还可以用在加载条件下。在卸载条件下,使用 0.15~0.25 更为普遍。

③ 内聚力(c)。内聚力与应力同量纲。在摩尔-库仑模型中,内聚力参数可以用来模拟土体的有效内聚力,与土体真实的有效摩擦角联合使用(见图 8.27(a))。不仅适用于排水土体行为,也适合于不排水(A)的材料行为,两种情况下,都可以执行有效应力分析。除此以外,当设置为不排水(B)和不排水(C)时,内聚力参数可以使用不排水剪切强度参数 c_u(或者 s_u),同时设置摩擦角为 0。设置为不排水(A)时,使用有效应力强度参数分析的劣势在于,模型中的不排水剪切强度与室内试验获得的不排水剪切强度不易相符,原因在于它们的应力路径往往不同。在这方面,高级土体模型比摩尔-库仑模型表现更好。但所有情况下,建议检查所有计算阶段中的应力状态和当前真实剪切强度($|\sigma_1 - \sigma_3| \leq s_u$)。

④ 内摩擦角(ϕ)。内摩擦角以度的形式输入。通常摩擦角模拟土体有效摩擦,并与有效内聚力一起使用(见图 8.27(a))。这不仅适合排水行为,同样适合不排水(A),因为它们都基于有效应力分析。除此以外,土的强度设置还可以使用不排水剪切强度作为内聚力参数输入,并将摩擦角设为零,即不排水(B)和不排水(C)(见图 8.27(b))。摩擦角较大(如密实砂土的摩擦角)时会显著增加塑性计算量。计算时间的增加量大致与摩擦角的大小呈指数关系。因此,初步计算某个工程问题时,应该避免使用较大的摩擦角。如图 8.27 中摩尔应力圆所示,摩擦角在很大程度上决定了抗剪强度。

图 8.28 所示是一种更为一般的屈服准则。摩尔-库仑破坏准则被证明比 DP 近似更好地描述了土体,因为后者的破坏面在轴对称情况下往往是很不准确的。

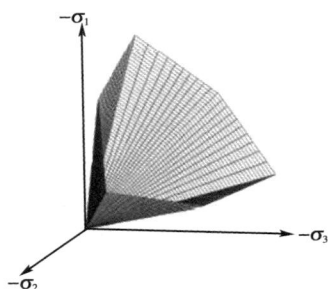

图 8.28 主应力空间下无黏性土的破坏面

⑤ 剪胀角(ψ)。剪胀角(ψ)是以度的方式指定的。除了严重的超固结土层以外，黏性土通常没有什么剪胀性($\psi=0$)。砂土的剪胀性依赖于密度和摩擦角。对于石英砂土来说，$\psi=\phi-30°$，ψ 的值比 ϕ 的值小 30°，然而剪胀角在多数情况下为零。ψ 的小的负值仅仅对极松的砂土是实际的。摩擦角与剪胀角之间的进一步关系可以参见 Bolton(1986)相关文章。

一个正值摩擦角表示在排水条件下土体的剪切将导致体积持续膨胀。这有些不真实，对于多数土，膨胀在某个程度会达到一个极限值，进一步的剪切变形将不会带来体积膨胀。在不排水条件下，正的剪胀角加上体积改变，将导致拉伸孔隙应力(负孔压)的产生。因此，在不排水有效应力分析中，土体强度可能被高估。当土体强度使用 $c=c_u$ (s_u)和 $\phi=0$，不排水(B)或者不排水(C)，剪胀角必须设置为零。特别注意，使用正值的剪胀角并且把材料类型设置为不排水(A)时，模型可能因为吸力而产生无限大的土体强度。

⑥ 剪切模量(G)。剪切模量 G 与应力是同一量纲。根据胡克定律，弹性模量和剪切模量的关系如下：

$$G=\frac{E}{1+(1+\nu)} \tag{8.39}$$

泊松比不变的情况下，给 G 或 E_{oed} 输入一个值，将导致 E 的改变。

⑦ 固结仪模量(E_{oed})。固结仪模量 E_{oed}(侧限压缩模量)，与应力量纲相同。根据胡克定律，可得固结仪模量：

$$E_{oed}=\frac{(1-\nu)E}{(1-2\nu)(1+\nu)} \tag{8.40}$$

泊松比不变的情况下，给 G 或 E_{oed} 输入一个值，将导致 E 的改变。

⑧ 压缩波速(V_p)与剪切波速(V_S)。一维空间压缩波速与固结仪模量和密度有关：

$$V_p=\sqrt{\frac{E_{oed}}{\rho}} \tag{8.41}$$

其中，$E_{oed}=\dfrac{(1-\nu)E}{(1+\nu)(1-2\nu)}$，$\rho=\dfrac{\gamma_{unsat}}{g}$。

一维空间剪切波速与剪切模量和密度有关：

$$V_S=\sqrt{\frac{G}{\rho}} \tag{8.42}$$

其中，$G=\dfrac{E}{2(1+\nu)}$，$\rho \leqslant =\dfrac{\gamma_{unsat}}{g}$。$g$ 取 9.8m/s²。

⑨ 摩尔-库仑模型的高级参数。当使用摩尔-库仑模型时，高级参数的特征包括：刚度和内聚力强度随着深度的增加而增加，使用"拉伸截断"选项。事实上，后一个选项

的使用是缺省设置，但是如果需要的话，可以在这里将它设置为无效。

• 刚度的增加(E_{inc})。在真实土体中，刚度在很大程度上依赖于应力水平，这就意味着刚度通常随着深度的增加而增加。当使用摩尔-库仑模型时，刚度是一个常数值，E_{inc}就是用来说明刚度随着深度的增加而增加的，它表示弹性模量在每个单位深度上的增加量（单位：应力/单位深度）。在由y_{ref}参数给定的水平上，刚度就等于弹性模量的参考值E'_{ref}，即在参数表中输入的值。

$$E(y) = E_{ref} + (y_{ref} - y) E_{inc} \quad (y < y_{ref}) \tag{8.43}$$

弹性模量在应力点上的实际值由参考值和E'_{inc}得到。要注意，在计算中，随着深度而增加的刚度值并不是应力状态的函数。

• 内聚力的增加(c_{inc}或者$s_{u, inc}$)。对于黏性土层提供了一个高级输入选项，反映内聚力随着深度的增加而增加。c_{inc}就是用来说明内聚力随着深度的增加而增加的，它表示每单位深度上内聚力增加量。在由y_{ref}参数给定的水平上，内聚力就等于内聚力的参考值c_{ref}，即在参数表中输入的值。内聚力在应力点上的实际值由参考值和c_{inc}得到。

$$c(y) = c_{ref} + (y_{ref} - y) c_{inc} \quad (y < y_{ref})$$
$$s_u(y) = s_{u, ref} + (y_{ref} - y) s_{u, inc} \quad (y < y_{ref}) \tag{8.44}$$

• 拉伸截断。在一些实际问题中要考虑到拉应力的问题。根据图 8.27 所显示的库仑包络线，这种情况在剪应力（摩尔圆的半径）充分小的时候是允许的。然而，沟渠附近的土体表层有时会出现拉力裂缝。这就说明除了剪切以外，土壤还可能受到拉力的破坏。分析中选择拉伸截断就反映了这种行为。这种情况下，不允许有正主应力的摩尔圆。当选择拉伸截断时，可以输入允许的拉力强度。对于摩尔-库仑模型和 HS 模型来说，采用拉伸截断时抗拉强度的缺省值为零。

• 动力计算中的摩尔-库仑模型。当在动力计算中，使用摩尔-库仑模型，刚度参数的设置需要考虑正确的波速。一般来说小应变刚度比工程中的应变水平下的刚度更适合。当受到动力或者循环加载时，摩尔-库仑模型一般仅仅表现为弹性行为，而且没有滞回阻尼，也没有应变或孔压或者液化。为了模拟土体的阻力特性，需要定义瑞利阻尼。

(6)G_0 和 $\gamma_{0.7}$ 参数

一些系数影响着小应变参数 G_0 和 $\gamma_{0.7}$。最重要的是，岩土体材料的应力状态和孔隙比 e 的影响。在 HSS 模型，应力相关的剪切模量 G_0 按照幂法则考虑：

$$G_0 = G_0^{ref} \left(\frac{c\cos\varphi - \sigma'\sin\varphi}{c\cos\varphi - p^{ref}\sin\varphi} \right)^m \tag{8.45}$$

上式类似于其他刚度参数公式。界限剪切应变 $\gamma_{0.7}$ 独立于主应力。

假设 HSS/HS 模型中的计算孔隙比改变很小，材料参数不因孔隙比改变而更新。材料初始孔隙比对找到小应变剪切刚度非常有帮助，可以参考许多相关资料（Benz，2006）。适合多数土体的估计值由 Hardin 和 Black（1969）给出：

$$G_0^{\mathrm{ref}} = \frac{(2.97-e)^2}{1+e} \tag{8.46}$$

Alpan(1970)根据经验给出动力土体刚度与静力土体刚度的关系。如图 8.29 所示。

在 Alpan 的图中，动力土体刚度等于小应变刚度 G_0 或 E_0。在 HSS 模型中，考虑静力刚度 E_{static} 定义约等于卸载/重加载刚度 E_{ur}。

可以根据卸载/重加载 E_{ur} 来估算土体小应变刚度。尽管 Alpan 建议 E_0/E_{ur} 对于非常软的黏土可以超过 10，但是在 HSS 模型中，限制最大 E_0/E_{ur} 或 G_0/G_{ur} 为 10。

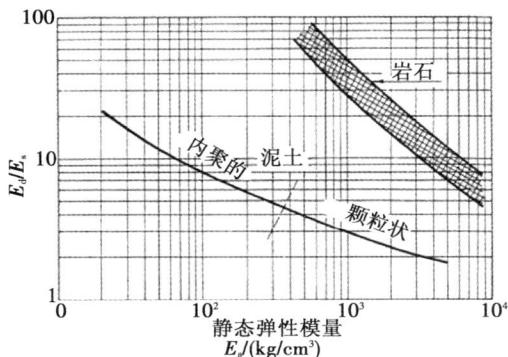

图 8.29　动力刚度($E_{\mathrm{d}}=E_0$)与静力刚度($E_{\mathrm{s}}=E_{\mathrm{ur}}$)的关系

在这个实测数据中，关系适用于界限剪应变 $\gamma_{0.7}$。图 8.30 给出了剪切应变与塑性指数的关系。使用起初的 Hardin-Drnevich 关系，界限剪切应变 $\gamma_{0.7}$ 可以与模型的破坏参数相关。应用摩尔–库仑破坏准则：

$$\gamma_{0.7} \approx \frac{1}{9G_0}\{2c'[1+\cos(2\varphi')]-\sigma_1'(1+K_0)\sin(2\varphi)\} \tag{8.47}$$

式中：K_0——水平应力系数；

　　　σ_1'——有效垂直应力(压为负)。

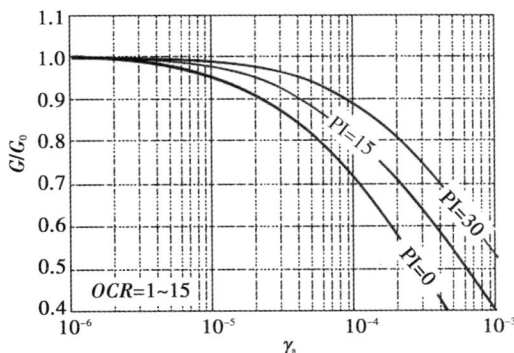

图 8.30　Vucetic 与 Dobry 给出的塑性指数对刚度的影响

（7）模型初始化

应力松弛消除了土的先期应力的影响。在应力松弛和联结形成期间，土体的颗粒（或级配）组成逐渐成熟，在此期间，土的应力历史消除。

考虑到自然沉积土体的第二个过程发展较快，多数边界值问题里应变历史应该开始于零（$\underline{H}=0$）。这在 HSS 模型中是一个默认的设置。

然而，一些时候可能需要初始应变历史。在这种情况下，应变历史可以设置，通过在开始计算之前施加一个附加荷载步。这样一个附加荷载步可以用于模拟超固结土。计算前一般超固结的过程已经消失很久。所以应变历史后来应该重新设置。然而，应变历史已经通过增加和去除超载而引发。在这种情况下，应变历史可以手动重置，通过代替材料或者施加一个小的荷载步。更方便的是试用初始应力过程。

当使用 HSS 模型，小心试用零塑性步。零塑性步的应变增量完全来自系统中小的数值不平衡，该不平衡决定于计算容许误差。零塑性步中的小应变增量方向因此是任意的。因此，零塑性步的作用可能像一个随意颠倒的荷载步，多数情况不需要。

（8）HSS 模型与 HS 模型的其他不同——动剪胀角

HS 模型和 HSS 模型的剪切硬化流动法则都有线性关系：

$$\dot{\varepsilon}_v^p = \sin\psi_m \, \dot{\gamma}^p \tag{8.48}$$

动剪胀角 ψ_m 在压缩的情况下，HSS 模型和 HS 模型有不同定义。HS 模型中假定如下：

对于 $\sin\varphi_m < 3/4\sin\varphi$，$\psi_m = 0$；对于 $\sin\varphi_m \geq 3/4\sin\varphi$ 且 $\psi > 0$，$\sin\psi_m = \max\left(\dfrac{\sin\varphi_m - \sin\varphi_{cv}}{1 - \sin\varphi_m \sin\varphi_{cv}}, 0\right)$；对于 $\sin\varphi_m \geq 3/4\sin\varphi$ 且 $\psi < 0$，$\psi_m = \psi$；如果 $\varphi = 0$，$\psi_m = 0$。

其中 φ_{cv} 是一个临界状态摩擦角，作为一个与密度相关材料常量，φ_m 是一个动摩擦角：

$$\sin\varphi_m = \frac{\sigma_1' - \sigma_3'}{\sigma_1' + \sigma_3' - 2c\cot\varphi} \tag{8.49}$$

对于小摩擦角和负的 ψ_m，通过 Rowe 的公式计算，ψ_m 在 HS 模型中设为零。设定更低的 ψ_m 值有时候会导致塑性体积应变太小。

因此，HSS 模型采用 Li 和 Dafalias 的一个方法，每当 ψ_m 通过 Rowe 公式计算则是负值。在这种情况下，动摩擦在 HSS 模型中计算如下：

$$\sin\psi_m = \frac{1}{10}\left\{ M \exp\left[\frac{1}{15}\ln\left(\frac{\eta}{M}\frac{q}{q_a}\right)\right] + \eta \right\} \tag{8.50}$$

其中，M 是破坏应力比，$\eta = q/p$ 是真实应力比。方程是 Li 和 Dafalias 的孔隙比相关方程的简化版。

◆◇ 8.6　土体硬化(HS)模型和小应变土体硬化(HSS)模型特征

（1）土体固结仪试验加载-卸载

土体硬化 HS 卸载：卸载泊松比较小，水平应力变化小。摩尔-库仑卸载：卸载泊松比即为加载泊松比，水平应力按照加载路径变化。如图 8.31 所示。

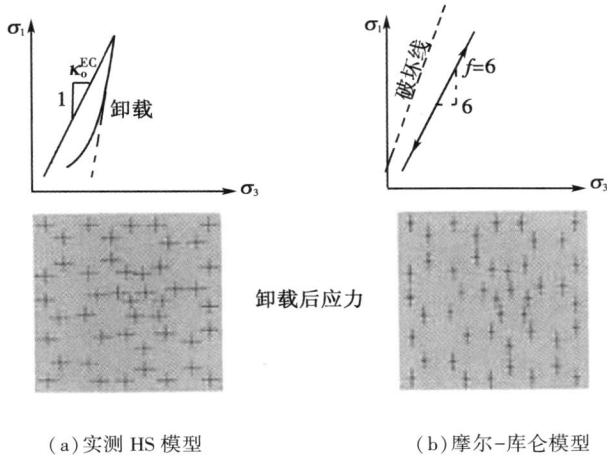

（a）实测 HS 模型　　　　　　　　　（b）摩尔-库仑模型

图 8.31　土体硬化 HS 卸载与摩尔-库仑卸载特性

① 条形基础沉降，加载应力路径下，各模型沉降分布结果差异较小。如图 8.32 所示。

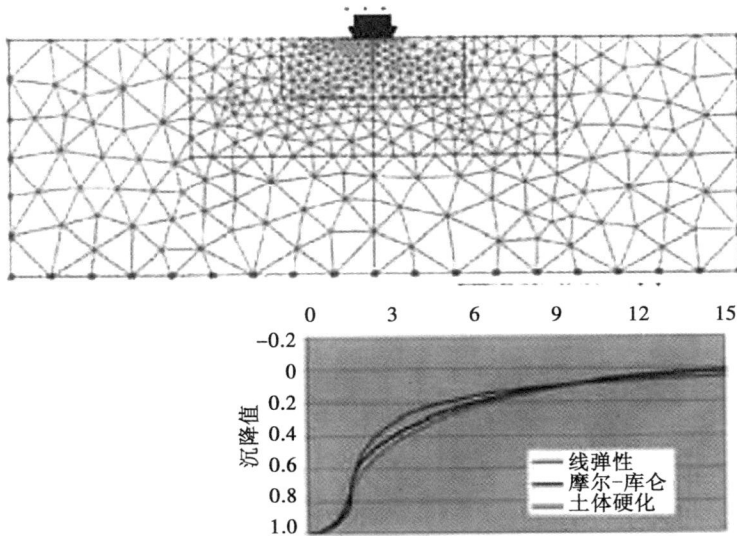

图 8.32　土体硬化 HS 卸载与摩尔-库仑卸载条形基础沉降特性

② 基坑开挖下挡墙后方竖向位移差异见图 8.33。

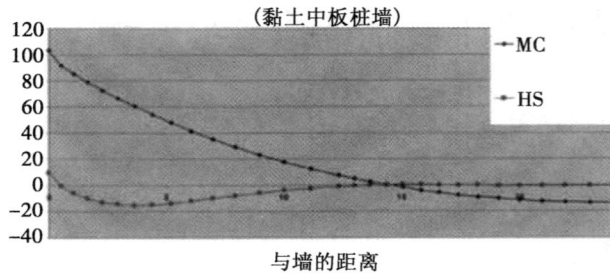

图 8.33 土体硬化 HS 卸载与摩尔-库仑卸载基坑开挖下挡墙后方竖向位移差异特性

（2）双曲线应力应变关系

① 标准三轴试验数据如图 8.34 所示。

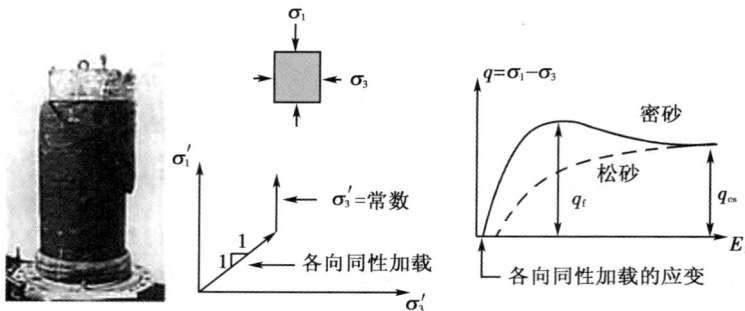

图 8.34 土体硬化 HS 标准三轴试验各向同性加载的应变特性

② 双曲线逼近方程应变特性如图 8.35 所示。主要参考 Kondner 和 Zelasko（1963）的"砂土的双曲应力-应变公式"。

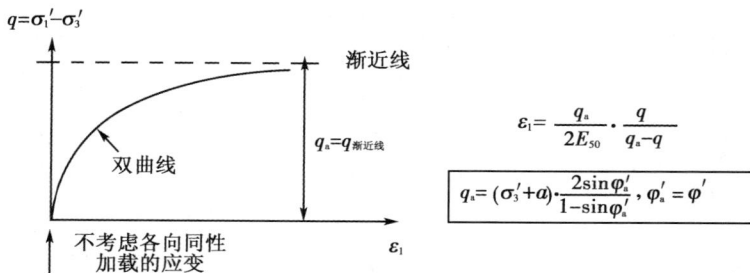

$$\varepsilon_1 = \frac{q_a}{2E_{50}} \cdot \frac{q}{q_a - q}$$

$$q_a = (\sigma_3' + a) \cdot \frac{2\sin\varphi_a'}{1 - \sin\varphi_a'}, \ \varphi_a' = \varphi'$$

图 8.35 土体硬化 HS 双曲线逼近方程各向同性加载的应变特性

基本参数：E 为杨氏模量，单位为 kN/m^2；ν 为泊松比；c' 为黏聚力，单位为 kN/m^2，φ' 为摩擦角，单位为 $(°)$，ψ 为剪胀角，单位为 $(°)$。

③ 割线模量 E_{50} 的定义方程应变特性见图 8.36。

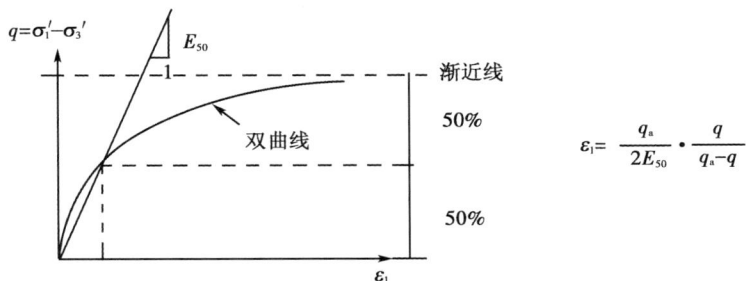

图 8.36 土体硬化 HS 割线模量 E_{50} 的定义方程各向同性加载的应变特性

$E_{50}{}^{\text{ref}}$ 为初次加载达到 50% 强度的参考模量：

$$E_{50} = E_{50}^{\text{ref}} \left(\frac{\sigma_3' + a}{p_{\text{ref}} + a} \right)^m \tag{8.51}$$

其中，$m_{砂土} = 0.5$；$m_{黏土} = 1$。

④ 修正邓肯–张模型方程应变特性见图 8.37。主要参考 Duncan 和 Chang(1970) 的《土壤应力应变的非线性分析》。

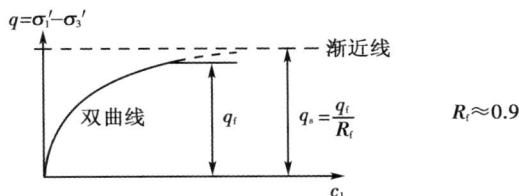

图 8.37 土体硬化 HS 修正邓肯–张模型方程各向同性加载的应变特性

图中，双曲线部分 $q < q_f$；水平线部分 $q = q_f$。

$$q_1 = (\sigma_3' + a) \frac{2\sin\varphi'}{1 - \sin\varphi'} \tag{8.53}$$

摩尔–库仑破坏偏应力：$a = c'\cot\varphi'$

⑤ 排水试验数据(超固结 Frankfurt 黏土)见图 8.38。主要参考 Amann、Breth 和 Stroh(1975)的文献。

(3)剪应变等值线

① 三轴试验曲线的双曲线逼近应变特性见图 8.39。

剪切应变：

$$\gamma = \varepsilon_1 - \varepsilon_3 \approx \frac{3}{2}\varepsilon_1 \tag{8.54}$$

$$\gamma = \frac{3}{4}\frac{q_a}{E_{50}} \cdot \frac{q}{q_a - q} \tag{8.55}$$

$$q_a = (\sigma_3' + a)\frac{2\sin\varphi_a'}{1 - \sin\varphi_a'} \tag{8.56}$$

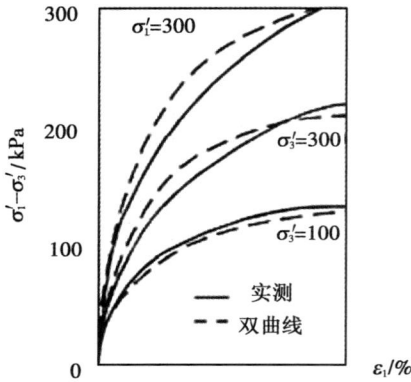

图 8.38 土体硬化 HS 排水试验数据
（超固结 Frankfurt 黏土）各向同性加载的应变特性

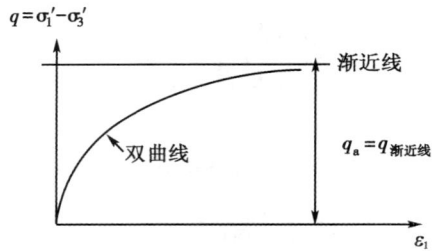

图 8.39 土体硬化 HS 三轴试验曲线的
双曲线逼近各向同性加载的应变特性

$$\varepsilon_1 = \frac{q_a}{2E_{50}} \cdot \frac{q}{q_a - q} \tag{8.57}$$

② p-q 平面中的剪应变等值线（$c' = 0$）应变特性见图 8.40。

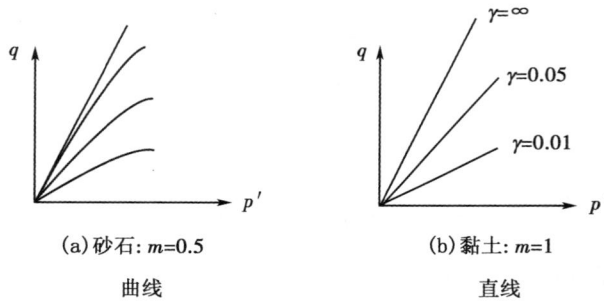

(a) 砂石：$m = 0.5$

曲线

(b) 黏土：$m = 1$

直线

图 8.40 土体硬化 HS p-q 平面中的剪应变等值线（$c' = 0$）各向同性加载的应变特性

$$\gamma = \frac{3}{4} \frac{q_a}{E_{50}} \cdot \frac{q}{q_a - q} \tag{8.58}$$

$$E_{50} = E_{50}^{rsf} \left(\frac{\sigma_3' + c' \cot\varphi_a'}{p_{ref} + c' \cot\varphi_a'} \right)^m \tag{8.59}$$

$$q_a = (\sigma_3' + a) \frac{2\sin\varphi_a'}{1 - \sin\varphi_a'} \tag{8.60}$$

③ Fuji 河沙实验数据（Ishihara，1975）应变特性见图 8.41。

④ 实测剪应变等值线和双曲线应变特性见图 8.42。

$$\gamma = \frac{3q_a}{4E_{50}} \frac{q}{q - q_a} \tag{8.61}$$

$$E_{50} = E_{50}^{ref} \left(\frac{\sigma_3' + a}{p_{ref} + a} \right)^m \tag{8.62}$$

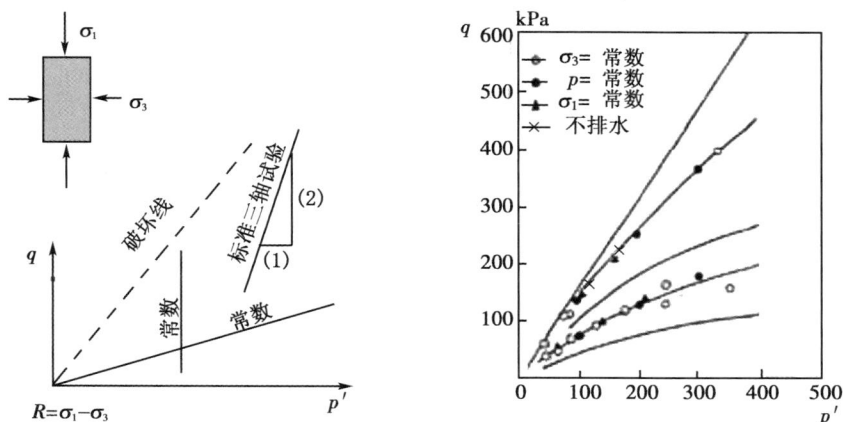

图 8.41　土体硬化 HS Fuji 河沙试验数据各向同性加载应变特性

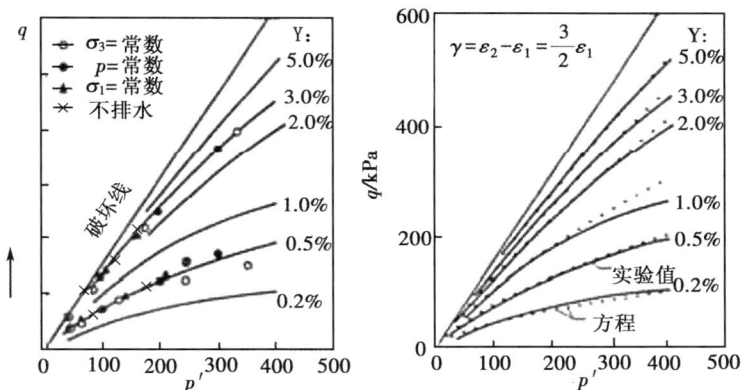

图 8.42　土体硬化 HS 实测剪应变等值线和双曲线各向同性加载应变特性

$$q_a = (\sigma_3' + a) \frac{2\sin\varphi_a}{1 - \sin\varphi_a} \tag{8.63}$$

其中，$a = 0$，$\varphi_a = 38°$，$E_{50}^{ref} = 30$ MPa，m $= 0.5$。

⑤ 剪应变等值线与屈服轨迹 a 应变特性见图 8.43。

（4）卸载与重加载

① 加载和卸载/重加载应变特性见图 8.44。

• 塑性状态加载：应力点在屈服轨迹上。应力增量指向弹性区城外。这将导致塑性屈服，如：塑性应变与弹性区扩张，材料硬化。

• 塑性状态卸载：应力点在屈服轨迹上。应力增量指向弹性区城内。这将导致弹性应变增量，应变增量与应力增量符合胡克定律，刚度为 E_{ur}。

• 弹性状态卸载/重加载：应力点位于弹性区域内，所有可能的应力增量都将产生弹性应变。

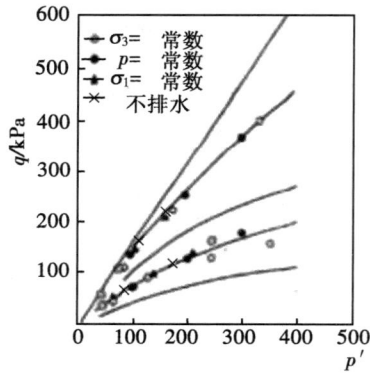

实测剪应变等值线

图 8.43　土体硬化 HS 剪应变等值线与屈服轨迹各向同性加载应变特性

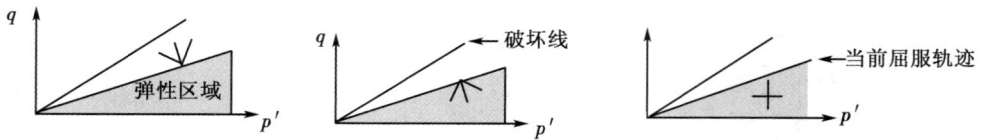

图 8.44　土体硬化 HS 加载和卸载/重加载各向同性应变特性

② 标准三轴试验卸载/重加载应变特性见图 8.45。

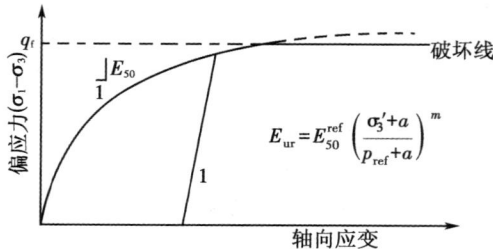

图 8.45　土体硬化 HS 标准三轴试验卸载/重加载各向同性应变特性

③ 砂土的卸载/重加载标准三轴试验应变特性见图 8.46。

④ 土体硬化 HS 胡克定律各向弹性各向同性应变特性见下式。

$$
\left.\begin{array}{l}
\Delta\varepsilon_1^c=\dfrac{1}{E_{ur}}(\Delta\sigma'_1-\nu_{ur}\cdot\Delta\sigma'_2-\nu_{ur}\cdot\Delta\sigma'_3)\\[2mm]
\Delta\varepsilon_2^c=\dfrac{1}{E_{ur}}(-\nu_{ur}\cdot\Delta\sigma'_1+\Delta\sigma'_2-\nu_{ur}\cdot\Delta\sigma'_3)\\[2mm]
\Delta\varepsilon_3^c=\dfrac{1}{E_{ur}}(-\nu_{ur}\cdot\Delta\sigma'_1-\nu_{ur}\cdot\Delta\sigma'_2+\Delta\sigma'_3)
\end{array}\right\}
\tag{8.64}
$$

$$
\nu_{ur}=\text{Poisson's ratio}\approx0.2
\tag{8.65}
$$

$$
E_{ur}=E_{50}^{ref}\left(\dfrac{\sigma'_3+a}{p_{ref}+a}\right)^m
\tag{8.66}
$$

$$a = c' \cot\varphi' \tag{8.67}$$

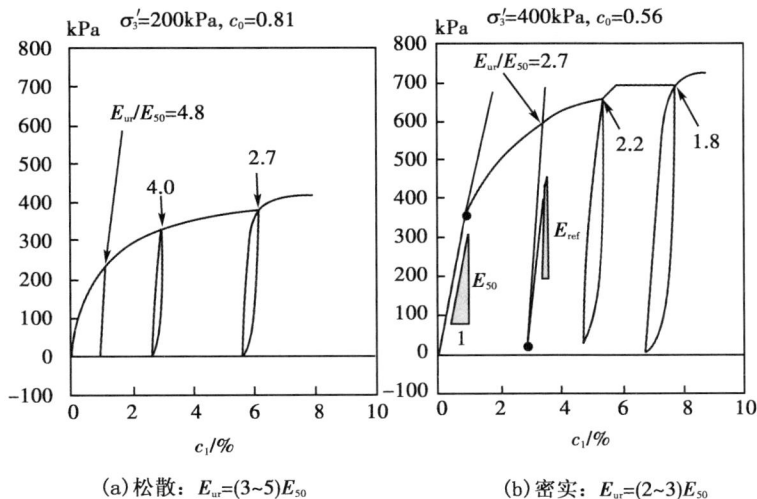

(a) 松散：$E_{ur}=(3\sim5)E_{50}$　　　　　(b) 密实：$E_{ur}=(2\sim3)E_{50}$

图 8.46　土体硬化 HS 砂土的卸载/重加载标准三轴试验各向同性应变特性

（5）密度硬化

① 三轴试验经典结果硬化特性见图 8.47。

临界孔隙率：松砂受剪切时体积变小，即孔隙比减小。密砂受剪切时发生剪胀现象，使孔隙比增大。在密砂与松砂之间，总有某个孔隙比使砂受剪切时体积不变即临界孔隙率。

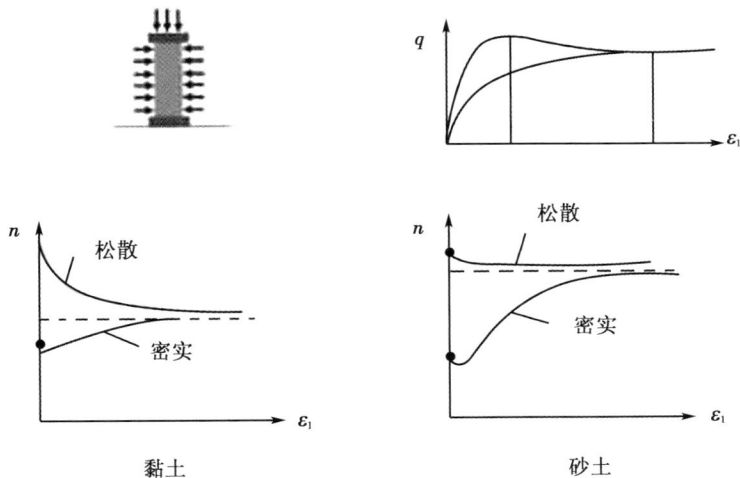

黏土　　　　　　　　　　　　砂土

图 8.47　土体硬化 HS 三轴试验经典结果密度硬化特性

② NC 黏土实测体应变等值线见图 8.48。

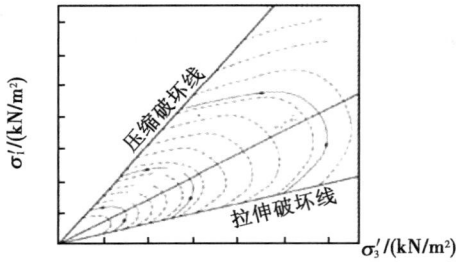

图 8.48　土体硬化 HS NC 黏土实测体应变等值线

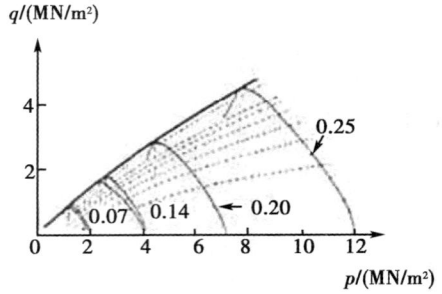

图 8.49　土体硬化 HS 黏土的实测等值线

③ 黏土的实测等值线见图 8.49。

④ 等值线类椭圆见图 8.50。

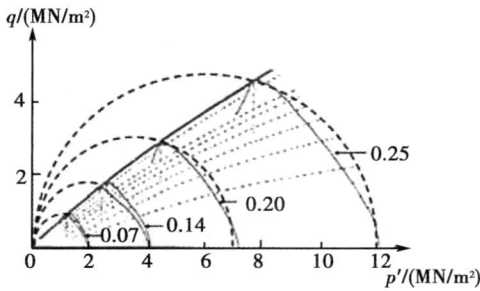

图 8.50　土体硬化 HS 等值线类椭圆

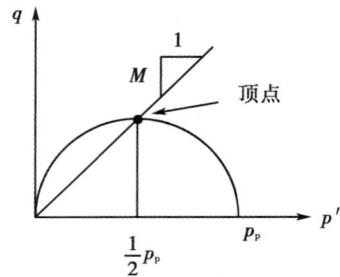

图 8.51　土体硬化 HS 体应变等值线椭圆

⑤ 密度硬化，体应变等值线椭圆中，椭圆用于修正剑桥模型，见图 8.51。

$$p'+\frac{q^2}{M^2 p'}=p_\mathrm{P} \tag{8.68}$$

其中：$M=\dfrac{6\sin\varphi'}{3-\sin\varphi'}$。

⑥ 松砂体应变等值线见图 8.52。

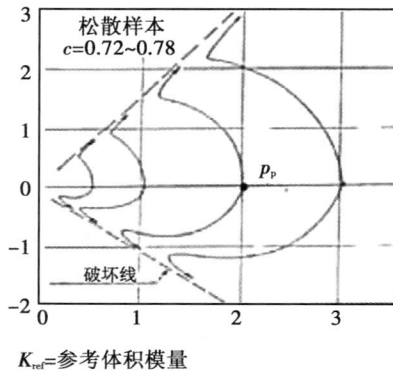

$K_\mathrm{ref}=$参考体积模量

图 8.52　土体硬化 HS 松砂体应变等值线

图中，K_{ref}=参考体积模量。

一般情况 $m \neq 1$：

$$\varepsilon_{ref} = \frac{1}{1-m} \frac{p_{ref}}{K_{ref}} \left(\frac{p_p}{p_{ref}} \right)^{1-m} \tag{8.69}$$

特殊情况 $m=1$：

$$\varepsilon_{ref} = \varepsilon_{ref}' + \frac{p_{ref}}{K_{ref}} \ln \frac{p_p}{p_{ref}} \tag{8.70}$$

椭圆：

$$p_p = p' + \frac{q^2}{M^2 p'} \tag{8.71}$$

（6）双硬化

① 体积硬化与剪切硬化。体积硬化在正常固结黏土和松砂土中占主导；剪切应变硬化在超固结黏土和密砂土占主导。如图 8.53 所示。

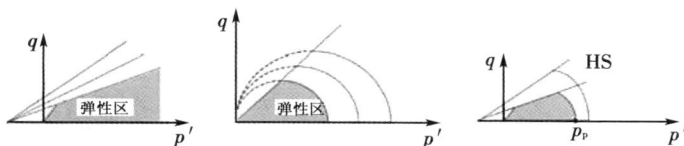

图 8.53　土体硬化 HS 体积硬化与剪切硬化

② 四个刚度区域见图 8.54。

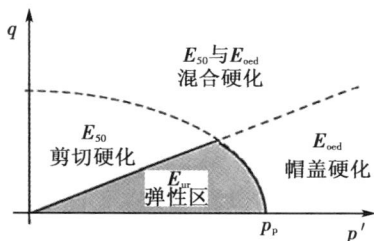

图 8.54　土体硬化 HS 四个刚度区域　**图 8.55　三轴压缩试验中双曲线应力应变关系**

（7）土体硬化(HS)模型与小应变土体硬化(HSS)模型

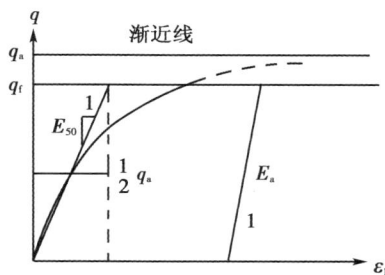

① 三轴压缩试验中双曲线应力应变关系。遵循摩尔-库仑破坏准则的双曲线模型是 HS 和 HSS 模型的基础。相比邓肯-张模型，HS 与 HSS 模型是弹塑性模型。见图 8.55。

三轴加载中邓肯-张或双曲线模型：

对于 $q < q_f'$：

$$\varepsilon_1 = \varepsilon_{50} \frac{q}{q_a - q} \tag{8.72}$$

其中：

$$q_f = \frac{2\sin\varphi}{1-\sin\varphi}(\sigma_3' + c\cot\varphi)$$

$$q_a = \frac{q_f}{R_f} \geqslant q_f$$

R_f 为破坏比,默认为 0.9。

② 动摩擦中塑性应变(剪切硬化)见图 8.56。

屈服方程:

$$f' = \frac{q_a}{E_{50}} \frac{q}{q_a - q} - \frac{2q}{E_{ur}} - \gamma^{ps} \qquad (8.73)$$

其中,γ^{ps} 是状态参数,它记录锥面的展开。γ^{ps} 的发展法则:$d\gamma^{ps} = d\lambda^s$ 其中 $d\lambda^s$ 是模型锥形屈服面的乘子。

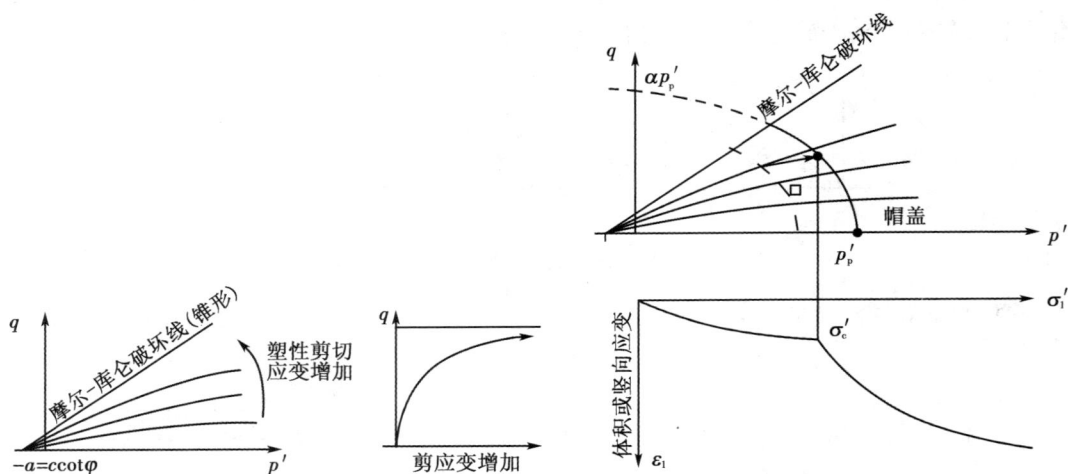

图 8.56　动摩擦中塑性应变(剪切硬化)

图 8.57　主压缩中塑性应变(密度硬化)

③ 主压缩中塑性应变(密度硬化)。见图 8.57。

屈服方程:

$$f' = \frac{\overline{q}^2}{\alpha^2} - p^2 - p_p^2 \qquad (8.74)$$

其中:p_p 是状态参数,它记录帽盖的位移。

④ 幂关系的应力相关刚度见图 8.58。

主应力空间下摩尔-库仑的锥面被帽盖封闭。

因此:

$$\overline{q} = f(\sigma_1, \sigma_2, \delta_3, \varphi) \qquad (8.75)$$

演化法则:

$$dP_p = \frac{K_s - K_c}{K_s - K_c}\left(\frac{\sigma_1 + a}{p + a}\right)^m d\varepsilon_v^p \qquad (8.76)$$

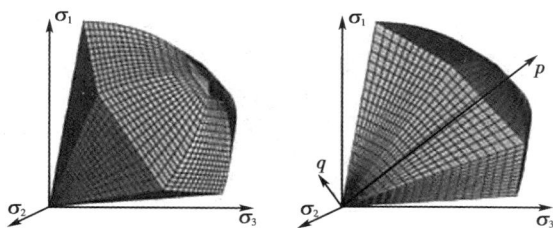

图 8.58　主应力空间下摩尔-库仑 MC 的锥面被帽盖封闭幂关系的应力相关刚度

其中：$K_s = \dfrac{E_{ur}^{ref}}{3(1-2v)}$ 和帽盖 K_c 的全积刚度由 E_{oed} 和 K_0^{nc} 决定。

应力相关模量见图 8.59。

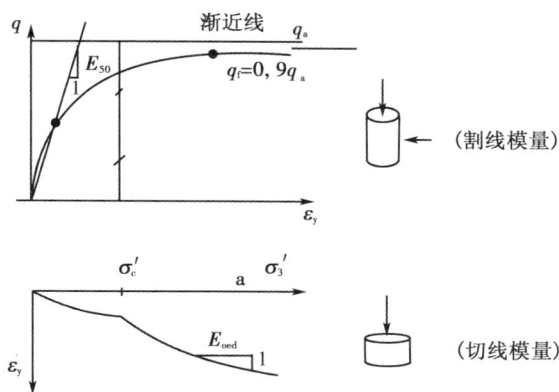

图 8.59　应力相关模量幂关系的应力相关刚度

⑤ 弹性卸载/重加载见图 8.60。

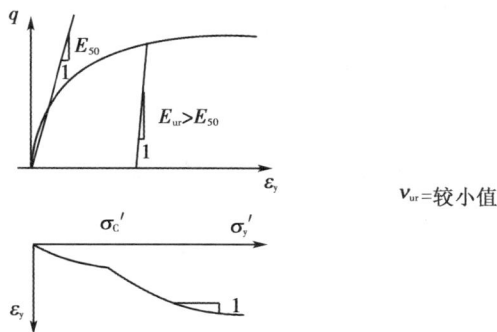

图 8.60　弹性卸载/重加载

$$E_{ur} = \frac{E_{ur}}{3(1-2\nu_{ur})} \tag{8.77}$$

$$G_{ur} = \frac{E_{ur}}{2(1+\nu_{ur})} \tag{8.78}$$

$$E_{ur} = \frac{E_{ur}(1-\nu_{ur})}{(1-2\nu_{ur})(1+\nu_{ur})} \tag{8.79}$$

⑥ 预固结应力的记忆见图 8.61。

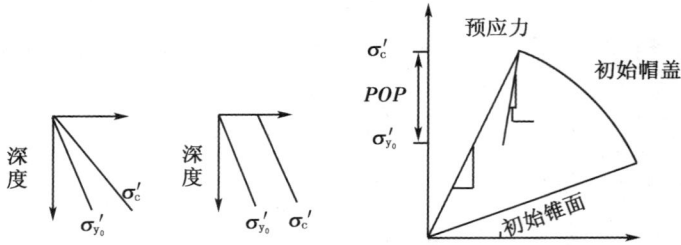

图 8.61　预固结应力的记忆

预固结通过与竖向应力相关的 OCR 和 POP 来输入，并转化为 p_p。

初始水平应力：

$$\sigma'_{10} = K'_0 \sigma'_c - (\sigma'_c - \sigma'_{y0}) \cdot \frac{\nu_{ur}}{1+\nu_{ur}} \tag{8.80}$$

默认：$K'_0 = 1 - \sin\varphi$，如果达到 MC 屈服，则被修正。

输出的 OCR 是基于等效各向同性主应力，见图 8.62。

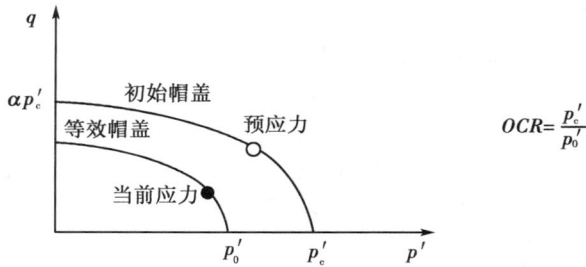

$$OCR = \frac{p'_e}{p'_0}$$

图 8.62　预固结应力中的 OCR

⑦ 摩尔–库仑线下的剪胀见图 8.63。

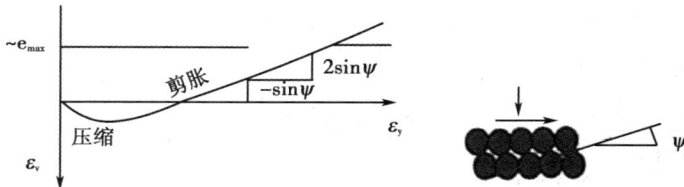

图 8.63　摩尔–库仑线下的剪胀

剪胀方程：Rowe(1962)修正，输入的摩擦角决定摩尔–库仑强度。剪胀角改变应变；

较高的剪胀角获得较大体积膨胀和较小的主方向屈服应变。

$$\left.\begin{array}{l} \sin\varphi_{cv} = \dfrac{\sin\varphi' - \sin\psi}{1 - \sin\varphi'\sin\psi} \\[3mm] \sin\varphi_m = \dfrac{\sigma_1' - \sigma_3'}{\sigma_1' + \sigma_3' - 2c'\cot\varphi'} \\[3mm] \sin\psi_m = \dfrac{\sin\varphi_m - \sin\varphi_{cv}}{1 - \sin\varphi_m\sin\varphi_{cv}} \end{array}\right\} \qquad (8.81)$$

从破坏线认识剪胀：

非关联流动：增加的剪胀角 ψ_m 从零（φ_{cv} 位置）到输入值 ψ_{input}（摩尔-库仑线）。Rowe 认为对于 $\sin\psi_m < 0.75\sin\psi$，剪胀角等于零，见图 8-64。

关联流动：压缩从零增加到摩尔-库仑位置的最大值仅仅帽盖移动，见图 8.65。

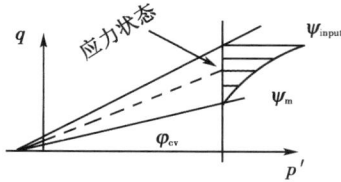

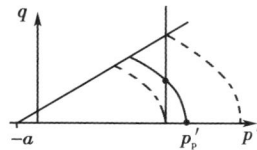

图 8.64　从破坏线认识非关联流动剪胀　　图 8.65　从破坏线认识关联流动剪胀

⑧ 小应变刚度。土体硬化 HS 中的压缩见图 8.66。

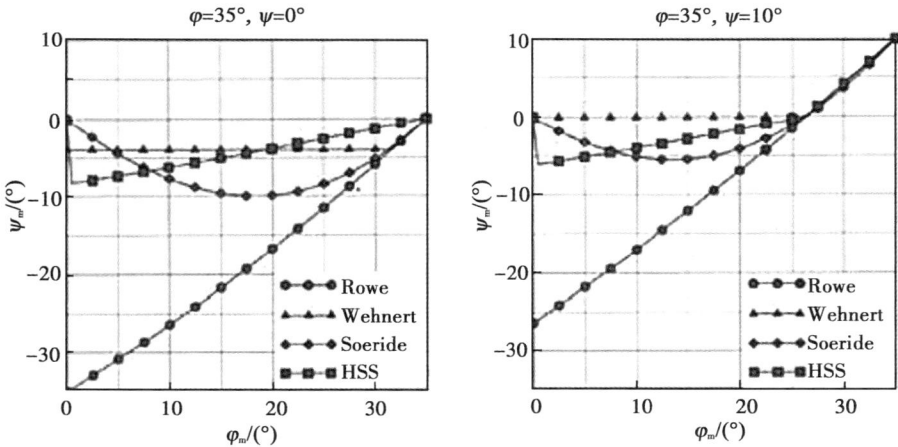

图 8.66　土体硬化 HS 中的压缩

土体硬化 HS 与小应变土体硬化 HSS 模型，当卸载-加载的幅值减小，滞回消失，因此，近乎真实的弹性响应仅在非常小的滞回环的情况发生。真正的弹性刚度叫作小应变刚度。如图 8.67 所示。

小应变刚度或者 E_{ur} 和 E_0。土体硬化 HS 模型中定义屈服面内的刚度的卸载-加载 E_{ur} 是卸载重加载（大的）滞回环的割线模量，小应变（或小滞回）下 $E_0 = E_{ur}$。见图 8.68。

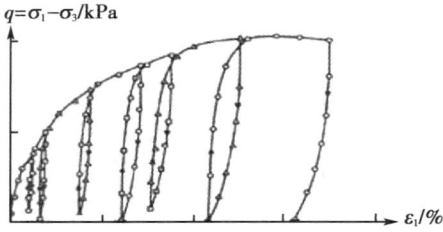

图 8.67 小应变刚度

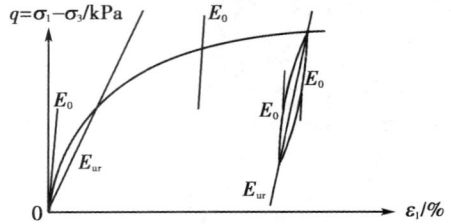

图 8.68 小应变刚度或者 E_{ur} 与 E_0

小应变刚度或者 G_{ur} 和 G_0。来自试验室的土体刚度一般给出割线剪切模量–剪切应变关系图。$G=G(\gamma)$ 是一个应用于荷载翻转后的剪切应变的函数。见图 8.69。

$$E_0=2(1+v_{ur})G_0$$

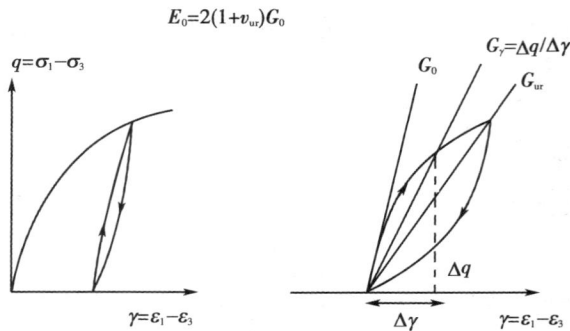

图 8.69 小应变刚度或者 G_{ur} 与 G_0

⑨ 小应变刚度的重要性。小应变刚度通过经典室内试验获得发现。因此，不考虑它可能导致高估地基沉降和挡墙变形；低估挡墙后的沉降和隧道上方的沉降；桩或者锚杆表现的偏软等问题。由于边缘处的网格刚度更加大，分析结果对于边界条件不那么敏感，大网格不再导致额外的位移。小应变刚度与动力刚度：真实的弹性刚度首先在土体动力试验中获得的。明显动力情况的土体刚度比自然荷载下土体的刚度大很多。发现小应变下的刚度与动力实测测得结果差异很小。所以，有时将动力下的土体刚度作为小应变刚度是合理的。刚度衰减曲线特征见图 8.70。

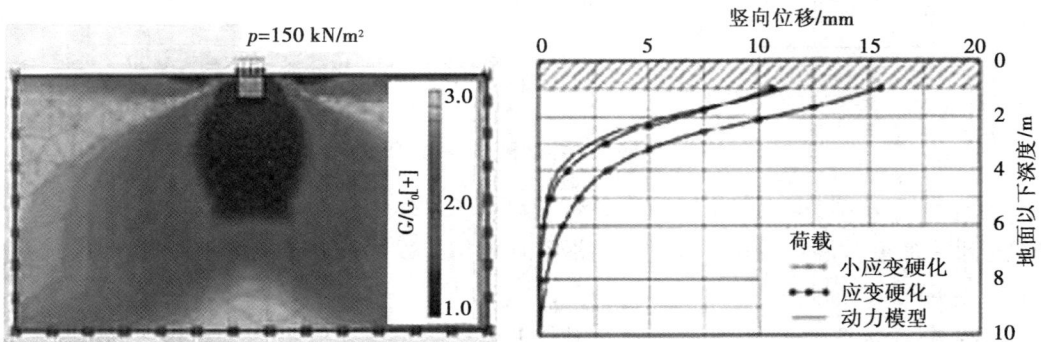

图 8.70 小应变刚度应用

小应变刚度的试验证明和数据见图 8.71。

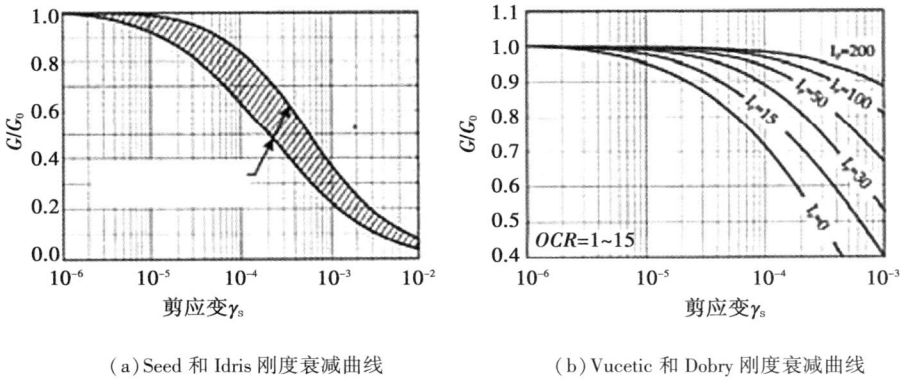

（a）Seed 和 Idris 刚度衰减曲线

（b）Vucetic 和 Dobry 刚度衰减曲线

（c）孔隙比

图 8.71 小应变刚度的试验证明和数据

经验公式：

$$E_0 = 2(1+\nu_{ur})G_0 \tag{8.82}$$

进一步的关系式为：

$$G_0 = G_0^{ref}\left(\frac{p'}{p_{ret}}\right)^m \tag{8.83}$$

其中 $G_0^{ref} = \text{function}(e) \cdot OCR'$

对于 $W_l < 50\%$，Biarez 和 Hicher 给出：

$$E_0 = E_0^{ref} = \sqrt{\frac{p'}{p_{ref}}} \tag{8.84}$$

其中 $E_0^{ref} = \dfrac{140}{e}$ MPa。

E_0 经验数据和经验关系，Alpan 假定 $E_{dynamic}/E_{static} = E_0/E_{ur}$，则可获得 E_0 与 E_{ur} 的关系，如图 8.72 所示。

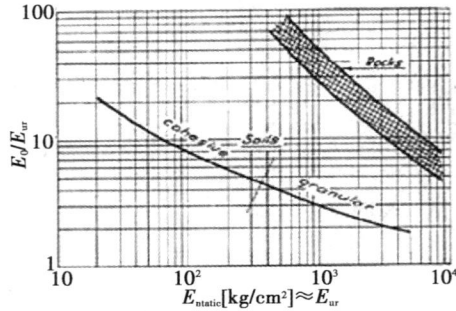

图 8.72　E_0 经验数据和经验关系

$\gamma_{0.7}$经验关系。基于实验数据的统计求值，Darandeli 提出双曲线刚度衰减模型关系，与小应变土体硬化 HSS 模型相似。关系给出不同的塑性指标。

基于 Darandeli 的成果，$\gamma_{0.7}$可计算为：

$$IP = 0：\qquad\qquad \gamma_{0.7} = 0.00015\sqrt{\frac{p'}{p_{ref}}} \qquad\qquad (8.85)$$

$$IP = 30：\qquad\qquad \gamma_{0.7} = 0.00026\sqrt{\frac{p'}{p_{ref}}} \qquad\qquad (8.86)$$

$$IP = 100：\qquad\qquad \gamma_{0.7} = 0.00055\sqrt{\frac{p'}{p_{ref}}} \qquad\qquad (8.87)$$

$\gamma_{0.7}$的应力相关性在小应变土体硬化 HSS 模型中并没有实现。如果需要，可以通过建立子类组归并到边界值问题。可参考 Darendeli 和 Menhmet(2001)的相关论述。

（8）一维状态的小应变土体硬化(HSS)模型

Hardin 和 Drnevich 的一维模型见图 8.73。

Hardin 和 Drnevich 模型：

$$\frac{G}{G_0} = \frac{1}{1 + \dfrac{\gamma}{\gamma_1}} \qquad\qquad (8.88)$$

HSS 模型修正：

$$\frac{G}{G_0} = \frac{1}{1 + \dfrac{3\gamma}{7\gamma_{2,3}}} \qquad\qquad (8.89)$$

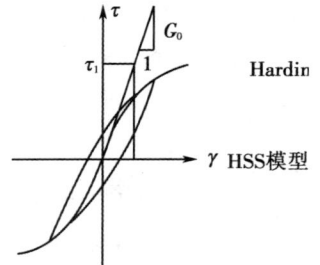

图 8.73　一维状态的小应变土体硬化(HSS)模型

刚度退化。左边：切线模量衰减→参数输入。右边：割线模量衰减→刚度退化截断。如果小应变土体硬化 HSS 中的小应变刚度关系预计到小于 Gurref 的割线刚度，模型的弹性刚度设置为定值，随后硬化的塑性说明刚度进一步衰减。如图 8.74 所示。

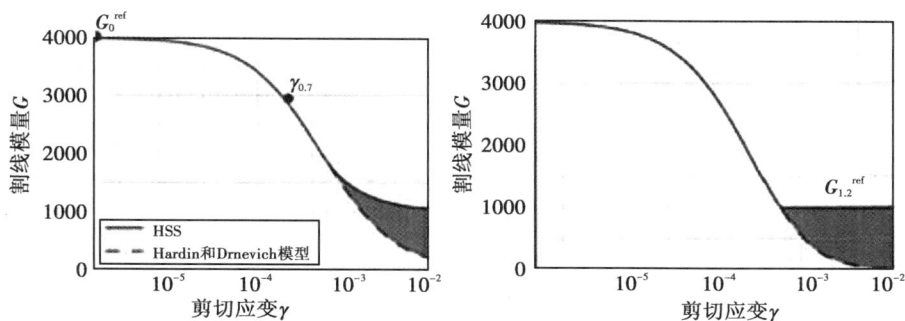

图 8.74　刚度退化

(9)小应变土体硬化(HSS)与土体硬化(HS)模型的不同

三轴试验中的模型性能。试验参数：$E_{ur}^{ref} = 90MPa$，$E_0^{ref} = 270MPa$，$m = 0.55$，$\gamma_{0.7} = 2 \times 10^{-4}$。土体硬化(HS)模型与小应变土体硬化(HSS)模型的应力-应变曲线几乎相同(见图 8.75)。

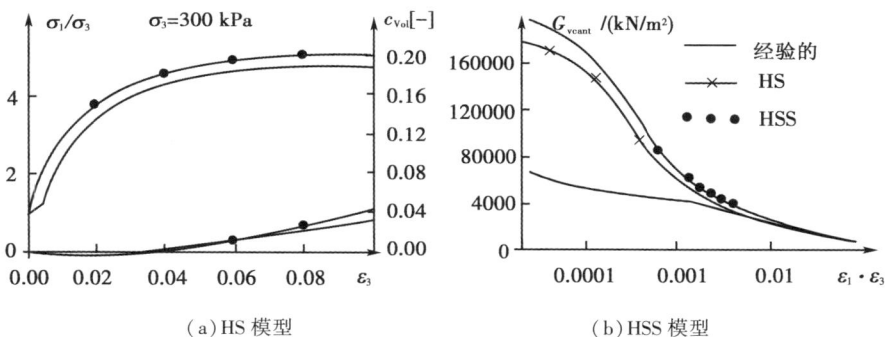

(a)HS 模型　　　　　　　　(b)HSS 模型

图 8.75　小应变土体硬化(HSS)模型-刚度退化

然而，注意曲线第一部分，两个模型是不一样的。

案例 A。Limburg 开挖基坑槽地面沉降见图 8.76。对比分析：摩尔-库仑模型 $E = E_{50}$；摩尔-库仑模型 $E = E_{ur}$；土体硬化 HS 模型 $E_{oed} = E_{50}$。

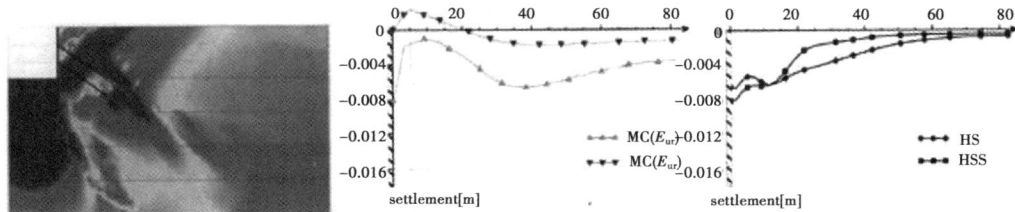

图 8.76　Limburg 开挖基坑槽地面沉降

Limburg 开挖墙体水平位移如图 8.77 所示。

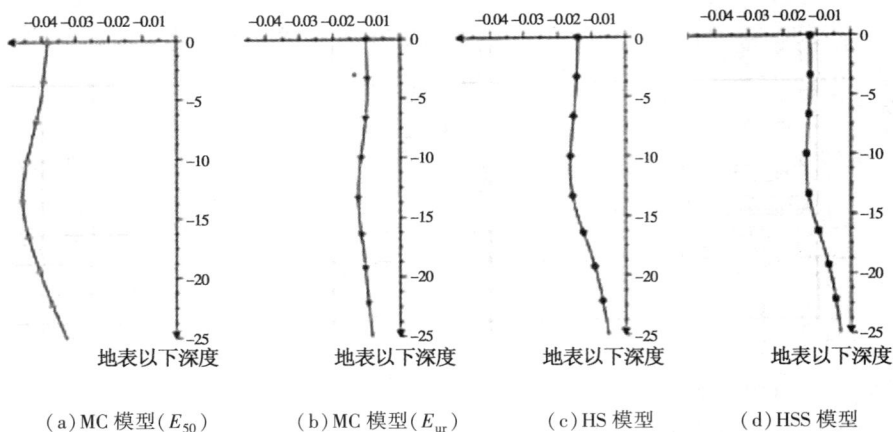

（a）MC 模型（E_{50}）　（b）MC 模型（E_{ur}）　（c）HS 模型　（d）HSS 模型

图 8.77　Limburg 开挖基坑槽墙体水平位移

Limburg 开挖基坑弯矩如图 8.78 所示。

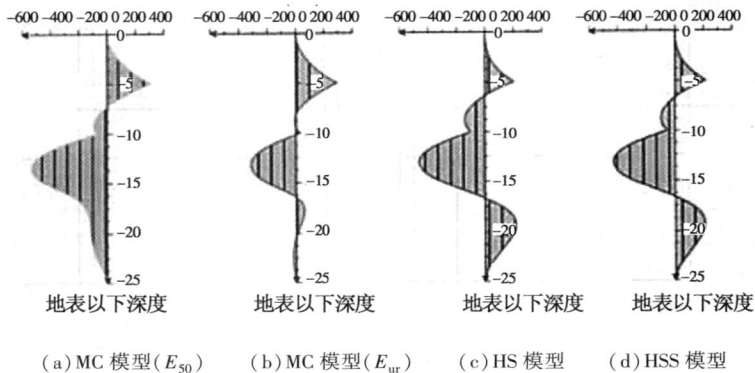

（a）MC 模型（E_{50}）　（b）MC 模型（E_{ur}）　（c）HS 模型　（d）HSS 模型

图 8.78　Limburg 开挖基坑弯矩

案例 B。隧道案例。如图 8.79 所示。

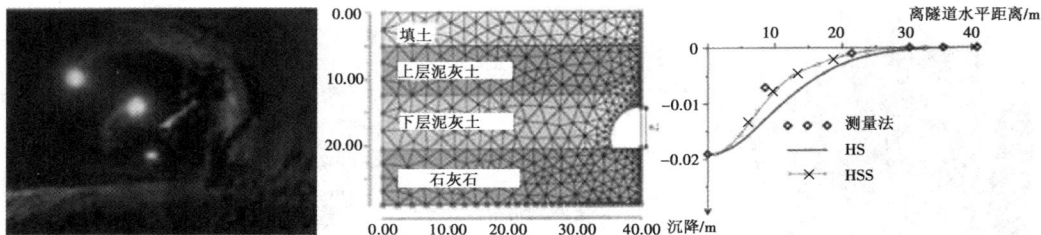

图 8.79　隧道开挖支护

◆◇ 8.7　胡克–布朗模型(岩石行为)

岩石一般比较硬,强度较大,从这个角度来看,岩石的材料行为与土有很大差别。岩石的刚度几乎与应力水平无关,因此可将岩石的刚度看作常数。另外,应力水平对岩石的(剪切)强度影响很大,因此可将节理岩石看作一种摩擦材料。第一种方法可以通过摩尔–库仑破坏准则模拟岩石的剪切强度。但是考虑到岩石所经受的应力水平范围可能很大,由摩尔–库仑模型所得到的线性应力相关性通常是不适合的。胡克–布朗破坏准则是一种非线性强度近似准则,在其连续性方程中不仅包含剪切强度,也包括拉伸强度。与胡克定律所表述的线弹性行为联合,得到胡克–布朗模型。胡克–布朗模型模拟各向同性岩石类型的材料行为。模型包括材料强度的分解(Benz 等,2007)。

8.7.1　胡克–布朗模型公式

胡克–布朗破坏准则可用最大主应力和最小主应力的关系式来表述(采用有效应力,拉应力为正,压应力为负):

$$\sigma_1' = \sigma_3' - \left(m_b \frac{-\sigma_3'}{\sigma_{ci}} + s \right)^a \tag{8.90}$$

式中:m_b——对完整岩石参数 m_i 折减,依赖于地质强度指数(GSI)和扰动因子(D)参数:

$$m_b = m_i \exp\left(\frac{GSI - 100}{28 - 14D} \right) \tag{8.91}$$

s,a——岩块的辅助材料参数,可表述为:

$$s = \exp\left(\frac{GSI - 100}{9 - 3D} \right) \tag{8.92}$$

$$a = \frac{1}{2} + \frac{1}{6} \left[\exp\left(-\frac{GSI}{15} \right) - \exp\left(-\frac{20}{3} \right) \right] \tag{8.93}$$

σ_{ci}——完整岩石材料的单轴抗压强度(定义为正值)。根据该值可得出特定岩石单轴抗压强度 σ_c 为:

$$\sigma_c = \sigma_{ci} s^a \tag{8.94}$$

特定岩石抗拉强度 σ_t:

$$\sigma_t = \frac{s \sigma_{ci}}{m_b} \tag{8.95}$$

胡克–布朗破坏准则描述如图 8.80 所示。

在塑性理论中,胡克–布朗破坏准则重新写为下述破坏函数:

$$f_{\mathrm{HB}} = \sigma_1' - \sigma_3' + \bar{f}(\sigma_3') \tag{8.96}$$

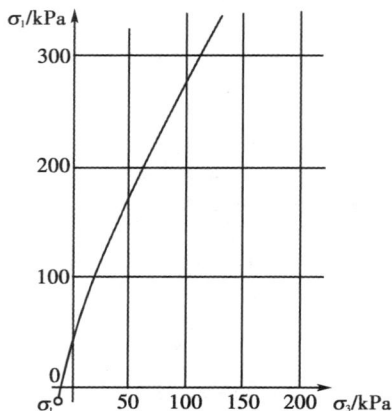

图 8.80　胡克-布朗破坏准则

其中 $\bar{f}(\sigma_3') = \sigma_{ci}\left(m_b \dfrac{\sigma_3'}{\sigma_{ci}} + s\right)^a$。

对于一般三维应力状态，处理屈服角需要更多的屈服函数，这点与摩尔-库仑准则相似。定义压为负，且考虑主应力顺序 $\sigma_1' \leqslant \sigma_2' \leqslant \sigma_3'$，准则可用两个屈服函数来描述：

$$f_{\text{HB},13} = \sigma_1' - \sigma_3' + \bar{f}(\sigma_3') \tag{8.97}$$

其中 $\bar{f}(\sigma_3') = \sigma_{ci}\left(m_b \dfrac{\sigma_3'}{\sigma_{ci}} + s\right)^a$。

$$f_{\text{HB},12} = \sigma_1' - \sigma_2' + \bar{f}(\sigma_2') \tag{8.98}$$

其中 $\bar{f}(\sigma_2') = \sigma_{ci}\left(m_b \dfrac{\sigma_2'}{\sigma_{ci}} + s\right)^a$。

主应力空间中的胡克-布朗破坏面($f_i = 0$)如图 8.81 所示。

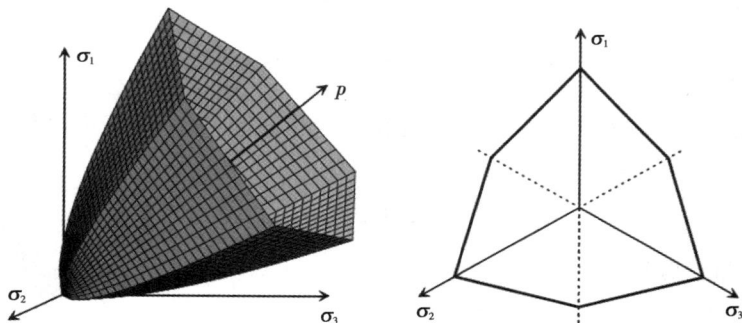

图 8.81　主应力空间中的胡克-布朗破坏面

除了上述两个屈服函数以外，胡克-布朗准则中定义了两个相关塑性势函数：

$$g_{\mathrm{HB},\,13} = S_i - \left(\frac{1+\sin\psi_{mob}}{1-\sin\psi_{mob}}\right)s_3 \qquad (8.99)$$

$$g_{\mathrm{HB},\,12} = S_i - \left(\frac{1+\sin\psi_{mob}}{1-\sin\psi_{mob}}\right)s_2 \qquad (8.100)$$

其中: S_i——转换应力, 定义为:

$$S_i = -\frac{\sigma_1}{m_b \sigma_{ci}} + \frac{s}{m_b^2} \quad (i=1,\ 2,\ 3) \qquad (8.101)$$

ψ_{mob}——动剪胀角, 当 σ_3' 由其输入值 $(\sigma_3'=0)$ 降低为 $0(-\sigma_3'=\sigma_\psi)$ 时, 动剪胀角随之变化:

$$\psi_{mob} = \frac{\sigma_\psi + \sigma_3'}{\sigma_\psi}\psi \geqslant 0 \quad (0 \geqslant -\sigma_3' \geqslant \sigma_\psi) \qquad (8.102)$$

此外, 为了允许受拉区域中的塑性膨胀, 人为给定了递增的动剪胀角:

$$\psi_{mob} = \psi + \frac{\sigma_3'}{\sigma_t}(90° - \psi) \quad (\sigma_t \geqslant -\sigma_3' \geqslant 0) \qquad (8.103)$$

动剪胀角随 σ_3' 的变化如图 8.82 所示。

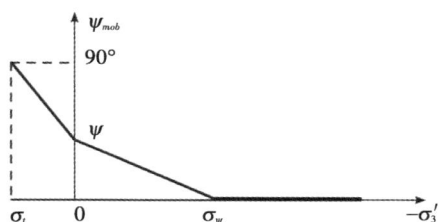

图 8.82 动剪胀角的变化

关于胡克-布朗模型的弹性行为, 即各向同性线弹性行为胡克定律。模型的参数包括弹性模量 E(代表节理岩体破坏前的原位刚度)、泊松比 ν(描述侧向应变)。

8.7.2 胡克-布朗与摩尔-库仑之间的转换

对比胡克-布朗破坏准则和摩尔-库仑破坏准则在应用中的情况, 需要特殊的应力范围, 该范围内在指定围压下达到平衡(考虑拉为正, 压为负)。

$$-\sigma_t \geqslant -\sigma_3' \geqslant -\sigma_{3,\,\max}' \qquad (8.104)$$

此时, 摩尔-库仑有效强度参数 c'、φ' 之间存在下述关系(Carranza-Torres, 2004):

$$\sin\varphi' = \frac{6am_b(s+m_b\sigma_{3n}')^{a-1}}{2(1+a)(2+a)+6am_b(s+m_b\sigma_{3n}')^{a-1}} \qquad (8.105)$$

$$c' = \frac{\sigma_{ci}\left[(1+2a)s+(1-a)m_b\sigma_{3n}'\right](s+m_b\sigma_{3n}')^{a-1}}{(1+a)(2+a)\sqrt{1+\dfrac{6am_b(s+m_b\sigma_{3n}')^{a-1}}{(1+a)(2+a)}}} \qquad (8.106)$$

其中, $\sigma_{3n}' = \sigma_{3,\,\max}'/\sigma_{ci}$。围压的上限值 $\sigma_{3,\,\max}'$ 取决于实际情况。

8.7.3 胡克-布朗模型中的参数

胡克-布朗模型中一共有 8 个参数。参数及其标准单位如表 8.3 所示。

表 8.3 胡克-布朗模型参数

符号	名称	单位
E	弹性模量	kN/m²
ν	泊松比	—
σ_{ci}	完整岩石的单轴抗压强度(大于 0)	kN/m²
m_i	完整岩石参数	—
GSI	地质强度指数	—
D	扰动因子	—
ψ	剪胀角($\sigma_3' = 0$ 时)	(°)
σ_ψ	$\psi = 0°$ 时围压 σ_3' 的绝对值	kN/m²

(1)弹性模量(E)

对于岩石层,弹性模量 E 视为常数。在胡克-布朗模型中该模量可通过岩石质量参数来估计(Hoek,Carranza-Torres 和 Corkum,2002):

$$E = \left(1 - \frac{D}{2}\right)\sqrt{\frac{\sigma_{ci}}{p^{\text{ref}}}} \cdot 10^{\frac{GSI-10}{40}} \tag{8.107}$$

其中,$p^{\text{ref}} = 10^5 \text{kPa}$,并假定平方根的最大值为 1。

弹性模量单位为 kN/m²(1kN/m² = 1kPa),即由上述公式所得到的数值应该乘以 10^6。弹性模量的精确值可通过岩石的单轴抗压试验或直剪试验得到。

(2)泊松比(ν)

泊松比 ν 的范围一般为[0.1,0.4]。不同岩石类别泊松比典型数值如图 8.83 所示。

(3)完整岩石单轴抗压强度(σ_{ci})

完整岩石的单轴抗压强度 σ_{ci} 可通过试验(如单轴压缩)获得。室内试验试样一般为完整岩石,因此其 $GSI = 100$,$D = 0$。典型数据如表 8.4 所示(Hoek,1999)。

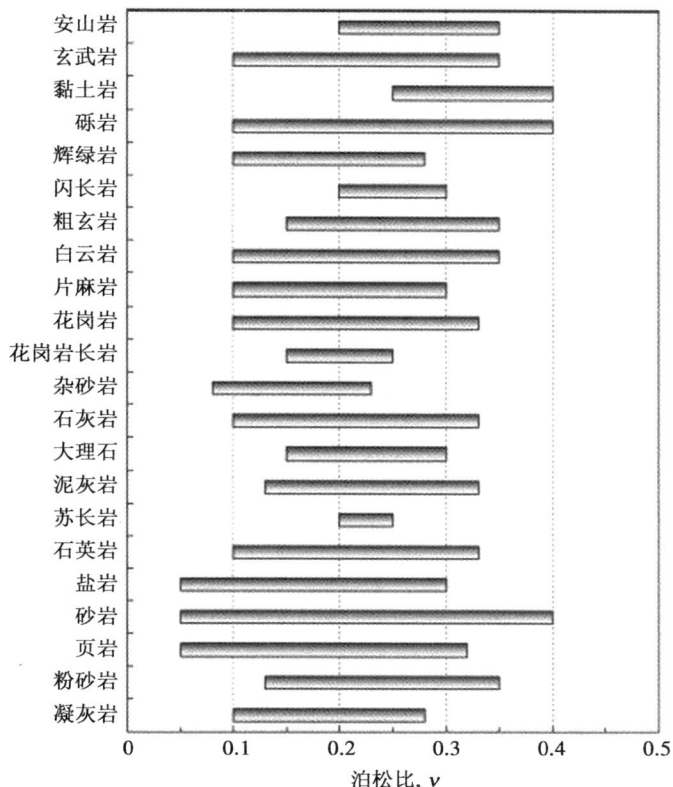

图 8.83 典型泊松比数值

表 8.4 完整单轴抗压强度

级别	分类	单轴抗压强度/MPa	强度的现场评价	示例
R6	极坚硬	>250	岩样用地质锤可敲动	新鲜玄武岩、角岩、辉绿岩、片麻岩、花岗岩、石英岩
R5	非常坚硬	100~250	需多次敲击岩样方可击裂岩样	闪岩、砂岩、玄武岩、辉长岩、片麻岩、花岗闪长岩、石灰岩、大理石、流纹岩、凝灰岩
R4	坚硬	50~100	需敲击 1 次以上方可击裂岩样	石灰岩、大理石、千枚岩、砂岩、片岩、页岩
R3	中等坚硬	25~50	用小刀刮不动，用地质锤一击即可击裂	黏土岩、煤块、混凝土、片岩、页岩、粉砂岩
R2	软弱	5~25	用小刀刮比较困难，地质锤点击可看到轻微凹陷	白垩、盐岩、明矾
R1	非常软弱	1~5	地质锤稳固点击时可弄碎岩样，小刀可削得动	强风化或风化岩石
R0	极其软弱	0.25~1	手指可按出凹痕	硬质断层黏土

（4）完整岩石参数（m_i）

完整岩石参数为经验模型参数，依赖于岩石类型。典型数值如表 8.5 所示。

表 2.5 完整岩石参数

岩石类型	等级	岩组	粗粒	中粒	细粒	极细粒
沉积岩	碎屑岩	碎屑岩类	砾岩① 角砾岩①	砂岩(17±4)	粉砂岩(7±2) 杂砂岩(18±3)	黏土岩(4±2) 页岩(6±2) 泥灰岩(7±2)
		碳酸盐类	粗晶石灰岩(17±3)	亮晶石灰岩(10±2)	微晶石灰岩(9±2)	白云岩(9±3)
		蒸发岩类		石膏 8±2	硬石膏 12±2	
		有机质类				白垩(7±2)
变质岩		无片状构造	大理岩(9±3)	角页岩(19±4) 变质砂岩(19±3)	石英岩(20±3)	
		微状构造	混合岩(29±3)	角闪岩(26±6)	片麻岩(28±5)	
		片状构造②		片岩(12±3)	千枚岩(7±3)	板岩(7±4)
火成岩	深成岩	浅色	花岗岩(32±3) 闪长岩(25±5) 花岗闪长岩(29±3)			
		黑色	辉长岩(27±3) 粗粒玄岩(16±5) 长岩(20±5)			橄榄岩(25±5)
	浅成岩		斑岩(20±5)		辉绿岩(15±5)	
	喷出岩	浅色		流纹岩(25±5) 安山岩25±5	石英安山岩(25±3)	
		黑色			玄武岩(25±5)	
	火山碎屑岩		集块岩(19±3)	角砾岩(19±5)	凝灰岩(13±5)	

（5）地质强度指数（*GSI*）

GSI 可以基于图 8.84 的描绘来选取。

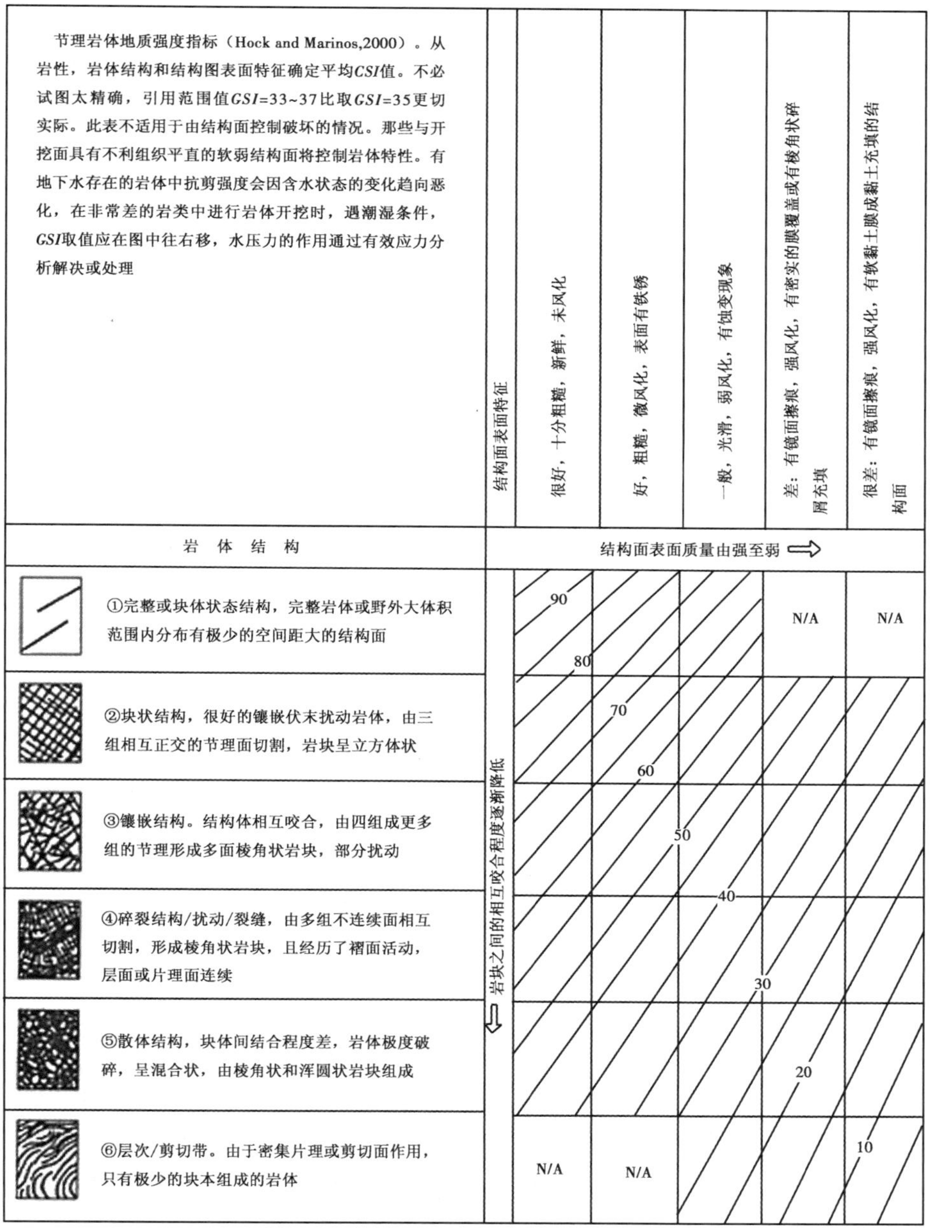

节理岩体地质强度指标（Hock and Marinos,2000）。从岩性、岩体结构和结构图表面特征确定平均*CSI*值。不必试图太精确，引用范围值*GSI*=33~37比取*GSI*=35更切实际。此表不适用于由结构面控制破坏的情况。那些与开挖面具有不利组织平直的软弱结构面将控制岩体特性。有地下水存在的岩体中抗剪强度会因含水状态的变化趋向恶化，在非常差的岩类中进行岩体开挖时，遇潮湿条件，*GSI*取值应在图中往右移，水压力的作用通过有效应力分析解决或处理

岩　体　结　构	结构面表面特征	很好，十分粗糙，新鲜，未风化	好，粗糙，微风化，表面有铁锈	一般，光滑，弱风化，有蚀变现象	差：有镜面擦痕，有密实的膜覆盖或有棱角状碎屑充填	很差：有镜面擦痕，有软成膜成黏土充填的结构面
		结构面表面质量由强至弱 ⇒				
①完整或块体状态结构，完整岩体或野外大体积范围内分布有极少的空间距大的结构面		90 80			N/A	N/A
②块状结构，很好的镶嵌伏末扰动岩体，由三组相互正交的节理面切割，岩块呈立方体状			70			
③镶嵌结构。结构体相互咬合，由四组成更多组的节理形成多面棱角状岩块，部分扰动				60		
④碎裂结构/扰动/裂缝，由多组不连续面相互切割，形成棱角状岩块，且经历了褶面活动，层面或片理面连续				50	40	
⑤散体结构，块体间结合程度差，岩体极度破碎，呈混合状，由棱角状和浑圆状岩块组成					30	20
⑥层次/剪切带。由于密集片理或剪切面作用，只有极少的块本组成的岩体		N/A	N/A			10

（左侧：岩块之间的相互咬合程度逐渐降低）

图 8.84　地质强度指数的选取

（6）扰动因子（*D*）

扰动因子依赖于力学过程中对岩石的扰动程度，这些力学过程可能为发生在开挖、隧道或矿山活动中的爆破、隧道钻挖、机械设备的动力或人工开挖。没有扰动，则 $D=0$，剧烈扰动，则 $D=1$。更多信息可参见 Hoek（2006）相关文献。

（7）剪胀角（ψ）和围压（σ_ψ）

当围压相对较低且经受剪切时，岩石可能表现出剪胀材料特性。围压较大时，剪胀受抑制。

这种行为通过下述方法来模拟：当 $\sigma_3' = 0$ 时给定某个 ψ 值，ψ 值随围压增大而线性衰减；当 $\sigma_3' = \sigma_\psi$ 时，ψ 值减小为 0。其中 σ_ψ 为输入值。

8.7.4 胡克–布朗模型在动力计算中的应用

在动力计算中使用胡克–布朗模型时，需要选择刚度，以便模型正确预测岩石中的波速。当经受动力或循环荷载时，胡克–布朗模型一般只表现出弹性行为，没有（迟滞）阻尼效应，也没有应变或孔压或液化的累积。为了模拟岩石的阻尼特性，需要定义瑞利阻尼。

◆◇ 8.8 界面/弱面与软土/软弱夹层的本构模型

8.8.1 界面/弱面本构模型

界面单元通常用双线性的摩尔–库仑模型模拟。当在相应的材料数据库中选用高级模型时，界面单元仅选择那些与摩尔–库仑模型相关的数据（c, ϕ, ψ, E, ν）。在这种情况下，界面刚度值取的就是土的弹性刚度值。因此，$E = E_{ur}$，其中 E_{ur} 是应力水平相关的，即 E_{ur} 与 σ_m 成幂指数比例关系。对于软土模型、软土蠕变模型和修正剑桥黏土模型，幂指数 m 等于 1，并且 E_{ur} 在很大程度上由膨胀指数 K^* 确定。

8.8.2 软土/软弱夹层的本构模型

一般情况下，考虑的软土是指接近正常固结的黏土、粉质黏土、泥炭和软弱夹层。黏土、粉质黏土、泥炭这些材料的特性在于它们的高压缩性，黏土、粉质黏土、泥炭和软弱夹层又具有典型的流变特性。Janbu 在固结仪实验中发现，正常固结的黏土比正常固结的砂土软 10 倍，这说明软土极度的可压缩性。软土的另外一个特征是土体刚度的线性应力相关性。根据 HS 模型得到：

$$E_{oed} = E_{oed}^{ref}(\sigma/p_{ref})^m \qquad (8.108)$$

这至少对 $c = 0$ 是成立的。当 $m = 1$ 可以得到一个线性关系。实际上，当指数等于 1 时，上面的刚度退化公式为：

$$E_{oed} = \sigma/\lambda^*$$
$$\lambda^* = p_{ref}/E_{oed}^{ref} \qquad (8.109)$$

在 $m = 1$ 的特殊情况下，软土硬化模型公式积分可以得到主固结仪加载下著名的对数压缩法则：

$$\left.\begin{array}{l} \dot{\varepsilon} = \lambda^* \dot{\sigma} / \sigma \\ \varepsilon = \lambda^* \ln\sigma \end{array}\right\} \tag{8.110}$$

在许多实际的软土研究中，修正的压缩指数 λ^* 是已知的，可以从下列关系式中算得固结仪模量：

$$E_{\text{oed}}^{\text{ref}} = p_{\text{ref}} / \lambda^* \tag{8.111}$$

◆◇ 8.9　有限元强度折减、极限平衡法与地震响应分析方法

目前，稳定性分析计算是将其视为复杂边坡来处理，仍沿用土力学的传统理论进行分析。边坡稳定分析方法种类繁多，各种分析方法都有各自的特点及适用范围，而得到广泛认可的有极限平衡条分法、有限元法（有限元强度折减法和有限元极限平衡法）等确定性方法。

8.9.1　边坡稳定性分析方法

① 极限平衡条分法将滑坡体视为刚体，不考虑土体的应力-应变关系，在计算边坡安全系数时需事先假定滑动面的位置和形状，然后，通过试算找到最小安全系数和最危险滑动面，给计算精度和效率带来了一定影响。极限平衡条分法根据满足平衡条件的不同可分为非严格条分法和严格条分法。

② 有限元法作为一种广泛应用的数值计算方法，它可以全面满足静力许可、应变相容和应力-应变之间的本构关系，还可以对复杂地貌、地质的边坡进行模拟。

有限元强度折减法作为有限元法的一种，在理论体系上比极限平衡条分法更为严格，无须假定滑动面的形状和位置，但需反复折减试算。对于非均质边坡，不同土层采用同一折减系数是否合理，带有结构物的边坡是否折减结构物的强度等问题有待进一步研究。

有限元极限平衡法理论体系严密，无须反复折减，计算效率高，这对于指导施工设计是非常重要的。

8.9.2　有限元强度折减法

有限元强度折减法（finite element strength reduction method）是指在外荷载保持不变的情况下，边坡内岩土体所发挥的最大抗剪强度与外荷载在边坡内所产生的实际剪应力之比。这里定义的抗剪强度折减系数，与极限平衡分析中所定义的土坡稳定安全系数本质上是一致的。所谓抗剪强度折减系数，就是将岩土体的抗剪强度指标 c 和 ϕ 用一个折减

系数 F_s 进行折减，然后用折减后的虚拟抗剪强度指标 c_F 和 ϕ_F，取代原来的抗剪强度指标 c 和 ϕ，如下式所示。

$$\left.\begin{array}{l} c_F = c/F_s \\ \phi_F = \arctan(\tan\phi/F_s) \end{array}\right\} \tag{8.112}$$

$$\tau_{fF} = c_F + \sigma\tan\phi_F \tag{8.113}$$

式中：c_F——折减后岩土体虚拟的黏聚力；

  ϕ_F——折减后岩土体虚拟的内摩擦角；

  τ_{fF}——折减后的抗剪强度。

折减系数 F_s 的初始值取得足够小，以保证开始时是一个近乎弹性的问题。然后不断增加 F_s 的值，折减后的抗剪强度指标逐步减小，直到某一个折减抗剪强度下整个边坡发生失稳，那么在发生整体失稳之前的那个折减系数值，即岩土体的实际抗剪强度指标与发生虚拟破坏时折减强度指标的比值，就是这个边坡的稳定安全系数。

基于有限元数值模拟理论，针对排土场特征边坡开展强度折减计算时，混合排弃土、基岩等岩土体均采用下式所示的摩尔-库仑模型屈服准则：

$$f_s = \sigma_1 - \sigma_3 \frac{1+\sin\phi}{1-\sin\phi} - 2c\sqrt{\frac{1+\sin\phi}{1-\sin\phi}} \tag{8.114}$$

式中：σ_1，σ_3——最大和最小主应力；

  c——黏聚力。

  ϕ——内摩擦角。

当 $f_s > 0$ 时，材料将发生剪切破坏。在通常应力状态下，岩体的抗拉强度很低。因此，可根据抗拉强度准则($\sigma_3 \geqslant \sigma_T$)判断岩体是否产生张拉破坏。强度折减计算时，不考虑地震及爆破振动效应的影响，对边坡稳定性只进行静力分析。

考虑稳态渗流时，将渗流力作为初始应力施加于土体上，对强度参数不断折减，以有限元数值计算是否收敛作为失稳破坏标准。

8.9.3　有限元极限平衡法

通过有限元计算输出模型区域内的真实应力场分布，采用插值方法得到已给定滑动面上的应力值，按照所采用的安全系数的定义计算沿滑动面的安全系数，用优化方法寻找最小安全系数及相应的滑动面，物理意义明确，滑动面上的应力更加真实符合实际，可以得到确定的最危险滑动面，易于推广和工程应用。

（1）安全系数定义

在平面应变问题中，土体中任意一点的土体抗剪强度可依据摩尔-库仑强度准则确定，其抗剪强度为

$$\left.\begin{array}{l}
\tau_1 = \sigma_n \tan\phi + c \\[3mm]
F_s = \dfrac{\displaystyle\int_l (\sigma_n \tan\phi + c)\,\mathrm{d}l}{\displaystyle\int_l \tau \mathrm{d}l}
\end{array}\right\} \tag{8.115}$$

式中：σ_n——法向应力；

c——土体的黏聚力；

ϕ——土体的内摩擦角；

F_s——滑动面安全系数，定义为沿滑动面土体抗剪强度与实际剪应力的比值。

（2）最危险滑动面搜索

土工结构滑动稳定性分析问题可以看成带有约束条件的广义数学规划问题，可简单描述为：将安全系数定为目标函数，约束条件是曲线在一定区域内，在已知的应力场内搜寻曲线使其安全系数达到最小。为求解方便，将应力场拓广到整个平面，可以消除约束条件。用 Geo-slope SIGMA/W、SLOPE/W，对于每一个积分点，在确定它在有限元应力计算的网格中所属单元的基础上，插值得到其应力，引入高斯积分法，按照式（8.115）计算 F_s 值，采用 Hooke-Jeeves 模式搜索法即可求出最危险滑动面及相应的安全系数。

（3）有限元极限平衡法实现

采用 Geo-slope SIGMA/W，基于非关联流动法则，选择理想弹塑性本构模型和摩尔-库仑屈服准则进行数值模拟，选用 4 节点平面应变单元，得到整体的应力场分布，用线性插值方法确定给定滑动面上各控制节点的应力值，依据式（8.115）定义安全系数计算最危险滑动面的抗滑安全系数，采用广义数学规划法中的模式搜索法，即 Hooke-Jeeves 法优化搜索最危险滑动面的位置及其对应的最小安全系数。

8.9.4　非饱和渗流-固体耦合原理与方法

基于岩土体饱和-非饱和渗流运动微分方程推导，运用有限元法得到渗流-应力的耦合方程，以岩土介质饱和-非饱和渗流理论为依据，建立非饱和渗流-固体耦合原理与方法。

（1）渗流场基本方程

在非稳态渗流场下，多孔介质中地下水运动的微分方程可依据达西定律和质量守恒定律来推导，即根据渗流场中水在某一单元体内的积累速率等于该单元体水量随时间变化的速率。若取一微单元体，其体积为 $\mathrm{d}x\mathrm{d}y\mathrm{d}z$。设介质在 x，y，z 的 3 个方向的渗透速率分别为 v_x，v_y，v_z，则通过 3 个方向流进的水体质量分别为 $\rho v_x \mathrm{d}y\mathrm{d}z$、$\rho v_y \mathrm{d}x\mathrm{d}z$、$\rho v_z \mathrm{d}y\mathrm{d}x$，通过 3 个方向流出的水体质量分别为：

$$\left[\rho v_x + \frac{\partial(\rho v_x)}{\partial x}\right]\mathrm{d}y\mathrm{d}z, \quad \left[\rho v_y + \frac{\partial(\rho v_y)}{\partial y}\right]\mathrm{d}x\mathrm{d}z, \quad \left[\rho v_z + \frac{\partial(\rho v_z)}{\partial z}\right]\mathrm{d}y\mathrm{d}x \tag{8.116}$$

可得到单位时间内流入和流出单元体水量的变化量为：

$$\Delta Q = -\left[\frac{\partial(\rho v_x)}{\partial x} + \frac{\partial(\rho v_y)}{\partial y} + \frac{\partial(\rho v_z)}{\partial z}\right] dx dy dz \tag{8.117}$$

相应的体积水质量 Θ 为 $n\rho dx dy dz$，Θ 随时间的变化率为：

$$\frac{\partial \Theta}{\partial t} = \frac{\partial(n\rho dx dy dz)}{\partial t} \tag{8.118}$$

根据达西定律和质量守恒定律，由式(8.117)和式(8.118)可得到不考虑水的密度变化时的多孔介质渗流基本微分方程为：

$$\frac{\partial}{\partial x}\left(k_x, \frac{\partial H}{\partial x}\right) + \frac{\partial}{\partial y}\left(k_y, \frac{\partial H}{\partial y}\right) + \frac{\partial}{\partial z}\left(k_z, \frac{\partial H}{\partial z}\right) + Q = \frac{\partial n}{\partial t} \tag{8.119}$$

式中：k_x，k_y，k_z——x，y，z 方向的渗透系数，m/s；

$\quad\quad Q$——源汇项，m^3/s。

对于非饱和土，渗透系数取：

$$k_{mn} = k_r(\theta) k_{ij} \quad (0 \leqslant k_\tau \leqslant 1) \tag{8.120}$$

式中：k_{ij}——饱和土渗透系数；

$\quad k_r$——非饱和渗透系数相对应饱和渗透系数的比值。

由于介质体应变：

$$\left.\begin{array}{l} \varepsilon_v = \dfrac{\Delta V}{V} = \dfrac{\Delta V_s + \Delta V_v}{V} \\[3mm] \dfrac{\partial V_s}{\partial t} = 0 \\[3mm] \dfrac{d\varepsilon_v}{dt} = \dfrac{\partial n}{\partial t} \end{array}\right\} \tag{8.121}$$

假设土体颗粒是不可压缩的，则有介质体应变的变化率就是孔隙率的变化率。

（2）渗流力学行为及有限元方程建立

在一定的水头差作用下，水会在土骨架之间的孔隙中发生流动，对土粒骨架形成渗透力。这种渗透体积力与土骨架对水的渗流所产生的阻力构成一对作用力与反作用力。渗流水头为：

$$H = Z' + \frac{P}{\gamma_w} \tag{8.122}$$

式中：Z'——位置水头；

$\quad \gamma_w$——水的重度；

$\quad P$——渗透体积力。

渗流体积力与水力梯度成正比，则各方向的渗流体积力为：

$$P = \begin{Bmatrix} P_x \\ P_y \\ P_z \end{Bmatrix} = \gamma_w \begin{Bmatrix} \dfrac{\partial H}{\partial x} \\ \dfrac{\partial H}{\partial y} \\ \dfrac{\partial H}{\partial z} + f \end{Bmatrix} \tag{8.123}$$

式中：P_x，P_y，P_z——x，y，z 方向的渗透体积力；

$\qquad$ f——浮力。

将渗透力转化为单元节点力，则有：

$$P^e = \iiint N^T P \mid J \mid \mathrm{d}\xi \mathrm{d}\eta \mathrm{d}\zeta \tag{8.124}$$

式中：$\mid J \mid$——Jaccobin 行列式；

$\quad$ ξ，η，ζ——局部坐标系；

$\quad$ $[N]$——单元节点形函数矩阵。

在饱和-非饱和岩土体中，总应力和有效应力之间的关系，根据有效应力原理为：

$$\boldsymbol{\sigma} = \boldsymbol{\sigma}' + Mp \tag{8.125}$$

式中：M——法向应力中单位列阵；

$\qquad$ p——孔隙水压力。

根据虚功原理，应力的增量型平衡方程可写为：

$$\int_\Omega \delta \boldsymbol{\varepsilon}^T \mathrm{d}\boldsymbol{\sigma} \mathrm{d}\Omega - \int_\Omega \delta \boldsymbol{u}^T \mathrm{d}b \mathrm{d}\Omega - \int_\Gamma \delta \boldsymbol{u}^T \mathrm{d}l \mathrm{d}\Gamma = 0 \tag{8.126}$$

式中：$\mathrm{d}\boldsymbol{\sigma}$——总应力增量；

$\quad$ $\mathrm{d}b$，$\mathrm{d}l$——体积力和面力增量；

$\quad$ $\delta\varepsilon$，δu——虚应变和虚位移。

联立土体中渗流作用力方程和应力方程，通过有限单元法可得到如下渗流-应力的耦合方程：

$$\left. \begin{aligned} K\boldsymbol{\delta} &= F + P^e \\ K_s H &= F' \\ k_{ij} &= k(\sigma_{ij}) \end{aligned} \right\} \tag{8.127}$$

式中：K——单元刚度矩阵；

$\qquad$ F——节点荷载；

$\qquad$ P^e——上述渗透体积力引起的节点荷载；

$\qquad$ $\boldsymbol{\delta}$——节点位移；

$\qquad$ F'——渗流自由项系数；

$\qquad$ K_s——整体渗透矩阵。

（3）饱和-非饱和土渗流-固体耦合原理

由以上分析可见，岩土体中因水相的渗透流动会产生相应的渗流体积力。通过有效应力原理可知，其节点总应力将随之改变。由此，以不同的本构理论可反算出岩土体体积应变率。土体的渗流场是一组与介质渗透系数 k_{ij} 密切相关的函数。根据饱和-非饱和土理论可知，k_{ij} 受到基质吸力、孔隙率温度、体积含水率等多种因素的影响。可见，渗流与应力-应变行为是一个相互影响的复杂过程。数值分析中可根据不同的非饱和理论设定 k_{ij} 函数式，将计算方程在时间和空间上离散，采取相应的数值计算方法，如：有限元法、差分法等，进行迭代计算。

8.9.5 地震响应分析原理与方法

地震动力对工程的影响主要有：地震期间出现的位移、变形和惯性力；产生的超孔隙水压力（液化问题）；土的剪切强度的衰减；惯性力、超孔隙水压力和剪切应力降低对稳定的影响；超孔隙水压力的重分布和地震后的应变软化；永久变形及大面积液化引起的破坏。研究表明地震停止之后出现的围堰导流堤、重力坝变形经常超过标准永久大变形。震后变形不是惯性力和位移引起的，是超孔隙水压力和土强度降低两者的耦合，尤其出现在人造工程中。地震震源以地震波的形式释放应变能，地震波使地震具有巨大的破坏力，包括两种在介质内部传播的体波和两种限于界面附近传播的面波。

（1）体波

纵波能通过任何物质传播，而横波是切变波，只能通过固体物质传播。纵波（P 波）在任何固体物质中的传播速度都比横波（S 波）快，在近地表一般岩石中，$V_P = 5 \sim 6 km/s$，$V_S = 3 \sim 4 km/s$。在多数情况下，物质的密度越大，地震波速度越快。

根据弹性理论，纵波传播速度 V_P 和横波传播速度 V_S 计算公式见下式。

$$\left.\begin{aligned} V_P &= \sqrt{\frac{E(1-\nu)}{\rho(1+\nu)(1-2\nu)}} \\ V_S &= \sqrt{\frac{E}{2\rho(1+\nu)}} = \sqrt{\frac{G}{\rho}} \end{aligned}\right\} \tag{8.128}$$

式中：E——介质的弹性模量。

　　　　ν——介质的泊松比；

　　　　ρ——介质的密度；

　　　　G——介质的剪切模量。

（2）面波

面波（L 波）是体波达到界面后激发的次生波，沿着地球表面或地球内的边界传播。

（3）地震动力模型

地震动力模型中最简单模型是线弹性模型。计算时泊松比 ν 最大值不应大于 0.49。

$$\begin{Bmatrix} \sigma_x \\ \sigma_y \\ \sigma_z \\ \tau_{xy} \end{Bmatrix} = \frac{E}{(1+\nu)(1-2\nu)} \begin{bmatrix} 1-\nu & \nu & \nu & 0 \\ \nu & 1-\nu & \nu & 0 \\ \nu & \nu & 1-\nu & 0 \\ 0 & 0 & 0 & \frac{1-2\nu}{2} \end{bmatrix} \begin{Bmatrix} \varepsilon_x \\ \varepsilon_y \\ \varepsilon_z \\ \gamma_{xy} \end{Bmatrix} \tag{8.129}$$

建立等效线性模型时,需确定等效线性剪切模量 G 和相应的阻尼比。

$$A_{\max}^i = \max\left[\sqrt{\sum_{n=1}^{n_p}(\alpha_n^i)^2/n_p}\right] \tag{8.130}$$

式中:α_n^i——节结点 n 对 i 步迭代的动态节点位移。

一次动力荷载停止计算的依据是位移最大标准值变化小于指定的容许值或者迭代达到了指定最大迭代步。位移收敛准则如下:

$$\delta A_{\max} = \frac{|A_{\max}^{i+1} - A_{\max}^i|}{A_{\max}^i} < [A_{\max}] \tag{8.131}$$

(4)有限元地震荷载产生的应力

地震荷载的表达式:

$$\boldsymbol{F}_g = \boldsymbol{M}\ddot{\boldsymbol{a}}_g \tag{8.132}$$

式中:$\boldsymbol{M}$——质量矩阵;

$\ddot{\boldsymbol{a}}_g$——应用结点的加速度。

(5)时程分析

时程分析采用的动力平衡方程如下:

$$\boldsymbol{M}\ddot{\boldsymbol{a}}_g + \boldsymbol{D}\dot{\boldsymbol{a}} + \boldsymbol{K}\boldsymbol{a} = p(t) \tag{8.133}$$

式中:$\boldsymbol{M}$——质量矩阵;

$\boldsymbol{D}$——阻尼矩阵;

$\boldsymbol{K}$——刚度矩阵;

$p(t)$——动力荷载;

$\dot{\boldsymbol{a}}$、$\boldsymbol{a}$——相对速度和位移。

8.9.6 有限元数值模拟动力分析方法

(1)建立模型

要求满足抵抗地震作用,地震力发生在工程建造完成之后运营期间。模型参数还要考虑材料的阻尼黏性作用,所以要输入瑞利阻尼系数 α 和 β;模型边界条件选取标准地震边界,地震波谱选用 UPLAND 记录的真实地震加速度数据分析如图 8.85 所示。

(2)边界条件与阻尼

有限元数值模拟分析地震动力计算过程中,为了防止应力波的反射,并且不允许模

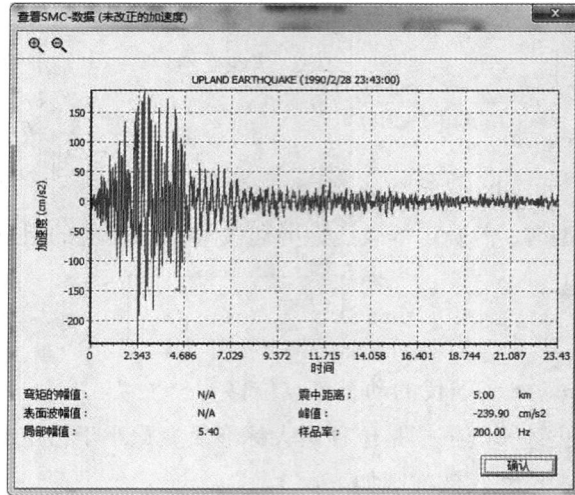

图 8.85　地震波谱加速度–时间曲线

型中的某些能量发散，边界条件应抵消反射，即地震分析中的吸收边界。吸收边界用于吸收动力荷载在边界上引起的应力增量，否则动力荷载将在土体内部发生反射。吸收边界中的阻尼器替代某个方向的固定约束，阻尼器要确保边界上的应力增加被吸收不反弹，之后边界移动。在 x 方向上被阻尼器吸收的垂直和剪切应力分量为：

$$\left.\begin{array}{l} \sigma_n = -C_1 \rho V_p \dot{u}_x \\ \tau = -C_2 \rho V_s \dot{u}_y \end{array}\right\} \tag{8.134}$$

其中：ρ——材料密度；V_p——压缩波速；V_s——剪切波速；C_1、C_2——促进吸收效果的松弛系数。

取 $C_1 = 1$、$C_2 = 0.25$ 可使波在边界上得到合理的吸收。材料阻尼是由摩擦角不可逆变形如塑性变形或黏性变形引起的，故土体材料越具黏性或者塑性，地震震动能量越易消散。有限元数值计算中，C 是质量和刚度矩阵的函数：

$$C = \alpha_R M + \beta_R K \tag{8.135}$$

（3）材料的本构模型与物理力学参数

由于土体在加载过程中变形复杂，很难用数学模型模拟出真实的土体动态变形特性，多数有限元土体本构模型的建立都在工程实验和模型简化基础上进行。但是，由于土体变形过程中弹性阶段不能和塑性阶段分开，采用设定高级模型参数添加阻尼系数，如表 8.6 中所列。

表 8.6　地层土体阻尼参数

模型土体	固有频率	阻尼比	α	β
混凝土	18.34	0.031	0.41	0.002
复合地基	45.29	0.03	0.74	0.004

表8.4(续)

模型土体	固有频率	阻尼比	α	β
粉质黏土	187.3	0.033	0.001	0.001
中砂土	45.29	0.03	0.74	0.004
黏土	160.9	0.033	0.001	0.001
粗砂土	152.0	0.037	4.05	0.0001
基岩	193	0.038	0.01	0.01

另外,土工格栅材料抗拉能力为 80kN/m,材料的阻尼布置均为 0.01。

◆◇ 8.10　本章小结

在道路病害中,降雨渗流、车辆荷载以及地震作用等起到了决定作用,本章对饱和渗流问题进行了分析。首先分析了非饱和渗流特性理论,然后对各种本构模型及选用进行了探讨,最后,对有限元强度折减法、极限平衡法及地震响应分析法进行系统分析。

第9章 平战人防路面工程动载响应力学特性

作为专业的土木工程有限元软件，需要具备土木工程有限元软件应有的基本功能。主模块包括渗流、动力两个，可进行塑性、安全性、固结、渗流、流固耦合、动力等类型的分析。

专业的土木工程有限元软件功能：

• 可以对常规土木工程问题(变形、强度)如地基、基础、开挖、支护、加载等进行塑性分析；

• 可以对涉及超孔压增长与消散的问题进行固结分析；

• 可以对涉及水位变化问题进行渗流(稳态、瞬态)计算以及完全流固耦合分析；

• 可以对涉及动力荷载、地震作用的问题进行动力分析；

• 可以对涉及稳定性(安全系数)的问题进行安全性分析。

从工程类型角度来看，可以对基坑、边坡、隧道、桩基、水库坝体等工程进行分析。另外，专门的子程序用于模拟土木工程常规土工试验，并且可进行模型参数优化(土工试验室程序)。

◆◇ 9.1 Embedded 桩力学特性

(1)2D 平面应变问题中的桩结构模拟

桩结构周围应力状态和变形模式均为完全 3D 问题(见图 9.1(a))。2D 平面应变中桩的基本问题(见图 9.1(b))：①基于一定假设的简化方法；②评估桩的初步变形和内力。

(a)3D 实体空间问题中的桩结构　　　　(b)2D 平面应变问题桩结构的假定

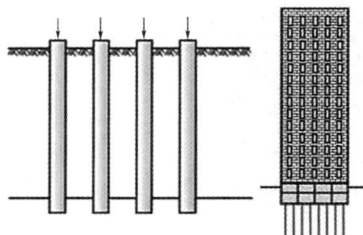

图 9.1　3D 实体空间问题中的桩结构与 2D 平面应变问题桩结构的假定

①板+界面单元桩的模拟(见图9.2)。

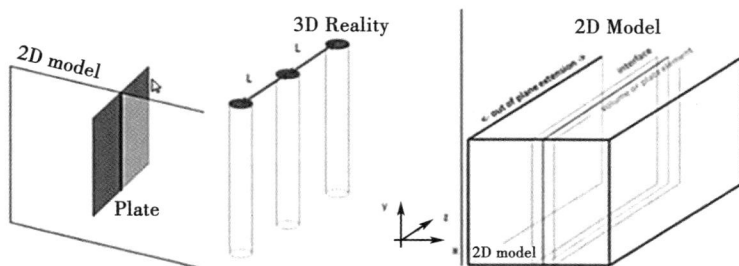

图9.2　板+界面单元桩的模拟

板+界面单元桩的模拟可能性:可定义轴向刚度和抗弯刚度,得到桩身内力;利用界面单元模拟桩—土相互作用。板+界面单元桩的模拟局限性:土体无法"穿过"板,实际土体无间距;使用界面单元会产生不真实的(连续)剪切面。

②点间锚杆单元桩的模拟(见图9.3)。

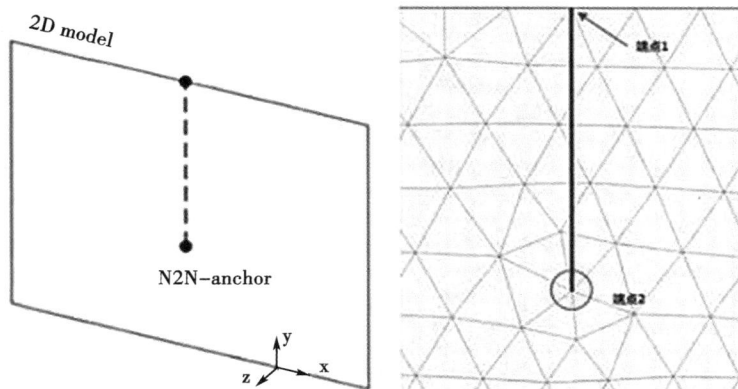

图9.3　点间锚杆单元桩的模拟

点间锚杆单元桩的模拟可能性:可定义轴向刚度,得到桩身轴力;利用土可以"穿过"点间锚杆,点间锚杆有间距界。点间锚杆单元桩的模拟局限性:无法模拟桩—土相互作用;无法定义桩的抗弯刚度。

(2)2D平面应变问题3D排桩单元的假定

综合上述两种方法的优势,可以定义轴向刚度和抗弯刚度而得到桩身内力,使用"特殊界面"模拟桩—土相互作用,并且不会产生不真实的剪切面,土体可以"穿过"排桩,排桩有间距。

2D平面应变问题3D排桩单元基本假定条件(见图9.4):考虑平面应变问题,平面外方向具有一定间距的一排桩,桩—土相互作用由"线到线的界面"代表,忽略桩的挤土效应。

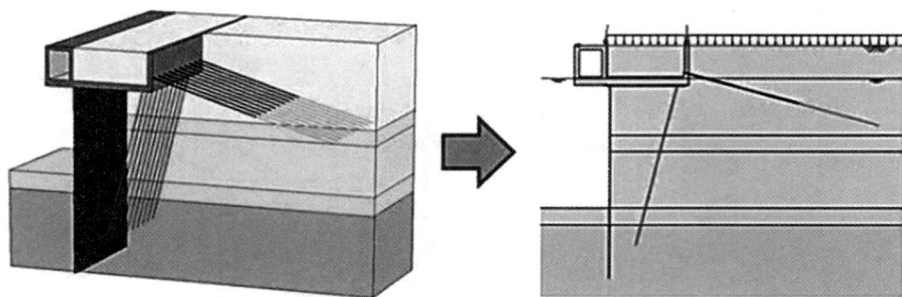

图 9.4　2D 平面应变问题 3D 排桩单元的模拟

　　2D 平面应变问题 3D 排桩—土界面的基本假定条件(见图 9.5)：桩单元不与实际单元直接耦合，通过特殊单元(线到线的界面)与实际单元连接，实际单元在排桩处连续，因此土体可以"穿过"排桩，界面由弹簧和滑块组成。

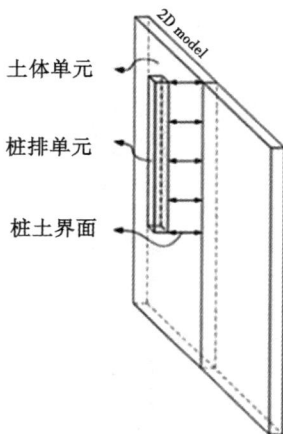

图 9.5　2D 平面应变问题 3D 排桩—土界面的基本假定

　　2D 平面应变问题 3D 排桩—土界面场变形协调的基本假定条件(见图 9.6)：土体变形代表平面外方向的"平均"变形，桩的变形代表平面外一排桩的变形，界面刚度考虑桩—土间荷载传递时的位移差，需要考虑于桩径相关的平面外桩的间距。

　　(3)2D 平面应变问题 3D 排桩单元的参数

　　2D 平面应变问题 3D 排桩单元的参数见图 9.7。

　　①桩每个节点由 3 个自由度：u_x、u_y、φ_z。

　　②桩与实体单元类型相对应：节点与应力点分布。

　　③桩承受弯矩、剪力和轴力，并且产生相应的变形。

　　④桩结构内力由应力点的应力计算值评估。

　　⑤桩单元属性参数：材料、几何、动力和桩—土相互作用参数，其中桩类型见图 9.8。

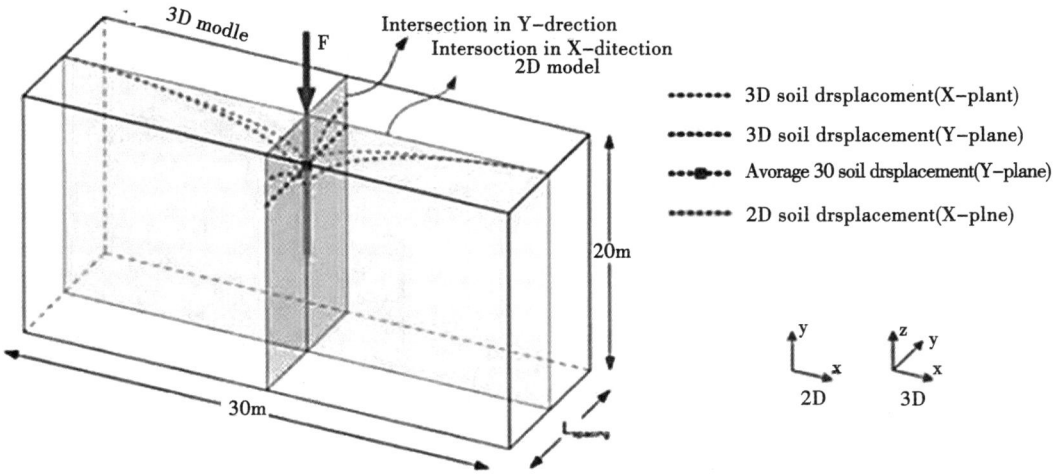

图 9.6 2D 平面应变问题 3D 排桩—土界面场变形协调的基本假定

⑥桩端连接关系：自由、铰接和固结连接方式。

⑦桩端默认连接关系：与结构、土和界面单元连接。

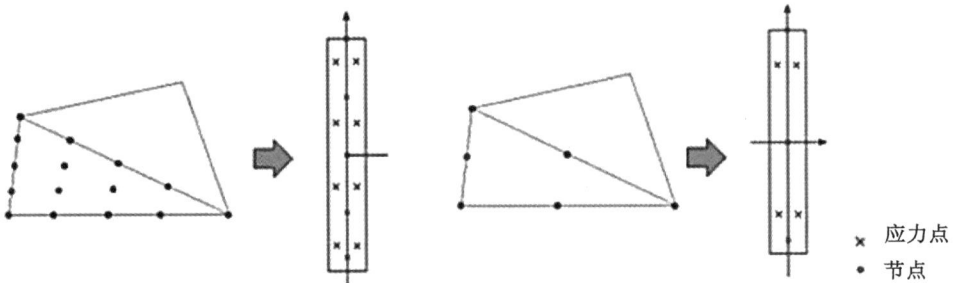

图 9.7 15 和 6 节点实体单元与相应的桩单元

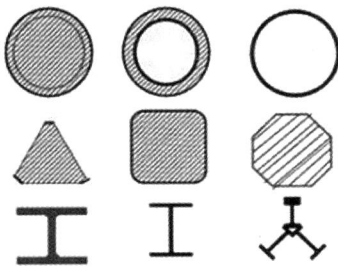

图 9.8 桩类型横断面

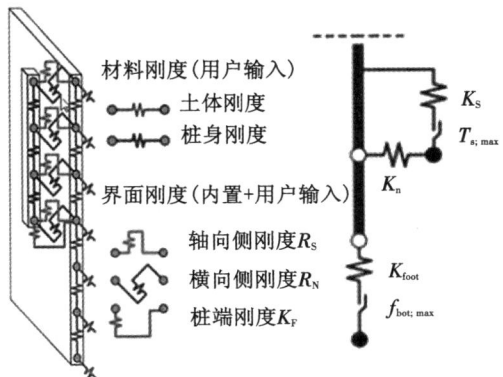

图 9.9 2D 平面应变问题 3D 排桩—土相互作用

（4）2D 平面应变问题 3D 排桩—土相互作用

2D 平面应变问题 3D 排桩—土相互作用见图 9.9。

①桩—土相互作用考虑：轴向、横向侧阻和端阻。

②桩—土相互作用界面组成考虑：纵向、横向弹簧和纵向滑块（侧阻和端阻）。

③桩材料本构关系（见图 9.10）。

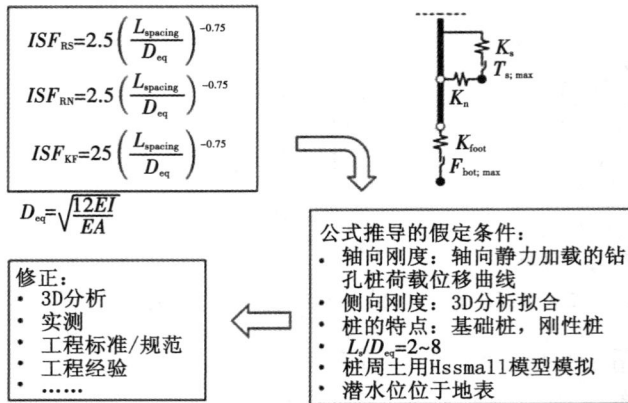

图 9.10　桩界面刚度系数

桩身单元为 Mindlin 梁单元（线弹性）

$$\begin{bmatrix} \sigma_N \\ \tau \end{bmatrix} = \begin{bmatrix} E & 0 \\ 0 & kG \end{bmatrix} \begin{bmatrix} \varepsilon_N \\ \gamma \end{bmatrix}$$

$$N = EA_{1\varepsilon_N}$$

$$Q = \frac{kEA}{2(1+v)}\gamma^* \tag{9.1}$$

$$M = EI_k$$

桩界面单元（弹塑性），桩界面刚度系数如下：

$$\begin{bmatrix} t_s \\ t_n \end{bmatrix} = \begin{bmatrix} K_s & 0 \\ 0 & K_n \end{bmatrix} \begin{bmatrix} u_s^p - u_s^s \\ u_n^p - u_n^s \end{bmatrix}$$

$$f_{foot} = K_{foot}(u_{foot}^p - u_{foot}^s)$$

$$K_s = ISF_{RS}\frac{G_{soil}}{L_{spacing}}$$

$$K_n = ISF_{RN}\frac{G_{soil}}{L_{spacing}} \tag{9.2}$$

$$K_{foot} = ISF_{KF}\frac{G_{soil}R_{eq}}{L_s}$$

◆◇ 9.2　平战人防路面工程动载响应模型建立

众所周知，土木工程本构模型是有限元软件的灵魂，引入了土体硬化 HS 模型和小应变土体硬化 HSS 模型高级本构模型，能够考虑土体刚度随应力状态的变化，其典型应用如基坑开挖支护模拟，对于坑底回弹和地表沉降槽以及支护结构的变形和内力等的计算结果，经过与众多工程实例监测数据的对比，已经得到世界范围内的广泛认可，成为开挖类有限元计算的首选本构，使得广大工程师摆脱了使用摩尔—库仑等初级本构难以考虑土体变刚度特性、甚至得到基坑连同地表整体上抬的计算结果的困扰。

程序具有交互式图形界面，其土层数据、结构、施工阶段、荷载和边界条件等都是在方便的 CAD 绘图环境中输入，支持 DXF、DWG、3DS 及地形图的导入，有曲线生成器可建立曲线，有多种工具可以进行交叉、合并、平移、分类框选、旋转、阵列等操作以建立复杂几何模型。程序可以自动生成非结构化有限元网格。模型中可使用的结构单元包括板、梁、锚杆、土工格栅以及特有的 Embedded 桩单元，既可直接在模型中像绘制 CAD 图形一样画出，也可以在命令行通过输入命令建立。土与结构相互作用采用界面单元模拟，比如板单元与土体之间的相互作用，建立板之后，可以通过右键菜单一键生成接触界面。再比如渗流边界条件，可以指定常水头、时间相关变化水头，既可在模型中直接绘制水位面，也可通过数据表格、水头变化函数等指定渗流边界条件。

功能特性——从输入土层、设置结构、指定材料参数、施加荷载设定(塑性、渗流、动力)边界条件、划分网格，到设置计算阶段、设置计算控制参数、执行计算和输出计算结果等整个分析过程操作。通过模拟土层、各类结构、对其功能特性以及参数设置。

应力方向——应力计算基于图 9.11 所示的笛卡儿坐标系(Cartesian coordinate system)。在所有输出数据中，压应力、压力以及孔隙水压力都规定为"负"，拉应力和拉力规定为"正"，图 9.11 所示均为正应力方向。

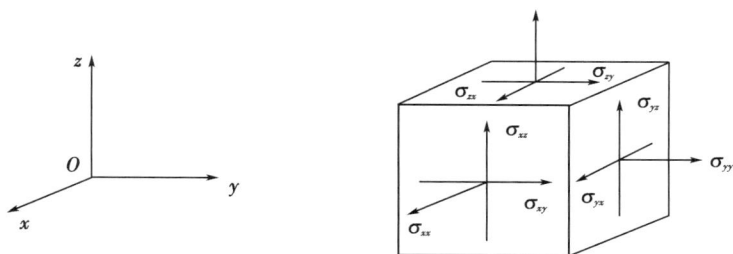

图 9.11　坐标系和正应力分量的表示

平战结合人防路面施工与动载响应模型建立见图 9.12。

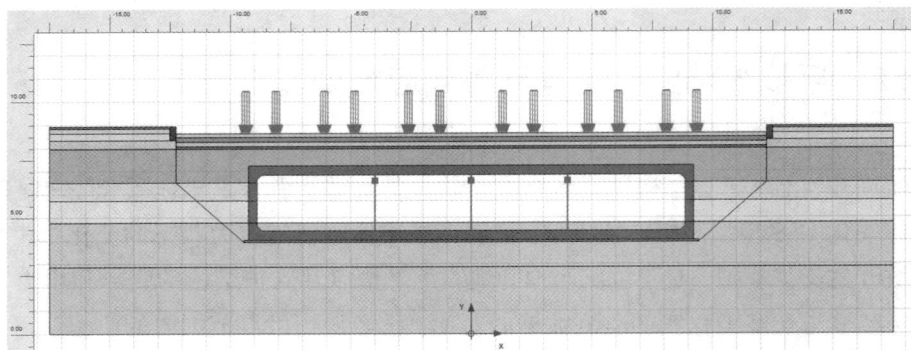

(a)6 车道(Embedded 桩)

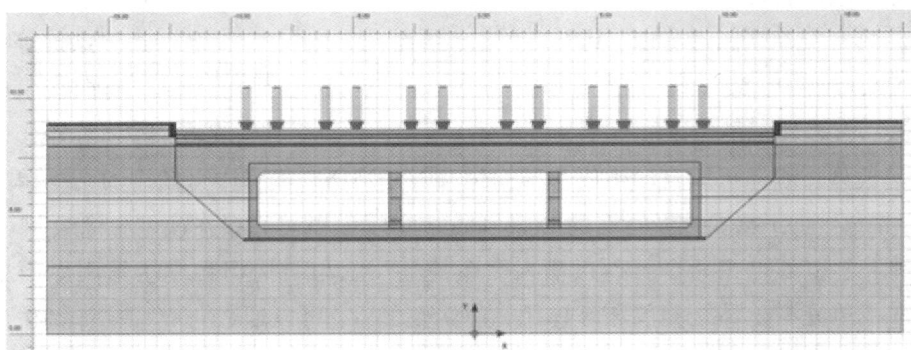

(b)6 车道

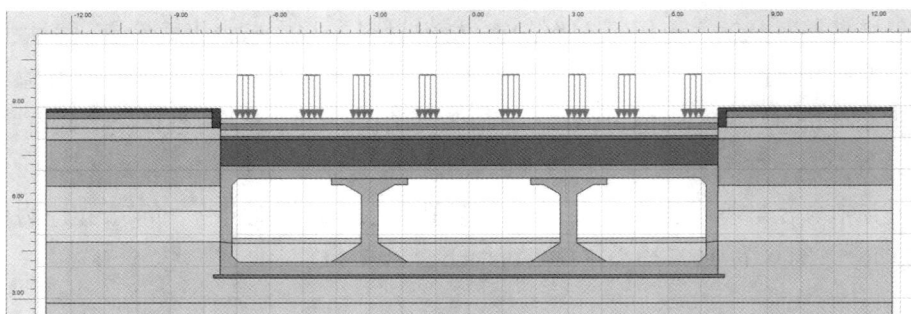

(c)4 车道

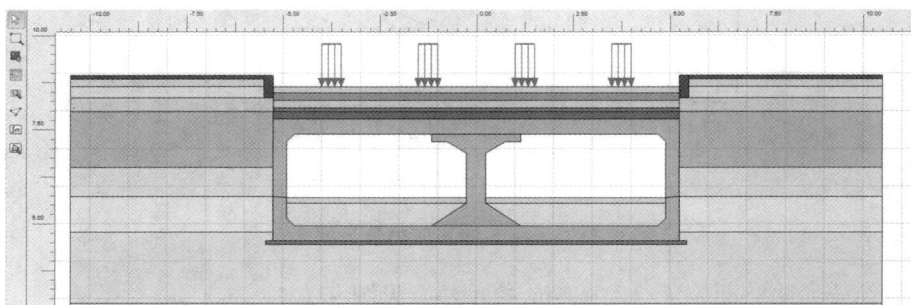

(d)2 车道

图 9.12　平战结合人防路面结构

◆◇ 9.3　人防路面工程 Embedded 桩动载响应力学特性数值模拟

（1）基坑开挖

由图 9.13 人防基坑开挖工程变形网格可知，变形最大值为 12.11mm，发生在边坡中上部区域。

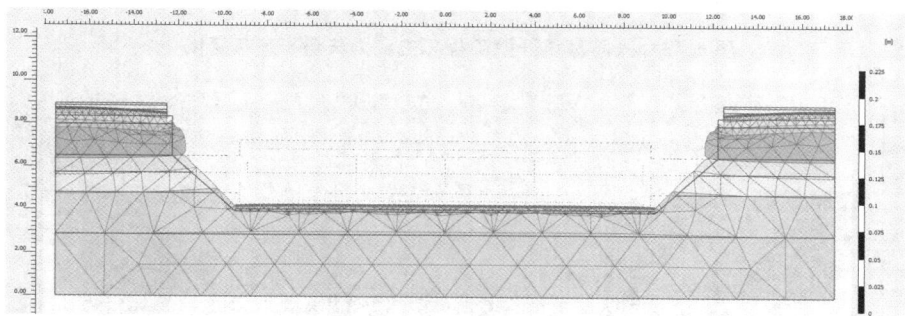

图 9.13　人防基坑开挖工程变形网格

由图 9.14 人防基坑开挖工程总主位移变化可知，最大值为 12.11mm，边坡面路基中上出现最大值。

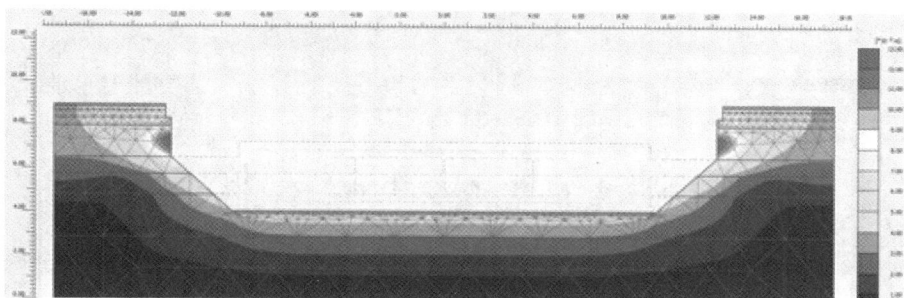

图 9.14　人防基坑开挖工程总主位移变化

由图 9.15 人防基坑开挖工程总主应力矢量、方向变化可知，最大值为 15.06kPa，最小值为 -15.06kPa，总主应力矢量边坡面偏转。

由图 9.16 人防基坑开挖工程总主应变化可知，最大值为 19.22×10^{-3}，最小值为 -0.01652，边坡面路基中上部出现最大值。

由图 9.17 人防基坑开挖工程相对剪应力变化可知，最大值为 100%，最小值为 1.299%，边坡面路基中上部出现最大值。

由图 9.18 人防基坑开挖工程剪破坏点变化可知，边坡面出现断续剪破坏区域，基坑开挖安全。

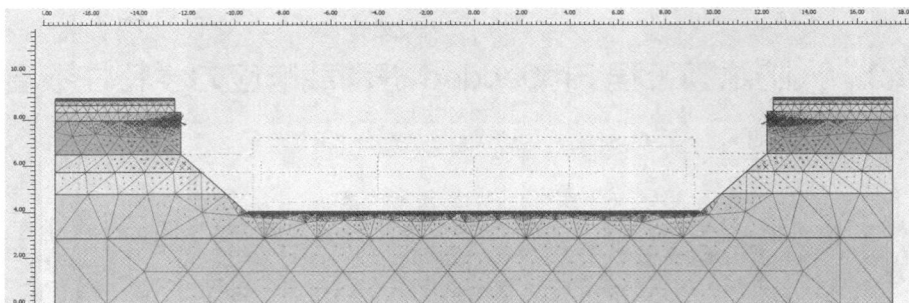

图 9.15　人防基坑开挖工程总主应力矢量、方向变化

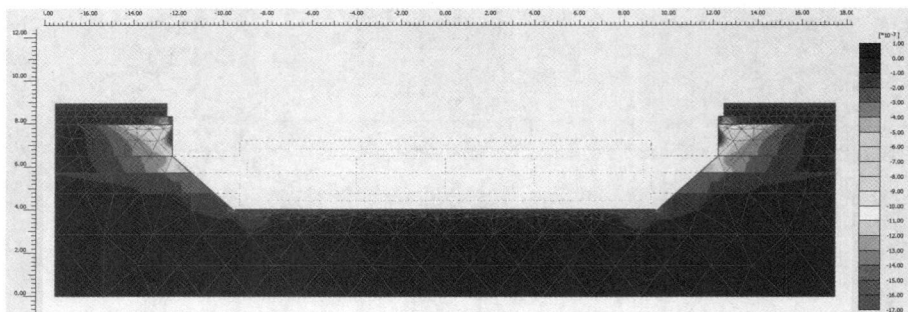

图 9.16　人防基坑开挖工程总主应变变化

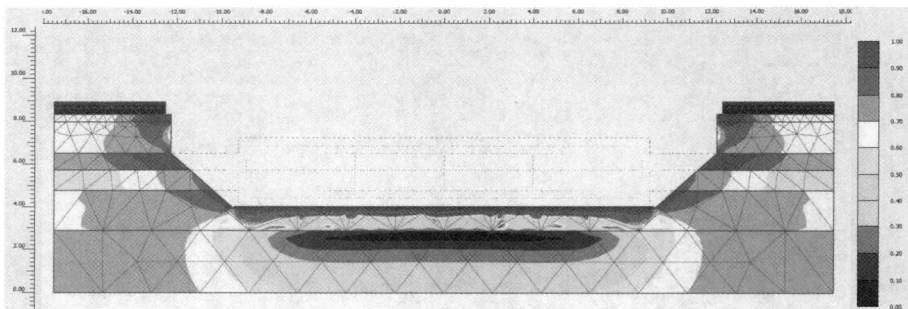

图 9.17　人防基坑开挖工程相对剪应力变化

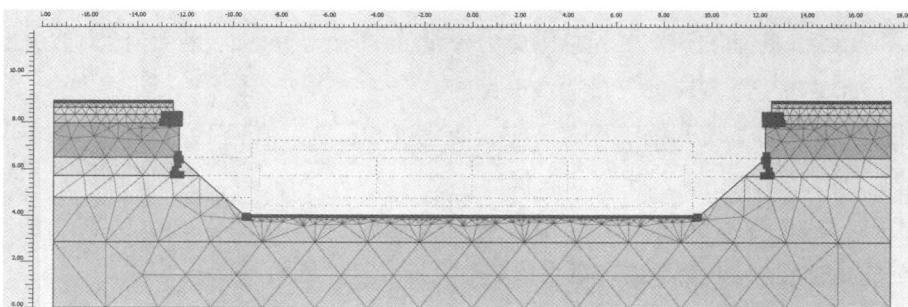

图 9.18　人防基坑开挖工程剪破坏点变化

（2）人防与路面结构工程

由图 9.19 人防与路面结构工程变形网格可知，变形最大值为 61.77mm，发生在台背区域。

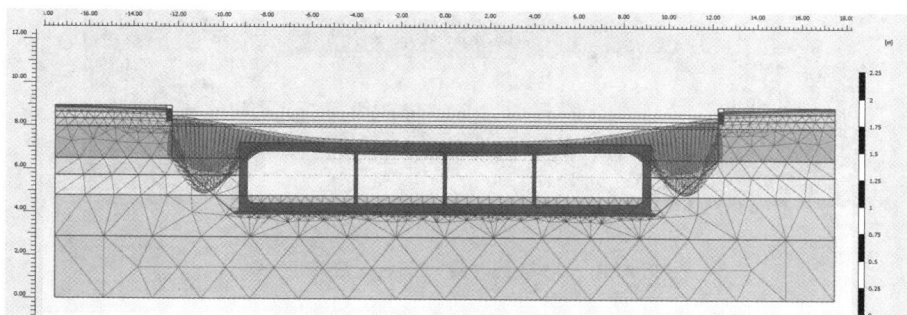

图 9.19　人防与路面结构工程变形网格

由图 9.20 人防与路面结构工程总主位移变化可知，最大值为 61.77mm，台背面路基中上部出现最大值。

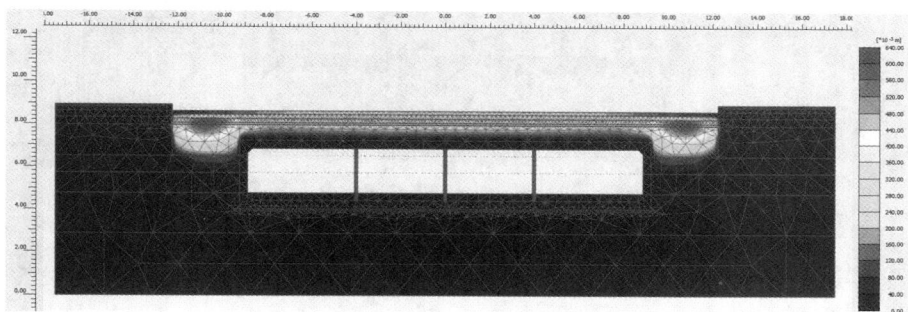

图 9.20　人防与路面结构工程总主位移变化

由图 9.21 人防与路面结构工程总主应力矢量、方向变化可知，最大值为 31.9kPa，最小值为 -29.58kPa，总主应力矢量向台背面偏转。

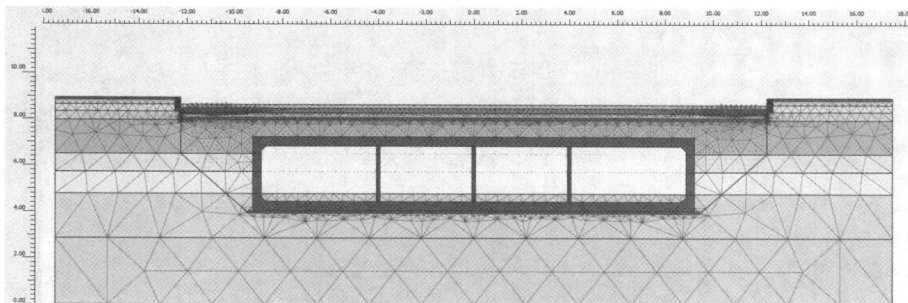

图 9.21　人防与路面结构工程总主应力矢量、方向变化

由图 9.22 人防与路面结构工程总主应变变化可知，最大值为 -14.42×10^{-3}，最小值为-3.19，台背面路基中上部出现最大值。

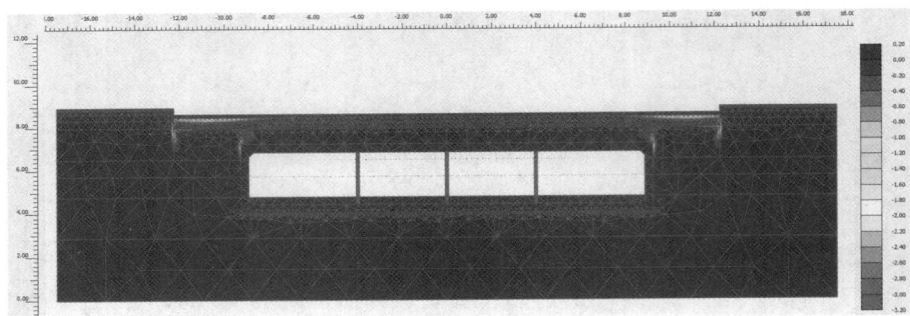

图 9.22　人防与路面结构工程总主应变变化

由图 9.23 人防与路面结构工程相对剪应力变化可知，最大值为 0，最小值为 0。

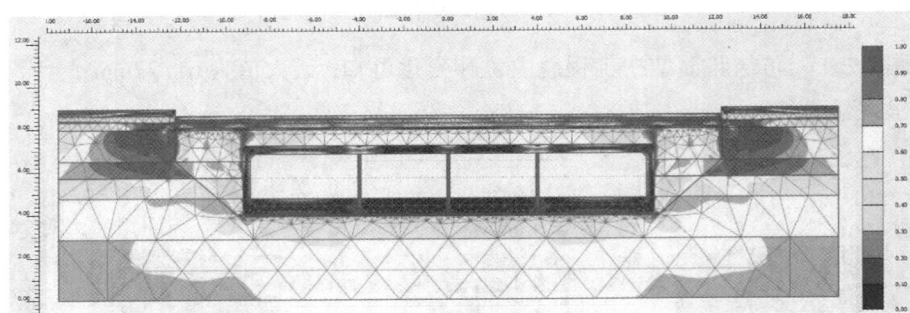

图 9.23　人防与路面结构工程相对剪应力变化

由图 9.24 人防与路面结构工程拉、剪破坏点变化可知，台背路面出现连续拉、剪破坏区，可能发生路面车辙、拉裂、松散，建议路面表面层来年摊铺。

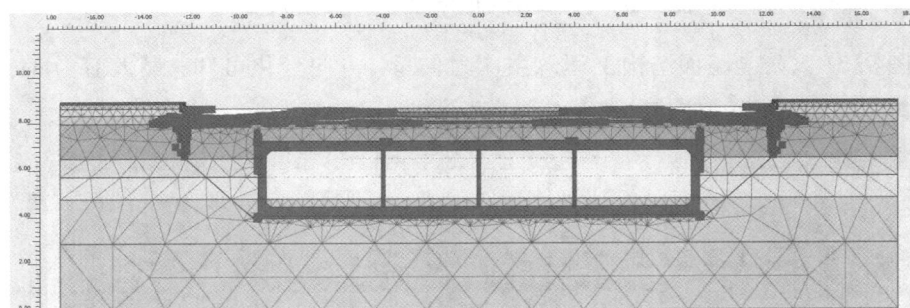

图 9.24　人防与路面结构工程拉、剪破坏点变化

（3）交通荷载

由图 9.25 交通荷载影响人防与路面结构工程变形网格可知，考虑车辆荷载 20kN/m²，变形最大值为 0.9189mm，发生在台背区。

由图 9.26 交通荷载影响人防与路面结构工程总主位移变化可知，最大值为

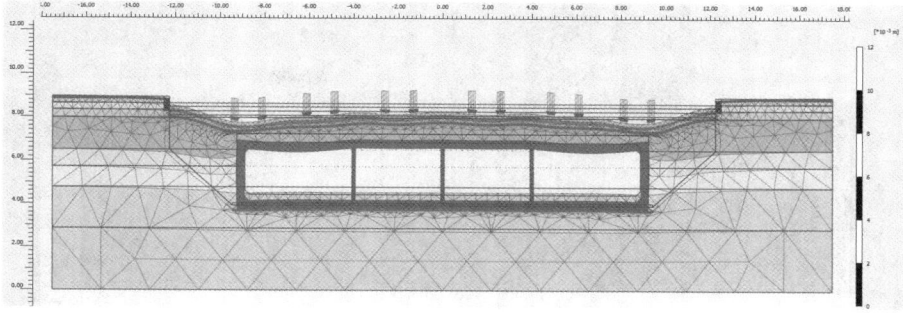

图 9.25　交通荷载影响人防与路面结构工程变形网格

0.9189mm，台背面路基中上部出现最大值。

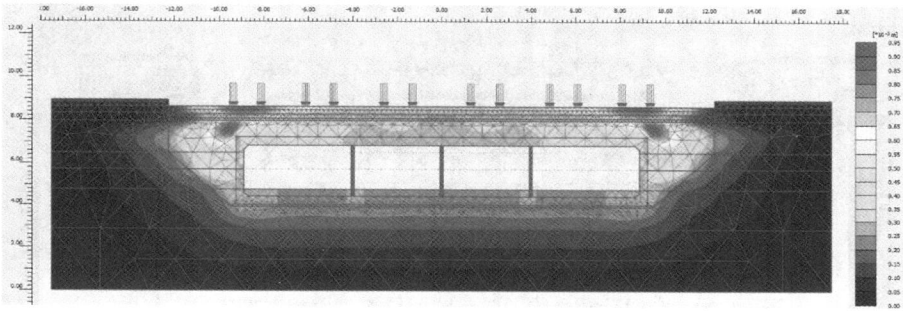

图 9.26　交通荷载影响人防与路面结构工程总主位移变化

由图 9.27 交通荷载影响人防与路面结构工程总主应力矢量、方向变化可知，最大值为 24.9kPa，最小值为−25.65kPa，总主应力矢量向台背面偏转。

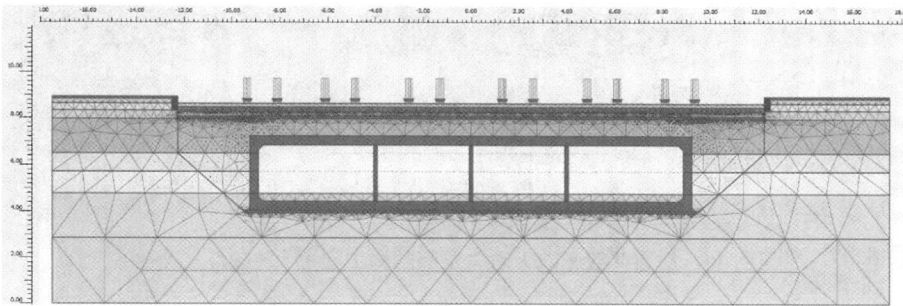

图 9.27　交通荷载影响人防与路面结构工程总主应力矢量、方向变化

由图 9.28 交通荷载影响人防与路面结构工程总主应变变化可知，最大值为 14.6×10^{-3}，最小值为−2.716，台背面路基中上部出现最大值。

由图 9.29 交通荷载影响人防与路面结构工程相对剪应力变化可知，最大值为 100%，最小值为 71.93%，台背面路基中上部出现最大值。

由图 9.30 交通荷载影响人防与路面结构工程拉、剪破坏点变化可知，台背路面出现

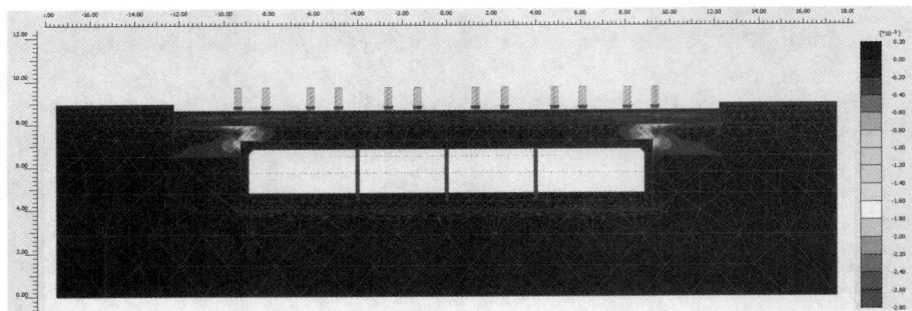

图 9.28　交通荷载影响人防与路面结构工程总主应变变化

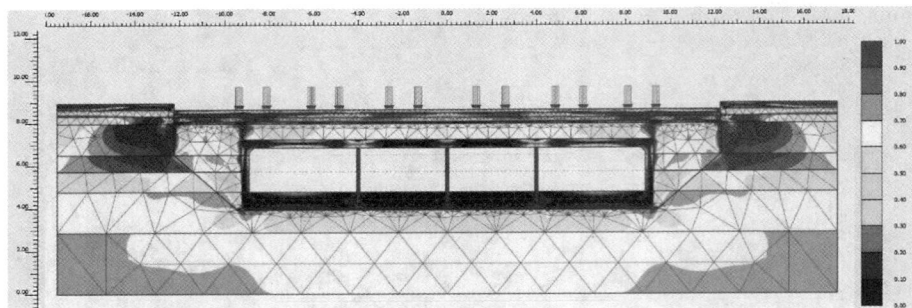

图 9.29　交通荷载影响人防与路面结构工程相对剪应力变化

连续剪破坏区，可能发生路面车辙、拉裂、松散，建议路面表面层来年摊铺。

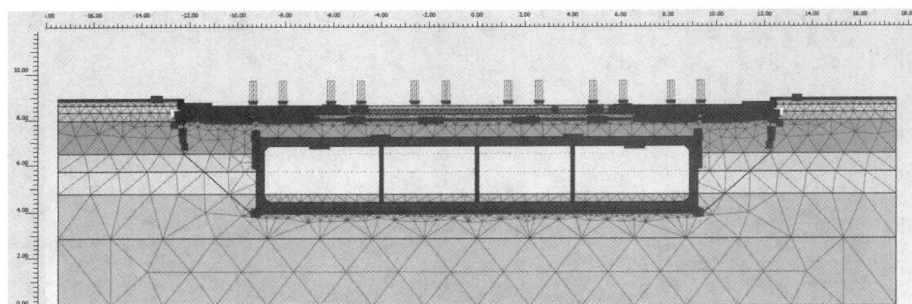

图 9.30　交通荷载影响人防与路面结构工程拉、剪破坏点变化

◆◇ 9.4　六车道路面人防工程动载响应力学特性数值模拟

（1）基坑开挖工程

由图 9.31 基坑开挖工程变形网格可知，变形最大值为 29.09mm，发生在边坡区域。

由图 9.32 基坑开挖工程总主位移变化可知，最大值为 29.09mm，边坡面路基中上部出现最大值。

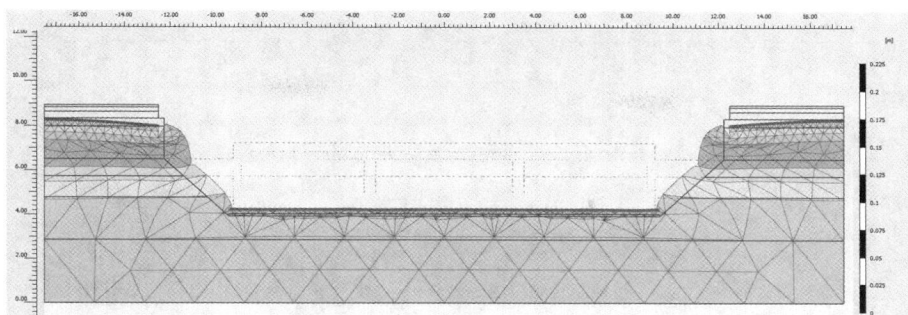

图 9.31 基坑开挖工程变形网格

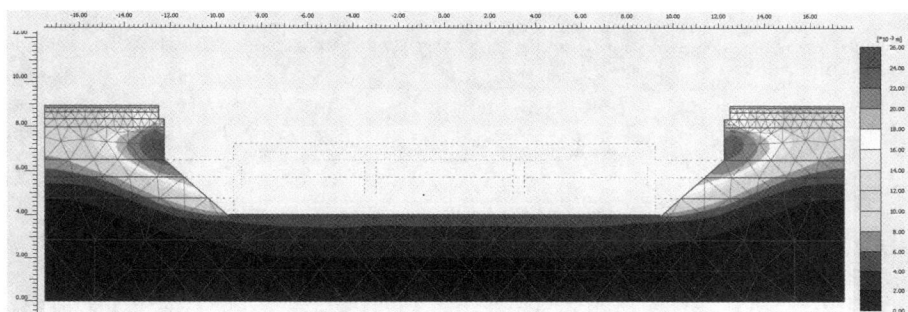

图 9.32 基坑开挖工程总主位移变化

由图 9.33 基坑开挖工程总主应力矢量、方向变化可知, 最大值为 36.75kPa, 最小值为−37.7Pa, 总主应力矢量向边坡面偏转。

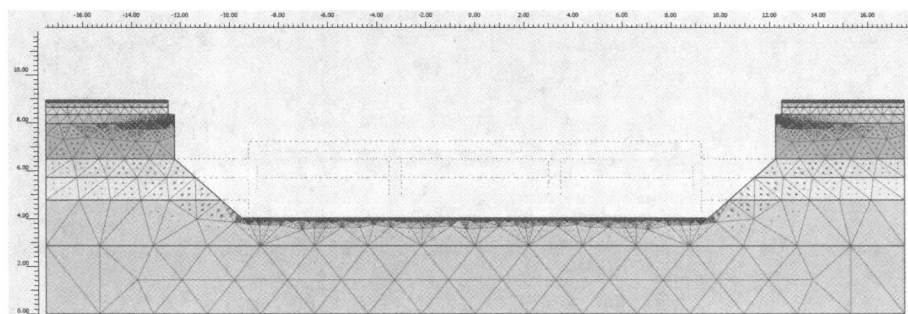

图 9.33 基坑开挖工程总主应力矢量、方向变化

由图 9.34 基坑开挖工程总主应变变化可知, 最大值为 -1.666×10^{-3}, 最小值为 -0.0388, 边坡面路基中上部出现最大值。

由图 9.35 基坑开挖工程相对剪应力变化可知, 最大值为 100%, 最小值为 69.89%, 边坡面路基中上部出现最大值。

由图 9.36 基坑开挖工程拉、剪破坏点变化可知, 边坡面出现剪破坏区, 基坑工程施工安全。

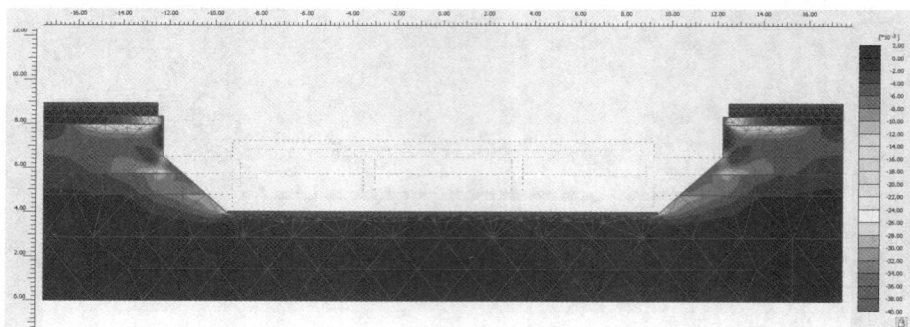

图9.34 基坑开挖工程总主应变变化

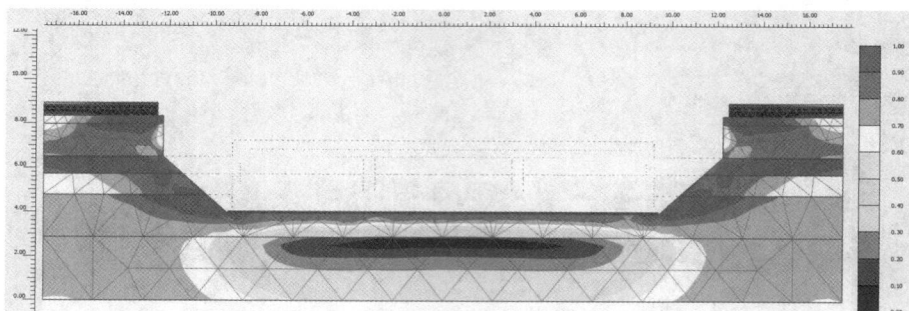

图9.35 基坑开挖工程相对剪应力变化

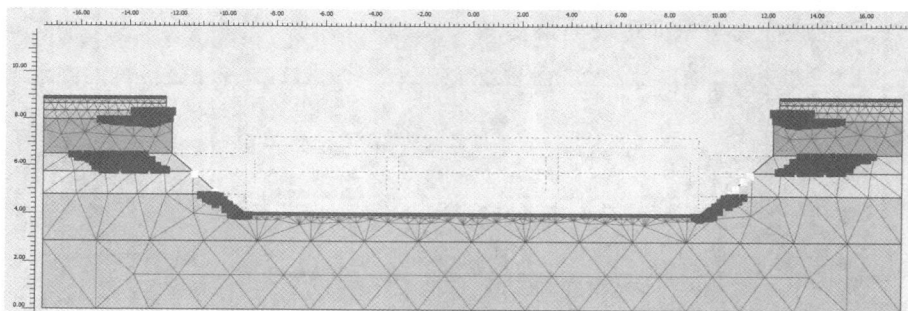

图9.36 基坑开挖工程拉、剪破坏点变化

（2）人防与路面结构工程

由图9.37人防与路面结构工程变形网格可知，变形最大值为61.53mm，发生在台背区域。

由图9.38人防与路面结构工程总主位移变化可知，最大值为61.53mm，台背面路基中上部出现最大值。

由图9.39人防与路面结构工程总主应力矢量、方向变化可知，最大值为3.855kPa，最小值为-2.844kPa，总主应力矢量向台背面偏转。

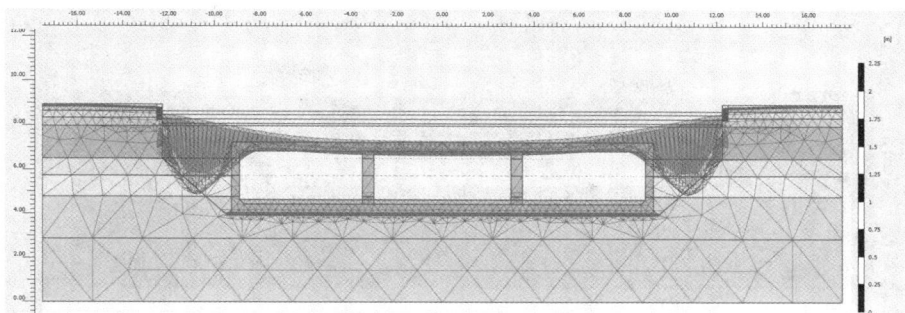

图 9.37 人防与路面结构工程变形网格

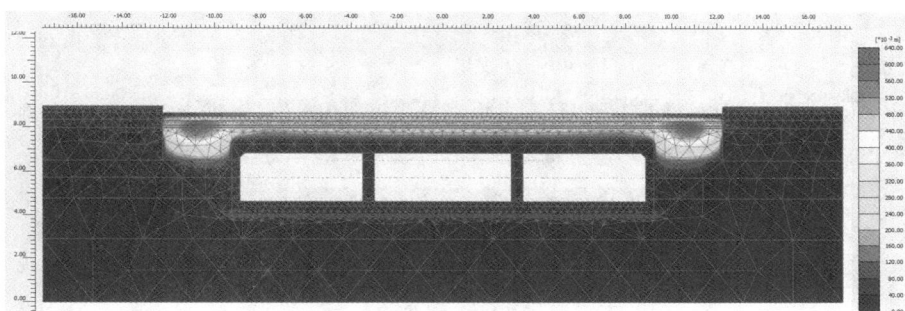

图 9.38 人防与路面结构工程总主位移变化

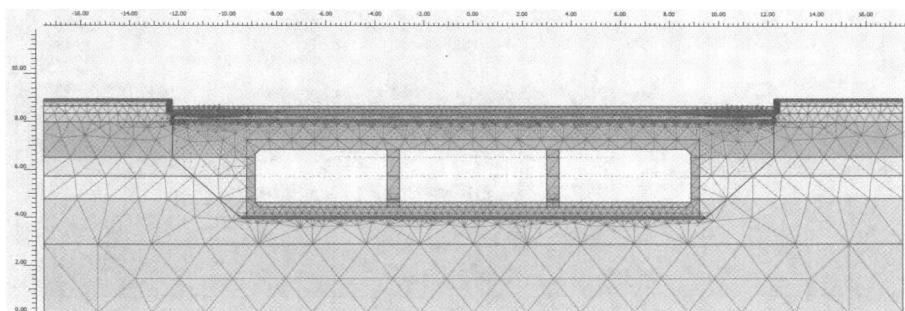

图 9.39 人防与路面结构工程总主应力矢量、方向变化

由图 9.40 人防与路面结构工程总主应变变化可知,最大值为 0,最小值为−3.38,台背面路基中上部出现最大值。

由图 9.41 人防与路面结构工程相对剪应力变化可知,最大值为 100%,最小值为 17.27%,台背面路基中上部出现最大值。

由图 9.42 人防与路面结构工程拉、剪破坏点变化可知,台背路面出现连续拉、剪破坏区,可能发生路面车辙、拉裂、松散,建议路面表面层来年摊铺。

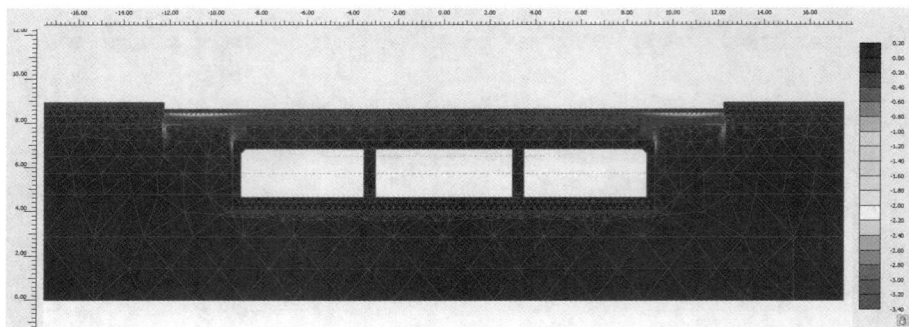

图 9.40　人防与路面结构工程总主应变变化

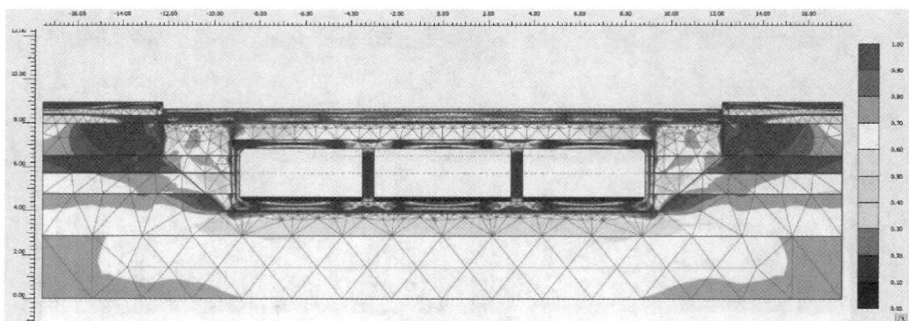

图 9.41　人防与路面结构工程相对剪应力变化

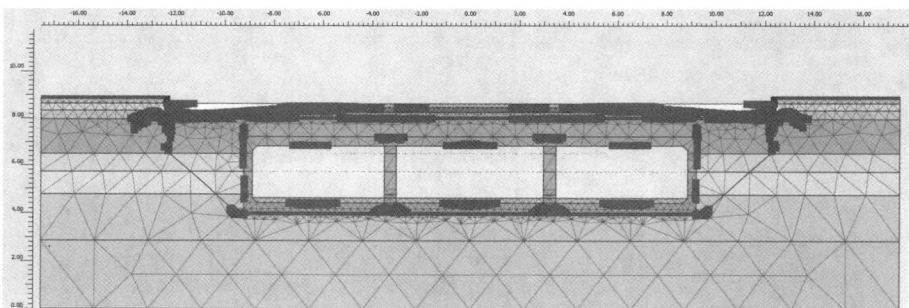

图 9.42　人防与路面结构工程拉、剪破坏点变化

（3）交通荷载

由图 9.43 交通荷载影响变形网格可知，考虑车辆荷载 $20kN/m^2$，变形最大值为 88.71mm，发生在台背区。

由图 9.44 交通荷载影响总主位移变化可知，最大值为 88.71mm，台背路基中上部出现最大值。

由图 9.45 交通荷载影响总主应力矢量、方向变化可知，最大值为 2.642kPa，最小值为 -2.727kPa，总主应力矢量向台背面偏转。

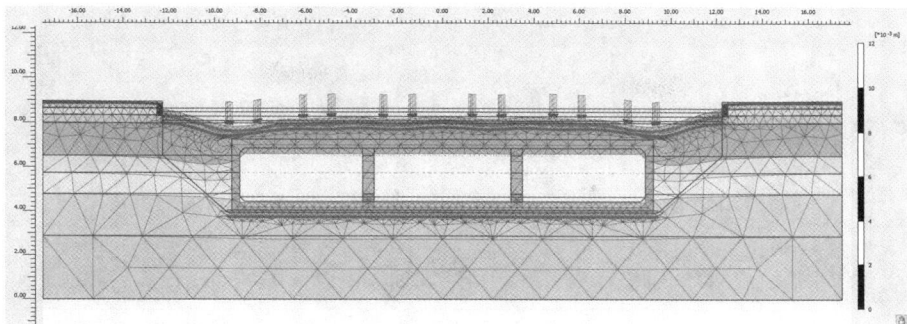

图 9.43　交通荷载影响变形网格

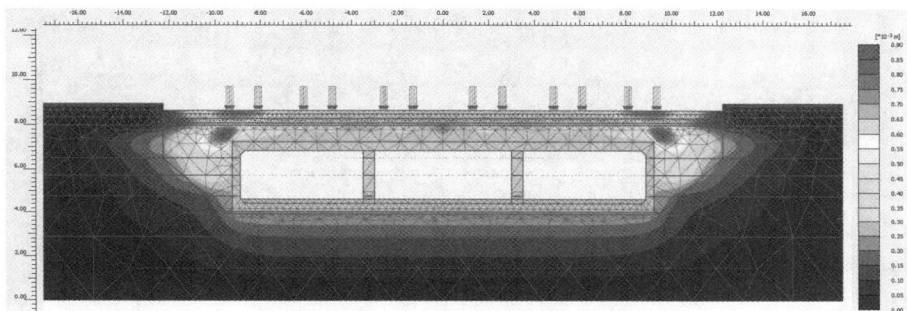

图 9.44　交通荷载影响总主位移变化

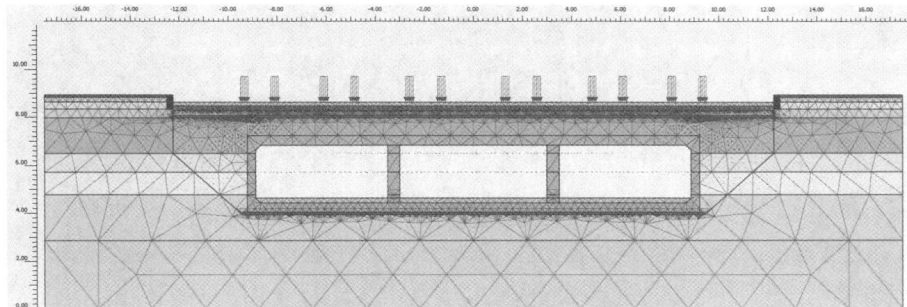

图 9.45　交通荷载影响总主应力矢量、方向变化

由图 9.46 交通荷载影响总主应变变化可知，最大值为 -60.68×10^{-3}，最小值为 -29.08，台背面路基中上部出现最大值。

由图 9.47 交通荷载影响相对剪应力变化可知，最大值为 100%，最小值为 87.9%，台背面路基中上部出现最大值。

由图 9.48 交通荷载影响拉、剪破坏点变化可知，台背路面出现拉、剪破坏区，可能发生路面车辙、拉裂、松散，建议路面表面层来年摊铺。

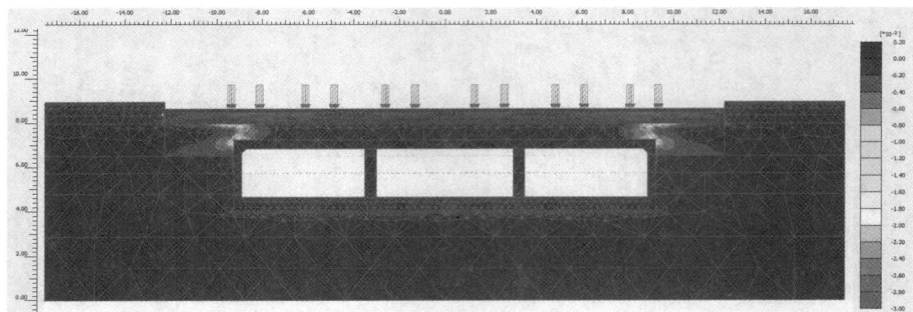

图 9.46　交通荷载影响总主应变变化

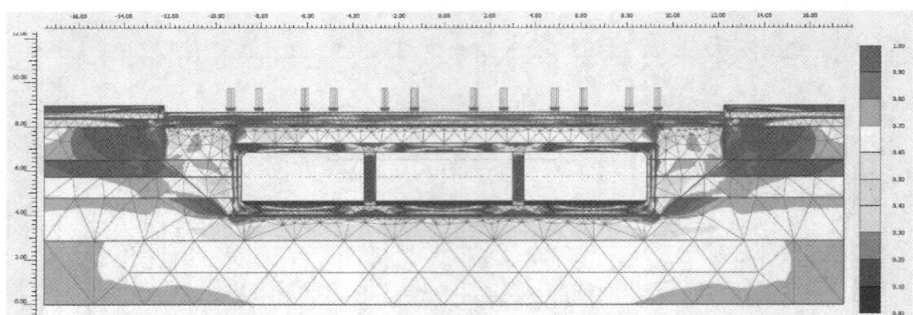

图 9.47　交通荷载影响相对剪应力变化

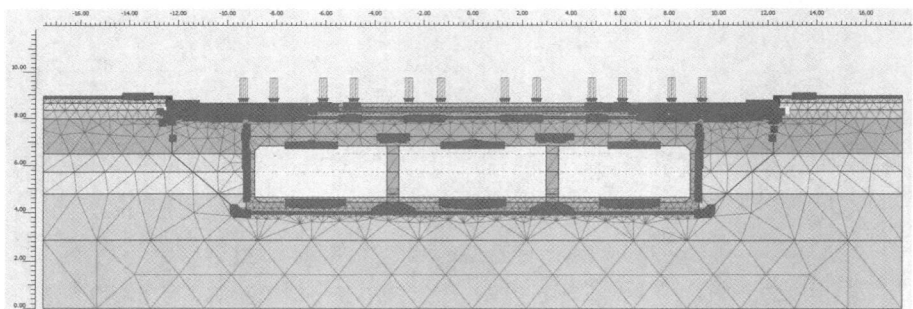

图 9.48　交通荷载影响拉、剪破坏点变化

（4）重交通荷载

由图 9.49 重交通荷载影响变形网格可知，考虑车辆荷载 $40kN/m^2$，变形最大值为 93.74mm，发生在台背区。

由图 9.50 重交通荷载影响总主位移变化可知，最大值为 93.74mm，台背路基中上部出现最大值。

由图 9.51 重交通荷载影响总主应力矢量、方向变化可知，最大值为 31.62kPa，最小值为 -32.52kPa，总主应力矢量向台背面偏转。

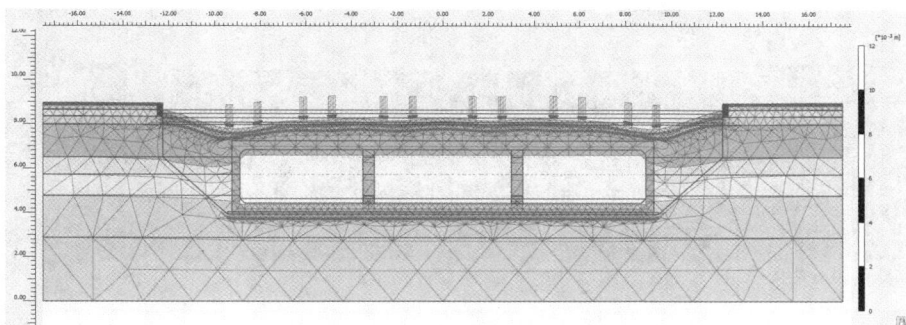

图 9.49　重交通荷载影响变形网格

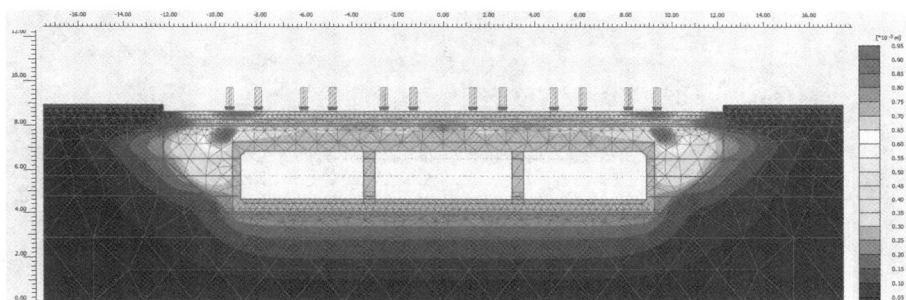

图 9.50　重交通荷载影响总主位移变化

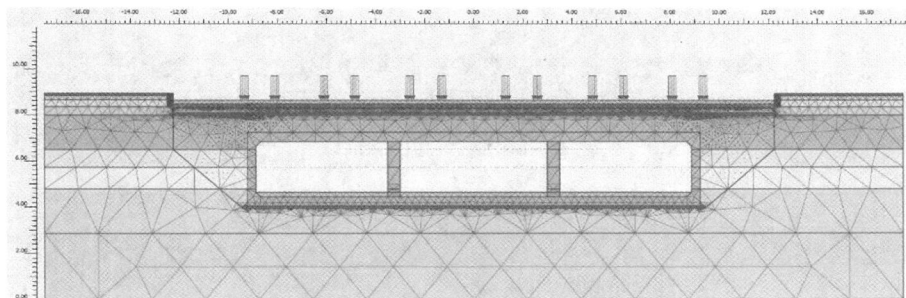

图 9.51　重交通荷载影响总主应力矢量、方向变化

由图 9.52 重交通荷载影响总主应变变化可知，最大值为 $-56.33×10^{-3}$，最小值为 -35.27，台背面路基中上部出现最大值。

由图 9.53 重交通荷载影响相对剪应力变化可知，最大值为 100%，最小值为 16.26%，台背面路基中上部出现最大值。

由图 9.54 重交通荷载影响拉、剪破坏点变化可知，台背路面出现拉、剪破坏区，可能发生路面车辙、拉裂、松散，建议路面表面层来年摊铺。

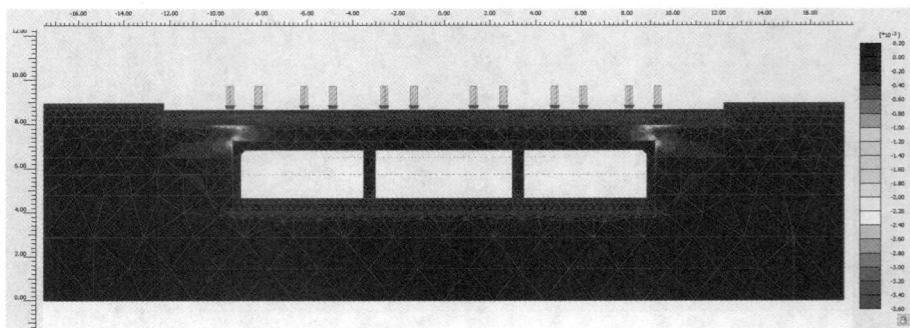

图 9.52　重交通荷载影响总主应变变化

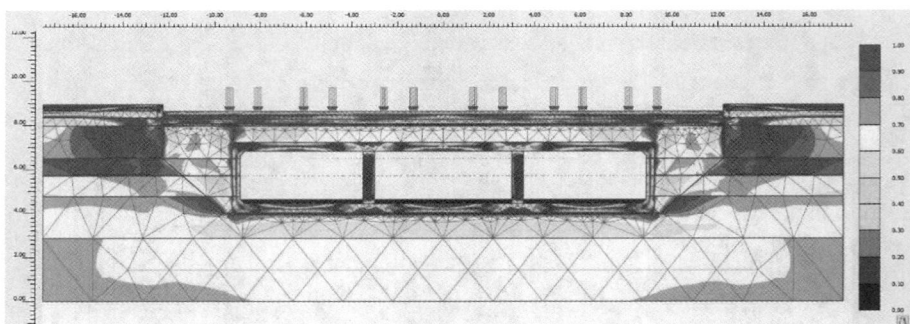

图 9.53　重交通荷载影响相对剪应力变化

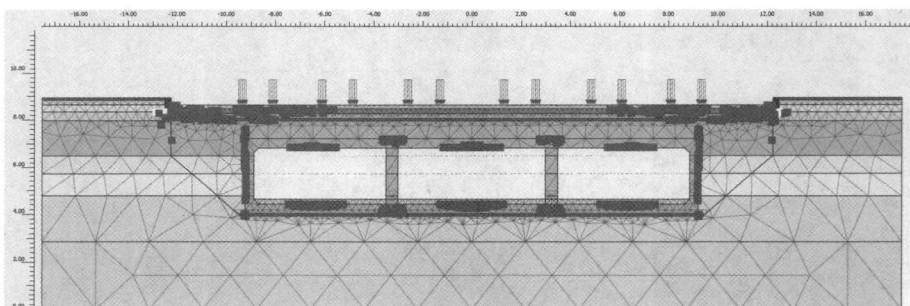

图 9.54　重交通荷载影响拉、剪破坏点变化

◆◇ 9.5　四车道路面人防工程动载响应力学特性数值模拟

（1）交通荷载

由图 9.55 交通荷载影响变形网格可知，考虑车辆荷载 20kN/m²，变形最大值为 6.488mm，发生在台背区。

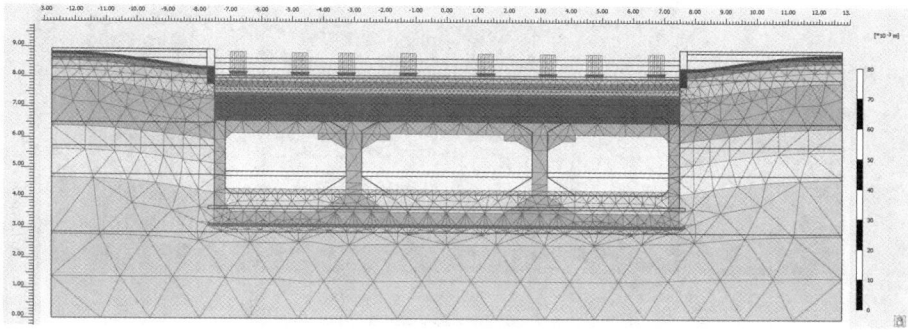

图 9.55　交通荷载影响变形网格

由图 9.56 交通荷载影响总主位移变化可知，最大值为 6.488mm，台背路基中上部出现最大值。

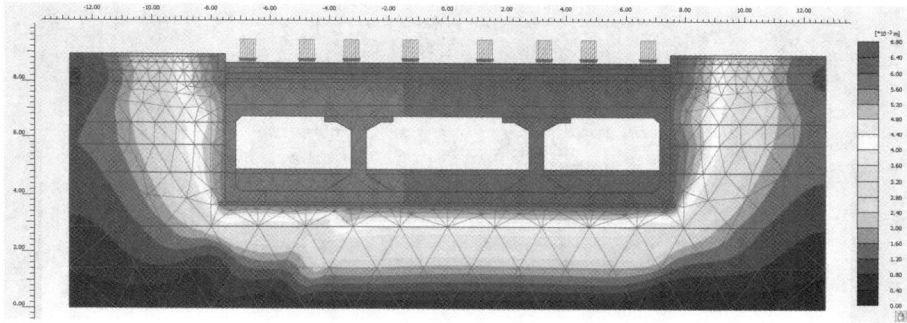

图 9.56　交通荷载影响总主位移变化

由图 9.57 交通荷载影响总主应力矢量、方向变化可知，最大值为 3.692kPa，最小值为 -8.206kPa，总主应力矢量向台背面偏转。

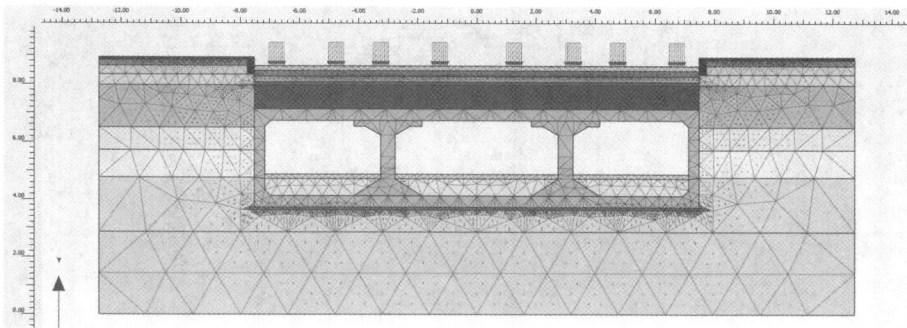

图 9.57　交通荷载影响总主应力矢量、方向变化

由图 9.58 交通荷载影响总主应变变化可知，最大值为 0，最小值为 -0.65，台背面路基中上部出现最大值。

图 9.58　交通荷载影响总主应变变化

由图 9.59 交通荷载影响相对剪应力变化可知，最大值为 100%，最小值为 11.97%，台背面路基中上部出现最大值。

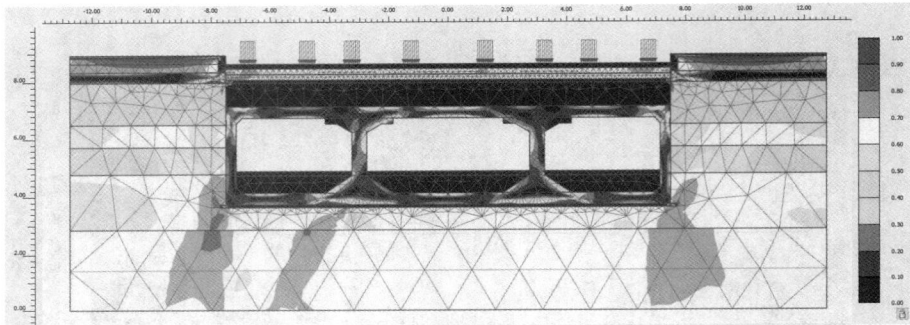

图 9.59　交通荷载影响相对剪应力变化

由图 9.60 交通荷载影响拉、剪破坏点变化可知，台背路面出现拉、剪破坏区，可能发生路面车辙、拉裂、松散，建议路面表面层来年摊铺。

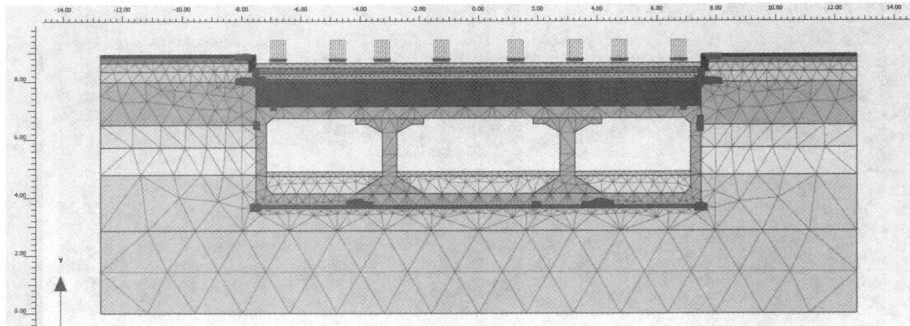

图 9.60　交通荷载影响拉、剪破坏点变化

（2）重交通荷载

由图 9.61 重交通荷载影响变形网格可知，考虑车辆荷载 $40kN/m^2$，变形最大值为 7.353mm，发生在台背区。

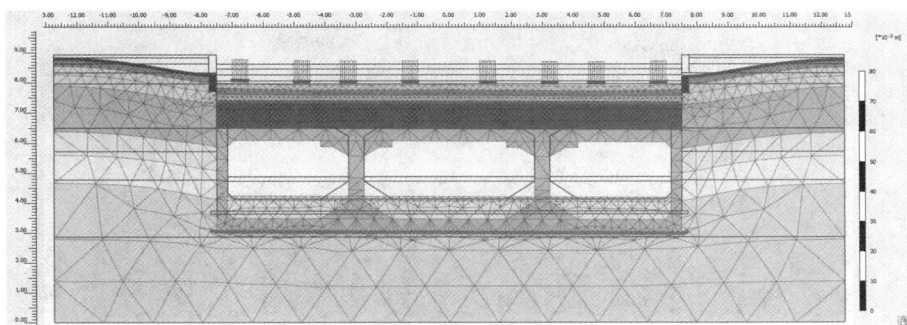

图 9.61　重交通荷载影响变形网格

由图 9.62 重交通荷载影响总主位移变化可知, 最大值为 7.353mm, 台背路基中上部出现最大值。

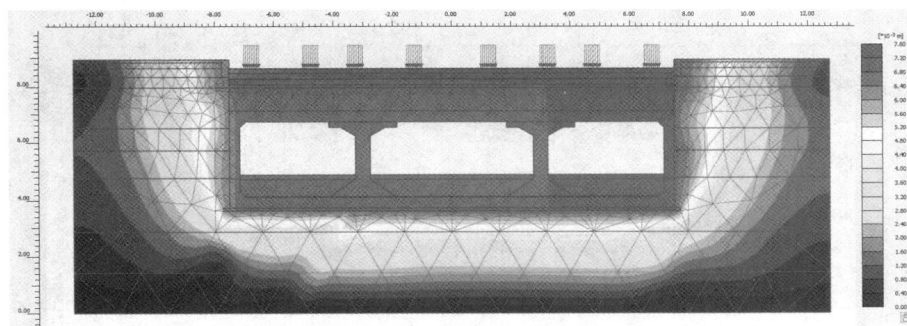

图 9.62　重交通荷载影响总主位移变化

由图 9.63 重交通荷载影响总主应力矢量、方向变化可知, 最大值为 62.49kPa, 最小值为-62.57kPa, 总主应力矢量向台背面偏转。

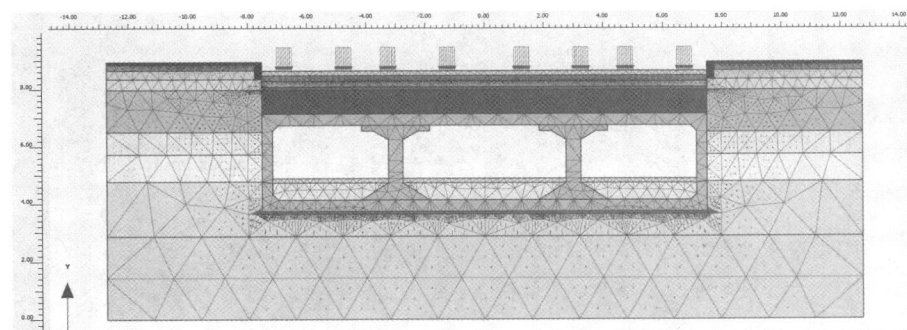

图 9.63　重交通荷载影响总主应力矢量、方向变化

由图 9.64 重交通荷载影响总主应变变化可知, 最大值为 0, 最小值为-61.0, 台背面路基中上部出现最大值。

图 9. 64　重交通荷载影响总主应变变化

由图 9.65 重交通荷载影响相对剪应力变化可知，最大值为 100%，最小值为 31.76%，台背面路基中上部出现最大值。

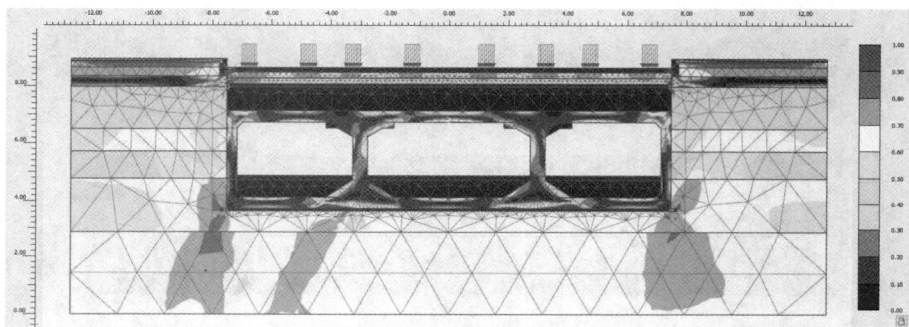

图 9. 65　重交通荷载影响相对剪应力变化

由图 9.66 重交通荷载影响拉、剪破坏点变化可知，台背路面出现拉、剪破坏区，可能发生路面车辙、拉裂、松散，建议路面表面层来年摊铺。

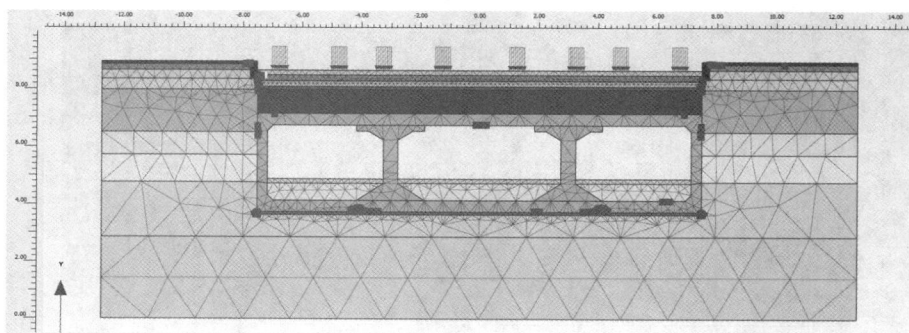

图 9. 66　重交通荷载影响拉、剪破坏点变化

◆◇ 9.6　二车道路面人防工程动载响应力学特性数值模拟

（1）交通荷载

由图 9.67 交通荷载影响变形网格可知，考虑车辆荷载 20kN/m²，变形最大值为 2.906mm，发生在台背区。

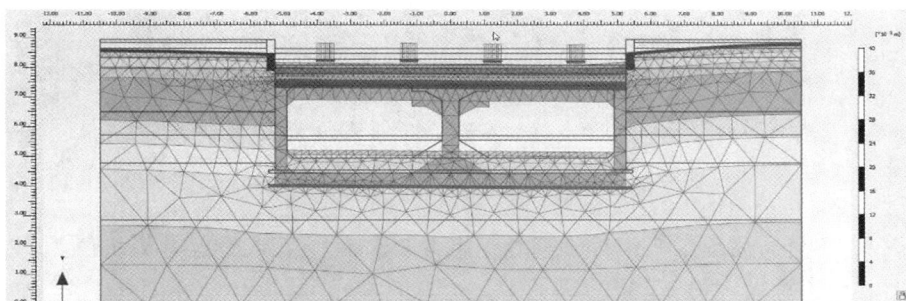

图 9.67　交通荷载影响变形网格

由图 9.68 交通荷载影响总主位移变化可知，最大值为 2.906mm，台背路基中上部出现最大值。

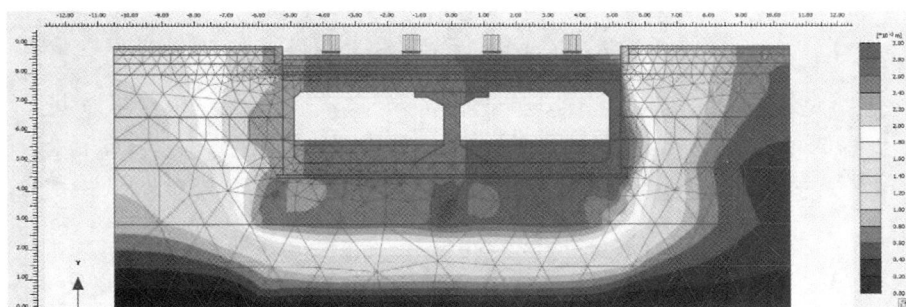

图 9.68　交通荷载影响总主位移变化

由图 9.69 交通荷载影响总主应力矢量、方向变化可知，最大值为 6.007kPa，最小值为 −6.059kPa，总主应力矢量向台背面偏转。

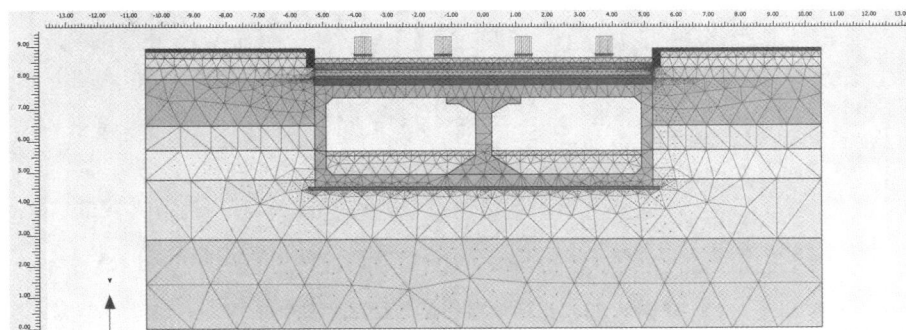

图 9.69　交通荷载影响总主应力矢量、方向变化

由图 9.70 交通荷载影响总主应变变化可知，最大值为 0，最小值为 -6.38，台背面路基中上部出现最大值。

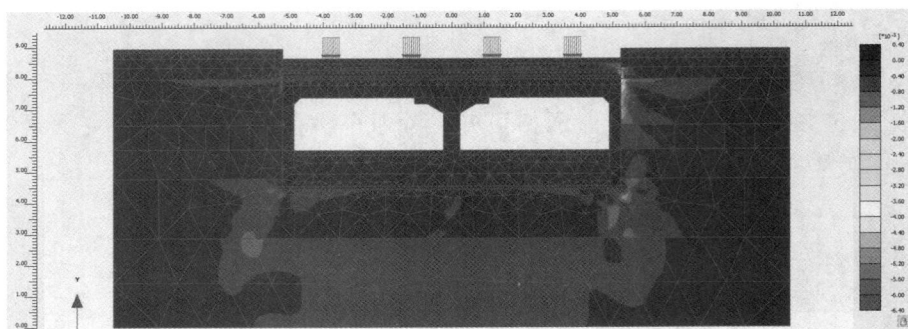

图 9.70　交通荷载影响总主应变变化

由图 9.71 交通荷载影响相对剪应力变化可知，最大值为 100%，最小值为 58.33%，台背面路基中上部出现最大值。

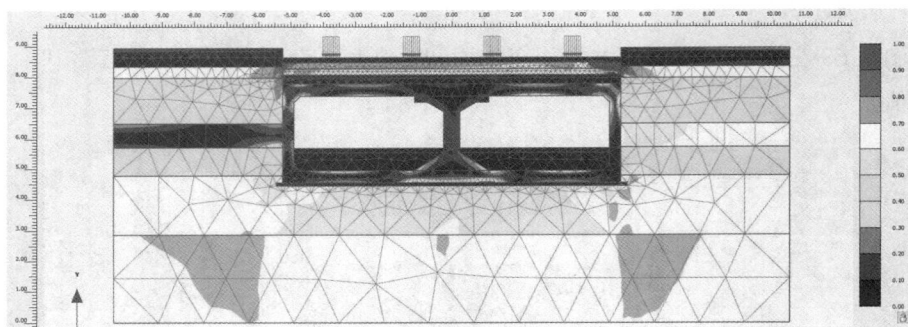

图 9.71　交通荷载影响相对剪应力变化

由图 9.72 交通荷载影响拉、破坏点变化可知，台背路面出现拉破坏区，可能发生路面车辙、拉裂、松散，建议路面表面层来年摊铺。

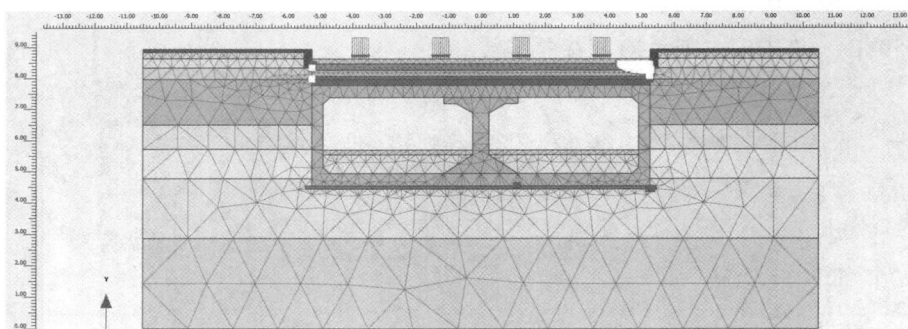

图 9.72　交通荷载影响拉破坏点变化

（2）重中交通荷载

由图 9.73 重交通荷载影响变形网格可知，考虑车辆荷载 $40kN/m^2$，变形最大值为 3.267mm，发生在台背区。

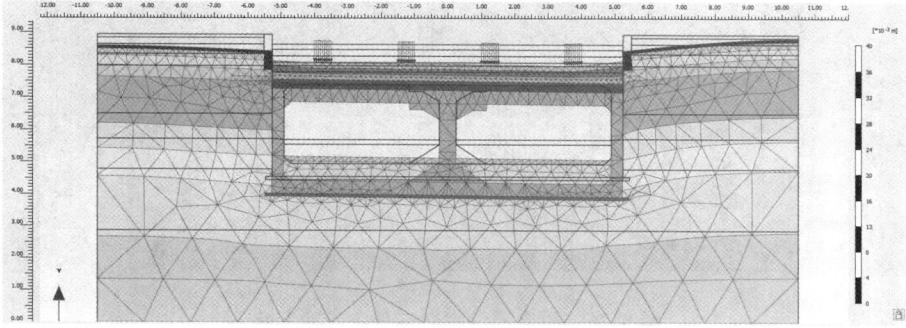

图 9.73　重交通荷载影响变形网格

由图 9.74 重交通荷载影响总主位移变化可知，最大值为 3.267mm，台背路基中上部出现最大值。

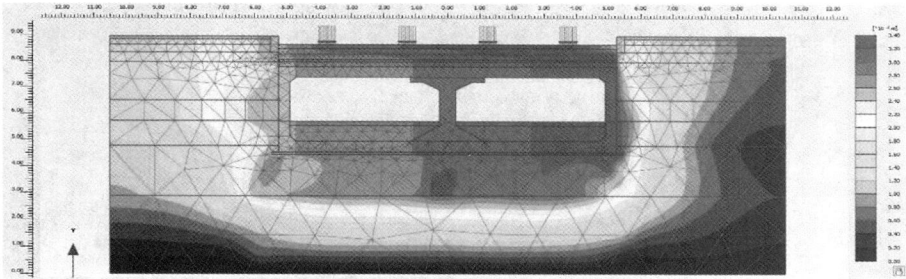

图 9.74　重交通荷载影响总主位移变化

由图 9.75 重交通荷载影响总主应力矢量、方向变化可知，最大值为 7.182kPa，最小值为 -6.53kPa，总主应力矢量向台背面偏转。

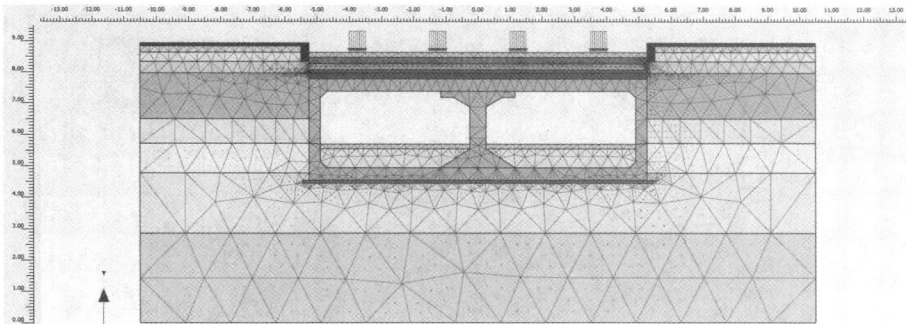

图 9.75　重交通荷载影响总主应力矢量、方向变化

由图 9.76 重交通荷载影响总主应变变化可知，最大值为 0，最小值为 -7.08，台背面路基中上部出现最大值。

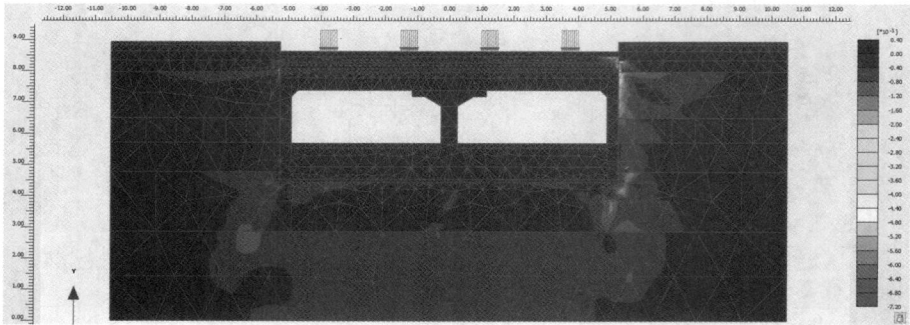

图 9.76　重交通荷载影响总主应变变化

由图 9.77 重交通荷载影响相对剪应力变化可知，最大值为 100%，最小值为 16.17%，台背面路基中上部出现最大值。

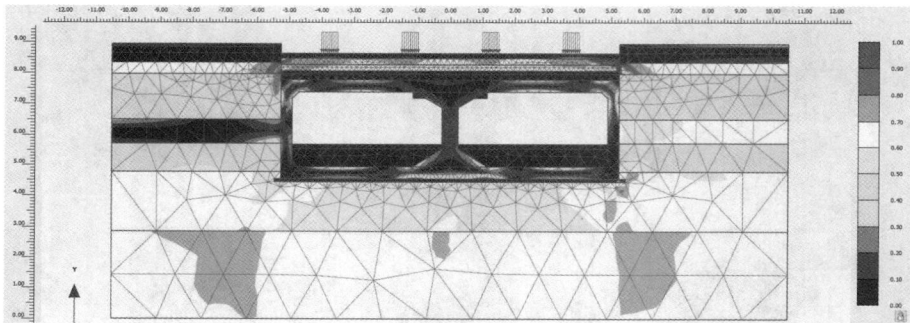

图 9.77　重交通荷载影响相对剪应力变化

由图 9.78 重交通荷载影响拉、剪破坏点变化可知，台背路面出现拉、剪破坏区，可能发生路面车辙、拉裂、松散，建议路面表面层来年摊铺。

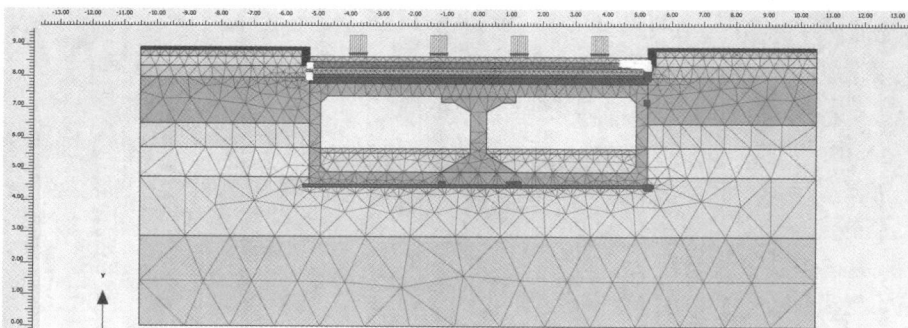

图 9.78　重交通荷载影响拉、剪破坏点变化

◆◇ 9.7　路面交叉路口人防环道工程动载响应数值模拟

路面交叉路口人防环道工程动载响应数值模拟建模见图 9.79。

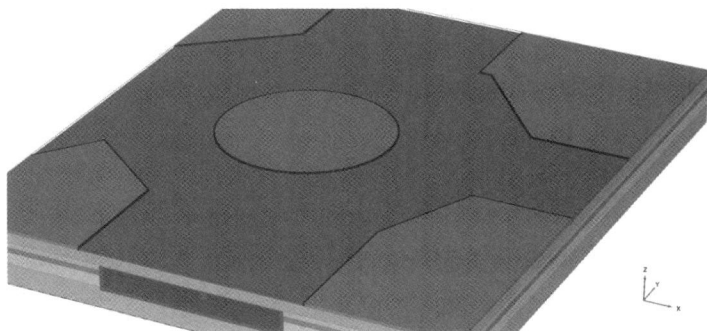

图 9.79　路面交叉路口人防环道工程建模

由图 9.80 交通荷载影响路面交叉路口人防环道工程变形云图可知，考虑车辆荷载 20kN/m²，变形最大值为 25.0mm，发生在人防环道顶板、路口区。

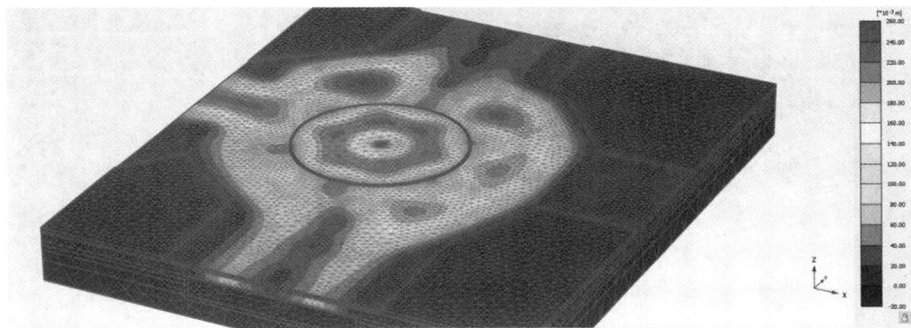

图 9.80　交通荷载影响路面交叉路口人防环道工程变形云图

由图 9.81 交通荷载影响路面交叉路口人防环道工程总主位移变化等值面图可知，最大值为 25.0mm，发生在人防环道顶板、路口区。

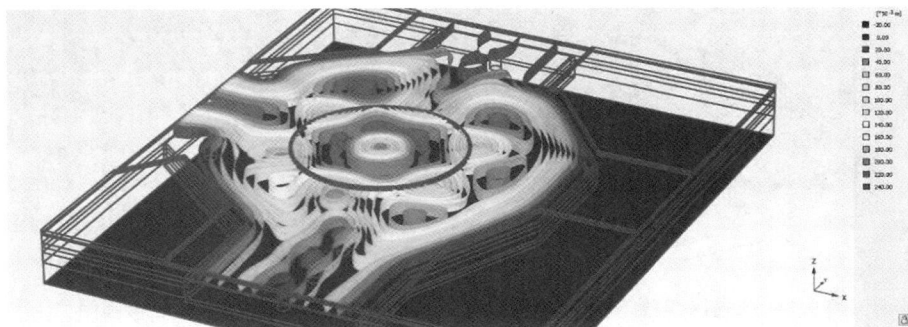

图 9.81　交通荷载影响路面交叉路口人防环道工程总主位移变化等值面图

由图 9.82 交通荷载影响路面交叉路口人防环道工程总主应力矢量、方向变化可知，最大值为 56.96kPa，最小值为 -61.51kPa，总主应力矢量向人防环道面偏转。

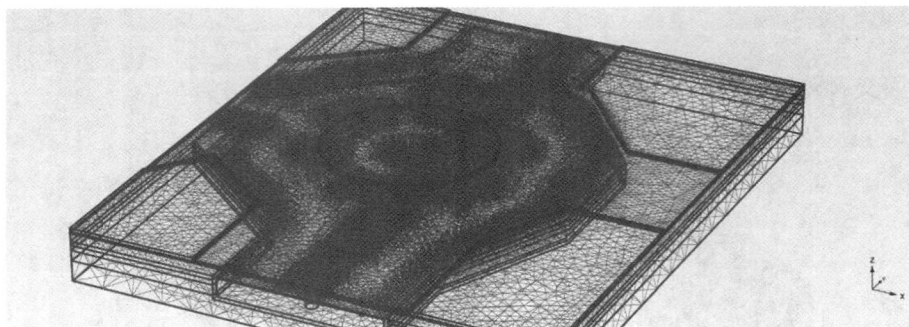

图 9.82 交通荷载影响路面交叉路口人防环道工程总主应力矢量、方向变化

由图 9.83 交通荷载影响路面交叉路口人防环道工程总主应变变化等值面图可知，最大值为 1.202，最小值为 -0.06454，人防环道面出现最大值。

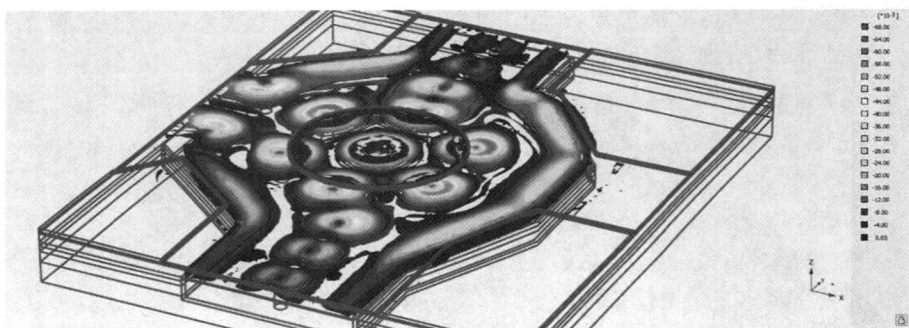

图 9.83 交通荷载影响路面交叉路口人防环道工程总主应变变化

由图 9.84 交通荷载影响路面交叉路口人防环道工程总主应力变化等值面图可知，最大值为 341.9MPa，最小值为 -48.59MPa，人防环道面出现最大值。

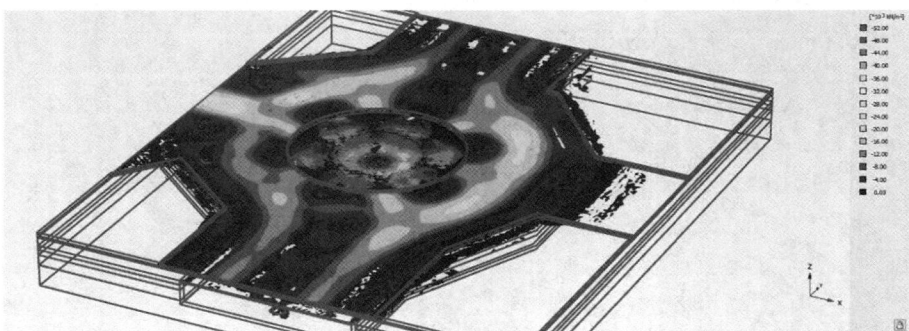

图 9.84 交通荷载影响路面交叉路口人防环道工程总主应力变化等值面图

由图 9.85 交通荷载影响路面交叉路口人防环道工程相对剪应力变化等值面图可知，最大值为 100%，最小值为 71.4%，人防环道面出现最大值。

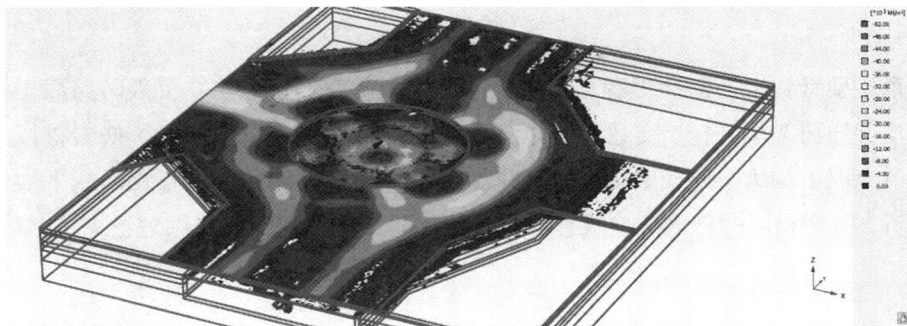

图 9.85　交通荷载影响路面交叉路口人防环道工程相对剪应力变化等值面图

由图 9.86 交通荷载影响路面交叉路口人防环道工程剪应力变化等值面图可知，最大值为 20.10GPa，最小值为 2.0MPa，人防环道面出现最大值。

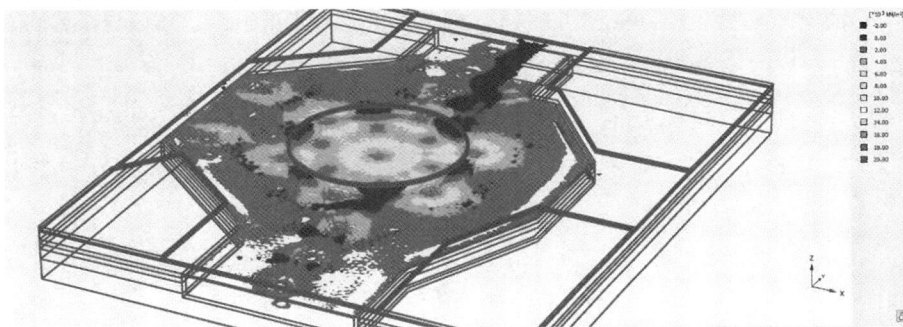

图 9.86　交通荷载影响路面交叉路口人防环道工程剪应力变化等值面图

由图 9.87 交通荷载影响路面交叉路口人防环道工程拉破坏点变化可知，人防环道路面出现拉破坏区，可能发生路面车辙、拉裂、松散，建议路面表面层来年摊铺。

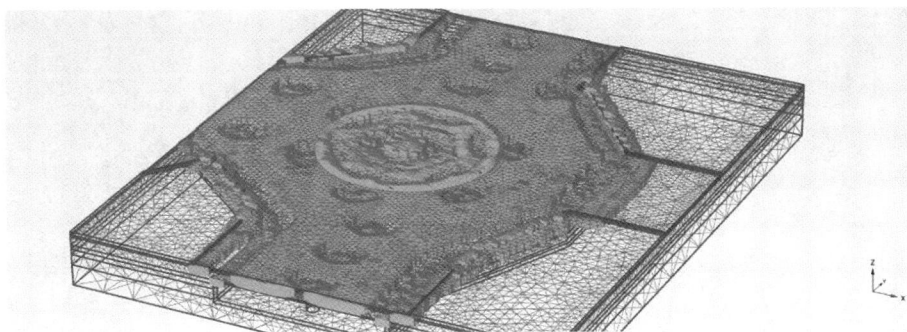

图 9.87　交通荷载影响路面交叉路口人防环道工程拉破坏点变化

◆◇ 9.8 本章小结

本章主要针对人防路面工程动力响应问题开展研究。首先建立了人防路面工程动载响应模型，分别考虑开挖、交通荷载以及重交通荷载三种情况，开展了嵌岩桩以及三种不同车道工况下的力学响应数值模拟，并对路面交叉口人防环道工程在动载下数值响应进行分析，得到相应的动力响应规律，为人防路面工程提质改造提供理论支持。

第10章　路面工程管线动载响应力学特性

针对零阳路面管线动载响应工程力学数值模拟，进行管线路面结构建模，路面明涵动载响应工程力学数值模拟，路面电信明通动载响应工程力学数值模拟和路面管线动载响应工程力学数值模拟。

◆◇ 10.1　路面工程管线建模

管线路面结构建模主要考虑明涵、电信和不同埋深、管径管线与路面结构模型(见图 10.1)。

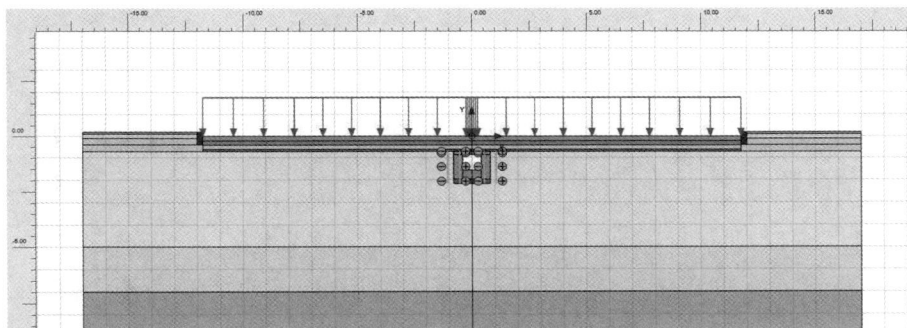

(a)明涵管线与路面结构

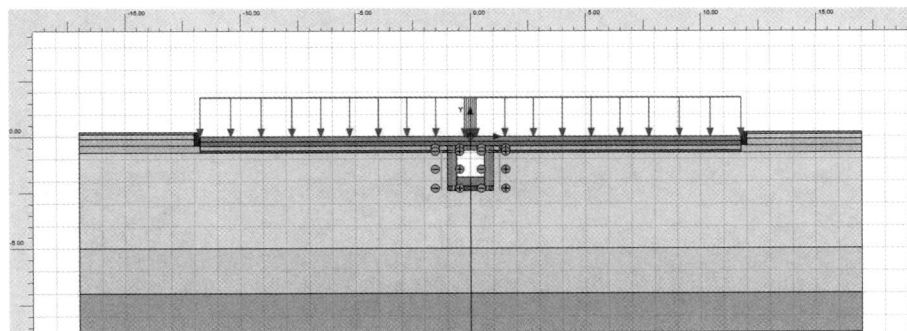

(b)电信管线与路面结构

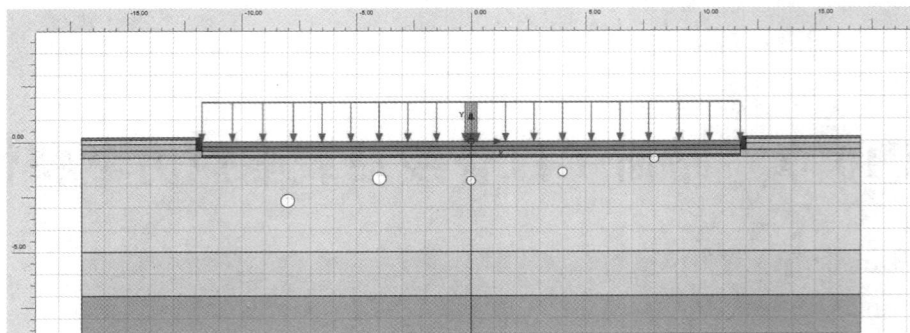

（c）不同埋深、管径管线与路面结构

图 10.1　明涵、电信和不同埋深、管径管线与路面结构模型

◆◇ 10.2　路面明涵动载响应工程力学数值模拟

（1）车辆荷载

由图 10.2 路面明涵工程车辆荷载情况变形网格可知，考虑车辆荷载 20kN/m^2，变形最大值为 8.863mm，发生在管沟台背区。

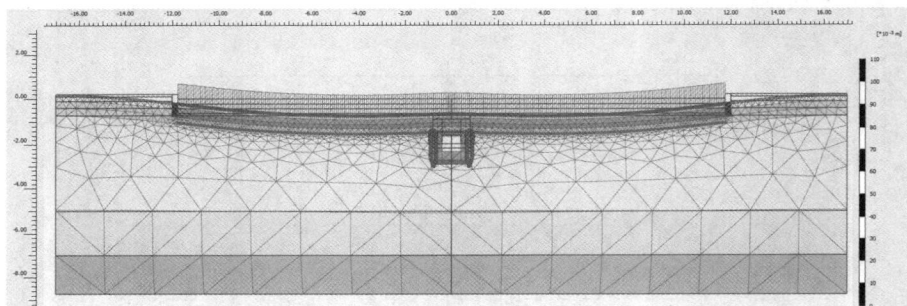

图 10.2　路面明涵工程变形网格

由图 10.3 路面明涵工程车辆荷载情况总主位移变化可知，最大值为 8.863mm，管沟台背面路基中上部出现最大值。

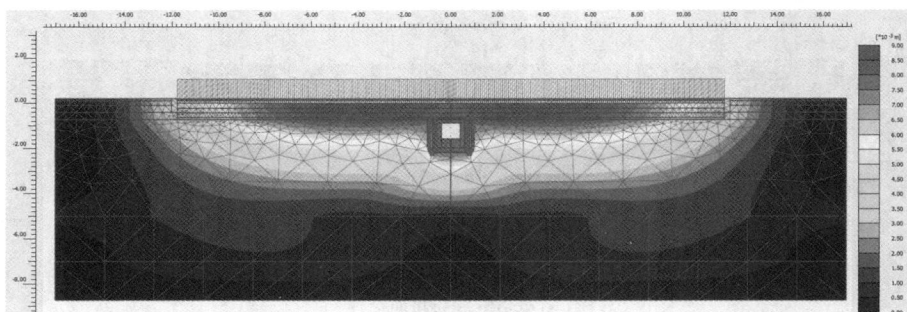

图 10.3　路面明涵工程总主位移变化

由图 10.4 路面明涵工程车辆荷载情况总主应力矢量、方向变化可知，最大值为
10.11kPa，最小值为-6.707kPa，总主应力矢量向管沟台背面偏转。

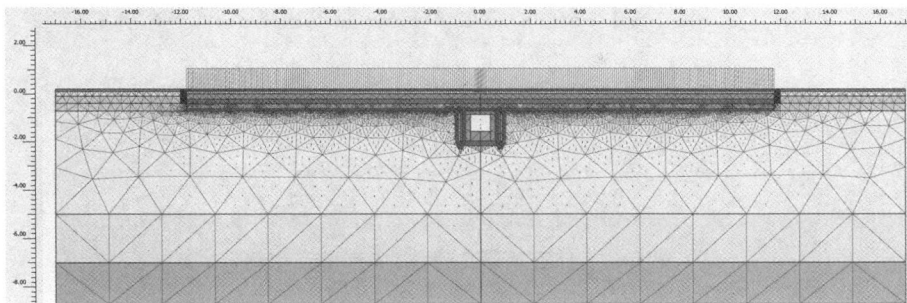

图 10.4 路面明涵工程总主应力矢量、方向变化

由图 10.5 路面明涵工程车辆荷载情况总主应变变化可知，最大值为 $1.514×10^{-3}$，最小值为-6.123，管沟台背面路基中上部出现最大值。

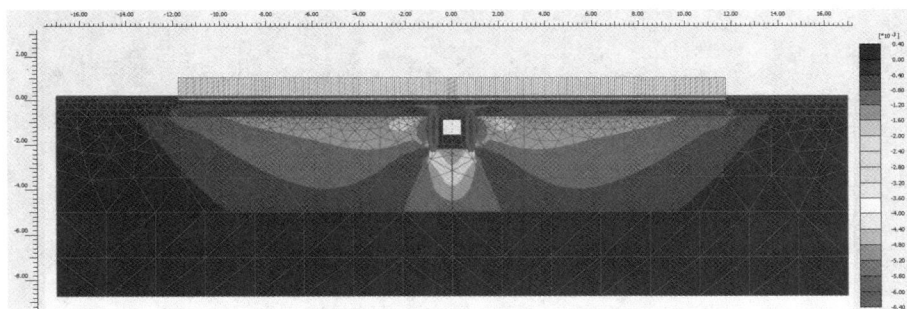

图 10.5 路面明涵工程总主应变变化

由图 10.6 路面明涵工程车辆荷载情况相对剪应力变化可知，最大值为 100%，最小值为 47.03%，管沟台背面路基中上部出现最大值。

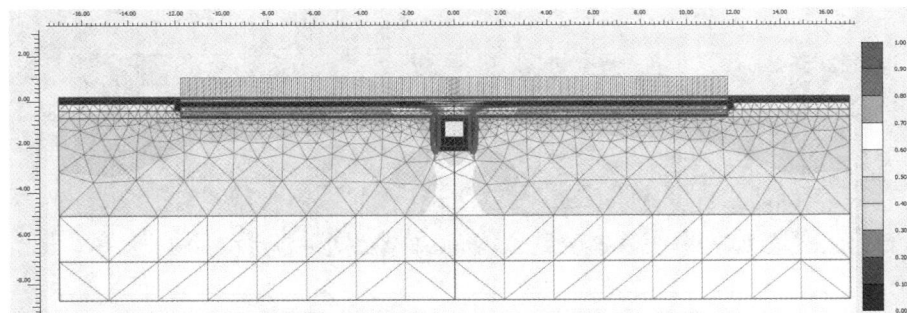

图 10.6 路面明涵工程相对剪应力变化

由图 10.7 路面明涵工程车辆荷载情况拉、剪破坏点变化可知，管沟台背路面出现连续剪破坏区，可能发生路面车辙、拉裂、松散，建议路面表面层来年摊铺。

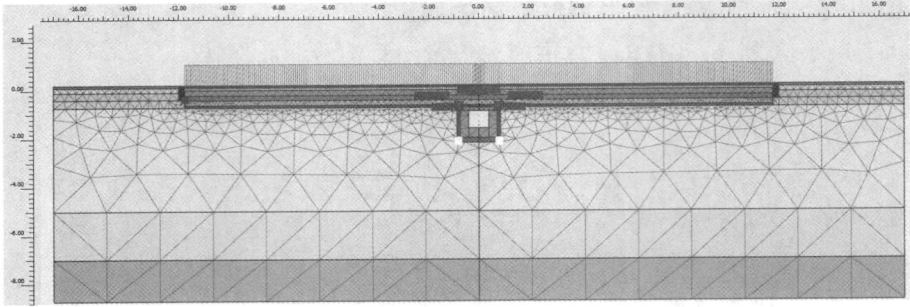

图 10.7　路面明涵工程拉、剪破坏点变化

（2）重交通荷载

由图 10.8 路面明涵工程重交通荷载情况变形网格可知，考虑车辆荷载 40kN/m²，变形最大值为 17.09mm，发生在管沟台背区。

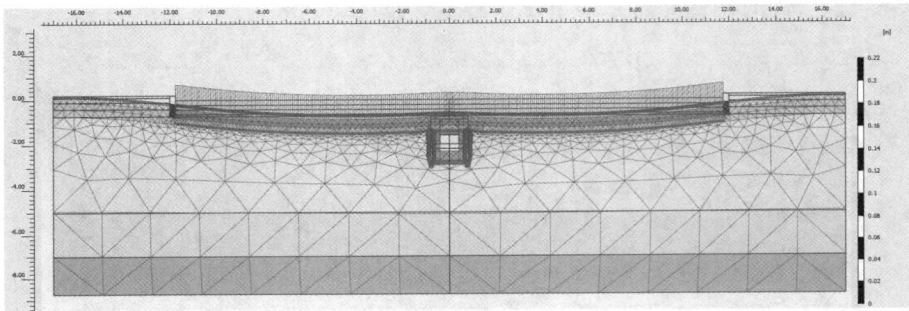

图 10.8　路面明涵工程重交通荷载情况变形网格

由图 10.9 路面明涵工程重交通荷载情况总主位移变化可知，最大值为 17.09mm，管沟台背面路基中上部出现最大值。

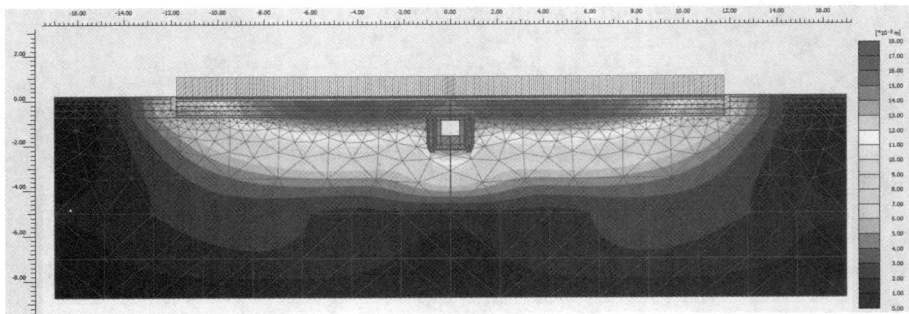

图 10.9　路面明涵工程重交通荷载情况总主位移变化

由图 10.10 路面明涵工程重交通荷载情况总主应力矢量、方向变化可知，最大值为 19.98kPa，最小值为 −12.66kPa，总主应力矢量向管沟台背面偏转。

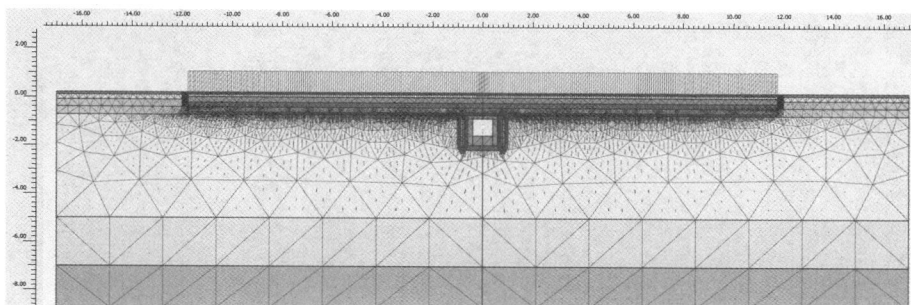

图 10. 10 路面明涵工程重交通荷载情况总主应力矢量、方向变化

由图 10.11 路面明涵工程重交通荷载情况总主应变变化可知，最大值为 -0.29×10^{-3}，最小值为 -0.01368，管沟台背面路基中上部出现最大值。

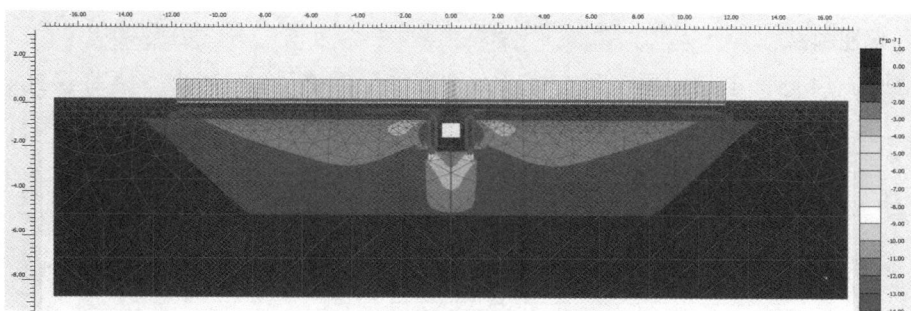

图 10. 11 路面明涵工程重交通荷载情况总主应变变化

由图 10.12 路面明涵工程重交通荷载情况相对剪应力变化可知，最大值为 100%，最小值为 75.38%，管沟台背面路基中上部出现最大值。

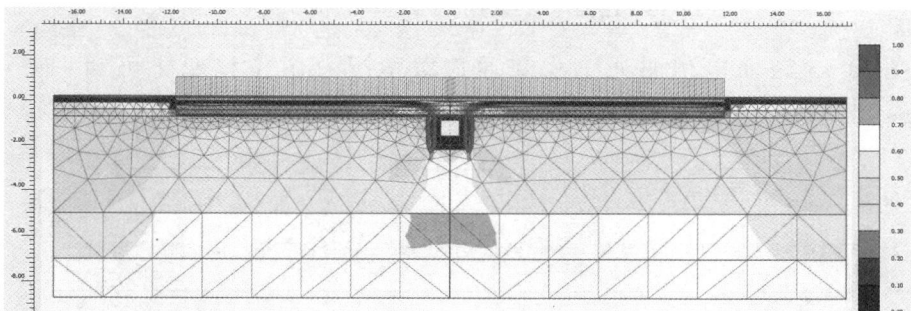

图 10. 12 路面明涵工程重交通荷载情况相对剪应力变化

由图 10.13 路面明涵工程重交通荷载情况拉、剪破坏点变化可知，管沟台背路面出现连续剪破坏区，可能发生路面车辙、拉裂、松散，建议路面表面层来年摊铺。

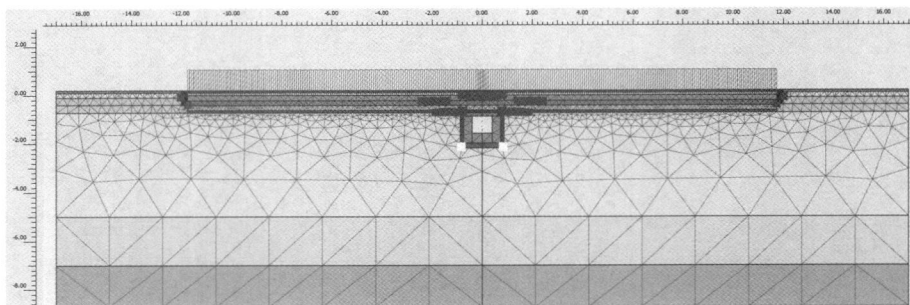

图 10.13　路面明涵工程重交通荷载情况拉、剪破坏点变化

◆◇ 10.3　路面电信明通动载响应工程力学数值模拟

（1）交通荷载

由图 10.14 路面电信明通工程交通荷载情况变形网格可知，考虑车辆荷载 $20kN/m^2$，变形最大值为 8.903mm，发生在管沟台背区。

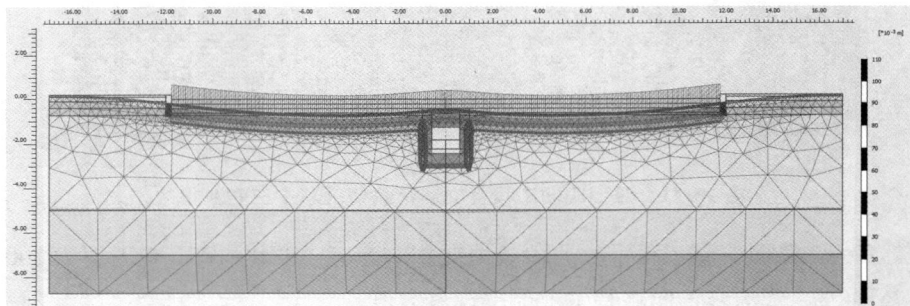

图 10.14　路面电信明通工程交通荷载情况变形网格

由图 10.15 路面电信明通工程交通荷载情况总主位移变化可知，最大值为 8.903mm，管沟台背面路基中上部出现最大值。

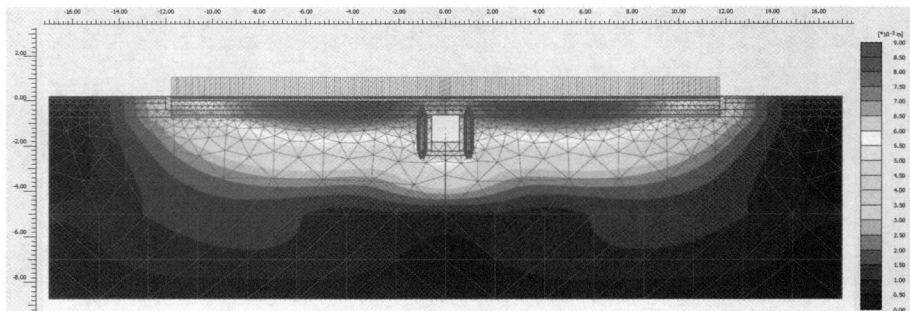

图 10.15　路面电信明通工程交通荷载情况总主位移变化

由图 10.16 路面电信明通工程交通荷载情况总主应力矢量、方向变化可知，最大值为 10.93kPa，最小值为-8.566kPa，总主应力矢量向管沟台背面偏转。

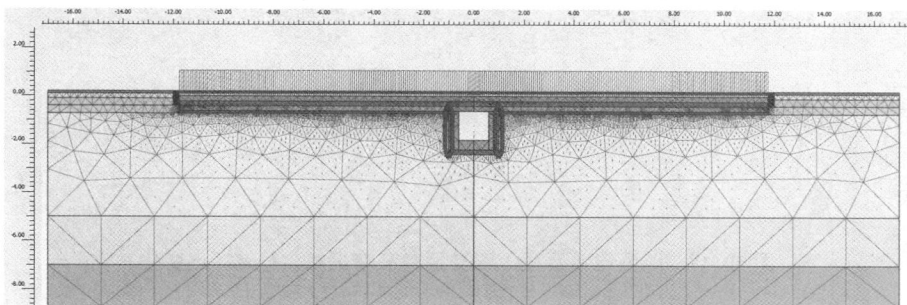

图 10.16　路面电信明通工程交通荷载情况总主应力矢量、方向变化

由图 10.17 路面电信明通工程交通荷载情况总主应变变化可知，最大值为-46.36×10^{-3}，最小值为-0.07813，管沟台背面路基中上部出现最大值。

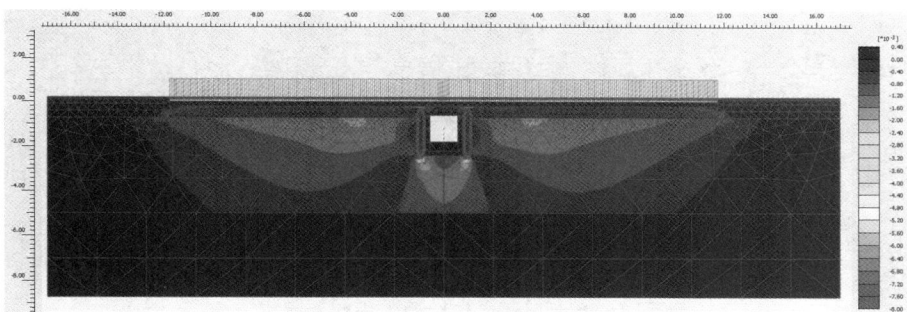

图 10.17　路面电信明通工程交通荷载情况总主应变变化

由图 10.18 路面电信明通工程交通荷载情况相对剪应力变化可知，最大值为 100%，最小值为 88.43%，管沟台背面路基中上部出现最大值。

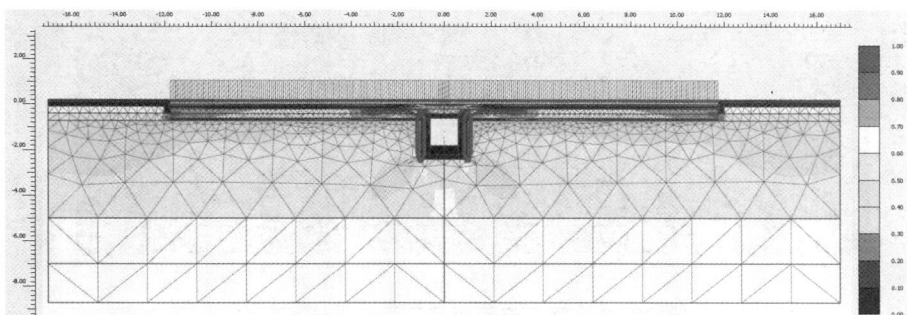

图 10.18　路面电信明通工程交通荷载情况相对剪应力变化

由图 10.19 路面电信明通工程交通荷载情况拉、剪破坏点变化可知，管沟台背路面出现连续剪破坏区，可能发生路面车辙、拉裂、松散，建议路面表面层来年摊铺。

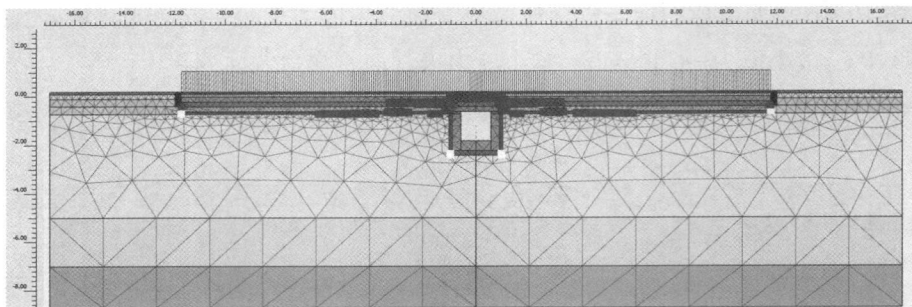

图 10.19　路面电信明通工程交通荷载情况拉、剪破坏点变化

（2）重交通荷载

由图 10.20 路面电信明通工程变形网格可知，考虑车辆荷载 $40kN/m^2$，变形最大值为 17.27mm，发生在管沟台背区。

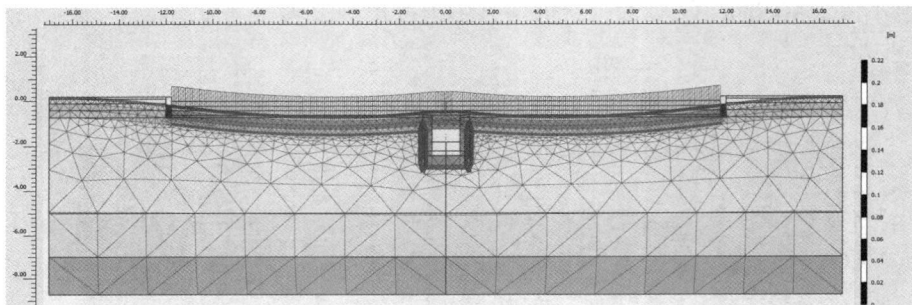

图 10.20　路面电信明通工程变形网格

由图 10.21 路面电信明通工程总主位移变化可知，最大值为 17.27mm，管沟台背面路基中上部出现最大值。

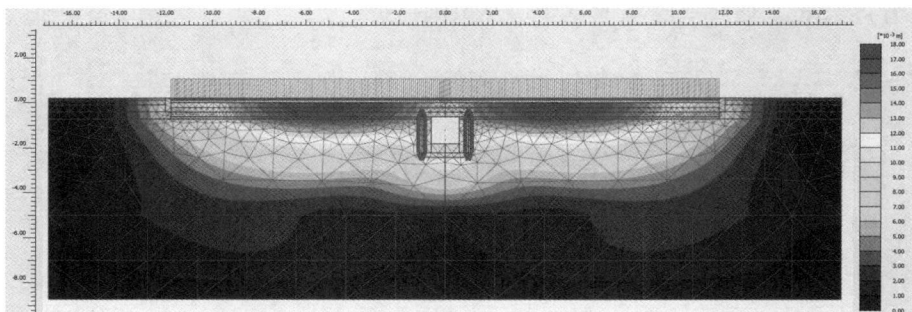

图 10.21　路面电信明通工程总主位移变化

由图 10.22 路面电信明通工程总主应力矢量、方向变化可知，最大值为 25.0kPa，最小值为 $-17.15kPa$，总主应力矢量向管沟台背面偏转。

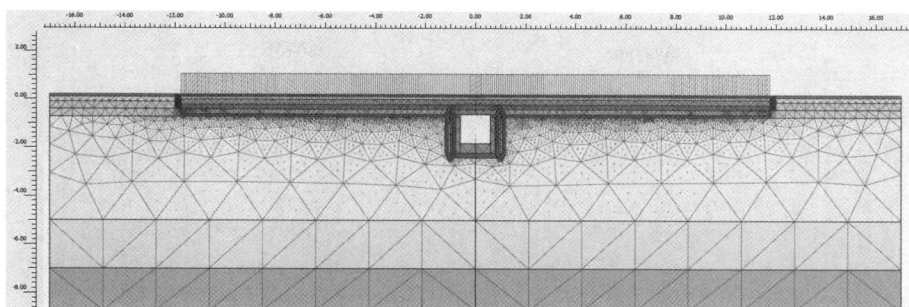

图 10.22　路面电信明通工程总主应力矢量、方向变化

由图 10.23 路面电信明通工程总主应变变化可知，最大值为 0.5633×10⁻³，最小值为 −0.01286，管沟台背面路基中上部出现最大值。

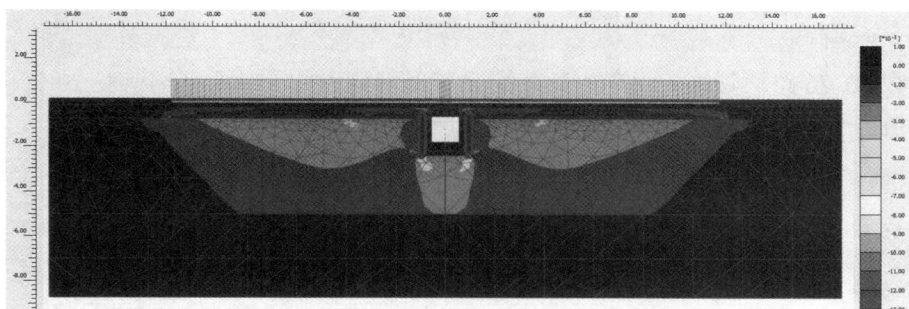

图 10.23　路面电信明通工程总主应变变化

由图 10.24 路面电信明通工程相对剪应力变化可知，最大值为 100%，最小值为 91.11%，管沟台背面路基中上部出现最大值。

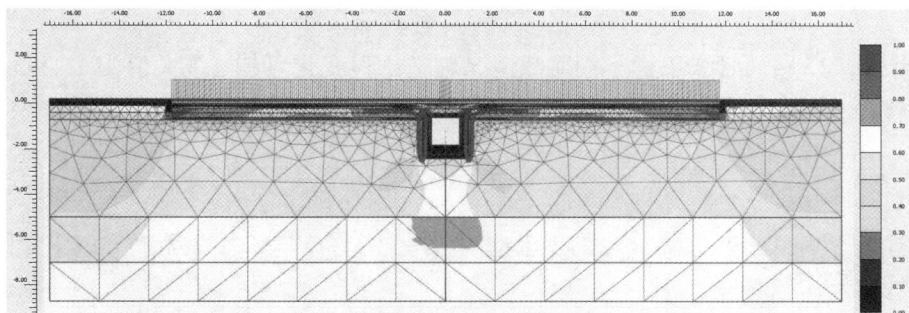

图 10.24　路面电信明通工程相对剪应力变化

由图 10.25 路面电信明通工程拉、剪破坏点变化可知，管沟台背路面出现连续剪破坏区，可能发生路面车辙、拉裂、松散，建议路面表面层来年摊铺。

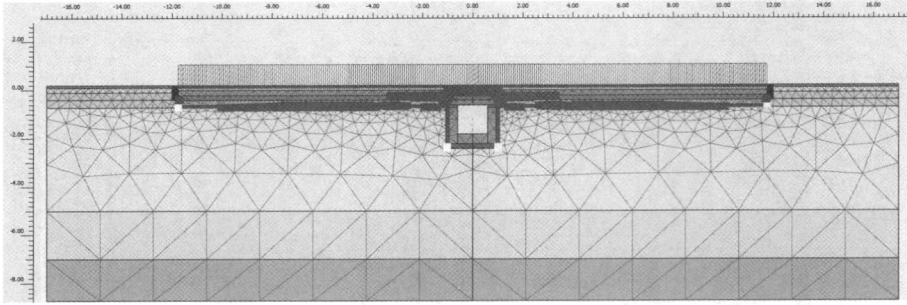

图 10.25　路面电信明通工程拉、剪破坏点变化

◆◇ 10.4　路面管线动载响应工程力学数值模拟

（1）车辆荷载

由图 10.26 路面管线工程车辆荷载情况变形网格可知，考虑车辆荷载 $20kN/m^2$，变形最大值为 15.96m，发生在大管径、浅埋区域。

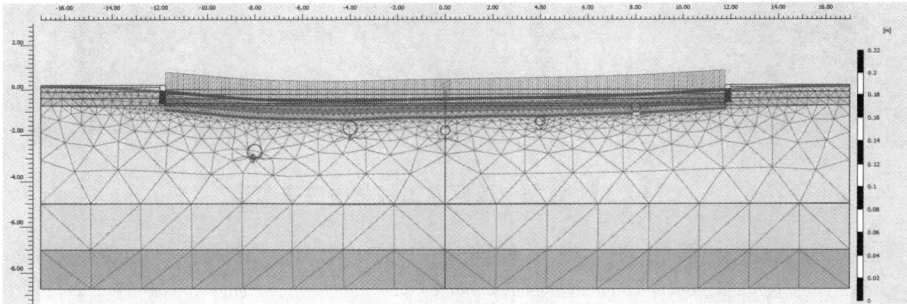

图 10.26　路面管线工程车辆荷载情况变形网格

由图 10.27 路面管线工程车辆荷载情况总主位移变化可知，最大值为 15.96mm，发生在大管径、浅埋区域。

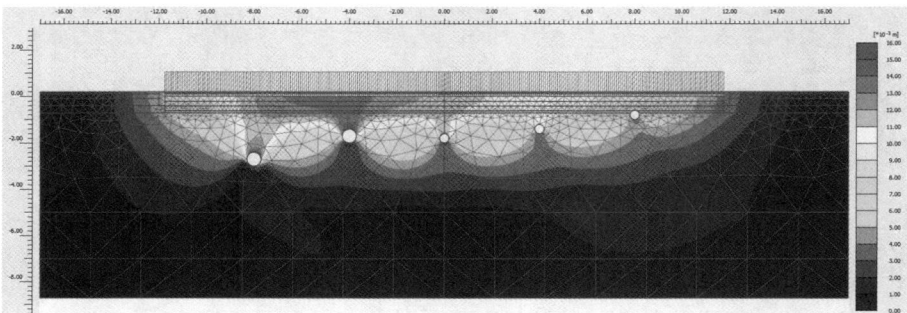

图 10.27　路面管线工程车辆荷载情况总主位移变化

由图 10.28 路面管线工程车辆荷载情况总主应力矢量、方向变化可知，最大值为 49.68kPa，最小值为−44.93kPa，总主应力矢量向大管径、浅埋路面偏转。

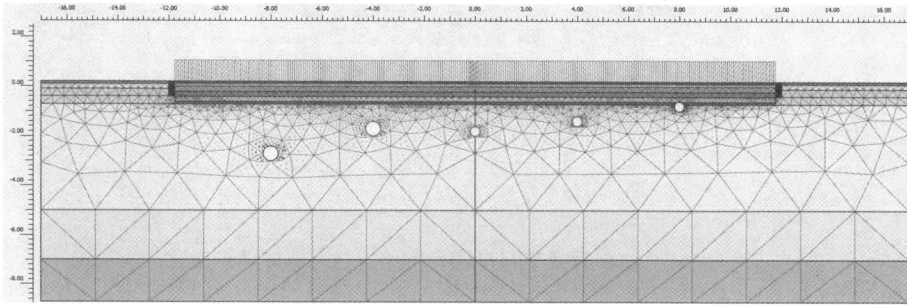

图 10.28　路面管线工程车辆荷载情况总主应力矢量、方向变化

由图 10.29 路面管线工程车辆荷载情况总主应变变化可知，最大值为 $1.513×10^{-3}$，最小值为−0.05442，大管径、浅埋路面出现最大值。

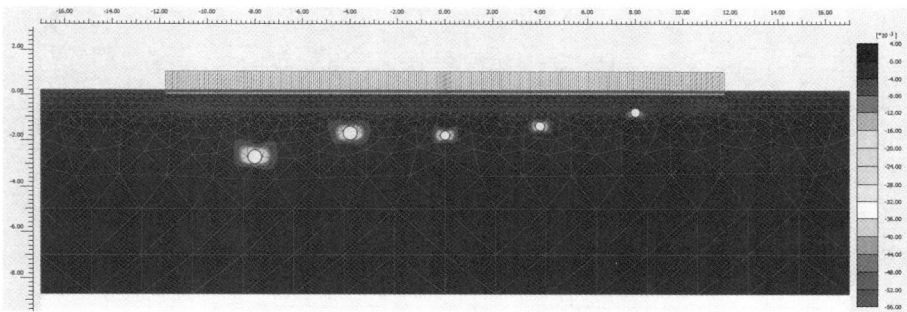

图 10.29　路面管线工程车辆荷载情况总主应变变化

由图 10.30 路面管线工程车辆荷载情况相对剪应力变化可知，最大值为 100%，最小值为 40.93%，大管径、浅埋路面出现最大值。

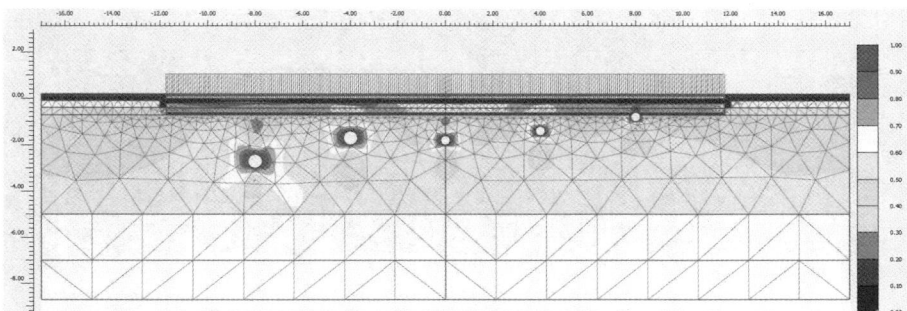

图 10.30　路面管线工程车辆荷载情况相对剪应力变化

由图 10.31 路面管线工程车辆荷载情况拉、剪破坏点变化可知，大管径、浅埋路面出现拉、剪破坏区，可能发生路面车辙、拉裂、松散，建议路面表面层来年摊铺。

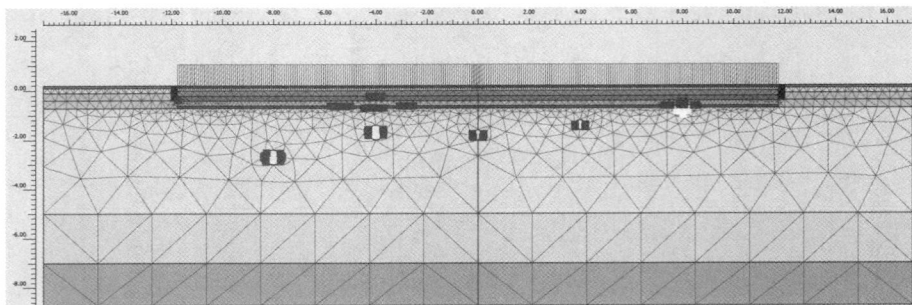

图 10.31　路面管线工程车辆荷载情况拉、剪破坏点变化

（2）重交通荷载

由图 10.32 路面管线工程重交通荷载情况变形网格可知，考虑车辆荷载 $40kN/m^2$，变形最大值为 27.49mm，发生在大管径、浅埋区域。

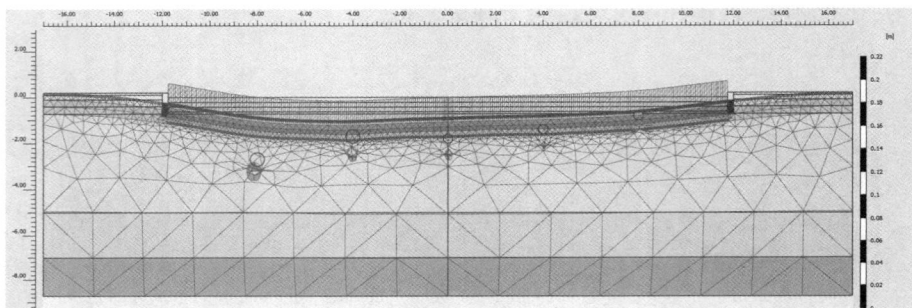

图 10.32　路面管线工程重交通荷载情况变形网格

由图 10.33 路面管线工程重交通荷载情况总主位移变化可知，最大值为 27.49mm，在大管径、浅埋区域出现最大值。

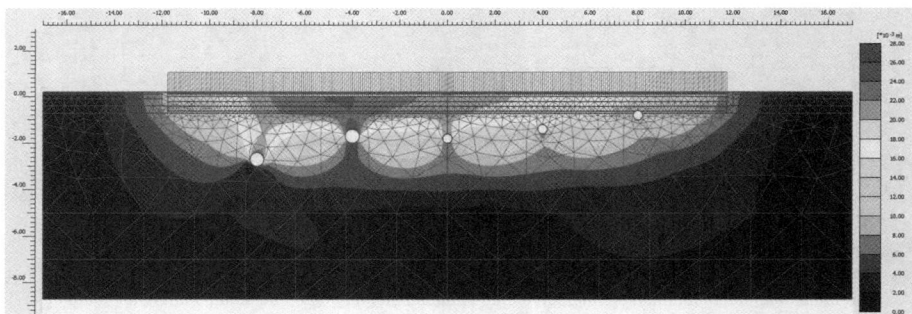

图 10.33　路面管线工程重交通荷载情况总主位移变化

由图 10.34 路面管线工程重交通荷载情况总主应力矢量、方向变化可知，最大值为 16.41kPa，最小值为 -68.12kPa，总主应力矢量向大管径、浅埋路面偏转。

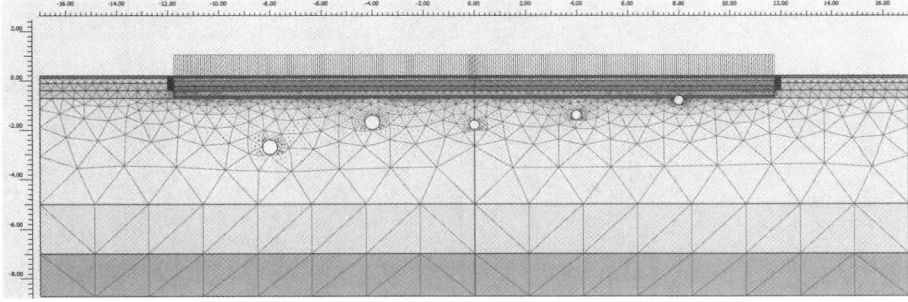

图 10.34　路面管线工程重交通荷载情况总主应力矢量、方向变化

由图 10.35 路面管线工程重交通荷载情况总主应变变化可知，最大值为 1.641×10^{-3}，最小值为 -0.06612，大管径、浅埋区域出现最大值。

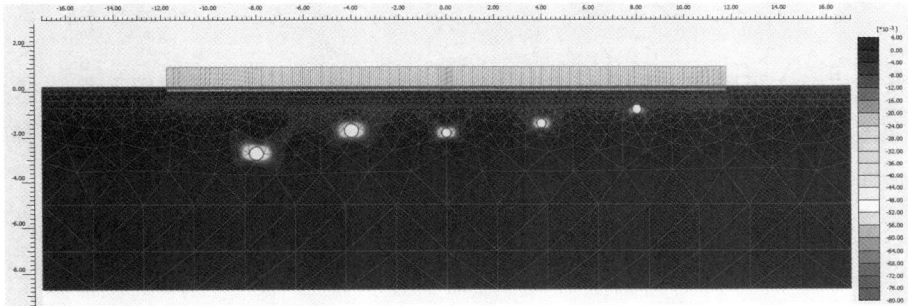

图 10.35　路面管线工程重交通荷载情况总主应变变化

由图 10.36 路面管线工程重交通荷载情况相对剪应力变化可知，最大值为 100%，最小值为 49.84%，大管径、浅埋区域出现最大值。

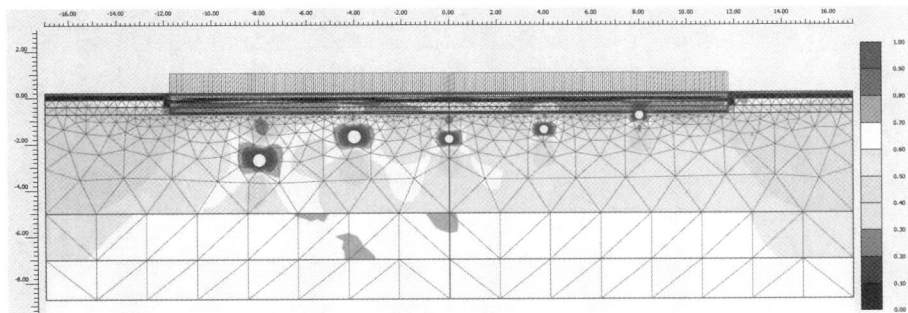

图 10.36　路面管线工程重交通荷载情况相对剪应力变化

由图 10.37 路面管线工程重交通荷载情况拉、剪破坏点变化可知，发生在大管径、浅埋区域路面出现拉、剪破坏区，可能发生路面车辙、拉裂、松散，建议路面表面层来年摊铺。

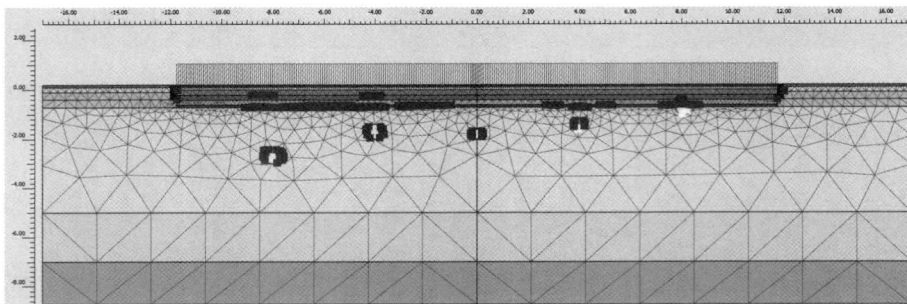

图 10.37　路面管线工程重交通荷载情况拉、剪破坏点变化

◆◇ 10.5　本章小结

　　本章首先建立了路面工程管线模型，分别对路面明线、电信明通以及管线在车辆荷载和重交通荷载下的动力响应进行数值模拟，得到了路面工程管线动力响应规律，最后给出了路面工程管线提质改造的具体建议。

第 11 章 路面撇洪渠人防工程力学特性数值模拟

针对零阳路撇洪渠人防路面工程力学数值模拟，开展撇洪渠人防路面工程建模、撇洪渠基坑开挖、撇洪渠人防路面工程和撇洪渠人防路面结构交通荷载情况下的力学特性数值模拟。

◆◇ 11.1 路面撇洪渠人防工程建模

撇洪渠人防路面工程建模见图 11.1。

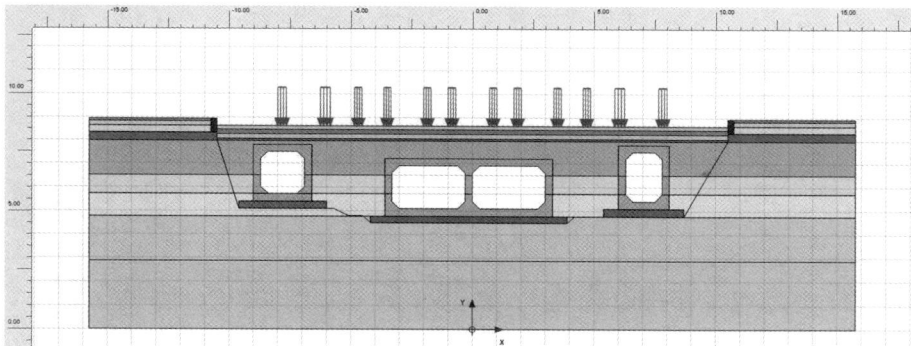

图 11.1 撇洪渠人防路面工程建模

◆◇ 11.2 路面撇洪渠基坑开挖力学特性

由图 11.2 撇洪渠基坑开挖工程变形网格可知，变形最大值为 7.843mm，发生在台背区域。

由图 11.3 撇洪渠基坑开挖工程总主位移变化可知，最大值为 7.843mm，台背面路基中上部出现最大值。

由图 11.4 撇洪渠基坑开挖工程总主应力矢量、方向变化可知，最大值为 46.47kPa，最小值为 -46.96kPa，总主应力矢量向台背面偏转。

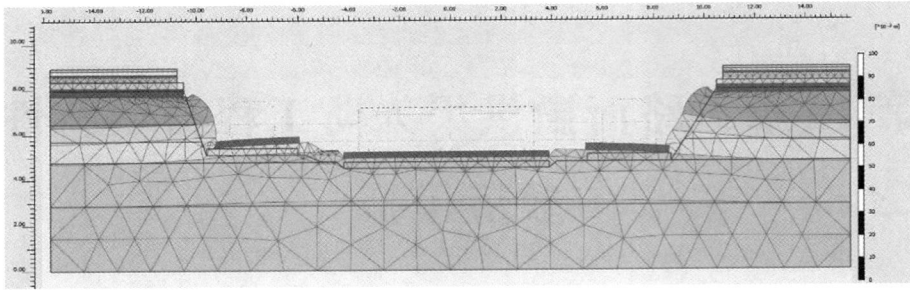

图 11.2 撇洪渠基坑开挖工程变形网格

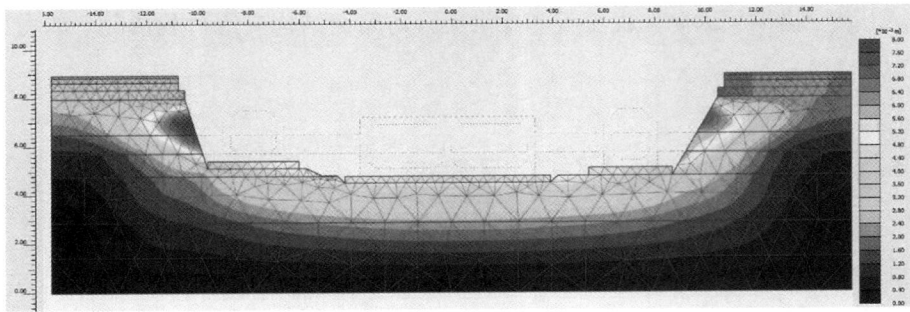

图 11.3 撇洪渠基坑开挖工程总主位移变化

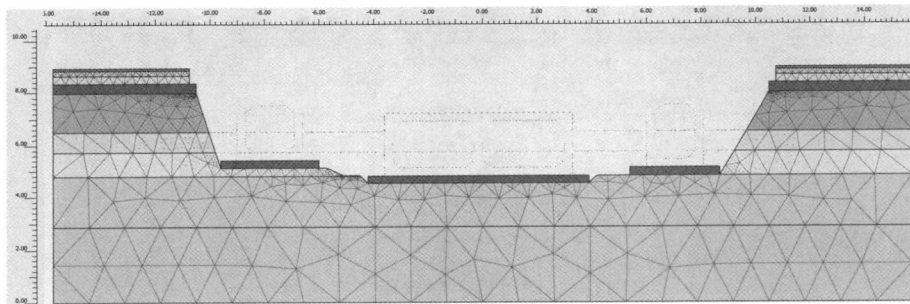

图 11.4 撇洪渠基坑开挖工程总主应力矢量、方向变化

由图 11.5 撇洪渠基坑开挖工程总主应变变化可知，最大值为 $5.093×10^{-3}$，最小值为 -0.06544，管沟台背面路基中上部出现最大值。

由图 11.6 撇洪渠基坑开挖工程相对剪应力变化可知，最大值为 100%，最小值为 52.78%，台背面路基中上部出现最大值。

由图 11.7 撇洪渠基坑开挖工程拉、剪破坏点变化可知，台背路面出现小范围剪破坏区，可能发生路面车辙、拉裂、松散，建议路面表面层来年摊铺。

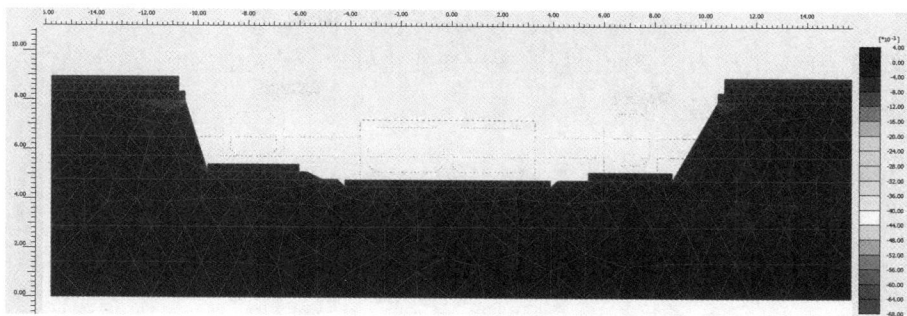

图 11.5　撇洪渠基坑开挖工程总主应变变化

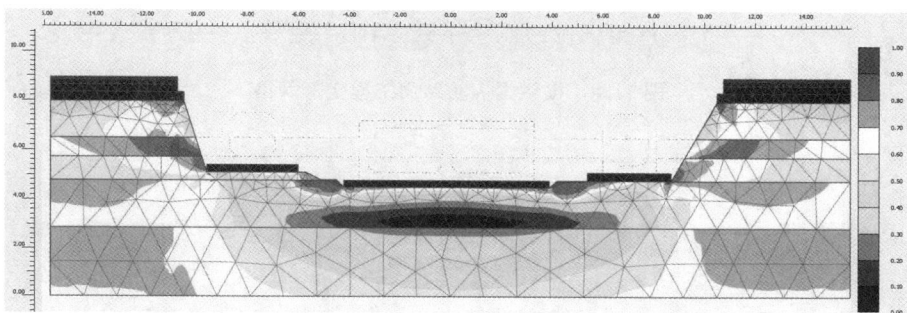

图 11.6　撇洪渠基坑开挖工程相对剪应力变化

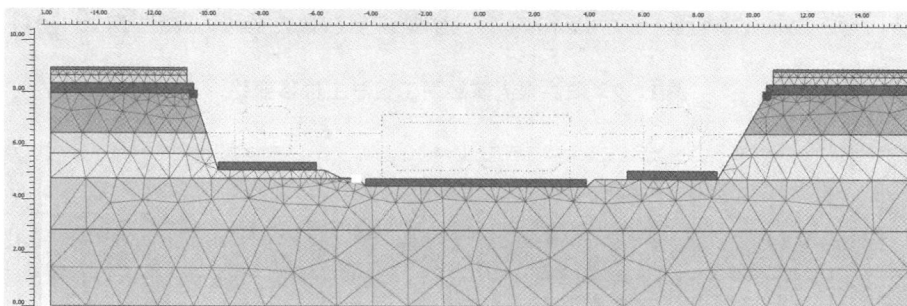

图 11.7　撇洪渠基坑开挖工程拉、剪破坏点变化

◆ 11.3　路面撇洪渠人防工程力学特性

由图 11.8 撇洪渠人防路面工程变形网格可知，变形最大值为 35.5mm，发生在台背区域。

由图 11.9 撇洪渠人防路面工程总主位移变化可知，最大值为 35.5mm，台背面路基中上部出现最大值。

由图 11.10 撇洪渠人防路面工程总主应力矢量、方向变化可知，最大值为

4.117kPa，最小值为−2.833kPa，总主应力矢量向台背面偏转。

由图11.11撤洪渠人防路面工程总主应变变化可知，最大值为0，最小值为−3.652，台背面路基中上部出现最大值。

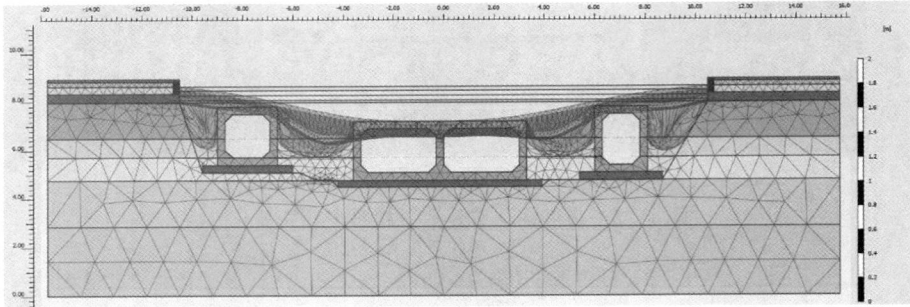

图11.8　撤洪渠人防路面工程变形网格

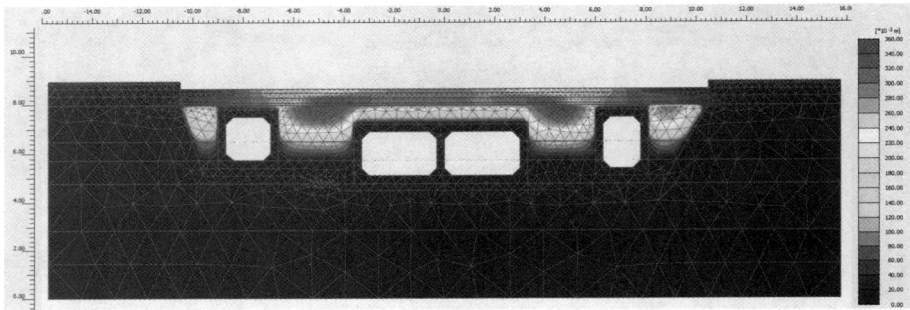

图11.9　撤洪渠人防路面工程总主位移变化

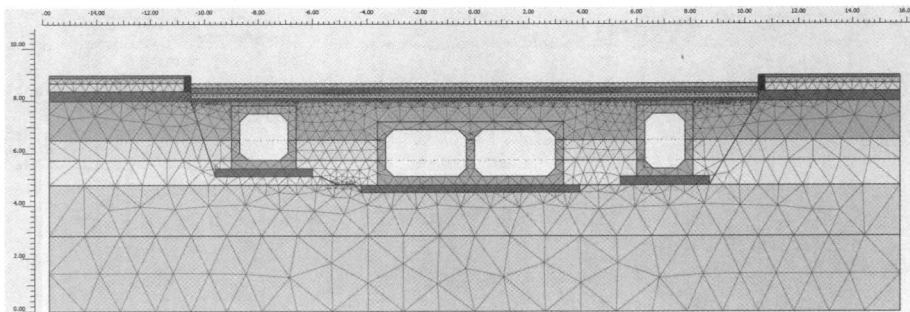

图11.10　撤洪渠人防路面工程总主应力矢量、方向变化

由图11.12撤洪渠人防路面工程相对剪应力变化可知，最大值为0，最小值为0，台背面路基中上部出现最大值。

由图11.13撤洪渠人防路面工程拉、剪破坏点变化可知，台背路面出现连续拉、剪破坏区，可能发生路面车辙、拉裂、松散，建议路面表面层来年摊铺。

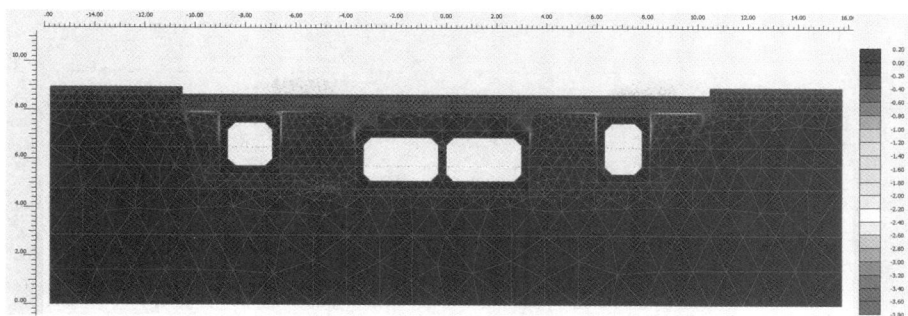

图 11.11　撇洪渠人防路面工程总主应变变化

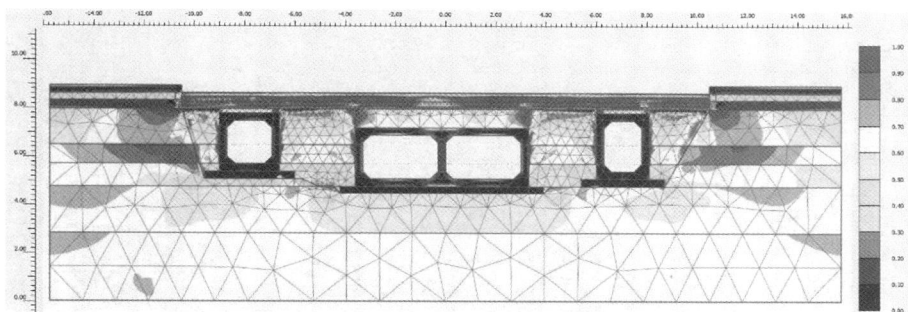

图 11.12　撇洪渠人防路面工程相对剪应力变化

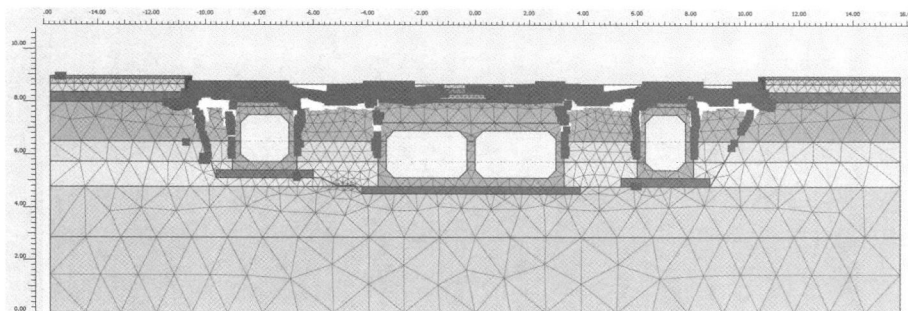

图 11.13　撇洪渠人防路面工程拉、剪破坏点变化

◆◇ 11.4　路面撇洪渠人防工程交通荷载力学特性

由图 11.14 撇洪渠人防路面结构交通荷载影响变形网格可知，考虑车辆荷载 20kN/m²，变形最大值为 1.701mm，发生在台背区域。

由图 11.15 撇洪渠人防路面结构交通荷载影响总主位移变化可知，最大值为 1.701mm，管沟台背面路基中上部出现最大值。

由图 11.16 撇洪渠人防路面结构交通荷载影响总主应力矢量、方向变化可知，最大值为 5.534kPa，最小值为-5.714kPa，总主应力矢量向台背面偏转。

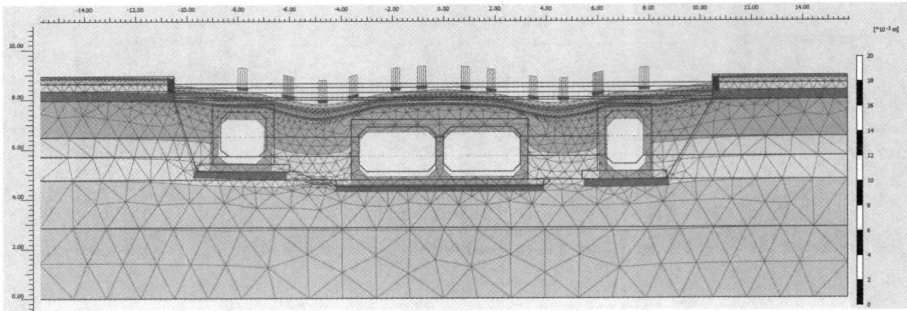

图 11.14　撤洪渠人防路面结构交通荷载影响变形网格

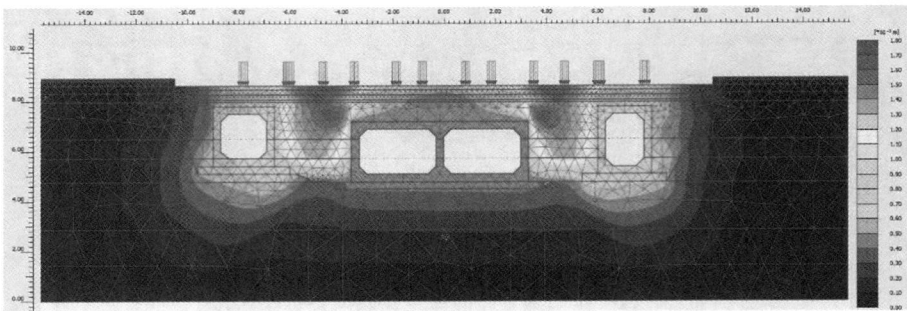

图 11.15　撤洪渠人防路面结构交通荷载影响总主位移变化

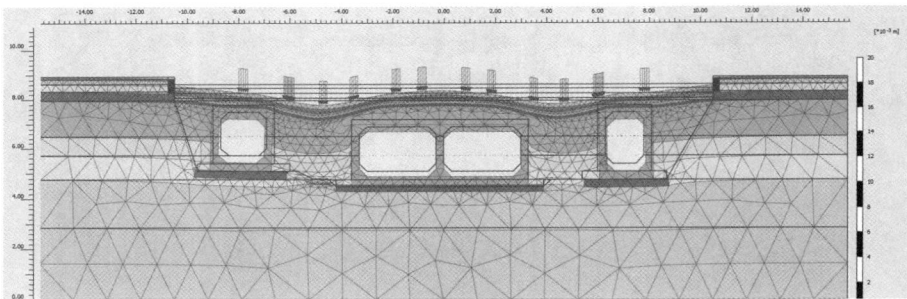

图 11.16　撤洪渠人防路面结构交通荷载影响总主应力矢量、方向变化

由图 11.17 撤洪渠人防路面结构交通荷载影响总主应变变化可知，最大值为 $-60.4×10^{-3}$，最小值为-0.0614，台背面路基中上部出现最大值。

由图 11.18 撤洪渠人防路面结构交通荷载影响相对剪应力变化可知，最大值为 100%，最小值为 59.23%，台背面路基中上部出现最大值。

由图 11.19 撤洪渠人防路面结构交通荷载影响拉、剪破坏点变化可知，台背路面出现连续拉、剪破坏区，可能发生路面车辙、拉裂、松散，建议路面表面层来年摊铺。

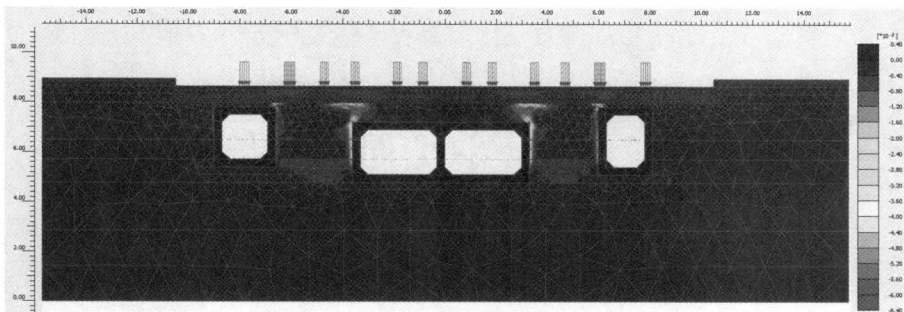

图 11. 17 撇洪渠人防路面结构交通荷载影响总主应变变化

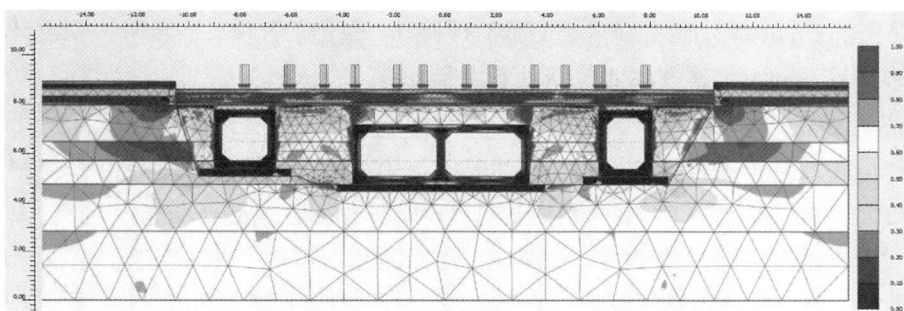

图 11. 18 撇洪渠人防路面结构交通荷载影响相对剪应力变化

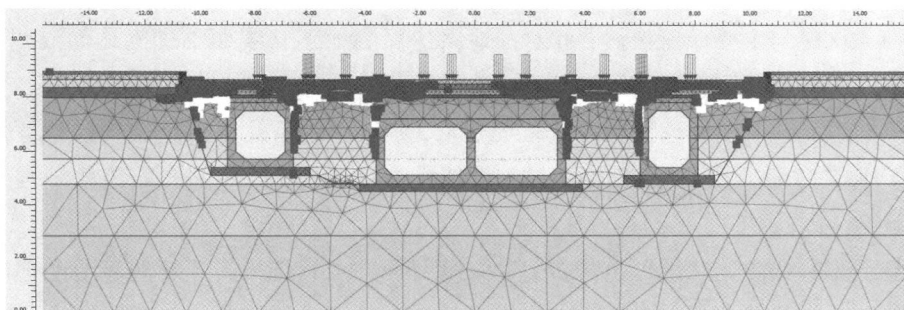

图 11. 19 撇洪渠人防路面结构交通荷载影响拉、剪破坏点变化

◆◇ 11. 5 本章小结

基于路面撇洪渠人防工程模型，本章分别开展基坑开挖、人防工程和人防工程交通荷载下的力学特性数值模拟，得到了不同条件下的路面撇洪渠人防工程的演变规律，为提质改造工程提供了依据。

第 12 章　主要研究结论

根据建设单位要求,零阳中路拓宽为双向六车道,设计速度采用 50km/h,道路破除现状水泥路面后新建路面结构,交叉口通过偏移双黄线渠化展宽。零阳中路提质改造包括:道路工程设计、排水工程设计、交通工程设计、绿化工程设计、照明工程设计、管线等综合设计等基础上。研究主要包括以下内容。

①依据道路工程施工设计规范规程和工程标准,进行路基路面工程综合设计和路基路面规程施工。基于工程设计依据、设计范围及内容,进行放线原则及高程控制、路面管材标准及要求,提出施工方法、抗震设计、运行管理和管线综合功能。

②对于探地雷达探测技术发展和探地雷达探测基本理论,研究探地雷达探测地层管线的可行性,基于探地雷达探测地层管线的特点,开展探地雷达在道路检测中的质量评价应用示例、探地雷达延长道路使用年限破损检测、地雷达检测道路破损探影像、探地雷达检测道路常见病害类型影像,建立探地雷达检测市政道路病害标准影像,选择地下管线的种类材料与主要探测仪器,针对探地雷达探测地下管线面临的问题与流程,进行地下管线探地雷达探测异常解译诊断。

③依据水泥混凝土路面提质改造工程要求,判读探地雷达在道路结构层地下管线检测影像、开展平战结合人防工程路面结构管线探地雷达检测、零阳东路路面结构管线探地雷达检测。

④鉴于非饱和渗流特性理论分析、本构模型种类及其选用,开展基于塑性理论的摩尔库伦模型、基于塑性理论的典型本构模型比较、基于土体硬化 HS 模型的小应变土体硬化 HSS 模型、土体硬化 HS 和小应变土体硬化 HSS 模型特征研究,还进行霍克-布朗模型(岩石行为)、界面/弱面与软土/软弱夹层的本构模型、有限元强度折减、极限平衡法与地震响应分析方法研究。

⑤根据平战结合人防路面施工与动载响应力学特性,开展零阳路面管线动载响应工程力学数值模拟、零阳路撇洪渠施工过程工程力学数值模拟和交叉路口人防环道路面动载响应数值模拟。

主要参考文献

［1］ 白天麒，叶超，李忠超，等.渗流作用下富水砂层椭圆形冻结管冻结发展规律研究［J］.安全与环境工程，2022，29（04）：85-92.

［2］ 王乐潇.平行渗流条件下强渗地层联络通道冻结温度场发展规律研究［D］.福州：福建工程学院，2022.

［3］ 杨凡.地下水作用下人工地层冻结法单圈冻结孔优化布置方法研究［J］.煤炭技术，2022，41（03）：83-86.

［4］ 陈盈盈，周桂云，余长青.渗流对人工冻结温度场影响的研究［J］.四川水泥，2022（03）：61-63.

［5］ 林亮焱，夏建中.地下水渗流对地下联络通道冻结影响的数值分析［J］.浙江科技学院学报，2022，34（01）：70-78，104.

［6］ 潘旭东.渗流作用下冻结法施工地铁联络通道温度场发展规律与工程应用研究［D］.太原：太原理工大学，2021.

［7］ WANG B，RONG C X，CHENG H，et al.Temporal and spatial evolution of temperature field of single freezing pipe in large velocity infiltration configuration［J］.Cold Regions Science and Technology，2020，175-180.

［8］ PIMENTEL E，PAPAKONSTANTINOU S，ANAGNOSTOU G.Numerical interpretation of temperature distributions from three ground freezing applications in urban tunnelling［J］.Tunnelling and Underground Space Technology，2012，28：57-69.

［9］ MARWAN A，ZHOU M M，ABDELREHIM M Z，et al.Optimization of artificial ground freezing in tunneling in the presence of seepage flow［J］.Computers and Geotechnics，2016，75：112-125.

［10］ 郑立夫.城市轨道交通联络通道冻结壁厚度优选方法及工程应用研究［D］.北京：北京科技大学，2021.

［11］ 刘政.地铁隧道水平冻结施工期渗流地层冻胀规律研究［D］.合肥：安徽理工大学，2020.

［12］ 黄哲峰.富水砂层中地铁联络通道冻结法施工数值模拟［D］.南昌：南昌大学，2019.

[13]　高娟，冯梅梅，高乾.地铁联络通道冻结施工的热-流-固（THM）耦合分析［J］.冰川冻土，2013，35（04）：904-912.

[14]　LI Y L，ZHI Q J，LIANG L H，et al.Research on the temperature field of a partially freezing sand barrier with groundwater seepage［J］.Sciences in Cold and Arid Regions，2017，9（3）：280-288.

[15]　HUANG S B，GUO Y L，LIU Y Z，et al.Study on the influence of water flow on temperature around freeze pipes and its distribution optimization during artificial ground freezing［J］.Applied Thermal Engineering，2018，135：435-445.

[16]　ALZOUBI M A，SASMITO A P，MADISEH A，et al.Freezing on Demand（FoD）：An Energy Saving Technique for Artificial Ground Freezing［J］.Energy Procedia，2019，158：4992-4997.

[17]　ZUETER A，NIE-ROUQUETTE A，ALZOUBI M A，et al.Thermal and hydraulic analysis of selective artificial ground freezing using air insulation：Experiment and modeling［J］.Computers and Geotechnics，2020，120：103416.

[18]　BAKKER M，JUNG D，VREEBURG J，et al.Detecting Pipe Bursts Using Heuristic and CUSUM Methods［J］.Procedia Engineering，2014，70：85-92.

[19]　徐强，张佳欣，王莹，等.智慧水务背景下的供水管网漏损控制研究进展［J］.环境科学学报，2020，40（12）：4234-4239.

[20]　熊晓冬，胡澍，张健雄，等.管道检漏与检漏仪器［J］.工业仪表与自动化装置，1996，（04）：59-63.

[21]　赵松龄，盛胜我，殷业，等.自来水管网声学检漏技术的研究［J］.同济大学学报（自然科学版），1997，25（2）：171-175.

[22]　ALMEIDA F，BRENNAN M，JOSEPH P，WHITFIELD S，DRAY S，PASCHOALINI A.On the Acoustic Filtering of the Pipe and Sensor in a Buried Plastic Water Pipe and its Effect on Leak Detection：An Experimental Investigation［J］.Sensors，2014，14（3）：5595-5610.

[23]　FUCHS H V，RIEHLE R.Ten years of experience with leak detection by acoustic signal analysis［J］.Applied Acoustics，1991，33（1）：1-19.

[24]　HUNAIDI O，CHU W T.Acoustical characteristics of leak signals in plastic water distribution pipes［J］.Applied Acoustics，1999，58（3）：235-254.

[25]　GAO Y，BRENNAN M J，JOSEPH P F，MUGGLETON J M，HUNAIDI O.A model of the correlation function of leak noise in buried plastic pipes［J］.Journal of Sound and Vibration，2004，277（1）：133-148.

[26]　GAO Y，BRENNAN M J，JOSEPH P F，MUGGLETON J M，HUNAIDI O.On the selection of acoustic/vibration sensors for leak detection in plastic water pipes［J］.Journal

of Sound and Vibration，2005，283（3）：927-941.

［27］ SHAKMAK B，AL-HABAIBEH A.Detection of water leakage in buried pipes using infrared technology；A comparative study of using high and low resolution infrared cameras for evaluating distant remote detection［C］.Detection of water leakage in buried pipes using infrared technology；A comparative study of using high and low resolution infrared cameras for evaluating distant remote detection.2015 IEEE Jordan Conference on Applied Electrical Engineering and Computing Technologies（AEECT），3-5 Nov.1-7.

［28］ FAHMY M，MOSELHI O.Automated Detection and Location of Leaks in Water Mains Using Infrared Photography［J］.Journal of Performance of Constructed Facilities，2010，24（3）：242-248.

［29］ MASSARO A，PANARESE A，SELICATO S，GALIANO A.CNN-LSTM Neural Network Applied for Thermal Infrared Underground Water Leakage［C］.CNN-LSTM Neural Network Applied for Thermal Infrared Underground Water Leakage.2021 IEEE International Workshop on Metrology for Industry 40 & IoT（MetroInd40&IoT），7-9 June 219-224.

［30］ 饶悦.红外热像技术在房屋渗漏检测中的应用［J］.建材与装饰，2019（12）：59-60.

［31］ 豆海涛，黄宏伟，薛亚东.隧道衬砌渗漏水红外辐射特征影响因素试验研究［J］.岩石力学与工程学报，2011，30（12）：2426-2434.

［32］ 王玉磊，汤雷，钱思蓉.基于无人机和红外热成像技术的小型水库坝体早期非稳定渗漏检测系统［J］.无损检测，2020，42（12）：61-65.

［33］ 郑瑞东.上海市排水管道 CCTV 检测评价技术研究［D］.2006.

［34］ LIU Z，KLEINER Y.State of the art review of inspection technologies for condition assessment of water pipes［J］.Measurement，2013，46（1）：1-15.

［35］ SU T-C，YANG M-D.Application of Morphological Segmentation to Leaking Defect Detection in Sewer Pipelines［J］.Sensors，2014，14（5）：8686-8704.

［36］ 齐利华，祖士卿，马骥.珠海市某区域污水管网 CCTV 检测结果与建议［J］.中国给水排水，2017，33（22）：135-138.

［37］ GOKHALE S，GRAHAM J A.A new development in locating leaks in sanitary sewers［J］.Tunnelling and Underground Space Technology，2004，19（1）：85-96.

［38］ LIU H，SHI Z，LI J，LIU C，CHEN J.Detection of Cavities In Urban Cities by 3D Ground Penetrating Radar［J］.Geophysics，2021：1-44.

［39］ QIN H，TANG Y，WANG Z，XIE X，ZHANG D.Shield tunnel grouting layer estimation using sliding window probabilistic inversion of GPR data［J］.Tunnelling and Underground Space Technology，2021，112：103913.

［40］ KUMAR V，MORRIS I M，LOPEZ S A，GLISIC B.Identifying Spatial and Temporal

Variations in Concrete Bridges with Ground Penetrating Radar Attributes[J].2021, 13 (9)：1846.

[41] 林春旭.基于探地雷达和深度学习的地下目标智能探测与定位方法[D].广州：广州大学, 2020.

[42] 张劲松, 丛鑫, 杨伯钢, 王星杰, 刘英杰, 李新煜.地下管线探测雷达图特征分析 [J].地球物理学进展, 2019, 34(03)：1244-1248.

[43] 范亚男.地下管线探测中探地雷达技术应用研究[J].测绘通报, 2015, (SO)：46-48.

[44] 黄哲聪.基于探地雷达的管道漏损检测研究[D].2019.

[45] 蓝逸.城市给排水管道渗漏探地雷达探测及正演模拟研究[D].2021.

[46] ASLAM H, MORTULA M M, YEHIA S, ALI T, KAUR M.Evaluation of the Factors Impacting the Water Pipe Leak Detection Ability of GPR, Infrared Cameras, and Spectrometers under Controlled Conditions[J].Applied Sciences, 2022, 12：1683.

[47] GAO L, SONG H, LIU H, HAN C, CHEN Y.Model Test Study on Oil Leakage and Underground Pipelines Using Ground Penetrating Radar[J].Russian Journal of Nondestructive Testing, 2020, 56(5)：435-444.

[48] LAI W W L, CHANG R K W, SHAM J F C, PANG K.Perturbation mapping of water leak in buried water pipes via laboratory validation experiments with high-frequency ground penetrating radar(GPR)[J].Tunnelling and Underground Space Technology, 2016, 52：157-167.

[49] 胡群芳, 郑泽昊, 刘海, 陈不了.三维探地雷达在城市市政管线渗漏探测中的应用 [J].同济大学学报(自然科学版), 2020, 48(07)：972-981.

[50] CATALDO A, PERSICO R, LEUCCI G, DE BENEDETTO E, CANNAZZA G, MATERA L, DE GIORGI L.Time domain reflectometry, ground penetrating radar and electrical resistivity tomography：A comparative analysis of alternative approaches for leak detection in underground pipes[J].NDT & E International, 2014, 62：14-28.

[51] CATALDO A, DE BENEDETTO E, CANNAZZA G, LEUCCI G, DE GIORGI L, DEMITRI C.Enhancement of leak detection in pipelines through time-domain reflectometry/ground penetrating radar measurements[J].IET Science, Measurement & Technology, 2017, 11(6)：696-702.

[52] ATEF A, ZAYED T, HAWARI A, KHADER M, MOSELHI O.Multi-tier method using infrared photography and GPR to detect and locate water leaks[J].Automation in Construction, 2016, 61：162-170.

[53] 沈宇鹏, 董淑海, 王卿, 等.城市供水管道渗漏程度的渗流模型分析与探地雷达信号正演[J].工程地质学报, 2016, 24：422-429.

[54] SHEN Y, LIN Y, LI P, FU Y, WANG Y.Simulation and Detection Leakage of Underground Water Pipeline by Ground Penetrating Radar[J].Journal of Testing and Evaluation, 2020, 48(3): 2003-2027.

[55] LAU P K-W, CHEUNG B W-Y, LAI W W-L, SHAM J F-C.Characterizing pipe leakage with a combination of GPR wave velocity algorithms[J].Tunnelling and Underground Space Technology, 2021, 109: 103740.

[56] CHEUNG B W-Y, LAI W W-L.Field validation of water-pipe leakage detection through spatial and time-lapse analysis of GPR wave velocity[J].Near Surface Geophysics, 2019, 17(3): 231-246.

[57] DEMIRCI S, YIGIT E, ESKIDEMIR I H, OZDEMIR C.Ground penetrating radar imaging of water leaks from buried pipes based on back-projection method[J].NDT & E International, 2012, 47: 35-42.

[58] OCANA-LEVARIO S J, CARREñO-ALVARADO E P, AYALA-CABRERA D, IZQUIERDO J.GPR image analysis to locate water leaks from buried pipes by applying variance filters[J].Journal of Applied Geophysics, 2018, 152: 236-247.

[59] AYALA - CABRERA D, HERRERA M, IZQUIERDO J, OCAñA - LEVARIO S, PéREZ - GARCíA R.GPR-Based Water Leak Models in Water Distribution Systems [J].Sensors, 2013, 13(12): 15912-15936.

[60] DE COSTER A, PéREZ MEDINA J L, NOTTEBAERE M, ALKHALIFEH K, NEYT X, VANDERDONCKT J, LAMBOT S.Towards an improvement of GPR-based detection of pipes and leaks in water distribution networks[J].Journal of Applied Geophysics, 2019, 162: 138-151.

[61] ULABY F T.Fundamentals of Applied Electromagnetics(8th Edition)[M].Pearson, 2020.

[62] LIU H.Quantitative Characterization of Subsurface Layered Structure by Ground Penetrating Radar[D]; Tohoku University 2013.

[63] ANNAN A P, BUTLER D K.Ground-Penetrating Radar[M].Near-Surface Geophysics. Society of Exploration Geophysicists.2005.

[64] CASSIDY N J.Evaluating LNAPL contamination using GPR signal attenuation analysis and dielectric property measurements: Practical implications for hydrological studies [J].Journal of Contaminant Hydrology, 2007, 94(1): 49-75.

[65] 曾昭发, 刘四新, 冯晅.探地雷达原理与应用[M].北京: 电子工业出版社, 2010.

[66] HARRYJOL.Ground Penetrating Radar Theory and Applications[M].2009.

[67] ELSAD R A, MAHMOUD K A, RAMMAH Y S, ABOUHASWA A S.Fabrication, structural, optical, and dielectric properties of PVC-PbO nanocomposites, as well as

their gamma-ray shielding capability[J].Radiation Physics and Chemistry，2021，189：109753.

［68］ 冯德山，王珣，杨军，等.探地雷达数值模拟及全波形反演［M］.北京：科学出版社，2021.

［69］ 葛德彪，闫玉波.电磁波时域有限差分方法［M］.西安：西安电子科技大学出版社，2011.

［70］ ZHOU F, CHEN Z, LIU H, CUI J, SPENCER B F, FANG G.Simultaneous Estimation of Rebar Diameter and Cover Thickness by a GPR-EMI Dual Sensor［J］.Sensors，2018，18（9）：2969.

［71］ 石人骥.光学的启示地震资料横向分辨率问题辨析［J］.石油物探，2003，42（4）：562-565.

［72］ 史文兵.土体渗流场与应力场耦合研究［D］.2006.

［73］ 王凯.裂隙含水介质渗流应力两场耦合数值模拟程序设计应用［D］.成都：西南交通大学，2008.

［74］ 余学彦.考虑流固耦合的城市隧道施工稳定性及地表沉降分析［D］.2006.

［75］ 鹿群.堤坝三维渗流场有限元分析［D］.天津：天津大学，2003.

［76］ 武桂芝，李宁宁，冯增帅，等.季节性河床不同沙样的水分特征曲线研究［J］.人民黄河，2017，39（1）：57-61.

［77］ 董泽君，鹿琪，冯晅，等.探地雷达测量土壤含水量的应用研究［J］.地球物理学进展，2017，32（05）：2207-2213.

［78］ MCCUTCHEON M C, FARAHANI H J, STEDNICK J D, et al.Effect of Soil Water on Apparent Soil Electrical Conductivity and Texture Relationships in a Dryland Field［J］.Biosystems Engineering，2006，94（1）：19-32.

［79］ WARREN C, GIANNOPOULOS A, GIANNAKIS I.gprMax：Open source software to simulate electromagnetic wave propagation for Ground Penetrating Radar［J］.Computer Physics Communications，2016，209：163-170.

［80］ 刘素贞，董硕，张闯，等.基于电磁超声爬波法对空腔结构部位裂纹缺陷的检测［J］.高压电技术，2019，45（7）：2119-2125.

［81］ 王楠.基于任意曲面建模技术的一致性几何绕射理论方法［D］.2007.

［82］ 张胜，邹雨驰，何文超，等.基于小波熵的地下管线探地雷达频率波数偏移成像研究［J］.地球物理学进展，2021，36（02）：840-847.

［83］ 唐天天.电力系统暂态信号小波熵检测方法研究［D］.2015.

［84］ 吴浩博.基于小波变换和样本熵的癫痫信号分类研究［D］.2019.

［85］ CHENG G, CHEN X-H, SHAN X-L, LIU H-G, ZHOU C-F.A new method of gear fault diagnosis in strong noise based on multi-sensor information fusion［J］.Journal of

Vibration and Control, 2016, 22(6): 1504-1515.

[86] LI Y, WANG X, LIU Z, LIANG X, SI S.The Entropy Algorithm and Its Variants in the Fault Diagnosis of Rotating Machinery: A Review[J].Ieee Access, 2018, 6: 66723-66741.

[87] ACHARYA U R, FUJITA H, SUDARSHAN V K, BHAT S, KOH J E W.Application of entropies for automated diagnosis of epilepsy using EEG signals: A review[J].Knowledge-Based Systems, 2015, 88: 85-96.

[88] MISHRA A K, ÖZGER M, SINGH V P.An entropy-based investigation into the variability of precipitation[J].Journal of Hydrology, 2009, 370(1): 139-154.

[89] SIU K L, LAI W W L.A lab study of coupling effects of electromagnetic induction on underground utilities[J].Journal of Applied Geophysics, 2019, 164: 26-39.

[90] WU J, BAI Y, FANG W, ZHOU R, RENIERS G, KHAKZAD N.An Integrated Quantitative Risk Assessment Method for Urban Underground Utility Tunnels[J].Reliability Engineering & System Safety, 2021, 213: 107792.

[91] ISMAIL M I M, DZIYAUDDIN R A, SALLEH N A A, MUHAMMAD-SUKKI F, BANI N A, IZHAR M A M, LATIFF L A.A Review of Vibration Detection Methods Using Accelerometer Sensors for Water Pipeline Leakage[J].IEEE Access, 2019, 7: 51965-51981.

[92] 曹徐齐, 阮辰旼.全球主要城市供水管网漏损率调研结果汇编[J].净水技术, 2017, 36(4): 6-14.

[93] QI Z, ZHENG F, GUO D, ZHANG T, SHAO Y, YU T, ZHANG K, MAIER H R.A Comprehensive Framework to Evaluate Hydraulic and Water Quality Impacts of Pipe Breaks on Water Distribution Systems[J].Water Resources Research, 2018, 54(10): 8174-8195.

[94] SHORTRIDGE J E, GUIKEMA S D.Public health and pipe breaks in water distribution systems: Analysis with internet search volume as a proxy[J].Water Research, 2014, 53: 26-34.

[95] 郭林飞, 柴仕琦, 董静怡, 等.我国城市路面塌陷事故统计分析[J].工程管理学报, 2020, 34(2): 49-54.

[96] 王帅超.城市地下管道渗漏引起的路面塌陷机理分析与研究[D].郑州: 郑州大学, 2017.

[97] 付栋, 蔡剑韬, 张海.上海地区由管线渗漏引发地面塌陷数值模拟研究[J].岩土工程技术, 2018, 32(4): 189-193, 198.

[98] YU Y, SAFARI A, NIU X, DRINKWATER B, HOROSHENKOV K V.Acoustic and ultrasonic techniques for defect detection and condition monitoring in water and sewer-

age pipes：A review［J］.Applied Acoustics，2021，183：108282.

［99］　DATTA S，SARKAR S.A review on different pipeline fault detection methods［J］.Journal of Loss Prevention in the Process Industries，2016，41：97−106.

［100］　廖光伟，张春萍，武治国，等.基于双参数监测的供水管网漏损实验研究［J］.供水技术，2018，12（06）：17−21.

［101］　RODRIGUEZ A，LAIO A.Clustering by fast search and find of density peaks［J］.Science，2014，344（6191）：1492−1496.

［102］　WU Y，LIU S，WU X，LIU Y，GUAN Y.Burst detection in district metering areas using a data driven clustering algorithm［J］.Water Research，2016，100：28−37.

［103］　BAKKER M，VREEBURG J H G，VAN SCHAGEN K M，RIETVELD L C.A fully adaptive forecasting model for short−term drinking water demand［J］.Environmental Modelling & Software，2013，48：141−151.